苏联史

新经济政策的俄国

Россия нэповская

第三卷

郑异凡◎著

人民出版社

序

李 凤 林

苏联是曾经显赫一时的超级大国，对世界历史发展产生过巨大的影响，在现代中国的发展中也留下过重要痕迹。虽然苏联仅存在七十多年的时间，但是在这短短的七十多年中，它两次震撼了世界，改变了世界，一次是1917年的十月革命，另一次是1991年的苏联解体。

历史是一个绵延不断的长河，苏联是俄国历史中的一个阶段，一个时期，俄国作为苏联的前身和继承者，其历史是整个俄国历史这一有机整体中的一个重要组成部分。

历史是最好的老师，无论个人还是国家，都可以从历史的经验和教训中汲取营养。研究历史不仅可以使我们更好地认识过去，也可以使我们更好地把握未来。

历史是人创造的，人在创造历史的过程中，其精神的和物质的活动离不开他所生活的环境。俄国拥有横跨欧亚大陆的广袤国土，博大的生存空间和独特的气候条件孕育了俄国人豪爽、粗犷的性格，以多神教为基础的东正教培育了俄国人推崇平均主义、自给自足、自我封闭、自我欣赏的民族意识以及拯救人类的弥赛亚（救世主）情结。俄国人在这片广袤的国土上创造了灿烂的文明，它在科技、文化、艺术等领域取得的伟大成就得到世界的承认和敬仰。与此同时，俄国人的社会意识和俄国的社会现实往往是矛盾的，例如崇尚自由的俄国人又非常信奉权威，崇尚平均主义的俄国人又可以经常心安理得地生活在垄断的社会经济和政治环境中，生活节奏平缓的俄国人又会在社会变革中急于求成，急躁冒进。俄国人和苏联人正是在这种自然和社会环境中创造自己的历史的。1917 年的十月革命和 1991 年的苏联解体都表现了俄国人的这种民族特点和社会特征。了解这个历史需要超乎寻常的智慧和方法。正如 19 世纪俄国诗人丘切夫诗中所描绘的那样："俄罗斯，你用智慧无法理解，用通常的尺度无法揣摩，它有与众不同的性格，相信它是你唯一的选择。"

苏联是我们的近邻，也是我们的重要伙伴。中国革命和新中国六十年来的发展与苏联有着千丝万缕的联系。在苏联存在的七十多年中，中苏关系经历了兄弟般的联盟关系，苏联对新中国的发展和建设提供了大量援助；与此同时，中苏也经历了意识形态对抗甚至局部的边界冲突；目前中俄关系已经发展成为平等、信任长期的战略协作伙伴关系，双方宣布永远做好邻居、好朋友、好伙伴。对苏联历史的研究有助于我们总结历史的经验教训，深化中俄关系，造福于两国人民。

历史上，苏联对我们的影响是巨大的。这种影响包括历史的、思想的、政治的、经济的、文化的、国际关系方面的……

在意识形态方面，苏联的影响是非同寻常的。1949 年，毛泽东在总结中国共产党 28 年的光辉历程时提出，"十月革命一声炮响，给我们送来了马克思列宁主义"，形象化地揭示了一个基本事实，即中国共产党人了解马克思列宁主义，并以它作为自己指导思想的理论基础是从苏联学来的。被称作"马克思主义百科全书"的《联共(布)党史简明教程》对中国思想界的影响是"深远的"。在政治方面，我们正是在学习苏联的情况下建立了自己的国家政权。在经济方面，苏联不仅向我们提供了巨大的援助，而且其经济管理体制曾经被我们照搬照用。在文化方面，苏联文化和文学曾经影响几代中国人，许多已经被俄国人淡忘的苏联歌曲几乎成为中国的民歌。在国际关系方面，我们在新中国成立初期曾经实行向苏联"一边倒"的外交政策，把国家的建设和发展同苏联紧密地联系在一起。如此等等。

中国的建设深受斯大林模式的影响，在某种意义上说，中国的改革开放是对苏联发展模式的反思、修正或扬弃。因此，研究苏联历史对于当今中国的改革开放和现代化建设事业具有极其深远的历史意义和现实意义。

苏联历史，对于四五十岁以上的中国人来说，是一门既熟悉又陌生的学问。之所以这样说，是因为凡是受到过高等甚至中等教育的人，都或多或少地接触过这门学科，知道苏联历史中的一些重要事件或人物，此其一；其二，我们大多是通过《联共（布）党史简明教程》了解苏联历史的，而此书对苏共历史和苏联历史的阐述、描绘是程式化的，不能全面反映苏联发展的真实历史。

因此对苏联的历史很有必要重新学习，重新研究。历史科学是一门包罗万象的学科，涉及一个社会的方方面面，需要从政治、经济、文化、社会、思想等等各个方面对历史的进程进行全面的考察。研究任何一个历史题目并作出结论，需要具备一系列主客观条件，要有正确的立场、严谨的学风、科学的方法、充分的史料，等等。因此，正确认识历史离不开历史学家的辛勤劳动。可以说，在新形势下撰写和出版一部能够全面反映苏联走过的历程的学术著作是我国史学工作者多年的夙愿。

如今，实现这种夙愿的客观条件已经基本具备，包括：(1) 苏联已经成为历史，我们可以在历史的距离中考察这段历史，使历史研究的成果具有较大的客观性；(2) 苏联解体后，大量的历史档案已经公布，为客观地研究这段历史提供了较为充分的史料；(3) 中国三十多年改革开放的实践使我国的历史学家能够对苏联模式在特定历史条件下的积极意义作出更加客观的分析，同时对这一模式的弊端有了更加透彻的理解，他们更加成熟，思想更加解放，研究方法更为科学；(4) 我国已经拥有一批掌握扎实的专业基础知识，科学的研究方法，长期潜心研究苏联历史方面的专家。他们站在马克思主义的立场上，运用科学的研究方法，在分析研究新鲜史料的基础上已经撰写出大量有关苏联史学的最新研究成果。

由中央编译局和人民出版社与国内一批历史学家合作撰写出版的九卷本《苏联史》是苏联史学术研究领域的一件大事。这套著作的出版无疑会在学术界引起强烈反响。参加这套著作撰写的，既有老一代历史学家，也有年富力强的中青年史学工作者。老一代历史学家几乎一生都在研究苏联历史，他们撰写出的著作反映了其毕生的心血。而中青年史学工作者在市场经济大潮中，面对花花世界的各种诱惑，能够坐冷板凳，甘于寂寞，潜心研究历史问题，是值得称道的。

这套著作系统考察和研究了苏联各个时期的历史，对历史事件、历史人物、历史发展脉络进行了全方位的考察和研究。尤其难能可贵的是，这套著作对以往一些研究不够充分的历史时期和某些很少涉及的问题，进行了比较深入的研究和介绍，在某种意义上说，填补了学术研究的空白。就我所知，到现在为止俄罗斯联邦尚未出版过这样规模的反映苏联历史的巨著。

这部九卷本《苏联史》是一个整体，总体上反映了写作集体对苏联史的看法，而每卷书又是由负责写作的学者独立完成的，表现了作者本人的学术观点和研究成果。像任何学术研究一样，这部苏联历史著作中的某些观点也可能引起争鸣。由于所掌握的史料的不同，看问题的角度不同，对同一个历史问题往往会有不同的认识，不同的解读。不同观点的碰撞会推动学术研究的深化，这是好事。相信这部著作的出版一定会有助于我们进一步了解俄国，对于深化中俄战略协作伙伴关系发挥积极的作用。

我本人不是专门学历史的，从1950年学习俄文起，一生都从事对苏工作，而在苏联和俄国学习和工作23年的经历和外交工作的需要，使我不断学习苏联历史，长期关注苏联历史的研究。本书的有些作者是我的老朋友，我在这里向本书的问世表示祝贺，同时更要向潜心研究俄国，包括它的历史和现状的学者，表示由衷的敬意！

2009年夏

（作者系中国前驻俄罗斯联邦大使，现任国务院发展研究中心欧亚社会发展研究所所长）

主编的话

郑 异 凡

公元 1991 年 12 月，苏联共产党执政了 74 年的苏联解体了。正如 20 世纪初的十月革命曾经震惊世界一样，苏联的解体同样震惊了世界。此后苏联历史成了举世瞩目的研究对象，各国学人和政界都在探讨一个世纪之谜——一个超级大国轰然倒塌的原因。大家都想了解这样一个超级大国是怎样兴起，又是怎样一步步走向衰亡的。

苏联历史的轨迹

我们首先看看苏联走过的道路。

俄国是在一个落后的农业国进行社会主义革命的，不具备社会主义的必要的物质前提。这是列宁后来公开承认的。另一个不足是对搞社会主义的理论准备不足。列宁曾是革命的阶段论者，长期以来，一直认为俄国应当先进行民主革命，然后再进行社会主义革命，因此在 1917 年以前列宁关于民主革命谈得很多，比较具体、周密，而关于社会主义革命谈得较少，比较泛泛。1917 年突然提出社会主义革命的任务，在理论和思想准备方面都存在严重的准备不足。对党内高层领导人来说更是如此，因此列宁的主张社会主义革命的“四月提纲”应者寥寥。在举行武装起义问题上，列宁的主张起初不为中央所接受，后来又受到党内声望颇高的季诺维也夫和加米涅夫的顽强反对，这一切都不是偶然的。那时只有少数人主张直接进行社会主义革命，顺便解决民主革命的任务，如布哈林、托洛茨基。

列宁是现实主义者，在第一次世界大战环境所形成的革命危机的形势下，他力促布尔什维克党抓住不可多得的历史机遇，发动武装起义并取得了胜利。这个选择没有错，但这并不改变社会主义需要必要的物质前提这一客观历史要求本身，而仅仅是历史发展顺序的变更。无论如何，发展生产力这一课必须补上。

布尔什维克党夺取政权后，马上遇到政权的建设问题，没有现成的方案，基本上是摸索前进。此前的一些设想非常不完备，部分借鉴巴黎公社，而更多的是从第一次世界大战期间各国（包括沙皇俄国）的战时措施中借鉴而来。由于战争的需要，那时的交战各国都采取了军事管制的办法，政府把生产和消费统统管起来，于是有人认为这就是社会主义的雏形了，称之为“战时社会主义”或“军事社会主义”。国家战时对粮食的垄断，居民消费品的定量供应(配给制)等等，在布尔什维克党执政的情况下就被当作共产主义的措施了。资本主义国家为战时的需要所采取的措施一旦被披上“共产主义”的外衣，加上取消市场、货币关系等传统的共产主义观念中的措施，这一切就变成了所谓的“军事共产主义”。列宁后来说，那时认为把全国的生产和消费统统管起来，就是共产主义了。

高度集中的军事管理体制对战争来说是非常必要的，它保证了苏维埃政权取得国内战争和反击外国武装干涉的胜利。苏俄军事共产主义的一项最基本的措施是“粮食征收制”。这个词通常译作“余粮收集制”，这种译法有两个问题，其一，当时征收的不仅仅是“余粮”，而几乎是农民的所有粮食，其二，这不是和平的收集，而是凭借暴力的强取。何况这是沙俄和临时政府实施过的政策，并非布尔什维克的发明。因此按照这个词的原意改译为“粮食征收制”较为贴切。在这种制度下出卖粮食，甚至家藏粮食都是“投机倒把”和“反革命”行为，要遭到严厉的惩罚。这种做法引起广大农民的严重不满，国内战争的后期，农民反对苏维埃政权的起义蜂起，被称作“小国内战争”，严重威胁到苏维埃政权的存在。

这迫使列宁承认苏维埃政权遇到了十月革命以来最严重的政治和经济危机。在这生死存亡关头，列宁决定赶快后退，向农民让步，实行粮食税，于是出现了所谓的“农民的布列斯特”。由于农民在缴纳了粮食税之后可以自主支配手头的粮食，就引出了交换的问题。于是出现了运用市场、商品、货币这类向来被看作是资本主义的东西的问题，新经济政策应运而生。

这是苏联70多年历史中的第一次改革，是列宁执政五年时间里发生了第一次模式的转换：从军事共产主义转向新经济政策。新经济政策的最重大的突破是在社会主义建设中运用市场机制，这是在马克思主义发展史上应当大书特书的大事。这充分说明列宁不是按预先设定的、固定不变的模式进行社会主义建设的。

新经济政策下尽管也遇到一系列困难，甚至危机，但经过及时的政策调整，苏俄在经济建设中取得了巨大的成绩，工农业生产很快得到恢复。这是苏联走向兴盛的时期。

这时候的政治体制仍然是“一党专政”（这是列宁和俄共公开承认的用语），取缔其他社会主义政党（孟什维克党和社会革命党）和本党内的反对派，驱逐持异议的知识分子（“哲学船事件”），以救灾的名义镇压东正教人士，消除东正教在广大群众中的影响，压制不听话的少数民族干部（格鲁吉亚事件），这样俄共也就失去了党内外的有效监督，没有一支政治和社会力量能够对布尔什维克政权实施监督、施加压力以实施政治体制改革。军事共产主义时期高度集中的政治体制，把全国作为一个军营来管理的军事化体制，已经与和平时期经济建设的需要不相适应，政治体制的改革应当与经济体制的改革同步进行，更不用说，经济改革需要政治体制的保护。但是在新经济政策时期，政治体制没有进行相应的改革，而是朝削弱党内国内民主，朝着高度集权的方向发展。列宁在生命的最后时日感觉到这个问题的严重性，他在给俄共第十二次代表大会的信中建议进行政治制度的改革，要求加强对包括政治局和总书记在内的各级组织和领导人的监督，但为时已晚，已经重病在身的列宁，力不从心，由季诺维也夫、加米涅夫和斯大林组成主政的“三驾马车”对列宁的建议阳奉阴违，置之不理。

政治体制的日益集权化和僵化最终决定了新经济政策的命运。列宁的改革宣告失败。布哈林、李可夫等人在最后关头据理力争，但已无济于事，他们在羽翼丰满的斯大林面前无能为力，无法挽狂澜于既倒。

新经济政策在弥补社会主义革命物质和理论准备不足方面发挥了重大作用——在社会主义建设的理论上加进了利用市场机制这一重要成分，在物质方面，它提供了在落后国家发展经济、和缓社会矛盾的有效手段。到20世纪20

年代末新经济政策处于社会主义发展的十字路口——一个方向是向市场经济和民主化发展，最后形成有特色的苏联社会主义模式；另一个方向是向高度集中的计划经济和集权体制发展，这就是我们在20世纪30年代看到的斯大林模式。

1929年，斯大林在击败了所有反对派之后中断了新经济政策，宣布让新经济政策"见鬼去"，在苏联实行了第二次模式的更换，实行"斯大林模式"，回到了已被历史所否定的军事共产主义模式。斯大林模式通过农业集体化、国家工业化——实际上是重工业化和军事工业化，实行严格的高度集中的计划管理，一方面使苏联的重工业得到高速度的发展，使苏联的一些工业发展指标赶上或接近西方发达国家，另一方面，开始暴露出苏联经济片面发展的弊病——农业和轻工业严重落后，国民经济综合平衡失调。

20世纪30年代形成的斯大林模式是对列宁新经济政策模式的否定和反动，它有三大支撑点：

1. 实行农业全盘集体化，剥夺全体农民。集体农庄并不是列宁所主张的合作社，而只不过是国家向农民征收粮食的大型连环保组织，国库得以充实，而农民变得更穷了。1932—1933年的大饥荒在很大程度上是人为的：全盘集体化对农村生产力的严重破坏，收过头粮，为换取外汇而不断增加粮食出口，向全国和国外隐瞒灾情，拒绝国外援助，等等。

2. 在国家工业化名义下的重工业化和军事工业化，把全国的物力人力集中到重工业和军事工业的发展中去，而置与人民日常生活休戚相关的轻工业于不顾，整个农业生产的首要任务也完全是为重工业服务，为之提供资金和原料。

3. 在阶级斗争尖锐化的借口下在国内对各阶层、各民族实施大规模镇压，以维持斯大林的个人独裁统治。经过20世纪30年代的大清洗、大镇压，列宁的战友和"老近卫军"被消灭了，领导层中有独立见解、有创造精神的人员被消灭了，武装部队中熟悉现代化战争的有才能的将领被消灭了，文化界有创造性的理论家、作家、艺术家、剧作家、历史学家、自然科学家、技术专家被消灭了。这是斯大林的"自宫"行为，其恶果在卫国战争中立即暴露无遗。苏军俘获了德军保卢斯元帅被看作是一重大胜利，而战前斯大林却处决了自己五大元帅中的三个元帅，并且恰恰是懂得现代化战争的元帅（剩下两位元帅伏罗希洛夫和布琼尼都是骑兵出身）。这正是德国统帅部求之不得的天大好事！

在文化界开展的大批判运动，不仅使用了“批判的武器”，而且也动用了“武器的批判”，借此确立了斯大林主义在意识形态领域、文化领域的绝对统治地位，用一本《联共（布）党史简明教程》来治天下。这直接导致马克思主义发展的停滞和倒退，庸俗唯物主义、教条主义的盛行。

在政治上，坚持并强化一党专政的路线，终于形成了斯大林的个人专权。斯大林模式的出现和形成开始了苏联由兴向衰的转折。

在战云密布的20世纪30年代末，斯大林最终采取同希特勒德国结盟、祸水西引的方针，以牺牲他国的利益来保全自己。这一战略让斯大林搬起石头砸了自己的脚，使希特勒赢得时间做好准备，入侵苏联。由于对希特勒德国的入侵丧失起码的警惕，由于大清洗对军队的严重摧残，苏联在战争初期遭受严重挫折。

这场战争终于胜利了，高度集中的军事动员体制、俄国反抗外来侵略的民族主义传统即人民的力量对胜利的结局发挥了决定性的作用。高度集中的体制，使苏联在卫国战争中能迅速把整个国民经济纳入战时轨道。卫国战争的胜利是苏联各族人民保卫祖国浴血奋战的胜利，也是包括中国在内的世界各国对苏联的支援的胜利。领导人在战争初期的严重失误增加了苏联人民的牺牲和损失。然而，令人意想不到的是，战争的胜利反而为加强斯大林模式提供了“依据”，也成为今天不少人为斯大林模式辩解的依据。

胜利的人民有权得到回报，至少应当得到休养生息的机会。应当像列宁在国内战争胜利后那样，适应时代的要求，抓住大好时机，进行改革，改变僵化的模式，让工人、农民和知识分子过上好日子。然而，斯大林不仅放过战后改革的大好机遇，反而加强已不适应时代需要的政治、经济模式。对内加强恐怖统治和思想控制，在反对“世界主义”的旗号下实行文化专制主义即臭名远扬的日丹诺夫主义，在哲学、文学、戏剧、电影、报刊等各个领域继续战前的大批判运动，制造一个接一个的冤假错案。斯大林处死自己曾经宣布的接班人库兹涅佐夫和沃兹涅先斯基，怀疑莫洛托夫、伏罗希洛夫、贝利亚等身边的战友为外国间谍，在临死之前还制造了一个“医生案件”，造成一个人人自危的社会氛围。他加强对农民的剥夺，再次酿成国内的大饥荒。他以战时叛国为名继续迫迁少数民族。对外，他为维护从雅尔塔体系所获得的既得利益，同西方搞冷战，搞军备竞赛。他一手制造了外蒙古独立，肢解中国。他控制东欧国家，改变它们实行的人民民主制度，把这些国家变成自己的“卫星国”，组成“社会主义阵营”。这些做法严重影响了国内的经济发展和人民生活水平的提高，也严重阻碍了东欧国家的政治经济发展。赫鲁晓夫把斯大林的种种行为解释为性格“多疑”，实际上是斯大林害怕大权旁落，权力是斯大林紧紧抓住不放的“命根子”！

1953 年斯大林逝世，苏联出现改革的契机。靠生理学的自然规律来改变国家的命运，是苏联社会主义制度的悲哀！

斯大林的统治如从列宁逝世算起，将近 30 年，如从 1929 年算起，共 24 年，期间积累了大量的问题，在他去世的时候苏联已经处于难以为继的局面，变革的呼声早在斯大林执政的时候已经暗流涌动，斯大林去世后，改革已经成为不可抵挡的潮流。这时候，不管谁上台执政，贝利亚也好，马林科夫也好，赫鲁晓夫也好，都势必把改革提到第一位，人们已经感到高度集权的管理模式已不适合当时的苏联社会，阻碍了社会的发展，区别只会在于改革的深度如何，进程如何，无论如何改革是不可避免的。

在党内斗争中赫鲁晓夫胜出，他以反对“个人崇拜”、平反冤假错案为突破口，实行“解冻”，开始改变斯大林的某些政策，如强调集体领导、抓农业（改变生产资料同生产者的脱离，减轻农民的负担，开垦荒地等等），提升轻工业的地位。对外则设法缓和国际紧张环境，试图以此减少军备竞赛。

赫鲁晓夫的最大功绩是反对斯大林的个人崇拜，从而揭开了斯大林问题的盖子。至今仍有人指责赫鲁晓夫大反斯大林，说他在苏共二十大上所作的秘密报告“全盘否定斯大林”。实际上，如果不是从印象出发，而是从事实出发，只要读一读“秘密报告”本身就可以看到，那里对斯大林的否定并没有否定到点子上，即没有触及斯大林的体制问题。正如当时外国的共产党人铁托和陶里亚蒂所说的，斯大林的问题不是什么个人崇拜问题，而是“制度”问题（那时还没有“体制”的说法，所以用了“制度”一词，所以被指责为否定社会主义制度，不过他们的意思是清楚的）。在苏联历史问题上，赫鲁晓夫全盘肯定了斯大林反对托洛茨基、季诺维也夫、加米涅夫、布哈林、李可夫、托姆斯基等反对派的斗争，肯定了对他们的镇压。他平反了不少冤假错案，但是没有为苏联历史上这些最大的冤假错案平反！他多次赞扬斯大林是“杰出的马克思主义者”。

由于缺乏对斯大林体制的整体认识，改革仅局限于某些局部问题，没有触动斯大林体制本身。赫鲁晓夫继续斯大林的赶超模式，在斯大林的“建成”社会主义论断的基础上，宣布社会主义在苏联取得了“最终的、完全的胜利”，许诺在20年内进入共产主义。他注意了农业和轻工业的发展，人民的日常生活得到了某种程度的改善，然而重工业和军事工业依然是苏联优先发展的重点。由于主客观的原因，赫鲁晓夫继续同美国进行军备竞赛。20世纪60年代利别尔曼提出的改革试验，没有得到实施，便告夭折。当然，赫鲁晓夫的某些改革措施是有意义的，如实行“解冻”，把人们的思想从斯大林主义的桎梏中解放出来，取消干部任期的终身制，使拖拉机等农业生产工具成为集体农庄的财产，等等。他的另一些措施如常受到批评的“三和两全”，从理论上、逻辑上讲并没有什么错误。全民国家、全民党从理论上说是走向共产主义的必经阶段，而就赫鲁晓夫的本意而言，他无非是借此昭示人民，这个国家、这个党是全体人民的，不会再搞无产阶级专政，不会再用专政去镇压人民，因为人民的国家是不能对人民自己专政的。和平共处、和平过渡、和平竞赛，则是要向世界昭示，这个国家不会再去搞世界革命、颠覆其他国家，而要在竞赛中战胜资本主义。这些都仅仅是公示性质、宣言性质的东西，至于苏联在竞赛中是否能够胜出，想来赫鲁晓夫本人也未必相信。就在他接手这个国家的时候，战争的创伤尚未完全修复，人民的生活还相当艰苦，供应还很困难，吃得并不好，他的“土豆烧牛肉”的美餐，只是说给自己的人民听听而已！对西方国家的访问使他开了眼界，知道苏联还落后于西方很多，还必须执行赶超战略。由于抓了农业，开垦了大片荒地，到20世纪50年代后期人民的餐桌才开始丰盛起来，才有较多的牛奶、面包、白糖、香肠供应。

赫鲁晓夫执政十年，当然有很多错误，他文化水平不高，行事鲁莽，常欠考虑，在后期也欣赏起对自己的崇拜。但是应当说，他进行的改革从总体上说是必要的，人们可以指责他改得不够，或者其某些措施不在点子上，但不能否定改革的必要性。然而，在保守的官僚集团面前，就是这样没有实质触动斯大林体制的改革也不能见容，尤其是他的干部制度改革直接损害了当政官僚们的根本利益，于是一场“宫廷政变”轻轻松松地结束了赫鲁晓夫的改革，斯大林主义死灰复活。

勃列日涅夫统治苏联长达18年。不少人至今仍然怀念勃列日涅夫时期，因为这一时期不搞运动，不搞大规模的镇压，社会比较安定。同斯大林、赫鲁晓夫相比，勃列日涅夫的特点是“不折腾”，不过这只是相对而言，其中也包括不搞改革。勃列日涅夫执政初期，柯西金继续改革，但不久就被勃列日涅夫的“新斯大林主义”所取代。不过，由于消除了斯大林模式中频频动用暴力的一面，斯大林模式的潜力在这一时期得到最大程度的发挥。在整个苏联历史发展中，勃列日涅夫时期是以安定，然而保守、停滞著称的。

要维持统治，意识形态的严格控制是必不可少的，这就在国内逼出了“异议人士”（通常译作“持不同政见者”，实际上有的并不一定是“政见”的歧异问题）运动。这些异议人士有的并不反对社会主义，只是反对苏共的错误，反对斯大林主义而已，例如著名的梅德韦杰夫兄弟。但是即使这样，也不见容于当局。在勃列日涅夫统治时期，关集中营的少了，进“精神病院”的多了，反革命罪少了，“流氓罪”多了，驱逐出境的少了，吊销护照的多了……总之，还是变着花样压制“异端”。干部任职的终身制恢复了，正是从勃列日涅夫开始，苏联出现了连续三代病夫治国、老人治国的世界罕见景象。

在勃列日涅夫的统治时期，苏联的官僚特权阶层最终形成，在俄国通常把这个阶层叫做“在册权贵”（номенклатура），即由上级任命的登记在册的高级官员。正是这些“在册权贵”把平庸的勃列日涅夫推上台，并且不让又老又病的勃列日涅夫退下来，正是他们把病人安德罗波夫和老人契尔年科扶上台，也正是他们最后搞垮了苏共和苏联。

勃列日涅夫的对外政策，还是相当折腾的。其一，苏联自己不改革，也反对和压制东欧各国的改革，悍然出兵镇压了捷克的“布拉格之春”，致使“社会主义大家庭”里的矛盾越积越多，错过了拯救社会主义的时机。其二，追求世界霸权，继续同美国进行军备竞赛，消耗了大量国力。其三，实行“勃列日涅夫主义”，干涉他国内政，兵陷阿富汗。正是在这一时期，苏联错过了世界科技革命的大好时机。这一时期是斯大林模式的潜力得到最充分发挥的时期，也是其最后挣扎的时期。

安德罗波夫上台被人们寄予厚望，他的某些措施被看作是改革的先声。作为克格勃的首脑，他对国内的真实情况，国家存在的问题是清楚的，但是他没有一个经过深思熟虑的改革方案，他感觉到这个国家维持现状已经没有前途，但是他所能够实施的仅仅是使用强制手段，加强劳动纪律，并且他已是病入膏肓的人了，没有足够的精力去处理国事，即使他有改革的雄心大志，也已经心有余而力不足了，他执政一年就撒手人寰。人们记得，列宁卧病之中虽想改革，但力不从心的悲剧。接替安德罗波夫的位置的契尔年科不但是一个病魔缠身的老人，并且是一个胸无大志的庸人，他要的只是总书记这个头衔。这样，由勃列日涅夫恢复的职务终身制创造了一个泱泱大国由老人、病人治国，连续三年每年安葬一位党国首脑的世界纪录。

这种情况再也不能继续下去了，全国人心思变，迫使苏共推出“年轻力壮的”54 岁的戈尔巴乔夫出任党和国家的领导人（不过，请记住，列宁是在 54 岁逝世的！）。戈尔巴乔夫的改革是时代的要求，是苏联继续发展的历史要求。但是，戈尔巴乔夫最初并没有看到根本改革体制的必要性，而是认为以往的问题是发展速度不够，因而第一个措施是推行“加速发展战略”，指望在旧体制下通过人为的办法加速经济的发展。不久即证明此路不通。老牛拉破车，靠鞭打怎能加速！那时的苏联真有点儿病急乱投医，开展了一个反酗酒运动，禁售各种酒精饮料。这种做法在 20 世纪 20 年代已经试过，并且以失败告终。一则俄国人历来嗜酒如命，积习难改，二则这是国库的重要来源，禁酒等于断了国家的财路。这就注定禁酒运动必然泡汤。有了前面的教训，这才走上体制改革的道路。实践显示，单纯的经济体制改革困难重重，阻力太大，于是想到进行政治体制的改革。一方面，戈尔巴乔夫的改革部分是赫鲁晓夫改革的继续，完成赫鲁晓夫未竟之事业，如平反冤假错案，戈尔巴乔夫的力度和深度都大大加大了。另一方面，他把自己的改革同列宁的新经济政策挂钩，新经济政策成为他的蓝本之一。戈尔巴乔夫提出民主化、公开性，都从列宁的著作中找到根据，是列宁的主张。这一切既是为了打破改革的阻力，也是想使社会主义回归本来的面貌，使社会主义成为民主的自由的社会，即建设一个“人道的民主的社会主义”。本来“人道”、“民主”是社会主义应有之义，无须画蛇添足。戈尔巴乔夫之所以在社会主义之前加上“人道、民主”几个字，是因为公开揭露了斯大林的大量黑暗的暴行之后，需要向人民交代，社会主义到底应当是什么样的，没有民主就没有社会主义，建设一个人道的民主的社会主义社会，是改革的方向和目标，是对人民的许诺。这个目标没有错，可惜的是，当苏共通过这一纲领的时候，苏联已余日无多了，纲领始终是纲领，没有能够变成现实。

戈尔巴乔夫的改革存在严重的缺陷，略举数例。其一是完全忽略了严重的民族问题。列宁曾经说过，沙皇俄国是各族人民的监狱，大俄罗斯民族歧视、迫害少数民族。斯大林执政后推行大俄罗斯沙文主义，继续迫害少数民族，其整体迫迁一系列少数民族的做法是历史罕见的。结果苏联国内民族之间积怨甚深，尤其是第二次世界大战前被并吞的波罗的海三国独立情绪强烈，民族问题呈一触即发之势。其二是国内的贪腐问题严重，老百姓对各级官员的特权深恶痛绝，因此当叶利钦打出“反特权”大旗，一呼百应，大得人心，终于成为他推翻苏共、解体苏联的有力武器。其三是党内“在册权贵”的强大的保守势力，一有机会就兴风作浪。戈尔巴乔夫休假期间爆发的“8·19事件”，是对改革的反动，使广大群众对苏共失去信心。其四，历史的旧账并未从人民的记忆中消失。清算斯大林大镇压的旧账，是迟到的正义。其五，还有一点是不能忽视的，这就是在戈尔巴乔夫改革的整个时期，国内的经济每况愈下，改革在经济上没有给百姓带来看得见、摸得着的好处，这样其支持率越来越低。我亲耳听到一位列宁格勒大学教授说：生活得苦了，但过得愉快了。“苦”是物质的贫乏，“愉快”是说有了思想自由、言论自由了。

戈尔巴乔夫忽视严重的民族问题，在市场经济问题上举棋不定，在一些关键时刻犹豫不决。由于苏联几十年来一直墨守成规，不善于根据世界和国内形势的变化及时调整自己的理论和方针政策，苏共从整体上来说成为不思变革的保守的党，戈尔巴乔夫的改革首先遇到的阻力就是来自党的各级组织及其领导人，改革到处受到内部力量的抵制。戈尔巴乔夫终于得出结论，不可能把共产党作为改革的依靠力量，试图摆脱僵化的苏共，因此他宁要总统的头衔，而不想要总书记的职位。但是在一个党国一体化的国家里，一旦失去党的支持，就失去了依靠，尤其是在国内和党内尚未形成强大的改革力量的时候。在某些问题上戈尔巴乔夫急于求成（如多元化、多党制、改组苏维埃等等），必须看到苏联几十年形成的体制已到了积重难返的程度，改革既刻不容缓，也不能急于求成，改革的必要性必须同改革的适当措施结合起来。戈尔巴乔夫的悲剧在于看到改革的必然性和必要性，但此时此地他已回天乏术，找不到适当的措施来挽狂澜于既倒。

纵观苏联74年的历史，有过两次模式更换（由军事共产主义转换成新经济政策，再由新经济政策转换成斯大林模式）和三次改革。最成功的一次改革是列宁主持的由军事共产主义向新经济政策的转变，它在理论上打破了传统的废除市场关系的社会主义理论，决定在不施加暴力的情况下引导农民走向社会主义，从恢复农业着手，以恢复和发展农业带动工业的恢复和发展，取得了重大成就。但是它也存在致命的缺陷，即没有能够触动政治体制。列宁在经过短时间的犹豫之后，取缔了其他社会主义政党（孟什维克党和社会革命党），在党内又禁止各种派别，这就使列宁所说的“一党专政”变成不受任何监督的“一党独裁”，最后变成一种不受法律约束的无法无天的“个人独裁”。其结果就是经济体制的改革得不到政治体制的保护，一个人就可以用一句话予以废除，新经济政策被打发去“见鬼”。而中断新经济政策，也就埋下了葬送苏共和苏联的历史伏笔！

列宁生前已经看到斯大林掌握的无限权力有可能被滥用，专门写信给党的代表大会，建议一方面加强党内监督，一方面解除斯大林的总书记职务。这时候的总书记职务虽然还不是后来的党政第一把手，但掌握中央组织人事和处理日常事务的大权，一旦被滥用，后果严重。但是列宁的建议没有被接受，最高层的某些人士出于私利的考虑，一心一意支持斯大林继续担任总书记，这便留下了极大的隐患。

苏维埃制度曾被说成世界上最民主、最好的制度。然而，历史表明事实并非如此。在“一党专政”的国家，国家事务的决定权在共产党，而不在苏维埃，十月革命后代表民意的苏维埃逐渐变成无足轻重的机构，最后沦为“橡皮图章”。戈尔巴乔夫后来提出复兴苏维埃，“全部政权归苏维埃”，在“一党专政”的情况下，只是一种幻想，而放弃“一党专政”，全部政权真的归苏维埃，就意味着共产党失去政权。这是一个无法克服的矛盾。

赫鲁晓夫改革的重大缺陷是未能触及体制问题，不能也不敢把斯大林个人专制体制与社会主义制度区分开来。改革是局部性的，对斯大林个人崇拜的揭露虽然震撼世界，但问题往往归结为斯大林个人，这显然是很不够的，不足以解决问题。赫鲁晓夫在开始的时候也强调加强集体领导，但没有形成一种机制，在他站稳脚跟之后，就逐渐退回到个人说了算。这样就为自己的下台埋下了伏笔，给“宫廷政变”开了方便之门。

戈尔巴乔夫的改革比前两次改革都要深入，它触及了积重难返的政治体制，但缺乏充分的准备，如何正确处理党和苏维埃的关系，如何解决一触即发的民族问题，如何推进国内的民主化，又能保持苏共的领导地位，如此等等，戈尔巴乔夫都缺乏预见和考虑，陷入头痛医头、脚痛医脚的状态，徒具愿望而无有力措施，非常被动。

政治体制改革是一大难题，到了20世纪末，不改，则苏共迟早可能步罗马尼亚的后尘，改，如处置不当则反而会加速垮台。这里的问题不出在民主化、公开性，民主自由是当今世界之潮流，世界上众多的民主制国家并没有因民主而垮台，倒是那些强权专制的国家政变频仍，当权者交替出现。苏联由于错过几次改革的良机，问题已经到了积重难返的程度，在这样的国家如何实行改革，做到改而不死，动（变动）而不乱，是一个世界性的难题，是一个值得探讨的问题。

向马克思、恩格斯和列宁求教

苏联兴亡的原因是一个世纪性的问题，即使到本世纪末也未必会有一个公认的答案。本书作者并不企望解答这个难题，只是希望我们提供的事实有助于读者对答案的探寻。我们再提供一些往往被读者忽略的马克思、恩格斯和列宁的论述，也许会给我们以某种启发。

一个由列宁首创的社会主义苏联，一个口口声声要建立社会主义，甚至据说已经开始共产主义建设的苏联，一个千百万群众曾经为之献身奋斗的国家，为什么最终垮台、解体，而达不到自己的目标?

恩格斯在《费尔巴哈和德国古典哲学的终结》中关于历史有一段精辟的论述：

"历史进程是受内在的一般规律支配的。"[1]人们所预期的东西很少如愿以偿，许多预期的目的在大多数场合都互相干扰，彼此冲突，或者是这些目的本身一开始就是实行不了的，或者是缺乏实行的手段的。"行动的目的是预期的，但是行动实际产生的结果并不是预期的，或者这种结果起初似乎还和预期的目的相符合，而到了最后却完全不是预期的结果。这样，历史事件似乎总的说来同样是由偶然性支配着的。但是，在表面上是偶然性在起作用的地方，这种偶

[1] 《马克思恩格斯选集》第4卷，人民出版社1995年版，第247页。

然性始终是受内部的隐蔽着的规律支配的，而问题只是在于发现这些规律。”[1]

“无论历史的结局如何，人们总是通过每一个人的追求他自己的、自觉预期的目的来创造他们的历史，而这许多按不同方向活动的愿望及其对外部世界的各种各样作用的合力，就是历史。”[2]“我们已经看到，在历史上活动的许多单个愿望在大多数场合下所得到的完全不是预期的结果，往往是恰好相反的结果，因而它们的动机对全部结果来说同样地只有从属的意义。”[3]

恩格斯就此进一步提问：“在这些动机背后隐藏着的又是什么样的动力？在行动者的头脑中以这些动机的形式出现的历史原因又是什么？”[4]他回答说：

“如果要去探究那些隐藏在——自觉地或不自觉地，而且往往是不自觉地——历史人物的动机背后并且构成历史的真正的最后动力的动力，那么问题涉及的，与其说是个别人物、即使是非常杰出的人物的动机，不如说是使广大群众、使整个整个的民族，并且在每一民族中间又是使整个阶级行动起来的动机；而且也不是短暂的爆发和转瞬即逝的火光，而是持久的、引起重大历史变迁的行动。”[5]

探讨促使群众行动起来的动因，这是能够引导我们去探索那些在整个历史中以及个别时期和个别国家的历史中起支配作用的规律的唯一途径。

在这里我们之所以大段援引恩格斯的话，是因为在74年的苏联历史中我们可以多次看到这种预期和结果、动机和效果相背离的状况。尽管领袖们一再宣布他们发现并掌握了“规律”，所发现的“规律”如何正确，他们对规律的运用如何英明，他们的预期如何百分之百得到实现，然而历史毕竟是按照自己的规律发展的，一切违背历史规律的东西都不免遭到失败和破产。“军事共产主义”、“全盘集体化”、“阶级斗争尖锐化”和“大清洗”、“建成社会主义”、“进入共产主义”、“发达社会主义”等无不如此。一部苏联兴亡史如实地证实了恩格斯的论断。实际上，某些领导掌握的并不是什么规律，而是权力，他们依靠

[1] 《马克思恩格斯选集》第4卷，人民出版社1995年版，第247页。

[2] 同上书，第248页。

[3] 同上。

[4] 同上。

[5] 同上书，第249页。

手中的权力恣意妄为，无视历史发展的客观规律，无视人民群众的诉求与呼声，无视历史的潮流，凭自己的意志与权力行事。这就难免一朝崩溃，难逃历史的审判。

有人把苏共丧权、苏联解体归罪于赫鲁晓夫、戈尔巴乔夫，认为是党内出了“叛徒”。很难想象，一个大国、一个大党能够被某一个人、某一个叛徒出卖。可以说，历史上没有任何一个个人拥有这样的力量。苏联共产党、中国共产党党内都出现过货真价实的叛徒，但都没有能够搞垮党。因为决定党的命运的不是个别领袖，而是广大党员、广大群众。列宁就此写道：

“历史上有过各种各样的变化；依靠信念、忠诚和其他优秀的精神品质，这在政治上是完全不严肃的。具有优秀精神品质的是少数人，而决定历史结局的却是广大群众，如果这些少数人不中群众的意，群众有时就会对他们不太客气。”[1]

列宁这里说的是，对历史上任何一个重大转变起决定性作用的是广大群众，而不是少数领袖人物。群众对苏共“不太客气”，是因为它已经“不中群众的意”，换言之，不得人心！当苏共中央总部被查封，其中的工作人员走出总部大楼的时候，围观的群众没有一个人表示声援，而是旁观，甚至嘲笑。这是一幅什么样的情景！

不言而喻，这不是否定领袖的作用，领袖对促进或者推迟历史的发展能够发挥巨大的作用。1871 年 4 月 17 日，恩格斯给库格曼的信中谈到偶然性的作用，他说世界历史“发展的加速和延缓在很大程度上是取决于这些‘偶然性’的，其中也包括一开始就站在运动最前面的那些人物的性格这样一种‘偶然情况’。”[2]

恩格斯在《德国的革命和反革命》中指出，需要研究革命必然爆发又必然失败的原因，“这些原因不应该从一些领袖的偶然的动机、优点、缺点、错误或变节中寻找，而应该从每个经历了动荡的国家的总的社会状况和生活条件中寻找。”恩格斯特意批驳了领袖“出卖”论，他说：“当你问到反革命成功的原因时，你却听到一种现成的回答：因为这个先生或那个公民‘出卖了’人民。

[1] 《列宁选集》第 4 卷，人民出版社 1995 年版，第 679 页。

[2] 《马克思恩格斯全集》第 33 卷，人民出版社 1973 年版，第 210 页。

从具体情况来看，这种回答也许正确，也许错误，但在任何情况下，它都不能说明任何问题。甚至不能说明，‘人民’怎么会让别人出卖自己，而且，如果一个政党的全部本钱只是知道某某公民不可靠这一件事，那么它的前途就太可悲了。”[1]

同样，用“叛徒论”来解释苏联这样一个大国的解体，虽似简单明了，但不能说明任何问题，也是直接违背恩格斯的教导的。

马克思写于1857年的《印度起义》一文中有一段话非常值得注意：

“人类历史上存在着某种类似报应的东西。历史报应的规律就是，锻造报应的工具的，并不是被压迫者，而是压迫者自己。”[2]

马克思说的是印度的起义。此前，英国殖民者在印度本地人中间招募一支名叫“西帕依”的雇佣军，用来征服印度并维持其统治。然而，正是这支部队在1857年震撼殖民者的印度民族起义中发挥了重要的作用。所以马克思接着写道：“第一次打击法兰西君主制的是贵族而不是农民。发动印度起义的不是饱受英国人折磨、侮辱和洗劫的莱特，而是由英国人供给吃穿、受英国人豢养和宠爱的西帕依。”[3]

马克思提到的这个“历史报应的规律”或者“类似报应的东西”，值得我们注意。在苏联共产党垮台上，我们同样看到了它的威力。

历史报应规律包含两个方面：报应什么，由谁执行报应。

历史上的坏事恶事不能不受到历史的报应，中国有俗语说，物极必反，善恶到头终有报，就体现了历史的报应规律。承认报应规律，可以使人们对历史存敬畏之心。

这种报应有的很快来到，有的需假以时日，待矛盾积累到一定时候爆发。十月革命前列宁在《论大俄罗斯人的民族自豪感》中写道：

“我们满怀民族自豪感，因为大俄罗斯民族也造就了革命阶级，也证明了它能给人类提供为自由和为社会主义而斗争的伟大榜样，而不只是大暴行，大批的绞架和刑讯室，普遍的饥荒，以及对神父、沙皇、地主和资本家十足的奴

[1] 《马克思恩格斯全集》第11卷，人民出版社1995年版，第6页。

[2] 《马克思恩格斯全集》第16卷，人民出版社2007年版，第334页。

[3] 同上书，第335页。

颜婢膝。”[1]

按照历史报应规律，这样充满大暴行的制度是迟早要被推翻的。令人遗憾的是革命胜利之后人们在苏联还是看见了大暴行、刑讯室、集中营、大饥荒，以及对领袖的顶礼膜拜……

即使在阶级社会，国家的职能之一也是维持社会的稳定，防止社会分裂，防止“经济利益互相冲突的阶级，不致在无谓的斗争中把自己和社会消灭”，“缓和冲突，把冲突保持在‘秩序’的范围以内”[2]。这是恩格斯在《家庭、私有制和国家的起源》中说的。然而斯大林的国家却人为地掀起“阶级斗争”，制造社会的对抗和分裂。这样的国家出路有两个，一个是痛改前非，进行改革，一个是一意孤行，政权垮台。欠债总是要还的。世界历史的进程是一个不断进步的进程，总是光明战胜黑暗，正义战胜邪恶，民主战胜独裁，自由战胜专制的过程，如果不是这样，人类岂不是永远生活在奴隶社会，或者中世纪的黑暗统治之下！世界历史是世界法庭！布哈林在“自己的”法庭上说得很清楚：“世界历史就是进行审判的一个世界法庭。”[3] 所有处于无奈绝望之中的人们都曾寄希望于世界法庭。历史学家罗·亚·梅德维杰夫把他论斯大林主义的起源及其后果的专著取名为《让历史来审判》，绝非偶然。

报应规律的另一方面是实施报应的往往是作恶者自己打造的工具。苏共的垮台，其原因可以列举很多，但归根结底在于苏共本身。列宁曾经提议解除斯大林的总书记的职务，列宁的理由是斯大林“太粗暴”，他认为，这个缺点在一般共产党人之间的相互交往中是可以容忍的，“但是在总书记的职位上就成为不可容忍的了”，他特别警告说，“这一点看来可能是微不足道的小事”，但“这是一种可能具有决定意义的小事”。[4] 但是列宁身后的领导班子或者出于一己私利的考虑，或者由于眼光短浅，硬是把斯大林保了下来，并且赋予更大更多的权力。这样到 20 世纪 20 年代末，大权在握的斯大林就急不可待地中

---

[1] 《列宁选集》第 2 卷，人民出版社 1995 年版，第 450 页。

[2] 《马克思恩格斯选集》第 4 卷，人民出版社 1995 年版，第 170 页。

[3] 《布哈林在法庭上的最后陈述》（1938 年 3 月 12 日），《国际共运史研究》（布哈林专辑），人民出版社 1981 年版，第 139 页。

[4] 《列宁全集》第 43 卷，人民出版社 1987 年版，第 340 页。

断了新经济政策，使社会主义失去走向市场的可能性，而斯大林性格上“粗暴”的缺点，在20世纪30年代的大镇压中毕露无遗。

斯大林实行了由上级任命的等级官员制度，把自己的工资提高到1万卢布，给党政官员以高薪，同时实行暗箱操作的红包制度，在社会主义国家内部培养出一个享有特权的高薪阶层，即“在册权贵”。20世纪50年代赫鲁晓夫进行了还没有触动体制本身的改革，但是他提出的干部任期制已触及一大批干部的利益，于是他们发动“宫廷政变”推翻了赫鲁晓夫政权，使苏联失去一次通过改革以挽救共产党政权的机会。戈尔巴乔夫上台重启改革，这次的改革冲击面更大，深深触及党内利益集团根本利益，这就不可避免地遭到党内“左”右派的反对和抵制，既有保守派的“8·19政变”，又有分裂派的别洛韦日密林会议，叶利钦高举反特权的大旗，赢得大量群众的支持，而结集在他周围的党政官员绝大部分又是在册权贵。在册权贵的各路大军汇集起来推翻了苏共的领导，解散了苏维埃联盟。

促使苏联解体的还有另一支由苏联自己打造的力量。在苏联存在的74年里，在地缘政治上继承的是沙皇俄国的衣钵，它在1921年动用武力并吞了自己刚刚承认的独立的格鲁吉亚民主共和国，1940年，又出兵波罗的海三国，并吞了独立的立陶宛、爱沙尼亚、拉脱维亚。这样，苏联恢复了沙俄帝国的版图。然而，正是这四个被红军占领，强行并入苏维埃联盟的国家，争取民族独立的运动始终不断，成为苏联国内最不安定的因素，它们在20世纪80年代末率先举起民族独立的大旗，宣布本国主权高于一切，动摇了苏维埃联盟的基础，并最后脱离苏联，恢复为独立国家，为苏联国内其他谋求独立的共和国作出了榜样。这支民族分离队伍是苏联自己打造培养出来的，它们曾经“壮大”了苏联，但最后又成为解体苏联的急先锋，这就是一种历史的报应。

多次打断改革、最终使苏共丧权的不是平民百姓，而是苏共自己培植起来的领导上层——“在册权贵”！最后促使苏联解体的急先锋，在联盟内部打开缺口的则是几个被兼并的国家！这大概就是马克思所说的历史报应规律！

苏联史研究在俄国的进步

半个世纪前，赫鲁晓夫“解冻”之后，开始公布一些有关苏共的档案资料，纠正斯大林时期对苏联历史的歪曲，但是这个过程随着赫鲁晓夫被党内政变推翻而中止。戈尔巴乔夫上台之后，继续“解冻”的进程，开始填补“历史空白”，公布许多绝密档案，打开了苏联历史研究中的许多禁区。苏联解体之后，许多重要档案馆对学者开放，历史学家得以深入接触到尘封多年的档案，为真正的史学研究提供了大量可靠的依据。

对苏联历史重新审视始于戈尔巴乔夫时期的剧作家、政论家等，他们不是专业的历史研究者，是“外行”，但恰恰是他们凭自己的敏感、经历和历史见闻，对一些重大的历史事件提出新的看法，尽管多少存在不准确的地方，但非常富有启发性。

我们且以著名的剧作家米·沙特罗夫为例。他发表在1987年第4期《新世界》上的《布列斯特和约》（中译名为《1918年的苏俄领袖们》，世界知识出版社出版），《前进，前进，前进……》（1988年）等剧作在恢复革命的真实历史方面就发挥了积极作用。在这些剧本里，过去一直被从历史上抹去的列宁的战友们如托洛茨基、布哈林、季诺维也夫、加米涅夫等登上了舞台，斯大林也不再是一贯正确的了，也会受到列宁的批评，这样剧作者就在舞台上展示了一幅比较接近历史真实的生动画面，虽然其中还存在如此这般的不足之处。沙特罗夫是中国观众熟悉的《以革命的名义》（1957年）的剧作者，他的《我们一定胜利》（1982年）上演后，勃列日涅夫曾率苏共中央政治局全体委员去观看，因为这些党的领袖们所知道的党史知识不会超过《联共（布）党史简明教程》所教给他们的。沙特罗夫写过很多关于列宁的剧作，显然仔细研究过列宁的生平以及他所处的历史时期，知道许多官方历史教科书所不提供的资料。《布列斯特和约》一剧写于1962年，当时无法发表或者上演，只能发表一些片段，直到25年之后，才得以全文发表。这自然推动了当时提出的“填补历史空白点”、恢复历史真相的运动，同时也给苏联的历史学家们背后击一猛掌。

接着，历史学家们也开始投入重新研究。他们从事两方面的工作：

过去苏联历史学家能看到的机密档案非常有限，只有少数学者能够进入绝密档案库。[1]西方学者主要依据的是托洛茨基被驱逐出境时携带出去的档案，

[1] 1988年我参加在联邦德国举行的布哈林问题国际学术研讨会，与会的有一批苏联学者，其中来自苏联科学院历史研究所的学者就当面指责苏共中央马列研究院的学者垄断档案。

德国人在占领期间从斯摩棱斯克掠走的档案（称“斯摩棱斯克档案”）。从20世纪80年代末起，苏联开始公布一些解密档案，苏联解体后各级档案馆对外开放。历史学家们发掘整理档案资料，报纸杂志上不断披露从档案库中发掘出来的专题资料，在长期工作之后开始出版大量的专题档案集。尤其值得注意的是由A.H.雅可夫列夫院士主编，众多著名史家参加整理编辑的系列档案丛刊《20世纪俄国文献》[1]，一个专题一个专题地公布解密档案，如《1921年喀琅施塔得文献》、五卷本《新经济政策是怎样被打断的。1928—1929年联共（布）中央全会速记记录》、《斯大林与世界主义。苏共中央宣传部文件》，等等。

另一方面，历史学家们开始在此基础上撰写苏联史的论文和专著，如俄国史、苏联史、苏联国家史、政治史、经济史、文化史，等等。尽管由于史家们掌握的材料多寡有异，观点立场不同，对同一历史事实看法和评价不尽相同，甚至截然相反，但俄国的苏联史研究开始进入一个新阶段，总体上逐步走向写真实的历史，纠正以往对历史的伪造和歪曲。十月革命和国内战争只讲列宁和斯大林，不讲托洛茨基，能说清楚吗？除了列宁和斯大林两人以外，把十月革命后的所有党政领导人、列宁的亲密战友都打成“人民敌人”、“叛徒”、“内奸”，这样的历史能让人信服吗？一边宣布社会主义已经“建成”，一边实施大镇压，把千百万无辜人士投入监狱、集中营，予以枪毙，这是社会主义吗？这样的党史，这样的苏联史，是不是应当改写呢？写真实的历史必然要否定伪造的历史、歪曲的历史，说是填补历史的空白也好，说是恢复历史的正义也好，归根结底，需要还历史以本来面目！

与此同时，长期以来被雪藏于“特藏库”（спецхран）的禁书禁报禁刊，如托洛茨基、布哈林、季诺维也夫等反对派成员的著作，刊载反对派文章的报刊也解禁开放，有的公开重印。这使读者得以看到反对派的真正观点和主张，而不是靠斯大林著作和党的决议中多半是被歪曲或断章取义的转述和引文来了解他们的主张。苏联当时曾有禁令，禁止在论文和著作中直接引用反对派的言论，而只准转述，否则就是宣扬反对派的言论。过去一些被查禁的图书，如“异议人士”罗伊·梅德韦杰夫的《让历史来审判》等，也得以公开出版。戈

[1] Россия. XX век. Документы. Под общей ред. Академика *А.Н.Яковлева*. Международный фонд «Демократия». Изд. «Материк».

尔巴乔夫在苏联历史上第一次正式承认苏联存在书报检查制度，并予以废除。

自20世纪90年代以来，互联网得到飞速发展，许多俄国的学术著作、历史资料以至档案文件等可以在网上看到和下载，给史学研究提供了极大的方便。这一切为苏联史的研究提供了扎实的第一手资料，为纠正历史的伪造提供有力的证据。

俄国的史学家，不仅可以看到和使用各种新的解密档案材料，而且在写作史学论著时不再有过去那些官方的意识形态的束缚，没有了各种条条框框，可以按照自己研究的结果来写作了。历史研究成为历史学家的工作，而不再是政治家的工具。政治家们不再能够对历史的学术研究发号施令了，即使有人想发号施令，也再无法定于一尊。对苏联历史的各种问题仍然存在不同看法，争论在继续，但争论不再能够由官方来统一。莫斯科大学历史系副系主任Л.С. 列昂诺娃教授指出：当前，俄国史学家们已达成了一定的共识，认为学术研究不能再回归从前那种思想一统的老路，方法和观点的多元化是任何一门学科顺利发展的首要条件之一。在这种生态条件下，苏联史的研究出了不少可喜的成果，包括论文和专著。这里既有为斯大林辩护的菲利波夫等人著作的教学参考书《俄国现代史（1945—2006）》，也有"颠覆性"的由安·祖波夫主编、多国学者参加编写的两卷本《20世纪俄国史》。可以同意或者不同意他们的观点，但仅就这两种观点截然对立的图书能在俄国出版而论，不能不承认这是历史的巨大进步。

从这一切可以看到，俄国的苏联史研究在最近1/4世纪的时间里有了长足发展，这是史学的进步，而不是历史虚无主义。

我们的工作

苏联的解体为苏联的社会主义画上了一个句号，苏联作为国家，作为制度，已经成为历史，整个苏联时期已经摆在世界历史的舞台上任人评说。苏联史成了整个俄国历史中的一个阶段、一个时期。诚然，这是一个非常独特的、影响过整个世界的时期。写前朝史是史家的一种惯例，一个朝代结束了，就有可能看到被深深掩盖的各种历史真相，有可能较为客观地评说其功过得失，为客观的科学的历史研究提供有利的条件。

苏联解体后，我国出了几本苏联史的专著，发表了不少叙述和论述苏联某一段历史、某一个问题的著作，这些著作分析问题的角度不同，详略不一，观点看法也不一致，对苏联历史和问题的研究出现了争鸣的良好态势。对存在74年的世界上第一个社会主义国家的兴衰存亡过程及其原因的探讨，不是短时间内能够达成共识的。罗马帝国灭亡以来世界上罗马兴亡史就出了好多种。法国大革命离今天已有两百多年，研究的著作依然源源不断地问世。曾有记者问周恩来怎样评价法国大革命？周恩来回答说：现在作结论为时尚早。已经过去两个世纪的法国革命尚且如此，一个曾经影响整个人类社会的社会主义革命的得失和经验教训，绝对不可能在短时间内取得各方的共识。仅仅就斯大林一人的评价而论，从他逝世算起，事过半个多世纪仍然众说纷纭，无法盖棺论定。对这么一段影响世界历史的发展进程的苏联历史决不是某几人或某几本书能作出定论的！

本书的作者群体关注苏联历史已久，有些学者从20世纪50年代起就学习和研究苏联史。有过痛苦的“文化大革命”经历的作者们深感苏联对中国影响之大、之深，开始从中国的教训反思苏联的历史。从20世纪70年代末开始，中国的苏联史研究者写出了一批有独立见解的论述苏联历史的论文和专著。

苏联解体之后我们有意写作一部比较完整、较为详尽的能够反映苏联历史真实过程的苏联史，这既是我国广大关心苏联历史的读者的需要，也是我们自己厘清苏联历史本身发展过程的需要。为此，本书的作者和其他一批苏联史研究者一起从1995年以来投入以下两项工作。

为使中国的学者能够看到并利用从苏联末期起开始公布的大量解密档案，由沈志华教授牵头在中国社会科学院立项，编译出版了34卷《苏联历史档案选编》[1]。我国有数十名苏联史研究者、翻译者投身于《苏联历史档案选编》的编译出版工作，历时七年，于2002年正式出版发行。这部书为我国苏联史的研究提供了一份非常有价值的资料。

编译出版档案资料不是我们的最终目标，利用这些档案资料撰写一部反映苏联历史真实面貌的苏联史，这才是我们追求的目标。1996年由沈志华等教授倡议，“中国史学会东方历史研究出版基金”提供资助，由郑异凡研究员

[1] 参见沈志华执行总主编：《苏联历史档案选编》，社会科学文献出版社2002年版。

牵头在中央编译局为九卷本《苏联史》正式立项。2002 年《档案选编》完成之后，作者们开始集中精力撰写这部《苏联史》。

我们长期从事于历史研究，多年的工作使我们深深感到，一个历史工作者需要具备史魂、史识、史胆。“史魂”说的是史家的道德良知，要显善揭恶，独立思考而不媚时，不随风倒，尤其不为恶辩护。“史识”说的是对历史的认知，是建立在历史事实基础上的对历史的清醒认识，以史实为依据，运用历史唯物主义、历史主义，把握基本的历史联系，认识和揭示历史的本来面貌，力求揭示历史发展的规律。“史胆”，面对历史要敢于秉笔直书，敢于讲真话，敢于写真实的历史，这是对历史负责的态度。史魂、史识、史胆，这是中国史学的优良传统，也是我们追求的方向。

本书作者们努力给读者提供一部真实的苏联史。任何一个史家对自己所记叙、描绘的历史，不可完全处于超然的、纯客观的地位，必然会有自己的看法，并且会以各种形式表现出来，这是不言而喻的。本书同样如此，我们力求做到的是，所提供的历史事实，是真实可信的，我们的看法是有据可依的。苏联历史中伪造的东西太多了，纠正这些东西困难重重，尤其是对我们这些外国的史学家来说更是如此。迄今为止俄国的史学家们在这方面做了大量的工作，但是应该说，仍然处于起步阶段。写出一部完整、全面、真实的苏联史，有待俄国和各国历史学家的共同努力，我们所做的工作只是抛砖引玉而已。

当然，我们也不妄自菲薄，中国的历史学家在研究苏联史上具有自己的优势。我们是社会主义国家，正在建设中国特色的社会主义。此前我们在相当长的一个时期曾经照搬照抄过苏联斯大林的那一套做法，我们的社会主义曾经深深留下斯大林模式的烙印。中国人对斯大林模式的弊端有切身体会，摒弃和改革斯大林模式是中国改革开放的起点。这样，我们在考察苏联的成败得失时，会有自己的感性认识，可以通过自己的教训去认识苏联历史中的问题。从 20 世纪 70 年代末起，中国学者已经开始对苏联史中的某些问题进行认真的反思，得出新的认识，如列宁晚期思想、对斯大林的评价、对布哈林的评价、对赫鲁晓夫的评价、对《联共（布）党史简明教程》的评价、苏联农业集体化和工业化等等问题，都提出了自己的新见解，可以说，在 20 世纪 80 年代中国学者在苏联史的若干问题的研究上走在了苏联史家的前面。

马克思在《〈政治经济学批判〉导言》中说过："人体解剖对于猴体解剖是一把钥匙。反过来说，低等动物身上表露的高等动物的征兆，只有在高等动物本身已经被认识之后才能理解。"[1]这是马克思就资本主义社会对以往的各种社会的关系而言的。资本主义是借以往的社会形式的残片和因素建立起来的，其中一部分是还未克服的遗物，继续在这里存留着，一部分原来只是征兆的东西，得到了充分发展。中国的社会主义，是在苏联模式的基础上建立起来的，而中国特色的社会主义则是在克服和摒弃苏联模式中的斯大林模式的基础上建立起来的，在这里如马克思所说，一部分原来只是征兆的东西，如列宁的运用市场机制的新经济政策，得到了充分发展。在我国斯大林模式虽然已被摒弃，但不可否认，一部分尚未克服的"遗物"仍继续存在。通过中国特色的社会主义实践，我们能够更清楚地认识苏联社会主义的得失，这是不言而喻的。

本书是一部多卷本的苏联史，以相对独立的历史阶段分卷，依次为：俄国革命、国内战争、新经济政策时期、斯大林模式的确立、卫国战争、战后斯大林时期、赫鲁晓夫的十年、勃列日涅夫的十八年、戈尔巴乔夫改革和苏联解体。历史的延续存在有机的内在联系，分卷只是为了写作方便，并不是对苏联史的科学分期。九卷书是一个整体，讲述一个连续不断、有机联系的历史过程。与此同时，各卷的内容又是相对独立的。为发挥每一位作者的特长和创造性，在总体设计下，每卷的作者独立设计本卷的结构和内容，写作风格也不强求一致。为叙事方便，卷与卷之间部分内容或有重叠交叉。由于作者的视角不同，运用的资料不同，这种重叠不会是简单的重复。这样，每一卷都可以作为有头有尾的独立的一段史书来读。由于长期磨合，作者们对苏联历史的总体看法是一致或近似的，相信全书在基本观点上也会是一致的。尤其值得指出的是，本书的多数作者同时也是《苏联历史档案选编》相应卷次的主编，档案的编辑工作为他们提供了扎实的史料。

本书自 1996 年立项，到 2013 年开始出书，历时十多年，是名副其实的"十年磨一剑"。一部历史著作的撰写确实需要有较为充裕的时间，急就章是不行的。我们不敢说本书是精品，但是应当说，要出精品就必须舍得下"十年磨一剑"的功夫。

[1] 《马克思恩格斯选集》第 2 卷，人民出版社 1995 年版，第 23 页。

司马光言："鉴前世之兴衰，考当今之得失。"写"前世之兴衰"是历史学家的责任，"考当今之得失"则未必是史学家所能完成的任务，倒不如说是每一位读者自己的任务。历史学家的首要责任就是写出信史，使所写的历史书尽可能接近历史本身。这是考当今之得失的前提。如果历史事实被歪曲了，那由此得出的结论必然陷入谬误。2009 年 5 月 13 日，习近平在中央党校说：领导干部要通过研读历史经典，看成败、鉴是非、知兴替，起到"温故而知新"、"彰往而察来"的作用。我们希望这套《苏联史》能在这方面提供一些有用的东西。

在成书之际我们深深怀念中国社会科学院世界史所已故朱庭光所长，他一直关怀我们的苏联史研究和写作；怀念我们的挚友中央党校战略研究所的姜长斌教授，他不是课题组成员，但几乎参加了我们的所有学术讨论，贡献了许多宝贵的意见，长斌不幸于 2009 年年初去世，未能看到本书的出版，实为憾事。中国社会科学院世界历史研究所闻一、马龙闪研究员、华东师范大学历史系余伟民教授、中国政法大学金雁教授等也参加了我们的部分讨论会，人民出版社张伟珍编审为本书的出版做了大量工作，东方历史研究基金会和人民出版社提供了资助，前驻俄大使李凤林先生百忙中为本书作序，对此我们深表谢意！

2009 年 7 月 18 日二稿
2011 年 5 月 1 日三稿

目录

导　言

20世纪的20年代在苏联历史上是一个重要的转折时期，是决定苏联今后半个多世纪发展方向的时期。正是在这20年代，苏联实现了两次重大的模式转变：20年代初从军事共产主义模式转向新经济政策模式，20年代末又从新经济政策模式转向斯大林模式。此后苏联就沿着斯大林所选择的道路一直走下去，赫鲁晓夫试图改革这种模式，不但没有成功，自己反而被推翻，戈尔巴乔夫继续赫鲁晓夫未竟之事业，结果苏维埃政权连同斯大林模式一道被送进了历史。

20世纪20年代的苏联，用列宁的说法，是“新经济政策的俄国”，这不到10年的历史是很值得研究的。它站在市场经济和计划经济的十字路口，继续新经济政策，有可能发展成为我们叫做“社会主义市场经济”的模式，中断新经济政策就走向了现在所看到的高度集中的、指令性的、军事动员型的计划经济体制。

新经济政策需要研究，无论其中成功的经验还是失败的教训，在社会主义发展史上都值得认真总结。这种研究首先是对新经济政策本身的研究，它的缘起，它的具体措施，它的成就，它所遇到的阻力，它本身存在的矛盾和问题，它的被取消等等，都应当是深入考察的对象。然而，对新经济政策俄国的研究，不能局限于经济政策本身，应当是全面的，经济、政治、文化、政党等等都需要作为互相联系的整体进行分析研究。新经济政策之所以被斯大林送去“见鬼”，不仅仅是经济政策本身的问题，更重要的是由于当时没有得到改革的政治体制，它不仅不能保护新经济政策，反而千方百计地限制、削弱以至取消这个政策。经济体制的改革得不到政治体制的保护，这是致命的。

布尔什维克党公开宣布它实行的是“党专政”或者“一党专政”。在这个国家里，一切问题的解决都要党来拍板。决定国家发展方向、发展路线的是共产党。在党内起决定作用的不是全体党员，而是人数不多的领袖。列宁说得很坦率：“目前党的无产阶级政策不是取决于党员成分，而是取决于堪称党的老近卫军的那一层为数不多的党员所独有的巨大威信。”[1] 所以在研究20世纪20年代各项政策路线的走向时，不能不把注意力放到领袖们的认识、观点、主张上，这也就是本书不厌其烦地研究和介绍列宁、斯大林、托洛茨基、季诺维也

[1] 《列宁全集》，中文第2版，第43卷，第19页。

夫、加米涅夫和布哈林等领袖人物的思想和政策主张的缘故。

平民百姓的意见在通常情况下是不起作用的，但是当农民走投无路，手执武器起而反抗的时候，或者工人活不下去举行罢工的时候，他们的意见是会或多或少地影响当局的决策的，这从被迫实行新经济政策的历史可以看得很清楚。列宁是明智的，在苏维埃政权面临严重危机的关头，毅然决然地实施了新经济政策，尽管那时候有一系列理论问题还没有想明白。他的这一决策促使了苏联经济的迅速恢复和发展。

不过如果群众异议的力量不够强大，没有威胁到政权的存在，那是不会起多大作用的。在苏联强力部门足够强大的20世纪20年代末，虽然农民强烈反对农业全盘集体化，但他们的公开反抗或消极抵制，只能迫使当局作暂时的让步，短时间的“纠偏”（1930年斯大林的《胜利冲昏头脑》），风头一过，集体化的方针照行不误。不过历史的惩罚是无情的，此后苏联的农业长期处于落后状态，到20世纪50年代初还没有达到1913年沙皇时期的水平。这是制度不能顺应民意，不按规律办事，长期僵化的苦果。

共产党执政的国家是以马克思主义的意识形态做指导的。十月革命后实行军事共产主义，除了战争形势的逼迫之外，主观上是按照取消商品货币市场经济、把生产和分配集中到国家手中、直接向共产主义社会过渡的思路行事的，正因为如此，长时间把小生产看作会随时随地产生资本主义的大敌，把自由贸易看作是发展资本主义。实行新经济政策后，实践的检验促使改变观念，商品货币、自由贸易、市场得到承认，社会主义观念得到更新，列宁在最后的遗言中终于宣布：“我们对社会主义的整个看法根本改变了！”转变是艰难的。仔细考察列宁思想的发展变化对我们有巨大的现实意义，充分说明马克思主义必须随形势的变化而发展，必须修正过时的观念和主张，这样马克思主义才会具有生命力。

通观20世纪20年代的历史，还可以看到，列宁逝世后的权力斗争是一个客观存在，对此不能视而不见。苏联高层的权力斗争有自己的特点，这就是斗争是在意识形态、路线斗争的掩盖下进行的，争论双方都打着马克思主义、列宁主义、社会主义的大旗，真假孙悟空，需要仔细辨别。正因为如此，有时候观点相同者之间反而斗得一塌糊涂，至于观点相左，那就更不必说了。斯大林、季诺维也夫、加米涅夫“三驾马车”反对托洛茨基，斯大林反对不久前的战友季诺维也夫和加米涅夫，季诺维也夫和加米涅夫同不久前的论敌托洛茨基联合反对斯大林，或者斯大林联合布哈林反对托季联盟，斯大林在打倒托季联盟后清算布哈林、李可夫和托姆斯基等等，其中既有社会主义建设方法、道路之争，也有权力斗争。所以写20世纪20年代的历史不能回避党内斗争，必须考察20世纪20年代的党内斗争。可以说，这些党内斗争的结局决定了苏联发展的命运。本书试图依据第一手资料，首先是俄共、联共历次党代表大会、代表会议的速记记录或会议公报刊登的有关人士的报告和发言，托洛茨基被驱逐出境时携带出去的各种档案文献，俄国近年公布的解密档案等等，恢复当年党内斗争的真实图景。为此，本书不得不用相当大的篇幅去解读当年的党内斗争。

脱离政治体制，单就经济体制论经济体制是很难说清问题的。经济体制的生死存亡决定性关键是政治体制。一个好的经济体制是否会被采纳并坚持下去，关键是有一个良性的政治体制给予保护。在20世纪20年代初，不仅经济体制需要改革，政治体制也需要改革。废除军事共产主义，实行新经济政策，不仅仅是经济体制的改革，不仅仅是废除粮食征收制，实行粮食税，而且应当进行政治体制的改革，废除军事命令的战时体制，在党内、国内实行更多的民主制，给予老百姓以更多的自由民主权利，当家作主的权利，把苏维埃国家变成法治国家。当时这方面的进程不顺利，阻力很大，列宁去世前看到了这一点，给党的第十二次代表大会的信第一句话就是："我很想建议在这次代表大会上对我们的政治制度作一系列的变动。"[1]很有必要对20世纪20年代苏联的政治体制作一番梳理，从中不难看到在断送新经济政策中政治体制所起的关键作用。列宁逝世以后的政治体制，对经济体制的改革不是促进，而是促退、限制，千方百计地用行政的办法去管理经济。这使我们理解，在当时环境下新经济政策被打发"见鬼去"的命运是难以避免的。

文化体制是同政治体制密切相连的，文化体制在苏联是为政治体制的确立和巩固服务的。当时的主要领导人（列宁、托洛茨基、布哈林、卢那察尔斯基等）曾经长期流亡西方，受到西方文化的熏陶，因此在文化管理上比较注意继承文化传统，不盲目排斥现有文化，尊重知识分子的创造，因此相对而言，

[1] 《列宁全集》，中文第2版，第43卷，第337页。

在文化管理上比较放松，知识分子有一定的创作自由、学术自由，共产党宣布不偏袒任何一个学派和团体，因此20年代的文化，包括文学艺术和社会科学的发展是整个苏联时期中最兴旺的时期，正是这一时期出现了享有世界声誉的理论家、作家和艺术家，创造出一批传世作品——包括文学、音乐、绘画、戏剧、电影等等。不过在这一时期还存在另一种趋势，这就是逐步建立并"完善"的书报检查制度，逐步加紧在这一领域的行政和意识形态控制，使文学艺术直接服从于政治尤其是领袖的需要，而无视其特殊的规律，到20世纪20年代末和30年代初，文坛开始万马齐喑，此后再也没有出现过生动活泼的争鸣局面。苏联当局很长时间不承认书报检查制度的存在（可见他们也不认为这是好东西），近年俄国学者发掘并公布出了大量有关档案，使研究者有可能依据一手资料较为详细地考察这一制度的形成和发展演变过程。

写历史需要从历史事实出发，这是最根本的一条，理论从来不是历史的出发点。本书秉承这一原则，尽可能写出历史的真实过程，只有了解了历史真相，才有可能对其经验教训作出科学的总结和评价。这是本书追求的目标。当然，史家的工作是有局限性的，一个是史料的限制，史料只能随着发掘的深入而逐渐丰富起来，近年来有关苏联历史的档案不断披露公布，根据这些资料可以对一些历史问题写出较为翔实科学的文章，作出较为符合实际的评价，但是浩如烟海的档案材料，目前公布出来，能看到的仅仅是其中的一部分，特别是外国学者能看到的材料是很不充分的。其次由于认识的异同，即使同一史实，也会有不同的评价，俄国、中国以至世界各国在某些历史问题上的的争论充分说明这一点。即使如此，查明事实、写出真相，仍然是历史学家的首要任务。

从20世纪80年代末到今天，俄国的苏联史研究有长足的进步。这首先是摆脱了《联共（布）党史简明教程》的思想束缚，纠正了长期以来对历史的伪造和曲解，历史学家可以面对历史讲真话了。其次，是历史档案的陆续解密，历史学家有可能进入长期封闭的各种档案馆，查阅各种档案。此前个别历史学家也有可能获得特许，进入档案馆，但他们的任务不是恢复历史真相，而是用档案资料证明《简明教程》和党的观点，最典型的就是瓦加诺夫的《联共（布）党内的右倾及其被粉碎》。第三，各种当事人可以发表回忆录，讲述所经历的历史。这在过去是不可想象的。赫鲁晓夫回忆录的写作和出版经历充分说明这一点。曾经贵为苏共第一书记的赫鲁晓夫，一旦被赶下台，照样没有随意写作和出版回忆录的自由。这些回忆录给历史留下当事人的见证。当然，像对待档案馆中的档案一样，对回忆录也必须进行鉴别，因为回忆录通常都具有强烈的个人色彩——倾向、好恶、偏爱等等。最后，历史学家们开始摆脱官方意识形态的束缚。过去的史书首要的任务是为官方的所作所为歌功颂德或者辩护，而不是阐明历史真相。可以说，现在俄国多数历史学家已经把写历史的真实放在首位。这样他们的著作可信度大大增强了。坚持为旧朝写辩护书的自然还会有，例如苏联作家协会原主席卡尔波夫的《斯大林大元帅》，但这样的著作甚至不能称作历史著作，其中随意编造的东西太多了。

20世纪20年代是苏联历史发展的一个关键时期，在这一时期，废止了军事共产主义模式，实行了立足于市场机制的新经济政策。但是军事共产主义体制的影响并没有彻底消除。军事共产主义和新经济政策这两种社会主义建设基本模式的斗争，始终贯穿于整个20世纪20年代，并且军事共产主义模式的变种最后取得了胜利，被后人叫做“斯大林模式”，统治了苏联将近半个世纪。

对新经济政策的研究在20世纪20年代已经开始，例如著名经济学家普列奥布拉任斯基就写过《从新经济政策到社会主义》、《新经济政策时期的经济危机》等著作。这时期的作者都是当事人，他们从事的工作主要是研究新经济政策中的问题，对新经济政策进行系统化和综合的工作。

从20世纪30年代到50年代上半期，有关新经济政策的著作大多是宣传性的小册子，把新经济政策看作是为进攻作准备的暂时退却，强调的是新经济政策时期的阶级斗争，依据的是党的决议和列宁斯大林的著作。1929年斯大林宣布让新经济政策“见鬼去”，但是此后口头上仍然没有抛弃新经济政策，只是说开始了新经济政策的“第二个时期”，据说这个时期一直延伸到1936年宣布苏联基本上建成社会主义之时。1931年新经济政策10周年的时候《真理报》发表社论《新经济政策还没有结束》。这样，许多著作就称新经济政策是从资本主义到社会主义整个过渡时期的政策，其起止时间为1921—1936年。[1] 然而奇怪的是，在这以后出版的《联共（布）党史简明教程》中，新经济政策被放在毫不起眼的位置上，在第9章第2节提到“过渡到新经济政策”，第3节做了“新经济政策的初步总结”之后，就再也不提新经济政策了，全书没有任

---

[1] 《苏联共产党历史》，人民出版社1960年版，第417页。

何地方交待新经济政策是何时结束的。这样，新经济政策就等于为恢复国民经济而作的暂时退却，国民经济一旦恢复，新经济政策也就不再需要了，新经济政策的起止时间为 1921—1925 年。

苏共二十大后，开展对斯大林个人崇拜的批判，开放了部分档案资料。但是由于 20 世纪 20 年代的许多遭镇压的领导人没有得到平反，20 年代各种争论的是非没有得到澄清，涉及新经济政策的许多问题仍然说不清楚，阶级斗争、反对资本主义、消灭富农和耐普曼等等仍然被看作新经济政策的基调。不过有的学者依据新材料写出了专著，例如埃·鲍·根基娜的《列宁的国务活动》(1969) [1] 就有不少涉及向新经济政策转变的档案材料。

真正掀起研究新经济政策热潮的是戈尔巴乔夫改革时期，戈尔巴乔夫倡导“公开性”和填补历史的“空白点”，试图从列宁的新经济政策中寻找改革的历史和理论依据，同时给一批遭到镇压的领导人如布哈林、李可夫、季诺维也夫、加米涅夫等平反，陆续开放保密档案，主客观条件使新经济政策成为热门课题。苏联解体后，由于摆脱了意识形态的束缚，历史学家们有了较多研究和发表观点的自由空间，开始出现了不少有关新经济政策的论文和著作，许多有关俄国 20 世纪历史的专著中都有专门的篇章论述新经济政策，如 B.П. 德米特连科主编的《20 世纪俄国史》(1996)，俄国政治和经济史中心编写的《俄国史。苏维埃社会》(1997)，安·索柯洛夫的《苏联史教程（1917—1940）》(1999)，И.С. 拉季科夫斯基和 M.B. 霍季亚科夫著的《苏俄史》(2001)，蒙恰耶夫和乌斯季诺夫合著的《苏维埃国家史》(2002 年)，皮霍亚主编的教科书《祖国史》(2005) 等。[2] 这些著作的倾向性并不相同，例如《苏维埃国家史》中仍然可以看到《联共（布）党史简明教程》的影响。出版了许多有关苏联史的

[1] ［俄］埃·鲍·根基娜著：《列宁的国务活动（1921—1923）》，梅明等译，中国人民大学出版社 1982 年版。

[2] История России. XX век. Отв. редактор *В.П. Дмитренко.* Москва. АСТ. 1996.; *Соколов А.К.* Курс советской ристории.1917－1940. Москва. Высшая школа.1999.; *Ратьковский И. С.*, *Ходяков М.В.* История совтской России. Санкт-Петербург. 2001.; *Мунчаев Ш.М., Устинов В.М.* История Советского государства. Изд. НОРМА. М., 2002.; Отечественная история. Учеблик. Под общей редакцей *Р.Г. Пихои.* Изд. РАГС. М., 2005.

论文集，其中收有涉及新经济政策时期的文章，如尼卡诺罗娃等编的《历史的篇章。1988 年 1—6 月》、《历史的篇章。1989 年 1—6 月》，由列里丘克主编的《史家争论》（1988），伊斯肯德罗夫主编的《揭开新的篇章……》（1989），伊万诺夫编的《历史话题的通信》（1989），茹拉甫廖夫主编的《历史难题》（1991），施什金主编的《苏联史。问题和教训》（1992）等等，[1] 这些论文集及时传达了历史学家们的新观点、新成果以及新资料。绝大多数的学者把新经济政策的起止时间定在 1921 年至 1928 年或 1929 年。

有关 1920 年代的专著，如 B.A. 施什金的《政权，政治，经济。革命后的俄国（1917—1928）》（1997），别拉乌索夫的《20 世纪俄国经济史。第 2 册：通过革命走向新经济政策》（2000），奥尔洛夫《新经济政策：历史，经验，问题》（1999），伊勃拉基莫娃《新经济政策与改革》（1997），文集《新经济政策的得与失》（1994），对新经济政策时期的经济和政治以及新经济政策本身有较为系统的叙述。[2] 克里明《新经济政策年代的俄国农民（1921—1927）》；巴甫洛娃的《斯大林主义：权力机制的形成》（1993），罗戈文的《是否有选择？托洛茨基主义：多年后的观点》（1992）、《斯大林的新新经济政策》（1995），查库诺夫的《在学说的迷宫中》等就某些专题进行了较为深入的专

---

[1] Страницы истории.1988. Сост. *Е.Б.Никанорова и А.Я.Разумоа.* Лениздат. 1989.; Страницы истории.1989. Сост. *Е.Б.Никанорова и А.Я.Разумоа.* Л., Лениздат. 1990.; Историки спорят. Тринадцать бесед. Под ред. *В.С.Лельчука.* М., Политиздат. 1988.; Открывая новые страницы... Под общ. ред. *А.А.Искендерова.* М., Политиздат. 1989.; Переписка на исторические темы. Диалог ведет читатель. Сост. *В.А.Иванов.* М.. Политиздат. 1989.; Трудные вопросы истории: Пойски. Размышления. Новый взгляд на события и факты. Под ред. *В.В.Журавлева.* М., Политиздат.1991.; Советская история. Проблемы и уроки. Отв. ред. *В.И.Шишкин.* Новосибирск. 1992.

[2] *Шишкин В.А.* Власть, политика, экономика. Послереволюционная Россия (1917–1928) С.-Петербург. 1997.; *Белоусов Р.* Экономическая история России XX век.Книга Ⅱ. Через революцию к нэпу. Москва. ИздАТ,2000.; *Орлов, И. Б.* Новая экономическая политика: история, опыт, проблемы. М., 1999. *Ибрагимова Д.Х.* НЭП и перестройка. Массовое сознание сельского населения в условиах перехода к рынку. М., Памятники истрической мысли. ; НЭП: приобретения и потери. Москва, Наука, 1994.

题研究。[1]

从苏联解体前后开始，许多历史档案陆续开放，俄国一些历史学家暂时放下研究工作，投身于档案的发掘和整理工作，报刊上不断公布专题档案材料，陆续出版专题解密档案集，由 A.H. 雅柯夫列夫院士主编的“二十世纪的俄国文件汇编”是一部规模庞大的系列档案文件集，其中有直接涉及新经济政策的如《1921 年的喀琅施塔得》、5 卷本的《新经济政策是怎样被断送的》。[2] 托洛茨基被驱逐出国时携带了大量十月革命到 20 世纪 20 年代末的档案资料，2 卷本《托洛茨基收藏文件集》和 4 卷本《托洛茨基档案》的绝大部分内容都与 20 年代有关。[3]20 年代关于政策方针的争论都是在党的代表大会和代表会议上进行的，因此联共（俄共）历次代表大会和代表会议速记记录和苏共决议是研究新经济政策的第一手重要文献，此外还有苏共中央的决议汇编，苏联共产党和政府经济问题决议汇编，等等。[4]1990

[1] *Климин И.И.* Российское крестьянство в годы новой экономической политики (1921–1927). С.-Петербург. Изд. Политехнического университета. 2007. Часть 1–2. *Павлова И.В.* Сталинизм: становление механизма власти. Сибирский хронограф. Новосибирск. 1993.; *Роговин В.* Была ли альтернатива? “Троцкизм” : взгляд через годы. Москва. Терра. 1992.; *Роговин В.* Сталинский неонэп. М..1995.; *Цакунов С.В.* В лабиринте докрины. Из опыта разработки экономического курса страны в 1920-года. М., «Россия молодая», 1994.

[2] Кронштадт 1921. Документы о событиях в Кронштадте весной 1921 г. Изд. Международный фонд “Демократия” . 1997.; Как ломали НЭП. Стенограммы пленумов ЦК ВКП(б). В 5- ти томов. М., 2000.

[3] The Trotsky papers. T.2. 1920–1922. Mouton. The Harue-Paris.1971.; Архив Троцкого. Коммунистическая оппозиция в СССР(1923–1927). В 4-х тт. Ред. и сост. *Ю.Фельштинский.* Терра.1990.

[4] 《俄共（布）第十三次代表大会（速记记录）》，人民出版社 1987 年版。其他均为俄文版，无中译文。大体上有两种版本，一种是当时的会议公报，另一种是 1950—1960 年代出版的速记记录。本书引用的多数为会议公报，这是当年苏联专家留给中央编译局的。《苏联共产党代表大会、代表会议和中央全会决议汇编》中央编译局译，第 2 分册，第 3 分册，人民出版社 1964 年、1956 年版；《苏联共产党和苏联政府经济问题决议汇编》，第 1 卷，梅明等译，中国人民大学出版社 1984 年版。

年以来出版了一些历史文件选集，集中提供了一些基本文献和新文献，如《祖国史文选（1914—1945）》，《俄国史。1917—1940。文选》。[1]

有关新经济政策的中文著作有：杨承训、余大章合著的《新经济政策理论体系——列宁对社会主义经济的再认识》，河南人民出版社 1985 年版，沈志华著的《新经济政策与苏联农业社会化道路》，中国社会科学出版社 1994 年版。[2] 郑异凡著的《布哈林论》、《天鹅之歌》和论文集《不惑集》、《史海探索》[3]；柳植（杨存堂）的论文集《世纪的实践》；徐天新的论文集《平等、强国的理想与苏联的实践》；叶书宗的论文集《俄国社会主义实践研究》中有不少文章涉及新经济政策，是我国史家研究的新成果。[4]

资料方面 2002 年出版的 34 卷本《苏联历史档案选编》[5] 约有 10 卷涉及新经济政策的 20 世纪 20 年代，其中有托洛茨基档案、在俄国报刊陆续公布的新解密的档案。80 年代以来中央编译局编译出版的《布哈林文选》、《李可夫文选》、《托洛茨基言论》，专题资料集《"民主集中派"和"工人反对派"文选》、《一国社会主义论争资料》，郑异凡编译《苏联"无产阶级文化派"论争资料》等等，

---

[1] Хрестоматия по отечественной истории (1914–1945). Под ред. *А.Ф.Киселева, Э.М.Щагина*. М., Гуманитарный издательский центр ВЛАДОС. 1996.; История России. 1917–1940. Хрестоматия. Под ред. *М.Е.Главацкого*. Екатеринбург.1993.

[2] 杨承训、余大章：《新经济政策理论体系 —— 列宁对社会主义经济的再认识》，河南人民出版社 1985 年版；沈志华：《新经济政策与苏联农业社会化道路》，中国社会科学出版社 1994 年版。

[3] 郑异凡：《布哈林论》，中央编译出版社 2006 年版；《天鹅之歌 —— 关于列宁后期思想的对话》，辽宁教育出版社 1996 年版；《不惑集》，辽宁教育出版社 2001 年版；《史海探索》，安徽大学出版社 2005 年版。

[4] 柳植（杨存堂）：《世纪的实践》，安徽大学出版社 2005 年版；徐天新：《平等、强国的理想与苏联的实践》，安徽大学出版社 2005 年版；叶书宗：《俄国社会主义实践研究》，安徽大学出版社 2005 年版。

[5] 沈志华主编：《苏联历史档案选编》，第 1—34 卷，社会科学文献出版社 2002 年版。此书的不足之处是未交代文献的出处。

收有当事人的有关文章、报告和资料。[1]

中央编译局编印的内部资料《列宁研究》、《斯大林研究》和《马克思恩格斯列宁斯大林研究》收有各种有关资料、档案文献和论文，值得注意。

王丽华主编的《历史性突破——俄罗斯学者论新经济政策》[2]收集了俄国20世纪90年代以来发表的有代表性的论述新经济政策的论文，很有参考价值。

过去的苏联史伪造的东西实在太多了，某些人已经习惯于认假作真，以至于一旦有人揭露和纠正伪造，恢复历史的原貌，反而被指责为“全盘否定历史”，是什么“历史虚无主义”。这正是“假作真时真亦假”！

翻翻俄国当今出版的各种历史教科书，看看俄国历史学家的各种著作，不难发现作者们的观点并不一致，甚至相互对立。这是一个好现象，是学术研究中的正常现象，说明许多问题还需要继续深入探讨。有人希望，对苏联历史的种种问题有一个官方的统一的说法或结论，这至少是幼稚的想法。人的认识是无止境的，对历史的解释、判读不能定于一尊。在俄国，编写钦定的历史书来统一思想，目前已经不可能。

本书作者根据现有的历史资料，按照本人的认识，撰写这段历史，希望能给有兴趣的读者提供一段可信的历史，供进一步研究和思考之用。俄国还在继续编辑和出版各种档案资料，俄国历史学家的各种专著也在不断问世，关于苏联历史的研究未可穷尽，也许再过一段时间本书引用的某些资料会被推翻，某些论断会被否定，如果真的出现这种情况，只会令人高兴。但是本人也相信，依据历史真实材料书写的历史是不会被推翻的，这也正是本人所追求的。

---

[1] 中央编译局国际共运史研究室编译：《布哈林文选》（3卷本），人民出版社1981—1983年版；中央编译局国际共运史研究室编译：《李可夫文选》，人民出版社1986年版；中央编译局国际共运史研究室编译：《托洛茨基言论》，三联书店1979年版；中央编译局国际共运史研究室编《“民主集中派”和“工人反对派”文选》人民出版社1984年版；中央编译局国际共运史研究所编《“一国社会主义”问题论争资料》人民出版社1986年版；郑异凡编译《苏联“无产阶级文化派”论争资料》人民出版社1980年版。

[2] 王丽华主编：《历史性突破——俄罗斯学者论新经济政策》，人民出版社2005年版。

感谢我的列宁格勒大学（现圣·彼得堡大学）同学列·希罗科拉德教授（Л. Широкород）、伊·奥列金娜教授（И.Олегина）、尼·伊沃奇金娜研究员（Н.Ивочигина），二十多年来，他们不断提供各种信息和图书，同我交流观点，使我获益匪浅。

第一章　向新经济政策过渡

第一节　严重的政治经济危机

1920 年国内战争基本结束。年轻的苏维埃政权取得了国内战争和抗击外国武装干涉的胜利，然而，苏维埃政权却不能庆功，它面临严重的政治和经济危机。

经过 4 年世界大战和 3 年的国内战争，国民经济处于濒临破产的状态。失去包括 3000 万人口的 80 万平方公里的土地。国内战争中红白双方死亡 80 万人，伤 5 万人，因瘟疫死亡 40 万人。由于饥荒、瘟疫和躲避战乱的移民，1914—1923 年，苏俄丧失 1300 万人口。

1959 年出版的《苏联共产党历史》写道：苏维埃俄国的经济处在 19 世纪下半叶沙皇俄国的经济水平。国民经济遭到严重破坏。1920 年大工业的产值比战前时期几乎减少了 6—7 成。冶金业处于非常困难的状态，1920 年仅炼了 11.6 万吨生铁，约等于战前产量的 3%。煤比战前减产 2/3，石油几乎减产 3/5，纺织品的产量减少 19/20。由于缺少燃料和原料，大部分企业无法开工。按人口平均计算，生铁的产量每人不到 1 公斤，棉织品的产量每人不到 1 米。居民最需要的工业品极度缺乏。农业也遭到极大的破坏。1920 年的农业产值只等于沙皇俄国的 65%。粮食和其他最必需的食品严重短缺。[1]30% 的铁路停运，剩下的地段由于缺乏燃料、机车车辆和熟练的铁路员工而时开时停。农业生产下降将近一半。经济生活实物化，货币大规模贬值。

社会阶级状况发生深刻的变化。地主和大、中资产阶级被消灭，富农遭到剥夺。大批知识分子精英移居国外，加上家庭成员，人数达 150 万。工人阶级的人数减少一半，部分是为逃避饥荒而移居农村，从事手工业劳动，另一部分是参加红军，有的牺牲在战场。1920 年底，500 万红军开始复员，但社会不可能为他们提供工作岗位。农民名义上分得了土地，但是在粮食征收制 [2] 下，

---

[1] ［俄］鲍·尼·波诺马辽夫主编：《苏联共产党历史》，人民出版社 1960 年版，第 356—357 页。

[2] Продразверстка 一般译作“余粮征集制”，不确切，本书一律改作“粮食征收制”。见郑异凡：“不仅仅是翻译问题——关于苏联史中的两个译名”，《探索与争鸣》2005 年第 3 期。

他们几乎变得一无所有。

布尔什维克党本身发生了重大变化。到1921年初，党员人数增加到75万，但二月革命前入党的党员仅占2%。由于长期的战争环境，党内实行“战斗命令制”，干部任命制，造成党政机关各部门行政命令作风、官僚习气盛行。内战期间，完全靠党的统一来保证全国各共和国（如乌克兰、白俄罗斯等）的步调统一，这种情况造成严重的党政不分，以党代政，苏维埃逐渐失去原先的代表民意的政权机关的作用，成为执行党的决定的“橡皮图章”。

在内战结束之际，国内出现各阶层普遍不满情绪。工人对工厂停工、开工不足、口粮减少、缺乏民主感到不满。农民对实际上拿走其绝大部分甚至全部粮食的粮食征收制、征粮队的暴行和禁止做买卖严重不满。如果说在大敌当前的时候他们还能暂时容忍的话，那么到地主资本家复辟的危险已经消除的时候，对这些军事共产主义的做法，无论工人，还是农民都已经无法继续保持沉默。

在国内战争中主要是红、白两军对垒，革命反革命界限分明，但到了后期逐渐发展成农民同布尔什维克政权的对立，甚至武装对抗。国内战争期间征粮队的人数达到4.3万人，他们大多由工人组成，是以工人阶级的名义对农民进行的一场“战争”，因此内战后期农民和苏维埃政权的武装对抗被叫做“小国内战争”。粮食征收制使耕地大大缩减，因为农民对超过自身需要的扩大生产不感兴趣，不管是不是“余粮”反正都要被国家收走的。因此农民经济具有实物消费性质。征收机构和征粮队的活动已经危及农民存在的基础本身，由农村反抗引发所谓“蔓生的反革命”。1921年有50多起大规模农民起义。其中之一是遍及坦波夫全省的安东诺夫暴动，参加对其镇压的布尔什维克军事委员安东诺夫－奥弗申柯把产生的原因归结为“骑马的军事匪帮”活动的结果，征粮队当时就是这样的“匪帮”。苏联史书把这一时期农民的武装反抗叫做“盗匪活动”，把政府的镇压叫做“剿匪”。1921年初没有一个省份不在某种程度上存在所谓盗匪的。

列宁在俄共第十次代表大会上承认，在国内战争基本结束后，“我们被卷进了一场新形式的战争，新类型的战争。这种形式的战争简言之就是盗匪活动”。[1] 列宁把这归之于几十万长期习惯于打仗的红军的复原，这些人一贫如

[1] 《列宁全集》，中文第2版，第41卷，第7页。

洗，生活艰难，自己的劳动用不上，于是从事盗匪活动。其实这里的根本问题是这些回到农村的军人在粮食征收制的重担下无法生存，从而铤而走险，参加暴动，反抗苏维埃政权。列宁承认，在处理工人阶级同其他阶级的关系方面有失误，“我们这个阶级是必须通过同这些阶级的合作，有时也要通过同它们的斗争来决定共和国的命运的”。[1]“农民对无产阶级专政日益不满，农民经济的危机极端严重”，军队的复原引起了盗匪活动，加剧了经济危机。[2] 在共产国际第三次代表大会上，列宁直接承认：“农民的骚乱来势很猛，工人中间也有不满情绪。他们已经筋疲力尽了。人的精力毕竟是有限的啊。他们已经饿了三年肚子，但不能四年五年地饿下去。饿着肚子，政治积极性自然大受影响。”[3]

最先揭竿而起的是农民。1920 年末至 1921 年初，农民武装暴动席卷西西伯利亚、坦波夫省和沃罗涅日省、伏尔加河中游地区、顿河流域、库班、乌克兰和中亚。到 1921 年春，农民暴动几乎遍及全国。最有代表性的是 1920 年下半年到 1921 年初的西西伯利亚、坦波夫省农民战争和喀琅施塔得水兵起义。

1921 年 2 月 13 日，波德沃伊斯基等人给俄共中央的报告中承认：“现在农民动乱与以往不同的是他们有组织有计划（见农民联盟委员会纲领和安东诺夫的报纸）……同农民动乱的斗争取代了同武装的白匪的斗争。”[4]

引发起义的根本原因基本上是相同的：对粮食征收制的不满，普遍的饥荒，征粮队的粗暴不法行为，苏维埃的“变质”——不能真正代表广大人民群众，成为布尔什维克一党专政的工具。下面举几个较有代表性的农民暴动。

安东诺夫暴动

这是 1920 年 8 月在坦波夫省爆发的大规模农民起义，因领导人亚历山大·安东诺夫而得名，在苏联史书上叫做“安东诺夫叛乱”。

坦波夫省工业极不发达，却是俄国中部的大粮仓之一，每年运出农产品

---

[1] 《列宁全集》，中文第 2 版，第 41 卷，第 7 页。

[2] 同上书，第 12 页。

[3] 同上书，第 42 卷，第 54 页。

[4] 沈志华主编：《苏联历史档案选编》，社会科学文献出版社 2002 年版，第 7 卷，第 3—4 页。

6000 万普特，其中约有 2600 万出口国外。坦波夫省是农民最多的一个省份，农村居民有 325 万，城市居民只有 25 万。该省农民历来具有反抗地主压迫的传统，他们积极参加了 1905 年的革命，摧毁地主庄园，对斯托雷平的土地政策进行了顽强的抵抗。他们建立了劳动农民委员会，争取建立立足于“在自由土地上的自由劳动”原则之上新的社会制度。二月革命以后，他们采取措施夺取地主的土地自行耕种。这就是说，坦波夫的农民在“土地法令”颁布之前已经开始夺取土地，省土地委员会完成了把土地交给农民的工作。但是战争妨碍他们自由耕种土地。还在沙皇时期，为了战争的需要，已经实行粮食垄断和粮食征收制。1917 年临时政府继续了这一政策，它既没有解决土地问题，也没有解决粮食问题。“给饥民以面包”是十月革命的主要口号之一。十月革命建立的苏维埃政权通过“土地法令”满足了农民要土地的夙愿，但随后在 1918 年实行的粮食垄断和 1919 年初实行的粮食征收制，加上“消灭小生产”的方针，使得新政权同农民的关系复杂化。因此，不是偶然的，正是这个有反抗传统的地区，爆发了反抗布尔什维克政权的大规模的农民起义。

这个边远省份长期以来还是行政流放地，大量政治犯被流放此地。它也是社会革命党人的领地，早在 1895 年社会革命党的组织已经控制了 5 个县。著名的社会革命党领袖玛·亚·斯皮里多诺娃、维·米·切尔诺夫等都来自坦波夫省。

该省 1909—1913 年平均消费水平为 17.9 普特，此外还有 7.4 普特的饲料粮。而 1920—1921 年人均占有粮食（扣除播种需要的种子，但没有扣除饲料粮）为 4.2 普特。1920 年下达的粮食征收任务是 1100 万普特粮食和 1100 万普特的土豆。如果百分之百完成任务，农民人均只剩下 1 普特粮食和 1.6 普特的土豆了。但粮食征收任务仍然完成近一半。到 1 月份已经有半数农民饿肚子，有人吃树皮，有人饿死。粮食征收制下这个省的负担特别重。苏维埃政权带有狭隘的军事行政性质，“许多农民习惯于把苏维埃政权看成是与他们格格不入的、一味发号施令、全然不讲求经济效益的机关”（全俄中央执行委员会驻坦波夫省全权代表安东诺夫－奥弗申柯给俄共中央的报告[1]）。农民承担的出畜

[1] 安东诺夫－奥弗申柯的报告对研究坦波夫省农民暴动非常重要，列宁对这份报告作了批语。见《苏联历史档案选编》，第 5 卷，第 50—91 页。

力车的任务也十分沉重。1920 年农村状况极其悲惨，发生旱灾。就是没有粮食征收制农民也处于没有出路的境地，而省的摊派任务极高。政府亟需粮食，而农民不愿交纳粮食，国家严重的粮食状况迫使粮食机关的特派员不惜采取任何手段获取粮食。省执行委员会主席 M. Д. 奇奇卡诺夫给各县发去特别通告，宣布一切公职人员如延缓征收将被当作苏维埃政权的敌人，交付革命法庭。除了普通的征粮队，成立两支特别队伍，派往顽强抵制交纳粮食的地区。征粮队员的行为导致农村出现农民对国家粮食政策的反抗。

粮食征收制不仅是对农民劳动成果的直接剥夺，并且是极其浪费的剥夺。1921 年 2 月 14 日，列宁同因参加“安东诺夫运动”被省契卡逮捕的农民们谈话，谈后列宁写道：“让土豆腐烂了。拿走。腐烂。”[1] 征粮队征收了土豆，又运不走，就白白地让它腐烂。

坦波夫农民起义的领导人亚历山大·安东诺夫，是社会革命党人，被流放过，曾任基尔萨诺夫警察局局长，早在捷克战俘叛乱的时候，就利用机会收藏从捷克军手里没收的武器。起义于 1920 年 8 月 15 日爆发，他们提出的口号是“打倒粮食征收制！”“自由贸易万岁！”“在斗争中夺回自己的权利！”“劳动农民同盟万岁！”颇受农民的欢迎。

起义很快就扩大到整个坦波夫省以及部分沃罗涅日省。起义军有良好的组织，队伍不断扩大，成立了特殊的“农民共和国”，以卡缅科为中心，地区包括基尔萨诺夫、博里索格列布斯克、坦波夫县。

1921 年 7 月 16 日图哈切夫斯基向列宁报告：暴动于 1920 年 9 月开始，暴动者称之为“自己的革命”。“暴动的原因与整个俄罗斯联邦是一样的，是对粮食征收制不满和地方粮食机关不讲究方法、粗暴推行粮食征收制。”报告认为：

1. 坦波夫省已经成为社会革命党人强大的巢穴。2. 社会革命党人在创建劳动农民同盟时采取的策略很高明。3. 安东诺夫在领导基尔萨诺夫警察局时藏匿大量武器，最后还有安东诺夫的军事组织才能。[2]

领导起义的是劳动农民同盟，它有自己的纲领，其内容如下：

---

[1] Правда.1988. 6 июня.

[2] 《苏联历史档案选编》，第 5 卷，第 47—48 页。

劳动农民同盟的首要任务是推翻布尔什维克共产党人的政权，消灭这令人憎恨的政权和制度，因为他们使国家贫困、灭亡和陷入耻辱。农民同盟组织志愿游击队，开展武装斗争，以实现下列目标：

1. 全体公民不分阶级政治上一律平等。

2. 结束国内战争，建立和平生活。

3. 竭尽全力协助同外国列强建立巩固的和平。

4. 按照普遍平等直接秘密投票的原则召开立宪会议。

5. 在召开立宪会议之前，由参与同共产党人斗争的各联盟和政党在地方和中央选举临时政权。

6. 言论、出版、信仰、结社和集会自由。

7. 全面实施原立宪会议通过的土地社会化的法令。

8. 通过合作社满足城乡居民对生活必需品，首先是食品的需求。

9. 调节国家管理的工厂中劳动和产品的价格。

10. 部分工厂实行非国有化，大工业、煤炭工业和冶金工业应当掌握在国家手中。

11. 对生产实施工人监督和国家监视。

12. 允许外国和俄国资本参加国内经济生活的恢复工作。

13. 立即同外国列强恢复政治和商务经济联系。

14. 原俄罗斯帝国内的各民族自由自决。

15. 为恢复小农户提供广泛的贷款。

16. 手工业生产自由。

17. 学校中自由讲授，普遍的识字义务教育。

18. 目前还在活动的有组织的志愿游击队在召开立宪会议及其解决常备军问题之前不得解散。

劳动农民同盟坦波夫省委员会[1]

据安东诺夫－奥弗申柯报告，劳动农民同盟纲领是把社会革命党中央通告信（1920 年 5 月 13 日）推荐的纲领加以改写而成的，充分反映了组成劳动

[1] Хрестоматия по отечественной истории(1914–1945 гг.). М.,1996. С.255–256.

农民同盟的那些群体的社会愿望。

劳动农民同盟区委会告红军战士书中写道：现在没有言论、出版、结社、集会、信仰的自由和人身不可侵犯权。“所有这一切都被苏维埃毁灭了，取而代之的是我们和你们都随时可见的随意逮捕、平白无故的枪决、抢劫和放火。”[1]

1920 年 9 月有 4000 名武装人员，约万名手持叉子和镰刀的农民。到 1920 年底，有军队 1.5 万人，1921 年 5 月达 5 万人。这是一支农民军队，有自己的纲领口号，良好的指挥，其建制和红军类似，也设有政委，在士兵和农民中开展政治工作。为整合军队，安东诺夫实行严格的“计算和监督”，对过错按照“革命时期的法律”予以严惩。其组织和风格足以进行游击型的军事行动：这三个县是森林县，有天然的自然掩护，与居民有密切联系并得到他们的支持。他们采用游击战术，形势不利时就潜入森林，穿上平民服装，成为和平居民。调查反安东诺夫分子的工作拖延原因委员会领导人卡麦隆的报告说：“安东诺夫是一位杰出的人物，有很强的组织能力，是社会革命党全民政权和‘立宪会议’思想和口号的狂热传播者……他在一年半时间里建立了基层组织和未来作战的据点……而今他们的活动已形成有计划有组织地与苏维埃政权对抗的形势。”[2] 安东诺夫－奥弗申柯的报告承认，“他们中的确有经验丰富的军事专家，并且在努力认真地组织‘部队’”。“匪徒们由于得到当地居民有组织的协助，很少受到损失，而且行动非常灵活，可以说是无处不在……‘游击队’消息灵通，说明他们的密探和情报机构组织广泛”，而红军有关敌人的多少准确一些的情报都是靠空中侦察获得的。[3]

到 1921 年 5 月初在坦波夫省的 5 个县里，苏维埃政权已不复存在，政权落入劳动农民同盟手中，社会革命党通过该同盟贯彻自己的政策。人数大约有 2.1 万人。历史学家 M. 库巴宁统计，在坦波夫省有 25%—30% 居民参加了暴动，即实际上所有成年男性都参加了。[4]

---

[1] 《苏联历史档案选编》，第 4 卷，第 349 页。

[2] 同上书，第 354 页。

[3] 同上书，第 5 卷，第 62 页。

[4] *Лоскутов В.И.* Уроки сталинизма. Кризис. 网上资料。

为平息叛乱，1921 年 2 月 7 日派遣安东诺夫－奥弗申柯到坦波夫省，领导中央执行委员会的全权委员会。1921 年 4 月 26 日列宁向政治局提出建议，27 日通过“关于消灭坦波夫省的安东诺夫匪帮”的决定，根据此决定，图哈切夫斯基被任命为军队司令。1921 年 5 月他接收了对坦波夫军队的指挥，共 4.2 万人，463 挺机枪，63 门大炮，还动用了飞机和装甲车支援，同起义军展开总体仗。双方都采取了极其残酷的手段。红军方面实行大规模的逮捕和枪毙，用大炮摧毁和火烧整个村庄，扣留并枪杀人质。1921 年 6 月 30 日的坦波夫战区关于镇压起义的政治汇报中说：在一些区把隐藏和帮助匪帮的人枪毙，扣留人质，例如在帕诺库斯特扣留 64 人，在克里沃波梁扣留全体男性公民，14 名“通匪人员”被枪毙，在格里亚兹努赫扣留了 17 人。作为报复，对方也扣留红军和共产党员家属作人质，对被俘人员则区别对待，“红军战士被俘后，他们通常予以释放、发给通行证并劝说他们返回家乡；而对红军指挥人员和所有共产党员则进行严刑拷打，然后处死”。[1]

在红军的强大攻势下，经过 40 天的大小战斗，暴动被平定。1921 年夏，安东诺夫的基本力量被摧毁。6 月底 7 月初，安东诺夫发布最后的命令，让战斗队分成小股，躲进森林或者分散到各家。图哈切夫斯基命令向森林施放毒气[2]，结果躲进森林的所有人员无一生还。安东诺夫本人在拒捕时被击毙。

由于镇压的方法过于残酷，特别是关于在“匪村”枪毙人质的 1712 号命令，在布尔什维克领导中引起抗议。1921 年 7 月 18 日李可夫致信托洛茨基（他领导剿匪委员会）并转寄刊载 1712 号命令的卡兹洛夫县的《我们的真理报》。剿匪委员会于 1921 年 7 月 19 日通过决定，“废除该命令”，并在当天“通过直通电报发送以便在坦波夫的出版物上刊载”。图哈切夫斯基被从坦波夫召回，派往西部战线。不久安东诺夫－奥弗申柯也被召回。

安东诺夫－奥弗申柯在 1921 年 7 月 20 日给俄共中央写了关于坦波夫省盗匪情况的报告，报告中的结论有两点值得注意：1.“农民暴动是在农村小私有

[1] 《苏联历史档案选编》，第 5 卷，第 61 页。

[2] Хрестоматия по отечественной истории(1914–1945). М.,1996. С.256. 1921 年 6 月 12 日命令：“施放窒息性毒气清除匪徒躲藏的森林，要准确做到使窒息性毒气完全覆盖整个森林，消灭藏匿其中的所有人员。”

者对无产阶级专政不满的基础上爆发的，因为无产阶级专政毫不留情地对小私有者实行了强制，很少考虑农民经营的特点，无论从经济方面还是从教育方面对农村都没有提供服务。”2.“脱离农民的原因在于，农村的苏维埃政权依然主要具有军事行政性质，而不具有经济性质，是一支从外部发号施令的力量，而不是公认的农民经济的领导者；苏维埃政权在农民看来是个强制机关，而不是首先为农村服务的组织。”[1] 图哈切夫斯基 7 月 16 日给列宁的报告指出，农民在一定程度上不相信关于粮食税的法令是真诚的，因此他建议不要向坦波夫省收取任何追加的粮食税。[2]

伏尔加流域的恰潘战争

农民要求苏维埃自治和自由最鲜明的表现是伏尔加流域的恰潘[3]战争。

伏尔加河流域是风险的农业地区，每隔几年就会发生旱灾，因此农民不得不储备谷物和粮食。当局对此非常清楚，但是仍然没收能够没收的一切。这就逼得农民揭竿起义。

这次起义有两个比较深刻的根源。第一，农民村社——自治和调节社会生活的古老形式。由于资本主义的发展和更多地吸引农民参与商品经济，逐渐放弃自我生产，村社逐渐瓦解，一小部分农民发财了，开始采取各种形式的剥削（雇佣劳动，高利贷），另一部分则成为贫农，某些人成为雇工。但多数农民（60%—80%）仍是独立生产者，有自己的个体经济。这种农民同村社制度有密切联系，积极抗拒资本主义的发展。第二，起义的根源和动力是劳动农民同盟，这是农民的政治和经济组织，建于 1905—1907 年。很难确定其性质：是完全的政治机构，还是关心改善人们物质状态的工会，或者像实施城乡产品交流的合作社，也许三者都是。在 1917—1921 年革命期间曾试图建立和发展劳动农民同盟，甚至到 20 年代还是如此。劳动农民同盟从来没受任何政党的控制，虽然左派和右派社会革命党人曾在其中积

[1] 《苏联历史档案选编》，第 5 卷，第 87 页。

[2] 同上书，第 47—49 页。

[3] 恰潘（чапан）—— 农民穿的长襟外衣。

极工作。

导致伏尔加流域的农民起义的直接原因，首先是粮食征收制。此外还有国家的暴力、取消人民的权利和自由，把苏维埃变成完全由共产党控制的机构，红色恐怖，压制教会——公开销毁圣像。最后，伏尔加流域是临近红白战线地带，这里动员人人参加红军，不愿参加红、白军的农民对此拼命反抗。

起义于1919年3月2—3日在中伏尔加流域，萨马拉省和辛比尔斯克省开始。据调查起义原因的专门委员会主席彼·格·斯米多维奇报告，参加的人数达15万，面积迅速扩大到百万居民的土地。这也许是俄国历史上最大的农民起义。起义者只有几百支步枪和几挺机枪，多数人只能用斧头和自制的长矛武装。因此正如委员会的报告所指出的，尽管“有人数上的优势，整个运动集中而又有组织性”，但失败是不可避免的。然而起义者还是控制了很大一片土地，占领了斯塔夫罗波尔。起义者在几天之内建立了新的社会政治和军事机构，首先组建了人民农民军，在所有的村镇建立其指挥部和其他协调机构。起义者自己选举指挥员（经历过第一次世界大战，有战斗经验者）。普遍改选苏维埃，选出向村会（сельский сход，村民大会）报告工作的代表。选出新的斯塔夫罗波尔苏维埃及其执行委员会。起义者在报纸上写道，他们不喜欢革命前的资本主义制度，也不喜欢布尔什维克的独裁。起义的唯一目的是中止掠夺性的粮食征收制，保卫苏维埃政权，防止“在共产主义伪装下吸血的寄生虫”。《消息报》写道：起义不反对苏维埃政权，而反对“暴君、刽子手和掠夺者的政权，这些人就是共产党人和无政府主义者等等，他们用机枪杀人，杀人以后抢走私人的粮食和牲口，销毁圣像”。左派社会革命党人对起义有影响，但不大。

起义被红军和契卡的讨伐队镇压下去，成千的农民牺牲。但伏尔加流域继续是一个不安定的地区。1920年春乌法省农民起义。在“叉子起义”（“Вилочное восстание”）里联合了俄罗斯、鞑靼、巴什基尔、德意志和拉脱维亚村（这个区有德意志和拉脱维亚的移民），有4万人参加。

西西伯利亚起义

在20世纪俄国的人民运动中，西西伯利亚1921年的起义占有特殊的地位。起义的人数众多（10万以上），遍及广袤的土地，它违背参与事变的各政党的意志，制定出一个自己的政治和社会纲领。

1920年秋，西伯利亚的布尔什维克领导加速征收粮食。在伊希姆县（后来成为起义的中心）甚至把农民的种子粮也收走了。据1920年实际领导该县粮食征收的雅科夫·迈尔斯说："留下的粮食甚至不足以播种一俄亩土地。"总的说来，秋明省的粮食征收制是总体性的，正因为如此，该省成为起义的主要发源地。一度出现的暴风雨前的寂静——农民的消极状态使布尔什维克做出错误判断，1920年12月4日，西伯利亚革命委员会甚至取消了西伯利亚的戒严状态。然而，1921年2月1日，西伯利亚革命委员会主席斯米尔诺夫致电莫斯科说，"农民共产党员不可靠，有的地方公开反对粮食征收制"。他认为，领导起义的是农民同盟，"农民共产党员会同它们联合起来"。果然如此。农民们（共产党员和非共产党员）、劳动农民同盟成员、复员的红军、狩猎合作社社员和黄油制造合作社社员联合成强大的起义运动，截断了西伯利亚的粮源。

形式上西伯利亚不存在村社制度。[1]但实际上，村会成了农村社会生存的重要机制，正如恰潘起义一样，村会组织了起义军司令部，改选了苏维埃。还在革命前合作社和协作社就掌握了互助和集体使用生产工具的职能，它们成了"村社的代用品"。例如，西伯利亚黄油制造合作社还在革命前就把私人生产者排挤出市场。

大量富有的西伯利亚村庄（有时有几千名居民）远离城市，虽然他们离不开同城市的交换，但它们经济和政治独立的程度比别的地方高。这种状况促使农民养成自我组织和互助的习惯。无论在沙皇时期，还是在布尔什维克时期，他们都不大需要中央政府，也看不到中央给予的帮助。他们把没有共产党人的苏维埃看作是非集权化的手段。

狩猎合作社的猎人们在粮食征收制下处于特殊状态。他们通常以猎物交换粮食以及其他必需品，但在粮食征收制下失去交换粮食的可能性。这些合作社社员没有自己的田园，因此就处于没有食粮的地步。他们如果把猎物带出森林，就会像其他粮食一样被征粮队没收。但这些猎人是武装起来的，他们熟悉

---

[1] 西伯利亚没有通常意义上的村社。此处把 сельское общество 译作村社，сельский сход 译作村会。

大森林，这是进行游击战的理想场所。

因此，在西伯利亚形成了暴动的条件。他们的口号是：没有共产党人的苏维埃，取消粮食征收制，自由支配粮食的权利。像俄国其他地区的起义一样，西西伯利亚的起义是从召开村社的村民大会开始的，要求归还被当局夺走的粮食。然后运动具有起义的性质。1921 年 2—4 月起义队伍在西西伯利亚、外乌拉尔、哈萨克斯坦的一大片土地上活动，成立了人民起义军，领导人大都是当地人，有军事经验，得到地方居民的信任。起义者在号召书中写道："我们并不反对农民和工人的苏维埃政权，因为我们完全相信，苏维埃政权是真正捍卫劳动人民利益的政权。我们反对的是掠夺我们最后一颗粮食的共产党人……农民同志们，同起义的同志联合起来，组织队伍去反对掠夺和践踏人权的共产党人，他们让我们挨饿，摧毁我们的经济。"到处改选地方的村苏维埃，村苏维埃则对村会负责。有一份乡执行委员会工作人员向西伯利亚一个新的村苏维埃声明："我们，原执行委员会工作人员，完全服从我们尊敬的人民的政权。"妇女积极参加了起义，有的地方还组织了妇女起义队，成立了妇女的管理机关。

1921 年 2 月 20—21 日，起义部队占领了托博尔斯克，在这里组织地区自治机构。2 月 27 日选出农民—城市苏维埃，并开始工作，约有 70 名代表。县里的每一个乡 2 名代表，由乡代表大会选出，乡的每一个村社每 100 名居民至少派遣 1 名代表。这表明起义者把每一个村庄看作是独立的社会单位。托博尔斯克市 18 个选区各出 1 名代表，选出 18 名代表，选举可以是秘密的，也可以是公开的。市工会代表也参加农民—城市苏维埃。代表可以在任何时候根据派遣单位的公民代表大会的决定召回。农民—城市苏维埃管理在起义者管辖下的所有土地，处理行政、财政、经济和军事问题。然而地方权力在地方村苏维埃、地方自卫队手中。起义者保持言论、出版自由，工会等社会政治组织可以自由活动。

人民起义军总司令部告红军战士书写道："共产党人告诉你们，起义的不是手长老茧的农民，而是高尔察克匪帮的残余，他们想重新使用鞭子，扼杀自由……不要相信他们，农民兄弟。你们自己知道，在开始实行征收制的时候就夺走了我们的所有粮食。但共产党人觉得还不够，他们夺走了全部种子粮，放在粮仓里任其腐烂。他们在冬天剪去我们的羊毛，让羊挨冻。人民在忍耐，因饥饿而浮肿……我们农民希望人能成为人，能自由地生活。我们想恢复工农苏维埃政权，由热爱自己的备受污辱的多灾多难的祖国的真诚的人组成。共产党人说，苏维埃政权不能没有共产党。为什么？难道我们不能选举无党派的苏维埃，由那些同人民在一起的，为人民而痛苦的人组成的苏维埃？共产党人给了我们什么？他们几乎答应给我们天堂的生活，保证全面的自由，但一旦掌握政权，他们给我们的是监狱和处决，他们污辱我们，而我们卑躬屈膝。但忍耐是有限度的，我们农民把土地上的所有收获都给了共产党人，现在决定：宁可死于共产党人的子弹和刺刀，也不愿慢慢地痛苦地死于饥饿或者在监狱中腐烂。红军兄弟们，醒醒吧!!! 到我们这里来，痛打自己的指挥官和共产党人吧，而我们将停止兄弟相残，建立自己的工农政权，在机床上工作，拿起木犁、木耙，从事和平劳动……”

这个起义总司令部的文件出自普通的农民之手，其中宣布了最主要的主张：建立真正的苏维埃政权，把管理的职权交给受“农村村社”监督的无党派苏维埃。

人民起义军的另一份号召书中写道：“迄今为止共产党人还是不愿意理解或者故意胡说，起义的不是不堪忍受的人民，似乎是某些将军、戴金肩章的军官、孟什维克和社会革命党人。他们还在掩饰起义的是全体人民，被他们看作是不负责任的灰色的牲口。共产党人还认为，人民只能被抢光和枪毙，人民不会起来捍卫自己的人权。我们，起义的人民，很清楚我们为什么起义，要达到什么目标……联合成一体：俄罗斯人、鞑靼人、农民、工人、市民。奥斯加克人、萨莫耶德人手持弓箭对准逃往密林和沼泽的共同的敌人。我们要建立真正的苏维埃政权，而不是只是打着苏维埃的旗号的共产党的政权。我们要自由呼吸，让每一个人干自己想干的活，能够自由地处理自己的财产，谁也无权夺取靠沉重的劳动挣得的东西，每个人都有权自由支配靠自己劳动的手挣来东西。我们希望每一个人信仰自己所愿意信仰的：东正教徒按自己的信仰，鞑靼人按自己的信仰，不用暴力强迫我们信仰共产……在这里，在托博尔斯克我们已经选出了县农民城市苏维埃……乡选出了自己的全权代表，没有任何强制地选出居民熟悉并且信任的人。共产党人强迫选举居民不认识的掠夺居民的共产党人。在自己的乡里我们还根据新的原则改选了新的苏维埃。一旦我们把共产党人赶出全省，人民就选举省苏维埃，而当我们的军队联合了其他省份的游击队，我们就选举西伯利亚苏维埃……”

有右派社会革命党人参加，其中有些人还被选入农民城市苏维埃。但他们未能以自己的立宪会议和私人工业的主张改变起义者的口号。运动具有自发性质，没有一个政党能够控制运动。

起义遭到了失败，虽然其武装比恰潘战争要好，但敌不过布尔什维克的正规武装。此外，实施新经济政策使多数农民趋向妥协，虽然西西伯利亚的武装斗争持续到1922年初，起义的基本力量在1921年春夏就瓦解了。

1921年2月24日，列宁在莫斯科党的积极分子会议上的讲话中提到西伯利亚的农民暴动。谈到粮食调运时，列宁说：“现在无法从西伯利亚调运，因为富农暴动分子切断了铁路。我们西伯利亚的同志曾讲过可能发生富农暴动，但是规模很难断定。这不是一场可以估计兵力的战争。西伯利亚的农民还不习惯困苦的生活，尽管他们遭受的困苦比俄国欧洲部分的农民要少……”[1]“盗匪活动使人感到社会革命党人的影响……社会革命党人同地方的叛乱者勾结。这种勾结还可以从以下情况看出来，即暴动正好发生在我们收集粮食的那些地区。实行粮食征收制真有难以想象的困难。在西伯利亚也实行粮食征收制，但那里还有历年的存粮。”[2]列宁所谓社会革命党人的影响是一种推论，缺乏事实证据。这是当时通行的一种说法，把所有农民的反抗叫做社会革命党人策划的富农暴乱。列宁还说：“这些暴动表明，农民中间有些阶层不愿意接受粮食征收制，也不愿意接受粮食税。”西伯利亚农民不愿接受粮食征收制是真的，至于是否接受粮食税，由于还没有实行，就难说了。他接着说：“非党农民对我们说：‘请你们在计算时要考虑到小农的需要；小农需要心中有数：我该交出多少粮食，其余的由我支配’，我们说：对，这有道理，这是完全符合当地情况的合理的想法，在我们还没有机器，你们自己还不愿意从小经济转到大经济以前，我们愿意考虑这样的设想。过一个星期就要召开党的代表大会，我们将提出这个问题，分析这个问题，并且作出决定来满足非党农民和广大群众的要求。”[3]列宁的这个回应是实事求是的。

[1] 《列宁全集》，中文第2版，第40卷，第356页。

[2] 同上书，第358页。

[3] 同上书，第370页。

工人的不满和工潮

由于不断削减口粮的定量，不断减少工厂的劳动岗位，工人群众中存在严重的不满情绪，他们举行罢工，各地爆发工潮。

劳动岗位的减少是因为工业危机，工厂无法开工或者开工不足。莫斯科的“伊里奇”、“迪纳摩”、“机器制造者”、“红色普列斯尼亚”等工厂裁减50%的工人。下诺夫哥罗德省的“红色索尔莫沃”工厂裁减1500名工人，布良斯克的“工会国际”工厂裁减2500名工人。阿巴坎铁路工厂除了铸造车间，关闭了所有车间，裁减工人达75%。因缺劈柴，布良斯克省的工人拆毁城里的栅栏，拿回家烧火取暖。[1]

在伊尔库茨克省、弗拉基米尔省、彼尔姆省等省份工人的不满尤为严重。由于减少口粮定量，萨马拉省普加乔夫县的工人举行罢工。在莫斯科和莫斯科县的索科利尼基区的收割机厂、铁路工厂等工业企业的工人也都举行罢工。

这些罢工在当时的报刊上也叫做“拒绝工作”、“放下工作”、“停止工作”、“不上工”。有时报纸还报道“意大利式罢工”——工人留在工作场所，少干活或者根本不干活。

工业重镇彼得格勒的工潮尤为严重，是直接酿成喀琅施塔得水兵暴动[2]的导火线。

---

[1] РГАСПИ. Ф.17,Оп.87,Ед.хр.179,Л..45,49. 引自 *Мунчаев Ш.М., Устинов В.М.* История Советского государства. Изд. НОРМА. М., 2002.С.223.

[2] 关于喀琅施塔得水兵暴动，俄出版了专门的档案集 Кронштадт 1921. Документы о событиях в Кронштадте весной 1921 г. Изд. Международный фонд“Демократия”. 1997.(《1921年的喀琅施塔得。关于1921年春喀琅施塔得事变的文件》，莫斯科“民主”基金会1997年版（中译本见《20世纪俄罗斯档案文件。1921年的喀琅施塔得》，任建华等译，人民出版社2009年版）)，提供了大量的原始材料。暴动领袖斯·马·彼得里琴科在1921年出版的回忆录《喀琅施塔得事件真相》，后发表在联邦德国慕尼黑出版的《大陆》杂志上（1976年第10期）。另一当事人托洛茨基在流亡国外期间写了两篇文章：《围绕喀琅施塔得事件的议论》和《再谈平定喀琅施塔得叛乱》，载《反对派公报》，1938年第66、67、70期。另有现代人写的文章，如B. 沃伊诺夫：“喀琅施塔得：叛乱还是起义”见《科学与生活》，1991年第6期（中文载《列宁研究》，1993年第1辑）。

喀琅施塔得水兵暴动

构成苏维埃政权严重政治危机的最大事件是1921年春的喀琅施塔得水兵暴动。

这次暴动不是孤立的事件，其前因是彼得格勒工人的罢工和骚乱。1920—1921年冬，虽然战事基本结束，但人民生活却越来越困难，恶劣的粮食供应形势引起工人的严重不满，1921年2月，彼得格勒的粮食定量减为半磅，同时，巡查队到处拦截私人向城里运送的粮食。天气严寒，却没有燃料，某些工厂也因此停工。1921年2月2日，彼得格勒省委C.佐林给列宁的电报说："情绪令人担心。普梯洛夫工厂停工，因为工人没有领到配额口粮。波罗的海工厂以及其他一系列工厂情况类似。驻防部队的粮食供应状况更糟。"[1]局势不仅类似1918年春，甚至更尖锐、更危险。2月9日彼得格勒电车库、波罗的海造船厂开始罢工，起因都是粮食定量减少。电缆制造厂、制钉厂、第一国营卷烟厂、军械厂等工厂纷纷召开会议，通过要求自由贸易，提高粮食定量以及自由转厂的决议。

以季诺维也夫为首的彼得格勒苏维埃决定暂时关闭这些工厂，其工人只发一半口粮。1921年2月11日宣布93家彼得格勒企业于3月1日前停产，其中有普梯洛夫工厂、谢斯特罗列茨克工厂、"三角"工厂等大型企业，这样就有近2.7万工人被抛上街头。某些企业的党员领取了新的一份衣服和鞋，而其他人却穿得破烂不堪，这种明显的不平等引起愤慨和不满。被关闭的工厂劳动集体召开会议，但被当局禁止。在这种情况下，2月22日制管工厂爆发自发的罢工，工人的要求相当温和：增加口粮，分发现有的鞋子。

彼得格勒苏维埃持强硬态度，断然拒绝谈判。调动军校学员去对付罢工者，他们朝天开枪威慑。为表示抗议，又有5个工厂参加罢工。计划举行群众游行，但被红军骑兵制止。2月24日俄共彼得格勒委员会常务局举行会议，商量对策，决定"以执委会的名义宣布戒严"。

2月27日，罢工继续扩大，当局宣布彼得格勒市戒严。季诺维也夫组建的防务委员会命令罢工者立即返回工厂。彼得格勒苏维埃宣布"同盟歇业"。

[1] Ленинский сборник. Т.20. С.24.

这是资本主义社会里企业主对付工人罢工的手段，实际上就是置罢工工人于饥饿之死地。28 日罢工继续扩大，普梯洛夫工厂加入罢工。罢工越来越具有政治性质，出现传单，批评禁止劳动集体集会的做法，要求权利和自由，包括自由选举工会和苏维埃。

季诺维也夫不去采取措施，缓和矛盾，反而声称，现在的问题是孟什维克和社会革命党人的阴谋。2 月 28 日，季诺维也夫致电列宁称："喀琅施塔得两艘最大的军舰'塞瓦斯托波尔号'和'彼得罗巴甫洛夫斯克号'通过了社会革命党黑帮分子关于提出 24 小时最后通牒的决议。在彼得格勒居民中的工人的局势原先就非常令人不安。大厂都在停工。估计社会革命党已决定加速事件的发展。"[1] 由于一般的威胁已经不起作用，契卡开始大规模逮捕罢工工人。当局已经不能指望彼得格勒守备部队的忠诚，而从外省调入精选部队。2 月 27 日晚召开了彼得格勒苏维埃扩大全会，从莫斯科赶来的全俄中央执行委员会主席米・伊・加里宁参加了会议。波罗的海舰队政委 H.H. 库兹明提请与会者注意，水兵的情绪已出现危险的迹象。局势变得越来越严重。2 月 28 日，俄共（布）中央政治局召开会议，会上讨论了莫斯科和彼得格勒的形势，认为首要任务是镇压政治反对派。肃反委员会开始逮捕孟什维克和社会革命党人，在彼得格勒被逮捕的人员中有孟什维克党领导人 Ф.И. 唐恩。

彼得格勒军区司令阿夫罗夫给革命军事委员会主席托洛茨基的电报证实这个过程：

> 现根据侦察主任 26 日提供的情报报告如下。2 月 24 日制管厂关闭，进行重新登记后工人中的情况有了变化。早 7 点，军校学员设岗阻止工人进厂。制管厂工人向拉费尔姆工厂方向行进，拉上该厂工人又一起向波罗的海工厂方向前进。波罗的海工厂的工人也加入了他们的行列。下午 1 点，军校学员和 11 师的骑兵团赶到，军校学员向天空放了两排齐射，工人队伍解散。2 月 25 日，其他地区也有行动，但各地区均派去了军校学员，不过他们中间有许多人不可靠。示威者要求言论自由、出版自由和集会自由，释放因政治原因被捕的工人以及近日被捕的红军战士和水兵，立即以无记名投票的方式

[1] 《苏联历史档案选编》，第 7 卷，第 21 页。

对苏维埃进行改选。2月24日，工人们试图抢夺部署在芬兰湾兵营的98团的步枪，但这起图谋很快被粉碎。[1]

罢工工人的处境非常困难，他们缺乏食品，同外界隔绝，得不到外地工人的支持。这种情况引起邻近的喀琅施塔得水兵的关注，他们试图了解局势的真相，给工人以支持。

喀琅施塔得要塞是18世纪初由彼得大帝兴建的，位于芬兰湾的科特林岛，离彼得格勒30公里，是俄国波罗的海舰队的主要基地。从11月到4月芬兰湾结冰。1921年喀琅施塔得市居有波罗的海舰队的水兵、守备部队的士兵、造船厂工人、军官、职员、手工业人等等，总共约5万人。

喀琅施塔得拥有革命传统。1905年10月至1906年7月，波罗的海水兵曾举行起义反对沙皇制度。1917年喀琅施塔得是革命的堡垒之一，在国内战争期间，水兵是红军的骨干，哪里有困难，就把水兵派到哪里。1917—1918年这里成立"喀琅施塔得公社"，几乎所有的企业都被社会化了，即转交给工人协作社和喀琅施塔得苏维埃。进入苏维埃的有左派社会革命党人、最高纲领派、布尔什维克、无政府主义者，但没有一个政党占多数。后来布尔什维克利用最革命的水兵派往国内战争前线，控制了城市的政权，在整个城市实行了"军事共产主义"。

1921年2月28日，喀琅施塔得流传彼得格勒罢工的传言，水兵决定派代表团去城里了解真相。代表回来后向"彼得罗巴甫洛夫斯克号"和"塞瓦斯托波尔号"舰艇全体船员作了报告。全体船员会议通过决议，声援罢工者。"彼得罗巴甫洛夫斯克号"全体成员通过由7—8名水兵组成的小组起草的13点决议。3月1日，第一、二战列舰支队舰员全体会议通过这项决议，加进了第14、15点。

3月1日，在亚科尔纳广场召开大会。有水兵、红军战士和工人参加，听取了从彼得格勒回来的水兵代表的报告。与会者对彼得格勒当局反对彼得格勒工人的行为表示愤慨。当时正在这里的全俄中央执行委员会主席加里宁和舰艇政委库兹明宣称，彼得格勒的罢工和"彼得罗巴甫洛夫斯克号"战列舰和"塞

[1]　[俄] В.П・瑙莫夫、А.А・科萨科基编：《1921年的喀琅施塔得》，任建华等译，人民出版社2009年版，第38—39页。

瓦斯托波尔号"战列舰水兵的决议是"反革命"。他们的发言被打断。与会者表示支持苏维埃政权，但反对布尔什维克官僚。他们赞同上述两舰的决议。这一决议实际上是喀琅施塔得暴动的最低纲领，内容如下：

以无记名投票的方式对苏维埃进行改选，选举前要自由地对所有工人和农民进行宣传。工人、农民、无政府主义者和各左派社会主义政党享有言论和出版自由。集会和成立工会及农民协会的自由。释放全部社会主义政党在押政治犯以及因参加工人和农民运动被捕的工人、农民、红军战士和水兵。选出一个负责审理关押在监狱和集中营中的犯人的委员会。取消所有的政治部，因为任何一个政党都不能利用特权来宣传自己的思想并为此获得国家拨款，代之以各地选举的文化－教育委员会，国家应向这些委员会拨款。立即取消所有的巡查队。除有害车间外，所有劳动者的口粮均等。给农民按照其愿望耕作自己土地的全权，他们也可以靠自力（即不用雇工）喂养和使唤牲畜。允许依靠自己劳动从事自由的手工生产。[1]

其多数条文是要求恢复劳动者的权利和自由，用自由选举苏维埃的制度取代政党（一党或者多党）专政。

喀琅施塔得革命委员会**告铁路工人书**相当详细列举了他们的要求：

（1）所有人，无论是农民还是工人，都同样享有选举权。

（2）采取无记名投票的选举方式，让投票人能按照自己的意愿而不是违心地参加苏维埃选举。这样坏人就无法混进苏维埃。

（3）翻身农民有权通过自由的合作社供给粮食，以防国家利用工人的饥荒做文章。

（4）出版自由，以便揭露公职人员的犯罪事实和当权的投机分子的舞弊行为。

（5）言论和鼓动自由，让每一个正直的工人都能畅所欲言。

（6）集会自由。

（7）废除死刑，这是肆虐者才会使用的卑鄙手段。

---

[1] 1921年3月3日《水兵、红军战士和工人临时革命委员会通报》（喀琅施塔得）。参见《苏联历史档案选编》，第7卷，第23—24页。

(8) 撤销所有肃反委员会，仅保留刑事警察局和法院。

(9) 取消共产党员的一切特权。

(10) 从一个单位转到另一个单位工作的自由。

(11) 复员军队，保证农村的需要。延迟复员将导致播种面积不足和城市的全面饥荒。

(12) 解散劳动军，这是以工作为名变相奴役工人和农民的新形式。

(13) 所有公民都享有利用火车和水上交通工具进行迁徙的自由。

(14) 工人有权直接和农民进行商品交换，撤销障碍设置队，这是一些前所未有的铁路强盗。

(15) 工人合作社享有从境外采购商品的自由，以防靠压榨工人血汗大发横财的政府投机分子从中渔利。

(16) 为此要以黄金而不是无用的纸币向工人支付工资。

(17) 取消政治部，这是肆虐者的特务组织。

(18) 立即以无记名投票方式改选各级苏维埃和政府，让俄国工人和农民能够拥有属于自己的政权。[1]

3月2日，临时革命委员会发表告要塞居民和喀琅施塔得市民的呼吁书。呼吁书说：

国家正处于危急时刻。我们陷入饥寒交迫、经济崩溃的绝境已达3年之久。管理国家的共产党脱离了群众，已没有能力使国家摆脱全面经济崩溃的状态。彼得格勒和莫斯科近来发生的骚乱相当清楚地表明，共产党已失信于工人群众，它根本不重视发生的骚乱。它也不重视工人提出的要求。它认为这是反革命的阴谋。共产党大错特错了。

发生的骚乱和提出的要求表达了全体人民和全体劳动者的心声。现在全体工人、水兵和红军战士都清楚地认识到，只有同心协力，

[1] 俄罗斯联邦安全局中央档案馆，114728号全宗，第10卷，2号卷盒，第15张。引自《1921年的喀琅施塔得》，第157—158页。

人民才能有粮吃，有煤烧，有鞋穿，有衣穿，共和国才能走出死胡同。在3月1日星期二全市守备部队大会上，全体劳动人民、红军战士和水兵的这一意志已明确地表达出来。大会一致通过了舰队第1、2支队的决议。通过的决定中包括立即改选苏维埃的决定。选举应在更加公正的基础上进行，使苏维埃真正成为代表劳动人民的代表机构，使苏维埃成为富有活力的办事机构。[1]

同日，水兵、红军战士和工人组织的代表在“教育之家”召开会议。会议提出制订新的选举原则，以便使随后进行的苏维埃制度的改组工作能有条不紊地进行。大会决定成立临时革命委员会，将管理城市和要塞的全部权力交给这个委员会。委员会设在“彼得罗巴甫洛夫斯克号”战列舰上。

临时革命委员会，起初是5人，后来增补成15人，他们是：(1) 彼得里琴科——“彼得罗巴甫洛夫斯克号”战列舰一等文书。(2) 雅科文科——喀琅施塔得地区通信部门话务员。(3) 奥索索夫——“塞瓦斯托波尔号”战列舰轮机兵。(4) 阿尔希波夫——轮机长。(5) 佩列皮奥尔金——“塞瓦斯托波尔号”战列舰电工兵。(6) 彼得鲁舍夫——“彼得罗巴甫洛夫斯克号”战列舰电工兵长。(7) 库波洛夫——一级医士。(8) 韦尔希宁——“塞瓦斯托波尔号”战列舰队列人员。(9) 图金——机电厂工匠。(10) 罗曼年科——应急船坞主任。(11) 奥列申——第三劳动学校校长。(12) 瓦尔克——锯木厂工匠。(13) 巴甫洛夫——水雷检修所工厂。(14) 拜科夫——要塞建筑管理局运输车队队长。(15) 基利加斯特——远洋领航员。主席是彼得里琴科。[2]

会议发表的呼吁书表示，临时革命委员会不希望流一滴血。它采取了特别措施维持革命秩序，号召大家不要停止工作，工人们要留在车床旁，水兵和红军战士们要留在部队和炮台，苏维埃工作人员和各机构都要继续工作。要在市区和要塞创造正常而公正的新苏维埃选举的条件。以新的诚实的方式进行社会主义建设。呼吁书由临时革命委员会主席彼得里琴柯和秘书图金签署。[3]

---

[1] 参见《苏联历史档案选编》，第7卷，第28—29页。

[2] 同上书，第106—107页。

[3] 同上书，第7卷，第28—29页。

3 月 2 日俄联邦劳动国防委员会发表号召书，认定舰队通过的决议是“极端反动的社会党的决议”，“这次在社会党分子后面站着的是沙皇将军”。为此劳动国防委员会决定：

1. 宣布旧俄将军科兹洛夫斯基和他的追随者不受法律保护。

2. 宣布彼得格勒市和彼得格勒省戒严。

3. 彼得格勒防区的全部政权转交彼得格勒市防务委员会。[1]

以季诺维也夫为首的彼得格勒军事委员会据此宣布了全省实施戒严，禁止街头集会，军队可以对集会者动用武器，凡抵抗者就地枪决。

原沙皇将军科兹洛夫斯基是军事专家，时任喀琅施塔得要塞炮兵司令，还是托洛茨基任命的。这是国内战争中常见的一般军事专家，对水兵和工人谈不上什么影响，他本人也不过问政治。科兹洛夫斯基在喀琅施塔得陷落后说：“共产党人提我的名字是为了把喀琅施塔得的起义说成是白卫分子的密谋，因为当时我是要塞唯一的将军。”3 月 15 日，列宁在俄共第十次代表大会上承认喀琅施塔得没有白军：“那里不要白卫分子，也不要我们的政权。”[2]

3 月 2 日，喀琅施塔得召开 300 名居民代表会议，选出 30 名代表赴彼得格勒谈判和平结束罢工的问题。3 月 3 日，喀琅施塔得代表到达彼得格勒，立即被契卡逮捕投入监狱。谈判中断。

喀琅施塔得开始组织自治和领导行动的机关。3 月 3 日舰队、陆军、国家机关、工会和工厂代表会议讨论苏维埃改选问题。

临时革命委员会最初行动的目的是不让当局继续为害，为此逮捕了波罗的海舰队政委库兹明、喀琅施塔得苏维埃主席瓦西里耶夫、各舰政委和共产党的其他显要人物。但没有对他们施加暴力，也没有枪毙任何人。逮捕库兹明是因为他在 3 月 2 日的代表会议上，以战争和各种惩罚相威胁，说共产党人不会自愿放弃政权，而解除他们的武装将导致“流血”。此外在 3 月 1 日晚上他把粮食和装备秘密运出城，因而引起公愤被逮捕，不过次日就把他放了。直到 3 月 8 日契卡秘密作战部给列宁的报告中也说：“对被捕的重要的共产党员至今还未施加暴力。”[3]

---

[1] 《苏联历史档案选编》，第 7 卷，第 30—31 页。

[2] 《列宁全集》，中文第 2 版，第 41 卷，第 64 页。

[3] 《苏联历史档案选编》，第 7 卷，第 63 页。

4 日，局势继续激化。红山炮台（奥拉宁包姆东边）发生骚乱。水兵在会议上表示支持喀琅施塔得的要求。当局立即往那里派去忠于布尔什维克的军队。彼得格勒又发生工厂罢工。彼得格勒苏维埃对喀琅施塔得和罢工工人提出了最后通牒。

鉴于运动的发展，当局决定作表面的让步。5 日彼得格勒领导同意解散维持彼得格勒省秩序的特种部队，允许某些工人机关派遣代表去农村收集粮食。

与此同时，根据革命军事委员会主席托洛茨基的命令，组建第 7 集团军，由图哈切夫斯基任临时司令，以在最短时间里镇压喀琅施塔得的起义。在彼得格勒搜捕留在城里的喀琅施塔得水兵，扣留他们作为人质。同时向喀琅施塔得发出要求起义者投降的最后通牒。从空中向喀琅施塔得抛撒要求投降的传单。

为回答指责，3 月 5 日喀琅施塔得电台发布“告全体书”，其中说：“我们推翻了这里的共产党的苏维埃，临时革命委员会近日将通过自由选举产生新的苏维埃，它将反映全体劳动居民和守备部队的意志，而不是一小撮疯狂的共产党人的意志。我们的事业是正义的：我们拥护苏维埃政权而不是党的政权，拥护自由选举出来的劳动者的代表机关……喀琅施塔得的全部政权完全掌握在革命水兵、红军战士和工人手中……”[1]

3 月 6 日，共和国革命军事委员会主席托洛茨基和总司令谢·谢·加米涅夫发布命令，要求叛乱分子投降，同时宣称，已经“命令作好用武力粉碎叛乱及叛乱者的一切准备”。

当局一方面在彼得格勒逮捕叛乱者的家属作为人质，一方面继续调兵遣将，部署在喀琅施塔得的对面。这是特种部队，有的是从边远地区，甚至西伯利亚调来的。另一方面，把一部分不可靠的士兵和水兵从彼得格勒调往南方、黑海。在罢工的工厂里进行大规模的逮捕。在奥拉宁包姆契卡处决地方临时革命委员会成员。

水兵们采取的是守势，没有打算主动发起进攻。军事专家们曾建议，在要塞遭到进攻之前主动转入进攻，攻取奥拉宁包姆、谢斯特罗列茨克，以便扩大起义的根据地。然而临时革命委员会断然拒绝了首先开始军事行动的建议。契卡 3 月 8 日给列宁的作战情报说：“未发现革命委员会准备主动发起战役的

[1] 引自 *Михаил Магид.* За Советы без ком Мунистов! 网上资料。

企图，他们仅仅是准备保卫城市。革命委员会期待着彼得格勒发生起义。”[1]而红军部队在做好准备之后于3月7日开始炮击喀琅施塔得。

喀琅施塔得的局势非常困难。守卫部队约有1.2万—1.4万人，其中1万是水兵，但是他们分散在许多设防的小岛上。由于涅瓦河和港湾结冰，很容易从冰上向堡垒进攻。多数设防和火炮都面向大海，不能用于海湾内部，不能防守来自海岸的进攻。喀琅施塔得没有破冰船，军舰都冻结在冰上，不能开动。供应无法通过水路取得。他们指望彼得格勒工人的支持。彼得格勒军械制造厂工人举行集会，提出同喀琅施塔得起义一起行动的提议，为同喀琅施塔得联系，选出三人代表团（布尔什维克、社会革命党人和无政府主义者），但立即被省契卡逮捕。当局竭力设法切断喀琅施塔得同外界的联系。

3月8日俄共第十次代表大会开幕，决定派遣300名大会代表去彼得格勒，参加平叛行动。

如果俄共（布）第十次代表大会在2月6日，即在先前确定的时间举行，并且在代表大会的第一天宣布改变经济政策，就有可能改变喀琅施塔得的局

喀琅施塔得暴动。1921年3月

[1] 《苏联历史档案选编》，第7卷，第63页。

势，稳定水兵们的情绪，因为他们期待着列宁在代表大会上的讲话。[1]那样也许就不需要发动强攻了。

当天政府军转入进攻，部队在白色外衣掩护下以巨大牺牲攻克科特林北边的炮台。

喀琅施塔得水兵给以反击，击退了政府部队。临时革命委员会的声明说，“我们不愿让兄弟流血，在被迫行动之前，我们不发一枪。我们必须捍卫劳动人民的正义事业，是被迫还击的……”

进攻部队本身并不稳定，很多人同情和支持喀琅施塔得的水兵，一部分人直接转到起义一方。有的部队在进攻时不断发生兵变。例如，整个第 79 旅兵变，其士兵集会讨论喀琅施塔得的要求。第 93 旅展开争论，出现多起逃跑和转向起义者。第 567 团行动不坚定，其一个营倒向喀琅施塔得。在南方军队集群的进攻地带，561 团拒不服从强攻要塞的命令。为此司令部在进攻部队后面派遣配备机枪的契卡的督战队，建立专门法庭，枪毙不服从命令者。

自 3 月 10 日起从西方面军调来的鄂木斯克第 27 步兵师开始在利戈沃车站一带集结。该师具有很高的作战素养，曾在波兰前线立过战功。然而其第 79 旅涅韦尔第 235 团、奥尔沙第 236 团和明斯克第 237 团一到达集结地，军心便开始浮动。红军战士们声明，他们不会去进攻喀琅施塔得。最后解除了这些部队的武装并开始捕人。

起义者的各种文件不断重申，喀琅施塔得人不想退回到旧的、革命前的资产阶级制度，既不要“白的”，也不要立宪会议，希望自己胜利之后，推翻布尔什维克政权的果实不被反革命所利用。他们把自己的行动看作是革命的第三阶段的开端：“工潮和农民起义表明，他们已忍无可忍。劳动者的起义已经临近。推翻委员制的国家的时刻已经到来。捍卫社会革命成果的警惕的卫兵，喀琅施塔得不会放过此时机。”在二月革命和十月革命期间它已经站在前列。现在它首先举起劳动者第三次革命的旗帜。专制制度垮台了。立宪会议消失在往事的王国之中。委员制的国家也在瓦解之中。真正的劳动者政权，苏维埃政

---

[1] 据无政府主义者贝克曼回忆，直到最后时刻起义者还拒绝公开批评列宁，认为他生病了，不能控制国内局势，不能为当前政策负责。

权的时代来临了。

喀琅施塔得的起义者们不认为布尔什维克所搞的是社会主义，而把他们的政策叫做“国家资本主义”、“国家社会主义”、“委员制国家”、“新的专制制度”，等等。他们批评官僚权势，批评有利于布尔什维克官员的分配中的不平等和特权，把工人束缚在国家工厂中，工会国家化。至于农村状况，他们尖锐批评“新的农奴制”。以国营农场的形式为“新地主”的国家没收农民村社的土地。所有这些不幸都将在自由苏维埃的真正社会主义制度下消除，苏维埃由劳动者从下面选举，地方的劳动者很了解他们所选出的人。不是按照党指定的名单选举，而是选举得到工人和农民信任的具体的代表。工会在新的社会主义制度下应当占有重要地位。

图哈切夫斯基在给列宁的报告中说：“如果问题仅仅在于水兵的起义，那就简单得多，但使问题变得复杂的是彼得格勒的工人在某种程度上不可靠。在喀琅施塔得，工人同水兵联合在一起……我在西方战线可从未见到过工人有如此糟糕的情绪……如果在工人区甚至像彼得格勒这样的工人区进行动员，那么谁也无法保证在困难时刻工人不倒过来反对苏维埃政权。至少现在我不能从彼得格勒调用军校学员队，因为工人情绪不良的城市是谁也无法控制的。”[1]

3 月 9—10 日投入新的部队进攻，他们企图攻击喀琅施塔得，至少几个炮台，但被喀琅施塔得的炮火中止，许多进攻者牺牲。约 1000 名进攻者倒向起义者。3 月 10 日彼得格勒约 100 名海军学校学员拒绝进攻，被交付法庭。被赶去进攻喀琅施塔得的士兵向自己开枪自残，以离开前线。从国内各地调来越来越多的部队，不顺从的部队则调往黑海或者波兰边境。

11—15 日用同样方式进攻，投入越来越多的新部队。而喀琅施塔得方面出现疲惫的征兆。

3 月 16 日，开始发起决定性进攻。凌晨，对要塞进行猛烈炮击之后，再次开始了对要塞的强攻。17 日，图哈切夫斯基下令：“用窒息性气体和有毒气体的炸弹向‘彼得罗巴甫洛夫斯克号’和‘塞瓦斯托波尔号’发起进攻。”[2] 最

[1] 参见《1921 年的喀琅施塔得》，第 193 页。

[2] 《苏联历史档案选编》，第 7 卷，第 96 页。

后经过几个小时的轰炸，从三面攻击喀琅施塔得。分散在各个要塞的守军在冬夜的大雾中措手不及，黎明时分一些炮台失守。进攻者经过最薄弱的彼得格勒大门进入城内。

继续抵抗已没有意义，根据要塞司令部的建议，要塞保卫者决定撤离喀琅施塔得。他们询问芬兰政府能否接纳要塞的守备部队，得到肯定的答复后开始向芬兰海岸退却。近 8 000 人进入芬兰。喀琅施塔得临时革命委员会和要塞防御司令部的所有成员几乎都进入了芬兰境内。

但在整整两天时间里，直到 3 月 18 日，留在要塞的军民继续顽强抵抗。领导突击的图哈切夫斯基说："我有 5 年战争经历，但我不记得见过这样的血腥屠杀。这不再是厮杀。这是地狱。水兵像野兽那样厮杀。我说不出他们是从哪里取得这种激烈战斗的力量的。他们占据的每一座房屋都要通过攻击才能占领。一个连要用一个小时才能占领一座房子，但占领了一看，原来那里只有两三个士兵加一挺机枪。他们已经处于半死状态，但喘着气拔出手枪，一边喊'把你们打死的少了，骗子！'一边开枪。"[1]

3 月 18 日拂晓，红军攻克要塞。叛乱者死亡上千人，伤 2000 多人，有 2500 人被俘。红军死亡 527 人，伤 3285 人。

3 月 3 日，在彼得格勒已经开始逮捕一些与喀琅施塔得事变不相干的人作为人质。其中有科兹洛夫斯基将军的家属：他的妻子和 4 个儿子，小儿子不满 16 岁。同他们一起被捕和流放到阿尔汉格尔斯克省的还有他们的所有亲属，包括远亲。喀琅施塔得攻克后，抓捕人质的行动并没有停止。临时革命委员会领导人的亲属和离开喀琅施塔得去了芬兰的军事专家的亲属被逮捕。

开始了对喀琅施塔得守备部队的镇压。接连几个星期契卡分子在夜里处决被捕者。所有被捕的水兵和红军战士都经过了军事法庭的审查。每个人都有审问记录。在被判决有罪的人中没有俘虏，因为他们都被就地枪决了。公开的审判进行了几十次。3 月 20 日审理了指控"塞瓦斯托波尔号"战列舰 13 人参与叛乱和武装起义的案件，所有被指控者均被判处枪决。4 月 1—2 日举行了对参加起义的战列舰水兵的规模最大的一次公开审判。64 人被送上革命法庭。其中 23 人被判处枪决，余者分别被判处 15 年和 20 年监禁。3 月 20 日在非常

[1] 引自 *Михаил Магид.* За Советы без ком Мунистов! 网上资料。

红军部队进攻暴动的喀琅施塔得。1921 年 3 月

列宁和伏罗希洛夫在平定喀琅施塔得暴动人员中间。1921 年 3 月 22 日

三人小组会议上审理了指控167名“彼得罗巴甫洛夫斯克号”战列舰水兵的案件。他们全部被判处枪决。次日，根据非常三人小组的决定，枪决了“彼得罗巴甫洛夫斯克号”战列舰的32名水兵和“塞瓦斯托波尔号”战列舰的39名水兵，3月24日，根据三人小组的决定又枪决了27名水兵。

到1921年初夏，仅由彼得格勒省肃反委员会主席团、芬兰国境警卫特别处处务委员会、芬兰国境警卫特别处喀琅施塔得分部非常三人小组和彼得格勒军区革命军事法庭判处极刑的就有2 103人，判处各种有期徒刑的6 459人。1 464人虽获得自由，但对他们的指控并未取消。[1] 托洛茨基后来回忆说，武力平定暴动的决定是在他直接参加下通过的，“但是，在作出决定之后，我继续留在莫斯科，既没有直接也没有间接参与军事行动。至于随后进行的镇压，则完全是肃反委员会的事情”。[2]

为关押喀琅施塔得叛乱的水兵，1921年4月27日俄共中央政治局决定由契卡建立乌赫塔集中营。[3] 这是苏维埃政权集中营制度的开端。

当局一直设法调查起义同敌对势力的联系，但是调查表明，不存在这种联系。暴动被镇压之后，1921年4月5日特派员阿格拉诺夫给全俄肃反委员会主席团的报告中说：“我侦查的任务是查明个别政党和军事集团在起义发生过程中所扮演的角色以及这次起义的组织者和鼓动者与在苏维埃俄国境内和国外活动的反革命政党和组织的联系。但这样的联系并未建立。正如我已经指出的那样，起义是自发发生的，要塞几乎所有居民和驻防军都卷入了这一漩涡。”“侦查材料无法确定，在兵变发生以前反革命组织在要塞指挥人员中做过什么工作，也未发现协约国间谍的活动。运动的整个过程都说明没有这样的可能性。如果兵变是由某个在它发生之前就存在的秘密组织发起的，那么这个组织无论如何不会把它安排在那个时候，剩下的燃料、粮食仅够两周之用……”[4] 芬兰边界特别防卫部副主任波德盖伊斯基1921年4月23日给全俄肃反委员会秘密作战部的电报中也说：“没有查找到左派社会革命党在喀琅施塔得事件中起领

---

[1] 《1921年的喀琅施塔得》，第8页。

[2] 《列宁研究》，1993年第1辑，第253页。

[3] 《苏联历史档案选编》，第7卷，第64页。

[4] 同上书，第7卷，第129、124页。

导作用的资料。”[1]

当时正在俄国的中国记者瞿秋白曾报道了这次暴动，他指出粮食征收制是导致农民反抗的真正原因：“大概不得志的小商人，小资产阶级的农民，1920 年以来，都不满于劳农政府，社会革命党所谓‘代表农民利益’的政党，到处宣传鼓动。实际上‘食粮均配法’（粮食征收制），收取农民出产物资全量，为近时西伯利亚以及其余各处农民反抗的真因，——这种风潮，我们到莫斯科市已经很甚。现时正是俄共产党开第十次大会，商议改变策略，于是克龙史泰（喀琅施塔得）乱事趁此而起。”[2]

1917 年 9 月底、10 月初列宁在《布尔什维克能够保持政权吗?》中写道：“在一个农民国家，他们竟然把事情弄到这样的地步，以致农民起义像滔滔大江到处泛滥！请想一想吧：在农民占人口百分之八十的民主共和国中，竟把农民逼到了举行起义的地步……”[3]“把农民逼到了起义的地步，竟然又恬不知耻地向他们说：‘应当“容忍”’，应当相信那个采取‘军事措施’镇压农民的政府！”[4]1917 年 10 月 26 日，列宁在关于土地问题的报告中曾经指出：“如果政府的行为是明智的，如果它的措施合乎贫苦农民的需要，难道农民群众还会闹风潮吗？然而政府所采取的……一切措施，都是反农民的，逼他们不得不举行起义。”[5]

现在布尔什维克党自己也遇到了同样的问题。对农民起义的镇压，对水兵起义的镇压只是一种救急的外科手术，并不能根本解决问题，要从根本上防止群众骚乱和暴动，必须改变不得人心的军事共产主义政策，废除从沙皇政府和临时政府那里继承下来的粮食征收制。

关于喀琅施塔得暴动有几点值得注意：1. 反对布尔什维克的是波罗的海舰队的水兵和要塞，而此前甚至在布尔什维克最艰难的时刻，他们都是革命最可靠的堡垒。2. 起义者惊人的齐心协力，他们宁愿死亡，也不愿放弃

---

[1] 《苏联历史档案选编》，第 7 卷，第 134 页。

[2] 《瞿秋白文集》，第 1 卷，人民文学出版社 1954 年版，第 108 页。

[3] 《列宁全集》，中文第 2 版，第 32 卷，第 316 页。

[4] 同上书，第 32 卷，第 316—317 页。

[5] 同上书，第 33 卷，第 17 页。

在平定叛乱司令部审讯水兵

自己的要求。3. 他们提出的口号是：自由选举，给所有社会主义政党以自由，取消布尔什维克在苏维埃中的专政，言论、报刊、集会自由，取消所有军事共产主义性质的措施，开放市场，等等，反映了当时相当数量居民的愿望和要求。暴动被镇压下去了，但是他们的要求并没有因此而取消，它们成了促使布尔什维克党进行改革，废除军事共产主义，改行新经济政策的最后的一个推动力。布尔什维克党终于认识到军事共产主义政策已经非改不可了。[1]

---

[1] 1994 年 1 月 10 日俄罗斯联邦总统 Б. 叶利钦就喀琅施塔得事变发布总统令，内称："为了恢复历史的公正和因被指控犯有参加 1921 年春喀琅施塔得武装叛乱罪而被镇压的俄罗斯公民的合法权益，根据俄罗斯联邦总统委员会为政治镇压的牺牲者平反的结论，我决定：1. 废除劳动国防委员会 1921 年 3 月 2 日决定（无序号）的第一条，该条决定宣布 1921 年春喀琅施塔得事变的参加者违反了法律。2. 承认根据武装叛乱的指控对喀琅施塔得的水兵、士兵和工人进行镇压是非法的，违反了人的基本公民权。3. 在喀琅施塔得市建立 1921 年春喀琅施塔得事变牺牲者纪念碑。"[《1921 年的喀琅施塔得》，人民出版社 2009 年版，第 1 页。]

第二节　寻找出路

经济破坏，广大农民、工人和士兵对军事共产主义政策的不满以至武装反抗，迫使布尔什维克党开始考虑修改政策，以缓和社会矛盾，摆脱危机，维持政权。

从一开始实行粮食垄断和粮食征收制就不断有一些政党和人士提出不同的意见。

自由贸易问题是 1918 年春产粮省苏维埃同中央发生分歧的主要问题。在国内战争时期非党工农代表会议或县苏维埃代表大会往往严厉批评中央的“粮食专政”。也正因为如此，列宁称它们为在最好的资产阶级共和国都不会有的民主机构。[1]

1918 年，布尔什维克党内的领导人加米涅夫、李可夫、拉林等等表示反对“粮食专政”。1919—1920 年间他们多次要求采取农民较能接受的经济关系，直至恢复自由贸易。坚持粮食征收制的主要是粮食人民委员部。粮食人民委员瞿鲁巴得到上头的支持：列宁和中央书记克列斯廷斯基，因此坚持派在人民委员会拥有稳定的 3 票。

1919 年 7 月 17 日，孟什维克中央提出它的社会经济纲领：将地主土地和国有土地分给农民集体或个人使用；解散贫农委员会；公平分配国有农具和种子储备；取消现行“粮食专政”制度，建立以以下原则为基础的新制度：1. 国家按合同价格购买粮食（广泛实行直接的商品）交换，以低价向城乡贫困居民出售粮食，国家对差价实行补贴。国家通过自己的代理机关、合作社或私商按代购代销原则采购这些粮食。2. 在产粮省按生产成本向较富裕的农民征收一部分余粮。3. 由合作社和工人组织采购粮食，并将采购到的粮食交给国家粮食机关；在国家掌握大工业企业的情况下允许按租让制原则使用私人资本，但必须有助于改善、扩大生产和降低生产成本；彻底放弃小工业的国有化；国家调节最重要的大众消费品；除少数专门规定的专卖商品（如药品等）外，允许合作社和个人自由经营；改善信贷制度以保证商业、工业和农业领域的个人积极

[1] 《列宁全集》，中文第 2 版，第 39 卷，第 28—29 页。

性；同投机和商业欺诈行为斗争；工会完全独立于国家机关；根据消费品的物价指数提高工资和规定最低工资；撤销关于消费公社的法令。[1]

社会革命党人 B.K. 沃尔斯基指出："劳动农民过去和现在都是在商品生产条件下生活的，显然，任何强制措施，任何警察机关都不可能使政治组织代替商品生产。"必须用实物税代替农产品征收制。[2]

1920 年 1 月，莫斯科召开第三次全俄国民经济委员会会议。会议通过Ю. 拉林的建议：废除粮食征收制，确定比粮食征收制少一半的实物税，其余部分通过自由交换从农民手中获取。可以说，代表大会提出了后来实施的新经济政策的基本原则。但那时党的领导还没有认识到这种政策的必要性，决议没有能够公布，而拉林反而因此失去在最高国民经济委员会主席团的职位。[3]

接着，2 月份托洛茨基向中央提出以粮食税取代粮食征收制的建议。1919 年冬托洛茨基到乌拉尔考察经济工作，基于其所见所闻，1920 年 2 月向中央提出《粮食和土地政策的基本问题》的提纲。全文如下：

地主和官家土地已经分给农民。全部政策是反对占有大量马匹和耕地的农民（富农）的。另一方面，粮食政策是建立在征收余粮（超过消费标准部分）的基础上的。这就使得农民只耕种满足自己的家庭需要的耕地。特别是三牛抽一（作为剩余牲口），实际上导致秘密宰牛、肉类的投机买卖以及奶品业的破产。同时，城市的半无产者，甚至无产者移居农村，在那里从事自己的粮食种植业。工业失去劳动力，而农业朝着增加独立自在的粮食种植户方向演变。这就破坏了建立在没收余粮上的粮食政策的基础。如果本粮食年度能够比去年多征购粮食，那是由于苏维埃领土的扩大和粮食机关有了某种改进。但总的说来，国家的粮食后备有枯竭的危险，对此征收机关的任何改进都无济于事。要克服经济衰退的趋势，只有采取下列办法：

[1] 引自李永全：《俄国政党史》，中央编译出版社 1999 年版，第 288 页。

[2] 同上书，第 289 页。

[3] Трудные вопросы истории: Поиски. Размышления. Новый взгляд на события и факты. Под ред. *В.В.Журавлева*. Москва. Политиздат. 1991. С.49.

> 1. 用按一定比例的扣除（一种累计税）取代没收余粮，以利于增加播种面积或者更好地耕作。
>
> 2. 供给农民的工业品和农民交纳的粮食量这两者之间要有更为恰当的关系，不仅按乡和村，并且还应当按农户计算。
>
> 要吸引地方工业企业参与此事。部分地用工业企业的产品支付农民所提供的原料、燃料和粮食。
>
> 无论如何，很显然，目前按照粮食定额平均征收的政策、征购时的连环保制度和工业品的平均分配政策造成农业生产下降、工业无产阶级涣散，有使国家经济生活彻底瓦解的危险。[1]

这就是后来实行的以粮食税为标志的新经济政策的思路。但是，当时的绝大多数领导人还没有认识到这一点，托洛茨基的建议在政治局会议上以 11 票对 4 票被否决了。

哈尔科夫契卡工作人员科尔恰什金于 1920 年 6 月给中央写了长达 20 页的信，说革命处于危险之中，它走得太远了，应当坚决纠正现状，首先立即解决粮食问题。如果粮食政策不改变，革命必然灭亡。“人民已经有两年多在苏维埃政权下挨饿，现在夺取谁的粮食，谁就起来反对苏维埃政权，倒向邓尼金和高尔察克，并且今后还会倒过去，从而延长国内战争。”要取消粮食的固定价格，允许粮食自由买卖。“政府与农民的关系融洽了，主要在乌克兰进行的内战才能结束”。[2] 这期间地方苏维埃的领导人也就粮食政策问题不断与粮食人民委员部和征粮队发生矛盾，并纷纷向中央写信反映。这些信表明，许多共产党人认为必须向农民的要求做出让步，用非暴力的经济利益来吸引农村进入社会主义。但是莫斯科仍然坚定地维护粮食人民委员部的“粮食专政”。

1920 年 6 月，召开了全俄粮食会议，讨论完善粮食的征收工作。粮食人民委员部部务委员弗鲁姆金号召与会者确认粮食垄断和粮食征收制的不可动摇性。但是某些代表仍然抨击粮食政策。库班粮食委员 Л.Г. 普里戈任说粮食征收制已经过时，如果代之以向每亩征收一定比例的实物税，那么这种措施对农

---

[1] *Троцкий Л.* Новый курс. Изд. Красная новь. Москва. 1924. С.57–58.

[2] ЦПА ИМЛ. Ф.17.Оп.65.Д.251.Л.124–134. 引自 Трудные вопросы истории. Москва.1991. С.51.

民，特别是对产粮省的农民来说具有巨大意义，农民们说，别偷看我的口袋，告诉我你要多少，我交给你。卡马河流域的粮食委员 A.C. 伊久莫夫支持把余粮留在农民手中的建议，建议提前通知农民交纳的数额，以刺激生产。萨马拉粮食工作者廖基赫认为不必害怕自由贸易，主张以余粮交换工业品。

在粮食征收制小组会议上，就会议决议草案进行预投票，赞同普里戈任提出的向征税体系过渡的决议案得到半数的支持，只是由于主席的一票被否决了。[1]

1920 年 6 月俄共中央召开的第二次农村工作会议也提出类似的要求，来自全国各地的代表尖锐指出，目前的粮食政策甚至破坏了党在贫农中间的工作，他们强烈要求向农民做出让步，用税收代替粮食征收制。粮食人民委员部代表、部务委员阿·伊·斯维杰尔斯基为求得代表的支持只好说：粮食征收制有改成粮食税的趋势，现在农民在缴纳了规定的数额后已经认为自己自由了，他们用余粮进行买卖，从而获得了很大好处。实际上，即使在“军事共产主义”时期，市场也没有完全消失，而是以一种畸型的、半公开的形式存在着。

1920年9月共和国海军司令部作战部委员П.博科夫指出：“应当最终明白，这种对待农村的政策会使我们的革命付出惨重的代价。我们往往在为时已晚的时候才采取措施……报纸上还说，农村发生了转折。也许确实发生了转折：酗酒、酿私酒猖獗，政权受到诅咒，‘共产党人’成为骂人的话……”他建议同农村建立一种新关系，让农村不是在强制下提供粮食。[2]

曾任最高国民经济委员会主席的奥新斯基于 1920 年 9 月 5 日在《真理报》发表文章《农业危机和农村的社会主义建设》，认为农业下降的原因之一是粮食政策，他还提出一个很重要的观点：农民经济只有在公开的自由市场的基础上才能活下去。这在后来召开的俄共十大上被看作是新经济政策的理论根据。但他还没有做出必须取消粮食垄断的结论，而是主张过渡到对农业生产实行国家调节。粮食征收制是对分配实行国家调节，现在应当扩大到生产上去，制定

[1] Трудные вопросы истории. Москва.1991. С.53 – 54.

[2] ЦПА ИМЛ. Ф.17.Оп.65.Д.251.Л.124 – 134. 引自 Трудные вопросы истории. Москва.1991. С.50.

播种计划，成立播种委员会。[1] 尤·拉林、阿·斯维捷尔斯基支持这种主张。

然而，10 月份奥新斯基又走向了另一端，提出一个法令，要求采取强制措施以提高农民劳动生产率和增加食品的生产，实际上是想保留军事共产主义制度。后来，奥新斯基回忆说："列宁对我的设想很感兴趣。他支持从中得出的实际结论（试图把农业纳入计划轨道），但坚决反对这些结论中的强制成分。最后他把这些彻底的社会政治构想用于另一种含义：它成了说明需要完全保留军事共产主义体系的材料。"[2]

1920 年 9 月 16 日，《经济生活报》发表尼·波格丹诺夫的文章《在农业中进行社会主义建设的道路》，提出"用奖励来唤起农民的兴趣"，"在资本主义经济发展时期，市场是组织经济的因素。而现代形式的市场，也将是过渡时期实行国家调节的基本手段"。12 月 19 日，他发表第二篇文章，宣布"我坚持刺激原则"。"不要回避征收粮食税的办法，这种办法完全不排斥垄断原则。因为实行计划播种必然要由预先确定的收获量、经营的需要和向国家的缴纳量，即由征税来补充和修正"，至于现有的商品，则可以用之于刺激的目的。[3]

斯·古·斯特卢米林 1920 年 10 月 30 日在《经济生活报》上发表《交换的等价物与供应问题》，在同意设立强制机构的同时，要求特别注意在粮食政策上运用经济利益这一因素。国家供应机关在粮食政策上应考虑各地方市场自由价格的相互关系。他在 1921 年 1 月 14 日发表的《农村的计划经济》一文认为，为了使国家对农业的调整获得成功，就必须利用农民的经济利益这一刺激因素。对最勤奋的农民进行奖励，向农民说明，"你播种得越多，对你自己就越有好处。征收所余就是你自己的不可剥夺的奖金，因为你付出了更多的劳动"。调拨给粮食人民委员部的工业产品，应用奖励农民的形式，"或者愿意的话，用与农村进行'商品交换'的形式"进行分配。"没有任何理由害怕商品交换这个词，这种商品交换绝不会回到贸易自由给我们造成的危险中去……重

[1] ［俄］埃·鲍·根基娜著：《列宁的国务活动（1921—1923）》，梅明等译，中国人民大学出版社 1982 年版，第 59 页。

[2] Трудные вопросы истории. Москва. 1991. С.57.

[3] ［俄］埃·鲍·根基娜著：《列宁的国务活动（1921—1923）》，第 60—61 页。

要的是使农民能够自由支配他们在完成余粮征收之后的剩余产品。”[1]

报刊上就农业政策问题展开了热烈的讨论。在讨论中有人提出了实行粮食税以提高农民的生产积极性的主张。各地农民也纷纷给党和政府写信，反映情况并提出改变现行粮食政策的要求。有些农民代表还不远千里来到莫斯科找列宁谈自己的想法。据统计，到 1921 年 3 月，全俄中央执行委员会主席团收到 578 份农民的申诉，其中有 400 份左右是 1920 年 9—12 月递交的。这里有个人的，也有集体的（代表村甚至乡），他们申诉无力负担高额的粮食征收，要求削减征收量。规定征收余粮的明确标准，并事先告诉农民。[2] 这里说的虽然还是粮食征收制，但实际上，这一要求已经接近于后来实行的粮食税的做法。

1920 年 12 月召开全俄苏维埃第八次代表大会，在非党农民会议上，许多农民代表主张废除粮食征收制。孟什维克和社会革命党人的代表表达了农民的要求，建议在交纳了严格规定的国家赋税之后，农民的所有剩余可以按相应的价格进行自愿的商品交换。在讨论《关于加强和发展农民农业经济的措施》这一法案草案时，孟什维克的代表唐恩说：“建立在暴力基础上的粮食政策破产了，尽管这种政策也榨取了 3 亿多普特的粮食，但付出的代价却是播种面积普遍缩小（仅达应播种面积的 1/4），牲畜饲养量减少，经济作物播种面积缩小，农村经济严重滑坡，把农民的谷物榨取得一干二净，结果也和当年从农村横征暴敛人头税一样，我们毁坏了占我国经济四分之三的农民经济所赖以存在的基础。现在，当这一事实大白于天下的时候，把这种暴力政策从榨取农民劳动果实的领域照搬到农民生产的领域，是根本不能允许的……我们认为这种强化对农民的暴力的道路是极端有害的……只会导致城乡之间出现不可逾越的鸿沟……用自由组织起来的农民阶级进行建设事业要容易得多。”[3] 他建议实行另一种农业政策，农民在交纳了严格规定的国税之后，有可能在自愿的商品交换基础上，或与之商定的价格的基础上，出售剩余的农产品。另一位代表说：

---

[1] ［俄］埃・鲍・根基娜著：《列宁的国务活动（1921—1923）》，第 61—62 页。

[2] 同上书，第 46—47 页。

[3] 《第八次全俄苏维埃代表大会》，速记记录，第 42—43 页。引自 Вопросы экономики. 1991. №12. С. 100—101.

“现在提议通过的法令肯定会使农民陷入这样一种处境，农民会把这种处境看作由政权实施的强迫命令……如果我们面对成千上万不肯种地的农民群众，则几乎无力完成这项任务。”他们认为国家应当允许农民在完成规定的任务之后，按照商品自由交换的原则或合同规定的价格出售所有剩余的部分，取消贫农委员会，让农民有权建立自己的合作社组织等等。[1]

社会革命党人沃尔斯基也说：“对于农场来说，经营活动本身应当包含现实的动力。如果实际动力消失了，则某种有组织的强迫命令是不可能代替的……这种动力应当具体表现在，农场消耗了财物，向土地投放了劳动，就应当带来效益，效益可以用某些为经营和个人消费所必不可少的其他物质来计算。所以我们说，当前推行的多拿少留的制度应当改成税收制度。我们可以断定，对这种税收制度的诸多批评都是毫无根据的。我们认为，留在劳动农民手中的那部分经营剩余，随着国家工业的发展，还可以以分配或交换的方式最终由国家收回来，因为工业现在事实上是由国家垄断的。”[2]

然而，俄共（布）当时对农民的政治情绪估计严重不足，并没有改变政策。粮食征收制的坚决拥护者是奥新斯基，他的理由是在国家没有商品储备的情况下，贸易自由会破坏国家对粮食的采购，余粮和自由贸易会导致粮食政策的破产和国民经济的破坏。俄共（布）党内多数成员也坚信粮食征收制的正确性，这时的列宁虽然也在思考这一问题，但基本上还是坚持“军事共产主义”政策的。

就在社会各界，从党内到党外，从农民到工人，从实际工作者到理论家对粮食政策议论纷纷的时候，1920 年夏秋在斯摩棱斯克实行了特殊的**小新经济政策**。其做法是早在 1920 年 6 月斯摩棱斯克省的领导就告知农民应该向国家交多少粮食和土豆，并许诺不向他们多收。结果这个省在 9 月份只用了一个月就完成了粮食征收任务。在粮食人民委员部 10 月份的汇报里看到，这里的粮食运动在 9 月 1 日开始，于 10 月 1 日结束，而其他地区几乎要拖一整年之久。之所以采取这样的措施，一个原因是当时的波兰战线需要巩固红军的后方，必须修改粮食政策以搞好同农民的关系。另一个原因是地方苏维埃中有许多孟什

[1] 《第八次全俄苏维埃代表大会》，速记记录，第 42—43 页。引自 Вопросы экономики. 1991. №12. С. 101.

[2] 同上。

维克，他们对省的管理有很大的影响，这也在粮食政策上得到了反映。**9 月**列宁收到契卡的汇报，说在斯摩棱斯克省“最近农民对苏维埃政权的态度明显好转，原因是粮食政策的改变”[1]。这是一个成功的实验，是一个非常有说服力的例子。

但这时列宁的态度并没有改变，他还是把粮食征收制同建设共产主义联系在一起。1920 年 10 月他在回答共青团第三次代表大会代表的问题时说：“要使每个农民家庭连一普特余粮都不剩”，要把余粮完全交给工人国家，那时“国家才会恢复工业，也才会向农民提供工业品”。[2]1920 年 12 月 10 日他在同西班牙社会主义工人党代表团谈话时认为，农民的心理同我们的制度是相抵触的，反革命首领（邓尼金、高尔察克和弗兰格尔）在农民中找到拥护者。接着列宁以相当强硬的口吻说道：“我们对农民说：要么你们服从我们，要么我们就认为你们是在宣传跟我们打一场国内战争，就认为你们是我们的敌人，这样一来我们就要以国内战争来回答。”[3]这时候他还没有打算用改变政策来解决同农民的矛盾。

至少到 1920 年秋当局并不承认或者没有认真看待农民对粮食征收制的不满，没有把农产品生产下降、耕地缩小、牲口减少、拒绝播种技术作物等等现象，即农业的退化与这种不满联系起来，没有感到问题的严重性和迫切性。1918 年夏到 1919 年夏征购了 11 100 万普特粮食，1919 年 8 月到 1920 年 8 月达到 21 250 万。这使领导认为所选定的方针是正确的，他们没有发现从 1920 年夏秋起，情况发生急剧变化。例如，彼得格勒省的播种面积 1920 年仅达 1917 年的 62.8%，牲口头数下降 23%。1920—1921 年粮食征收计划中的粮食仅完成一半多一点，其他品种更是微不足道。

实际上，国内的工业也处于破产状态。固定资本磨损，完全缺乏生产资料，首先是复杂的机器制造，国内随时可能停止工业生产。交通运输陷入瘫痪。这又加剧了地区的独立性。这不仅带来经济危险，还有政治危险。为此只好越来越求助于强制措施。当时的经济尽管高度集中，严格进行计算和分配，

---

[1] ЦПА ИМЛ, Ф,2. Оп.1. Д.15337. Л.3. 引自 Трудные вопросы истории. Москва,1991. С.55.

[2] 《列宁全集补遗》，第 1 卷，人民出版社 2001 年版，第 444 页。

[3] 同上书，第 464 页。

但按照经济学家布鲁茨库斯的说法，与此相比，被马克思主义者叫做资本主义的无政府主义状态呈现的是一番极其和谐的图景。

1921 年 1 月粮食、燃料和运输问题突然紧张起来。顿巴斯的煤炭开采量显著下降。由于燃料短缺，已经开工的工厂重新关闭，彼得格勒和莫斯科的许多大型企业正式关闭。在彼得格勒关闭了 64 家企业，其中有“三角”工厂、“阿伊瓦兹”工厂、普梯洛夫工厂和谢斯特罗列茨克工厂。燃料危机引发了运输危机，到 2 月初，因燃料短缺而停运的铁路达 31 条。铁路停运造成粮食供应恶化。1 月 22 日宣布，暂时削减莫斯科、彼得格勒、伊万诺沃－沃兹涅先斯克地区和喀琅施塔得的粮食定量，为期 10 天。而从 1 月 30 日起再一次削减口粮。2 月 28 日列宁签署了劳动国防委员会《关于拨款 1000 万金卢布从国外购买粮食和生活必需品》的决定。最高国民经济委员会主席团为俄共第十次代表大会准备的材料（1921 年 3 月 3 日）中指出：“从 1921 年 1 月起，俄国进入了经济危机时期，这一危机在粮食、燃料和运输领域异常尖锐地表现了出来。”[1]

来自伏尔加河流域饥荒省份的难民营。1921 年

[1] 见［俄］埃·鲍·根基娜著：《列宁的国务活动（1921—1923）》，第 82 页。

农民起义有增无减，城市出现工潮，某些部队军心不稳，而所有这一切都同粮食问题有密切关系。在这种情况下，党的领导决定改变方针。

苏俄的国际局势发生急剧变化，成为促使布尔什维克领导改变国内方针的动因之一。十月革命是在一个落后的农民国家里取得胜利的，布尔什维克党把维持政权和进行建设的可能性同西方先进国家的无产阶级革命直接联系在一起，指靠胜利的西方无产阶级的直接援助。为此建立第三国际，采取各种措施促进甚至直接策划西方国家的革命。然而，当时寄予极大希望的德国革命并未取得成功，匈牙利的苏维埃政权也只是昙花一现，1920 年夏进军华沙以推进世界革命的尝试遭到惨败。

在内有农民造反，外无国际支援的情况下，布尔什维克党不得不改走另一条道路，放弃无产阶级革命的进攻方式，采取较为温和的，考虑到国民经济和社会利益的政策，用同农民的联盟来替代开始低落的世界革命。列宁后来说得非常明确："我们知道，在其他国家的革命到来之前，只有同农民妥协，才能拯救俄国的社会主义革命。"[1]

经过长时间的调查研究，同时在严重的危机的逼迫下，到 1921 年 2 月初列宁形成必须改行粮食税的决定。1921 年 2 月 8 日政治局讨论"播种运动和农民的状况"，会议听取了恩·奥新斯基《关于播种运动和农民状况的报告》，研究了改善农民状况的问题，成立起草决议的委员会。列宁为此起草了"农民问题提纲初稿"，其中提出以粮食税取代粮食征收制的基本方针。提纲初稿写道：

> 1. 满足非党农民关于用粮食税代替粮食征收制（即收走余粮）的愿望。
>
> 2. 降低粮食税额，使其低于去年征粮数。
>
> 3. 同意根据农民积极性的高低来调节粮食税的原则，即农民积极性愈高，税率愈低。
>
> 4. 如果农民能迅速交足粮食税，应扩大他们将纳税后的余粮投入地方经济流转的自由。[2]

---

[1] 《列宁全集》，中文第 2 版，第 41 卷，第 51 页。

[2] 同上书，第 40 卷，第 338 页。

2月16日政治局决定，在《真理报》上就以实物税代替粮食征收制问题进行公开讨论。1921年2月17日和26日，《真理报》刊载了莫斯科省粮食委员彼·谢·索罗金和莫斯科苏维埃副主席米·伊·罗戈夫合写的题为《粮食征收制还是实物税》的两篇文章，赞成实行粮食税的建议。文章写道："为了加强农民经济，为了提高农民经济的生产率，应当用实物税来取代粮食征收制这种由国家征收粮食、原料和饲料的方法。"

2月19日，政治局讨论了决议草案，决定将草案提交中央全会审议。2月24日，俄共（布）中央全会原则上通过了这一决议草案，指派一个新的委员会进行修订。在委员会起草决议期间，列宁接见了一些农民和农民代表团，听取了他们对粮食政策的要求和建议。2月28日列宁在莫斯科苏维埃全会上引用非党农民的话："请你们在计算的时候要考虑到小农的需要；小农需要心中有数：我该交出多少粮食，其余的由我支配。"列宁回答说："对，这有道理，这是完全符合当地情况的合理想法。"不久就要召开党的代表大会，"我们将提出这个问题，分析这个问题，并且做出决定满足非党农民和广大群众的要求"[1]。列宁的这篇讲话发表在3月2日的《真理报》上。也就是说，列宁的这个承诺在3月初已经公之于众。

3月3日，列宁对决议草案第二稿提出了三点修改意见。3月7日中央全会再次审查了决议草案，并将草案交列宁主持的专门委员会最后定稿。

第三节　俄共第十次代表大会和向新经济政策转变

向粮食税过渡

1921年3月8日在喀琅施塔得暴动的高潮中俄共（布）第十次代表大会开幕。

大会面对的是极其困难复杂的形势。

在第一次世界大战和革命年代战斗中俄国死亡人数为1 400万以上。因饥荒、瘟疫和缺乏医疗条件而死亡的人数达1740万人。1913年俄国人口为

[1] 《列宁全集》，中文第2版，第40卷，第370页。

15 920 万，1917 年 1 月 1 日为 16 400 万，1920 年仅有 13 420 万。莫斯科人口 1914 年为 170 万，而这时已不到百万。彼得格勒由 200 万减少到 70 万。有 11 100 万人居住在农村（84.5%）。

工人阶级人数剧减。大工业工人数 1917 年为 242.88 万，1920—1921 年为 118.86 万。1916 年彼得格勒有 38.4 万工人，1920 年只有 8.8 万。莫斯科的工人数由 14.8 万减少为 8.7 万。人数减少的工人阶级再同人数众多的农民对抗是致命的，必须谋求妥协。[1]

经济崩溃，供应短缺，粮食定量削减，实际工资下降引起广大居民的不满，示威游行，罢工，骚乱甚至暴动震撼了整个年轻的苏维埃共和国。与此同时，党内产生严重分歧，展开工会问题的争论，出现各种各样的纲领，争论虽然热火朝天，但并没有涉及当时最迫切的问题——中止军事共产主义问题。列宁在党的第十次代表大会上如此形容当时的处境："在战争结束的时候，俄国就像是一个被打得半死的人，他被打了七年，而现在，谢天谢地，他居然能够拄着拐杖走动了。"[2]

俄共第十次代表大会起初预定在1921年2月6日召开，后推迟到3月6日，最后决定在 3 月 8 日召开。[3] 推迟会期也许是因为需要做更多的准备工作，但却带来严重的后果，这就是喀琅施塔得暴动。如果在 2 月初召开十大，宣布废除粮食征收制，这场暴动是有可能防止的。

3 月 8 日十大开幕。当时形势非常严重，派遣了 300 名大会代表参加平定喀琅施塔得暴动。然而大会并没有立即讨论粮食政策问题，而是先讨论总的形势以及党的建设和党内争论等问题。列宁评论苏维埃政权面临的问题时说："这方面暴露出来的是小资产阶级即无政府主义的自发势力，它利用自由贸易的口号，无时无刻不在反对无产阶级专政。"他认为，这"要比邓尼金、尤登尼奇和高尔察克合起来还要危险，因为在我国，无产阶级占少数，农民已经破产，此外，我们的军队复原提供了数量惊人的暴乱分子"。[4] 从这里也可以看

---

[1] *Лоскутов В. И.* Уроки сталинизма. 网上资料。

[2] 《列宁全集》，中文第 2 版，第 41 卷，第 60 页。

[3] Десятый съезд РКП(б). Стенографический отчет. Москва, 1963.С.793 – 794.

[4] 《列宁全集》，中文第 2 版，第 41 卷，第 19 页。

出，“贸易自由”在十大上还被看作是一个反革命的口号。

布哈林表现出更大的担心。他在发言中指出，对我们来说最危险的不是喀琅施塔得暴乱。“对我们最危险的是在此前在彼得格勒曾有几个大工厂发生罢工，在要求无产阶级保持高度紧张的时刻，我们的莫斯科工人召开制革工人代表会议，会议提出了社会革命党人的决议案，还召开非党五金工人代表会议，那里同样提出了社会革命党人的决议案。危险就在这里，就在于小资产阶级的病原体，它把坏疽病传染给一部分工人阶级。这就是当前的最大危险。”[1]这说明有一个反对党——社会革命党对布尔什维克党的统治发出了严重的挑战，他们的纲领主张得到一部分工人的支持，或者说，工人们提出的主张同社会革命党的主张不谋而合。

过了一个星期，在选出中央委员会之后，大会才于15日讨论用实物税取代粮食征收制的问题。会议主持人提议，用一个上午时间完成这个问题的讨论。列宁作了关于以实物税代替粮食征收制的主报告，瞿鲁巴作副报告。

俄共十大部分代表。1921年3月

[1] Десятый съезд РКП(б). Стенографический отчет. Москва, 1963.С.224–225.

列宁在报告中指出，以实物税取代粮食征收制的问题，“首先而且主要是一个政治问题，因为这个问题的本质在于工人阶级如何对待农民”。俄国革命只有具备两个条件才能获得彻底胜利，一个是得到先进国家社会主义革命的支援，另一个是同占人口多数的农民达成妥协。而在其他国家革命到来之前，只有同农民妥协，才能拯救俄国的社会主义革命。列宁承认农民对目前建立的关系是不满意的，并且“这种不满意是合理的”，应当对他们说：“是的，这种状况再也不能继续下去了。”解决的办法就是以实物税取代粮食征收制，给予农民一定的流转自由，允许在地方经济流转范围内实行交换。但是这时候列宁对“贸易自由”极为担心，他坚持一个观点：“贸易自由就是倒退到资本主义。”[1] 所以在此后半年左右的时间里，所谓周转、交换，实际上仅限于在一定的地方范围内的实物交换，而不是本来意义上的商业买卖。

事先登记了 11 人在讨论这一问题时发言。为节约时间，限定 6 人，所以讨论是非常不充分的，有关粮食税的许多问题并没有涉及。发言者都表示支持实行粮食税，但对“周转自由”，即放弃粮食贸易的国家垄断的恰当性提出疑问。有两个担心：首先是担心农户收入分化的加强，另一个是不相信形成粮食平衡表的新条件在供应居民粮食方面不会出现新的困难。

粮食人民委员瞿鲁巴谈到本年度粮食状况的严重性。他说，战前农产品的产量为 45 亿普特，而去年为 18 亿。1920 年年底粮食征收量为 3 亿普特，农民平均每人只剩下 15 普特，而某些农村居民只有 12 普特，供人和牲口的需要，而战前每人平均为 27.5 和 26.5 普特。他为强制辩护，认为不动用强制就不可能得到粮食。

副粮食人民委员弗鲁姆金同意必须改变粮食政策，认为这是政治形势决定的。但他提出一个问题：在实行实物税的时候是否必须保持垄断？他认为，“垄断并不是共产主义或者接近共产主义的特征。垄断是盛加略夫实施的，是在西欧战争期间实施的。仅这一点就可以判断出，它不是共产主义的特征，实施这一措施是出于特殊的经济条件”，但他同时认为，“我们比任何时候都需要调节分配。放弃垄断，即放弃对粮食和其他重要产品的调节，在目前毫无疑问等于置无产阶级于死地。没有任何根据可以假定，我们能够通过税收取得哪怕

[1] 《列宁全集》，中文第 2 版，第 41 卷，第 50— 65 页。

我们至今所取得的一半。”所以他主张保持垄断，但要改变实施垄断的方法。同农民的交换只能由国家或者国家委托的机构来做。他建议，现在继续实行粮食征收制，到新的经济年度再宣布实物税。[1]

最高国民经济委员会副主席弗·米柳亭发言说，不仅在政治上，并且在经济上我们必须同农民妥协，这是因为粮食征收制已经进入经济的死胡同。你们知道，征购很有成效。1918—1919年提供了1亿普特，1919—1920年为2.5亿，今年将提供3亿普特。我们给予工人阶级的定量是最高的，但他们过的仍然是挨饿的生活。把给予的定量换算成热量为每人1200卡到1900卡热量，而一个人躺着不工作至少需要2000卡热量，一个工人最低需要3000卡热量。这就是说给予工人的热量低于必需的数量。我们是靠缩短工人的生命过活的。因此现在出现罢工和风潮。他指出，弗鲁姆金完全错了，他的建议实际上是保留粮食征收制。如果我们保留垄断，不转向地方自由周转，这实际上同粮食征收制无异。瞿鲁巴说得对，如果我们想做让步，那就应当作真正的让步，而不是停留在纸面上，否则就不会有任何效果。继续实行征收制我们是没有出路的，因为征收遇到小资产阶级的反革命浪潮，他们用武装的手捍卫自己的劳动果实，而对工人阶级来说，他们3年来靠最低的定量生活，其体力已不能再支持下去了，必须找到摆脱现状的出路。现在我们不是在资本主义王国行走，我们向同农民群众妥协的方向转变，以便现在加强我们的阵地，以后能够转向社会主义方向。[2]

作为经济学家，普列奥布拉任斯基在发言中提出实行粮食税后的货币问题。他说，国家各种开支的来源有二：粮食征收制和间接税，后者通过发行纸币从小资产阶级那里取得。取消粮食征收制之后，提高卢布的价值问题就尖锐起来。由于黄金要用于外贸，他建议发行以银为本位的货币代替严重贬值的纸币。他说我们约有20万普特白银的储备，以后可以在银币的基础上再发行纸币。[3] 他建议大会责成中央委员会成立研究金融问题的专门委员会。此建议得到大会通过。

[1] Десятый съезд РКП(б). Стенографический отчет. Москва, 1963. С.431–434.

[2] Десятый съезд РКП(б). Стенографический отчет. С.434–436.

[3] Десятый съезд РКП(б). Стенографический отчет. С.425–428.

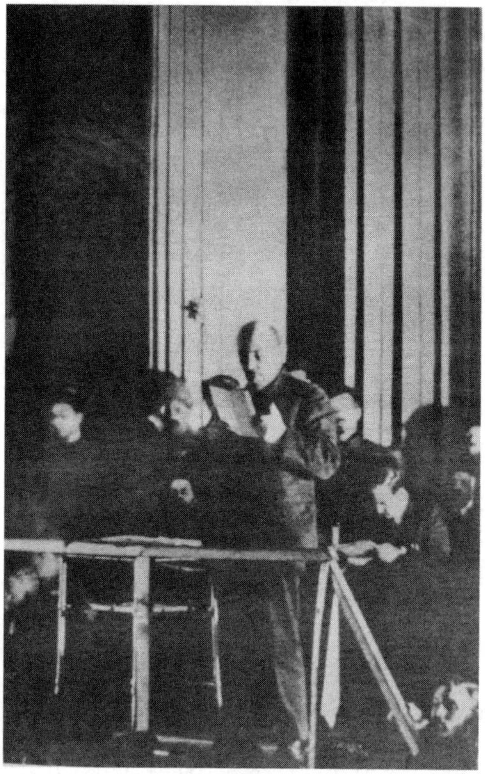

列宁在俄共（布）第十次代表大会上讲话。1921 年 3 月

列宁在总结发言中不点名地回答弗鲁姆金说："我们将在多大程度上保留经济流转自由，这一点我们不知道。但是，我们应当在一定程度上保留经济流转自由，这是没有疑问的。必须对实行这一点的经济条件做出估计和检查。"[1]

列宁认为，农民纳税后通过合作社来实现剩余粮食的自由经济流转是适当的。这就意味着合作社的影响增长，虽然这时候合作社的领导掌握在并不忠顺于布尔什维克的人手里。瞿鲁巴和米柳亭在会上就合作社问题发言，对合作社影响的增长表示担心。其实这时候列宁对合作社也不放心，他没有坚持自己的意见，采取了灵活的表述：自由的小经济流转将如何发展，是通过合作社，还是通过恢复私营小商业，我们现在未必能够最后确定。他提出一个改革的重要方针——"把各种办法都拿来试验一下，根据实际经验加以研究，然后告诉我们，你们哪些经验是成功的"，而我们可以成立委员会来研究积累的经验。[2]

大会用了不到半天的时间，结束了实行粮食税问题的讨论。提供表决的有两个草案，一个是列宁代表中央提出的草案，一个是弗鲁姆金的草案。弗鲁姆金说：不同点在于他的草案中的第 6 条，这条说的"不是流转，而是出售给

[1] 《列宁全集》，中文第 2 版，第 41 卷，第 68 页。

[2] 同上书，第 67 页。

国家以交换个人消费用品和经营用品”。[1]

大会通过列宁提出的“关于以实物税代替粮食征收制”的决议。第 1 条写道：

“为了保证农民在比较自由地支配自己的经济资源的基础上正常地和安心地进行经营，为了巩固农民经济和提高其生产率，以及为了确切地规定农民所应担负的国家义务，应当以实物税代替粮食征收制这种国家收购粮食、原料和饲料的方法。”

决议规定税额应当比粮食征收制所征收的少，并且在播种之前通知农户。起初预定根据农户的收获量、人口和牲口数量，从农户产品中按百分比扣除或按份额扣除。但这种做法不利于刺激每俄亩单位产量的提高。一个月以后，人民委员会的法令作了另一种表述：税额根据适合耕种的土地面积确定。扩大耕种面积的勤劳的业主将得到优惠。“在纳税后剩余的一切粮食、原料和饲料，农民可以自己全权处理，可以用来改善和加强自己的经济，也可以用来提高个人的消费，用来交换工业品、手工业品和农产品。允许在地方经济流通范围内实行交换。”[2]

由于形势紧迫，列宁提出：“我们必须今天晚上就把通过的决定用无线电向世界宣告。”[3] 季诺维也夫后来在俄共十三大上说：“那时候，有关改善我们与农民之间的关系问题，我们是以**小时**来计算的。”[4]

俄共十大虽然改变了粮食政策，但关于社会主义的观念还没有改变。政策的改变是被迫的。实行新的税收政策，是面对强大的反抗力量不得不实行的退却，还不是对组织共产主义建设中的错误的纠正。1923 年托洛茨基说：“新经济政策是由世界革命延缓引起的被迫的政策。”党内绝大多数都同意被迫的

---

[1] Десятый съезд РКП(б). Стенографический отчет. Москва, 1963.С.445. 第 6 条全文：“农民纳税后所有留在他们手中粮食、饲料和原料储备可以由他们用来改善和加强自己的经济、提高个人的消费，或者出售给国家以交换个人消费品和经营用品。”

[2] 《苏联共产党代表大会、代表会议和中央全会决议汇编》，第 2 分册，人民出版社，第 105—107 页。

[3] 《列宁全集》，中文第 2 版，第 41 卷，第 65 页。

[4] 《俄共（布）第十三次代表大会（速记记录）》，人民出版社 1987 年版，第 17 页。

庆祝十月革命四周年。1921 年 11 月 7 日

说法。争论仅仅在于是什么迫使的，内部原因还是外部原因。列宁是少数把新经济政策同内部原因联系在一起的人之一。

实施新经济政策的时候，共产党继续坚决同小资产阶级的农民的自发势力进行殊死的斗争。1921 年 3 月 2 日，乌克兰粮食人民委员致电瞿鲁巴，认为实行粮食税极为危险。农民要求自由支配纳税后剩余的粮食，用以同工人进行交换，并且工人也明显倾向于这种交换。但是，"如果这一切不纳入国家调节，粮食机关便无法进行收购"。既然乌克兰尽管困难很大，但仍然成功地推行了粮食征收制，那么考虑到整个社会政治关系，不可能制定出毫无争议的税收量并把它们收齐，这两者是支配余粮的先决条件。他说，乌共中央全会的试投票也说明，"乌克兰不能实行粮食税"。[1]3 月 3 日，列宁给托洛茨基写道："依我看，乌克兰的共产党员们错了，从事实得出的结论不是否定粮食税，而是要

[1] 《苏联历史档案选编》，第 5 卷，第 185—186 页。

加强军事措施，以彻底消灭马赫诺等等。”[1]

3 月 17 日，《消息报》刊登中央执行委员会关于以实物税代替粮食征收制的决定的补充，指出在实物税公布之前，个别食品原定的征收任务仍然有效，任务应按以前制度由以前部门完成。新制度的建立和机构改革不应妨碍今年的收购工作。[2]

大会后不久，3 月 23 日全俄中央执行委员会发布《告农民书》，说“今后……粮食征收制废除，代替它的是对农产品的实物税。实物税会少于粮食征收制的数额。它应当在春播之前规定下来……粮食税的征收不应当实行连环保，就是说，应当落到单个的农户头上，使勤劳的业主不必为同村的懒汉交税。农民完税后剩下的东西完全由他自己支配……他可以用它们通过合作社和在地方市场集市上交换所需要的产品。”[3]

3 月 28 日，人民委员会发布法令，决定立即允许乌拉尔等产粮省“自由交换和买卖”粮食、谷物和饲料产品以及土豆。责成粮食人民委员部在居民完成国家义务的地区贯彻这一法令。允许为交换、买卖目的用兽力车自由运送粮食、谷物和饲料产品。撤销在这些省份活动的拦截队。[4]

3 月 21 日，全俄中央执行委员会通过《关于以实物税代替余粮、原料征收制的决定》，为执行这一决定，人民委员会于 29 日颁布《关于 1921—1922 年实物税额的决定》和《关于在已完成征收余粮任务的各省实行粮食、饲料、马铃薯和干草自由交换的法令》。自 4 月 21 日起，人民委员会还陆续通过确定粮食、马铃薯、油料和其他农产品的实物税额的多项决定，把俄共十大的决定法律化并予以具体贯彻。

根据新的规定，1921—1922 年粮食税额不超过 24 000 万普特，撤销原来按照粮食征收制征收 42 300 万的指标的法令。16 000 万普特的缺额将通过商品交换取得。

1921 年春农民还不相信能够保留超出自己需要的产品，他们还没有理由

[1] 《苏联历史档案选编》，第 5 卷，第 189 页。

[2] 同上书，第 8 卷，第 25 页。

[3] История России. 1917 – 1940. Хрестоматия. Екатеринбург. 1993. С.141 – 142.

[4] История России. 1917 – 1940. Хрестоматия. С.143 – 144.

扩大耕地增加收成。5 月，俄共中央专门发文要求党组织和苏维埃机关仔细准备春播，及时收集和提供种子，修理农机具，把播种计划落实到每一个农民，组织他们坚决完成。

粮食税的实施标志着新经济政策的开始。新经济政策客观上要求放弃许多已经习惯但过时的观念，如对农民（小生产）的态度，对商业、金融和货币的看法，但是实际上有许多问题包括具体政策、配套措施、理论观点以及人的观念并没有解决。

特别值得一提的是，在党的十大上粮食税问题并没有当作一项重要议题提出，讨论时间不足半天，显然只是把它看作一项具体的政策的变动。由于大会对这一问题讨论不充分，虽然决议一致通过，但对一系列随着粮食税的实行而出现的理论问题、后续政策问题，当时并没有涉及，更没有取得共识，列宁本人对一系列问题也没有考虑好，例如商业问题。

两个月后，5 月 26—28 日召开了俄共第十次代表会议，专门讨论新经济政策问题。列宁在报告中同意奥新斯基的提法，强调新经济政策是“认真的长期的”政策。列宁指出，工农之间不仅要建立政治联盟，还要建立“经济上的联盟”。在实行粮食征收制的情况下，小农户没有正常的经济基础，许多年都死气沉沉，不能存在和发展，因为他们对发展农业不感兴趣，结果是我们失去了经济基础。现在的任务不是去研究笼统的提纲和纲领，而是研究实际的试验，研究好的和更好的例子。[1]

代表会议认定新经济政策是长期的政策，其基本手段是商品交换或产品交换。要把商品交换集中到合作社手里，但绝不排挤正常的自由贸易。会议还大致确定了新经济政策在工业领域的某些方向，其中表示支持中小企业（私人的和合作社的），允许把国营企业租赁给私人、合作社、劳动组合和公司。赋予地方经济机关自行决定租赁关系的具体问题。还修改了大工业的计划，加强日用品和农民用品的生产。扩大每一个大企业在支配资金和物质资源中的自主性和首创性。

会议赞同关于贯彻新经济政策原则的“劳动国防委员会的指令”草案。[2]不久，此委托书以人民委员会的名义发送给地方。它要求采取措施发展国家和

---

[1] 《列宁全集》，中文第 2 版，第 41 卷，第 199—300 页。

[2] 《苏联共产党代表大会、代表会议和中央全会决议汇编》，第 2 分册，第 120—122 页。

合作社的商品交换，并且不要限制地方流转的范围，在可能的地方转向货币交换形式。

在这次会议上**开始正式使用“新经济政策”这个名词**。代表会议决议写道：“当前的基本政治任务是使党和苏维埃的全体工作人员充分领会和确切执行新经济政策。”[1]

1921 年 6 月 11 日彼得·波格丹诺夫以最高国民经济委员会名义提出关于新经济政策的提纲，这是新经济政策的纲领性基础，它提出恢复市场、货币机制，改变工业的管理方针。建议取消无偿劳动，提高工资，把对工人的供应同劳动生产率，而不是同企业的工人人数挂钩。使经济政策的整个基础立足于经济核算之上，同时给予企业一定的自主权。对中小手工业企业实行非国有化，发展合作社，把企业交付租赁，等等。6 月 16 日，政治局会议基本上通过此提纲。

这样，向新经济政策过渡的纲领在内容上和具体化上都得到了丰富。

粮食税的初步措施

粮食税的实施首先要取信于民，让广大农民相信这一措施的真实性和长期性。

一开始农民没有表现出向当局缴纳粮食税的愿望，没有立即相信不会再征收补充税额的保证，因此征收头一批粮食税并不比实行粮食征收制时征收粮食轻松。1921 年 5 月下旬列宁在俄共第十次代表会议上表示：“粮食税的征收一方面要完成得彻底，另一方面时间又要尽可能短。”为了使支配余粮的自由真正像自由，必须迅速征税，使征税人不致长时间地同农民纠缠。为此还免不了要采取强制手段。[2]

为征收粮食税动员了 1100 名共产党人下乡，但力量仍然不够。1921 年 7 月 9 日政治局认为必须派遣尽量多的党员实施“粮食运动”，甚至不惜为此关闭某些机关和一些人民委员部。根据组织局 7 月 8 日的决定，派遣了 24 名全俄中央执行委员会委员直接参加征收粮食税的工作，其中有加里宁、古比雪

[1] 《列宁全集》，中文第 2 版，第 41 卷，第 327 页。

[2] 同上书，第 308 页。

夫、卢那察尔斯基等人。各地组织也派大量的干部从事这项工作。

这时候农民大量反抗征税。在乌克兰隐瞒征税土地达40%—50%，其他地区也隐瞒土地和牲口。而当局发现有隐瞒情节就增加税额。如果找不到隐瞒耕地的所有者，就把税额摊到富裕农民身上，土地收归村有。到1922年1月在44个省份共发现300万俄亩隐瞒的土地。此类行为被看作是富农和反苏分子的反抗，目的是破坏恢复工作，以打击苏维埃国家。这就是说，拒交粮食税不是看作经济犯罪或者一般刑事罪，而是政治罪、反革命行为。

“背口袋的人”继续被看作敌人，虽然在多年食品不足、闹饥荒的情况下，“背口袋买卖”是群众自我保障的一种办法。据《真理报》报道，到1921年8月初“背口袋的人”从农村运往城市的粮食多于国家收购的。

1921年9月全俄仅收到3 150万普特粮食。只有两个省完成任务，10个省完成60%，10个省完成35%—60%。

下年度的播种任务没有完成。1921年谷物播种面积为7 980万俄亩，而1922年为6 620万。

不过，1921—1922年度征收了23 300万普特粮食，1922—1923年度为36 100万，最终消除了1921年的饥荒后果。农民相信了税收的稳定性。

1922年3月17日全俄中央执行委员会和人民委员会通过关于1922—1923经济年度实行统一实物税的法令（按照统一的重量单位（普特）小麦或者燕麦）。这刺激了粮食生产，但商品货币关系的发展越来越同实物税的形式发生矛盾。俄共第十三次代表会议决定征收统一的农业货币税。从这时起农民可以较为灵活地安排自己的生产，包括削减谷物的生产，而通过经济作物的生产来缴纳赋税。3年以后这种情况成为造成新的粮食危机的因素之一。

在国家缺乏商品的情况下允许买卖剩余粮食促使国家采取如下措施：开放小私人企业和非国有化的私人商业和工业企业。留在国家手中的企业不得不从平均主义的政策转向按劳动支付报酬。

1921年4月7日通过“关于调节个人劳动报酬”的决定，根本改变了工资制度。取消了对计件工资的限制，对重要工业企业临时实施实物奖励。1921年9月10日公布的“关于工资问题的基本条例”中强调把提高工资同劳动生产率的增长、产品量的增加联系起来。

1921年10月1日通过关于物资、货币和粮食供应的国家计划。由于粮食储备继续减少，计划大大低于实际需求。只好削减国家供应企业的数量，以便保存国家特别需要的工业部门。削减一直持续到 1922 年新的收割季节。结果由国家供应的工人不到半数。

没有列入基本企业的那些企业可以租给合作社和其他联合体以及私人。取消国家供应而又没有出租的企业必须关闭，工人分配到开工的企业。

农民恢复了对土地的所有权和使用自己全部劳动产品的权利。

实施粮食税以后，农民起义减少，基本上消除。但军事共产主义的后果并没有立即消除。

1922 年召开俄共第十一次代表大会，这是列宁最后一次参加的大会。大会的一个任务是建立新的能够发挥作用的市场机制，首先是恢复平衡的货币和金融体制。在党的第十一次代表大会的日程上首次列入金融政策问题，报告人索柯里尼柯夫和普列奥布拉任斯基。此后开始了货币改革，发行新的稳定的货币切尔文卢布，有固定的汇率，甚至有黄金的保证。

中国记者笔下的新经济政策

中国的进步人士对苏俄政策的转变极为关心。中国记者瞿秋白是苏俄实施新经济政策的目击者，他在《赤都心史》中对实施新经济政策的初期的景象有颇为生动的记叙：

> 两三月前，《劳农公报》[《消息报》] 初发表开放商业的命令。小商人市侩欣欣然的露出头来。不但小商人呢！体力不能当工人的一班“念书人”，夫人，小姐，受不着职工联合会的保护，口粮所领太少，消费的欲望又高，——这才有了机会。
>
> 十字街间，广场两面，一排一排小摊子……人山人海，农家妇女，老人，工人，学生……种种色色人，簇拥在一处。这里一批白面包，香肠，火腿，牛奶，糖果点心，那里一批小褂，绒裤，布匹。一堆堆旧书报，铁罐洋锅，碗盏茶杯……唔！多得很呢！再想不着：严寒积雪深厚，——我们初来时，劳动券制之下，——这些丰富杂乱的“货物”，都埋在雪坑里冰池么？经济市场的流通原来这样。可是开端的原始状况还很可怜。学生服装的一两个人或者拿一条裤子，

一双旧鞋也算做生意呢。

远远的日影底下，亮晶晶耀着宝石，金链；古玩铜器，油画也傲然一显陈列馆的风头。有华丽服装，淡素形妆的贵妇人，手捧着金表，宝盒等类站在路旁兜卖。有贵族风度的少年，坐在地下，展开了古旧贵重的红氍毹，等着雇主呢……

现时又过了两个月了。亚尔培德街［阿尔巴特街］前，许多小孩子拿纸烟洋火叫卖，汽车马车穿梭似的来往，街窗里红玫瑰绣球花欣欣的舞弄他的美色，一处两处散见着新油漆的商号匾额，——啊哎！热闹呢！再不像"冬时"，军事共产主义之下，满街只有茫茫的雪色，往来步行的"职员"夹着公事皮包的人影了。

原来革命后贵族破产，所余未没收的衣饰古玩，新经济政策初行，流到市场上，过了这么两月他们便渐渐集股积聚，居然开铺子了。其实新经济实行，资本主义在相当范围内可以发展。而资本集中律一实现，这班小资本的买卖不过四五个月就得倾倒。我初见街头所卖白面包，还是小生意家家里自己零做的。现在已经看得见一两种同式同样又同价的白面包，打听起来，原来已有犹太商人复活，作着大宗批发生意，替他算起来，一天可得利几千万苏维埃卢布呢。资本的发展——按经济学上的恶原则——真是"速于置邮而传命"。[1]

第四节　大饥荒，东正教和没收教会珍宝

大饥荒与救灾活动

俄国可以说天灾年年有，有些地区经常发生旱灾、歉收或者颗粒无收。在正常年景，农民都有备荒粮，然而在粮食征收制和粮食税交替之际，他们家里一无所有，所有粮食都被征收走了。1921—1922 年俄国的饥荒是世界史上毁灭性的灾难之一。

1921 年是俄国历史上危机年份之一，发生严重的干旱，史称"伏尔加地

[1] 《瞿秋白文集》，第 1 卷，人民文学出版社 1954 年版，第 123—126 页。

区的饥荒”。实际上远远超过这一地区，它遍及主要产粮区：伏尔加流域、乌克兰、北高加索，涉及阿斯特拉罕、察里津、萨拉托夫、辛比尔斯克等省，还有鞑靼自治共和国、楚瓦什自治区，乌法、维亚特卡省和马里自治区的一部分。此外政府还宣布下列地区因歉收而免税：吉尔吉斯（哈萨克）共和国、巴什基尔共和国，乌拉尔、奥伦堡、阿克莫林斯克、古里耶夫、库斯塔奈和彼尔姆省，还有克里木、乌克兰南部以及其他几个地区。饥民达 3000 万至 3500 万。饥荒最严重的是伏尔加地区和乌拉尔南部。造成饥荒的不仅仅是天气，还有粮食征收制的消极后果。由于战争、农民暴动、富农经济被彻底摧毁、农民生产积极性下降等原因，同 1913 年相比，1920 年的播种面积从 10 500 万减少到 9 730 万公顷，收成从每俄亩 50.3 普特降为 35.8 普特，粮食的总产量从 385 000.2 万普特降为 221 300.9 万，减少将近一半。而 1921 年的春播地（除乌克兰和土耳其斯坦）仅达 1920 年的 3/4。大牲口仅达战前水平的 71%。

迄今为止统计学家中间对因旱灾引起的谷物收成的损失没有统一的看法。多数认为在 10 亿—12 亿普特之间，即这一年比中等年景少收 1—4 成的谷物。旱灾受害最严重的是产粮省的农民：1919 年 1—2 月到 1920 年 1—2 月，根据收支数字计算，他们每口人需要 16.3 普特粮食（一年，折算成谷物），而 1921 年 2 月到 1922 年 2 月只有 8.2 普特，减少了一半。在遭灾地区食用谷物和播种用的种子都没有。[1] 在饥荒的同时，还爆发瘟疫：伤寒、疟疾等等。布祖卢克保卫儿童非常委员会主席发往莫斯科的电报称：“我们县出现可怕的局面。饥荒猖獗：饥民吃猫、狗和动物尸体。开始吃死者的尸体。存放待安葬尸体的板棚夜里被盗抢分食。饿死者的坟墓被盗掘。从 12 月 25 日到 27 日埋葬了 681 人，其中 509 名儿童。饥民中发生恐慌，在绝望中人们已经不知道如何从死亡中自救。请理解这种绝境。请尽一切力量散发这份电报。请敲响警钟。请敲响警钟。帮帮忙！否则全县将荒无人烟。”[2] 据统计学家 П. Н. 波波夫统计，1921—1922 年人口减少 520 万。如果考虑到每年的出生率，那么饿死的人数不会少于 700 万。历史学家 A.K. 索柯洛夫认为，有 600 万农户实际上消失，

[1] *Белоуов Р.* Экономическая история России XX век. Книга Ⅱ. Через революцию к нэпу. Москва. ИздАТ. 2000. С.328.

[2] А и Ф, 1988, № 19.

伏尔加流域的饥民。1921 年

人口减少约 800 万（约占人口总数的 6%）。[1]

瞿秋白在《赤都心史》中对这场饥荒做了形象的记叙：

东俄旱灾非常之甚。俄国产麦最多的北方，除乌克兰及西伯利亚外，本部向来要算黑壤区，向来运输关系上乌克兰及西伯利亚离中央太远，全靠大俄本部黑壤区的出产。今年却刚刚是这一区旱灾，灾区非常之大。值此劳农政府努力于提高农工生产力之时，又受一大大的打击。革命战祸连年以来，饥寒交迫，今年又是如此，真可见俄国无产阶级创业的艰辛。

劳农政府设着种种方法力图救济。各机关实行赈捐，没有受灾的农村，都派人募收志愿捐助的食粮。各城市中呢，举行音乐会，演剧，募捐；学生，赤军，医生，看护妇，都热心参加。职工联合会

[1] *Соколов А.К.* Курс советской истории.1917–1940. Москва. Высшая школа.1999. С.113.

组织募捐队，有到灾区去调查。请外国红十会来俄考察赈助。

俄国中央及各省报纸上载灾区通信："一堆一堆饥疲不堪的老人幼童倒卧道旁，呻吟转侧……吃草根烂泥……竟有饥饿难堪的农家，宁可举室自焚……还有吃死人肉的呢……真是惨不忍读。政府茹苦含辛派遣火车去办移民，一切一切……"[1]

人民委员会采取紧急措施在地区之间重新调拨谷物和马铃薯。这不能不同立法发生冲突。还在春天，中央执行委员会按照法规稳定了农业税额。而人民委员会为增加救济饥民的粮食，多次提高无灾地区马铃薯生产者的税额。这严重破坏了关于农业税的法令。经过尖锐争论，考虑到局势的非常性质，中央执行委员会只限于谴责政府行为并警告下不为例。中部地区不坏的马铃薯收成帮了点忙。

克拉辛回忆说：列宁制定的外贸的基本原则是："只购买生产资料和生产工具，尽量少买消费品。"但是，"1921年灾难性的旱灾以及由此而产生的伏尔加河流域和其他几个省的饥荒，迫使我们从根本上改变这一原则。当我在1921年夏天由伦敦返回莫斯科，来到弗拉基米尔·伊里奇的办公室时，我看他焦躁不安，不时抬起头来仰望阳光灼热、溽暑蒸人的天空，渴望能看到期待已久的云雨。他多次问我：'我们能从国外买到粮食吗？协约国会允许把粮食运入俄国吗？'我们的整个进口计划被推翻了。在我再次去英国以后，我们不得不大规模购买粮食和种子（当然只能动用黄金储备，因为我们当时几乎没有什么出口贸易）。"[2]

为救济灾民，国内外社会各界纷纷提出建议，设法援助。1921年6月，高尔基倡议并牵头，会同普罗科波维奇、库斯科娃等社会名流向政府建议成立赈济饥民委员会，利用他们的影响，在国内外募集粮食救灾。列宁很重视高尔基的建议，俄共中央政治局决定，"原则上同意高尔基同志的建议"，允许"社会活动家"参加。7月21日中央执行委员会决定成立**赈济饥民委员会**，加米涅夫任主席，著名作家柯罗连柯任名誉主席，李可夫、克拉辛、卢那察尔斯基，各界名流参加委员会。委员会成立后，要求组团出国以争取国外的援助并

[1] 瞿秋白：《赤都心史》，见《瞿秋白文集》，第1卷，人民文学出版社1954年版，第132页。
[2] 《回忆列宁》，第4卷，人民出版社版，第219页。

监督救济物资的分配。国际联盟主管赈济俄国灾民的南森要求苏维埃政府允许西方代表监督粮食在俄国的分配。苏俄领导人对此意见不一。熟悉国外情况的契切林和克拉辛表示支持组团出国，认为派团出国不仅有利于募捐，还有利于向西方借贷、租让等工作的开展。克拉辛给列宁写道："我们不必给自己设置障碍，既然有人想出了普罗库基什委员会，那就让他去弄几百万吧。"改变政策"不仅对赈济募捐，而且对借贷问题及有关租让的谈判，都会产生非常不利的影响"。[1] 泰奥多罗维奇给政治局的信中指出："不能忽视所谓'社会力量'所给予的实际帮助。据我所知，许多乌克兰农民就是看在柯罗连柯这个名字的份上才把粮食捐给饥民的。"[2]委员会的活动取得良好效果，大批援助物资源源运往俄国。法国作家法朗士把 1921 年获得的诺贝尔文学奖金捐献给俄国灾区。但是多数领导人害怕资产阶级知识分子和"社会名流"的影响，洛佐夫斯基甚至认为该团是"反苏反共的自由民主联盟"，不能派这样的团出国，而应当让苏联工人阶级直接同西方打交道。[3] 政治局最后拒绝了派团出国的要求，8 月 27 日解散了赈济饥民委员会，逮捕了委员会成员并予以流放。10 月 16 日高尔基也被迫移居国外"疗养"。

高尔基还呼吁西方给俄国提供援助。最早响应者之一是**美国救济署**，1921 年 7 月 26 日救济署署长胡佛通过无线电广播答复高尔基，同意提供必要的援助，但提出一个条件，要求释放关押在俄国监狱中的美国人。8 月 1 日俄共中央政治局通过决定："洛佐夫斯基关于供养 100 万儿童的建议应予通过，即使通过谈判不能改变它提出的先决条件。"[4]8 月 10—20 日，苏俄代表李维诺夫同美救济署代表布朗在里加就美国给予俄国饥民援助问题进行谈判，结果于 20 日签订了 27 条协定，根据协定，美国救济署于 1921 年 10 月 1 日至 1923 年 6 月 1 日在苏俄进行救济饥民的活动，美方派遣必要的人员来苏俄，俄政府保障其人员的行动自由和来去自由；为进行工作可以建立必要的机构，俄政府不干涉

---

[1] 《苏联历史档案选编》，第 8 卷，第 216 页。普罗库基什委员会即赈济饥民委员会，由普罗科波维奇、库斯科娃和基什金三人的姓组成。

[2] 同上书，第 219 页。

[3] 同上书，第 223 页。

[4] 《苏联历史档案选编》，第 5 卷，第 152 页。

其工作，但有权派中央和地方的代表参与。美救济署的工作严格限定在救济工作，不得从事政治和商业活动。12 月 19 日美救济署建议，由美方出资 2000 万美元为俄国饥荒省份购买粮食和种子，条件是俄政府同时出资 1000 万美元通过美救济署购买粮食和种子。12 月 22 日政治局会议决定接受这一建议，给克拉辛发电报说："我们接受布朗向您转达的美国的建议。由于饥荒日益加剧，请确定粮食送达的最近期限。"[1]12 月 30 日在伦敦签订了美国为俄国购买粮食和种子的协定，同时还签订了关于美救济署提供价值 2000 万美元的粮食、种子和谷物，并在俄灾荒地区的成人中分配的协定。协定规定，8 月 20 日签订的文件条款适用于美救济署在俄国范围已经扩大的工作。苏维埃政府对救济署人员的活动保持高度警惕，派契卡人员监视。但总的讲，美救济署的救济工作对缓解灾情发挥了良好作用。在获得苏俄政府同意之后，8 月 21 日美国各慈善组织召开代表会议，11 个组织签订了关于在美国救济署的领导下共同赈济俄国饥民的协议。据胡佛给美总统威・哈定的报告，初步计算共筹得善款 594 980 000

小饥民的救济午餐。1922 年

[1] 《苏联历史档案选编》，第 5 卷，第 166 页。

美元，共运出 784 659 吨的粮食、牛奶、油脂、白糖和药品。到 1922 年年中，美救济署为苏俄采购了 40 万吨的粮食，所办的食堂为 325 万儿童和 530 万成人提供了食品，为居民提供了医疗服务。胡佛称，由于救援措施适时有力，“与饥饿有关的死亡曾一度中止”。[1] 俄罗斯联邦和乌克兰共和国驻国外援俄组织代表卡·兰德尔关于美救济署工作的报告中也说，“这些救济对我们有好处”。

但苏俄当局对美救济署的活动始终不放心。[2]1923 年 4 月 12 日，俄共中央政治局讨论了美救济署问题，决定自 1923 年 6 月起停止美救济署在苏联的工作。1923 年 6 月 21 日，政治局决定，“由人民委员会做出致谢的决议，并以恰当的形式授予哈斯克尔”。[3]

1922 年 7 月 10 日，移居国外的高尔基致信美国亚当斯女士，高度评价了美国的救济工作：“美国有权为自己的儿女骄傲，他们在辽阔的战场上，在传染病肆虐的、孤独的和人吃人的环境中，如此无畏而出色地工作。这件工作除了具有拯救数百万即将饿死的居民的直接任务外，照我看还具有更为重要的意义：它在俄国人心中唤起被战争扼杀的人性的感觉，恢复已破灭的各国人民友爱的理想，实现各民族友好合作的愿望。”[4]

苏维埃政权还寻求国际无产阶级的救援。1921 年 8 月 2 日列宁发表《告国际无产阶级书》，说俄国一些省份发生了饥荒，这次饥荒“只是略轻于 1891 年的灾荒”，呼吁国际无产阶级提供援助。[5] 成立了**国际工人饥民救济会**。在其帮助下从不同国家向苏俄发送了价值 25 000 万—30 000 万金卢布的 120 百万普特的粮食。[6]1921 年 9 月 2 日，列宁在《关于欧洲工人的捐款》中写道：“中央委员会特别重视在欧洲工人中大力开展的捐献一天工资的宣传鼓动工作，

[1] 《苏联历史档案选编》，第 5 卷，第 172—175 页。

[2] 1921 年 8 月 8 日中央全会就消除饥荒问题指出，必须采取坚决措施征收粮食税，向农民解释，帝国主义分子建议提供粮食援助旨在奴役苏维埃政权。

[3] 《苏联历史档案选编》，第 5 卷，第 182 页。威·赫·哈斯克尔是美救济署俄国分部主任。

[4] 引自蓝英年：《寻墓者说》，汉语大词典出版社 1998 年版，第 17 页。

[5] 《列宁全集》，中文第 2 版，第 42 卷，第 81 页。

[6] *Каторгин И.И.* Исторический опыт КПСС по осуществлению новой экономической политики. М., Мысль. 1971. С. 351, 348.

认为这是救济饥民的最好形式之一。”[1]

与此同时，国内也组织了大规模的救济运动。8 月 2 日列宁发表告乌克兰农民书，说:“今年第聂伯河右岸乌克兰地区获得了大丰收。但伏尔加河流域却在闹饥荒，那里的工人和农民正遭受比 1891 年的大灾荒差不了多少的灾荒，他们期待着乌克兰农民的帮助。”[2]

向最严重的地区提供了 1 200 万普特的种子作秋播用，3 150 万普特供春播用。折合成谷物，国家给饥民提供 2 200 万普特粮食。苏维埃社会团体给灾区提供了 1 060 万普特粮食。红军从自己的口粮中节约出约 100 万普特。据专家计算，这些措施拯救了 330 万人。约 100 万人转移到条件较好的地区。

没收教会珍宝和苏维埃政权的反宗教活动

大牧首吉洪

俄国多数居民信奉东正教。1914 年有 11700 万居民信教，有 5 万多司祭和助祭。俄罗斯东正教会管辖 3.5 万个初级学校，58 个中等宗教学校。1917 年 11 月 5 日地区主教会议选举吉洪为莫斯科和全俄大牧首，这是 1700 年彼得大帝取消大牧首之后首次恢复了大牧首的设置。

二月革命后临时政府已经开始实施“世俗国家”政策，取消必须讲授神学的规定，把教会学校划归国民教育部管理。十月革命后，继续实施宗教和国家分离，并且走得更远，要建立“无神论国家”。

土地法令没收教会土地，从而

[1] 《列宁全集》，中文第 2 版，第 42 卷，第 134 页。

[2] 同上书，第 83 页。

摧毁了俄罗斯东正教会的经济实力。1917年12月11日人民委员会决定，教会学校划归教育人民委员部，与此同时，其动产和不动产（房子、地块、图书馆、有价证券等等）也转交国家。1918年1月23日（2月5日）人民委员会发布“关于信仰自由、教会和宗教团体”的法令，规定教会同国家分离，学校同教会分离，取消教会和宗教团体的法人地位，宣布所有教会财产，包括建筑为人民财产。

在国内战争期间，俄罗斯东正教会采取政治中立立场。1919年10月8日，大牧首吉洪在信中禁止教会人士站在白方或公开支持红军。

1919年到处开展检验圣骸（圣徒的干尸）的运动。1919年2月司法人民委员部就此通过专门决定。检验工作由专门委员会在神职人员在场的情况下进行，如果发现圣骸没有完整保存，就会被当作无神论的宣传材料。到1920年秋一共进行了63次公开的检验。信徒和教士反抗招来的是逮捕、审判和流放。

1922年初，苏维埃政府决定**没收教会的珍宝**以“赈济灾民”，这一措施引发了教会同当局新的冲突。

爆发灾荒后东正教教会在1921年7月已经开始救助饥民的工作。8月东正教大牧首吉洪宣布成立**全俄教会救济饥民委员会**，呼吁世界人民和东正教徒援助濒临死亡的饥民。8月22日，莫斯科和全俄大牧首吉洪发布赈济饥民的呼吁书：“饥民和病人的苦难无法描述……灾难造成的牺牲无法统计——救救

没收教会珍宝。1921—1922年

那些总是帮助他人的地区！”1922 年 2 月 6 日发出第二次呼吁。

教会在短时间内募集到大量财物用于救济，并同中央赈济饥民委员会建立了联系，制订了东正教会参加救助饥民事业的《规章》，并得到中央赈济饥民委员会的确认。教会代表同当局代表 A.H. 维诺库罗夫达成协议，教会捐助的救济饥民的珍宝必须不是祈祷用品。《规章》第 11 条认定，“教会对饥民的捐助还包括教会的珍品，后者要根据特别制订的条例来捐赠、清点和转交给中央赈济饥民委员会”。但后来这第 11 条被取消了。吉洪大牧首在致加里宁的信中指出：教会保存的是从远古留存下来的有着珍贵意义或历史意义的教会珍宝，我们希望为未来岁月而保存它们。相反，凡不具这种意义的教会珍宝，则马上让教士们拿出来帮助饥民。[1]

1922 年 2 月 23 日，全俄中央执行委员会通过决定称：“鉴于迫切需要迅速动员国内的全部资源同伏尔加流域饥荒的斗争，以及为了在该地区播种，作为对没收博物馆财产法令的补充，全俄中央执行委员会决定：要求各地方苏维埃在本决定公布后的一个月内从按照清单和合约交给各种宗教信徒团体使用的教会财产中没收不会严重损害祭祀利益的所有黄金、白银和宝石制成的珍宝，上交财政人民委员部机关。”为实施这项工作，责成在每个省成立由省执行委员会、省赈济饥民委员会和省财政局的负责代表组成的委员会，由全俄中央执行委员会的一名委员担任主席。决定规定必须吸收信徒团体的代表参加修改合约和没收珍品工作。2 月 28 日公布由中央赈济饥民委员会主席加里宁和司法人民委员库尔斯基签署的没收教会珍宝细则。各省都成立了没收教会珍宝委员会。没收的珍宝上交莫斯科的国库。[2]

吉洪大牧首曾提出自愿交出部分珍宝给饥民救济基金库，建议被拒绝。但到 1922 年 2 月教会还是征集了 892.6 万卢布，此外还有一批珍宝和粮食。

1922 年 2 月 15 日，大牧首吉洪在致教徒的信中写道：

> 在政府报纸对教会领导人进行激烈的攻击之后……为赈济饥民全俄中央执行委员会决定没收教堂的所有教会珍宝，包括圣器等等

[1] 《苏联历史档案选编》，第 2 卷，第 407—495 页。

[2] 见 *Варламова С.Ф.* Из истории борьбы советского гозударства с голодом в начале 20-х гг. XX столетия. К 75 летию Дома Плеханова. С.-Петербург. 2003. С.177.

教会供奉用品。从教会的观点看，这种行为是亵渎神圣……

鉴于局势极其艰难，我们认为可以捐献教会中非圣物和非供奉用品。我们号召教徒现在捐献……但是我们不能赞同没收教堂中的祝圣用品（哪怕是通过自愿捐献），教规是禁止把它们用于非供奉目的的。

当上沃洛乔克的教徒代表团向当局提出以缴纳粮食代替教会珍宝，得到的回答是："不需要粮食，只要黄金。"1922年5月中央执行委员会拒绝了梵蒂冈用任何货币购买被没收的圣物的建议。

不久，政府决定撤销全俄教会救济饥民委员会，征用已募集的财物。开始了为救济饥民而大规模没收教会珍宝的运动。

没受教会珍宝的行动导致同各地教徒和群众的冲突。1922年2月23日全俄中央执行委员会发布"关于没收由教徒集团所掌管的教会珍宝的办法"的法令，同日颁发实施细则。

弗拉基米尔省的舒亚城据此成立了工作委员会，开始没收当地教会的珍宝。1922年3月15日，在舒亚城大教堂广场发生人群攻击民警局和红军战士事件，在驱散人群过程中有5人被打死，15人受伤住院，其中有一名红军战士。3月19日，列宁就此写道，"鉴于舒亚发生的事件必须马上根据这方面总的斗争计划做出坚定不移的决定"，列宁认为目前是没收教会珍宝的最佳时机，因为极为严重的饥荒可以使广大农民群众产生同情的情绪，"我们可以（因此也应该）用最猛烈、最无情的力量去没收教会的珍宝，对任何对抗都进行坚决镇压"。[1]列宁提出，"应枪决舒亚城中很大数量的最有势力最危险的黑帮分子"，"还要枪决莫斯科和其他几个宗教中心地区的黑帮分子"。"枪决的反动神职人员和反动资产阶级的代表人物越多越好。"[2]

3月20日，俄共中央政治局建议全俄中央执行委员会派遣一个工作委员会去舒亚城。工作委员会经调查认为，该县没收珍宝的工作是正确的，但在准备工作和维护社会秩序方面不够有力，建议立即结束此项工作，惩办肇事者以儆效尤。同日，政治局会议讨论了托洛茨基提出的关于没收教会珍宝的法令草案，草案经修改后通过。法案规定，宣传鼓动要具有完全是为赈济饥民进行的性质，而

---

[1] 《列宁全集补遗》，第1卷，人民出版社2001年版，第642—643页。

[2] 同上书，第645页。

不是任何反宗教反教会的性质。莫斯科没收珍宝的工作不得迟于 3 月 31 日开始。

除舒亚之外，在很多地方都发生了骚乱和冲突，有记录的这类事件达 1414 起。反对没收教会财产的神职人员和教徒遭到起诉和审判。在莫斯科、彼得格勒、舒亚、伊万诺夫－沃兹涅先斯克、斯摩棱斯克、旧鲁萨、辛菲罗波尔等地举行了对抵制没收的神职人员的审判。在舒亚有 19 人被判刑，其中 3 名神甫被判死刑。

1922 年 5 月 8 日，莫斯科法庭举行审判，在 54 名被告中判处 11 人极刑，4 人监禁 5 年，13 人监禁 3 年，10 人监禁 1 年，14 人释放。[1] 同日，加米涅夫向政治局提出撤销法庭判决问题，政治局没有同意他的意见。被判处极刑的被告人向最高法庭的终审上诉部上诉，终审上诉部决定向全俄中央执行委员会请求减轻对被告的判决。[2]5 月 8 日，全俄中央执行委员会主席团会议决定：“拒绝被告神甫赫·纳杰日金、华·索科洛夫、马·捷列金、谢·季霍米罗夫和亚·扎奥泽尔斯基的请求，维持革命法庭的原判。对其他 6 名被判处极刑的被告，将革命法庭的原判改为剥夺自由 5 年。”5 月 11 日，加米涅夫再次在政治局会议上提出赦免被告的问题，会议通过托洛茨基的建议：“中止执行判决”。5 月 14 日，托洛茨基提交他的结论性意见，认为没有材料表明可以减轻对纳杰日金等 5 名被告的判决，对另外 6 名被告减刑的根据，“完全是考虑到尽可能少地损害判决的实质（这个判决对这 11 人来说是正确的），尽可能满足进步的神职人员的请求”。5 月 18 日，中央政治局同意了此结论性意见。[3] 俄罗斯东正教会大牧首吉洪被软禁在顿斯科伊修道院，后被逮捕关押。

1922 年 6—7 月，彼得格勒对 86 名神职和非神职人员进行审判。10 人被判枪毙，中央执行委员会赦免了其中 6 人，以彼得格勒都主教维尼阿明为首的 4 人被处决。[4]

对教会人士的审判遍及全俄。1922 年总共有 231 起案件，732 人被判刑。在1921—1923年间共有1万多神职和非神职人员遭迫害，约2000人被判处死刑。

通过没收珍宝运动共没收了 33 普特黄金，24 000 普特白银，14 普特珍珠，

[1] Правда.1922. 9 мая.

[2] Правда.1922. 31мая.

[3] 《列宁全集补遗》，第 1 卷，第 794—795 页。

[4] 1992 年维尼阿明被封为俄罗斯圣徒。

35 000 个琥珀和钻石，71 000 个其他宝石和 29 000 卢布的金银币。[1]

实际上，没收珍宝的真正目的并不是赈济饥民，而是充实国库。对此列宁在一封绝密信件中写道：

> 我们务必用最坚决最迅速的方式去没收教会的珍宝，这样我们才能获得几亿金卢布（应该记得某些修道院和大寺院的巨大财富）。没有这笔基金，任何国家工作，尤其是经济建设都是完全不能设想的。我们无论如何必须掌握几亿金卢布（也许是几十亿金卢布）的基金。而这一点只有现在才能做到。各种考虑都表明，以后我们再也做不到这一点，因为除了极为严重的饥荒，任何别的因素都不会使广大农民群众产生同情我们的情绪，或者至少不会使这些群众在我们没收珍宝的斗争必然大获全胜时保持中立。[2]

在大饥荒中布尔什维克党需要做出选择：或者不顾一切地把拯救灾民放在第一位，接受国内外一切可能的救助，这就要冒国内外一向被看作敌对势力影响扩大的危险，美帝国主义分子、怀反革命情绪的各界人士、一直受到打压的宗教界人士会因为从事救灾活动而恢复在广大居民中的影响，这是布尔什维克党所不愿意看到的。另一种选择就是竭尽全力缩小他们救灾的影响，甚至拒绝他们给予的帮助，苏维埃政权采取的基本上是后一种选择——对美国的救济进行严密监视，到一定时候中止其援助活动，对各界名流们的救灾活动不仅不予接受，反而迅速采取查禁的措施，而对教会发起的救灾活动不予承认或支持，而是采取没收其珍宝的措施，这样不仅能够防止它们通过救灾恢复在教徒和居民中的影响，而且通过没收珍宝既打击了教会势力，还为国库增加大量财宝。

削弱教会的影响

在 20 年代布尔什维克领导的一项重要任务是破坏俄罗斯东正教会在群众中的影响，这是一项争夺群众的斗争。1922 年 5 月托洛茨基给政治局委员的一封信说明他们对教会工作的重视。托洛茨基在信中批评了《真理报》和《消息报》

---

[1] *Лоскутов В.И.* Уроки сталинизма. Голод. 网上资料。

[2] 《列宁全集补遗》，第 1 卷，第 643 页。

工作不积极，指出“整版整版谈论热那亚的无谓小事，与此同时却把俄罗斯人民中的深刻的精神革命刊载在报纸的边边角角上”。列宁看到托洛茨基的信，把这些句子划上着重号批道：“对！ 1000 次对！打倒无谓小事！”[1]

1921 年当局需要对付农民运动，列宁要求绝对避免任何侮辱宗教的行为。以后情况不同了，农民安静了。1923 年 1 月圣诞节前夕莫斯科举行游行，烧毁画有圣徒和神职人员的草人，高唱“无神论”的歌曲。1919 年起出版《革命与教会》杂志，1922 年起出版《无神论者报》。1925 年成立“无神论者联盟”，1929 年改为“战斗的无神论者联盟”。在这些年代极其活跃的还有“战斗唯物主义者协会”、“彼得格勒马克思主义者科学协会”，等等。

在反宗教运动中，关闭了东正教、基督教和犹太教教堂。只有在伊斯兰地区当局担心引起东方国家的不满，未敢“根除宗教偏见”。

同东正教斗争的一个手段是从内部瓦解。1922 年 3 月 25 日，俄共中央向地方送发由中央书记莫洛托夫签署的秘密电告，指示“需要分裂教士，或者说得准确一些，需要加深和激化现有的分裂”。[2] 开展了所谓革新教派运动，试图改革教会管理、简化仪式、消灭教堂。革新教派宣称，资本主义是“反基督的社会生活状态”，苏维埃政府的政策将实现“天王国的理想”。

1922 年 5 月，以彼得格勒神甫 A. 维坚斯基为首的革新教派要求吉洪放弃大牧首的职位，宣布成立最高教会管理局（ВЦУ），并于 5 月 15 日接管俄国的全部教会事务。他们召开成立大会，宣布成立“现代教会”（Живая Церковь）。1923 年彼得格勒 123 个教堂有 113 个属于革新教会。然而他们并没有重大的改革思想，不久当局就认识到不能依靠他们。

为避免教会分裂，狱中的吉洪致信最高法院：

> 我是在君主制社会中受的教育，被捕前受反苏人员的影响，所以我确实对苏维埃政权怀有敌意，并且这种敌意有时会从消极状态变成积极行动……
>
> 我承认，法庭要我承担……反苏活动的责任的决定是正确的，我对这些反对国家制度的行为感到后悔，并请求最高法庭改变对我

[1] *Ратьковский И. С.,Ходяков М.В.* История совтской России. Санкт-Петербург. 2001.С.161.

[2] 同上。

的强制措施，即释放我。在此我向最高法庭声明，从现在起我不再敌视苏维埃政权了。我坚决彻底地同国内外白卫保皇反革命划清界限。[1]

他号召神职人员“做遵照圣训服从世俗政权的模范”。吉洪转而向革新教派进攻，宣布革新教派教堂的决定是分裂行为。多数教徒回到大牧首的教会。

1925 年 4 月 7 日吉洪去世。[2] 政府阻拦选举新的大牧首。大牧首临时代理者都主教彼得于 1925 年 12 月被捕，被控从事“反革命活动”，先流放西伯利亚，后被枪毙。其继位者谢尔盖于 1927 年发表声明，号召信徒忠顺于苏维埃政权。

20 年代下半期对教会的压制加强，在此期间关押神职人员的地方是索洛维茨特殊集中营，1926 年共关押了 24 名主教。1926 年 7 月 7 日他们发表致苏联政府的著名的《索洛维茨主教备忘录》，提出必须“结束教会和苏维埃政权之间令人惋惜的误会，这对教会来说是痛苦的，对国家来说徒然使完成其任务复杂化”。

1927 年 8 月 19 日，《消息报》公布牧首临时最高会议的呼吁书，神职人员声明，他们愿“成为东正教徒，同时认识到，苏联是我们的世俗祖国，其欢乐和成就也是我们的欢乐和成就，而其失败也是我们的失败”。许多人把新政权的确立看作是某种误会，是偶然的事情，因此是不会长久的，呼吁书就此指出，“对基督徒来说不存在偶然性，在我们这里完成的一切，和到处一样，都是神的右手所为，它把每一个人民引向它所预定的目标”[3]。并非所有主教都赞同呼吁书，但对忠顺于苏维埃政权这一点没有人提出异议。

1929 年初，拉·莫·卡冈诺维奇向各地发布指令，强调宗教组织是唯一合法活动的在群众中具有影响的反革命力量。开始广泛采取行政措施同宗教斗争。1929 年 3 月 8 日，全苏中央执行委员会和人民委员会发布关于宗教团体的新决定，禁止其从事慈善活动和私下讲授宗教。出现大量关闭教堂的浪潮。1928 年关闭了 534 个教堂，1929 年关闭了 1119 个。莫斯科原有 500 个教堂，

---

[1] *Кацва Л. А.*История России. Советский период. (1917—1991) . http:—som.fio.ru

[2] 1989 年吉洪被封为俄罗斯圣徒。

[3] *Ратьковский И. С.,Ходяков М.В.* История совтской России. Санкт-Петербург. 2001. С.163－164.

1929年1月初剩下224个，再过两年只有87个。关闭的教堂往往被用来作为生产车间、仓库、住宅和俱乐部，而修道院则被用来充当监狱和教养院。

社会主义建设需要大量资金，当局又把目光转移到教会身上。1930年2月24日，国家政治保卫总局[1]经济部给全俄中央执行委员会秘书处发信，要求准许揭取基督救世主教堂圆顶的黄金，申请书中指出，该圆顶用了20普特高质量的黄金，出售这些黄金，大有益于国家工业化，1931年教堂被炸毁。在全国各地摘取教堂大钟，理由之一是钟声影响收听广播。1932年由于建造列宁公共图书馆，通过决定，从莫斯科8家教堂收取大钟，以获取100吨青铜供制作浮雕之用。[2]

为限制宗教宣传，1929年苏联宪法做了修订，把宗教活动限制在教堂院墙之内。

[1] 1922年全俄肃反委员会改组为“国家政治保卫局”（格伯乌），苏联成立后改名为“国家政治保卫总局”（奥格伯乌）。本书对这两个名称没有作严格区分。

[2] *Ратьковский И. С.,Ходяков М.В.* История совтской России. С.165–166.

第二章　新经济政策的实施

第一节　农业中的新经济政策

突破地方周转限制，从产品交换到商品买卖

商品货币关系是国家调节农业生产的重要杠杆。在建立新的经济关系道路上迈出的第一个实际步骤，是实行粮食税。但根据苏维埃第八次代表大会的决定成立的农业人民委员部生产委员会（其成员有最高国民经济委员会、粮食人民委员部和俄联邦中央统计局的代表），继续制定国家播种计划。不过，强制调节农民经济的整个制度总的来说没有被采用，仅采用了与组织播种有关的一些具体措施。探索在继续。到 1921 年秋，实践表明，1921 年春提高农业生产所采取的措施是不充分的，不得不从地方经济流转过渡到自由贸易，从制定具体的个体农民经济的生产计划过渡到制定恢复和发展农业的长期规划。起初，俄共第十次代表大会的决议规定，农民在完成粮食税后留下的剩余产品可以用于交换工厂产品、手工业产品和农业产品，由消费合作社组织商品交换。所以，农业人民委员部向地方土地机关明确“新方针”的任务时，强调不能把“自由流转”等同于“自由贸易”，并且特别说明：“自由交换法不包括农业集体，它们依旧向国家上缴其全部剩余产品。”

国内农产品不足，首先是粮食不足。粮食价格在市场上由于供需机制的作用而上涨，可在商品站却维持稳定的价格。由于这个原因，粮食的拥有者想方设法到市场上去出售粮食，而不是上缴给合作社。商品交换作为解决复杂的国民经济问题的手段不太有效。有鉴于此，人民委员会在 1921 年 8 月 9 日在《关于贯彻新经济政策原则的指令》中指出：“应当采取措施发展国营的和合作社的商品交换，而且不应当只限于地方流转范围，在可能的和有利的地方应当转为货币交换方式”，[1] 也就是转为商品买卖。1921 年 11 月 6 日，全俄中央执行委员会和人民委员会通过法令，授权农业集体自由支配其在完成国家税收任务后的剩余产品。

---

[1] 《苏联共产党和苏联政府经济问题决议汇编》，第 1 卷，中国人民大学出版社 1984 年版，第 270 页。

农业的领导机构

农业作为国民经济的一个部门，由俄罗斯联邦农业人民委员部管理。除了农业人民委员部，国家计划委员会、最高国民经济委员会、财政人民委员部、粮食人民委员部和其他部门也参与农业管理。这些部门独立管理所属的经济部门，在国家农业的一些普遍问题上，农业人民委员部是人民委员会的执行机关。不过农业人民委员部并不直接管理农业生产。这项工作由地方机关——省、县、乡的苏维埃机关来完成，这些地方机关受相应的地区苏维埃和农业人民委员部双重领导。

1921 年 2 月，成立了隶属于劳动国防委员会的国家计划委员会，这是解决把部门工作转到计划管理的基础上的重要一步。俄罗斯联邦农业人民委员部下也成立了农业计划委员会。3 月 28 日，农业计划委员会的人员组成得到批准。瓦·瓦·奥新斯基担任主席，伊·阿·泰奥多罗维奇任副主席，委员有 H.C. 波格丹诺夫等。后来一些著名学者，如亚·瓦·恰亚诺夫、尼·德·康德拉季耶夫、德·尼·普里亚尼什尼科夫、Н.П. 鲁金、彼·伊·利亚先科、波·尼·克尼波维奇等人也进入农业计划委员会。1922—1923 年，农业计划委员会成为农业人民委员部部务委员会的工作机构，它的作用大为加强，没有它的决定，任何一个问题在农业人民委员部部务委员会内都不能做出决定。

新土地法的制定

1921 年起国家计划委员会和农业人民委员部着手区划方面的大量工作，以摸清各个地区的农业生产特点，以便最有效地协调全国的农业管理工作。

1924 年夏完成了制定俄罗斯农林业史上第一个远景规划的准备工作。这是一个较为灵活的初步计划，是按“计划—预测”公式制定的。这是考虑到农业不受领导的支配，因而与掌握在国家手里的工业和贸易有很大区别。在这种情况下工业和农业发展计划的协调尤为重要，但是它们必须符合客观的市场进程。因此，草案的制定者们认为，新经济政策的存在不仅没有否定该计划，反倒是制定此计划的前提，这样的计划必然导致市场关系的加强，促进与之相关的经济结构和社会阶层的发展。1925 年 7 月 4 日草案提交国家计划委员会主席团讨论，被彻底推翻。俄国革命素有的两种倾向之间的碰撞，一种倾向是由经济合理性决定，另一种是由政治思路决定。这个计划不符合高层的政治思路，所以就被否定了。

对新的经济关系形式的探索要求修改土地法规，军事共产主义政策所派生的土地法规对调节新的社会关系已经不适用。

1921 年 3 月 23 日，全俄中央执行委员会出台“关于保证农民使用土地的稳定性和延长重新分配期限的决议”。1921 年 12 月全俄苏维埃第九次代表大会坚持这一方针，一方面保留土地国家所有制的原则，同时提出“保证各经营单位在使用土地方面有最大限度的稳定性”，以促使他们最大程度地向土地投入肥料和土壤改良等花费。[1] 为完成这一任务，1922 年 5 月 22 日制定了“土地劳动使用法”，该法案起到了为农业向新经济政策过渡履行法定程序的重要作用。

苏维埃第九次代表大会委托农业人民委员部立即修改现有土地法。根据这一决定，农业人民委员部获得了编纂土地法典的权利，而这早先属于俄联邦司法人民委员部的职权范围。

农业人民委员部根据代表大会的决定制定了编纂工作大纲。在 1922 年的头 10 个月内做了大量的工作，1922 年 10 月 31 日全俄中央执行委员会第四次会议批准了土地法典。

土地法典是在新经济政策条件下进一步调整土地、经济和阶级关系的重要立法。法典肯定了社会主义革命的基本成果，重申了全部土地归国家所有和禁止买卖的原则，同时进一步确认个体农民的存在，农民自由选择土地使用形式的权利。个人劳动是土地使用权的基本条件，土地使用者可以占有土地并独立使用，其对土地的占有和使用受到保护；使用者可以在一定程度上享有自由处置的权利——可以转让使用权。允许劳动租佃土地，期限不超过 6 年，在本人劳动经营的条件下允许使用雇佣劳动。尽管附有保留条件，但是可以说所有者拥有全部三项权利——占有权、使用权和支配权。

---

[1] 《苏联共产党和苏联政府经济问题决议汇编》，第 1 卷，第 293 页。

法典从法律上批准了所谓土地社（земельное общество）或农业社（сельское общество），这是革命前就在俄国存在的村社使用土地的形式。农业社有权管理村社的土地使用，调节农业社成员之间的土地关系。然而苏维埃的土地社已经同革命前的米尔村社有根本的不同：取消了村社的官办性质、连环保、农奴制的束缚，农民有自由退出土地社、选择土地使用形式的权利。

土地法以相当的篇幅谈到公社和劳动组合按共耕制原则使用土地，但是，这更多是被看做一种前景和愿望。至于国营农场，主要是把其文化意义提到首位，没有提及国营农场向国民经济供应产品的经济任务。

俄罗斯联邦土地法典作为调节土地法律关系的基本文件，在党和国家干部中引起不同的反应。彼·格·斯米多维奇在讨论土地法时说："法典草案带有特殊性。进一步说，在这种特殊情况下制定纯农民的法典……忽略了国家利益。我们生活在过渡时期——但是向什么过渡……向未来的建设还是向私有制过渡……可是农业人民委员部所处的氛围似乎在接受第二种前景和趋势。这部法典肯定要修改。"[1]

但是彼·格·斯米多维奇的推测没能马上实现。1925 年春向农民作出了新的让步：消除农村中的军事共产主义残余（如停止以行政手段对付私营商业和富农，等等），放宽国家对粮食固定价格的规定并且减轻赋税；允许农民根据土地法典更广泛地享有出租土地的权利，延长允许土地租赁的期限；原先限于收获季节的雇佣劳动在农业中合法化。[2] 实行这些措施的目的是促进农民的商品生产，促进经济复苏。但是党内也存在另一种看法，认为这些措施是一种"亲农"倾向甚至"富农"倾向的表现。

1922 年的俄罗斯联邦土地法名义上直到 1970 年一直具有法律效力，但是从 1927 年起，国家采取多种措施同富农作斗争，限制个体经济，到实行集体化的时候，法典已经名存实亡。

[1] 1922 年 10 月 25 日《俄罗斯联邦全俄中央执行委员会消息报》。引自《历史性突破——俄罗斯学者论新经济政策》，第 311 页。

[2] 《苏联共产党代表大会、代表会议和中央全会决议汇编》，第 2 分册，第 538—548 页。

互助会和合作社的发展

1921 年春，人民委员会通过法令，建议农村组织农民互助会，目的是更为全面地利用村民的所有后备，提高他们的主动性和积极性，给红军家庭以及其他需要的农民以帮助。第一批类似的组织还在第一次世界大战期间就自发建立过，临时政府期间以土地委员会的形式复活。苏维埃政府决定使其具有群众性，认为农户的协作本身就会产生补充的生产力，能够动用未被利用的资源。

1924 年俄联邦约有 1 万个乡一级的和 9 万个村一级的农民互助会。在 5 年期间它们以不同的形式给予 250 万农户以支持，有时帮助贫困家庭翻耕土地、收割、建房，有时分给谷物、马铃薯和其他产品。由互助会发起在一些乡村建立防灾种子库、租赁站，1925—1926 年它们拥有 1 万台农业机器、1 100 台拖拉机以及大量农具。此外这些互助会还拥有小型的农产品初级加工企业。[1]

合作社在 1921 年是同农民进行实物交换的机构。实行新经济政策之初，苏维埃政府指望把交换集中到合作社手中，这包括起初的实物交换和稍后的商品买卖。俄共第十次代表会议关于经济政策的决议写道："合作社是实行商品交换的主要机构"，把商品交换主要地集中在合作社手里，但不排斥正当的自由贸易。[2]

1921 年 5 月 9 日，俄共中央关于合作社的信中写道："合作社将不仅可以有力地促进俄国小生产的发展，即大大有助于同经济破坏状态作斗争（这是目前时期最重要的任务之一），而且还可以使小经济变成使用机器的、建立在电气化基础上的大规模集体企业，即为共产主义打下技术基础。"[3]

1921 年 5 月 17 日，人民委员会会议决定，采取必要措施发展私营企业形式和合作社形式的手工业和小工业，并尽力发展农业合作社，鼓励小生产者的合作化要求，鼓励一切形式的农业合作社，实行自愿入社的原则。[4]

---

[1] *Белоусов Р.* Экономическая история России XX век. Книга Ⅱ. С.331－332.

[2] 《苏联共产党代表大会、代表会议和中央全会决议汇编》，第 2 分册，第 120—121 页。

[3] 《苏联共产党和苏联政府经济问题决议汇编》，第 1 卷，第 249 页。

[4] 同上书，第 254—255 页。

1921年8月16日，全俄中央执行委员会和人民委员会关于农业合作社的指令确定了农业合作社建设的基础，在以后的5年它得到迅速发展。该法令规定：

农村的劳动居民有权组织农业协作社或劳动组合，以共同进行农业生产，组织社员劳动，供应社员从事农业所必需的农具、种子、肥料以及其他生产资料，加工和销售农产品，最后，采取旨在增加社员所生产的农产品的数量并改善其质量的其他措施。协作社（劳动组合）的人数不得少于5人。

农业合作社（劳动组合）及其联社享有法人地位。它们有权在国内出售和交换自己生产的以及本社社员生产的农产品，拥有必需的农具和材料（农机具、种子、肥料以及其他设备），开办加工和销售农产品的作坊、工厂以及其他经济企业，占有供其活动的场地，签订现行法令所允许的合同，承担合同规定的义务，向司法机关起诉和应诉。[1]

1920—1925年期间农业合作社的数量不断增加。

1920—1925年的农业合作社数量[2]

	1920年	1921年	1922年	1923年	1924年	1925年
农业合作社总数	12850	24060	22021	31187	37872	54813
其中：						
1. 农业生产合作社	10521	16628	15440	14002	13523	15179
包括：						
农业公社	1759	3015	1943	1874	1571	1829
农业劳动组合	8067	9777	8459	6809	7381	8002
共耕社	695	2497	5038	5319	4577	4547

[1] Дикретивы КПСС и Советкого правительства по хозяйственным вопросам. М.,1957. Т.1.С.261,262.

[2] *Ляшенко П.И.* История народного хозяйства СССР. М., 1956. Т.1. С.142.

续表

	1920 年	1921 年	1922 年	1923 年	1924 年	1925 年
2. 农产品加工和销售协作社			4751	4364	4333	8628
包括：						
牛奶合作社			2822	2072	2449	5871
3. 农业信用社				5369	8306	11968

农业信用社是 1922 年 1 月 24 日全俄中央执行委员会通过有关法令后才开始建立的。可以看出，在此期间得到迅速发展的是共耕社、农业信用社、农产品加工和销售协作社。劳动组合从绝对数字看处于首位，但 1920—1925 年间其数量几乎没有变化，而公社的数量甚至减少了。生产资料公有化程度：公社为 100%，劳动组合为 67.1%，协作社为 31.1%。

全部农业合作社的人数 1924 年为 289.9 万社员，1925 年为 658.9 万，加上家庭成员共达 3 000 万以上。1926 年 11 月农业合作社社员达 790.5 万，占农户的 30%。[1]

1925 年农业合作社人数比 1921 年增加了一倍。其基本职能是在互利的原则下保障城乡间的大规模商品交换。农业合作社的这一作用在国民经济恢复时期得到顺利发展。1923—1924 年它们在零售商业占 26.6%，两年后增加到 44.5%。实际上，通过合作社向城市提供了主要的消费和加工用的农产品，这使农产品和原料的供应具有稳定性质。1925—1926 年通过农业合作社采购的谷物占 29%，麻 27%，棉花 77%，甜菜 45%，烟草 77%。

农业合作社在为农村采购机器以及其他生产工具中发挥了巨大作用。它们采购的机器在恢复时期后期达到 75%，五金制品 51%，肥料 62%。1925 年通过合作社采购了 110 台拖拉机。合作社还自行加工农产品和其他原料，1925—1926 年在其系统内有 322 个大型企业和 1 600 个小企业，其中有黄油加

[1] *Ляшенко П.И.* История народного хозяйства СССР. М., 1956. т.1. С.142.; *Белоуов Р.* Экономическая история России XX век. Книга Ⅱ . ИздАТ，2000. С.332.

工和干酪制造厂，机器磨坊，淀粉、糖浆、葡萄酒、蔬菜和水果罐头、锯材等等商品的生产。在这些企业中工作的工人达 32 000 人，总产值达 26 700 万卢布。此外合作社组织良畜和良种协作社，它们的产品出售给农民以提高产量。在此时期合作社工作者还组织了约 4 000 个土壤改良社，联合并服务于 273 000 农户。机器协作社增加到 23 000 个，租赁点达 1 000 个。

俄罗斯联邦牲口和劳动工具所有制形式 [1]

（1926 年耕作时农户所占的百分比）

自有牲口和农具	租赁的牲口和农具	搭伙	混合形式
56.8	21.3	10.3	11.6

由以上数字可以看出，1926 年有将近 2/3 的农民用自己的农具和牲口耕作，有 1/5 需要租赁牲口和农具。搭伙是最简单的互助合作形式，2—3 户共同耕种土地，联合了劳动、牲口和农具。剩下的农户短期租赁马匹或者其他农具。

这样，合作社逐渐越出流通领域，进入生产领域。集体劳动形式在条件相同的情况下提高了劳动生产率的平均水平，但要求有优秀的组织者和领导人，而在 20 世纪 20 年代几乎没有管理集体经济的熟练干部。许多社员在加入合作社之前几乎没有马匹，因此社员的劳动条件是无法同单干的中农和富裕农民相比的。

生产合作社的发展 [2]

（不包括各中亚共和国。单位：千）

	1920 年	1921 年	1922 年	1923 年	1924 年	1925 年
公社	1.9	3.3	1.4	1.9	1.7	2.3
劳动组合	7.7	10.2	6.6	10.1	11.1	14.3
协作社	0.9	2.5	3.9	3.9	3.4	5.3
合计	10.5	16.0	11.9	15.9	16.2	21.9

[1] *Белоусов Р.* Экономическая история России XX век. Книга Ⅱ . С.333.

[2] *Белоусов Р.* Экономическая история России XX век.Книга Ⅱ . С.334.

20世纪20年代上半期是各种劳动组织和农民新生活方式的探索和实践检验时期。公社因为平均主义的东西太多，对集体劳动的最终成果无人负责，没能得到发展。更为吸引农民的是他们早已熟悉的劳动组合和协作社，其数量在不断增长，虽然由于所占比重太小，对整个农业的发展还不能发挥明显的作用。国营农场也同样如此。

国营农场的变动 [1]

	1924年	1925年	1926年
数量（千）	4.3	2.8	2.1
耕种面积（千俄亩）	900.8	917.9	816.7

国营农场的数字不稳定，这是由于它们经常出现合并、结构变动、干部流动等等。

村社仍大量存在

俄国长期存在村社的传统。村社（община, сельская община）是俄国农民占有和使用土地的一种形式，土地由村社成员共同占有，分给个人耕种，定期重新分配。村社制度经过20世纪初斯托雷平的改革，有所削弱，但没有消灭，十月革命以后反而出现回潮。在军事共产主义时期，逃避饥荒返乡的工人和市民为获取土地而加入村社，脱离村社的农户为避免被当作富农剥夺，寻求村社的庇护而返回村社。村社一时又成为农村居民的主要组织形式。据统计，1922年全国主要农业地区，村社土地占有形式占全部农民土地的98%—99%，在中部工业区也达到80%—95%，只有西部和西北部地区村社土地使用形式比例较低，为65%—74%。[2]

[1] *Белоусов Р.* Экономическая история России XX век. Книга Ⅱ . C.334.

[2] ［俄］达尼诺夫："苏联集体化前农村的土地关系"，《苏联历史》1958年第3期。引自沈志华：《新经济政策与苏联农业社会化道路》，中国社会科学出版社1994年版，第42页。

村社的一个传统做法是定期重新分地。在沙俄时期按照1893年法律规定每12年进行一次重分。十月革命后1920年4月关于土地重分的法令将重分的期限规定为3个轮作期，即9年以上，1922年的土地法确认这一规定，而且强调平分时只许将少数多余的土地作局部调整，目的是避免因土地的频繁变动而影响生产。然而，实际上出于种种考虑，特别是为了防止农村出现贫富分化，不断进行土地平分，甚至每年一次。在这过程中不仅重分土地，而且还往往重分富裕农民的浮财，实际上是剥夺"富农"。这种做法严重妨碍农业的正常发展，农民不愿对土地投资增加肥力，也不去种植多年生植物。重分土地的另一个后果就是每个农户拥有的地块数量多而分散，使得实际用地面积大大缩小。在俄国欧洲地区，几乎各地农户都占有30—50块分割在不同地段的条田。有的地方，一家农户拥有的条田之间往往距离15、20甚至25俄里。条田的宽度一般不超过4俄尺，小的不足2俄尺，过窄的条田妨碍土地的耕作。由于土地分散，农户只好进行粗放种植，无法改善耕作技术和方式，而对偏远地区的土地则干脆弃耕。

村社的土地占有和使用形式严重阻碍了农村生产力的发展。1925年工

1923年是这样播种的

农检查院农业检查团在土地整理工作总结报告中指出："村社是农业发展的障碍。"[1]

村社并不是一个稳定不变的组织，早在沙俄时期就有从村社分出的"独立段区"（участок），此独立段区分为两种形式：独家农庄（хутор，指家庭和土地都脱离村社的农户）和单独田庄（отруб，从村社划出土地单独经营，但家庭仍居住在村社的农户）。十月革命后在军事共产主义时期独立段区土地使用形式被看作富农手段而受到排挤，但在新经济政策时期由于允许农民自由选择土地占有和使用形式，独立段区得到某些发展。1921 年 12 月 26 日全俄苏维埃第九次代表大会"关于恢复和发展农业问题"的决议规定："每个土地公用社都有权按照它的多数全权社员的决议选择某种使用土地的形式：协作社形式，村社形式，独家农庄形式，单独田庄形式或混合形式。"每一个社员和每一类农民都有在普遍重新分配土地时携带土地退社的权利。[2]

1922 年仅在欧俄 22 个州就从村社分出独立段区的农田 58.9 万俄亩。1922—1927 年在西部地区独立段区的土地占农用土地面积的 16.3%，占土地整理面积的 30.2%；西北地区分别占 10.7% 和 30.9%；中部工业区占 4.7% 和 7.8%。[3] 独立段区的农民是同商品经济联系在一起的，具有自己的优越性：土地集中，消除了地块分散和狭小现象，摆脱了强迫轮作制，可以根据市场需要安排生产，因此其劳动生产力高于村社。例如在斯摩棱斯克，1925 年独家农庄的稞麦产量比村社农户高 27%，燕麦高 70%。正因为它们具有优越性，所以愿意迁出村社，建立自己的独立段区的农户不少。1924 年莫斯科省工农检查院的调查报告说，50% 的村社成员都想改为独家农庄。彼尔姆边区卡拉金宁乡的贫农对工农检查院的代表说："每个人都希望离开村社，只是缺少资金。"因为当时迁出村社建立独立地段受农户自身经济条件的限制，需要支付一笔不菲的生产和生活费用，还需要具备独立经营的经济实力。

---

[1] 引自沈志华：《新经济政策与苏联农业社会化道路》，第 48 页。

[2] 《苏联共产党和苏联政府经济问题决议汇编》，第 1 卷，第 293 页。

[3] 引自沈志华：《新经济政策与苏联农业社会化道路》，第 51 页。

独立段区的数量随政策的变化而变化。1919—1921 年其占有的土地在实行土地整理的耕地面积中占 0.03%，1922 年占 7.3%，1923 年占 9.8%，1924 年为 6.0%，1925 年为 5.3%，1926 年为 3.6%，1927 年为 2.2%。[1] 在限制和排挤独立段区的情况下，很多已经脱离村社的农户又开始返回村社。

独立段区的发展是农村摆脱平均主义的束缚生产力发展的土地使用方式的需要，率先得到发展的是一批善于经营的有一定经济实力的农户，当时叫做“富裕农户”。这部分农户在 20 世纪 20 年代经常被同富农混为一谈，成为限制和打击的对象。例如 1924 年 10 月 24 日俄联邦农业人民委员部向各土地机关发出的指示中强调“应当采取积极的办法制止独家农庄的进一步发展”，当农民脱离村社时，仅把不适于建立新村的土地拨给独立段区。有的地方规定，除条件不适于其他形式的地方外，不应建立独立段区，不向迁往独立段区的农户提供贷款，等等。不过也有肯定独立段区这种形式的。1925 年工农检查院农业检查团关于土地整理报告中提出，农业人民委员部应当帮助村社居民迁出村社。1926 年 3 月伊万诺沃－沃兹涅先斯克省土地工作者代表大会通过决议，认为独家农庄是最好的土地占有形式之一。1925 年 4 月俄共中央全会的决议中强调：“应当严格遵守土地法规定的自由选择土地使用形式的权利，对于分建独家农庄和单独田庄的活动不能给以行政阻碍。”[2]

独立段区的农户比村社农户更倾向于合作化。例如斯摩棱斯克省参加合作社的农户中村社农民占 34.3%，而独家农庄农民占 53.7%，单独田庄农民占 64%。在莫斯科省瓦罗德拉特斯克县，村社农户参加合作社的占 48%，而独家农庄和单独田庄参加的比例分别为 100% 和 90%。这是因为它们脱离村社后非常需要合作社提供的各种服务。

随着加紧向富农进攻方针的强化，限制独立段区的方针逐渐成为官方的统一方针。1927 年 10 月在联共中央联席全会上莫洛托夫提出对建立单独田庄，特别是独家农庄的做法应加以限制，而如果它们引起富农成分的增长，则应完

[1] 引自沈志华：《新经济政策与苏联农业社会化道路》，第 59 页。

[2] 《苏联共产党代表大会、代表会议和中央全会决议汇编》，第 2 分册，第 543 页。

全予以禁止。不久，这一原则作为联共十五大的决议公布。[1]1928年12月15日，全苏中央执行委员会批准的《关于土地使用和土地整理总则》进一步规定：只有在移民的土地上才可以建立独家农庄和单独田庄的土地使用形式，而富裕农民和富农则被绝对禁止建立独家农庄。1928年米柳亭向全苏中央执行委员会报告说，几乎各地都提出不应建立独立段区。但少数地区直到全盘集体化开始的时候，独立段区的发展仍呈上升的趋势，如图拉省1928年有独家农庄户135户，1929年145户，1930年239户。[2]

独立段区的出现提供了村社的替代组织，在20世纪20年代的经济环境中有利于农业的发展，有利于商品经济在农村的发展。

租佃土地、雇佣雇工、租借农具的进一步放宽

1922—1923年党政机关的基本方针是鼓励发展个体农民经济。

实行农民自主选择土地占有和使用形式的土地政策之后，必然提出土地经营形式，包括土地的出租和使用雇佣劳动的问题。1921年12月26日召开的全俄苏维埃第九次代表大会提出“保障土地权的牢固稳定”的任务，委托中央执行委员会就短期租地和雇工问题作出规定。列宁对这个问题保持谨慎的态度，强调通过实践来处理。在俄共第十一次代表大会期间，他就农村工作决议草案给奥新斯基的信中强调，关于在农业中使用雇佣劳动和出租土地问题的条件问题建议“不要用过繁的手续来限制这两种现象，而只需贯彻最近一次苏维埃代表大会的决议，并研究一下究竟可用哪些实际措施来适当地限制上述两方面的极端行为和有害的夸大”。列宁的意思是要防止“仓促规定未经经验检验的、不必要的和不妥当的细则”来束缚自己的手脚。[3]列宁的意见被写进俄共第十一次代表大会“关于农村工作”的决议。[4]

1922年5月22日制定了“土地劳动使用法”，规定因自然灾害或缺乏劳

[1] 《苏联共产党代表大会、代表会议和中央全会决议汇编》，第3分册，第348、413页。

[2] 引自沈志华：《新经济政策与苏联农业社会化道路》，第59页。

[3] 《列宁全集》，中文第2版，第43卷，第129—130页。

[4] 《苏联共产党代表大会、代表会议和中央全会决议汇编》，第2分册，第171页。

动力和生产工具而无法耕种自己土地的农户，可以出租部分土地，租期为两个轮作期。在雇主家庭成员与雇工同时劳动的条件下允许雇工。

1922 年 10 月 31 日，全俄中央执行委员会第四次会议批准了土地法。根据土地法，土地使用者可以占有土地并独立使用，其对土地的占有和使用受到保护，使用者可以使用雇佣劳动。此外，使用者还可以转让其使用权。在一定条件下允许租赁土地。这就在原则上承认了雇佣劳动和租赁的合法性。

1925 年春向农民作出了新的让步：放宽国家对粮食固定价格的规定并且减轻国家赋税；延长土地租赁的期限；原先限于收获季节的雇佣劳动在农业中合法化；取消对自由贸易的各种行政障碍。

1922—1925 年土地出租和雇工情况 [1]

	1922 年	1923 年	1924 年	1925 年
租赁土地的农户（%）	2.8	3.3	4.2	6.1
出租的土地（百万俄亩）	—	3.0	4.5	7.0
使用雇佣工人的农户（%）	1.0	1.0	1.7	1.9

出租、租赁和雇佣关系同沙皇时期不同。据工农检查人民委员部调查资料，1926 年每 100 起出租土地中，有 72.5 起是因为生产资料不足，8.7 起是缺乏劳动力。“没有必需的生产资料的贫农和部分中农出租土地是目前租赁关系的主要形式。” [2]

允许使用雇佣劳动力有助于解决农业人口过剩和城市失业现象。农户雇佣劳动力分个人的和集体的、集团的（土地协会雇佣牧人和看守人）。农户雇佣劳动力人数如下：

1920 年个人雇佣为 39.22 万人，1926 年为 163.6 万人，集团雇佣相应为 42.3 万人和 64.03 万人。1920 年农户雇佣工人总数为 81.62 万人，1926 年为

[1] 《苏联社会主义经济史》，第 2 卷，苏联科学院经济研究所编，唐朱昌等译，三联书店 1980 年版，第 463 页。

[2] 同上书，第 463 页。

227.53 万人。[1]

使用雇工的农户中富裕农民占一半强，由于季节的需要和缺乏劳动力，中农和贫农户也使用雇工。

布哈林对此作了论证。1925 年春，他在一个报告中说，社会主义工业取决于农民市场。而农民的有支付能力的需求取决于农民的经济状况，因此应当鼓励农民积累。现在农村仍然存在军事共产主义的残余，害怕雇佣劳动，害怕积累，害怕资本主义农民阶层。他指出，“我们过分热衷于得罪富裕农民”，结果是中农害怕改善自己的经济，贫农则埋怨我们妨碍他们到富裕农民那里干活。因此他提出，把新经济政策推广到农村去的任务，提出著名的“发财吧”的口号。他说：

> 应当对全体农民，对农民的所有阶层说：发财吧，积累吧，发展自己的经济吧！只有白痴才会说，我们应当永远贫穷；现在我们应当采取的政策，是要能在我国消除贫困的政策。[2]

但是党内还存在另一种观点，认为这是“富农”倾向的表现。在党的第十四次代表大会上围绕“发财吧”的口号，出现了围攻布哈林的场面。

农业生产的恢复和发展

根据俄共第十三次代表大会季诺维也夫所作的中央政治报告中的数字，1922 年的农产量达到战前的 3/4，1922—1923 年度农业总产量为战前的 78%。播种面积也增加了，1924 年达到 1916 年水平的 90%，是 1913 年的 80%。[3] 数字表明，无论是到恢复时期结束，还是此后时期，农业生产的这两个指标都没有达到战前水平。到 1925—1926 年度末，农业生产水平达到战前的 92%，播种面积到 1928 年仍比战前约少 10%。[4] 具体情况如下：

---

[1] 《苏联社会主义经济史》，第 2 卷，苏联科学院经济研究所编，唐朱昌等译，三联书店 1980 年版，第 464 页。

[2] ［俄］布哈林：《论新经济政策和我们的任务》，《布哈林文选》，第 1 卷，中央编译局国际共运史研究室编，人民出版社 1981—1983 年版，第 366—368 页。

[3] 《俄共（布）第十三次代表大会（速记记录）》，人民出版社 1987 年版，第 63 页。

[4] *Шишкин В.А.* Власть, политика, экономика. Послереволюционная Россия (1917–1928)

谷物的总产量 [1]

（苏联境内，单位：10 亿普特）

	1913 年	1920 年	1924 年	1925 年	1926 年	1927 年
黑麦	1.2	0.6	1.1	1.4	1.4	1.5
小麦	1.5	0.5	0.8	1.2	1.4	1.2
大麦	0.7	0.3	0.2	0.4	0.3	0.3
燕麦	0.9	0.4	0.5	0.7	0.9	0.8
谷物，总数	4.7	2.6	3.1	4.4	4.7	4.5
马铃薯	1.4	1.3	2.2	2.6	2.8	—

以上数字说明，尽管有 1921 年的干旱，经过 5 年时间谷物生产已经接近战前水平。而马铃薯生产（主要是中部地区）达到 1913 年的水平还要早一些。主要靠两个途径：扩大播种面积，提高每俄亩的收成。

农户的播种面积 [2]

（单位：百万俄亩）

	1913 年	1924 年	1925 年	1926 年	1927 年
谷物	86.5	74.9	79.0	85.3	87.5
经济作物	4.1	5.3	6.5	6.0	6.6
马铃薯	2.8	4.3	4.6	4.8	5.1

谷物的播种面积直到 1927 年才达到战前指标，而这时候经济作物和马铃薯的种植面积扩大了一倍左右。消费省份的居民还在战前就习惯于大量消费马

С.-Петербург. 1997. С.184.

[1] *Белоусов Р.*Экономическая история России XX век. Книга Ⅱ .С.335.

[2] *Белоусов Р.*Экономическая история России XX век. Книга Ⅱ . С.336.

铃薯，对马铃薯的需求一直保持高水平。在经济作物中领先的是棉花、向日葵和甜菜。油料作物和甜菜主要是在国家的欧洲地区生产，棉花则是在中亚各共和国。大量的油料作物是在农村用家庭方式加工的。约有 1/5 的甜菜留作个人消费和喂牲口。谷物总产量的上升主要靠农民土地收成的不断提高。

农民耕地上的谷物和马铃薯收成 [1]

（俄罗斯联邦，每俄亩普特）

	黑麦		小麦		大麦	燕麦	马铃薯
	秋播	春播	秋播	春播			
1924	45.7	43.3	56.4	35.0	35.1	46.1	508.1
1925	49.6	45.6	69.8	52.6	71.4	60.2	533.5
1926	54.0	52.1	54.1	52.2	53.0	64.4	559.5

这些数字说明农民土地效益的增长，也鲜明地显示了新经济政策的成就。这里起作用的有农业机器的增加、大量使用肥料和好天气，但主要因素是新的劳动动因——农民的实际收入增加，相信经过长期动乱之后转变终于来到了。

俄联邦牲口数 [2]

（百万头，每年的 1 月 1 日）

	1916 年	1923 年	1924 年	1925 年	1926 年	1926 年对 1916 年的百分比
马匹，总数	34.2	23.3	24.0	25.2	26.9	78.3
牛，总数	51.7	41.8	47.3	51.2	54.0	106.4
其中：奶牛	24.9	24.3	25.4	26.6	27.8	111.7
猪	17.3	10.4	14.6	18.4	18.1	104.6
绵羊和山羊	88.7	68.0	74.5	84.6	93.1	104.9

[1] *Белоусов Р.*Экономическая история России XX век. Книга Ⅱ . С.336.

[2] 《苏联社会主义经济史》，第 2 卷，第 496 页。

在 1922 年以前，主流是减少各种家养牲口，从 1923 年开始增长，1926 年超过战前水平。只有马匹未达 1916 年的水平。这是因为养马不太合算，喂养一整年，而使用主要在春秋，因此农民宁可去租借马匹使用，尤其是从 1920 年代中期起可以短期租赁拖拉机。

多子女家庭甚至在战争的艰苦岁月也养几头奶牛，以便餐桌上有牛奶。因此牛，包括奶牛增长得不快。市场上的奶制品主要由大农户生产，他们拥有 5 头甚至更多的高产奶牛，但这样的农户还不多。

1923 年以后绵羊和猪的头数有一个跃进。这是解决肉类问题的捷径，所以农民普遍选择这条道路。

恢复时期农业上还有两个特点：1. 植物和动物养殖业的商品性增长；2. 农民的收入增加。根据国家计委的统计，谷物的商品粮为 6.5 亿—7 亿普特，占全部收成的 14%—15%。主要粮食作物的商品率还要高一些，为 15%—20%，因为这是城乡主要食品。

农业的恢复和发展促进农产品首先是粮食的出口。在长期停顿之后，1922 年秋开始恢复谷物的出口，从当年的收获中出口了 4 000 万普特，1924 年初从 1923 年收获中出口了 1 亿多普特谷物。

但在此之后，随着新经济政策矛盾的凸显，特别是由于小经济的农村同城市国家垄断工业之间不协调的关系，谷物的出口呈不稳定状态，随年景的好坏而时升时降。1923—1924 年出口谷物（万吨）298.52；1924—1925 年 88.53；1925—1926 年 63.49；1926—1927 年 306.87；1927—1928 年 34.43。[1]

农民税负减轻和生活的改善

到国内战争结束之际，农村的结构发生重大变化，中农占农户的多数。

在新经济政策的初期，农业振兴的主要推动者是中农，他们首次感觉到当局确实关怀他们的福利和生产力的发展。

中农是谷物的基本生产者，其中包括商品粮。与此同时，城市能够提供

[1] *Шишкин В.А.* Власть, политика, экономика. С.-Петербург. 1997. С.184 – 185.

更多农民需要的商品，这就有了扩大耕地和提高产量的刺激。关注的中心是粮食和马铃薯的生产。由于战争年代技术作物的播种和收获量急剧减少，政府有意识地提高技术作物的收购价格。实物税改为货币税之后，农民有了选择播种品种的可能。这些因素提高了农民增加产品的兴趣，他们以较高的速度发展作物栽培和畜牧业。

农村播种面积恢复，农民的生活得到改善，农村和全国克服了1921—1922年的饥荒，农民暴动、骚乱现象开始减少以至消失。

土地仍属国有，但在一定程度上保障了农民拥有土地的权利；虽然有某些限制，但同意使用租佃土地和雇佣劳动。列宁在俄共十一大，季诺维也夫在俄共十二大指出所采取的措施对"结合"的重要性，需要在此基础上改善农民的状况，认为需要发展商业，学会做生意，使结合立足于通过市场的经济基础之上。托洛茨基在俄共十二大的《关于工业提纲》中认为，农业领域"对振兴国家具有头等意义"，国家在农业方面的活动"在很长一段时间里"应当具有"辅助性的、协助性的、经营—教育性的性质，因为绝大多数农产品长时间里还得由小商品生产者来生产"[1]。

实行粮食税后，起初征收的是实物税，1923年实物税改为统一的货币农业税，这就给予农民更大的经营自由，种植较能盈利的作物。到20世纪20年代中期农民问题由政治争论领域转移到了实践上来了——农民应当向国库缴纳多少税款？

在俄共第十四次党代表会议上瞿鲁巴引用了战前和苏维埃时期农村居民的税负以及其他款项的比较分析结果：

战前每个农村居民的各种税款总数为10.37卢布，苏维埃时期只有1920—1921年度接近此数，为10.30卢布，此后下降：1921—1922年为6.11卢布，1922—1923年为3.98卢布，1923—1924年为3.06卢布，1924—1925年为3.96卢布。每个农村居民的税负明显下降。

就直接税和间接税而言，以1912年为基数100，则1920—1921年到1925—1926年度分别为97、78、60、68、44。就总支出而言，则下降得还要多，因为战前除税负外还有非税负支出，如租金等。以1912年为基数100，相应

[1] Архив Троцкого(1923–1927). Терра,1990. Т.1.С.35–36.

的数字为 60、48、37、42 和 27。[1]

由此可见，第一，直接农业税在 20 世纪 20 年代早期逐渐减少。第二，由于供应农村居民的商品价格下降，农民的直接税和间接税减少了将近 1/3。第三，税和货币支付(租金、马匹和农具使用费等等）几乎减少了一半。这样，与战前相比农户的财政状况得到了改善。但平均数下仍然掩盖了一些畸形现象。例如，瞿鲁巴在准备报告期间收集了许多资料，其中包括因欠税而被查抄财产和出售的材料。例如，在坦波夫省摩尔尚斯克县省巡回法庭决定摧毁欠税者的木建筑，其中包括贫农和复员红军战士的。木材当即被装上马车，运往县城，作为公务用房的取暖用的劈柴。全县共摧毁 36 个建筑……[2] 瞿鲁巴建议把 1925—1926 年度的统一农业税总量比上年降低 1/3 以上：从 4.7 亿降为 3 亿卢布。代表会议不仅支持他，而且规定的税额还要低：2.8 亿卢布，同时还保留过去支持县预算的 1 亿卢布拨款。

农民的货币收入增加。1924—1925 年度他们从出售粮食获得 2.77 亿卢布，1925—1926 年度已经是 4.7 亿卢布。如果扣除税收，那么前一年度的数额为 9 600 万卢布，后年度为 1.17 亿卢布。除谷物以外，1923—1924 年度农民出售亚麻、凝皮、油料子、黄油、鸡蛋、羊毛等等 3 亿卢布。1925—1926 年度收入增至 5.8 亿卢布。这意味着农户的货币收入，包括农村内部的流通，在 1925—1926 年超过 10 亿卢布。

新经济政策推动农业发展，也促进农村人口的增长：1924 年为 11 681.2 万人，1927 年为 12 239.3 万人。

存在的问题

历史学家罗戈温认为，关于新经济政策时期农业发展的数字往往被夸大。他在《是否有另一种选择》一书中说：农业方面，通常认为农业总产量增加了

[1] Четырнадцатая конференция Российской Коммунистческой Партии (большевиков). Стенографический отчет. Государственное издательство. Москва-Ленинград. 1925. С.60.

[2] ЦПА. Фонд 158,Оп.1, Д. 104, Л.10. 引自 *Белоусов Р.* Экономическая история России XX век. Книга Ⅱ . С.345.

一倍。然而这是同 1921 年或者 1922 年相比，那时国内农业状况极糟。如果用这种办法，还可以得出卫国战争后 5 年农业大跃进。1945 年农业生产降低到 1921 年的水平，1950 年达到 1940 年的水平。实际上，到 1928 年总播种面积没有达到战前水平，并且收获量很低。1927 年农产品总产量超过 1913 年的 21%，与人口增长数相近。但这种增长主要靠畜牧业和经济作物。谷物的播种面积和总产量都没有达到战前水平。由于农户的细小化和生产者自身对粮食的消费增加，到 1927 年谷物生产的商品部分仅及战前水平的一半。按人口平均 1927 年谷物为 486 公斤，肉 30 公斤，低于 1913 年的指标。农业的劳动生产率极低。1928 年 70% 春播作物的面积是手工播种的，几乎一半谷物是用镰刀收割的，40% 收成用连枷脱粒。[1]

经济学家 Б.Д. 布鲁茨库斯和 Г.И. 哈宁的著作证明，从 20 世纪 20 年代中期开始，苏联的统计数字明显地夸大了国民经济的恢复程度，在许多重要的指标上 1928 年并没有达到 1913 年的水平。[2]

当时影响新经济政策在农业实施的是军事共产主义的残余。借助于累进所得税以抑制富裕分子和帮助贫困农民的政策导致农民的中农化，农村出现中农化的进程。“中农”的概念按照俄国的尺度是非常相对的。中农户，这是少商品的、消费型的、具有非常缓慢不稳定的并且取决于众多因素制约的（自然的、人口的）发展趋势。党的领导人习惯于欧洲标准的思维方式，保留了旧社会民主党对农民的轻视态度，把农民看作是随时会产生资本主义的小生产。农民只要稍富一点，就被看作是“富裕农民”，划入富农的行列，甚至遭到剥夺。这样农村就很难发展起来，富裕起来。布哈林一提出“发财吧”的口号就遭到围攻，成了众矢之的。在新经济政策之初，人数众多的小农经济成为农业的基本形式，他们是农村商品经济的主力，但另一方面，它的商品生产的可能性有限，这就出现了同工业发展的矛盾。在政治方面，尽管从 1921 年夏起政府为发展农业创造了许多政治前提，然而领导层担心农村资本主义发展，担心农村

[1] *Роговин В*. Была ли альтернатива. М., Терра. 1992. С.290－295.

[2] *Бруцкус Б.Д.* Народное хозяйство Советской России. Вопросы экономики. 1990, № 9,10.; *Ханин Г.И.* Как и почему погиб нэп. ЭКО, 1989. № 10. 引自 *Роганина Н.Л.* Коперативноколхозное строительство в СССР. 1923－1927. // Отечественная история. 1993. № 1. С.200.

成为对抗无产阶级专政的力量，几乎从一开始就不断加强对农民的控制，限制农民的选举权以及其他政治权利，限制农民的自主经营。国家规定的粮食的低价格成了城乡关系的主要“调节者”，不断增加对农村富裕农民的征税也成了阻止农业发展的重要因素。新经济政策在农村的推行阻力重重，缺乏稳定有力的法律保障。农民从新经济政策中减轻了负担，但在政治领域所得甚少。给予新经济政策的场地本来就有限，而意识形态的任务决定了它最终会半途而废。实际上，短期租赁、频繁的土地重分、累进的赋税(而不是征收按比例的税额)以至不断发生的对富裕农民的剥夺等等，都成了新经济政策的刹车器。

第二节　工业的改革和恢复

国营工业的初步改革

工业的管理朝非集中化的方向进行改组。一方面，保持强大的国有成分，利用“资本主义”的劳动组织方法改变其工作方法，如运用“盈利”、“经济或商业计算”、利用估价、“产品成本”范畴，等等。另一方面，在一定界限内在工业和商业中允许私人资本的存在：私人租赁国家企业，外国租让企业，在生产尤其是商业流转中成立有外国资本参加的混合公司。

工业的改组是在整个国有化工业之内进行的。1921 年 5 月 17 日人民委员会撤销了最高国民经济委员会关于超过 5 名工人的企业实行国有化的决定，但没有取消 5 月 17 日以前实施的国有化，此前的国有化企业仍留在国家手中。

改革主要是取消垂直的部门行政结构——军事共产主义时期特有的总管理局和各种中心，实施企业的非军事化，逐步从实物支付过渡到货币支付，等等。

企业实行经济核算，有权支配出售产品所得的收入，对经营活动负责，独立使用利润和弥补损失，即在一定程度上实施商业和“资本主义”原则。

最高国民经济委员会变成协调中心，无权干预企业和托拉斯日常活动。其以往所属的50多个总管理局和中心改组后只剩下16个。办事机关大大缩减。职员人数减少了一半，为 91 000 人。从管理的从属角度看，6 098 个国有化企业分为 3 种：

1. 直接属全俄国民经济委员会的中央机关管理的企业，2 374 个。

2. 省国民经济委员会管理的，3 450 个。

3. 地方企业，1 084 个。

这就是说，约 2/3 的企业不归中央管理了。

按照 1921 年 8 月 9 日人民委员会“关于贯彻新经济政策原则”的指令和 1921 年 8 月 12 日劳动国防委员会“关于恢复大工业、振兴和发展生产的办法要点”的决定进行国有工业管理的改组工作。建立了新的国有工业的管理形式——托拉斯，全部工业实行经济核算。托拉斯化同生产的集中化并行，尽量关闭不赢利的企业，让技术和装备良好的企业开工，这表现在 1921 年 5 月 11 日政治局根据列宁的草案通过的决定。[1]

在国营成分中分出燃料和原料较有保证、效益良好的大型企业，直属最高国民经济委员会，其余企业则出租。属于最高国民经济委员会的企业联合成托拉斯。1921 年夏开始取消国家对企业的供应，由企业到市场去采购资料，其活动建立在经济核算、自负盈亏、经济独立的原则之上。法律规定，国库对托拉斯的债务不承担责任。亏损和不赢利的企业（主要是前几年同生产军工产品有关的）则关闭或暂时停业。不过，出于政治考虑，也有某些例外，如普梯洛夫工厂。开工的企业通过吸收复员红军和国内战争时期逃到农村的工人予以充实。这项工作到 1922 年秋完成。托拉斯达到 459 个，其中 130 个属中央。虽然直属中央的托拉斯只占 40%，但占工人数的 84%（一个托拉斯平均 480 人）。

托拉斯用不少于 20% 的利润来形成后备资本（不久降为 10%，在达到原始资本的 1/3 之前），后备资本用来支持扩大生产，补偿经营损失。

开始组织辛迪加——托拉斯在合作制原则上的自愿联合，从事销售、供应、信贷。到 1922 年底，80% 的托拉斯化工业已经实现辛迪加化，到 1928 年共有 23 个辛迪加，在几乎所有工业部门活动，掌握批发商业的基本部分。辛迪加的管理委员会由托拉斯的代表会议选举，每一个托拉斯可以自己决定把自己的供应和销售的大部分或者小部分交给辛迪加处理。

但经济核算的实施往往不按商业规则办事，有时政治领导认为，只要用半军事命令，以逮捕和长期剥夺自由相威胁，就足以实施经济核算了。另一方面，国家对大型工业企业和托拉斯的资助也破坏了经济核算制，结果以商业原

---

[1] 《列宁全集》，中文第 2 版，第 41 卷，第 250 页。

则对生产领域的调节没有得到发展。经济核算、收支相抵、赢利、价格形成等等机制的实施采用的仍然是强制的办法。

例如，列宁1922年2月1日给索柯里尼柯夫的电报建议用惩罚措施来在工业中贯彻经济的方法："托拉斯和企业建立在经济核算的基础上正是为了要它们自己承担责任，而且要承担全部责任，使自己的企业不亏损。如果它们做不到这一点，我认为它们就应当受到法庭审判，管理委员会全体委员都应当受到长期剥夺自由。"[1]2月11日列宁再次给索柯里尼柯夫写信，强调"新经济政策需要用新办法给予新的严厉的惩罚"[2]。

1921年8月托洛茨基给中央全会写信说："如同旧方针一样，在新方针下，主要任务是恢复和巩固大国有化工业。在组织方面，要完成这一头等重要的任务必须确立管理的真正统一。"[3]托洛茨基认为，市场规律可以用于一部分工业，但不适用于重工业的基本部门，重工业应当处于新经济政策建立的新的工业管理体制之外。在俄共第十二次代表大会上关于工业的报告中托洛茨基说："在新经济政策的初期，我们中间某些人，尤其是经济工作者，给予市场以过分的期望。然而，我们有重工业，我们的市场只能逐步推行。我们的冶金业、我们的煤炭工业、石油工业、机器制造业，只能逐步地从它们的干船坞——军事共产主义放进市场的大海之中，逐步地和缓慢地。如果我们让重工业从事市场的自由游戏，它必然搁浅，因为我们的重工业的状态优于现在的市场。我们应当使我们的重工业立足于千斤顶之上，使它不至于瓦解和沉没在市场的水洼之中。"[4]依他的看法，重工业只能立足于计划之上。

一个常见的现象是党机关对工业工作的干预，以保证"阶级的纯洁性"为社会主义利益服务。因此，经济核算、托拉斯化、建立国营工业的卡塔尔等等虽然在初期带来工作的改善，促进了生产的活跃，提高了工资，但在许多方面只是使用了资本主义技术的成果，并没有能够真正刺激工业的集约化。

---

[1] 《列宁全集》，中文第2版，第52卷，第252页。

[2] 同上书，第267页。

[3] Архив Троцкого. Коммунистическая оппозиция в СССР(1923–1927). Терра.1990. Т.1.С.16.

[4] Двенадцатый съезд РКП(б). Бюллетень. Москва-Кремль.1923. С.244.

托拉斯化只是表面上接受了"资本主义最新发展阶段的组织形式"，实际上它们看起来仍然是工业中的异体。建立的托拉斯在许多方面是表面上的，通过把军事共产主义时期的总管理局分解成若干部分而成。多数托拉斯在技术上是亏损的，往往把相应的生产工作交给各企业，而自身变成商业机构，在这种情况下常常严重依附于私人中介。产品的成本非常高：战前1普特生铁成本为60戈比，现在是4卢布，战前1普特铁4卢布，而现在为6卢布。商业采购活动水平极低。托拉斯采购大量其生产用不上，但系"缺门"的东西，而不采购确实需要的产品和物资。例如，莫斯科印刷厂购买了砖头、木板、水泥、玻璃以盈利，而不购买其生产所需要的物资如颜料、干性油、呢绒等等。私人中介是国营企业之间商业关系中的主要人物。通过他们的手完成大量交易，收取高额佣金。托洛茨基在十二大的报告谈到工业工作和托拉斯的缺点，指出工业的许多环节没有工作能力，在新经济政策初期工业的许多环节不胜任工作，由此出现大工业的不合理性、亏损和不赢利，设备磨损和劳动组织不良，用官僚主义的方法建立托拉斯，托拉斯不适应市场经济结构，生产的大量亏损，官僚主义的经济机构增加，因托拉斯的直接的政治、文化教育措施而提高产品的成本，在党的出版物上做广告的无谓开支（这里既无读者，也无消费者），缺乏收支相抵、核算的概念，等等。[1]

1927年关于托拉斯的法令取消了作为托拉斯经济核算活动主要目标的赢利的概念，虽然肯定了商业核算的原则，但要"符合确定的计划任务"。这就使托拉斯回到国营企业的地位，生产效益、盈利、成本等等概念在这里已经不起什么重大作用，而从属于政治任务和该行业或企业对整个计划经济的作用。

国营工业中的新经济政策使工业，特别是大工业得以复苏。1921年工业生产达战前33%，1922年40%，1923年50%。[2]新经济政策和运用市场关系导致国内生产力在某种程度上的发展。轻工业接近农业原料，符合群众消费的需要（首先是农民），因此在新经济政策下得到迅速恢复和发展，而重工业仅仅处于经营恢复的初始阶段，是亏损运行的。按照李可夫在党的十二大上的说

[1] Двенадцатый съезд Российской Коммунистческой Партии (большевиков). Бюллетень. Москва- Кремль. 1923. С.289–322.

[2] *Шишкин В.А.* Власть, политика, экономика. С.-Петербург. 1997. С.195.

法，新经济政策头两年的成就还不够，还不足以保障停止固定资本和流通资本减少的过程，更谈不上生产力过渡到积累和增加共和国的生产力。

国家保留对国营工业特别是大工业发展的控制而不松手，因为这被看作是社会主义的经济命脉之一，是无产阶级再生产的基地，党的阶级支柱。因此向新经济政策过渡并不意味着在这一领域真正建立了市场关系：国家给托拉斯和某些工厂拨款，给它们提供集中供应、国家订货和采购，对它们的态度犹如对待国家的经济政治机构，这从一开始就使工业在商业原则上、在经济核算、自负盈亏原则上发展的可能性化为乌有。新经济政策初期采用“国家资本主义”的尝试在党的领导层和普通党政干部中普遍存在疑虑，对通过新经济政策振兴经济、恢复重工业和维护社会主义成果的可能性产生怀疑。但是新经济政策又要求运用市场商业原则，通过市场实现资源的合理配置。于是国家控制与市场机制之间就发生难以解决的矛盾。

这种矛盾在俄共第十二次代表大会的争论和大会通过的《关于工业的决议》中都有所反映。这次大会的特点是所谓“经济工作者”（首先是克拉辛）同“党的纯粹著作家、政论家”的尖锐冲突。后者所关心的是社会主义原则的纯洁性，而不是合理组织工业生产。

苏联的第一辆汽车

季诺维也夫在十二大的政治报告中说，中央成立了两个委员会（加米涅夫委员会和古比雪夫委员会）以评估托拉斯的法律地位和党对其活动的影响。他说：“我们的观点是：托拉斯是完全处于国家的控制之下的国家机构。”[1]

[1] Двенадцатый съезд Российской Коммунистческой Партии (большевиков). Бюллетень. С.24.

"党专政"的概念完全可以用于此类经济机关的工作，应当全力加强党在托拉斯选拔和形成党的核心、共产主义核心中的作用。他在报告中提到，古比雪夫委员会考察了28个托拉斯，得出的第一个结论是"党对经济事务干预得不够"。"这就是为什么我们要一再强调党专政，党和国家的相互关系的问题。我们老布尔什维克列宁主义者，坚持党干预经济工作，经济工作占了全部工作的十分之九。"[1]

国家资本主义的实践：租赁、租让、混合公司

租　赁

根据1921年7月7日人民委员会指令开始实施租赁，把最高国民经济委员会管理的国有企业交给合作社、各种机构和个人使用和生产。在特殊情况下，还允许国家机关工作人员租赁。1922年平均每个租赁企业有18名工人。1922年有租赁企业3 113个，1923年8 632个。开始时的动作较大，准备把12 500个企业交付租赁。据拉林统计，在12 500个企业中，每个企业平均7个工人。全国工业共有工人200万—210万，在私人企业工作的工人为9万人，占4.5%。交付租赁的计划经常无法完成：1922年60%—65%企业（计划的2/3）交付租赁，工人为全体工人的3%。在承租者中私人占57%，其余为合作社（38%）、国家组织（4%）。1922年春据季诺维也夫的报告，共有4 330个租赁企业，7.5万工人，承租者中私人52%，合作社23%，劳动合作社14%，国家机关11%。1923年托洛茨基在十二大上说："你们知道，我们这里私人资本几乎没有渗透进大、中型工业。租赁工业中私人资本略超过一半（总共生产了6 800万卢布），在整个工业中的作用不大，但在商业中私人资本发挥了巨大的作用，特别是在小商业、中介商业和投机商业中，而在小商业中发挥了压倒的作用。"[2]

---

[1] Двенадцатый съезд Российской Коммунистческой Партии (большевиков). Бюллетень. C.31,32.

[2] Двенадцатый съезд Российской Коммунистческой Партии (большевиков). Бюллетень. C.228.

租赁政策并不成功，因为私人企业是中小企业，工作不良，设备磨损陈旧，主要生产消费品。租期 1—6 年，有 3/4 租约仅为期 1 年，这本身就说明这种形式不稳固。相比之下，商业较易于运作，可以按照自己的安排以获取利润。

1925 年托洛茨基在回顾国家资本主义时说："曾经有根据认为，工业的发展主要应走无产阶级国家控制和支配下的混合公司、吸引外资、租让制、租赁等等的道路，即资本主义和半资本主义形式的道路……然而，实际发展走的是较为顺当的道路。起决定作用的是国营工业。"[1] 从 1928 年起国营企业出租完全停止。

租让制

租让制是苏俄国家资本主义的主要形式。列宁和布尔什维克党曾经对租让寄予极大的希望。列宁在俄共第十次代表大会上谈到租让时说："只要能获得强大的先进资本主义的帮助，我们便不惜从我们的无限财富当中，从我们丰富的资源当中，拿出几亿以至几十亿的资财。花掉的这一切我们以后收回时是可以获得很大的利润的。"[2]

早在实施新经济政策之前已经开始这项工作。1920 年年底，苏俄宣布实行租让制，以优厚的条件吸引外国资本家来俄投资办厂。1920 年 11 月 23 日发布的《租让项目的一般经济条件和法律条件》的法令规定，苏维埃国家同外国资本家签订合同，把当时国家无力经营的某些工矿企业、森林、油田等，按照一定的条件出租给外国资本家经营。这样可以吸收发达国家的技术和资金，利用它们的管理经验，以便使俄国恢复作为整个世界经济的原料基地之一的地位，并发展俄国被世界大战破坏了的生产力。同时这是同资本主义国家和平共处的需要，"如果那些可能同我们作战的国家接受租让，这就使它们受到约束，不能同我们作战"。[3] 但是，租让制的实施并不顺利。列宁 1922 年 11 月 14 日说："遗憾的是，国家资本主义的实施在我们这里进行得不如我们希望的那么

[1] Архив Троцкого. Коммунистическая оппозиция в СССР(1923－1927). Т.1.С.154－155.

[2] 《列宁全集》，中文第 2 版，第 41 卷，第 60—61 页。

[3] 同上书，第 40 卷，第 78 页。

快。譬如，直到现在我们实际上还没有一个重大的租让项目，而没有外国资本参与我国经济的发展，要迅速恢复经济是不可能的。”[1]

由于当时的历史条件，外国资本家不愿来俄投资办厂，布尔什维克党也担心租让制助长资本主义的发展，因此租让制没有得到多大的发展，总共只签订了 100 多项合同（主要是在 1921—1929 年），到 20 世纪 20 年代末租让在工业生产中的分量已经几乎等于零。1937 年所有租让合同一律被取消。

1922—1924 年收到外国企业主 1 200 多份承租提议。1921 年共签订了 5 份合同，1922 年 10 份，1923 年 37 份，1924 年 32 份。1925 年前只有 14 家企业着手工作，1925 年又有 17 家开始工作。到 1925 年 4 月 1 日，在工业中有 91 份租让合同生效。[2]

国外有承租意向的公司和个人相当多，特别是在切尔文卢布流通之后。但是多数有意向者只是试探在俄国赚钱的可能性，其中有的只拥有有限的资金和资源。例如，1922—1924 年苏联驻柏林商务代表处下属租让委员会收到 1533 个申请项目，而送交莫斯科租让总委员会的仅有 331 份申请书，仅达 21%。

签订合同最多的是新经济政策头 3 年，但并不是所有合同都得到履行。1928 年 12 月 1 日，在签订的 147 份合同中，得到实施的仅 68 份，不到一半。并且其中只有 13 个合同做到成立运营的企业或者机构。

租让企业在全国工业总产量的生产中所占的比重，从 1924—1925 年起有所增长，1924—1925 年、1925—1926 年为 0.2% 到 0.4%，1926—1927 年、1927—1928 年、1928—1929 年为 0.5%—0.6%。到 1930 年租让企业在工业生产中的比重实际上已等于零。[3]

实际运行的租让企业数量最多的是 1927—1928 年。多数是加工工业（24 个）和矿业，然后是木材业、商业、交通运输业。按租让数计算，依次为德国（14 个），美国（9 个），英国和日本（各 7 个）。按照投资量计算，处首位的是英国——2 000 万金卢布。处第 2、3 位的是德国和瑞典。

---

[1] 《列宁全集》，中文第 2 版，第 43 卷，第 290—291 页。

[2] 《苏联社会主义经济史》，第 2 卷，第 316—317 页。

[3] *Шишкин В.А.* Власть, политика, экономика. С.299.

1927—1928 年租让的总流通量超过 1 亿金卢布，国家预算从其利润、消费税和关税中获得收入达 1 500 万金卢布。

从第一个五年计划起实际上已经开始取消租让企业。首先是由于 1929—1932 年的世界经济危机。美元、马克和英镑同黄金相比贬值，外国资本力求尽快撤出苏联。例如，哈穆就用卢布在苏联大量购买艺术品和毛皮，这些东西在西方可以挣得大量利润。

其次，苏联自身的经济兴趣也发生了根本变化。国民经济的恢复工作基本结束之后，开始由自己开采矿山，采伐木材。在这些行业同租让企业家分享利益已经没有意义。哈穆回忆说，20 世纪 20 年代中期他会见克拉辛，他“有礼貌但非常坚定地向我解释说，现在同国外的贸易已经是通过苏联的机构进行了……现在，哈穆博士，我们国家需要发展工业。为什么您不搞工业呢?”这个美国人只好改变专业，在莫斯科生产铅笔。

企业的租让遇到苏维埃各界的对抗。他们反对把工厂、矿山、油井交给外国人经营，而想用自己的手去恢复生产。列宁在 1922 年 1 月 23 日致信政治局，认为“应当对最高国民经济委员会领导人中的那种反对租让石油、农业等项目的偏见进行最无情的斗争”。[1] 在列宁重病和去世的时候俄共内部已经出现反对租让制的强大反对派。《工商报》副主编瓦连廷诺夫讲了一个插曲：在新经济政策的总纲领中列宁赋予租让制以非常重要的地位，因此，1923 年末在《工商报》工作的他打算发表一系列有关租让制的文章，目的是分析来自国外的 300 个项目是怎么回事。他的上级（萨韦利耶夫）对他说：“等一等再约写这一题目的文章，应当事先闻一闻中央委员会对这一问题的看法。”闻过以后，萨韦利耶夫说：“不要吹这件事了，实际上谁也没有认真对待租让制。”这一事实说明，只是在列宁的鞭子下党才实行新经济政策的。[2]

季诺维也夫在俄共十三大上的政治报告中说：“如今已一目了然，租让问题是一个新经济政策的极限问题。如果让承租人进入我们的经济领域，这就意

[1] 《列宁全集》，中文第 2 版，第 52 卷，第 224 页。

[2] *Волентинов(Вольский). Н.* Новая экономическая политика и кризис партии после смерти Ленина. С.32.

味着在扩大我国新生资产阶级的比重。”[1]他对租让制的评价以及对整个新经济政策的极限的看法反映了未来左派的看法，因此推翻新经济政策早在1924年列宁去世以后就已经决定了。斯大林在1925年满意地指出，租让企业和租赁企业在工业生产中所占的比重已经微不足道，“缩小到最低限度”。[2]而实际上，这时候国内加工工业部门已经出现一些具有前途的租让企业，同法国、德国、英国和美国的许多第一流的公司以租让合作的形式签订了几十个技术援助的合同。

属于国家资本主义企业的还有混合企业，由苏联和外国资本共同建立。列宁在俄共第十一次代表大会上说：我们现在有了一些合营公司。诚然，这种公司还很少。现在拥有数百万资本的合营公司有17个。[3]

合营公司没有得到多大发展，甚至在其发展的顶点，在1923—1924年，混合公司中外国资本仅占出口的4.3%，进口的4.5%。在其进出口中多数是最为盈利的项目，给予公司的外方迅速发财的机会（出口小麦占其出口的62%，进口农业机器占63%）。1925—1926年最大的几个商业公司关闭之后，剩下的混合公司的作用就所剩无几了。有西方资本参与的5个混合公司在1923—1924年、1926—1927年活动的资料证明，他们每年的周转额仅略高于国家外贸全年周转额的1%。有一些林木工业公司是生产性的混合公司，在阿尔汉格尔斯克存在到20世纪20年代中期。其一半股票属于苏联，另一半归外国资本家作为苏维埃政权将其工厂国有化的补偿。这并不是正常的混合公司，而是补偿工厂国有化的解决办法。1923—1924年间这些公司投资约60万英镑，提供外国贷款1百万英镑，恢复了一些工厂，给苏联政府提供了300万金卢布的收入。[4]

1925年6月10日政治局成立的租让问题委员会召开会议，研究租让制问题。许多著名活动家参加了委员会的工作：李可夫、托姆斯基、伏龙芝、索柯里尼柯夫、契切林、托洛茨基、捷尔任斯基、敏金、列扎瓦、温什利赫特、皮

---

[1] 《俄共（布）第十三次代表大会（速记记录）》，人民出版社1987年版，第46页。

[2] 《斯大林全集》，第7卷，第304—305页。

[3] 《列宁全集》，中文第2版，第43卷，第89页。

[4] *Шишкин В.А.* Власть, политика, экономика. С.198.

达可夫、李维诺夫等等。会议从1925年2月开到6月。6月10日通过的总决议说，租让制起初在苏联的国际关系方面起过相当大的作用，“但是租让制的实践没有得到什么重大的结果”。原因是：1. 西方企业主担心在政治不稳定的国家承租，地方苏维埃工业的有力竞争；外国承租者在开始生产活动的时候提出的无根据的要求，造成他们的企业对苏联经济缺乏效益。2. 从苏联方面说，存在地方机关（党和苏维埃）对租让企业的不信任、偏见甚至敌视态度；对他们提出一些过分要求：按照集体合同提高工资，在谈判中拖延、拖拉等等。[1] 租让企业的投资量在整个新经济政策期间总共只有6 000万卢布（1928年10月1日）。这个投资量远不及同期出口的资金收入（30亿卢布）、外国的短期和中期信贷(银行、进出口)——10亿卢布。从租让制得到的收入也微不足道：1923—1924年为1 400万卢布，1925—1926年1 500万卢布，1926—1927年700万卢布，1927—1928年660万卢布，1928—1929年1 000万卢布。它无法同国民收入总量相比，例如，1928年大约为250亿卢布。

令人不解的是1928年7月24日以人民委员会名义提出的“活跃租让政策”口号，列出苏联各地区的一系列新租让项目，给予优惠，并在报刊上登出“苏联租让项目。在矿业、加工工业、农业和土壤改良、建筑和住宅建设方面的租让意向计划”。这可能是因为国内严重的政治和经济状况以及党内斗争的尖锐化迫使做出的一种姿态。但是如果不改变国内日益严酷的政治和经济环境，租让是不可能活跃的。

实际上，列宁去世之后，从1924—1925年起所定的方针就是有计划地排挤国家资本主义成分，代之以国家社会主义成分。原因是：外国企业家害怕冒险，不愿在布尔什维克制度的条件下大量投资于生产，参与者在很多方面带有冒险性质，他们并不了解提供租让企业的苏联的政治、经济和司法状况。许多租让企业，特别是同德国、美国和英国签订的，具有纯粹政治性质，因此不可能带来经济成果。某些承租者并没有多少资金，出发点是政治考虑或者帮助苏俄的道义考虑。某些大项目来自原俄罗斯帝国土地上的外国企业(主要是矿山)所有者。这就出现归还财产、赔偿损失问题，这引起布尔什维克领导的反感。

[1] РГАЭ, Ф.413, Оп.17, Д.561, Л.24, 48–50. 引自 *Шишкин В.А.* Власть, политика, экономика. С. 299.

克拉辛同厄克特签订的租让合同就被俄共中央所否决。革命后形成的国内政治条件，对立的意识形态，都使得无论租赁，还是租让，都不可能成为促进经济发展的有力的因素。

工业改革的结果

把国民经济计划同市场结合起来这种新模式的试验首先在工业中进行。

1921—1922 年经济模式的理论制订还没有完成，在计划和市场的关系上经济学家之间还没有一致的意见，关于在新的社会制度中利用货币、价格、信贷以及其他市场因素的恰当性问题的争论要延续几十年。

国家计委这时候开始编制近年和五年工业发展计划。1921 年经济学家斯特卢米林确定了编制下年度经济计划的一般原则：

> 1. 国营经济和私人经济应当建立在收支预算严格相符的基础之上。
>
> 2. 只有深思熟虑的各部分准确平衡的统一计划才能保证这种平衡的预算。
>
> 3. 为保障这一计划的现实性，所有由此计划派生的生产任务必须严格符合为其实施所必需的后备。
>
> 4. 目前社会经济预见的准确性是极其有限的，因此所有预定的计划的实际实现还应当拥有为预防不测而建立的相当大的后备库来提供保证。
>
> 5. 无论如何，只有以共和国所有生产后备和粮食后备的最大利用系数作为保障，经济计划才会是合理的。[1]

由此可见，20 世纪 20 年代初国家计委的主要工作是研究计划的方法问题。

更加不确定的是经济核算的组织问题：多数企业拥有的流动资金不足一半，通货膨胀，苏维埃纸币贬值，这一切给金融领域罩上浓雾。需要几年时间才能使企业的财政走上正常道路。

[1] 引自 *Белоусов Р.* Экономическая история России XX век. С.309.

国营工业的财政状况 [1]

（百万切尔文卢布）

	1922—1923	1923—1924	1924—1925	1925—1926	1926—1927
盈利	146	214	521	676	680
亏损	50	84	63	66	80
纯收入	96	130	458	610	600
折旧	145	170	277	360	398
全部积累	241	360	735	970	998
扣缴国库	10	66	169	259	415
预算资助	140	110	125	325	505
银行信贷 *	155	294	445	240	325
非商业信贷 **	55	153	110	166	73
积累总计	581	791	1255	1467	1536
其中用于：					
投资	120	209	385	811	1090
流动资金的增长	461	582	870	656	446

* 增加。** 结余。

由上表可以看出，1. 工业直到 1924—1925 年才好转，即完成货币改革之后。2. 与此同时，可以看到短期银行信贷急剧增长，它是用来增加周转资金的。3.1924—1925 年以前企业获得利润主要用来弥补周转资金的赤字，只是在 1925—1926 年以后才看到增加用于改造和更新固定基金。

扩大托拉斯的自主性并使其自负盈亏，总的说来是成功的。工业生产数量和质量评估的数据证明了这一点。如果在国内战争的所有年份工业运动的轨迹是急剧下行的，那么在 1921 年已经有了转机：注册工业总产量与上年相比增加了 42.7%，1922 年为 30.3%，1923 年 40.0%。工业的这种速度是

[1] *Белоусов Р.*Экономическая история России XX век. С.309.

空前的。

1921—1927 年工业发展[1]（苏联境内）

年　份	1921	1922	1922—1923	1923—1924	1924—1925	1925—1926	1926—1927
总产量							
百万战前卢布	1168	1524	2126	2587	3960	5722	6723
1917 年 =100%	30.4	39.6	55.3	67.2	102.8	148.8	174.7
劳动生产率							
1917 年 =100%	66.5	93.8	110.8	116.1	146.3	164.6	183.7
上年度的 %	147.2	141.1	117.7	105.1	124.3	114.0	111.7

*1922 年底在计划和统计中经济年度同收获挂钩，于 9 月结束，新的经济年度从 10 月 1 日开始。

由上表可以看出，从 1921 年到 1927 年工业的总产量和劳动生产率都有较大幅度的增长。但是由于是同 1917 年相比，而 1917 年已经经历 3 年的战争，国民经济遭到很大的破坏，所以这种增长还是有限的。

从基本建设的投资看，20 世纪 20 年代上半期工业中没有进行基本建设，因为缺乏财政储备，而主要的是原有设备还没有充分使用，只要具备相应的条件（订货、燃料、原料和劳动力），机床和机器设备就可以投入生产。

工人阶级状况

在国内战争年代工业中的工人数量减少了一半以上。一部分工人因躲避饥荒逃往农村。这是因为工业中的实际工资同战前相比下降了 1/3，工人无法在城市里养家糊口，而农村对熟练工人，特别是从事金属加工、开锅驼机或马拉式割草机的工人的需求很大，工资相应地也高于城市。另一些工人则在军队服役。

实施新经济政策之后，工人人数逐年增加。

[1] *Белоусов Р.* Экономическая история России XX век. С.311.

1921—1927 年工人数 [1]

年份	1921	1922	1922—1923	1923—1924	1924—1925	1925—1926	1926—1927
工人数 (千人)	1186	1096	1302	1503	1853	2348	2469
1917 年 =100%	45.6	42.2	50.1	57.9	71.3	90.4	95.1

就工作时间而论，从 1923 年起一名在工业中劳动的工人年工作量稳定在 261—262 日，平均工作日为 7.4 小时（1926 年）。假日和节日为 60—61 日，带薪休假由 6 日增加到 14 日。减少了因供料和燃料等原因造成的停工。缺勤现象减少。

起重要作用的因素之一是加强了集体劳动纪律，改善了劳动组织和管理，而最重要的是建立了对最终劳动成果的有效刺激机制。在工业中取消了平均主义的配给制，逐步施行用货币支付的计件制或承包制。实行这种改造的最大阻力是国内缺乏稳定的货币体系：苏维埃纸币贬值之快根本无法执行其任何职能。因此在劳动支付上起初主要是实物食品份额和配给制。1921 年春人民委员会试图完善这一制度以刺激劳动生产率的提高。根据 4 月 7 日通过的法令，拨出部分产品建立实物奖励库。根据个人劳动生产率，企业工人可以从奖励库获取相应数量的产品以及食品（企业通过同农户的有组织的产品交换获得的）。

1921 年夏还试行一项刺激措施：最高国民经济委员会为规定的生产任务设立实物和货币报酬固定基金库。它同完成任务的工人人数多少无关，随最终成果而变化的是工人工资额。人数越少，每一个工人的生产率越高，所得报酬也越多。

20 世纪 20 年代广泛实行计件工资制是提高劳动生产率的基本因素之一。1923 年起整个工业中相当多的工人转为计件工资制（46%）。工人的工资逐步由实物过渡到货币，1921 年工厂工人平均工资中货币仅占 7.4%，1922 年上半年已经达到 80%，1924 年停止了实物支付。

吸收旧专家参加发展经济。俄共第十一次代表大会通过“工会与专家”的专门决议，指出工业实行经济核算制要求最充分地利用领导生产的技术人员、工程师和其他专家，要根据他们的劳动和学识给予应有的报酬，还要创造条件，

[1] *Белоусов Р.* Экономическая история России XX век. С.311.

使他们不必为维持自己的生活而把所有时间都耗费在非生产性的工作上。[1] 但是在 1926 年捷尔任斯基去世之后，特别是沙赫特事件之后，这条路线被否定了。

军事共产主义时期工人处于饥饿和死亡的边缘，进入新经济政策时期为拯救工人必须提高其工资。同 1920—1921 年相比，1921—1922 年工人工资几乎为其 2.5 倍，1922—1923 年为 60%，1923—1924 年为 170%。[2]

大工业中工资和生产率变动表 [3]

	1913 年	1922 年	1923 年	1924 年	1925 年	1926 年
月工资 *（战前卢布） 1913 年 =100%	30.49 100	12.5 41.0	15.88 49.2	20.75 67.1	25.18 82.6	28.57 93.7
一个工人的产量 1913 年 =100	100	55.2	68.4	69.4	92.5	109.1

* 莫斯科地区。

在工业和其他部门恢复了货币工资，实行工资等级表，消除平均主义，取消产量增长下对提高工资的限制。取消劳动军、撤销劳动义务制和对更换工作的基本限制。劳动的组织建立在物质刺激的基础之上，取代军事共产主义时代的超经济强制。

工业工人的平均工资 [4]

（按商品卢布，包括实物工资计算）

	1913 年	1918 年	1919 年	1920 年	1921 年	1922 年 *
产品卢布	22.0	9.0	6.7	7.1	7.0	8.2
1913 年 =100	100	40.9	30.5	32.4	31.6	37.4

* 上半年。

---

[1] 《苏联共产党代表大会、代表会议和中央全会决议汇编》，第 2 分册，第 160—161 页。

[2] *Орлов И.* НЭП как новая эксплуатация пролетариата. Солидарность. № 9. 2002.

[3] *Белоусов Р.* Экономическая история России XX век. С.315.

[4] *Белоусов Р.* Экономическая история России XX век. С.311.

轻工业和食品工业的工资增长速度高于五金、化学和矿山工人。由于各企业工资水平不一，为寻求较好的报酬，工人的流动性很大，工人平均在一个企业工作仅一年左右，然后转到其他企业，甚至其他行业。这种转移在不需要什么技能的采矿行业尤为盛行。

到 1927 年工人的工资水平达到战前的 90%。但较高工资人群所占的比重不高：10% 雇佣工人的月收入超过 100 卢布，3.5% 超过 150 卢布，只有 1% 超过 200 卢布。[1]

消除“无产阶级丧失阶级性”进程曾被看做是 20 世纪 20 年代的重大社会成就，然而这一现象实际上并未得到克服。人员损失严重，因为国内战争中优秀干部在战场牺牲，工人阶级的人数和职业结构遭到严重损失。而那些经历了内战的工人并不希望回到生产部门，甚至普通红军都想谋取一官半职，更不用说那些政委们了。

只是在财政、货币系统、价格、实际工资得到稳定之后，从 1925 年起大量原产业工人才从农村返回工厂。和他们一起的还有年轻人。但甚至到 1927 年工业部门的工人数还没有达到 1917 年的水平。

工人的状况比革命前无疑有所好转，新经济政策最初几年工人生活水平明显提高。1924 年和 1925 年，工人比此前任何时期都吃得好。工业中一个工人的产量的增长超过其平均月工资的增长，1926 年甚至超过 1913 年的生产水平。增加产量是提高工资的前提。与此同时，实际工资的提高也成了提高生产率的真正刺激。

在提高产量中各行业工人的大量培训发挥了重要作用。形式多样，灵活，首先是工厂学校，这大多是大企业举办的，工人可以完成中等教育。此外还有专门的职业技术学校、培训班。1925 年 12 月 1 日有 35 万以上的工人在此类学校就读，占工业中工人的 1/6。其结果是工厂熟练工人逐步增加，在 1923—1926 年间，熟练工人从 45% 增加到 54%，而非熟练工人将近减少了一半。[2]

工人对自身经济状况的不满继续存在，一个原因是拖欠工资。1922 年初

[1] *Орлов И.* НЭП как новая эксплуатация пролетариата. Солидарность. № 9. 2002.

[2] *Белоусов Р.* Экономическая история России XX век. С.316.

拖欠工资达 80 万亿卢布。1923 年夏，由于对不同行业工资区别拉大的不满和实施生产集中导致的失业人数增加，国内经济形势尖锐化。1923 年 6—7 月由于拖欠工资国内出现罢工浪潮。9 月 10 月达到高潮，有 16.5 万人罢工。货币改革后情况没有好转，1924 年 6 月月中拖欠工资超过 1 200 万卢布，到 8 月底，尽管采取了“救火”措施，仍超过 400 万卢布。[1]

工人之间工资差别拉大。1926 年熟练工人与非熟练工人的工资差别超过 250%。女工的工资低于男工 45%，而童工的工资仅及成年工的 30%。[2] 到 20 世纪 20 年代末中级官员的工资已经超过熟练工人。

不断发生工人为捍卫自身经济利益的群众性工潮。1922 年有 20 万工人罢工，1923 年是 16.5 万，1924 年是 4.1 万，罢工次数的减少与其说是由于工人物质状况的改善，不如说是由于行政禁令的结果。官方只承认私人企业中的工人拥有罢工的权利。

新经济政策不但没有消除“丧失阶级性的分子”，在一定程度上还助长了其人数的增长。犯罪、妓女、吸毒泛滥。20 世纪 20 年代的离婚率增加了 2 倍。[3]

20 世纪 20 年代依然存在比较严重的失业问题，劳动交易所登记的绝对失业人数在新经济政策时期增加了（从 1924 年年初的 120 万增加到 1929 年年初的 170 万）。在恢复时期的初期，市场还能够保证工厂获得熟练的劳动力，但完成恢复任务之后，出现一种奇怪的现象：一方面劳动力剩余，另一方面又缺乏劳动力，首先缺乏熟练工人，从事生产的大都是缺乏文化的工人。

失业工人数 [4]

	1922 年	1923 年	1924 年	1925 年
失业者，单位千 其中所占 %	160	641	1240	980
工业工人	24.0	24.9	25.1	15.5

[1] *Орлов И.* НЭП как новая эксплуатация пролетариата. Солидарность. № 9. 2002.

[2] 同上。

[3] *Соколов.А,К.* Курс советской истории 1917 – 1940. Москва. Высшая школа. 1999. С.116.

[4] *Белоусов Р.* Экономическая история России XX век. С.316.

续表

	1922 年	1923 年	1924 年	1925 年
脑力工作者	44.5	36.7	35.5	22.3
杂工	17.9	25.9	25.6	52.8
其他	13.6	12.5	13.8	9.4

1922 年失业人数最多的是脑力工作者，这主要是国民经济委员会各机关的职员，他们由于改组经济管理工作，削减编制而被解雇。以后此类人员（以及工业工人）失业人数的比重逐渐减少（绝对人数增加的情况下），而非熟练工人的失业人数相对和绝对增加，这主要是一些复员军人和不愿留在农村的青年农民。在恢复时期失业工人数量的增长对劳动生产率的水平和变化起了双重作用。大量的失业一方面在全国范围内降低了经济效益，影响社会的稳定，另一方面，在具体的工作岗位提高了经济效益，因为失去工作的现实威胁刺激了纪律性和生产率的提高。

第三节　商业的恢复和发展

对商业、市场观念的改变在新经济政策初期发展了有效的市场机制，通过商业来组织工农业产品之间的正常交换。

但是实施新经济政策之初，交换并不是通过本来意义上的商业买卖进行的。1921 年安排工业品同农民手头拥有的粮食的直接交换，谷物和马铃薯进城主要通过两条渠道：

其一是粮食人民委员部和合作社征收的新的农业税，如果可能的话，用工业品去交换粮食。但两者都未能做到。1921 年国家总共得到 2.33 亿普特谷物，为战前的 64%。这不能仅用干旱减少收成来解释：这一年谷物的总产量减少 1/4。合作社也没有能够完成自己的任务，它的多数交换点由于各种原因在 1921 年没有完成自己的主要职能——收购粮食。

较为活跃的是第二条渠道——“背口袋的买卖”（мешочничество）。这是非常特殊的同农村进行产品交换的大众形式，它的特点是灵活。1921 年春公布了“关于自由交换”的法令之后有大量的劳动集体、私人商贩、家庭“采购员”的代表从中部和西北部工业地区来到产粮省份，用各种金属制品交换面粉、麦粒、谷物和马铃薯。村民对这种产品交换的需求也比较高。

村民对工业品的需求[1]

（百万金卢布）

	1912 年	1920 年	1921 年
消费品	1400	173	194
农业机器	39	4.6	2.9
矿物肥料	0.7	0.2	0.2
其他工业品	300	50	50

村民对工业品的消费在 1920 年处于极低的水平，1921 年没有多大改变，而机器以及其他设备的拥有量反而减少了，虽然工业明显地增加了犁、收割机、脱粒机以及其他机器的产量。这一时期印花布、皮鞋、胶鞋、汽油、窗玻璃、五金制品等工业品的储备增加了，但到达农村的仅仅是其中的一部分。这说明用行政手段来恢复基本的经济部门间的联系的尝试没有得到成功。

市场上的俄国贵族。1922 年

“背口袋的人”在竞争中战胜了粮食人民委员部和合作社，他们采购的粮食比它们多。但他们不能解决整个粮食问题。所以 1921 年秋

[1] *Белоусов Р.* Экономическая история России XX век. С.348.

决定转向同农民进行市场商品交换，1922 年开始了这种转变。这时候市场上出现了托拉斯、辛迪加、银行、大中型商店，还有千百万小商人。仅在 1922 年下半年领得经商许可证的就有 8.53 万摊贩、19.1 万各种小铺的所有者、9.31 万小店主，结果商业点迅速增加。

在商业发展中国营成分起决定性的作用，其 1925—1926 年上半年的商品流转量比 1921—1922 年下半年增长 24.6 倍，而私人商业仅 1.8 倍。商业的社会结构也发生相应变化。1922 年下半年私商（主要是原“背口袋的人”）的分量几乎占商品流转的 73%，国营商业约占 18%，合作社占 9.5%。三年半以后，商业中私人成分的比重降为 25%，国营上升为 57%，合作社为 18%。私商主要把自己的资本用于零售商业，国营企业主要是批发，而合作社则两者兼有。

困难很多，货币系统的健全化进展缓慢，到处可以感觉到周转金的缺乏，而信贷系统刚刚开始形成。商业的分支机构特别薄弱，特别是在农村。在城乡贸易中存在大规模破坏商业交换规则的“剪刀差”。

一项没有多大效果的原始措施是粮食和其他大众消费品实行固定价格。1921 年实行工业品同农产品的“固定”比率，规定 1 俄尺印花布、1 升汽油和其他工业品等于一定数量的谷物或者其他农产品。

农产品同工业品交换的比率 [1]

（单位：1 普特，1921 年 5 月，东南部欧俄地区）

	印花布	棉线	火柴	盐	针	玻璃杯
小麦	2 俄尺	3 轴	20 盒	10 俄磅	30 个	8—10 个
大麦 燕麦	1.5 俄尺	2.5 轴	15 盒	7.5 俄磅	22 个	6—8 个
玉米	1 俄尺	1.5 轴	10 盒	5 俄磅	15 个	4—5 个
土豆	0.33 俄尺	0.5 轴	3.4 盒	1.66 俄磅	5 个	1—2 个
牛肉	4 俄尺	6 轴	40 盒	20 俄磅	60 个	16—20 个
猪肉	5 俄尺	7.5 轴	50 盒	25 俄磅	75 个	20—25 个

[1] *Белоусов Р.* Экономическая история России XX век. С.349.

在此实物比率后面是货币计算：1921 年春，在宣布新经济政策的时候，粮食人民委员部把自己掌握的全部工业品转交给中央消费合作总社，用来交换粮食。这些工业品按照战前价格计算共 1 550 万卢布，合作总社要用它们从农民那里换取价值 6 710 万卢布的谷物和其他产品。这意味着工业品对农产品的价格比战前上涨了 3.5 倍。

彼得格勒的街头买卖。20 年代初

农民并不总是同意这种交换比率：首先，夏初已经看出收成不会好，因此出售不多的储备是可怕的。第二，“背口袋的人”出的是较为有利的交换比率（“价格”）。第三，相当一部分商品粮已经被农村消费者借去或者以可以接受的条件买走。

工业品价格的上涨在 1921 年已经出现，也从一开始就受到农民的反抗，这成了产品交换破产的原因之一。从 1921 年夏起，由于干旱谷物和其他农产品的价格迅速上涨。

1922 年秋出现工业品销售困难的征兆：谷物的总产量接近战前指标，而国内市场的容量的扩大却相对缓慢，粮食出口完全停止，农产品的价格开始下降。与此同时，工业托拉斯为追逐利润继续增加产品生产和提高价格，而不顾行情的变化。工业品的出售遇到严重的困难。虽然有各种价格委员会监控国民经济中的价格形成，维持买卖的必要秩序，然而控制价格的实际上不是上级国家机关，而是商品生产和市场交换的客观要求。

1922—1924 年价格的平均月指数[1]

（以切尔文表示，1913 年 =100）

	10 月	11 月	12 月	1 月	2 月	3 月	4 月	5 月	6 月	7 月	8 月	9 月
1922—1923												
中央统计局批发价												
农产品	101	93	85	79	80	92	78	76	95	103	98	90
工业品	140	125	128	128	140	164	156	168	196	228	260	273
剪刀差，倍数	1.39	1.34	1.51	1.63	1.74	1.78	2.00	2.21	2.07	2.22	2.65	3.05
财政部零售价												
农产品	111	99	90	86	93	90	81	86	100	120	115	93
工业品	174	157	157	157	167	180	181	191	216	238	259	269
剪刀差，倍数	1.57	1.59	1.74	1.83	1.80	2.00	2.23	2.22	2.16	1.98	2.25	2.89
1923—1924												
中央统计局批发价												
农产品	88	98	116	133	164	162	154	145	137	148	153	141
工业品	253	235	228	228	225	213	205	202	201	203	203	200
剪刀差，倍数	2.88	2.4	1.97	1.72	1.37	1.31	1.35	1.4	1.47	1.37	1.33	1.42
财政部零售价												
农产品	92	112	126	142	162	168	181	179	174	188	199	180
工业品	258	251	243	247	256	247	241	240	244	247	248	245
剪刀差，倍数	2.4	2.24	1.93	1.74	1.58	1.47	1.33	1.34	1.4	1.31	1.25	1.36

[1] *Белоусов Р.*Экономическая история России XX век. С.351.

农民经过7年战争终于获得一个不坏的收成，有可能用为数不多的钱去部分地改善自己的经济。他们以低价出售粮食和其他农产品以及轻工业所需的原料。然而工业品的批发零售价却一直上涨。从上表可以看到，农产品和工业品价格的走向截然不同，形成一种托洛茨基所说的“剪刀差”，结果引发了1923年9—10月的“销售危机”。

剪刀差导致大量工业品的积压，商品和资金的正常周转遭到破坏。出现协作者之间无法支付和拖延工资的发放。连续几个月国内的政治经济形势非常紧张。

在高加索地区“剪刀差”导致格鲁吉亚爆发反苏维埃起义。这次起义在1924年席卷了格鲁吉亚1/3的县，在共产党内部称之为“第二个喀琅施塔得”。根据国家政治保卫总局的看法，这种起义还有可能在其他地区（白俄罗斯、乌克兰）发生，一些反映居民政治情绪的材料可以印证这一点。与此同时，因“工业品销售危机”，国营托拉斯拖欠工人工资的现象更加频繁，这就成为大量“怠工”和罢工的起因。仅在1923年4月至9月间就发生了5 611起工人同行政当局的冲突，而且有191起伴随着罢工，参加人数达8万人。[1]

不得不采取非常措施，通过行政程序把工业品的批发零售价格压低到接近战前的水平，同时提高农产品的采购价。农产品的批发价格指数，以1913年价格为1，1923年10月1日为0.888，到1924年10月1日则为1.36。在此期间，工业品批发价格指数和农产品价格指数之间的差距缩小到1.46；工农业商品价格的“剪刀差”缩减一半以上。[2]1924年春，剪刀差已经大为缩小，4—6月已等于零。1924—1927年国内形成了有稳定货币和工农业商品供求相当平衡的国内市场。

苏维埃国家不断加强对商业的调节。最高国民经济委员会和粮食人民委员部承担对商业的直接调节任务。1922年5月设立直属劳动国防委员会的国内商业调节委员会，1924年5月改组为国内商业人民委员会部，撤销了粮食人民委员部。1924年俄共中央四月全会规定该商业部的任务是：“使国营商业和合作社掌握市场，排挤私人商业资本，首先是私人批发商业资本，对私人资

[1] 见《历史性突破——俄罗斯学者论新经济政策》，第203页。

[2] 《苏联社会主义经济史》，第2卷，第180页。

20世纪20年代莫斯科的苏哈列夫卡市场

本的活动进行积极的监督。”[1]

在批发商业中，国营商业和合作社占据优势地位。托拉斯联合起来的国营工业是市场工业品的主要供应者。1922年为组织工业品的销售和生产企业的原料供应，开始建立由各托拉斯联合起来的辛迪加，以协调各托拉斯的商业和供应工作。此外在一些工业部门出现辛迪加协议，据以划分各协议单位销售成品和采购原料及燃料的地区，确定成品和原料价格、生产规模和产品品种。这些辛迪加在1923年联合了有关部门全部托拉斯的一半以上。14个主要辛迪加销售工业品的商业流转总额，1922—1923年度为4.412亿切尔文，而到1925—1926年度增加到26.216亿切尔文，几乎提高5倍。[2]

股份公司在批发商业中占有一定的地位。建立股份公司的最初目的是吸收本国和外国私人资本。同时也建立纯粹的国营股份公司。1924年10月1日

[1] 《苏联共产党代表大会、代表会议和中央全会决议汇编》，第2分册，第407页。

[2] 《苏联社会主义经济史》，第2卷，第183页。

已经有 82 个股份公司在活动，27 个公司在筹备。开展业务的股份公司有固定资本 1.18 亿卢布，其中国营组织占 86.2%，合作社和社会组织占 1.9%，私人资本占 11.9%。

辛迪加、托拉斯和股份公司执行了第一道的大批发职能，但是由于缺乏广泛的仓库分支网，它们无法把商品送到各地零售网点，尤其是农村。执行这一职能的下一个环节是消费合作社，它们的批发流转额 1922—1923 年度为 3.47 亿切尔文，1925—1926 年达到 30.9 亿切尔文。但合作社的工作存在严重缺点，不能很快适应市场条件，因而削弱了与地方市场的联系。

正因为国营和合作社的商业机构运行不灵活，私商占据了工业品销售的大量阵地。一种形式是经纪业务，私商无需具备大量自有资金，只转卖国营企业的产品，而国营商业组织也需要私人经纪人向各地销售产品并采购原料。最高国民经济委员会的工业组织和商业组织的流转额中，1922 年 1—4 月私人占 22.7%，5—8 月占 35.8%。有的部门，如食盐辛迪加甚至占 47.3%。他们往往获得交易额的 10%—15% 的利润。批发商业中私人企业增长最快的时期是 1922 年中到 1923 年秋这段时间。

政府对私人资本采取的是排挤的方针。1923 年 1 月 2 日，人民委员会法令规定，各国营组织之间的交易禁止私人经纪人参加。排挤措施包括减少或停止对私人的贷款，规定批发商营业执照税的高税率，采用所得财产税累进制，等等。

批发商品流转额[1]

（对总额的 %）

	国营企业	合作社商业	私营商业
1923—1924 年度	49.5	32.0	18.1
1924—1925 年度	52.3	38.6	8.5
1925—1926 年度	49.5	42.6	7.9

[1] 《苏联共产党和苏联政府经济问题决议汇编》，第 1 卷，第 191 页。

这样在 3 年内批发商业中的私营商业减少了一半左右。

新经济政策时期交易所得到恢复，这是一个相当独特的机构，它远离市场，是国家机关的一个组成部分。它执行下述职能：办理买卖行为的手续；进行有关各个商品市场情况、签订契约的价格营业业务报道；制定办理批发业务的商业规章。由国营和合作社企业办理的全部批发交易都经过交易所进行。1924—1925 年度交易所吸收了全部批发商品流转额的 90% 以上。各国营组织是交易所的主要售货者，它们占 1924—1925 年度交易所售卖总额的 86.6%。

在商品流转中处特殊地位的是莫斯科交易所以及其他 70 个国营商品交易所，他们分布在不同地区。1923—1924 年度它们的周转额达 27 亿卢布，超过粮食、农业原料、食品杂货、纺织品、金属和化学商品、燃料、皮革和皮革制品、建材以及某些其他商品的国营商业批发周转的一半以上。大约有 1/7 合作社的批发周转是通过交易所进行的——首先是购买大宗工业品。私商也利用交易所的服务，特别是在采购国营企业产品的时候。

交易所对发展市场起了良好作用，但随着商品流转计划管理的加强，其

新经济政策的繁荣时期。彼得格勒。1924 年

作用逐渐缩小。1927 年大部分商品交易所被撤销，只留下 14 个。此后不久全部关闭。

革命前就非常流行的批发集市，在恢复不同地区之间遭到破坏的商业联系中发挥了良好作用。最大的是下诺夫哥罗德的批发集市。国营商业组织起决定性作用，私人商行的作用较小。批发集市也像交易所一样，只在新经济政策初期得到较为广泛的发展。

与批发商业不同，在零售商业中，私商的零售网点占绝对的优势。1922 年下半年发给私人的商业营业执照共 54.71 万张，其中肩贩商业占 25.9%，售货摊棚占 52.8%，商店只占 21.3%。国营商业有 0.93 万个零售商业企业，合作社商业有 2.26 万个零售商业企业，它们在商店和小铺中占优势。私营商业在整个零售商品流转额中占主要地位，1922—1923 年度它在全国零售商品流转总额中比重为 75.3%。[1] 在以后的 3 年里全国商业网点增长 50% 以上，公有经济的商业网点和私人商业网点都有发展。

私营商业网点主要设在农村，它们为城乡交流和满足广大农民的需求作出了重大贡献。当时商业网点的恢复主要是在城市，农村的网点恢复得十分缓慢。1925—1926 年度农村平均每 1000 多居民有一个零售商业企业，而 1912 年每 550 人就有一个。这样私营商业就大量往农村转移，填补这方面的空缺。1923—1924 年度私人商业在农村有 8.27 万个固定零售企业，占城乡全部私营零售企业的 25.5%，到恢复时期末，农村私营零售企业数增加了将近一倍，达 15.58 万。1925—1926 年度，在私营零售企业总量中农村网点占 36.7%。[2]

到 1926 年，零售商品流转额才接近 1913 年的水平。

与批发商业一样，在零售商业中苏维埃政权也竭力排挤私营商业。经过几年的努力，在全部零售商业流转额中公有经济成分所占比重由 1922—1923 年度的 24.7% 上升到 1926 年的 59.3%，而私营商业则从 75.3% 下降到 40.7%。

[1] 《苏联社会主义经济史》，第 2 卷，第 196—198 页。

[2] 同上书，第 195—197 页。

公有经济成分和私营商业零售商品流转额对比关系 [1]

年度	公有经济成分			私营商业		
	亿卢布	对上年的 %	占全部零售商品流转额的比重	亿卢布	对上年的 %	占全部零售商品流转额的比重
1922 年—1923 年	8.88	—	24.7	26.80	—	75.3
1923 年—1924 年	22.83	259.4	42.3	31.16	116.3	57.7
1924 年	28.53	—	47.2	31.92	—	52.8
1925 年	51.19	179.4	57.0	38.61	121.0	43.0
1926 年	76.08	148.6	59.3	52.15	135.1	40.7

实际上，当时的迫切问题不应是急于排挤农村中的私商，而是在农村继续发展为广大农村居民服务的零售商业网点。1926 年在全国居民总数中农村居民占 82%，而 1925—1926 年度零售商品流转总额中农村只占 25.8%。这就说明，这时候农村需要的是发展国营、合作社和私营的零售网点，发挥各方面的力量和积极性来满足农村居民的需求。

第四节 新经济政策的重大成就——财政金融改革

1920 年市场关系几等于零。货币体系经不起纸币的超大量发行，同市场、批发市场、零售商店以及大量的小店铺一起崩溃。合作社处于休克状态。银行和信贷系统不再发挥职能。食品的定量配给制度不足以保证起码的生活。

新经济政策的实施把恢复商品货币问题提上了日程。

十月革命后，按照传统理论，布尔什维克党把消灭商品货币关系当作向共产主义过渡的一项重大措施。虽然由于客观需要，暂时还需要用大量发行苏维埃纸币来维持国家预算，没有立即消灭货币，不过大家心中都清楚，这些达到天文学数字的纸币本身不具备任何价值，只是为粮食征收打给农民的欠款借条。更有经济学家指望通过发行大量毫无实际价值的纸币使之成为废纸，从而

[1] 《苏联社会主义经济史》，第 2 卷，第 198 页。

达到最终消灭货币的目的。

在讨论用粮食税取代粮食征收制的时候，经济学家普列奥布拉任斯基提出了这个问题，他建议“停止印刷纸币”（作为按照粮食征收制没有收足的补偿），局部实行征税，健全纸币系统，提高卢布的价值，提高用货币支付的工资份额，停止无节制的发行政策。在发言的末尾他建议：“代表大会责成相应的机关立即成立一个委员会，修改我们的金融和拨款政策，使之适应我们已经走入的新的经济条件。”[1]

根据普列奥布拉任斯基的建议，大会通过“关于重新审查财政政策”的决议，“责成中央委员会对我国整个财政政策和工资等级制在原则上进行重新审查，并在苏维埃系统中实行必要的改革。”[2]

1921 年 8 月 9 日人民委员会关于贯彻新经济政策原则的指示发布之后，采取了健全金融的决定性步骤。列宁同普列奥布拉任斯基、副财政人民委员阿尔斯基等人事先讨论了关于健全货币体系、纸币发行和货币改值、恢复外汇、把支出预算折算成黄金并和战前的数字对比，开始改革那种同各方面都不适应的、自发而混乱地膨胀起来的预算以及备用现钞的支用制度。[3]

实行新经济政策之初，布尔什维克仍然坚持消灭货币的方针，企图以实物交换防止使用货币的买卖交易。苏维埃纸币继续起着弥补财政赤字的作用。从十月革命到 1921 年 3 月，苏维埃政府发行了纸币 2 327 586.7 百万卢布。1921 年下半年和 1922 年全年发行新版纸币 1 999 117 289 百万卢布，不过其贬值的速度比军事共产主义时期放慢了一些：货币总量增加 1070 倍，而贬值为 595 倍。据称，“纸币的增加和贬值只是商品货币经济消亡的结果”。[4] 直到 1921 年下半年实物交换失败，不得不用商品买卖来取代“商品交换”（实际上就是实物交换），这才开始设法考虑运用商品货币关系来进行社会主义建设。这样就把消灭财政赤字，实行币制改革问题提上日程。就结果而言，新经济政

---

[1] Десятый съезд РКП(б). Стенографический отчет. Москва, 1963. С.426–428.

[2] 《苏联共产党代表大会、代表会议和中央全会决议汇编》，第 2 分册，第 198 页。

[3] 《列宁全集》，中文第 2 版，第 51 卷，第 538—539、460、485 页。

[4] 《共产国际第二次代表大会宣言》。见贝拉 · 库恩编：《共产国际文件汇编》，第 1 册，中国人民大学编译室译，三联书店 1965 年版，第 207 页。

策初期实施的币制改革是诸项改革中最成功的一项改革，在短短几年时间消灭了达到天文数字的货币发行，消灭了财政预算的赤字，发行了稳定的新卢布切尔文。

国家银行的建立和币制改革

1921 年 9—11 月，《财政人民委员部通报》刊登了一系列为迎接第三次全俄财政厅代表大会和第四次全俄中央执行委员会会议而写的文章和提纲，提出在新经济政策下必须急剧改变财政人民委员部的任务。由于开放自由市场，实行企业经济核算，应当采取稳定货币、建立稳定的货币系统的方针，这对满足小经济的商品流转，对大型社会主义工业核算经济结果，以及对制定按照世界市场的价格用黄金计算整个物资预算都是必要的。

1921 年 4 月提出成立俄联邦国家银行问题。1921 年 10 月 4 日全俄中央执行委员会颁布法令称：为了促进工业、农业和商业的发展，为了使货币周转集中起来并贯彻其他旨在建立正确的货币流通的措施，决定成立国家银行。[1]11 月 16 日俄联邦国家银行成立。国家银行的任务是促进信贷和其他银行业务，发展工业、农业和商业周转，还有集中货币周转以及实施其他旨在建立正常的货币流转的措施。国家银行理事会主席是财政人民委员部部务委员亚·李·舍印曼。

1921 年 10 月 10 日全俄中央执行委员会发布“关于整顿财政的办法”的法令：“根据经济政策的新方针，财政人民委员部在国家机关总体制中应当执行的最重要任务之一，就是要在自己的工作中努力探索尽量增加国库收入的办法，贯彻货币资金支出中的厉行节约原则，尽量减少货币发行，如果有可能即完全停止发行，发展那些应为正确发展国家经济服务的银行业务。”[2]

据副财政人民委员弗拉基米罗夫回忆，1922 年初国家预算的收入靠 3 个来源：发行纸币，实物税和无偿收取国营企业的产品。国家的货币税和收入微

[1] 《苏联共产党和苏联政府经济问题决议汇编》，第 1 卷，第 281 页。

[2] 同上书，第 281—282 页。

不足道，仅 400 万—500 万金卢布，而每月开支为 8 000 万—9 000 万卢布。不仅形式上，而且实质上都不存在统一的国家预算，因为国家对各种收入的支配还没有集中到一个机关手中，而在开支方面，除存在广泛流行的预算外开支的做法，卢布的严重贬值导致未经仔细准备就坚决迅速地削减许多开支。国营工业和商业企业还刚刚开始转向真正的经济核算。无偿划拨它们的产品归国家支配、卢布贬值和信贷不发达、周转资金不足，在各个方面都为经营创造极不健全的环境。没有也不可能有经过深思熟虑的远景工作计划。[1]

为了缩减国家的实际开支，1922 年间政府削减了各人民委员部以及其他机关一半以上的开支，几乎削减了 9/10 的武装力量（同 1920 年相比）。最高国民经济委员会紧急集中工业于技术装备最好的企业，把技术装备不良的企业和小企业租让出去或者出租。同外国企业主和公司签订了第一批租让合同。1922 年底实行经济核算的国营工业托拉斯已经上缴国家纯利润 21 274 百万金卢布。

1921 年 10 月 13 日全俄中央执行委员会第四次例会的决定规定了贷款给国营大工业企业、合作社以及其他机构、私人企业、农户等等的基本原则。同无偿的预算拨款不同，银行信贷是银行同其客户签订的严格的商业合同，客户违反合同要负法律责任。在《俄联邦国家银行条例》中规定，客户如不偿还债务，其抵押物归银行支配，送商品交易所、拍卖行等处出售。

通过一系列严厉措施预算赤字逐季减少：1922 年 7—9 月收入为 142 百万金卢布，而开支为 262 百万金卢布，10—12 月收入为 178 百万金卢布，开支为 209 百万金卢布，1923 年 1—3 月收入为 236 百万金卢布，开支为 243 百万金卢布。[2] 然而，这并没有解决苏维埃纸币的稳定问题，因为商品和服务的价格继续上涨。

为取消数量巨大的纸币，1921 年 11 月 3 日根据人民委员会指令决定发行新版货币。指令称，由于实行新经济政策有必要改组货币流通体系，为居民和工商业周转提供较为正常的经济核算基础和简化货币计算。为此宣布发行 1922 年版的货币，1 个新卢布等于 1 万旧卢布，新旧卢布同时流通。此外，人

---

[1] НЭП: приобретения и потери. Москва, Наука, 1994. С.101.

[2] НЭП: приобретения и потери. С.103.

民委员会决定严格限制1922年按黄金计算的纸币数量。这些措施，保证了卢布汇率的逐步改善。1921年12月28日全俄苏维埃第九次代表大会通过关于经济工作的指令，指示财政人民委员部"全力以赴尽快减少并进而停止发行纸币，恢复以金本位为基础的正常的货币流通。应当坚持不懈、毫不因循拖拉地以税收代替纸币发行"[1]。

1922年3月在俄共第十一次代表大会上经济学家弗·巴·米柳亭指出，国内存在深刻的"金融危机，如果不是更严重的话"。副财政人民委员索柯里尼柯夫作了关于金融政策的报告，详细分析了现状和健全金融状况的任务。他指出多年来致力于消灭货币系统和消灭作为交换工具的货币的军事共产主义政策毫无出路。他在报告中把各种金融经济问题（危机和货币发行，农业状况，经济恢复，发展对外贸易）归结为必须实行货币或者金融改革，包括使用部分黄金保证的货币，大大缩减货币发行，制定正常的交易政策（收支制度，通过税收货币回笼，资金使用，中央和地方政权机关资金的生产性分配，恢复服务收费，工业的赢利和收入，节约资金，利用经济核算和自负盈亏，利用利润和市场关系范畴，外贸收入，等等）。[2]大会通过"关于财政政策"的决议，肯定经济和财政的方针是坚决恢复货币的黄金准备。财政政策的特殊任务是减少然后停止发行纸币。[3]这是党的代表大会第一次，也是最后一次专门讨论金融问题。

一些经济学家、银行问题专家——B.B.塔尔诺夫斯基（革命前任彼得堡的西伯利亚商业银行行长）、H.H.库特列尔（1905—1906年任农业和土地规划大臣）、尼·德·康德拉季耶夫、Л.H.尤罗夫斯基等向财政人民委员格·雅·索柯里尼柯夫提出创立双轨制的货币方案。

币制改革的基本做法是，一方面继续保留由财政人民委员部发行的苏维埃纸币，同时由国家银行发行价值10卢布的银行券切尔文。运行一段时间后，再由财政人民委员部发行小于10卢布的国库券，包括银币和铜币，最后停止苏维埃纸币的流通。实行两种币制并存的办法，是为了用大量发行不断贬值的

[1] 《苏联共产党和苏联政府经济问题决议汇编》，第1卷，第311页。

[2] Одиннадцатый съезд РКП（б）. Стенографический отчет. Москва.1961. С.296–315.

[3] 《苏联共产党代表大会、代表会议和中央全会决议汇编》，第2分册，第166—168页。

币制改革后发行的“切尔文”卢布

苏维埃纸币去弥补财政赤字，同时保持同黄金挂钩的切尔文的稳定，逐步用切尔文取代苏维埃纸币。

1922 年 10 月 11 日人民委员会决定授权国家银行发行银行券，即切尔文，用黄金和外汇保证，法定 1 切尔文兑换 7.742 克黄金。可以用切尔文按照稳定的汇率自由兑换美元、英镑以及其他外币。1922 年 11 月 27 日开始发行。在一年半时间里切尔文同苏维埃纸币并存。

1923 年 1 月 9 日财政人民委员会的工作报告中指出：银行券(切尔文)“……在交易所的开价几乎同英国的英镑处于同样的水平……它很快就会在国家的经济中占重大的地位，其基本任务是促进经济的发展。因此政府坚决决定无论如何不能把银行券用于预算目的，用来弥补预算赤字”。[1]

1923 年 2 月 15 日财政人民委员部部务委员会确定并通过人民委员会实施关于外汇业务的法令，除在国外的企业，禁止以外汇支付，同时禁止以沙皇时期铸造的金币支付。这些措施是防止影响银行券（切尔文）的信誉。

1923 年 2 月 1 日国家银行发行 193 万切尔文（1930 万金卢布），以信贷

---

[1] ЦПА ИМЛ. Ф.17.Оп.84.Д.438.Л.194. 引自 НЭП: приобретения и потери. Москва, Наука, 1994. С.104–105.

的形式供托拉斯和辛迪加恢复国营工业的固定资本和周转资本之用。国营工业利用新货币按照金卢布来计算价格以及其他生产因素。为了把切尔文推广到国内商品周转，财政人民委员部责成国家银行确定切尔文对苏维埃纸币的牌价，每日公布。但国家银行不进行苏维埃纸币兑换切尔文的业务，以保持两种货币同时并存。银行也不进行切尔文兑换黄金的业务，虽然切尔文上面标有含金量。

1924 年 1 月财政人民委员部部务委员会给俄共中央的报告中说：

> （苏维埃纸币的）发行于 2 月中旬结束。发行新的国库券用于预算和切尔文的兑换（按 1 切尔文兑换 10 卢布国库券的比率）。国库券的发行起初完全，以后主要通过信贷机构。先发行 5 卢布面额的，然后是 3 卢布的，最后为 1 卢布的。接着，国库券再发行银币：高成色的 1 卢布和 50 戈比，低成色的 20、15、10 戈比。提供的白银数量应当满足银币流通的需要，发挥的作用不小于战前，即达到全部货币流通量的 12%—15%。银币的这种发行量目的应是加强对货币改革的信任。
>
> ……除增加收入外，还应采取一切措施务必不要扩大国家和地方机关的开支，因为坚决实行货币改革是经济和政治形势的逼迫所致，而货币改革成功取决于是否把预算赤字保持在预定的年度预算数字之内，只要稍微突破这个赤字框架我们健全货币体系的尝试就会破产。[1]

财政人民委员部制定的完成货币改革的计划得到 1924 年 1 月 14—15 日召开的俄共中央全会的批准。

货币的发行量降低到商业流通所必须的限度。1924 年 2 月切尔文的发行量为 2 730 万卢布，3 月为 760 万卢布，4 月为 690 万卢布。[2]

用切尔文更换苏维埃纸币的工作在 1924 年 2—3 月完成，但决定性步骤是在 1923 年完成的，那时切尔文已经几乎占货币流通的 70%，苏维埃纸币仅占 19.1%，中央金库的债券占 11.1%。1924 年 1 月 1 日流通中的苏维埃纸币总

---

[1] ЦПА ИМЛ. Ф.17.Оп.84.Д.659.Л.54–55. 引自 НЭП: приобретения и потери. С.108.

[2] ЦПА ИМЛ. Ф.17.Оп.84.Д.660.Л.115. 引自 НЭП: приобретения и потери. С.109.

共只有 5 800 万卢布，而银行券已经达到 2.8 亿卢布。因此，4/5 的货币周转立足于稳定的货币，只有 1/5 是不稳定的货币。

1924 年 2 月 14 日中央执行委员会和人民委员会决定，完全停止苏维埃纸币的发行。从 2 月 11 日起开始发行各种面额的卢布纸币，从 7 月 1 日起完全停止使用旧苏维埃纸币。

3 月 7 日人民委员会规定切尔文的牌价：新版国库券 1 卢布等于 1923 年版卢布 5 万或者 1921 年版卢布 5 000 万。苏维埃纸币按照此牌价兑换新的国库券。据财政人民委员部的资料，1924 年 8 月苏联的货币流通情况如下：

> 3 月 1 日到 8 月 21 日，即从货币改革开始的这段期间，货币的总量从 35 700 万卢布增加到 56 630 万卢布，即增加 60%。在新货币总量中，国库券 18 110 万卢布，流通券（боны）2 180 万卢布，银币 4 140 万卢布，铜币 28.5 万卢布。也就是说，银行券和国库券的比例 4 月 4 日为 74∶26，8 月 2 日为 57∶43，此外在上述 24 400 万卢布中按预算发行的占 1/3，其余占 2/3。尽管投入流通的货币量有很大增长（主要靠发行新的国库券），我国货币的购买力仍相当稳定，无论是对外汇，还是就国内市场的购买力而言都是如此。[1]

全苏第二次苏维埃代表大会的决议中指出，“货币流通系统已近乎健全”，切尔文已经获得国家“基本货币”的地位。

整个说来，1922—1924 年的金融改革高速运行，取得辉煌成就，不仅恢复和整顿了货币流通，消除了金融经济中的混乱状态，而且停止了货币的大量发行，为制定 1923—1924 年正常的力所能及的预算创造了条件，恢复和整顿了税收制度，促进了在新经济政策基础上国民经济各主要部门（大工业、交通运输、银行信贷）运行机制的改造。由于货币改革的卓越成就，在俄共第十三次代表大会上甚至有人建议给主持此项工作的财政人民委员索柯里尼柯夫和领导这一工作的中央委员会建立纪念碑。[2]

---

[1] ЦПА ИМЛ. Ф.17.Оп.84.Д.659.Л.217. 引自 НЭП: приобретения и потери. С.110.

[2] 《俄共（布）第十三次代表大会（速记记录）》人民出版社 1987 年版，第 189 页。1926 年 1 月 16 日索柯里尼柯夫因参加“新反对派”被解除财政人民委员职务，接替者是听话的尼・巴・布留哈诺夫。

银行系统的建立和发展

1921年10月国家银行开业。除了建立稳定的货币流通系统这一主要任务，还交给它一项任务——给国营工业、合作社、农业以及私人企业提供贷款。起初它从预算中得到所需的货币——苏维埃纸币。虽然名义上是几百兆卢布，实际上一钱不值。因此，至少到1922年秋发行切尔文以前，国家银行没有能够给予国营以及其他组织以任何贷款。

从1922年1月起开始组织信贷和贷款及储蓄协作社。1922年2月在国家银行的帮助下，成立作为股份公司的消费合作银行。1922年10月以股份公司的形式成立工商银行，其业务范围仅次于国家银行。1926年10月1日工商银行有86个分行，资金184百万卢布。与此同时，还成立较小的“电气信贷”股份公司，给农村的电气化提供信贷和拨款。1924年改组为电气银行，其职能扩大到全国。

中央和各共和国农业银行承担恢复和发展农业的任务。这是1923年在股份制的基础上成立的。国家给予农业信贷系统以各种优待，其中包括税收和社会保障扣款，而农业信贷系统也力求给予农民以低息贷款。

开展外贸业务要求成立专门的银行。1922年为吸收瑞士资本成立专门的商业银行。1924年改组为国家对外贸易银行。

1923年准许省执委会成立地方公用事业银行。其主要任务是支持城市经济的恢复，新的城市建设，包括住宅建设，给予地方国营、合作和私人企业贷款。这种银行的数量飞速增长，1923年10月1日共10个，3年后有45个以及112个支行。

私人资本有权利用所有国家银行和合作银行的服务。此外，1922年还允许成立小型的私人银行，名为互助信贷社。

这样，在短期内苏联建立了一个有效的国营、合作和私人信贷机构，成为新的经济机制中的重要环节，有利于相对稳定的商品、货币和资本的流通。起领导作用的是苏联国家银行，低一级的是6个全国性的银行：中央农业银行、工商银行、全俄合作银行、对外贸易银行、电气化银行、中央公用事业和住宅建设银行。然后是共和国和区域一级的银行：莫斯科市银行、远东银行、中亚银行、俄罗斯、乌克兰、白俄罗斯和外高加索农业银行以及其他银行，1926

年总计 18 个银行。最基层的是地方信贷机构：公用事业银行、农业信贷社、信贷互助社、市抵押银行和储蓄所。1926 年共有 12 400 个大中小信贷机构(不计支行和分行)。

银行系统的恢复有一个特点，它是在国家货币的购买力急剧下降的情况下进行的（到 1923 年中）。然后是两种币制（苏维埃纸币和切尔文）同时使用，直到 1924—1927 年才有统一的稳定的货币——切尔文。

国家预算和赤字的消除

国家的预算体系迅速恢复并得到巩固，这首先是因为收入的来源扩大了：工农业发展、交通运输和商业发展。20 世纪 20 年代中期，预算已经发挥调节和刺激各行业的积极作用。1925 年 5 月财政人民委员索柯里尼柯夫声明："目前的全国预算实际上已经非常接近于战前国家预算的规模。"

财政人民委员格·雅·索柯里尼柯夫

1918 年春曾提出两个相互联系的任务：使用金卢布和编制战前卢布的平衡预算。为此人民银行利用经过稍作修改的旧版在专门的纸张上印制更新的纸币，面值 1 000 到 3 000 卢布，上面有银行行长皮达可夫签字的声明："钞票可以不限数量地兑换金币，以国家全部财富作保证"。国内战争爆发不仅解除了国家承担的义务，而且摧毁了货币、信贷、预算体系。主要是因为政府无法平衡收支，出现长期的预算赤字。

国家预算赤字（%）[1]

1918 年	1919 年	1920 年	1921 年
66.6	77.3	86.9	84.1

赤字如果不及时解决，国家的整个管理系统迟早会崩溃。解救的办法就是尽快增加收入，办法不外乎三种：国内外借款、增加税收、发行纸币（这实际上是向全体居民征收的大量间接税）。苏俄拒绝了向国外借款。1922—1926 年间发行了 16 次国内公债：两次粮食、糖、黄金公债，两次农民公债，数次国内和有奖公债，经济恢复公债，交通人民委员部的交通公债，财政人民委员部的债券。1922 年的第一次粮食公债发行 250 万切尔文卢布。到 1923 年 10 月 1 日国家公债增至 1.18 亿卢布。1927 年 7 月 1 日还有国债 8.65 亿切尔文卢布。

国内国债在恢复预算平衡中发挥了明显的作用，但不是决定性的作用。由于直接税的征收直到 1922 年才开始，预算中的日常开支负担就落在纸币的发行上。

纸卢布发行的实际价值[2]

（百万战前卢布）

1916 年	1917 年	1918 年	1919 年	1920 年	1921 年
1631	2767	468	204	103	128

就纸币的购买力而论，苏维埃政府发行的纸币的价值要比沙皇和临时政府发行的小好多。作为预算收入的来源之一的纸币发行所起的实际作用很小，不得不去寻找其他的解决财政问题的出路。

1921 年中期试图编制下年度的平衡的预算（按战前卢布）。但平衡预算方案在实施的第一个月已经必须修改，因为收支平衡仅仅停留在纸面上。到

[1] *Белоусов Р.* Экономическая история России XX век. Книга Ⅱ . С.363.

[2] *Белоусов Р.* Экономическая история России XX век. Книга Ⅱ . С.364.

1922 年赤字达 2.3 亿战前卢布，只能用大量发行纸币来弥补亏空。

1922 年情况照旧，仅略有改善。国家的财政计划每月制定。财政人民委员索柯里尼夫这样描述 1923 年的 11 月预算：预算为 1.9 亿切尔文卢布（化为整数）。这比去年 11 月的预算多一倍以上。预算内部情况大体如下：2/3 的预算靠税收和收入填补。1/3 是赤字。我们主要靠信贷措施弥补。这里包括发行黄金公债、交通公债券、砂糖公债、停止粮食公债的兑现。配售黄金公债提供了 7 500 万金卢布。因此从配售此债券所得不多。发行纸币弥补了 1 500 万金卢布的赤字。实际上我们的赤字太大，我们怎么也无法认为这是健全的预算。

在预算赤字方面实行了一项重大改革——限制发行用于弥补预算赤字的纸币，规定最高限额为月 1 500 万金卢布（切尔文）。改革于 1923 年 5 月实施。直到 1924—1925 年预算才得以平衡。

20 年代中期苏联的国家预算 [1]

（百万切尔文卢布）

	1924—1925 年	1925—1926 年	1926—1927 年	1927—1928 年
收入	2812.2	3851.2	5152.6	6666.1
比上年增长，%	154.0	136.9	133.8	124.7
开支	1657.7	2277.1	3213.0	4347.5
比上年增加，%	151.6	137.4	141.1	135.3

在极短的时间内建立无赤字的国家预算，这是新经济政策最大成就之一。这样，国家就获得了强大的财政手段去解决大量经济问题。

税收体制的改革

在完成货币改革的同时也完成了税收体制的改革：起初用混合税，然后用货币税取代实物农业税。

[1] *Белоусов Р.* Экономическая история России XX век. Книга Ⅱ . С.365.

重建税收系统。1921 年春彻底摧毁了税收系统，而秋天又在货币支付能力大大下降的条件下重建税收系统。先是对私人商业和手工业征收营业税，在大的商业中心它由两部分组成：营业执照税和平均征收的赋税。平均税按照流通额的 3% 征收，它取决于商业和经营的具体结果。1923 年，国营和合作企业也必须交纳营业税，但有优惠。

1923 年实施的所得—财产税考虑到收入和价格的增加，税率随币值下降而变动，有累进的性质。半年收入在 8 000 卢布以上者，税率提高到 25%。1924 年底，改组为所得税，保持累进性质。

同时还形成间接税体系。1921 年实行葡萄酒和果酒的消费税。1922 年消费税包括烟草、食盐、汽油、火柴、啤酒、茶叶、咖啡、糖以及其他商品。1923—1924 年以及以后年代，消费税已经成为国家财政的基本来源之一。

粮食税在 20 世纪 20 年代上半期在财政收入和增长速度上占主导地位，其次是农业税，处第三位的是所得税。

为了平衡国家预算，放弃大量发行纸币的做法，一项重要的措施是整顿支出部分。1. 大量削减行政管理费用和军费。2. 通过把工业企业转为商业核算和建立独立的地方预算，减轻中央预算的负担。

到 1926—1927 年，苏联稳定和平衡了流通领域：稳定的卢布和信贷系统，平衡的预算，价格稳定的商业。

国内外借款问题

在热那亚会议和海牙会议，1924 年同英国政府的谈判，1925—1927 年同法国政府的谈判，苏维埃政权获取贷款的尝试都遭到失败。主要原因是布尔什维克的立场，他们在沙皇和临时政府的债务问题上拒绝做任何妥协，因此获取长期贷款越来越不现实。不过苏维埃政权有可能相当广泛地利用短期的工业和商业贷款（有时长达 3—5 年）——1926 年从德国，1927 年从英国，1923—1928 年从挪威都获得过这种贷款。但这些短期信贷存在根本性的缺陷——高利息，并且不是货币性质，而是公司的商品，无法取代大笔的国家贷款。克拉辛在 1926 年 10 月 1 日指出，只有 15—20 年的长期的国家贷款才有可能建设新的工厂，才能完全归还国外的资金和利息。

苏联政府及其财政经济机关考虑了当时形成的局势，转而指靠国内信贷。

从 20 世纪 20 年代中期起，金融信贷封锁(指西方不提供借款和长期信贷)已成为现实。因此 1925 年夏报刊上出现通栏“反对金融封锁——金融自卫”。正是这时候形成利用国内信贷的路线。

国内发行各种公债是从 1922 年开始的，基本上是短期的，不断地被新的所替代，起初甚至是实物的，后来才变成货币的。然而其发行方式（居民中的殷实群体或者国家经济机关）、支付的期限、信贷的价值都不能使当局完全满意。随着国民经济的发展和劳动者物质状况的某些改善，国债的数量和期限有了增加，广大群众成了它们的支柱。这方面的转折是 1927 年发行的第一期工业化债券（2 亿卢布）和加强农业债券（1.35 亿卢布），期限都为 10 年；第二期工业化统一债券（5 亿卢布），发行对象为城乡居民，期限为 10 年。

由于发行国内债券，1925 年 10 月 1 日国债的总数为 36 730 万卢布，1926 年 10 月 1 日为 41 770 万卢布，1927 年 10 月 1 日为 74 270 万卢布，1928 年 10 月 1 日超过 10 亿，为 129 880 卢布。拥有债券的人从 1925 年的几十万人增加到 1928 年的 1 000 万人。1927—1928 年度国内公债几乎提供苏联预算收入的 10%。

据财政人民委员布留哈诺夫统计，在 5 年多极其不利的条件下通过 19 次发行公债从居民手中获得 22.2 亿卢布。购买国内公债者多数为工人和职员，还发行过专门的农民公债。

1927 年 11 月 5 日斯大林在和外国代表团的谈话中说：“最近两年来，我们没有外援，没有借任何外债而从自己的积累中拿出了 20 多亿卢布投入工业。”[1]

[1] 《斯大林全集》，第 10 卷，第 194 页。

第三章　列宁的探索和思考

新经济政策本身并不是按照预先设想好的方案实施的，其措施是陆续出台并不断完善的。后来大家非常熟悉的"新经济政策"一词，也不是俄共十大实行粮食税时就有的，而是实施几个月之后才出现和流行开来的。对实行新经济政策和新经济政策本身，列宁的认识也有一个过程。

第一节　新经济政策——从被迫到自觉

如前所述，俄共实行新经济政策起初完全是被迫的。采取新经济政策的主要动因，是广大群众对军事共产主义，特别是对粮食征收制的严重不满，这种不满最后演变成为遍及全国的农民暴动。1921 年 3 月 1 日，列宁在给奥新斯基的信中转述农民伊·阿·切库诺夫的话说，农民对苏维埃政权失去了信任，只有改用收税的方法才能挽回。[1] 在俄共第十次代表大会上，列宁承认苏维埃政权遭受了成立以来最严重的政治和经济危机。在 1921 年 6—7 月召开的共产国际第三次大会上列宁公开承认："农民的骚乱来势很猛，工人中间也有不满情绪。他们已经筋疲力尽了。人的精力毕竟是有限的啊。他们已经饿了三年肚子，但不能四年五年地饿下去。"[2]

在这种情况下，要保存苏维埃政权就只有向农民让步，取消引发农民反抗的粮食征收制，改行粮食税，"同农民妥协以拯救无产阶级政权"[3]。列宁把问题提到这样的高度："推翻政权？还是寻求同他们的妥协？"[4] 他用一句话概括了当时的形势："1921 年春天的经济转化为政治：'喀琅施塔得事件'。"[5] 布哈林把俄共十大的决定叫做"农民的布列斯特"。

与此同时，列宁也告诉广大农民必须做出选择："或者选择布尔什维克政权，那时我们可以在保住政权的前提下做出一切可能的让步，然后领导他们走

[1] 《列宁全集》，中文第 2 版，第 50 卷，第 148 页。

[2] 同上书，第 42 卷，第 54 页。

[3] 同上书，第 217 页。

[4] 同上书，第 380 页。

[5] 同上书，第 383 页。

向社会主义；或者选择资产阶级政权。”[1]

正因为如此，才有退却、停止退却、转入进攻的问题。这种认识在1921—1922年几乎一直持续存在。

列宁直到写作《论合作社》的时候，才对新经济政策做出崭新的评价，把新经济政策看作是建设社会主义的方法或者说通过新经政策找到了建设社会主义的方法。这是后话。

第二节　对军事共产主义的反思

在农民暴动威胁下改行粮食税政策，在危机时刻通过这一措施是比较容易的，列宁一再声称，实行新经政策是一致通过的，没有任何分歧。但是应当看到，三年的军事共产主义实践给各级干部留下深刻的烙印，通过军事共产主义他们学会了组织政权、保卫政权、行使权力、统治国家。因此要在实践上让各级干部，首先是中央干部摒弃旧的政策，全力贯彻新的政策，仅仅有党代表大会的决议还是不够的，必须让他们真正认识到新经济政策的必要性和合理性。1921年10月29日，列宁在莫斯科省第七次党代表会议上指出：“我认为目前的情况是：我们党内有很多人对新经济政策还不那么清楚；我们如果对过去的经济政策的错误没有明确的认识，就不能顺利完成自己的任务，即给新经济政策打基础并最终确定新经济政策的方向。”[2]

新经济政策之所以能够一致通过，列宁本人的威望起了重要作用。《工商报》副主编瓦列廷诺夫写道：

> 他从阿·伊·斯维杰尔斯基（粮食人民委员部部务委员，后来任副农业人民委员）那里听说，党内很少有人支持列宁。“完全同意他的也许只有克拉辛和瞿鲁巴；其他人或者沉默，或者顶牛。在一次会议上（斯维杰尔斯基没有说明是哪次会议，我也没有问），列宁说：‘当我看着你们的眼睛时，你们全体似乎同意我，说是，而我一转身，你们就说不。’你们同我捉迷藏。在这种情况下，请允许我同

[1] 《列宁全集》，中文第2版，第42卷，第55页。

[2] 同上书，第217页。

你们玩一种通行的议会游戏。如果议会对政府首脑表示不信任，他就辞职。在签订布列斯特和约的时候，你们对我表示不信任，虽然现在连傻瓜都懂得我的政策是正确的。现在你们在新经济政策问题上又对我表示不信任。为此我采取通行的议会做法，向两个最高机构——全俄中央执行委员会和全会提交辞呈。不担任人民委员会主席和政治局委员，成为在《真理报》和其他苏维埃出版物上写作的普通政论家。”

他用拳头敲着桌子喊道，对那些怎么也不愿意摆脱地下工作的心理状态的人，幼稚地不懂得不实行新经济政策就必然要同农民决裂的人，他已经厌倦了同他们争论。列宁辞职的威胁吓倒了所有的人，立即摧毁了许多人表示的反对意见。例如坚决反对列宁的布哈林，在24分钟内由反对者变成了新经济政策的狂热捍卫者。[1]

实际上列宁本人也有一个认识过程。这首先需要清算军事共产主义。

1921年4月21日，在《论粮食税》中列宁首次把以前实行的以粮食征收制为核心的政策叫做“军事共产主义”。他说，当时实行的特殊的“军事共产主义”就是：我们实际上从农民手里拿来了全部余粮，甚至有时不仅是余粮，而是农民的一部分必须的粮食，其中大部分，我们是借来的，付的都是纸币。这种做法保证了军队和城市的需要，所以应当说，实行“军事共产主义”是一种功劳。[2] 但是，列宁随即警告说，必须知道这个功劳的真正限度。“军事共产主义”是战争和经济破坏迫使我们实行的……它是一种临时的办法。在小农国家内实行本阶级专政的无产阶级，其正确政策是要用农民所必须的工业品去换取粮食。[3]

起初列宁比较强调客观因素在实施军事共产主义中的作用，但是经过一段时间的认真反思，列宁开始检查自己当时的真实想法。1921年10月14日他在《十月革命四周年》一文中承认：

---

[1] *Н.Волентинов(Вольский).* Новая экономическая политика и кризис партии после смерти Ленина. Stanford.Caltfornia.1971. C.31. 这段话后来戈尔巴乔夫公开引用过。

[2] 《列宁全集》，中文第2版，第41卷，第208—209页。

[3] 同上书，第209页。

我们计划（说我们计划欠周地设想也许较为确切）用无产阶级国家直接下命令的办法在一个小农国家里按共产主义原则来调整国家的产品生产和分配。现实生活说明我们错了。为了**作好**向共产主义过渡的**准备**（通过多年的工作来准备），需要经过国家资本主义和社会主义这些过渡阶段。不能直接凭热情，而要借助于伟大革命所产生的热情，靠个人利益，靠同个人利益的结合，靠经济核算，在这个小农国家里建立起牢固的桥梁，通过国家资本主义走向社会主义；否则你们就不能到达共产主义，否则你们就不能把千百万人引导到共产主义。[1]

1921 年 10 月 17 日列宁在《新经济政策和政治教育委员会的任务》中说：

我们先前的经济政策，如果不能说计划过（在当时的情况下，我们一般很少进行计划），那么在一定程度上也曾设想过（可以说是缺乏计划地设想），旧的俄国经济将直接过渡到国家按共产主义原则进行生产和分配。[2]

我们犯了错误：决定直接过渡到共产主义的生产和分配。当时我们认定，农民将遵照粮食征收制交出我们所需数量的粮食，我们则把这些粮食分配给各个工厂，这样，我们就是实行共产主义的生产和分配了。不能说我们就是这么明确具体地给自己描绘了这样的计划，但是我们差不多就是根据这种精神行事的。不幸这是事实。[3]

列宁说，从 1917 年底到 1918 年初的各种声明可以发现：

在估计可能的发展道路时，我们多半（我甚至不记得有什么例外）都是从直接过渡到社会主义建设这种设想出发的，这种设想也许不是每次都公开讲出，但始终是心照不宣的。我特意重新翻阅了过去写的东西，例如 1918 年三四月间所写的关于我国革命在社会主义建设方面的任务的文章，我确信当时我们真的有过这

[1] 《列宁全集》，中文第 2 版，第 42 卷，第 176 页。

[2] 同上书，第 181 页。

[3] 同上书，第 182 页。

样的设想。[1]

我们设想，既然实行了国家生产和国家分配的制度，我们也就直接进入了一种与以前不同的生产和分配的经济制度……我们将建立起国家的生产和分配，逐步夺回敌对制度在这两个领域中的阵地。[2]

起初列宁在论证新经济政策时比较强调它同1918年春实行的政策的继承性，后来斯大林更是强调新经济政策的基本原则早在1918年春已经确定，并没有什么新东西。实际上，1921年春实行的政策同1918年春实行的政策有根本的区别，这就是1921年引进了市场概念。所以列宁说，“当时（1918年）根本没有提出我们的经济同市场、同商业的关系问题。”[3]正是这一点，使新经济政策在社会主义理论史上具有开创性意义。

后来布哈林在阐述新经济政策的意义时强调的正是这一点。他说：“据我看来，新经济政策的决定性因素是存在市场关系——在这种那种程度上。这是最重要的标准，它规定了新经济政策的实质。”市场关系是一定种类生产即商品生产的另一面，没有商品的商品生产和没有市场的商品生产都是不可想象的。“如果我们搞商品生产，那么完全可以理解，最重要的就是市场关系”。[4]

正因为军事共产主义有深刻的思想基础，所以要根除它的影响是一件非常困难的事。不仅在广大干部中间，就是党政领导人也对军事共产主义恋恋不舍，而对“恢复资本主义”的新经济政策持有抵触情绪。这成了列宁逝世后党内斗争的重要内容。

第三节　从“产品交换”到“商品买卖”

把新经济政策的实质归结为商品市场关系的运用，这是认识上的一大跃

[1] 《列宁全集》，中文第2版，第42卷，第220页。

[2] 同上书，第221页。

[3] 同上。

[4] 中央编译局国际共运史研究室编：《布哈林文选》，下册，人民出版社1983年版，第392页。

进。在此前的有关论述中，往往就事论事地只谈论进攻退却和妥协让步、直接过渡和迂回进攻，等等。

到底应当如何看待商品交换和贸易自由问题，有一个探索的过程。按照传统观点，社会主义应当消灭商品货币和市场关系，否则就会在商品货币基础上恢复和发展资本主义关系。十月革命后，列宁在相当长的一段时间里把“贸易自由”看作是“资本主义的自由”，看作是孟什维克和社会革命党人的主张。

国家资本主义

从十月革命时起，列宁承认的是国家资本主义。列宁一直认为俄国经济落后，小生产占压倒的优势，以农民为代表的小生产不断地产生资本主义，这是社会主义的大敌。为解决这一问题，列宁主张发展国家资本主义，以对付小生产。布哈林认为，1921 年实行新经济政策之后，列宁有两个战略计划：起初，试图通过被看作国家资本主义的合作社把农民组织起来，但是收效甚微，后来才采用“做买卖”的合作社去吸引农民，引导农民走社会主义道路。

列宁提出的国家资本主义，是一个前无古人的提法，遭到布哈林、叶·阿·普列奥布拉任斯基等党内著名经济学家的激烈反对，他们认为在一个无产阶级专政的国家不可能存在国家资本主义，逻辑上理论上都说不通。普列奥布拉任斯基在党的第十一次代表大会发言中反对列宁使用“国家资本主义”一词。他说：

由于我们处在非常独特的制度之下，在这里我们拥有无产阶级专政，掌握了国家政权和大工业，但同时又在市场的基础上开展我们的全部经济活动，一方面存在市场，通过市场调节经济，另一方面存在国家计划委员会，还有国家银行，它试图也应当对市场和经济过程发挥调节作用，因此摆在我们面前的是某些社会主义关系和(在更大程度上)商品资本主义关系的非常复杂的结合。怎么称呼这种独特的从来没有过的经济制度呢？把它叫作国家资本主义，这是使用完全属于另一种概念的术语。列宁同志说，我们这里在书本上写过资本主义下的国家资本主义，而我们现有的是共产主义下的资本主义，这当然是“失言”，但无论如何，我们现有的是全新的特殊构成物，属于另一种社会制度的术语是不适用于它的，因此应予抛弃。

普列奥布拉任斯基建议就这一问题开展全党争论。[1]

列宁认为这是白白浪费时间。列宁本人也承认，“没有一本书写到过共产主义制度下的国家资本主义。连马克思也没有想到要就这个问题写下只言片语，他们没有留下任何明确的可供引用的文字和无可反驳的指示就去世了”。[2]

列宁为什么看中了这种资本主义呢？这是因为他看到，小生产由于分散和人数众多，是无法控制和掌握的经济成分，其自发势力不断地产生资本主义。而国家资本主义不同，这样的资本主义完全在“我们”的控制之中，可以纳入国家的计划之中，不存在对无产阶级政权的威胁。1922 年 3 月他在俄共（布）中央委员会政治报告中说：

当我们说到“国家”的时候，这国家就是我们，就是无产阶级，就是工人阶级的先锋队。国家资本主义，就是我们能够加以限制、能够规定其范围的资本主义，这种资本主义是同国家联系着的，而国家就是工人，就是工人的先进部分，就是先锋队，就是我们。[3]

国家资本主义，这是一种非常意外的、谁都绝对预见不到的资本主义，因为谁也无法预见到，无产阶级竟会在一个属于最不发达之列的国家中取得政权；它起初试图为农民组织大规模的生产和分配，后来由于文化条件所限无力完成这个任务，不得不采用资本主义。这一切是从来没有预见到的，但这却是无可争辩的。[4]

当时列宁指望农民通过作为国家资本主义的合作社同国营工业部门进行产品交换，从而避免自由贸易的出现和泛滥。不过，用作为国家资本主义的合作社去改造农民并没有取得成功。作为国家资本主义主要形式的租让制没有像预期的那样得到发展。

---

[1] Одиннадцатый съезд РКП（б）. Стенографический отчет. Москва.1961. С.82—83.《列宁全集》，中文第 2 版，第 43 卷，第 114、505 页。

[2] 《列宁全集》，中文第 2 版，第 43 卷，第 83 页。

[3] 同上书，第 84 页。

[4] 同上书，第 114—115 页。

商品交换

1920年11月30日列宁致谢·叶·丘茨卡耶夫的信中写道："从货币向不用货币的产品交换过渡，是毫无疑义的。为使这一过渡胜利完成，应当实现**产品交换**（不是**商品交换**）。"[1]

在实行新经济政策之初有一个重大的理论问题或者说观念问题没有得到解决，这就是本来意义上的商品交换问题。实施粮食税之后，在列宁的著作和官方文献中反复出现"交换"、"周转"甚至"商品交换"的提法，但是其真实含义不是商品买卖，而是实物交换。列宁那时还把"贸易自由"看作是"反革命"的口号，"复辟资本主义"的口号。所以起初设想的"商品交换"实际上并不是做买卖的商业的合法化，还是停留在"产品交换"上。他曾这样解释过："必须特别重视商品交换问题（包括产品交换在内，因为用来交换农民粮食的国家产品，即社会主义工厂的产品，已经不是政治经济学意义上的商品，决不单纯是商品，已不是商品，已不再是商品）。"[2]

列扎瓦（1918—1920年任中央消费合作总社主任，1920—1925年任副对外贸易人民委员）回忆说，党的第十次代表大会之前，有一天晚上列宁把他叫去谈用粮食税代替粮食征收制问题。列宁问他怎样设想废除粮食征收制后的商品交换，合作社组织将拥有哪些手段去同私人中间商作斗争，合作社将如何供应现在的商品储备并用它去换取农产品。在这次谈话中列扎瓦曾数次故意使用"商业"一词，很想知道列宁对这一用语的态度，但列宁始终没有任何回应，所以在离开的时候列扎瓦仍然不清楚，列宁这时候是否设想过正在筹划中的商业形式的商品交换，或者真的想搞"地方周转范围内的实物交换"。只是在党的第十次代表大会后不久，在列宁参加下讨论加米涅夫委员会关于商品周转的法令报告时（这是最早的一批法令之一），由于列宁的积极支持，列扎瓦得以加进"商业"一词，也就是说，"商业"的用语获得了合法地位。[3]

---

[1] 《列宁全集》，中文第2版，第50卷，第35—36页。

[2] 同上书，第41卷，第268页。

[3] Ленинский сборник. М.-Л., 1925. Т.4. С.380–386.

实施新经济政策后，鉴于农民一旦拥有余粮必然会把它投入市场，进行交换，列宁认为商品交换必然导致资本主义，因而竭力设法把交换限制在产品交换，地方经济流转的范围之内，并且进行的是实物交换，而不是本来意义上的商品买卖，虽然用的是"商品交换"这个词。列宁的设想是把产品交换当作征税后收集粮食的主要手段，不通过货币用工业品去直接换取农产品；另一方面，在地方范围内允许农民进行农产品的交换。用布哈林的说法，这是"地方流转中的自由贸易制度"，它是一种寿命极短的"经济的蜉蝣"，是通向正常的无产阶级经济政策的一小步。但是人为的限制是行不通的。"地方流转根本没有守住自己的地方性的范围之内，它冲出去了"，结果出现了多少遍及全国的商品流转。也就是说，先开放一半，实行地方性的商品流转，然后再开放一半，这样"就有了新经济政策"。[1]

1921 年 8 月 9 日人民委员会关于贯彻新经济政策原则的指令中说："应当采取措施发展国营的和合作社的商品交换，而且不应当只限于地方流转范围，在可能和有利的地方应当转为货币交换形式。"[2]

这是观念的重大转变。从当时俄国国情和实际需要出发，列宁认为"不必害怕资本主义的某些滋长"[3]。1921 年 4 月 21 日，《论粮食税》中说：我们现在还常常爱这样的议论："资本主义是祸害，社会主义是幸福。"但这种议论是不正确的，因为他忘记了现存的各种社会经济结构的综合，而只从中抽出了两种结构来看。"同社会主义比较，资本主义是祸害。但同中世纪制度、同小生产、同小生产者涣散性引起的官僚主义比较，资本主义则是幸福。"[4]因此，要用一切办法坚决发展流转，不要害怕资本主义，因为在我国（经济上剥夺了地主和资产阶级，政治上有工农政权）给予资本主义活动的范围，是相当狭小而"适度"的。[5] 谁能在这方面取得最大的成绩，即使是用私人资本主义的办法……那他给全俄社会主义事业带来的益处，也比那些只是"关心"共产主义

---

[1] 《布哈林文选》，上册，第 355—356 页。

[2] 《苏联共产党和苏联政府经济问题决议汇编》，第 1 卷，第 270 页。

[3] 《列宁全集》，中文第 2 版，第 41 卷，第 263 页。

[4] 同上书，第 217 页。

[5] 同上书，第 219 页。

纯洁性……而实际上却不去推动流转的人，更多得多。[1]

应当说，这是对资本主义作用认识的一种突破——从具体的历史条件出发，从俄国的现实需要出发，辩证地估计资本主义的作用，而不是一概予以否定。当然，把贸易自由等同于资本主义的自由，这种看法并不符合实际，只是表现了当时认识上的局限性。要彻底解决这一认识问题，还需要半个多世纪的时间!

经济的发展有其不以人的意志为转移的规律，既然允许农民纳税以后拥有剩余农产品，他们就应当拥有自行处理这些产品的权利，有出售和用它交换所需产品的权利，要想人为地把他们的活动限制在地方的范围之内，限制在仅仅同国营工业产品的交换之内，是不现实的。新经济政策实行几个月之后，1921 年 10 月 29 日，列宁在莫斯科省第七次党代表会议上作的关于新经济政策的报告中承认这种“商品交换”即“产品交换”失败了，这才把本来意义上的“商品买卖”提上日程，在社会主义政治经济学上实现了一个重大的突破——在社会主义经济建设中引进商品、货币、市场、价值的机制。列宁在报告中说：

> 商品交换这个概念包括一些什么内容呢？这个概念所设想的建设计划（如果可以这样说的话）是怎样的呢？它设想，在全国范围内，或多或少要按照社会主义方式用工业品换取农产品，并通过这种商品交换来恢复作为社会主义结构唯一基础的大工业。商品交换要求（尽管没有说出来，但还是要求）不通过商业而直接向社会主义过渡，向社会主义的产品交换迈进。但是实践证明，结果是商品交换失败了。所谓为失败，是说它变成了商品买卖。商品交换没有得到丝毫结果，私人市场比我们强大，通常的买卖、贸易代替了商品交换。[2]

列宁认为还需要后退，不仅要退到国家资本主义上去，而且要退到由国家调节商业和货币流通。我们的任务就是经商做买卖。[3]

但是即使如此，列宁还是把目标定位在恢复“正常的产品交换”上。他

[1] 《列宁全集》，中文第 2 版，第 41 卷，第 220—221 页。

[2] 同上书，第 42 卷，第 228 页。另见第 506 页。

[3] 同上书，第 228—229 页。

在总结发言中说："是什么迫使我们转而采用商业原则呢？所以必须这样做，是为了使大工业迅速恢复并且尽快同农业结合起来，以便实现正常的产品交换。"[1]

由于实行了新经济政策，一些传统的提法也作了修改，例如关于**投机倒把**的提法。长期以来，苏维埃政权一直把农民出售粮食和其他农产品的行为宣布为投机倒把，甚至视为反革命行为而予以惩办。现在既然允许农民完税以后拥有余粮，那么他们处置自己的农产品的行为就不能再叫做投机倒把了。1921年3月3日列宁在致小人民委员会的信中就农民把粮食拿到城市出售一事写道：依我看，应当允许带得更多。你们对投机倒把怕得太过分了。如果他们单个地换粮食，那有什么大不了的？把东西带进贫困的俄罗斯应当给予鼓励，而不应当加以阻扰。[2]

1921年4月21日，列宁在《论粮食税》明确指出："投机倒把活动，如果从政治经济学意义上来理解，那它和'正当'贸易就区分不开来。"他主张"重新审查和修改关于投机倒把活动的一切法令。这样才能做到把某种程度上不可避免的、而且为我们所必须的资本主义发展纳入国家资本主义的轨道。"[3]这样就逐步承认了农民的商业行为是正当的，不能当作投机倒把论处。

在形势的逼迫下，1921年春谁也没有对新经济政策表示异议，但是认识上的差异，内心深处对资本主义危险的担心在许多党员以至领导人心中是确实存在的。有人说，"在监狱里又没有人教过我们做生意"。其实，列宁这时候也存在同样的担心，所以在谈到改行粮食税，余粮可以自由买卖时，列宁接着指出："当时我们这样做，也就是使资本主义得到发展的自由。不明白这一点，就等于不懂得基本的经济关系。"[4]后来在党的高层出现反对新经济政策的言论，大都出于这种担心。而这个问题久久没有得到正确解决，特别是在列宁逝世之后，绝大多数领导人跟不上形势，千方百计地据此反对新经济政策。

---

[1] 《列宁全集》，中文第2版，第42卷，第237页。

[2] 同上书，第50卷，第152页。

[3] 同上书，第41卷，第224页。

[4] 同上书，第42卷，第231页。

1921年11月，在十月革命四周年之际，列宁发表了《论黄金在目前和在社会主义完全胜利后的作用》一文。可以把这篇文章看作是改革的宣言。显然是针对当时普遍存在的高涨的革命情绪，列宁特别详尽地解释了革命同改革（改良）的关系。俄文 реформа 有改良和改革的意思，马克思主义者在反对资本主义的斗争中历来反对改良，主张革命，因此常常把主张改良叫做改良主义（реформизм），这样改良就顶着一个坏名声。[1] 实行新经济政策是革命后实行的第一次改良或改革，但这种主张和政策当时很难得到认同。正是在这种背景下，列宁特意写作这篇文章，消除对改良或改革的误解。文章写道：

> 目前的新事物，就是我国革命在经济建设的一些根本问题上必须采取"改良主义的"、渐进主义的、审慎迂回的行动方式。
>
> 所谓改良主义的办法，就是不摧毁旧的社会经济结构——商业、小经济、小企业、资本主义，审慎地逐渐地掌握它们，或者说，做到有可能只在使它们活跃起来的范围内对它们实行国家调节。[2]

换句话说，改良（改革）是用渐进的方法在体制范围内改善社会政治经济结构。布哈林后来用"长入社会主义"一语准确地表达了列宁的这个意思。

针对当时普遍存在的革命激进情绪，列宁警告说，当前的最大危险，"就是夸大革命的作用，忘记了恰当地和有效地运用革命方法的限度和条件"。

这是新经济政策体系在实践和理论上的形成。

第四节　退却和进攻

在新经政策的研究中，关于退却和进攻的问题一直困惑着研究者。新经济政策的实施起初被看作是一种退却，从直接向共产主义过渡退回到迂回进攻的道路，从向农民暴力征粮退到同农民妥协——征收粮食税，允许农民出售自己的农产品。这些措施当时被看作是一个落后国家无力直接过渡到共产主义而

---

[1] 大概出于这原因，戈尔巴乔夫在进行改革的时候没有用 реформа（改良），而选用了 перестройка（改造，改建）这个词。

[2] 《列宁全集》，中文第2版，第42卷，第244页。

被迫采取的。这里实行的是“改良”，而不再是革命。

列宁在《论黄金在目前和在社会主义完全胜利后的作用》中说：“现在历史赋予我们的任务是：在很长的时期内进行缓慢的、艰巨的、困难的经济工作，以便最终完成极其伟大的政治变革。历史上伟大的政治变革总是需要经过漫长的道路才能消化。”[1]可惜的是，以实行新经济政策开始的伟大的变革在以后的苏联历史上始终没有被消化。

在回答退向何处的问题时，列宁写道：退到国家资本主义（租让制）上去，退到合作制的资本主义上去，退到私人资本主义上去。这种退却分两步，首先是退向国家资本主义，接着再往后，退向合作制的资本主义、私人资本主义。国家资本主义是可以控制的资本主义，因此不可怕。而私人资本主义，是无法控制的资本主义，是向资本家作让步。退到这一步已经无路可退了，所以被列宁看作是“退却的极限”[2]，也是新的进攻的起点。

在实行新经济政策一年后，1922年3月6日，列宁宣布：“我们可以十分坚定地说，我们已经可以停止而且正在停止我们所开始的退却。够了。”我们向资本家作让步这种意义上的退却已经结束。我们现在可以停止我们在经济上的退却了。够了。我们不再后退了。[3]列宁为俄共十一大起草的中央委员会政治报告提纲和在大会上的报告再次宣布停止退却。

为什么在新经济政策刚刚实施就匆忙宣布停止退却？令人颇为不解。原因可能有两个：一个是退到私人资本主义，退到商业，就原则而言已经没有继续退却之处了。另一方面，当时党内存在严重的反对新经济政策的情绪，对取消军事共产主义，实行新经济政策，恢复被打倒的资本主义，存在严重不满的情绪。列宁在俄共十一大上形象地说：

> 退却是一件难事，尤其是对于已经习惯于进攻的革命家，尤其是在他们几年来习惯于进攻并取得巨大成就的时候，尤其是在他们周围的各国革命家一心向往发起进攻的时候，那就更难了。他们中间有些人看见我们在退却，竟很不应该地像小孩子那样大哭起来，

---

[1] 《列宁全集》，中文第2版，第42卷，第351页。

[2] 同上书，第514页。

[3] 同上书，第43卷，第8、10页，另见第85、396页。

在最近这次共产国际执行委员会扩大会议上就发生过这样的事情。有些同志出于最崇高的共产主义感情和共产主义志向，看到优秀的俄国共产党人竟然退却起来而嚎啕大哭。[1]

在俄共党内，甚至党的高层也有不少人尽管在采取新经济政策时投了赞成票，但是仅仅把这看作是摆脱严重政治经济危机的迫不得已的临时措施，期待形势一旦好转立即予以取消。在这种强大的压力下列宁也不得不宣布停止退却，转入进攻。这种情绪是后来党内斗争的导火线，是最终导致新经济政策夭折的重要主观原因。

第五节 对农民的估计

十月革命胜利后列宁认为，搞社会主义和共产主义最难解决的问题是如汪洋大海的小生产问题，是农民问题。大资本主义工业以至中小工业可以通过国有化解决，纳入国家计划的轨道。而小生产是既不能没收，又无法控制的经济成分，它们每时每刻都在产生资本主义。因此在一段时间里，列宁把小生产看作是社会主义的大敌，采取限制和消灭的方针。

1921 年 2 月，列宁在莫斯科五金工人扩大代表会议上的讲话中谈到农民的不满，说："让我们重新考虑一下同农民的关系吧。我说过，工人忍受了空前未有的牺牲。现在农民处于最困难的境地，这种情况我们是知道的。我们并不反对重新考虑这种关系。"[2] 但这里所说的"重新考虑"只不过是决定对农民作出让步，以粮食税取代粮食征收制。对小生产者农民的基本估计并没有随着新经济政策的实施立即改变。

在 1921 年和 1922 年间，列宁多次提到**"最后的斗争"**，认定这最后的斗争就是同小生产者农民自发势力的斗争。

实行粮食税之后不久，1921 年 3 月 27 日，列宁在全俄运输工人代表大会上讲话，解释了"最后的斗争"的含义。他分析了俄国的小资产阶级，小业主，即在俄国占人口绝大多数的农民，认为这个阶级现在成了"唯一能够和无产阶

[1] 《列宁全集》，中文第 2 版，第 43 卷，第 86 页。

[2] 同上书，第 40 卷，第 316—317 页。

级抗衡的阶级”，“这是一种动摇的力量。”“马克思的全部学说表明，既然小业主是生产资料和土地的所有者，从他们的交换中就必然会产生出资本，劳资间的矛盾也就随之而来。”这支力量不断地动摇着，它是特别疲乏了。最近几年它肩负的担子越来越重了：年成不好，在牲畜死亡、饲料缺乏的条件下还要执行粮食征收制，等等。遣散的军队得不到正常的劳动机会。于是这种小资产阶级力量就转化为无政府主义势力，他们用骚动来表达自己的要求。是同谁进行最后的斗争中的一次斗争，唯一正确的回答就是：“同我们自己家里的小资产阶级自发势力进行斗争。”[1]

1921年4月21日列宁在《论粮食税》中说，“既然有交换，那么，小经济的发展就是小资产阶级的发展，就是资本主义的发展；这是无可争辩的真理，这是政治经济学的初步原理……”列宁指望用国家资本主义去克服小生产。这时候合作社被看作是国家资本主义的一种形式。但他认为，在俄国目前情况下，合作社有自由，有权利，就等于资本主义有自由，有权利。无视这一明显的真理，便是干蠢事或犯罪。列宁的设想是，合作制政策一旦获得成功，就会使我们把小经济发展起来，并使小经济比较容易在相当期间内，在自愿联合的基础上过渡到大生产。[2]

一年以后，1922年3月27日，列宁在俄共（布）中央委员会政治报告中重申：我们确实是在进行“最后的斗争”，不是同国际资本主义（同它还要进行多次“最后的斗争”），而是同从小农经济中成长起来的、得到小农经济支持的俄国资本主义进行这种斗争。[3]

可以说，到这时为止，列宁对农民仍然是不信任的，还没有真正把农民看作是社会主义的同盟军，或者说，还没有找到解决农民问题的恰当形式，因此还认为搞社会主义不可避免地要同产生资本主义的“小农经济”作“最后的斗争”。

真正的转变是列宁在1923年初口授的最后一组文章，特别是《论合作社》。列宁在病中阅读了恰亚诺夫等合作社工作者的著作，重新审视了合作社和农民

[1] 《列宁全集》，中文第2版，第41卷，第126—130页。

[2] 同上书，第210—215页。

[3] 同上书，第43卷，第82页。

的作用，要让所有小农参加社会主义建设。列宁提出两个划时代任务之一是在农民中间进行文化工作，其经济目的就是合作化，让农民文明得懂得参加合作社的好处。而文明的合作社制度就是社会主义制度。与先前所说的无产阶级是单独取得政权的说法不同，在《论我国革命》中，列宁承认十月革命是农民战争同工人运动的结合。到20世纪20年代初，西方革命已经明显延迟，不可能指望西方无产阶级给予俄国以经济技术支援。在这种情况下，作为西方革命的替代物，同农民搞好关系就成为苏维埃政权生死存亡的问题，因此在最后文章中，列宁反复告诫必须维持同农民的良好关系，保持工人阶级对农民的领导，取得农民的信任。列宁明确地说明："在我们苏维埃共和国内，社会制度是以工人和农民这两个阶级的合作为基础的"，"如果在这两个阶级之间发生严重的阶级分歧，那么分裂是不可避免的"。[1]

同农民的关系不再说是最后的斗争。列宁这里解决了两个问题：一个是把农民看作工人阶级的盟友，农民加入的合作社就是社会主义。另一个是用何种形式把农民吸引到社会主义方面来，列宁提出了通过"做买卖的"合作社这种简便易行的形式吸引农民走社会主义道路，在这里合作社等于社会主义，而不再是国家资本主义了。

第六节 "长期的、认真的"政策

新经济政策实施不到10年就结束了。现在我们且看看列宁对实施新经济政策的时间的设想。

1921年5月26日，列宁在俄共第十次代表会议上接受奥新斯基的提法——"新经济政策是认真的和长期的"，说"'认真的和长期的'这一点确实需要牢牢记住"。按照奥新斯基的估计，所谓"认真的和长期的"，就是25年。但列宁本人不愿做预测，说我们能够估计到5—10年的情况，就谢天谢地了，通常我们连5个星期的情况也估计不准。但是，列宁认为奥新斯基的估计多少有点悲观，就是说，用不了25年。[2]

---

[1] 《列宁全集》，中文第2版，第43卷，第371、377页。

[2] 同上书，第41卷，第323页。

如果说新经济政策的最主要之点是解决同农民的关系问题，那么新经济政策所需要的时间就是同农民保持正常关系的时间。

1921年3—4月，列宁在《论粮食税》的提纲中写道：

> 只要在10—20年内和农民保持正常的关系，就能够保证全世界范围内的胜利（甚至在日益发展的各国无产阶级革命推迟爆发的情况下），否则就会遭受20—40年白卫恐怖的苦难。[1]

1921年11月5日在《论黄金在目前和在社会主义完全胜利后的作用》一文中写道：

> 我们不能凭借热情，大步跃进，而且期限也不同，要以几十年来计算。[2]

> 以工农联盟为基础的新社会必然到来。或早或迟，早20年或迟20年，它总归会到来。我们努力实现我们的新经济政策，这也就是在帮助这个社会创造工农联盟的形式。[3]

《论合作社》中说：就是做一个文明商人，学会按欧洲方式做买卖，也“需要整整一个时代”。“为了通过新经济政策使全体居民人人参加合作社，这就需要整整一个历史时代。在最好的情况下，我们度过这个时代也要一二十年。”[4]

解决农民问题，不是一朝一夕所能够做到的，综合列宁不同文章和讲话中的估计，需要“整整一个时代”，要以几十年来计算，至少需要20年左右的时间，如果用“或早或迟，早20年或迟20年”来计算，就是20年至40年左右。这也是列宁认为的新经济政策大致需要的时间。

第七节　前景和“热月”

实行新经济政策后，布尔什维克党有一个重大的转变，这就是从革命转

---

[1] 《列宁全集》，中文第2版，第41卷，第378页。

[2] 同上书，第42卷，第238页。

[3] 同上书，第354页。

[4] 同上书，第43卷，第364页。

向改良，从抓阶级斗争转向和平的经济建设。1920 年底国内战争基本结束之后，列宁就提出过抓“经济方面的政治”的主张，后来更明确地提出把工作的重心转到“文化主义”，转到和平的经济建设上去。这就是说，今后的社会发展道路将是改良的、和平的、进化的道路。用布哈林的话说，是有机地“长入社会主义”的道路，在这过程中不再需要革命，不再需要第二次“革命”或者第三次“革命”，如果发生这样的“革命”，实质上就是推翻社会主义的反革命。

1921 年 11 月 5 日的《论黄金在目前和在社会主义完全胜利后的作用》承认当前发展的特点就是要使用改良主义。

“目前的新事物，就是我国革命在经济建设的一些根本问题上必须采取‘改良主义的’、渐进主义的、审慎迂回的行动方式”。[1]

针对新经济政策的实施国内有不少人，特别是“路标转换派”提出一个问题：“布尔什维克的新经济政策到底是什么，是演变还是策略？”他们认为，实际上这不是策略，而是演变，是内部的蜕变，是热月，他们一定会走向通常的资产阶级国家，应当予以支持。历史是殊途同归的。

对这个问题列宁没有给予明确的答复，他在俄共第十次代表会议关于粮食税的报告的两个提纲（不晚于 5 月 26 日）中用跳跃的词组写道：“是‘热月’吗？头脑清醒地看待，或许是的？会发生吗？会见分晓的。上战场别吹牛！”[2]

列宁把最后的结局归之于实践，这就是他在晚年的文章中所说的，上战场别吹牛，先投入战斗，然后再见分晓。

在法国革命史上，热月是针对一浪高过一浪的激进革命说的，热月被看作是对革命的反动。实际上，任何一个革命都不可能始终把弦绷得紧紧的，始终保持高潮状态。消化革命，巩固革命，需要一个相对平静的“改良”、“长入”、“演变”的时期。从这个观点看来，新经济政策可以说是进入了热月时期，但这不是反革命，而是原先革命的延续，用另一种方式的继续，是巩固和发展革命成果的需要。至于这个社会将向何处发展，列宁坚定地认定，新经济政策的俄国将变成社会主义的俄国。

[1] 《列宁全集》，中文第 2 版，第 42 卷，第 244—245 页。

[2] 同上书，第 41 卷，第 396 页。

第八节　最后的探索

从1921年底起，列宁的健康状况开始恶化，经常头疼，失眠。医生认为是1918年遇刺后体内留下的子弹所致。因此于1922年4月23日动手术取出子弹。然而术后情况并没有多大改善。5月25日第一次中风，导致右手和右腿活动不灵，语言不清。6月11日开始好转。下半年能够断断续续地处理党国事务。

列宁最后一张在人民委员会会议室的照片。1922年10月3日

1922年12月中旬，列宁第二次中风，从此基本脱离政治生活，脱离对党和政府的具体领导。但是列宁并没有停止思考，反而因为摆脱了日常杂事，而有了较多的时间读书和思考，以“旁观者”的身份分析世界形势，反思十月革命后的实践，对所关注的问题提出自己的看法。列宁这一时期的言论历来被看作是“政治遗嘱”，而其中一封给代表大会的信，直接被叫做“列宁遗嘱”。当然，事实上列宁并没有留下，也不可能留下什么“遗嘱”，更不存在必须执行的有法律效力的“遗嘱”，他留下的是自己对形势、党内和国内问题的思考和设想的解决方案。对列宁卧病期间留下的文件，有人认为这只不过是一个病人加上几个女人的产物，不能认真对待。然而，可以毫不夸张地说，列宁的最后文章和书信是列宁思想的极其重要的组成部分，正是在这里列宁用苏维埃政

权 5 年的实践来检验过去的设想，回答实践提出的问题，扼要地提出自己的看法，为后人留下值得深入研究的课题。

历史发展的顺序可以改变，但必须及时补上社会主义所必须的物质前提

俄国是一个落后的农民占多数的国家，这个国家缺乏进行社会主义革命的物质前提。因此在 1917 年二月革命之前，列宁一直认为摆在俄国面前的任务是进行民主革命，为资本主义和生产力的发展扫清道路，使俄国的民主革命成为欧洲社会革命的序幕，而后借助于西方先进国家的援助，在俄国开展社会主义革命。在此之前，列宁没有为俄国提出过社会主义革命的直接任务。然而，俄国二月革命胜利后，列宁根据对形势的分析提出了社会主义革命的方针。对此俄国其他党派大不以为然。著名马克思主义理论家普列汉诺夫指出，烙社会主义馅饼的面粉还没有磨出来。列宁在党内的战友如加米涅夫等人对此也不赞同，对社会主义革命的方针持反对的立场。为此，列宁甚至开展了反对"老布尔什维主义"和"老布尔什维克"的斗争。不过，列宁当时并没有去直接回答俄国是否具备社会主义革命的物质前提问题，而是把精力集中在争取群众、组织力量，进行武装起义的具体组织工作。这就是列宁后来说的，"干起来再说"。

但是问题并没有因此而消失。革命后的实践不断遇到俄国落后这一无法回避的问题，出现作为一个落后国家难以避免的困难，因此落后国家是否可以进行社会主义革命，胜利后如何进行建设等等问题就成为世界各国的议论话题，特别是俄国的孟什维克和社会革命党、第二国际理论家们批评布尔什维克党的话题。这个问题也是布尔什维克党迟早必须给予回答的问题。

1922 年 12 月底，列宁索取并阅读了苏汉诺夫的多卷本《革命札记》，据此口授了《论我国革命。评苏汉诺夫的札记》。在这篇文章里有几个重要论点。

首先，经过 5 年的实践，列宁看到生产力落后成了俄国搞社会主义的严重阻力。革命初期曾以为通过军事共产主义，把生产和分配集中到国家手里，就可以直接向共产主义过渡，但 3 年的实践证明这条"捷径"是走不通的，俄国仍受资本主义不发达之苦，在这种情况下，仅仅靠改变生产关系是建不成社会主义和共产主义的，所以列宁明确肯定，社会主义需要一定的物质前提，公

开承认“第二国际的英雄们”所说的“俄国生产力还没有发展到可以实行社会主义的高度”的说法是“无可争辩的论点”。

但是，布尔什维克党既然已经执政达5年之久，必须对继续掌权找到一个合理的说法。所以列宁接着提出一个**“改变历史顺序”**的理论。他说，在俄国当时的特殊情况下，在战争失败，民不聊生的情况下，在有可能出现“农民战争”同工人运动结合的情况下，可以利用这千载难逢的机会，改变一下历史发展的顺序，先利用俄国这特殊情况，夺取政权，然后利用政权的力量，发展生产力，为社会主义补上必要的物质前提。列宁总结说：“世界历史发展的一般规律，不仅不排斥个别发展阶段在发展的形式或顺序上表现出特殊性，反而是以此为前提的。”在俄国，就是“首先用革命手段取得达到这个一定水平的前提，然后在工农政权和苏维埃制度的基础上赶上别国人民”。[1]

俄国的落后是客观存在的事实，在夺取政权、取得国内战争的胜利之后，1920年底列宁已经提出要搞“经济方面的政治”。到1923年初，列宁更加强调转移工作重心的必要性，在《论合作社》一文中列宁声明，“我们对社会主义的整个看法根本改变了。这种根本的改变表现在：从前我们是把重心放在而且也应该放在政治斗争、革命、夺取政权方面，而现在重心改变了，转到和平的‘文化’组织工作上去了。”如果撇开国际关系，“我们的重心转移到文化主义上去了……我们现在的工作重心的确在于文化主义”。[2]

在革命之初，布尔什维克党把俄国革命胜利的希望寄托在世界革命，特别是欧洲革命的胜利上，指望落后的俄国能够得到革命取得胜利的西方先进国家提供的经济技术援助，这样俄国革命就能够坚持下去，并取得最后胜利。然而，世界革命的形势并不像预期的那样顺利，十月革命后在西方出现过一段时间的革命高潮，但进入20世纪20年代已经可以明显看到欧洲革命逐步转入低潮，俄国革命不可能得到胜利的西方国家的支援。这就给苏俄提出今后的前途问题。

在这种情况下，列宁认为出路就在于把希望从西方无产阶级革命转移到东方殖民地半殖民地人民的解放斗争。“斗争的结局归根到底取决于如下这一点：俄国、印度、中国等等构成世界人口绝大多数。正是这个人口的大多数，

---

[1] 《列宁全集》，中文第2版，第43卷，第369—372页。

[2] 同上书，第367页。

最近几年来非常迅速地卷入了争取自身解放的斗争，所以在这个意义上说，世界斗争的最终解决将会如何，是不可能有丝毫怀疑的。在这个意义上说，社会主义的最终胜利是完全和绝对有保证的。”[1]

世界历史的发展当然不是严格地按照一定的规律或顺序进行的，会在不同程度上出现偏离现象。但是对自觉进行的社会主义革命来说，对这种顺序的改变应当有一个清醒的认识，坚持不懈地把所缺的东西及时补上。如果一个政党或领导人对此缺乏应有的认识，认为手中有权就可以为所欲为，不利用政权的力量去全力发展生产，或者采取错误的不利于经济发展的模式，那么，这种顺序的颠倒就会招致灾难。不幸，在苏联以后的发展中出现了这种灾难。

不能对农民施加暴力，通过做生意的合作社引导农民走向社会主义

在世界革命延迟的情况下，列宁认为，“为了自救”还必须保持同农民的良好关系。他说：“只要我们能够保持工人阶级对农民的领导，我们就有可能在我国靠大力节约把任何一点积蓄都保存起来，以发展我们的大机器工业，发展电气化，发展泥炭水力开采业，完成沃尔霍夫水电站工程，如此等等。”[2]

列宁把大力节约以发展工业和电气化同和农民保持良好关系联系在一起。这一点非常重要，这就是说，发展工业不能以牺牲农民的利益、破坏同农民的关系为代价。

《工商报》副主编瓦连廷诺夫曾经记述了列宁给副财政人民委员弗拉基米罗夫的“临别赠言”：

> 我们现在有两个最重要的领域。第一个是商业，这就是学会经商，为的是首先同农村，农民结合。不这样做有一天农民会让我去见他妈的鬼的。老实讲，农民并不理会谁，什么样的领导坐在城里，谁在克里姆林宫统治。对他们来说，重要的是从城市得到什么，克里姆林宫给他们什么。他们会使用这样的试金石：同沙皇时期相比，

---

[1] 《列宁全集》，中文第 2 版，第 43 卷，第 391 页。

[2] 同上书，第 391—392 页。

他们生活变得好一些，还是变坏了。如果看到用自己的产品换来比过去多的印花布、砂糖、鞋子、器皿、农具，如果还看到赋税减少了，在农村再也看不到他们痛恨的警察和警察局长，庄稼汉对新制度就会感到完全满意。而如果不满意，对付数以百万计的农民是困难的，不可能的。喀琅施塔得起义、安东诺夫运动、坦波夫以及其他省份的叛乱，都是对我们的严重警告。应当采取一切措施，以便生活在长期的和平之中，同中农友好相处。[1]

据布哈林回忆，列宁在病中同他谈话时指出，现在已经“可以不再对农民施加暴力而到达社会主义”了。[2]

出逃的斯大林秘书（也是政治局秘书）波·巴让诺夫在回忆录中记叙了列宁秘书格利亚谢尔和福季耶娃关于列宁最后思考的一段话，列宁对她们说：

当然，我们是遭到了挫败。我们本来以为能够轻而易举地实现新的共产主义社会，简直就像童话一样，随便要什么，就会有什么。但是，这是一个需要用几十年的时间，经过几代人才能解决的问题。为了使党不致于丧失灵魂、信心和斗志，我们必须向全党提出，作为某种暂时退却的做法，要重新采取交换经济和资本主义的做法。但是，我们自己应当清醒地认识到，我们的尝试已经失败，想要一下子改变人们的心理，改变他们世世代代所形成的生活习惯，那是办不到的事情。可以尝试以暴力把居民赶进新的制度，但存在一个问题，在这个全俄绞肉机中我们是否能够保住政权。[3]

不能对农民施加暴力，不能对农民发号施令，这是列宁总结沙皇政权、临时政府和苏维埃政权的教训得出的重要结论！这是一个涉及政权的生死存亡的问题。

不用暴力，那么用什么手段引导农民走社会主义道路呢？列宁提出，通

[1] *Н.Волентинов(Вольский).* Новая экономическая политика и кризис партии после смерти Ленина. С.186.

[2] 尼古拉耶夫斯基谈布哈林。见《国际共运史研究资料（布哈林专辑）》人民出版社 1981 年版，第 168 页。

[3] 见［俄］波·巴让诺夫：《斯大林秘书回忆录》，洪刚译，知识出版社 1982 年版，第 118—119 页。

过合作社来引导农民走向社会主义。列宁这里所说的合作社，不是生产合作社，而是“曾被我们鄙视为做买卖的合作社”，这是农民感到简便易行和容易接受的合作社。因为在新经济政策中向作为商人的农民作了让步，向私人买卖原则作了让步，因此用以吸引农民参加的合作社也就是做买卖的合作社。列宁给予这样的合作社以极高的评价，认为在生产资料公有制的条件下，“文明的合作社工作者的制度就是社会主义的制度”，“在我国的条件下合作社往往是同社会主义完全一致的”。[1]

反对官僚主义，改造国家机关

在给代表大会的信中，列宁建议党的第十二次代表大会“对我们的政治制度作一系列的变动”，即改革政治制度。

革命之初，列宁对打碎旧的国家机器的任务看得比较容易，他在1918年春估计，无产阶级政权已经完成打碎旧的国家机器的任务。实际上打碎旧的国家机器绝非一朝一日所能解决的。到20年代初，列宁回顾国家机关的状态之后说：我们的党政机关越精简越多，我们的国家机关仍是“旧的沙皇机关的大杂烩”。

《我们怎样改组工农检查院》等文章中直截了当地说：“我们的国家机关，除了外交人民委员部，在很大程度上是旧事物的残余，极少有重大的改变。这些机关仅仅表面上稍微粉饰了一下，而从其他方面来看，仍然是一些最典型的旧式国家机关。”“我们国家机关的情况，即使不令人厌恶，至少也非常可悲。”令列宁特别不满意的是负有改善国家机关重任的工农检查院，他写道：“让我们直说吧，工农检查人民委员部现在没有丝毫威信。大家都知道，再没有比我们工农检查院这个机关办得更糟的机关了。”[2]

列宁一再重申，官僚不仅在苏维埃机关里有，而且在党的机关里也有。中央组织局成立后的头几个月共召开了110次会议，而中央政治局仅29次，中央委员会6次。1920年春成立书记处，此后一年中成立的中央机关约有600名工作人员，全国脱产的党务工作者约1.5万人。

---

[1] 《列宁全集》，中文第2版，第43卷，第365—366页。

[2] 同上书，第373、378、381页。

列宁主张用加强监督机制来改造党和国家机关。正因为如此，列宁的最后两篇文章《我们怎样改组工农检查院》和《宁肯少些，但要好些》中都把主要精力集中在加强对党和政府的监督上。主张通过把工农检查院同中央监察委员会合并来提高工农检查院的威望，甚至对中央政治局也实施监督。他写道：中央监察委员会要"经常检查政治局的一切文件"，有一定人数出席政治局的会议，"这个集体应该'不顾情面'，应该注意不让任何人的威信，不管是总书记，还是某个其他中央委员的威信，来妨碍他们提出质询，检查文件，以至做到绝对了解情况并使各项事务严格按照规定办事。"[1]

列宁的这个提议当时就受到俄共中央领导的抵制，1923 年 1 月 25 日《真理报》刊载这篇文章时删去了有下画线的语句。

列宁出席全俄中央执行委员会会议。1922 年 10 月

[1] 《列宁全集》，中文第 2 版，第 43 卷，第 377 页。

为加强中央监察委员会，列宁建议从工人和农民中选出 75—100 名新的监察委员。改变迄今为止由总书记和两名书记组成的中央书记处为政治局准备文件的做法，建立更为严格的准备政治局会议的程序，有一定的人数的监察委员出席政治局会议，预先检查提交政治局讨论的文件。而工农检查院的人数则缩减到 300—400 人，这些人需经过专门考核，了解科学组织劳动特别是管理、办公等方面劳动的原理。

1925 年克鲁普斯卡娅给蔡特金的信中强调，列宁指望由中央监察委员会形成一种实验室，想出一种群众监督的新方法。“因此他想让中央监察委员会只由直接来自工厂、有强烈的阶级本能的工人，以及认真考虑这一问题的知识分子组成。”[1]

列宁提出赋予国家计划委员会以立法权，防止专家制定的计划被无知的官僚所轻易否决。

在反官僚主义问题上，列宁同托洛茨基有共同的看法，据托洛茨基回忆，病中的列宁曾经建议同托洛茨基建立反官僚主义联盟：“我提议和您建立联盟——反对所有的官僚主义，特别是反对组织局。”他打算在中央委员会下成立一个反官僚主义委员会。[2] 但不久列宁病倒，此事也就搁置了。

分裂的危险及对策

让列宁感到不安的还有分裂的问题。当时存在三种分裂的危险。

首先是工农分裂。列宁是亲自体验过农民造反的压力，看到它对苏维埃政权的威胁的。所以他在给代表大会的信中说，“我们党依靠的是两个阶级，因此，如果这两个阶级不能协调一致，那么党就可能不稳定，它的垮台就不可避免。”列宁说，“但愿这是极遥远的未来的事，是不大可能发生的事”。[3]

第二种分裂危险是国家分裂。这就是苏维埃联盟国家如何正确处理民族问题，防止国家的分裂。在 1922 年下半年和 1923 年初，在筹备苏联期间，列

[1] Известия ЦК КПСС. 1989. № 2. C.205.

[2] *Троцкий.* Моя жизнь. Берлин. 1930. C.216.

[3] 《列宁全集》，中文第 2 版，第 43 卷，第 338 页。

宁花很大的精力反对大俄罗斯沙文主义，反对斯大林的“自治化”方案，其目的就在于此。列宁认为，要组成巩固的联盟，使小民族放心地同俄罗斯民族联合，俄罗斯民族就必须采取措施弥补历史上压迫少数民族的过失或者说罪行，取得少数民族的信任。斯大林提出的自治化方案，他在处理格鲁吉亚问题中采取的行政命令的粗暴手段，受到列宁的严厉批评。就在苏联宣布成立之际，列宁反而提出警告，说不排除“退回去”的可能性，即“只在军事和外交方面保留苏维埃社会主义共和国联盟，而在其他方面恢复各个人民委员部的完全独立”。[1]

因反对斯大林的“自治化”方案引发的格鲁吉亚冲突成为列宁的一个心病。列宁在1923年3月写的最后3封信，两封都同民族和格鲁吉亚问题有关。

第三是党的分裂问题。列宁在给党的第十二次代表大会的信中明确指出存在党的分裂危险。列宁认为，分裂的危险一大半是由斯大林和托洛茨基之间的关系构成的。列宁对这两人提出自己的看法：

> 斯大林同志当了总书记，掌握了无限权力，他能不能永远十分谨慎地使用这一权力，我没有把握。另一方面，托洛茨基同志，正像他在交通人民委员部问题上反对中央的斗争所证明的那样，不仅具有杰出的才能，他个人大概是现在中央委员会中最有才能的人，但他又过分自信，过分热衷于事情的纯粹行政方面。
>
> 现时中央两位杰出领袖的这两种特点会出人意料地导致分裂，如果我们党不采取措施防止，那么分裂是会突然来临的。[2]

在1922年12月23日、24日口授的信中，列宁对6名主要领导人的优缺点提出自己的看法，要求加强党的稳定性，“防止中央委员会一小部分人的冲突对党的整个前途产生过分大的影响”。12月26日口授的信中列宁建议把中央委员会的人数增加到50—100人，特别是吸收工人参加中央委员会，以增加中央的稳定性和改善“糟透了的机关”。1923年1月4日，列宁对12月24日的信作了补充，认为“斯大林太粗暴”，这个缺点在共产党人相互交往中是完全可以容忍的，但在总书记的职位上则是不可容忍的。因此建议把斯大林从总

---

[1] 《列宁全集》，中文第2版，第43卷，第355页。

[2] 同上书，第339页。

书记这个职位上调开，换一个人接替，同斯大林相比这个人只要"较为耐心、较为谦恭、较有礼貌、较能关心同志，而较少任性"就行。列宁如此强调领袖人物的性格问题，深怕大家不理解，因此特意解释说："这一点看来可能是微不足道的小事。但是我想，从防止分裂来看，从我前面所说的斯大林和托洛茨基的相互关系来看，这不是小事，或者说，这是一种可能具有决定意义的小事。"[1]

列宁的警告是正确的，1920 年代联共党内出现的最大分裂正是斯大林同托洛茨基的分裂。

文化革命

俄国是一个文化经济落后的国家，在考虑苏俄的前途时，文化问题被列宁提到非常重要的地位。农民的合作化需要有文化，完全合作化本身"就包含有农民（正是人数众多的农民）的文化水平的问题。没有一场文化革命，要完全合作化是不可能的"。[2]"在农民中进行文化工作，就其经济目的来说，就是合作化。"改善国家机关，反对官僚主义，也需要有文化。国家机关的许多缺点根源在于过去，过去的东西虽然已被打翻，但还没有被消灭。列宁说，他提出的正是文化问题，"因为在这种事情上，只有那些已经深入文化、深入日常生活和成为习惯的东西，才能算作已达到的成就"。[3]

当时俄国存在一个文化上的激进派别——"无产阶级文化派"，主张抛弃过去的全部文化，在空白地上制造无产阶级自己的文化。针对这一思潮，列宁指出，"当我们高谈无产阶级文化及其与资产阶级文化的关系时……在我国就是资产阶级文化的状况也是很差的"。在开始的时候，"我们能够抛掉资产阶级制度以前的糟糕之极的文化，即官僚或农奴制等等的文化也就不错了"。[4] 因此，列宁提出扫除文盲，进行文化革命的任务。他说："现在，只要实现了这

[1] 《列宁全集》，中文第 2 版，第 43 卷，第 340 页。

[2] 同上书，第 368 页。

[3] 同上书，第 379 页。

[4] 同上书，第 356、378 页。

个文化革命，我们的国家就能成为完全社会主义的国家了。”[1]

对社会主义看法的根本改变

列宁晚年思考和探索的最重大成就是对社会主义认识的一个重大转变，在总结执政5年的经历之后，他得出一个重大的原则性的结论：“我们对社会主义的整个看法根本改变了。”

对这一重要论断有各种各样的解释，甚至加上许多附加的东西。然而最权威的应当是列宁本人的解释：“这种根本的改变表现在：从前我们是把重心放在而且也应该放在政治斗争、革命、夺取政权等等方面，而现在重心改变了，转到和平的‘文化’组织工作上去了。”[2] 过去搞社会主义就是抓阶级斗争，政治斗争，搞革命，夺取政权，实行无产阶级专政，而在取得政权5年之后，现在的任务，现在的工作重心，应当是和平的文化组织工作、经济工作，列宁用了一个曾经受到革命者否定的主张——文化主义，认为“我们的重心转移到文化主义上去了”。

这是布尔什维克党从革命党转变为执政党的理论依据，是从以阶级斗争为纲向文化经济建设转变的极端重要的方针。

第九节　列宁卧病和逝世

1922年5月列宁第一次中风，最早了解列宁病情并得出“列宁完蛋了”的结论的是斯大林。这样在俄共高层开始了争夺继承权的斗争，当时“皇位”的觊觎者中有季诺维也夫、斯大林和托洛茨基。所有觊觎领袖位置的人都排除了合理分权的可能性，导致不可避免的权力斗争。季诺维也夫、加米涅夫和斯大林结成“三驾马车”，形成实际的权力中心。这个“三驾马车”把主要矛头对准托洛茨基，同时也千方百计地应付当时颇为信任托洛茨基的列宁。

[1] 《列宁全集》，中文第2版，第43卷，第368页。

[2] 同上书，第367页。

给代表大会的信和最后的文章

1922 年 12 月 16 日列宁的病第二次发作。中央全会决定把监督列宁生活制度的工作交给斯大林。1922 年 12 月 22 日病情进一步恶化，右臂和右腿瘫痪，但头脑清楚，思维清晰，他担心完全瘫痪、失语或死亡，抢时间从 12 月 23 日起至 31 日口授了一批书信（包括 1923 年 1 月 4 日的补充），内容涉及对最高领导人的评价，中央委员会和中央监察委员会的改组，国家计划委员会的职能，民族问题，等等。其中 12 月 23 日和 24 日口授的信后来被加上“给代表大会的信”的标题，被说成是“给党的第十三次代表大会”的，因而通常被叫做“列宁遗嘱”。实际上，全部信件都是为党的第十二次代表大会写的，其中一部分信如关于民族问题的信送到了党的十二大。另一部分信没有及时送达，但这不是列宁本人的意愿。[1]

12 月 23 日的信建议党的十二大“对我们的政治制度作一系列的变动”，增加中央委员会的人数，以提高中央委员会的威信，改善机关，“防止中央委员会一小部分人的冲突对党的整个前途产生过分大的影响”。

12 月 24 日的信把前一封信的内容具体化，专门分析了中央委员会中的 6 名领导人优缺点，一共谈及 3 组人，即斯大林和托洛茨基，季诺维也夫和加米涅夫，布哈林和皮达可夫，既谈到他们的优点，也指出他们的缺点。特别值得注意的是对两个关键人物的评价。关于斯大林，列宁说：“斯大林同志当了总书记，掌握了无限权力，他能不能永远十分谨慎地使用这一权力，我没有把握。”关于托洛茨基，列宁写道：他“不仅具有杰出的才能。他个人大概是现在的中央委员会中最有才能的人，但是他又过分自信，过分热衷于事情的纯粹行政方面”。列宁非常有预见地指出，党内分裂的危险一大半是由于斯大林和托洛茨基之间的关系构成的。这以后的几天，列宁继续口授信件，议论了改革中央委员会和中央监察委员会、工农检查院，赋予国家计划委员会以立法职能，民族问题等等。

1923 年 1 月 4 日，列宁经过认真的思考，对写于 12 月 24 日的信作了重要补充，说鉴于斯大林太粗暴，建议免去斯大林的总书记职务。“任命另一个

---

[1] 斯大林后来说，列宁的这些信是指定给党的第十三次代表大会的。显然不符合事实。

人担任这个职位，这个人在所有其他方面只要有一点强过斯大林，这就是较为耐心、较为谦恭、较有礼貌[1]、较能关心同志，而较少任性等等。”列宁强调：“这一点看起来可能是微不足道的小事。但是我想，从防止分裂来看，从我前面所说的斯大林和托洛茨基的相互关系来看，这不是小事，或者说，这是一种可能具有决定性意义的小事。”[2]

交代完党内事务之后，列宁开始口授文章。由于禁止列宁写文章，所以列宁把口授的文字叫做“日记”——因为没有禁止他写日记。所以这一组文章开头第一篇就叫做《日记摘录》。接着，口授了《论合作社》，评论苏汉诺夫《革命札记》的《论我国革命》，《我们怎样改组工农检查院》，《宁肯少些，但要好些》。这些文章列宁都要求发表，但阻力重重。当时在《真理报》上发表的有：《日记摘录》（1 月 4 日），《我们怎样改组工农检查院》（1 月 25 日），《宁肯少些，但要好些》（3 月 5 日），《论合作社》（5 月 26 日、27 日），《论我国革命》（5 月 30 日）。但发表关于工农检查院的文章就遇到很大的阻力。

《我们怎样改组工农检查院》一文写成后即送往《真理报》，要求立即发表，报纸主编布哈林不敢发表，斯大林支持他，借口是必须拿到政治局讨论。克鲁普斯卡娅于是求助于托洛茨基，要求他促使文章尽快发表。根据托洛茨基的建议召开的政治局和组织局联席会议上多数与会者不仅反对列宁提出的改革建议，而且反对发表文章。由于列宁坚持要看到印刷的文字，中央监委主席古比雪夫竟然建议单印一份刊有列宁此文的《真理报》应付。文中有这样一句话：中央监察委员会“这个集体应该‘不顾情面’，应该注意不让任何人的威信，不管是总书记，还是某个其他中央委员的威信，来妨碍他们提出质询，检查文件……”《真理报》在发表时删去了文中提到总书记的字样。[3] 此后《列宁全集》俄文第 1、2、3、4 版均按照《真理报》的文本处理，直到第 5 版才恢复原样！由于文章严厉批评了当时国家机关，点了总书记，特别是谈到工农分裂问题，1923 年 1 月 27 日，政治局委员们特意给各级党的组织发送了一封由托洛茨基起草的秘密通告信：

---

[1] “礼貌”俄文为 Лоялен，还有“忠诚”、“忠顺”的意思。

[2] 《列宁全集》，中文第 2 版，第 43 卷，第 337—355 页。

[3] Правда.1923. 25 янв.

不言而喻，列宁同志没有参加政治局会议，并且严格按照医生的嘱咐，没有把政治局和组织局会议的纪录发给他。然而医生认为，鉴于他无法忍受完全不从事脑力劳动，允许他做写日记之类的事，他可以把自己对各种问题的想法写下来，部分日记根据列宁同志本人的指示在报刊上发表。写作《我们怎样改组工农检查院》一文的外部条件已经表明，此文中的建议并不是由于中央内部的某种纠纷引起的，而是列宁同志关于党在未来的历史时代中还会遇到的困难的一般设想。[1]

除当时在彼得格勒的季诺维也夫以外，全体政治局委员都在上面签署。发出时还附有斯大林的信，强调严格保密。这封通告信把列宁关于分裂的危险的警告化为乌有。

《关于民族或“自治化”问题》的信，列宁明确指定提交党的第十二次代表大会，然而并没有在大会上向全体代表宣读，而只在代表大会的“元老会议”(即代表团团长会议）上匆匆读了一遍，并且斯大林还特意说明：此信是“一个病人在‘娘们’影响下写成的”。[2] 会上禁止引用此信。

给第十二次代表大会的其他信件，拖到列宁逝世后的第十三次代表大会才宣读，并且加了加米涅夫和季诺维也夫的解释。1926 年中央全会上再次宣读并刊载在党的十五大公报上（1927 年），仅供党的少数工作人员阅读。

最后三封信

党的十二大前夕，1923年3月初，列宁病情第三次发作，瘫痪加剧，失语。恶化的前一天，3 月 5 日，列宁写信给托洛茨基请求帮助。3 月 6 日，给姆季瓦尼等人写信，给斯大林写绝交信。

除口授文章外，这段时间列宁最关心的具体问题是民族问题，具体说，就是格鲁吉亚问题。由于反对斯大林的“自治化”方案，格鲁吉亚的共产党人

[1] Известия ЦК КПСС. 1989. № 11. С.180.

[2] *Троцкий.* Портреты революционеров. http:www.kulichki.com – moshkow – HISTORY – FELSHTINSKY – portrety.txt.

遭到迫害，有的撤职，有的调离，整个格鲁吉亚共产党中央委员会改组，甚至发展到担任高加索边疆区领导的奥尔忠尼启则动手打人的地步。列宁在《关于民族或“自治化”问题》这封给党的第十二次代表大会的信中，认为斯大林和赴格鲁吉亚调查情况的捷尔任斯基要“对这一真正大俄罗斯民族主义的运动负政治上的责任”，要求给领导外高加索局的奥尔忠尼启则以处分，“以儆效尤”。1923 年 1 月列宁继续关注此事，他向政治局索取有关格鲁吉亚事件的材料，遭到拒绝。斯大林说，未经政治局批准，不能提供材料。列宁只好组织自己的秘书班子对此进行调查，要他们写出报告来供他在十二大上使用。到 3 月初，列宁看到秘书们为他准备的有关格鲁吉亚问题的资料，但感觉到健康状况不允许他参加党的十二大，所以他致信托洛茨基，要求托洛茨基在大会上捍卫他的立场。这时候斯大林也采取措施试图改善同列宁的关系，他邀请列宁妹妹玛丽亚·乌里扬诺娃到自己的办公室，非常悲伤地对她说：“伊里奇把我看作什么人了，他是怎么对待我的！像对待什么叛徒似的。我是全心全意热爱他的。请设法转告他。”[1] 后来她回忆说，她真的可怜斯大林，认为他是真诚地感到悲伤。在一次同列宁的交谈中，她似乎顺便提到，同志们尊敬他。“啊！”——弗·伊·表示不反对。“斯大林请求向你转达热烈的敬意，请求转告，他是如此热爱你。”伊里奇笑了笑，沉默不语。我问：“怎么样，向他转告你的问候？”“转达吧。”——伊里奇相当冷淡地回答。我继续说：“不过，沃洛佳，他毕竟是聪明人，斯大林。”“他根本不聪明。”——伊里奇坚决地说。[2]

列宁在 3 月 5 日给托洛茨基的短信中要他在党中央为格鲁吉亚事件辩护，信中写道：

> 尊敬的托洛茨基同志：我请您务必在党中央为格鲁吉亚事件进行辩护。此事现在正由斯大林和捷尔任斯基进行“调查”，而我不能指望他们会不偏不倚。甚至完全相反。如果您同意出面为这件事辩护，那我就可以放心了。如果您由于某种原因不同意，那就请把全部案卷退还给我。我将认为这是您表示不同意。

[1] Известия ЦК КПСС. 1989. № 12. С.198.

[2] Известия ЦК КПСС. 1989. № 12. С.199.

致最崇高的、同志的敬礼！

列宁[1]

列宁让秘书把全部有关案卷交给托洛茨基。次日，列宁又给格鲁吉亚领导人姆季瓦尼和马哈拉泽写信说：

我专心致志地关注你们的事。我对奥尔忠尼启则的粗暴，对斯大林和捷尔任斯基的纵容感到愤慨。我正为你们准备信件和发言稿。[2]

这时候列宁还获悉了斯大林的另一件粗暴行为。

1922年10月初，中央全会在列宁缺席的情况下通过一项削弱外贸垄断的决议。列宁获悉后非常不安，认为在帝国主义国家的包围下，削弱外贸垄断会引发疯狂的走私活动，不利于苏维埃经济的发展，因而要求暂缓执行决定，待下次全会再议。在此之后，列宁一方面做各位中央委员的工作，另一方面，请观点一致的托洛茨基在全会上捍卫共同的立场，12月13日、15日连续写信给托洛茨基谈维护外贸垄断问题。在12月18日召开的中央全会上，列宁的主张得到多数的赞同。为此列宁经医生奥·费尔斯特教授许可于1922年12月21日口授了一封给托洛茨基的短信：

好像仅仅调动了一下兵力，就一枪不发地拿下了阵地。我建议不要停顿，要继续进攻，为此要通过一项提案，即向党代表大会提出加强对外贸易和改进对外贸易的措施问题。这件事要向苏维埃代表大会党团宣布。我希望您不会有异议，也不会拒绝向党团作报告。[3]

托洛茨基接信后用电话把信的内容通知了加米涅夫。后者当即写信告诉斯大林："托洛茨基没有表示自己的意见，但建议把问题提交中央委员会筹备代表大会的委员会。我答应他告诉你，所以就这样做了。"斯大林当日回复加米涅夫表示不满，问："在费尔斯特的严禁下老头子怎么能够组织同托洛茨基通信？"[4]

---

[1] 《列宁全集》，中文第2版，第52卷，第554页。

[2] 同上书，第556页。

[3] 同上书，第52卷，第553页。

[4] Известия ЦК КПСС. 1989. № 12. С.191－192.

信是由克鲁普斯卡娅笔录的，于是斯大林给克鲁普斯卡娅去电话，大骂了克鲁普斯卡娅一顿，并威胁她要以违反中央关于列宁医疗制度的罪名提请中央监察委员会处理。据列宁妹妹玛丽亚说，斯大林的语言相当粗暴，致使克鲁普斯卡娅倒地痛哭。[1] 克鲁普斯卡娅不敢向病中的列宁倾诉，只好向列宁的亲密战友，时任人民委员会副主席、主持政治局会议的加米涅夫和政治局委员、共产国际执委会主席的季诺维也夫求助。12 月 23 日，她给加米涅夫写了一封信：

> 由于我记录了弗拉基米尔·伊里奇经医生许可口授的一封短信，斯大林昨天竟然对我极其粗暴无礼。我入党不是一天了。30 年来从未听见任何一位同志对我说过一句粗话，我珍视党和伊里奇的利益并不亚于斯大林。现在我需要最大限度地克制自己。什么可以同伊里奇讲，什么不可以讲，我比任何医生都清楚，因为我知道什么会使他不安，什么不会，至少比斯大林清楚。现在我向您和格里戈里（季诺维也夫——引注）提出请求，因为你们是弗·伊·最亲近的朋友，请你们保护我，使我的私人生活免遭粗暴干涉、无端辱骂和威胁。斯大林竟然以监察委员会威胁我，我并不怀疑监察委员会会作出一致的决定，但是我既没有精力也没有时间闹这种愚蠢的纠纷。我也是活人，我的神经已经紧张到了极点。[2]

大概在 1923 年 3 月初列宁获悉此事。据克鲁普斯卡娅秘书 B. 德里佐回忆，3 月 5 日克鲁普斯卡娅同列宁交谈的时候，走廊的电话铃声响了。克鲁普斯卡娅接完电话后回到房间，列宁问：

“谁来的电话？”

“斯大林的电话，我同他和解了。”

---

[1] 斯大林是怎么骂的，未见记载。后来莫洛托夫提到过此事，他说“斯大林大发雷霆：‘怎么着，我得去巴结她？跟列宁睡觉并不等于弄通了列宁主义！’”，“斯大林对我大致是这样说的：‘怎么啦，就因为她跟列宁同用一个茅房，我就该像尊重列宁那样去尊重她？”连莫洛托夫也说：“太粗鲁了！”这很可能就是斯大林当时骂克鲁普斯卡娅的语言。见［俄］费·丘耶夫：《同莫洛托夫的 140 次谈话》，新华出版社 1992 年版，第 257 页。

[2] 参见《列宁全集》，中文第 2 版，第 52 卷，第 703 页。

"这是怎么回事？"

克鲁普斯卡娅只好告诉列宁去年 12 月她同斯大林之间发生的事情。[1]

此事导致列宁于 3 月 5 日口授给斯大林亲收的绝密信，此信同时抄送加米涅夫和季诺维也夫。信中写道：

> 尊敬的斯大林同志：您竟然粗暴地要我妻子接电话并辱骂了她。尽管她向您表示同意忘记您说的话，但季诺维也夫和加米涅夫还是从她那里知道了这件事。我不想这样轻易地忘记反对我的言行，不言而喻，我认为反对我妻子的言行也就是反对我的言行。因此，请您斟酌，您是同意收回您的话并且道歉，还是宁愿断绝我们之间的关系。
>
> 顺致敬意！
>
> 列宁。1923 年 3 月 5 日 [2]

给斯大林的信被克鲁普斯卡娅压了一天，没有立即发出。克鲁普斯卡娅告诉加米涅夫说："您是了解伊里奇的，要是他认为没有必要从政治上摧毁斯大林，他是永远不会决定断绝私人关系的。"[3]

3 月 7 日，"绝交信"送达斯大林，斯大林当即写了回信，全文如下：

> 斯大林致列宁。
>
> 亲收
>
> 列宁同志：
>
> 大约 5 个星期前我同娜·康斯坦丁诺夫娜谈过一次话，在我看来，她不仅是您的妻子，而且也是我在党内的一位老同志，当时我（在电话里）对她说了大致如下的话："医生禁止告诉伊里奇政治方面的消息，认为这种制度是治好他的病的一种极为重要的手段，然而您，娜捷施达·康斯坦丁诺夫娜，竟然破坏这个制度；不能拿伊里奇的生命开玩笑……"
>
> 我并不认为这些话里有什么粗暴及不可容忍的地方和"反对"

[1] *Роговин В.* Была ли альтернатива? Москва. Терра.1992. С.75.

[2] 《列宁全集》，中文第 2 版，第 52 卷，第 555 页。

[3] ［俄］托洛茨基著：《我的生平》，赵泓等译，上海人民出版社 2007 年版，第 424 页。

您的意思，因为除了愿您尽早康复之外，我别无他求。此外，我把监督制度的执行视为自己的职责。我同娜·康·交换过意见，已证实在这件事上除了一些不值一提的误会外什么问题都没有，也不可能有。

不过，既然您认为为了保持“关系”我应当“收回”上面那些话，我可以把它收回，而不去想这是怎么一回事，我“错”在哪里，到底想要我怎样。

约·斯大林[1]

当时的“三驾马车”之一加米涅夫于3月7日写信给季诺维也夫评论说：“斯大林的复信十分无奈地、酸溜溜地表示歉意，老头子未必会满意。”[2]

人民委员会和劳动国防委员会副主席列·波·加米涅夫

但斯大林的信没有送达列宁。1923年3月6日深夜7日凌晨，列宁健康状况急剧恶化，10日列宁再次中风，这是最严重的一次，导致失语，右半身麻痹，右手右脚不能转动。3月14日开始发布列宁病情公报。这标志着列宁从此完全脱离了政治生活。

与此同时还就列宁病情给省委、区委和各共和国中央书记发了两封密码绝密电报。1923年3月13日电报说：

……反革命分子可能利用党所遭遇的打击在居民中间散布惊慌情绪以及各种各样的流言。特别具有广泛性质的是企图在农民群众中间散布要改变党的农民政策的谣言，等等。像萨文柯夫一

[1] 见《苏联历史档案选编》，第5卷，第493页。

[2] 同上书，第494页。

类的冒险分子、匪徒会抬头在共和国边境或者国内兴风作浪。鉴于这一切，政治局建议：1. 对会削弱党的队伍团结、降低其战斗准备的一切倾向，给予坚决的反击。2. 向全体党员说明，党所遭受的严重考验要求党不是悲观泄气，而是以加倍的热情顽强地进行工作。3. 同广大的工农群众保持密切联系，注意他们的情绪，积极抵制各种谎言，予以公开揭露，以公开的迅速的审讯追究此类谣言的恶意散布者。4. 表现出最大限度的沉着谨慎。受政治局委托中央书记斯大林。[1]

健康在恢复中

列宁凭借着顽强的意志同疾病搏斗。5 月上半月列宁病情略有好转，5 月 15 日用汽车把列宁送到乡间别墅哥尔克疗养。在这里，列宁每天做恢复语言的练习，健康状况有所好转。但是 6 月 23 日后至 7 月上半月，病情再次恶化。从 7 月下旬起逐步好转，睡眠和胃口恢复正常，情绪很好。开始锻炼恢复走路、说话、阅读、书写的能力。先是坐轮椅，后来改由人搀扶着走路，以后不要人扶，只用手杖，自己上下楼。常常到院子和花园散步，到树林采蘑菇，甚至乘爬犁到林中打猎。8 月 8 日，列宁请求给他报纸，从 8 月 10 日起列宁每天阅读《真理报》，后来又增加《消息报》和其他报刊。这些报纸列宁先浏览一下，画出要看的材料，然后由克鲁普斯卡娅读给他听。她回忆说："我按照他的指示给他读电讯、社论、文章。他本人很快就把握报纸的内容，不让放过任何重要的东西。"有时克鲁普斯卡娅怕列宁激动，有意避开一些材料，但列宁常常一一给她指出来。

8 月，撤销医生的昼夜值班，9 月，停止了护士值班。为列宁治病的医生费尔斯特和多博罗加耶夫在 9 月表示相信，列宁能逐渐恢复语言功能。10 月 7 日，向县委书记训练班通报了列宁健康状况："今年夏天弗拉基米尔·伊里奇的健康状况极为严重。这几个月为列宁同志治病的医生和我党中央都很担心。

---

[1] ПАНО, Ф.10, Оп.1,Д.487, Л.25. 引自 *Павлова И.В.* Загадки внутрипартийной борьбы(1923–1929 г.г.). Советская история. Проблемы и уроки. Новосибирск. 1992.

但最近两个月无疑大有好转……列宁同志关心政治生活中的各种问题；早先已经得到医生的允许，开始读报。列宁同志独立行动和活动能力得到发展，我们希望不久能完全康复。”[1]

莫斯科之行

1923 年 10 月 18—19 日，列宁最后一次回莫斯科。对这次莫斯科之行，苏联时期的一些记载颇为奇怪，起初根本不提列宁曾经回莫斯科一事，后来，虽然提了，但把日期限定在 10 月 19 日，并且说一共待了 2—3 小时。最后，才承认列宁在 18—19 日回过莫斯科。但所说的行程各不相同。[2]

据《工商报》副主编的瓦连廷诺夫的描述，在莫斯科的大致情况为：

列宁先到会议室，然后回住所，在那里寻找他在发病前写的放在住所的什么东西。列宁有个习惯，不许任何人碰他保存的任何文件。他在去哥尔克时曾要求秘书福季耶娃锁上办公室桌子抽屉的锁，不要收拾，住宅也同样如此，包括克鲁普斯卡娅在内，谁都不许动他的札记和其他任何文件。他说，只有这样他才能迅速便利地找到所需要的文件。但回克里姆林宫后发现他所规定的秩序不知被谁破坏了，在他认为可以找到东西的地方却没有他所要的东西。列宁对此非常恼怒，开始嘶哑地说话，出现痉挛。吃惊的克鲁普斯卡娅和乌里扬诺

[1] Правда.1923. 9 октября.

[2] 不同时期出版的有关著作说法不一。见［俄］普・凯尔任采夫著：《列宁传》，三联书店，第 298 页；［俄］埃・鲍・根基娜著：《列宁的国务活动》，中国人民大学出版社 1982 年版，第 669 页。РЦХИДНИ, Ф.4,Оп.1,д.142,Л.406–407. 引自 *Волкогонов Д.* Ленин. Политический портрет. В 2-х книгах. М., Новости. 1997. С.356.《列宁全集》，俄文第 5 版，第 45 卷，第 716 页；《列宁年谱》，莫斯科 1982 年版，第 12 卷。《列宁传》，下册，三联书店 1960 年版，第 640 页。《列宁全集》，中文第 2 版，第 41 卷，第 88、97 页。*Волентинов(Вольский).* Н. Новая экономическая политика и кризис партии после смерти Ленина. Stanford.Caltfornia.1971. С.62–63. 见《列宁全集》，俄文第 5 版，第 45 卷，第 716 页；В. И. Ленин: Биографич. хроника. 1870–1924. Под общ. ред. *Г. Н. Голикова и др.* М., 1970–1982. Т. 12.

娃把他扶上汽车，送回哥尔克。此后几天他处于重病状态，已恢复的语言功能又失去了，尽管时间不长。

陪同列宁回莫斯科的玛·乌里扬诺娃对医生说过，在寻找所需要的东西以前，列宁一直很好，东西没有找到才开始激动、气愤，然后突然宣布，他的东西被盗了。他开始抽搐，完全失去了讲话的能力。

几天以后，克鲁普斯卡娅把医生叫去，以很不满意的口气说，乌里扬诺娃告诉他的事情不准确：

> 弗拉基米尔有病，他会以某种歪曲的形式想象某些现象。在这种状态下，他的话不能信。我不希望传出似乎弗拉基米尔·伊里奇的什么文件、手稿、书信被盗的流言。这种流言只会带来很大的不愉快，制造完全不必要的谈资和怀疑。请把玛丽亚·伊里尼施娜告诉您的一切都忘了。她本人也请您这样做，因此不必再同她谈此事。[1]

瓦连廷诺夫记述的莫斯科之行的顺序比较符合后来官方公布的材料。列宁文件泄密是确实发生过的事实。1922 年底，列宁口授了一批给党的第十二次代表大会的信，即所谓“遗嘱”。这些信列宁明确交代是绝密的，不得交给任何人看，当然也包括政治局委员。然而，这些信到 1922 年年底，已经有一部分政治局委员看到了。[2] 关心列宁文件的人是否会去光顾列宁的办公室，很难说。

无论如何，在 1923 年 10 月下旬，列宁已开始好转的病情又恶化了。1924 年以后在列宁研究院工作的弗·戈·索凌 1927 年 1 月在《真理报》上写道：“这次行程之后好几天弗拉基米尔·伊里奇陷入沉思和痛苦之中。”《列宁传》承认，“1923 年 10 月下半月，弗拉基米尔·伊里奇的病情……又有恶化的症状”。[3] 可以看出，莫斯科之行确实恶化了列宁的健康。

列宁选择 10 月 18 日去莫斯科，不是偶然的。10 月 8 日托洛茨基批评当

[1] *Волентинов(Вольский). Н.* Новая экономическая политика и кризис партии после смерти Ленина. С.62–63.

[2] 参见郑异凡：《不惑集》，辽宁教育出版社 2001 年版，第 413—416 页。

[3] 《列宁传》，下册，三联书店 1960 年版，第 640 页。

时的领导（“三驾马车”），10月15日党内46名老干部发表声明。列宁到莫斯科的时候，正是政治局讨论政治危机的那一天。

列宁返回哥尔克之后，高层领导企图把他送到克里木疗养，但遭到坚决拒绝。不过，不久还是把托洛茨基送到高加索疗养去了。

党内争论和列宁逝世

在1923年底，有一件事显然使列宁激动不安，这就是当时托洛茨基和斯大林等党内多数派围绕“新方针”发生的争论。《列宁年谱》记载，不早于11月7日至12月，列宁浏览报纸，请克鲁普斯卡娅给他读关于党的建设的争论的基本文件。为避免列宁激动，克鲁普斯卡娅和乌里扬诺娃写信给中央政治局，要求把争论资料刊印在单独的“争论专页”上，以免列宁看到。1924年1月16—18日俄共（布）召开第十三次代表会议，会议总结了“新方针”的争论，谴责托洛茨基主义为“小资产阶级倾向”，是“对列宁主义的修正”。会议还决定公布俄共（布）第十次代表大会《关于党的统一》的决议第7条，其中规定对搞派别活动的中央委员可以降为候补委员直至开除出党。1月17—18日列宁浏览报纸，看发表在《真理报》的关于俄共代表会议的报道，由克鲁普斯卡娅读给他听。19—20日她给列宁读发表在《真理报》上的代表会议决议。克鲁普斯卡娅后来回忆说：“星期六（1月19日）看来弗拉基米尔·伊里奇激动不安起来，我告诉他，决议是一致通过的。星期六和星期天我们是在谈论决议中度过的。弗拉基米尔·伊里奇听得非常仔细，有时还提问题。”[1]

党内争论和党的第十三次代表会议就争论做出的决定，使列宁深感不安。第一，争论涉及党内民主和反对官僚主义，这都是列宁发病前后所关心的问题。第二，被戴上“反列宁主义”罪名的托洛茨基恰恰是列宁在病中一再求助的人，是列宁甚至同意与之结成“反官僚主义联盟”的人。第三，公布俄共第十次代表大会《关于党的统一》决议的第7条。列宁当年曾经表示，

---

[1] В. И. Ленин: Биографич. хроника. 1870–1924. Под общ. ред. *Г. Н. Голикова и др.* М., 1970–1982. Т. 12. С.622.

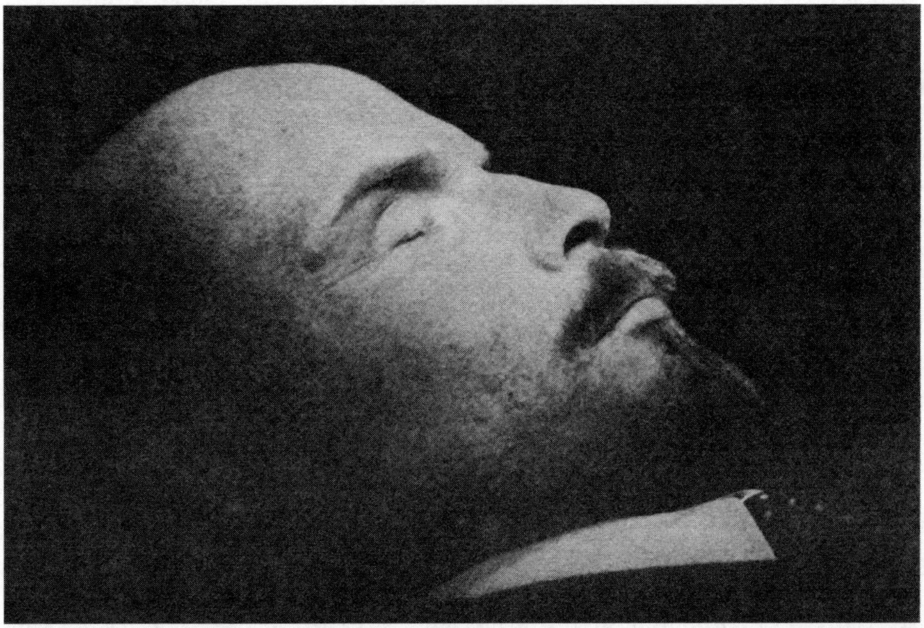

领袖长眠

让代表大会选出的中央委员会有权开除中央委员，这是任何民主制和任何集中制都不容许的。这是一种极端措施，希望不要运用，所以提议不予公布。[1] 在列宁缺席的情况下，公布这一条，极有被滥用的可能。所以列宁在读报过程中“激动不安起来”，克鲁普斯卡娅要向列宁解释“决议是一致通过的”，就合乎逻辑了。

顺便说一下，尽管存在限制和直接禁令，1923 年秋列宁至少两次会见了普列奥布拉任斯基，还有 A.K. 沃隆斯基，很可能还有季·弗·萨普龙诺夫，他们都是“46 人声明”的签字者。给列宁看病的格季耶医生同时也给托洛茨基看病，列宁完全可以通过他同托洛茨基保持联系。

医生曾多次警告不能让列宁激动，而能够使列宁激动的只有政治问题。从治病来说，脱离政治避免激动，他可以平静地活下去，但作为党的领袖，脱离政治，他又无法活下去，他是为政治而活的人。从 1923 年初到 1924 年初，列宁每次发病前都有一些重大的政治问题使他激动不安，他不能对此视而不

[1] 《列宁全集》，中文第 2 版，第 41 卷，第 88、97 页。

见，不闻不问。他要干预，他想斗争，但他已经力不从心了，他身患重病，手中无权，完全失去控制局势的力量了。

1924年1月20日，列宁感到身体不适，没有吃早饭，也没有出去散步。21日下午5点半，病情急剧恶化，呼吸断断续续，逐渐失去知觉。6点50分逝世。

当时在场送别列宁的高级领导人只有布哈林一人，他因感冒正在哥尔克休息。随后托姆斯基、加里宁、斯大林、加米涅夫和季诺维也夫从莫斯科赶来。

1月22日俄共（布）中央委员会发表《告全党和全体劳动人民书》，宣告列宁病逝。文告写道：无产阶级伟大解放运动的历史，在马克思以后，从来没有产生过像我们已故的领袖、导师和朋友这样伟大的人物，列宁同志对马克思主义宝库作了许多宝贵的贡献，把自己的一生，从开始自觉的生活到最后的困难的一息都全部献给了工人阶级。他的肉体的死亡，并不是他的事业的死亡。列宁活在我们每个党员的心里，我们整个共产主义家庭是列宁的集体化身。[1]

争夺“王位”的斗争从此公开化。丘吉尔说过：“俄国最大的不幸是列宁的去世。”

遗体——埋葬还是保存

关于身后如何处理，列宁没有留下遗言。不过，还在列宁卧病期间，一些感到列宁难以康复的政治局委员曾聚会，议论后事的料理。

大约在1923年10月底列宁莫斯科之行之后，托洛茨基、布哈林、加米涅夫、加里宁、斯大林和李可夫曾非正式聚会。

斯大林说，据他得到的消息，列宁的健康突然恶化，有死亡的危险。加里宁就此指出，这提出了如何安葬这一极端重要的问题。“需要考虑与此有关的全部问题。对这一可怕的事件我们不要搞得措手不及。如果要安葬弗拉基米尔·伊里奇，葬仪之盛大应是世上空前的。”

[1] 《苏联共产党代表大会、代表会议和中央全会决议汇编》，第2分册，第393—396页。

斯大林完全支持加里宁："的确需要事先把一切都考虑到，以免在极其悲痛的时刻出现任何张皇失措。据我所知，这一问题也使我们的某些外省同志极为焦虑不安。他们说，列宁是俄罗斯人，应当以与之相应的方式安葬。例如他们坚决反对火葬，把列宁遗体火化。照他们的看法，焚化遗体不符合俄罗斯人对先人的敬爱之情。这种做法甚至会是对他的纪念的一种侮辱。在俄罗斯人的观念中，焚化、消灭和抛洒骨灰，总是被看作是对被处死者的最后最高裁判。某些同志认为，现代科学有可能借助于防腐剂长期保存先人的遗体，至少可以保存相当长的时间，使我们的意识能适应列宁毕竟不在我们中间了这一思想。"

托洛茨基对此反应激烈，他说："斯大林同志讲完话以后，我这才明白，说列宁是俄罗斯人，应当按俄罗斯方式安葬这起初令人不解的议论和指示要引向何方。照俄罗斯方式，照俄罗斯东正教教规，圣徒是要制成干尸的。看来是要建议我们这革命的马克思主义政党按照这种方式行事——保存列宁的遗体。过去有过谢尔盖·拉多涅日斯基和谢拉菲姆·萨罗夫斯基的干尸，现在想用弗拉基米尔·伊里奇的干尸去取代它们。我倒很想知道，这些外省同志都是些什么人，据斯大林说，他们建议借助现代科学给列宁遗体涂上防腐剂，把它制成干尸。我想对他们说，他们同马克思主义科学绝无共同之处。"

布哈林完全赞同托洛茨基，同样表示愤慨。照他的看法，把列宁的遗体变成涂上防腐剂的木乃伊，这是对他的纪念的严重侮辱，同他的唯物主义、辩证法的世界观极端矛盾而不相容，提都不应该提。"我觉得在党内什么地方从空隙里冒出一股奇怪的气味，想以牺牲思想的崇高去推崇身体的遗骸。例如有人说，要把马克思的遗骨从英国迁到莫斯科来。甚至听说，把这一遗骨安葬在克里姆林宫宫墙旁似乎会使这整个地方，使安葬在烈士公墓的人增添'神圣性'和意义。这真是鬼知道是什么玩意儿！"

加米涅夫以同样的精神反驳斯大林。他说，有人建议把彼得格勒改名为列宁格勒，这种显示列宁在十月革命历史上巨大作用的做法，加上出版几千万册他的著作，是对列宁的真正尊敬和纪念。至于保存列宁的遗体，这是列宁在其哲学著作中曾予以痛斥的那种"僧侣主义"的特殊的和奇怪的余音。[1]

[1] *Валентинов(Вольский) Н.* Новая эконимическая политика и кризис партии после смерти Ленина. С.90–93.

木建筑的列宁墓。1925 年

聚会显示，党内高层早在列宁逝世之前就有人打算按照东正教的教规保存其遗体。

1924 年 1 月 22 日，俄共召开中央全会，决定由苏维埃代表大会召开追悼大会。列宁遗体由 200 人（代表会议代表和党的领导人）护送运往莫斯科。遗体告别地点为工会大厦。同日，苏联中央执行委员会主席团成立了治丧委员会，其成员为捷尔任斯基（主席）、穆拉洛夫、拉舍维奇、邦契－布鲁耶维奇、伏罗希洛夫、莫洛托夫、捷连斯基和叶努基泽。政治局决定建议中央执行委员会把彼得格勒改名为列宁格勒。

这时候还没有长期保存遗体的迹象，仅仅由阿布里科索夫作一般的保存 6—7 天的常规防腐处理，以保证遗体告别活动的正常进行。

1 月 26 日《真理报》在第 4 版左角，刊载了由加里宁签署的中央执行委员会主席团的决定：

> 为满足无数代表团和致苏联中央执行委员会请求信上所表述的愿望；为使在安葬日赶不到莫斯科的人们有可能同敬爱的领袖告别，苏联中央执行委员会主席团决定：
>
> 1. 把有弗拉基米尔·伊里奇遗体的灵柩陈放在陵墓内供瞻仰。

2. 陵墓建在克里姆林宫宫墙旁十月革命战士公墓中间。

这一决定语义含糊，一方面，保存列宁遗体似乎具有临时的性质，为的是让外省来的人得以同敬爱的领袖“告别”，另一方面，又要建造“陵墓”，这就不是临时性的，而是供长期瞻仰的永久性建筑了。决定之所以采用语义含糊的表述，显然是因为政治局内存在不同意见，斯大林和加里宁等人不顾其他政治局委员如托洛茨基、加米涅夫和布哈林的反对而执意要求保存列宁遗体，所以只好含糊其辞作缓兵之计。

其结果就是使得某些地位相当高的领导人也莫名其妙。例如，时任中央监察委员会书记的雅罗斯拉夫斯基，1月26日在《真理报》上发表的文章说：“亲爱的列宁！你的已死亡的躯体，我们把它埋入地下，而你的事业，你的思想，仍然同我们在一起。”即使最高层人士也有人认为列宁将被埋葬入土。1月26日全苏第二次苏维埃代表大会举行追悼大会。会上一些领导人的讲话也都意味着列宁遗体将被埋葬入土。季诺维也夫说：明天我们将把弗拉基米尔·伊里奇“埋入坟墓”。加米涅夫说：“现在我们拜倒在领袖墓前。”1月27日季诺维也夫在文章中写道：“真好，决定把伊里奇埋入坟墓！真好，我们及时领悟到这样做！所以，把伊里奇的遗体掩埋入土已经不再那么令人难以忍受了。”

斯大林在追悼会上发表了带有浓重宗教色彩的宣誓词，连“遗嘱”一词用的也不是法律用语“завещание”，而是具有强烈宗教色彩的“заповедь”（戒条，圣训）。不过这个“宣誓”当时影响不大。1月27日，《真理报》发表全苏第二次苏维埃代表大会追悼会的消息，依次报道了会上各人讲话的提要：加里宁（主席）、克鲁普斯卡娅、季诺维也夫、斯大林、布哈林、蔡特金，最后是加米涅夫的讲话全文。后来以“伟大的宣誓”闻名的斯大林的讲话并不突出，在报道中只用几句话一带而过。直到1月30日，才把包括斯大林在内的各人讲话全文发表。

1月26日，苏维埃代表大会批准了1月25日主席团的决定，同时决定把彼得格勒改名为列宁格勒。

托洛茨基当时在赴苏呼米休养途中，没有来得及赶回来参加葬礼，但他的立场是清楚的。他后来在《我的生平》中写道：本应当把列宁看作革命领袖，而现在却把他当作教会等级的首领。不顾我的多次抗议，在红场建立了有辱革命意识的陵墓。

娜·康·克鲁普斯卡娅于1月29日给他写了一封短信：

亲爱的列夫·达维多维奇：

我给您写信是想告诉您，弗拉基米尔·伊里奇在去世前约一个月翻阅了您的那本书，停在您评价马克思和列宁的那个地方，他请我再给他读了这一段，听得非常仔细，然后又亲自看了一遍。

我还想告诉您，弗·伊·在您从西伯利亚到伦敦找我们时形成的对您的态度，直到他去世为止始终没有变。

列夫·达维多维奇，我祝您精力充沛，身体健康！紧紧拥抱您！

娜·克鲁普斯卡娅[1]

即使临时保存遗体暂不入土的方案也受到克鲁普斯卡娅、列宁的姐妹兄弟的反对。政治局曾委托季诺维也夫和布哈林同克鲁普斯卡娅“谈话”，说服她不要坚持过一个月还会重新提出讨论的建议。

不久，克鲁普斯卡娅公开呼吁，不要把对列宁的怀念变成某种宗教仪式。1月30日，她针对“为伊里奇竖立纪念碑”而建立基金一事，在报上发表短信说：“我对你们有一个很大的请求，不要把自己的悲痛变成对他个人的表面崇敬。不要为他竖立纪念碑，不要建造用他的名字命名的宫殿，不要举办豪华的隆重纪念仪式，等等，这一切他在生前认为没有什么意义，感到是一种累赘……”

值得一提的是，匆忙修建的陵墓在列宁遗体移入后立即关闭了。官方的理由是陵墓内部装修未完，实际上更为重要的原因是列宁的遗体开始腐烂了，需要用新办法重新处理。

政治局和捷尔任斯基、克拉辛开始寻求保存遗体的办法。1924年3月13日政治局听取莫洛托夫和克拉辛的报告后通过决定：“鉴于缺乏其他保存弗·伊·遗体的方法，责成委员会用低温的方法保存遗体。”此后不久，党的领导赞同哈尔科夫的沃罗比约夫的保存方案。经过4个月的防腐处理，得出可以长期保存的结论。

---

[1] 《苏联历史档案选编》，第6卷，第30页。

"遗嘱"的命运

列宁逝世后，开始准备党的第十三次代表大会。大会前的一个重要措施是"检查和清洗"非生产部门党支部（即军队、高校、机关支部），这些支部同情托洛茨基反对派的人数甚多。在此过程中"检查"了23万共产党员，即党员总数的23%，清洗出党的有5 763人，即占清查党员数的2.7%。

在党的十三大上，普列奥布拉任斯基指出，清党基本上只涉及那些通过反对派决议的组织，清党"是一种同反对派作斗争的手段，是算旧账的方法"。但对被清洗者提出的正式指责并非参加反对派，而是道德错误，如"钻营者"、"自私自利分子"、"好闹无谓纠纷的人"等等。[1]

出席党的十三大的代表采取由党机关核准的方式产生。在有表决权的代表中没有一个反对派分子。甚至托洛茨基、拉狄克、拉柯夫斯基和皮达可夫都是作为中央委员出席大会，只有发言权。精心挑选的代表一致要求反对派放弃自己的观点。在会上发言的托洛茨基和普列奥布拉任斯基指出这种要求是党内第一次出现，会引发新的"悔过"浪潮。克鲁普斯卡娅反对托洛茨基所说的"党永远正确"的说法，说如果党永远正确，就不必进行争论了，她反对要求"悔过"的做法，认为代表应当首先讨论党面临的问题，要求反对派无条件放弃自己的观点是"心理上行不通的"，只会造成原反对派与党的核心之间关系不必要的紧张。[2]

大会出现一个令斯大林、季诺维也夫和加米涅夫"三驾马车"非常不安的问题，这就是如何处理"列宁遗嘱"，即列宁在1922年12月23日、24日口授的给代表大会的信以及1923年1月4日口授的"对1922年12月24日一信的补充"。这是一个棘手问题，因为列宁的信中提到了季诺维也夫和加米涅夫在十月武装起义问题上的错误，指出斯大林的严重缺点，要求把他调离总书记职位。列宁曾经嘱咐，口授的信件必须严格保密。但是12月23日的信，秘书福季耶娃违反规定当天就交给斯大林了。对24日信的补充，至少布哈林、季诺维也夫和加米涅夫，也许还有奥尔忠尼启则、托洛茨基也看到

[1] 《俄共（布）第十三次代表大会（速记记录）》，人民出版社1987年版，第219页。

[2] 同上书，第261页。

了。[1]斯大林曾故作姿态说，他对此一无所知，但作为总书记，他不可能不知道。[2]

5月18日，代表大会开幕前5天，克鲁普斯卡娅把列宁给代表大会的信等1922年12月23日至1923年1月23日所口授的13个文件移交给列宁文件接收委员会。克鲁普斯卡娅写明，列宁坚决要求在他死后送达党的应届代表大会。实际上在1923年5月底或6月初列宁的文件已经陆续送到政治局，而列宁逝世后立即成立列宁文件接受委员会，不言而喻，其任务首先就是接受这批关系最高领导人命运的文件。[3]所以克鲁普斯卡娅的移交仅仅是完成一种例行公事的动作而已。5月21日，大会开幕前一天，中央全会宣读了列宁的信。斯大林的秘书巴扎诺夫参加了全会的工作，他在回忆录中记述了宣读遗嘱的情况。宣读完毕，季诺维也夫接着讲话，内容如下：

> 同志们，你们大家都知道，伊里奇的遗嘱，伊里奇的每一句话对我们都是法律……但有一点我们可以高兴地指出，伊里奇的担心没有得到证实。我们亲眼证实最近几个月我们的共同工作，跟我一样，你们可以满意地看到，伊里奇所担心的事情并没有出现。我说的是我们的总书记和中央分裂的危险。[4]

斯大林在会上提出辞呈："好吧，我确实粗暴……伊里奇建议你们找一个比我有礼貌的人。好吧，试试找吧。"斯大林当时的一位朋友在座位上喊道："没关系，我们不怕粗暴，我们的整个党都是粗暴的、无产阶级的。"[5]

---

[1] Известия ЦК КПСС. 1991. № 4. С.199. 另见郑异凡：《不惑集》，辽宁教育出版社2001年版，第413—416页；[俄] 尤·阿·布拉诺夫著：《被篡改的列宁遗嘱》，新华出版社1999年版，第18—21页，作者认为，托洛茨基在1922年底没有看到列宁口授的信件。

[2] Известия ЦК КПСС. 1991. № 4. С.203. 1923年7月30日季诺维也夫给加米涅夫的信中提到"伊里奇的话千真万确"。斯大林显然获悉了信的内容，于8月7日给季诺维也夫回信说："何必引用一封我并不知道的伊里奇谈书记的信呢？"（见《苏联历史档案选编》，第2卷，第313、324页）可见斯大林知道"伊里奇的话"的内容。

[3] 详见郑异凡："列宁遗嘱考"，《不惑集》，辽宁教育出版社2001年版，第389—412页。

[4] 参见［俄］波·巴让诺夫著：《斯大林秘书回忆录》，知识出版社1982年版，第108页。

[5] *Троцкий.* Завещание Ленина. 引自 *Роговин В.* Была ли альтернатива? Терра. 1992. С.174.

俄共中央总书记斯大林。1922年4月

季诺维也夫，接着加米涅夫提议继续选举斯大林担任总书记。加米涅夫说，政治局考虑到列宁的意愿，提出把列宁的这一文件向代表大会的代表传达的建议，不过政治局建议不要在全体大会上传达，而只在各代表团分别宣读。加米涅夫还补充说："政治局建议在讨论列宁的信件时应以能够把斯大林留在总书记的职位上为出发点，因为他已经承认列宁所指出的缺点，并且答应从中得出必要的结论。"[1] 全会通过举手表决，多数人同意斯大林留任总书记。会上除托洛茨基外，所有政治局委员都反对向大会宣读。全会最后通过如下决定：

> 按照弗拉基米尔·伊里奇的意愿，把宣读过的文件交代表大会向各代表团分别宣读，规定这些文件不得复制，而由伊里奇文件接收委员会负责向各代表团宣读。[2]

根据这项决定和代表大会主席团的决定，向各代表团分别宣读了《给代表大会的信》。宣读时禁止做记录，禁止讨论，在全体会议上不得引用遗嘱。宣读后，季诺维也夫和加米涅夫加以说明，说从列宁写这份文件起，党

[1] [俄] 阿·伊·米高扬："列宁逝世后的第一次党代表大会"，载《苏联大清洗内幕》，陈启能主编，社会科学文献出版社1988年版，第460页。

[2] 《列宁全集》，中文第2版，第43卷，第558页。

内状况有了重大变化，现在的主要危险已不是斯大林的粗暴和不忠顺，而是托洛茨基及其党徒的活动，撤销斯大林的总书记职务只会有利于他们。他们要代表们相信，斯大林接受了列宁对他的缺点的批评。斯大林也立即做出保证。

对这样一份重要的文件本来应当深刻思考，认真交换意见和讨论的，然而其内容仅仅是用耳朵听一遍，对列宁的思想很难有深刻的把握。“遗嘱”没有能够中止或缓和党内斗争，反而促使斗争的进一步发展。

在决定总书记职务问题时代表大会采取了违规的程序。先由大会各代表团做出赞同保留斯大林职务的决定，然后中央全会“形成”这一实际上已经通过的决定。由于这种做法，斯大林似乎是直接从党的代表大会获得担任总书记的授权的，他在以后不止一次地提到这一点。因此大会不是限制，而是加强了斯大林的权力。

代表大会后举行的中央全会上选出的中央书记除斯大林外，还有莫洛托夫（第四次），安德列耶夫、卡冈诺维奇、捷连斯基[1]（均为第1次）。全会选出的政治局委员有：布哈林、季诺维也夫、加米涅夫、李可夫、斯大林、托姆斯基、托洛茨基。候补委员有：捷尔任斯基、加里宁、莫洛托夫、鲁祖塔克、索柯里尼柯夫和伏龙芝。

“三驾马车”在这次大会上把工作的重心放在如何消除列宁“遗嘱”对他们的冲击上，限制列宁最后思想和主张的扩散，全力保住斯大林的总书记位置，这样就把列宁在信中提出的一系列其他建议，特别是政治改革的建议，推到次要地位，甚至没有在党的十三大以及以后的党的论坛上讨论。而广大普通党员除小道消息外，无从知道列宁“遗嘱”。

不过对这样一件重要的文件要完全封锁是不可能的。1925年美国人**伊斯特曼在《列宁死后》**一书中引用了列宁的“遗嘱”，即1922年12月24日及1923年1月4日的补充，包括对斯大林、托洛茨基、季诺维也夫、加米涅夫、布哈林和皮达可夫的评价，书中的引文是真实的。因文中涉及托洛茨基和克鲁普斯卡娅的一些言论，根据“政治局委员们的建议”，两人分别在《布尔什维克》杂志上写文章发表声明，进行“辟谣”。

---

[1] 1924年秋斯大林把有支持季诺维也夫和加米涅夫嫌疑的捷连斯基调任中央中亚局书记。

托洛茨基的《关于伊斯特曼〈列宁死后〉一书》实际上证实了列宁书信的存在。他写道："弗拉基米尔·伊里奇从患病时起就再三向党的领导机关和党的代表大会提建议、写信等等。"但他否认存在本义上的"遗嘱"，说列宁"没有留下任何'遗嘱'，无论就他对党的关系来说，还是就党本身的性质来说，都不可能有这种'遗嘱'"。这种提法当然是对的。他接着指出，"在流亡国外的俄国资产阶级、外国资产阶级和孟什维克的报刊上通常提到的所谓'遗嘱'，就是弗拉基米尔·伊里奇的一封内容是组织内部建议的信（已经被歪曲得面目全非）。党的第十三次代表大会像对待所有其他书信一样，也非常重视这封信，并根据这封信做出了适合当时条件和情况的结论"。[1]

克鲁普斯卡娅在《致〈Sunday Worker〉报编辑部》一文中也谈到了列宁给代表大会的信。她说："他关于党内关系的信（'遗嘱'）也是为党的代表大会写的……信中还包含对一些党内最负责的同志的评语。信中对这些弗·伊·曾长期与之共事的同志毫无不信任之意。相反地，信中对他们有不少赞扬之词……信的目的是要帮助活着的同志们沿着正确轨道工作，因此除了优点，也指出包括托洛茨基在内的这些同志的缺点，他们必须注意这些缺点，以便最好地组织党的领导集体的工作。像弗·伊·所希望的那样，全体代表看到了这些信件。他们被不正确地叫做'遗嘱'，因为列宁的遗嘱就这个词的真正含义而言要广泛得多，它包括弗·伊·的最后文章，涉及党和苏维埃工作的一些基本问题。这就是《论合作社》、《论工农检查院》、《日记摘录》（论教育）、论我国革命的文章。"[2]

两人的声明实际都证实了被叫做"遗嘱"的给代表大会的信的存在，其内容包含对一些最高领导人的评语。

接着，1926年伊斯特曼在美国（《纽约时报》1926年10月18日），苏瓦林在法国全文发表了列宁的"遗嘱"。

从1925年起党内斗争日益尖锐化，争论各方都竭力求助于列宁权威，"遗嘱"自然成了大家瞩目和利用的对象。由于"遗嘱"明显不利于斯大林，托洛茨基反对派就不断指责斯大林隐瞒了列宁"遗嘱"，要求予以公布。斯大林也

[1] Большевик. 1925. № 16. С. 68.

[2] Большевик. 1925. № 16. С. 73.

提出自己的解释来反击反对派。

在1926年七月全会上反对派领袖提出公布列宁遗嘱并执行其中有关斯大林的建议问题。

问题是斯大林派引起的。在1926年初，斯大林要求公布1917年列宁批评季诺维也夫和加米涅夫的信。10名中央委员（卡冈诺维奇、基洛夫、安季波夫等）在四月全会上提出要求，向中央委员和中央监察委员分发列宁1917年10月18日的信件，此信把加米涅夫在《新生活报》上发表泄露起义秘密的文章叫做“背叛”和“工贼”行为。根据李可夫的建议，此声明被送交全会由政治局审议。

这以后反对派成员分别向政治局递交声明。托洛茨基的声明中强调，单方面利用某些没有公布的列宁信件，而不提另一些信件，这是不对的。在政治条件改变的情况下有选择地公布列宁的文献会让人怀疑这是有意败坏某人声誉的政策。为防止恶意利用列宁政治遗产的某一部分，托洛茨基建议收集全部人所不知的或者知之不多的列宁信件，并分发给全体中央委员。

季诺维也夫和加米涅夫在声明中指出，关于分发列宁1917年的信件是想把它作为党内斗争的工具，因此他们提出列宁另一些信件问题，其中包括列宁论民族问题的信件和《给代表大会的信》，这只有党的第十二次代表大会和第十三次代表大会的代表知道，并且仅仅听过一遍。因此目前的某些中央委员和候补委员并不知道列宁的这些信件的原貌。季诺维也夫和加米涅夫强调，列宁之所以没有能够实施有关斯大林的建议，是因为他已经没有可能参加党的十二大和十三大了。

最后是克鲁普斯卡娅的声明，其中指出，一些不大了解列宁和完全不知道列宁对一些同志评价的新当选的中央委员会和中央监察委员会委员们对列宁信件感兴趣是可以理解的。某些中央委员和中央监察委员也许甚至不知道存在许多未曾公布的列宁信件。因此如果要分发，那就分发全部信件，否则“这种分发将会具有使弗拉基米尔·伊里奇感到愤怒的性质”。[1] 克鲁普斯卡娅强调完全有必要公布“遗嘱”。

针对这些声明斯大林和李可夫于4月24日和27日给中央委员们发去“意

---

[1] Вопрос истории КПСС.1990. № 2. С.105–106.

见”。斯大林写道，列宁的愿望在党的第十三次代表大会上已经实现，因为在代表大会的分团进行了讨论（实际上并没有讨论），在“遗嘱”中列宁把季诺维也夫和加米涅夫的1917年10月的错误同“托洛茨基的错误相提并论”（列宁这里是要求不要把托洛茨基的非布尔什维主义“归罪于他个人”）。与此同时，斯大林声明，如果克鲁普斯卡娅建议公布“遗嘱”，他“只会支持克鲁普斯卡娅关于公布文件的建议”。[1]

到召开七月全会的时候，在党内，特别是在反对派成员中间，已经广泛流传“遗嘱”和列宁关于民族问题信件的副本。党机关人员也希望搞清楚列宁在信中到底说了些什么（“反对派知道，而我们不知道”）。

七月全会通过决定，请求党的第十五次代表大会取消第十三次代表大会关于禁止公布“给代表大会的信”的决定，把它刊载在《列宁文集》中。这就意味着在十五大之前可以不公布“遗嘱”，这非常有利于斯大林。

同年9月，托洛茨基在《就反对派问题答同志们问》中写道：“我们无条件地承认列宁在遗嘱中关于我们每一个人所做的一切指示，因为这些指示的深刻含义已在实践中得到完全证实，我们无条件地把遗嘱付诸实施，遗嘱的意义不仅在于要把斯大林从总书记的职位上调开，而且在于保留列宁在世时形成的整个领导核心，并防止党的领导从列宁式的领导蜕化为斯大林式的领导。只是由于两派（1923年反对派和1925年反对派）的共同经验，所有基本问题——经济的、党内制度的、共产国际政策的——才获得了正确的和完全的解决。”[2]

1927年10月21—23日召开中央联席全会，反对派再次提出公布“遗嘱”和执行列宁关于撤销斯大林职务的建议问题。斯大林被迫在全会上宣读“遗嘱”文本。

斯大林在会上做了题为《托洛茨基反对派的过去和现在》的发言，在“几个小问题”一节中声称：“事实已经证明并且再三证明了：谁也没有隐瞒过什么，列宁的‘遗嘱’是给党的第十三次代表大会的，这个‘遗嘱’已在代表大会上宣读过，代表大会一致决定不把它公布，其原因之一是列宁本人不愿意而且没有要求把它公布。”斯大林把列宁批评他“粗暴”的缺点变成“优点”说：“一

[1] Вопрос истории КПСС.1990. № 2. С.102–107.

[2] Архив Троцкого. М., Терра.1990. Т.2. С.82–83.

联共十五大上的表决（1927 年 12 月）。前排：李可夫、斯克雷普尼克、斯大林

点不错。是的，同志们，我对待那些粗暴而阴险地破坏并分裂党的人是粗暴的。这一点，我过去和现在都没有掩饰过。”“粗暴并不是也不可能是斯大林的政治路线或立场上的缺点。”最后斯大林提到他多次辞职的请求以及请求被拒绝的经过，说：“我有什么办法呢？从岗位上溜掉吗？这不合我的性格，我从来没有从任何岗位上溜掉过，也没有权利溜掉，因为这样做就是逃兵行为。我这个人，以前已经说过，是不由自主的人，只要党责令我，我必定服从。”[1]

联席全会肯定 1926 年七月全会的决定，请求党的第十五次代表大会准许公布“给代表大会的信”和 1917 年 10 月列宁建议把加米涅夫和季诺维也夫开除出党的信。但违背这一决定，列宁批评季诺维也夫和加米涅夫十月错误的两封信在代表大会召开前一个月就在《真理报》公布，加上题为《列宁论 1917 年 10 月的工贼。1917 年的工贼和 1927 年的工贼》的编辑部文章。文中强调，“公布的列宁信件不仅具有纯粹的历史文献的意义，而且也具有适用于当前的政治意义”，说现在的工贼是因为季诺维也夫和加米涅夫在国外接近左翼反对派集

[1] 《斯大林全集》，第 10 卷，第 149—153 页。

团办的刊物上公布“党内秘密文献”。[1]

1927 年底召开的联共（布）第十五次代表大会讨论了上述建议，奥尔忠尼启则在十五大上关于中央监委和工农检查院报告的结束语中，请求大会接受七月全会关于“公布弗拉基米尔·伊里奇涉及党内分歧的最近信件，并撤销党的第十三次代表大会关于禁止公布‘遗嘱’的决定”。大会一致决定，“不仅公布被称之为‘遗嘱’的那封信，并且还公布其他尚未公布的关于党内问题的信，把所谓‘遗嘱’附入速记记录”。[2]“其他”信件是指列宁在 1917 年 10 月写的斥责加米涅夫和季诺维也夫反对起义的信。但是决议并未付诸实施，“遗嘱”仅在代表大会公报第 30 号上发表，共印刷了 13 500 份。会后于 1928 年出版的联共第十五次代表大会速记记录中并没有收入“遗嘱”，《列宁文集》上也没有刊载。出现这种情况是很自然的，在十五大前夕和大会期间反对派的主要成员已被开除出党，再也没有人会在党的会议上提“遗嘱”问题了。

不过“遗嘱”的主要内容——关于几个主要领导人的评语，在苏联 20 年代已通过斯大林等人的报告和讲话透露出来了。1927 年中央十月全会讨论把托洛茨基等开除出中央委员会的问题，会上一再提到“遗嘱”问题。托洛茨基说：“列宁在展望自己离开工作后的前景时，向党提出了最后的忠告：‘解除斯大林的职务，这个人会给党带来分裂和毁灭的’……党没有及时得知这一忠告，人员经过精心挑选的机关把它隐藏起来了。”季诺维也夫在发言中说：“列宁在遗嘱中指出了我们每个人的缺点，但嘱咐我们一起工作。我们绝对相信，出路在于列宁指出的这条道路。”[3] 斯大林在《托洛茨基反对派的过去和现在》的报告第一节“几个小问题”中对此作了回答，并且引用了“遗嘱”中涉及托洛茨基、季诺维也夫和加米涅夫的一段，涉及斯大林本人的一段，在谈到粗暴问题时几乎全文援引了 1923 年 1 月 4 日列宁写的《对 1922 年 12 月 24 日的信的补充》，包含说的斯大林太粗暴，建议把他从总书记的位置上调开的全部内容。但是，在出版《斯大林全集》第 10 卷时，直接引用“遗嘱”的语句统统被删去，只

[1] Правда.1927.1 ноября.

[2] Пятнадцатый съезд ВКП(б). Стенографичесий отчет. М.,1961. Т.1. С.610,623.

[3] Правда.1927. 2 ноября.

剩下为自己辩解的话。[1] 之后，在反对所谓布哈林的“右倾”的运动中，1929年4月斯大林在《论联共（布）党内的右倾》中引用了“遗嘱”中有关布哈林不懂辩证法的一整段文字，以证明布哈林是“不懂辩证法的理论家，繁琐哲学的理论家”。[2] 至此为止，“遗嘱”的主要内容，特别是对6个领导人的评语，实际上已公之于众，已成为国内外的公开秘密。

尽管如此，随着反对派的失败，“遗嘱”还是成了禁书。1927年10月，季诺维也夫在中央全会上责问：“为什么列宁的遗嘱成了非法文件？”他说：“我看到过国家政治保卫局在共产党员那里进行搜查的记录。在没收的‘罪证’中几乎总有列宁的遗嘱。”[3] 在20世纪30年代，“遗嘱”成了最高机密，甚至被宣布为伪造的文件，当作反革命的谣言追查，有人甚至仅仅因为藏有“遗嘱”而被逮捕和判刑。[4] 斯大林时期出版的《列宁全集》俄文第4版对“遗嘱”只字不提。

斯大林逝世后，1956年在苏共第二十次代表大会上赫鲁晓夫做了一个“秘密报告”，报告引用了列宁给代表大会的信中对斯大林的批评，谈了写这封信的背景。随后把信的全文分发给全体代表，并印发各级党组织。1956年第9期《共产党人》杂志公开发表了1922年1月23日至1924年1月4日口授的给代表大会的信。在苏共党内传达时显然还有一些有关附件，这些附件没有在《共产党人》上发表。只是在以后出版的《列宁全集》第5版的注释中被全文或部分引用。这些附件就内容讲并不新鲜，只不过是证实了托洛茨基早先公布的有关文件的真实性而已。

1964年出版的《列宁全集》俄文第5版第45卷和1965年出版的第54卷分别刊登了列宁给代表大会的信和关于民族问题的信，1923年3月5日和6日列宁分别写给托洛茨基、斯大林和姆季瓦尼等人的信，还发表了列宁生病期间《列宁值班秘书日志》，同时发表了大量资料性注释，这就为研究和理解列宁“遗嘱”提供了一批第一手资料。

---

[1] 见 Правда.1927. 2 ноября. 另见引文被删去的《斯大林全集》，第10卷，第149—153页。

[2] 见《斯大林全集》，第12卷，第61—62页。

[3] 见 Правда.1927. 2 ноября.

[4] 参看 *Медведев Р.А.* К суду истории. New York. 1974. C.66；约瑟夫·贝尔瑞：《一代人的毁灭》，载《马克思主义研究参考资料》，1981年第13期，第7页。

第四章　世界革命和冲破资本主义的封锁

第一节　世界革命的期待和输出革命的失败

第一次世界大战结束后苏俄处于复杂的国际环境之中。战争的结果根本改变了世界的格局，改变了各大资本主义国家之间的力量对比。德国沦落为二等国家，其行为受到凡尔赛条约的限制；英国和法国虽然是战胜国，但经济力量被大大削弱，背上沉重的债务；资本主义世界处于领先地位的是美国，是战争的最大受益国。

凡尔赛条约不仅没有解决矛盾，反而产生新的矛盾。战败国和战胜国之间，小国和列强之间，殖民地国家和宗主国之间的矛盾都极其尖锐。美英两国争夺世界霸权，美国同日本争夺远东，英国和法国争夺欧洲，意大利、英国和法国争夺地中海区域。由于 1921 年开始的世界经济危机，形势更加激化了。美国的经济危机特别严重，从 1920 年 6 月到 1921 年 4 月，美国的工业指数下降 32%，出口值下降几乎一半。经济危机也给其他国家以沉重的打击，生产遭到严重破坏，失业增加。资本主义国家之间争夺市场和原料的斗争激化。

十月革命曾经掀起一股强烈的世界革命的浪潮。为促进世界革命的发展，1919 年成立了共产国际，又称第三国际。其任务就是在世界各国开展革命斗争，开展和领导世界革命，“共产国际是领导国际无产阶级革命起义的党”。[1]1920 年共产国际第二次代表大会明确表达了用苏俄红军帮助欧亚各国建立无产阶级政权的思想：“只要苏俄没有成为全世界苏维埃共和国联盟的一个成员，国际无产阶级的斗争就决不会罢休。”[2]

1920 年进军波兰就是苏俄用武力向外推进世界革命的一个例子。

1920 年 4 月波兰皮尔苏茨基政府联合彼得留拉和弗兰格尔军队向苏俄发动进攻。苏俄红军于 6 月 5 日收复乌克兰，并推进到波兰边界。苏维埃政府决定乘胜进军华沙，把革命推进到德国以至全欧洲。红军第 8 集团军司令图哈切夫斯基发布命令称：“我们用刺刀给劳动人民带去幸福和和平，向着西方

[1]　[匈] 贝拉·库恩编：《共产国际文件汇编》，第 1 册，中国人民大学编译室译，三联书店 1965 年版，第 226 页。

[2]　《共产国际第二次代表大会文件》，中国人民大学出版社 1988 年版，第 785 页。

前进。”[1]

在进攻中红军部队缺乏协调，图哈切夫斯率领北线军队直接向华沙挺进，而南线部队却转向西南，想抢先攻下利沃夫。主力部队推进得过快，而后援部队弹药粮草补充跟不上。另一方面，红军的入侵，引发波兰的民族爱国主义。红军在华沙城下遭到重创，进军华沙失败。

斯大林是西南方面军革命军事委员会委员。1920 年 8 月 2 日政治局决定，把西南方面军的克里木地段划分为独立的南方面军。总司令要求把第 12 集团军和布琼尼的骑兵第 1 集团军转交西方面军，由图哈切夫斯基指挥。斯大林拒绝在转交的指示上签署。在中央的三令五申下，直到 8 月 20 日才从利沃夫方面撤出骑兵第 1 集团军，但它已经来不及给西方面军援助了。斯大林有自己的计划，他打算趁图哈切夫斯基进军华沙之际，夺取利沃夫，随后再从利沃夫袭击华沙，然后急行军，穿过奥地利，直捣德国，支援革命。[2] 这一点，斯大林在党的第九次代表会议上只字未提。

1920 年 10 月 2 日，列宁在制革业职工代表大会上说：“当我们逼近华沙城下时，我军已经疲惫不堪，已经没有足够的力量乘胜前进了；可是，波兰军队在华沙城中爱国主义热潮的鼓舞下，感到自己是在本国作战而得到了支持，有了重新进攻的可能。结果是……在决定性的关头我们的力量不够了。”[3] 在党的十大上列宁总结说：“我们在进攻时推进得太快了，几乎打进华沙，这无疑是犯了错误的……犯这个错误是由于我们过高地估计了自己的力量的优势。”[4] 列宁这里讲了战术问题，而没有涉及战略问题，即世界革命问题。1920 年 10 月 12 日，苏俄同波兰签署初步和约，1921 年 3 月 18 日，签订里加和约。这标志着武装输出革命的失败。

---

[1] 引自《苏联兴亡史论》，陆南泉等主编，人民出版社 2002 年版，第 302 页。

[2] 见［俄］沃尔科戈诺夫著：《胜利与悲剧——斯大林政治肖像》，第 1 卷，岑鼎山等译，世界知识出版社 1990 年版，第 107 页；［俄］拉津斯基著：《斯大林秘闻》，李惠生等译，新华出版社 1997 年版，第 185 页；［俄］托洛茨基：《我的生平》，赵泓等译，上海人民出版社 2007 年版，第 400 页。

[3] 《列宁全集》，中文第 2 版，第 39 卷，第 315 页。

[4] 同上书，第 41 卷，第 7 页。

共产国际执委会执行委员会主席格·叶·季诺维也夫

从这时起，列宁和苏俄政府开始认真考虑同资本主义国家和平共处问题。1920年11月21日，列宁在一个报告中指出：现在可能出现的局面是“长期僵持、双方最后不分胜负的局面终于形成了。”[1]“现在已经达到了一定程度的不稳定的均势”。[2]在这种情况下，实现和平共处的重要一步就是同资本主义国家建立经济联系。“我们同资本主义国家若没有一定的相互关系，我们就不可能有稳固的经济关系。”所以这时候苏维埃国家确定的对外政策的方针是参加各种国际会议，同西方世界对话，争取同资本主义国家做生意，建立起经济联系，在这个基础上争取建立外交关系。于是苏俄派代表团出席了热那亚会议等一系列国际会议。

第二节　格鲁吉亚民主共和国及其被兼并[3]

十月革命后在一个短时期内，苏俄在民族问题上仍继续革命前的民族自

[1] 《列宁全集》，中文第2版，第40卷，第23页。

[2] 同上书，第42卷，第328页。

[3] 关于孟什维克治下的格鲁吉亚共和国及其被兼并所见史料很少，能够看到的大多是苏联方面的说法，例如2002年出版的《苏维埃国家史》只用一句话说明：“在胜利的人民起义和推翻格鲁吉亚孟什维克政权过程中，1921年2月宣布格鲁吉亚苏维埃社会主义共和国成立。”［*Мунчаев Ш.М.*, *Устинов В.М.* История Советского государства. Изд. НОРМА. М., 2002. С.250.］本文部分史实参考了网上所载 *Мераб Вачнадзе, Вахтанг Гурули, Михаил Александрович Бахтадзе.* История Грузии (с древнейших времен до наших дней). www.fictionbook.ru.

决权主张，让波兰、芬兰等国独立出去，也曾承认乌克兰等国尝试离俄国独立或与俄国合并。1918 年 1 月列宁起草的《被剥削劳动人民权利宣言》中规定："俄罗斯苏维埃共和国是建立在自由民族的自由基础上的各苏维埃民主共和国联邦。"[1] 但是，为时不久，对苏俄来说民族自决权就仅仅是国外被压迫民族的权利，实际上已经不适用于苏维埃俄国，或者说，不适用于原沙俄疆域内的各国。一个没有公开宣布的思想，苏俄是沙俄地缘政治的继承者，在原沙俄帝国的地域内建立的新国家。虽然苏俄的宪法规定，参加俄联邦的各国有自由退出的权利，但实践上，是只入不退的，任何民族共和国都不得有任何脱离苏联的表示。

国内战争结束后，苏俄继续扩大自己的版图，1921 年 2 月出兵格鲁吉亚，兼并了独立的格鲁吉亚民主共和国。

格鲁吉亚大都是山地，农民苦于土地不足。这里还向农民征收一些俄罗斯本土在 19 世纪 80 年代就取消了的税款。所以这里的农民往往采取一些特别激烈的反抗行动，1902 年开始的骚动持续了好几年，到 1905 年达到高潮，许多地方选出的苏维埃赶走了地方官吏，行使官吏的部分行政职能。农民希望自己占有土地，格鲁吉亚的孟什维克领导人支持农民的土地私有要求，从而赢得一大批可靠的追随者，其中既有工人，也有农民。

俄国十月革命后，布尔什维克未能控制格鲁吉亚，那里的苏维埃被当地的孟什维克所控制，并且得到广大人民的支持。1917 年 11 月 15 日，根据格鲁吉亚社会民主党人（孟什维克）的建议，外高加索的各政治力量在第比利斯成立了新的政权机关——外高加索人民委员会（Закавказсий Комиссариат），召开了格鲁吉亚第一届民族代表大会。孟什维克饶尔丹尼亚在会上作"当前局势和格鲁吉亚人民的政治状况"的报告，确定格鲁吉亚人民的行动纲领。大会选出格鲁吉亚民族会议，主席饶尔丹尼亚，他同时也是民族会议的执行委员会主席。

1918 年 2 月 10 日外高加索人民委员会召开外高加索议会（Закавказский Сейм），由俄国立宪会议的外高加索代表组成。议会主席是齐赫泽。外高加索议会的召开表明外高加索脱离了苏俄。1918 年 4 月 22 日宣布成立外

[1] 《列宁全集》，中文第 2 版，第 33 卷，第 224 页。

高加索民主联邦共和国，孟什维克阿卡基·契恒凯里任政府总理和外交部长。

1918 年 5 月 14 日召开格鲁吉亚民族会议执行委员会会议，决定利用德国的军事政治支持，宣布格鲁吉亚独立。5 月 25 日执行委员会通过宣布格鲁吉亚国家独立的决定，同时决定在宣告独立以前，宣布外高加索民主联邦共和国解体。

格鲁吉亚民族会议于 1918 年 5 月 26 日召开会议，出席会议的有 42 名委员，36 名候补委员。饶尔丹尼亚主持会议并讲话，然后宣读了“格鲁吉亚独立法令”。其第一条写道：“从现在起格鲁吉亚人民是主权的体现者，格鲁吉亚是拥有全权的独立的国家。”法令规定格鲁吉亚的政治制度是民主共和国，格鲁吉亚在国际战争中永久中立，同所有国家保持睦邻关系；全体公民不分民族、信仰、社会地位和性别均拥有全部公民权和政治权利；保障居住在共和国领土上的所有民族自由发展的无限可能性。决定在召开立宪会议之前，由民族会议执掌国家权力，政府对民族会议负责。民族会议一致通过了“格鲁吉亚独立法令”。共和国最高立法机关是民族会议，选举孟什维克齐赫泽取代饶尔丹尼亚担任主席。然后批准第一届联合政府，由孟什维克诺伊·拉米什维里任总理兼内务部长。

会后，政府总理拉米什维里通电世界各国政府：新的独立国家——**格鲁吉亚民主共和国**诞生了。

1918 年 6 月饶尔丹尼亚担任政府总理。1918 年 10 月最高立法机关民族会议改名为格鲁吉亚议会。1919 年年初根据民主选举法举行新的最高立法机关——立宪会议的选举。社会民主党人（孟什维克）获得压倒的胜利，在 130 个席位中拥有 109 个席位。1919 年 3 月 12 日举行立宪会议的第一次会议。齐赫泽当选立宪会议主席。在第一次会议上，立宪会议批准了民族会议 1918 年 5 月 26 日通过的《格鲁吉亚独立法令》，同时批准社会民主党的一党政府，饶尔丹尼亚任总理，政府总理同时也是共和国的最高代表。

孟什维克政府采取措施进行国家的建设，在两年半的时间里努力实现他们的民主主义和社会主义目标。值得注意的是，与苏俄不同，格鲁吉亚建立了正常的货币金融体系，并使之正常运转。发行了货币邦纳（бонны），在各个时期汇率都相当稳定。不久成立国家银行。

格鲁吉亚是多民族国家，因此实施正确的民族政策具有巨大意义，需要克服沙俄殖民政策造成的各民族之间的矛盾和互不信任。《格鲁吉亚独立法令》第5条规定："格鲁吉亚民主共和国保障国家范围内全体公民的平等，而不管其民族、信仰、社会地位和性别如何。"第6条规定："格鲁吉亚民主共和国给予居住在其领土上的所有民族以自由发展的可能性。"恢复独立后民族会议补充了居住在格鲁吉亚的各民族代表，他们获得选举自己的代表参加最高立法会议的权利。

共和国存在的时间极短，而国内外局势又极其复杂，但共和国还是取得了不少成就。1921年2月21日立宪会议批准共和国宪法。宪法规定："格鲁吉亚是自由、独立和不可分割的国家。其政治制度永久不变的形式是民主共和国。"宪法规定格鲁吉亚语为国语。政权的最高立法机关是议会，在普遍、平等、秘密、按比例的选举法基础上选举产生。最高执行权力属于政府。政府总理同时也是国家的最高代表。宪法承认"法院独立，只服从法律"。共和国的最高法院是元老院（Сенат）。宪法确定，地方自治机关根据普遍、平等、秘密、按比例的选举法由选举产生。中央政权机关有权中止地方自治机关决定和法令的实施，但必须通过司法程序。实行普遍免费的小学义务教育。宪法捍卫居住在格鲁吉亚的少数民族利益。宪法赋予格鲁吉亚各地区（阿布哈兹（苏呼姆专区），阿扎尔（巴统州）和萨印基洛（扎卡塔雷专区））内部事务的自治管理权。虽然1921年的宪法实际上没有能够实施，但其通过在格鲁吉亚历史上仍具有重大意义。

共和国的社会经济政策是保护多数居民的利益，而不是指靠某一个阶级或阶层。这种政策保障国有和私人成分平等和成比例地发展。

宣布独立后，政府立即着手土地改革。根据法令，原官家的、皇室的和教会的土地，以及私人和法人拥有的超过规定数额的土地（7—14俄亩）必须上缴土地委员会。法令规定把国家所有的土地变成私人所有，其目的是促进国内农场经济的发展。土地改革期间把340 000俄亩没收的地主土地交给了农民。部分没收的土地宣布为国有财产。森林和牧场国有。1919年之后，农民可以用极低的象征性价格购买土地。主要工业和交通工具收归国有，因而1920年大约90%的非农业工人成了国营企业或合作企业的工人。由于时间不够，许多社会经济措施没有能够实施，因此也没有能够使国家摆脱经济困难。

为防止共产党人从内部的颠覆以及布尔什维克军队和白军的进犯，孟什维克政府容忍德国军队留在格鲁吉亚，第一次世界大战结束后，德军撤走，又让英国军队入驻。1918 年 2 月宣布布尔什维克党非法。饶尔丹尼亚认定："宁要西方帝国主义者，不要东方的狂热分子。"国家建立了国民卫队，即自愿民兵，成为军队的核心，军队实行民主管理：军官由选举产生，定期召开士兵代表大会，参与作出决定。还有一支人数不多的常规军，紧急状态时可以出动 5 万人。

为争取国际的支持，格鲁吉亚政府展开积极的外交活动，宣布国家为中立国，愿意同国际大家庭，特别是相邻国家和民族建立睦邻的相互关系。

1920 年西方社会主义者代表团来格鲁吉亚访问，其中有著名的社会民主党人考茨基、拉姆赛·麦克唐纳等。他们不仅给予格鲁吉亚以政治支持，而且也了解了格鲁吉亚的历史、文化和传统、政治机构和社会经济政策。以后他们在国际上活动，争取各国承认格鲁吉亚的独立。

1918 年 6 月土耳其事实上承认了格鲁吉亚的独立。1918 年 5 月格鲁吉亚同德签订了两国军事、经济和政治协定，德国事实上承认了格鲁吉亚。

1920 年 5 月 7 日俄罗斯联邦全权代表卡拉汉与格鲁吉亚民主共和国驻莫斯科大使 Г. 乌罗塔泽签署了相互承认的条约。苏俄承认格鲁吉亚的独立，承认它为国际法主体，放弃在格鲁吉亚的全部权益，承诺不干涉格鲁吉亚共和国的内外政策。两国间建立外交关系并互派大使。

根据条约，布尔什维克组织在格鲁吉亚合法化。他们走出地下，开展推翻格鲁吉亚共和国政府的准备工作。

格鲁吉亚政府派代表参加了 1919 年 1 月的巴黎和会。1920 年 1 月 12 日巴黎和会最高委员会通过事实上承认格鲁吉亚独立的决定。事实上承认格鲁吉亚独立的国家有：土耳其、阿根廷、意大利、法国、英国、日本、比利时、俄国、德国、奥地利、捷克斯洛伐克和波兰。

1921 年 1 月法国在协约国政府首脑会议上提出法律上承认格鲁吉亚独立的建议，1 月 27 日法律上承认的正式批准书送交在巴黎的格鲁吉亚外交部部长，并送交格鲁吉亚政府。法律上承认格鲁吉亚的有：英国、法国、意大利、德国、俄国、土耳其、墨西哥等国家。这就是说，在 1918—1921 年间，世界上许多国家在事实上和法律上都承认了格鲁吉亚的独立。

苏俄取得国内战争胜利之后，开始设法统一外高加索诸国。协调这一行动的是布尔什维克党在高加索的最高代表奥尔忠尼启则。1920 年 4 月苏俄第 11 集团军攻占阿塞拜疆共和国，宣布建立苏维埃政权。奥尔忠尼启则和第 11 集团军司令部认为占领格鲁吉亚民主共和国已现实可行。1920 年 5 月第 11 集团军越过格鲁吉亚边界，向第比利斯方向运动。不过这一行为没有变成苏俄和格鲁吉亚之间的大规模战争，因为这时候，在莫斯科结束了俄格谈判，签订了条约，苏俄承认了格鲁吉亚的独立，因而占领格鲁吉亚的问题被搁置了一段时间。1920 年 11 月红军攻占了亚美尼亚，在那里建立了苏维埃政权。

苏俄采取了一系列措施，在国际上孤立格鲁吉亚，同时准备对格鲁吉亚的战争。

1921 年 1 月 26 日，俄共中央全会指示外交人民委员部“推迟中断”同格鲁吉亚的关系。

2 月 6 日，高加索方面军司令弗·吉季斯命令组建梯弗利斯方面军集群，由维利卡诺夫指挥。

2 月 11 日夜，格鲁吉亚波尔恰洛县俄罗斯人居住的村庄开始“起义”。这是一个信号，2 月 12 日苏俄红军第 11 集团军当即对格鲁吉亚民主共和国发动进攻，在洛里区击败格鲁吉亚军队。

奥尔忠尼启则从斯大林那里领取了秘密任务——第 11 集团军立即占领梯弗利斯。2 月 15 日在舒拉维利建立以马哈拉泽为首的“格鲁吉亚革命委员会”，2 月 16 日发出请求，要求俄联邦给予援助。然而，此前 2 月 12 日第 11 集团军的部队已经攻入格鲁吉亚，军事行动已经开始。在既成事实面前，2 月 14 日，俄共中央决定，“中央倾向于准许第 11 集团军积极支援格鲁吉亚的起义并占领梯弗利斯”，条件是要保证取得成功。由于后勤存在问题，中央要求暂时“不得采取任何决定性的步骤”。[1]2 月 15 日，俄共中央命令第 11 集团军革命军事委员会“采取果断而迅速的行动，直至占领梯弗利斯”。[2]

---

[1] 《列宁全集》，中文第 2 版，第 50 卷，第 120 页。

[2] 同上书，第 121 页。

托洛茨基在红场检阅部队。1921 年

这次入侵格鲁吉亚事件很大程度上是第 11 集团军的擅自行动。2 月 17 日红军总司令谢·加米涅夫在给共和国革命军事委员会副主席斯克良斯基的报告中说："由于第 11 集团军司令部擅自行动，我们面对的是攻入格鲁吉亚这一既成事实"，此前总司令部曾在 3 个报告中一再指出，在高加索进行大规模战役的条件尚未成熟。[1] 共和国革命军事委员会主席托洛茨基对进军格鲁吉亚似乎事先并不知情，他在 2 月 21 日给斯克良斯基电报，要求为他"准备一份关于对格鲁吉亚采取军事行动这一问题的简要报告，这一战役是何时开始的，由谁下的命令，等等"。[2]

[1] 谢·加米涅夫等就格鲁吉亚战事给斯克良斯基的报告（1921 年 2 月 17 日）。《苏联历史档案选编》，第 5 卷，第 147 页。

[2] 托洛茨基就格鲁吉亚问题致斯克良斯基（1921 年 2 月 21 日）。《苏联历史档案选编》，第 5 卷，第 149 页。

起初军事优势在俄方。2月16日第11集团军部队越过亚美尼亚—格鲁吉亚边界，占领赫拉米河上的红桥和舒拉维利村，向梯弗利斯进军。2月18日格鲁吉亚军事委员会在舒拉维利宣布格鲁吉亚为**苏维埃社会主义共和国**。

格鲁吉亚民主共和国军民进行了顽强的抵抗。2月19日在梯弗利斯城下格鲁吉亚军队和民兵给红军第11集团军以重创，迫使它后退。格鲁吉亚俘获近千人。2月20日第11集团军在科德若尔区遭到失败，在战场上丢弃大炮和机关枪，士兵四散逃跑。

与此同时，苏俄第8集团军从索契区攻入阿布哈兹。红军的两个旅从北高加索进军库塔伊西。俄军企图通过达里亚里峡谷突入梯弗利斯。

1921年2月20—21日夜，俄军进攻科德若尔区的格军和民兵，经激战，格军打退两次进攻，并转入反攻。23日俄军恢复对梯弗利斯的攻势。24日第11集团军开始攻占梯弗利斯的战斗。

格鲁吉亚缺乏外界支持，只能单独对付俄军，格军和民兵在现存力量对比下无力保卫梯弗利斯城。2月24日，格鲁吉亚武装部队总司令格·克维尼塔泽将军决定向姆茨赫特方向撤退，在这里构筑新的防线。24日夜，格军和民兵撤退。25日，俄第11集团军部队开进梯弗利斯。格鲁吉亚政府撤往巴图米。共和国政府和立宪会议一直履行自己的职责，没有向苏俄投降。

根据立宪会议决定，政府成员离开巴图米，流亡国外。由于担心第11集团军可能镇压格鲁吉亚居民、军队和民兵，为防止流血，饶尔丹尼亚在巴图米留下以格里戈尔·洛尔德基帕尼泽为首的代表团同苏俄在格鲁吉亚的代表谈判停止军事行动。尽管俄方坚决要求投降，洛尔德基帕尼泽拒绝签署投降的文件，3月17—18日，经谈判签订了关于停止军事行动的协议。1921年2月25日，奥尔忠尼启则致电列宁："梯弗利斯升起红旗。苏维埃格鲁吉亚万岁!"

1921年的战争以苏俄占领并兼并格鲁吉亚民主共和国告终。

格鲁吉亚战争创造了一个"公式"，此后苏联历史上多次出现某国某地发生"起义"，苏联应"起义者"要求出兵，这成了苏联军队入侵他国，干涉他国内政的一个常用套路。

第三节 热那亚的突破。与各国建立外交关系

1920 年 11 月 21 日，列宁在一个报告中说，苏俄同西方资本主义国家双方最后不分胜负的局面终于形成了，这就是说，“即使全世界的社会主义革命推迟爆发，无产阶级政权和苏维埃共和国也能够存在下去。”[1]就在同一个报告中，列宁指出，苏维埃政权之所以能够存在下去，还有一个重要因素，这就是同各资本主义国家建立贸易关系。

从贸易着手，逐步同西方建立关系，这是苏俄新的外交方针。1921 年俄英签订关于两国恢复贸易关系的协定，这不仅仅是一个商务协定，它表明英国实际上承认了苏维埃俄国。接着又同德国、意大利签订了贸易协定。这样，开始了苏俄同资本主义大国建立外交和贸易关系的时期。1920—1922 年，苏俄同爱沙尼亚、立陶宛、拉脱维亚、芬兰和波兰签订了条约，同阿富汗签订了友好条约，签订了苏俄—波斯条约，同土耳其签订了友好合作条约，同德国、挪威、奥地利、意大利、瑞典和捷克斯洛伐克签订了贸易协定，同格鲁吉亚签订了相互承认条约。

1921 年 10 月，苏俄政府建议召开国际经济会议，表示愿意在会上讨论俄国战前的债务问题，条件是资本主义国家提供优惠条件，保障支付这些债务的可能性，保证停止任何危害苏维埃国家安全的行动，保障其边界的不可侵犯性，并签订最终和约。建议没有得到响应。

1922 年协约国发起在**热那亚召开“国际经济和财政会议”**，名义上是寻求“中欧和东欧经济复兴”，实际上是讨论苏俄同资本主义世界的关系问题。会议邀请苏俄参加，苏俄政府接受了邀请，为出席会议进行了大量的准备工作。列宁说：“我们欢迎热那亚会议并准备出席这次会议；我们十分清楚而且毫不隐瞒，我们准备以商人的身份出席会议，因为我们绝对必须同资本主义国家（只要它们还没有完全垮台）进行贸易，我们到那里去，是为了最恰当、最有利地商定政治上合适的贸易条件，仅此而已。”[2]1922 年 1 月 27 日全俄中央执行委

[1] 《列宁全集》，中文第 2 版，第 40 卷，第 22—23 页。

[2] 同上书，第 43 卷，第 2 页。

出席热那亚会议的苏俄代表团。1922 年

员会非常会议选出参加会议的苏俄代表团，由列宁任团长，契切林任副团长。但由于列宁健康状况不佳，同时也出于安全考虑，俄共中央决定列宁不去，由契切林行使团长职权。俄罗斯联邦代表团受权代表所有的苏维埃共和国（俄罗斯联邦、乌克兰、白俄罗斯、阿塞拜疆、亚美尼亚、格鲁吉亚、花剌子模和远东共和国）。

热那亚会议于1922年4月10日—5月19日举行，有英、法、意、日、比、德、苏俄等29个国家和英国的5个自治领的代表参加，美国派观察员列席。会上，关于经济合作问题列强否定了苏俄的建议，给苏俄代表团一份备忘录，要求偿还沙俄和临时政府的全部债务（180亿金卢布），归还外国人在俄国的被国有化的财产或给予相应补偿，取消外贸垄断，等等。苏俄政府拒绝了备忘录，提出协约国政府因武装干涉和封锁给苏俄带来的损失，给予苏维埃政府以补偿（390亿金卢布）。苏俄代表团还声明，为了达成协议，准备在承认苏维埃国家、向它提供财政援助和废除战争债务的条件下，承认战前债务和给予原产权人以租让和租赁原属他们的产业的优先权。热那亚会议实际上没有取得任何成果，只决定将部分问题移交海牙会议审议。

但苏俄利用战败国同协约国的矛盾，1922 年 4 月 16 日在热那亚附近的拉帕洛与德国签订了**拉帕洛条约**。根据这份条约，苏俄和德国相互放弃对对方的经济要求，苏俄放弃凡尔赛条约规定的赔款要求，德国放弃偿还旧债务和赔偿被苏俄收归国有的财产的要求，两国建立外交关系。双方还交换了当时没有公布的信件作为条约的补充：苏维埃政府在满足第三国对已收归国有财产的要求时，将给德国以平等的待遇。德国保证不经苏维埃政府的同意不参加国际财团的交易。这是第一个资本主义大国承认苏俄，也是苏俄在资本主义国家包围中打开的第一个缺口。

1922 年 6 月 15 日至 7 月 19 日，**海牙会议**召开。会上资本主义国家仅要求满足自己的要求，却不打算给予苏维埃政府以贷款。这就决定海牙会议同样是不会成功的。

热那亚会议和海牙会议尽管没有取得积极成果，但具有极大的政治意义，这是主要资本主义大国对苏俄事实上的承认，为法律上承认苏俄迈出了第一步。

1922 年 12 月，苏俄政府发起在莫斯科召开**裁军会议**。与会的有俄罗斯联邦、波兰、芬兰、爱沙尼亚、拉脱维亚和立陶宛的代表。苏俄代表团团长李维诺夫建议在一年半到两年期间会议参加国裁减 75% 的军队，同时削减军事预算，取消常备军，缔约国双方在边界设立无武装力量驻防的中立区。其他国家则提出波兰的条约草案，试图以道义裁军取代实际裁军，即象征性的裁减武装力量。李维诺夫就此声明，苏维埃代表团准备签署互不侵犯协定，承认仲裁原则，条件是通过裁减军备的措施。波兰、芬兰和爱沙尼亚政府的代表拒绝讨论按比例裁军的建议。莫斯科会议未达成任何协议，于 1922 年 12 月 12 日结束。

1922 年 12 月 18 日，俄共中央全会通过单方面把红军从 80 万裁减为 60 万的决定。同月召开的全俄苏维埃第十次代表大会批准了这一方案。

1922 年 11 月到 1923 年 7 月召开**洛桑国际会议**。与会的有 9 个国家——英国、法国、意大利、希腊、日本、罗马尼亚、南斯拉夫、保加利亚和土耳其，美国派观察员出席。会议的议题是近东问题，起因是在希腊土耳其战争中基马尔的土耳其取得了胜利。西方国家拒绝苏俄参与全部议题的讨论，仅让苏俄代表参加关于海峡命运问题的讨论。苏俄政府主张除土耳其的军舰外，其他各国的军舰一律不得通过海峡，商务航运完全自由。然而，会议通过决议，把海峡和黑海向一切国家的军舰开放，这就为西方国家把他们的武装力量开进苏俄的南部边境留下一条通道。苏联政府没有批准洛桑会议的决定。

1922 年秋，日本武装干涉军队被赶出远东。

到 1923 年年初，苏联已经在 12 个国家建立全权代表处，同这些国家建立正式关系，还同 7 个国家建立实际关系。1923 年成为苏联同世界各大国建立外交关系年。

1924 年 2 月 1 日，英国驻莫斯科商务代表递交照会，表示大不列颠政府正式承认苏联为“以前属于俄罗斯帝国而现在在苏联管辖之下的领土上的合法政府”。此前苏联已经同阿富汗、德国、伊朗、拉脱维亚、立陶宛、波兰、土耳其、芬兰和爱沙尼亚保持外交关系，还同“蒙古人民共和国”建立了“外交关系”。同英国建交之后，意大利、挪威、奥地利、希腊、瑞典、中国、丹麦、墨西哥、法国、日本等国先后正式承认了苏联，建立了外交关系。到 1925 年 1 月苏联已经同 21 个国家建立外交关系。只有美国长期不承认苏联，直到 1933 年苏美才建立外交关系。

第四节 “策动”德国革命的失败

列宁没有放弃世界革命的思想，但是放弃了武装输出革命的做法。1921 年 2 月，即苏俄人民取得反外国武装干涉和国内战争胜利之后，列宁明确指出，“按事情的本质来说，要想在一个国家内彻底战胜资本是不可能的。资本是一种国际力量，要想彻底战胜它，工人在国际范围内也必须共同行动起来。”我们“经常地，不止一次地向工人指出，我们根本的、主要的任务和取得胜利的基本条件就是至少要把革命扩展到几个最先进的国家中去。”[1] 同年 7 月，他在共产国际第三次代表大会上重申：“我们懂得，没有国际上世界革命的支持，无产阶级革命是不可能取得胜利的。还在革命以前，以及在革命以后，我们都是这么想的：要么是资本主义比较发达的其他国家立即爆发革命或至少很快爆

[1] 《列宁全集》，中文第 2 版，第 40 卷，第 318—319 页。

发革命，要么是我们的灭亡。”[1] 到 1922 年春，列宁进一步把这种观点说成是马克思主义的“起码的真理”，虽然是个“痛苦的真理”。他说：“我们历来笃信并一再重申马克思主义的一个起码的真理，即要取得社会主义的胜利，必须有几个先进国家的工人的共同努力。”[2]

一个重大的变化就是列宁把希望从西方转向东方，他在最后一篇文章中写道：“斗争的结局归根到底取决于如下一点：俄国、印度、中国等等构成世界人口的绝大多数。正是这个人口的大多数，最近几年来非常迅速地卷入了争取自身解放的斗争，所以在这个意义上说，世界斗争的最终结局如何，是不可能有丝毫怀疑的。在这个意义上说，社会主义的最终胜利是完全和绝对有保证的。”[3]

不过列宁的这一看法并没有成为俄共领导人的共识，党的主要领导人仍然把希望寄托在西方的革命上。1923 年，正当列宁卧病不能视事的时候，他们策动了一场“德国革命”。

俄共领导人把最大的希望寄托在德国的革命上。按照他们的设想，德国革命一旦成功，那么“拥有农业优势的苏联和拥有工业优势的德国结合在一起，能够得到最大限度的相互补充”，“能够成为一支强大的经济力量”，双方获得繁荣昌盛所必需的所有经济资源。这将会在俄国“形成新经济政策的新阶段”。“苏维埃德国同苏联结盟还能够形成一个同样强大的军事基础……可以在相当短的时间内建成一个军事力量的坚强核心”。其结果就是在欧洲建立“欧洲工农共和国联邦”，然后逐步转向“欧洲苏维埃共和国联盟”、“欧洲和亚洲苏维埃共和国联盟”。季诺维也夫起草的提纲中写道：“布尔什维克的基本口号‘世界革命’，正是在现在第一次获得了生动具体的形式。”[4]

1923 年 7 月 27 日，俄共政治局开会，听取了拉狄克关于德国形势的报告。8 月中旬政治局紧急电召在南方休假的托洛茨基、季诺维也夫和布哈林回莫斯科讨论德国问题。会议定在 8 月 21 日举行。季诺维也夫起草了一个关于德国

[1] 《列宁全集》，中文第 2 版，第 42 卷，第 40 页。

[2] 同上书，第 450 页。

[3] 同上书，第 43 卷，第 391 页。

[4] 1923 年 9 月 22 日中央全会通过的季诺维也夫提纲《临近的德国革命和俄共的任务》。见《苏联历史档案选编》，第 5 卷，第 641—643 页。

问题的提纲。8 月 20 日斯大林就此提纲写了书面意见，特别强调“绝对必须通过德国共产党和以它的名义行动”，“应当想方设法避免一切可能让人认为革命是有人从俄国‘操纵’、‘策动’的任何借口。”斯大林说，我们“必须准备好作战，而且要认真和全面地做好准备，因为事情归根结底涉及苏维埃联邦的生存和世界革命的近期前途”。[1]

8 月 21 日，俄共政治局开会讨论德国问题。斯大林认为：“我们这里面临的基本问题是我们联邦的存亡问题。或者是德国革命失败，我们被打倒，或者是革命获得胜利，一切顺利，从而我们地位得到保障。没有别的选择。重要的是俄共的行动路线。而问题的核心是必须把我们的军事力量全力调动起来。”托洛茨基提出：“第一，应当承认，德国革命是几个月内和几周内的事。第二，准备工作应按日程表安排，应当定出时间，并按时完成准备工作。”[2]托洛茨基赞同斯大林的主张：“不能让人看出是我们在领导；不仅俄共，而且共产国际也不行。”[3]会议通过《关于国际形势》的决议，认为“德国无产阶级正直接面临夺取政权的决战”，俄共当前任务之一是“动员共和国的战斗力量”，从经济上援助德国工人，等等。决定成立由季诺维也夫、斯大林、托洛茨基、拉狄克、契切林组成的委员会，委员会的所有决定需通报政治局委员们，如无反对意见，即视为政治局的决定。[4]

工会国际提供了 100 万德国金马克。[5]9 月 13 日政治局决定立即向德国运送 1 000 万普特的粮食。[6]

1923 年 9 月 21 日，政治局讨论并通过季诺维也夫的提纲。会上，为研究军队数量问题，成立了由托洛茨基、索柯里尼柯夫、皮达可夫、李可夫、斯大

[1] 斯大林对季诺维也夫提纲的意见。《苏联历史档案选编》，第 5 卷，第 611—613 页。

[2] 《苏联历史档案选编》，第 5 卷，第 623 页。

[3] 俄共中央政治局讨论“关于国际形势”问题会议记录。《苏联历史档案选编》，第 5 卷，第 621 页。

[4] 俄共中央政治局《关于国际形势》的决议。《苏联历史档案选编》，第 5 卷，第 614 页。

[5] 《苏联历史档案选编》，第 5 卷，第 621 页。

[6] 俄共中央政治局关于《鲁祖塔克同志的通报》的决议。《苏联历史档案选编》，第 5 卷，第 631 页。

林、什维尔尼克、伏罗希洛夫组成的委员会。[1]9月23日中央全会决定“建立保卫国防和支援德国革命的基金”。[2]

1923年10月4日，俄共政治局通过关于“政治局国际事务委员会问题”的决议。决议认为最为迫切的任务是“为德共领导规定明确的时间”。这个时间定为“今年11月9日”。决定派遣皮达可夫、拉狄克、鲁祖塔克和古比雪夫前往德国领导革命，把特别基金增加到50万金卢布。

由于托洛茨基和季诺维也夫两人在党内争论中都赌气表示要到德国去参加革命，政治局认为，派遣托洛茨基和季诺维也夫去德国“目前绝对不行”，“苏联因当前事态而面临的任务，以及组织对德国革命的积极援助，这一切都要求这两位同志留在苏联。”[3]

1923年10月23—25日，德国汉堡工人举行武装起义，由于得不到全国的支持和响应，起义失败。德国革命失败后，西方进入了革命的低潮。

德国1923年革命的失败，导致托洛茨基写作并出版他的《十月的教训》，引发党内新的争论。

第五节　俄中关系

1919年夏，红军进入西伯利亚，逐渐接近中国边境，俄中关系提上了日程。

1919年7月25日，苏俄政府以副外交人民委员加拉罕的名义发表《俄罗斯苏维埃联邦社会主义共和国对中国人民和中国南北政府的宣言》，即**苏俄第一次对华宣言**。宣言称，苏俄红军越过乌拉尔山向东部进发，不是为了横行霸道，奴役人民，而是为了“使人民摆脱外国刺刀和外国金钱的桎梏”，同时也愿意“帮助中国人民”。苏俄政府决定废除沙俄与中国及其与其他帝国主义国

---

[1] 俄共中央政治局关于《鲁祖塔克同志的通报》的决议。《苏联历史档案选编》，第5卷，第634页。

[2] 俄共中央全会《关于国际形势》的决议。《苏联历史档案选编》，第5卷，第646页。

[3] 俄共中央政治局关于“政治局国际事务委员会问题”的决议。《苏联历史档案选编》，第5卷，第649页。

家所缔结的不利于中国的秘密条约，放弃沙俄在中国东北等地用侵略手段取得的土地，废除沙俄在中国的租界和领事裁判权，放弃庚子赔款的俄国部分和在中东铁路方面的一切特权，无偿交还中东铁路及其所有租让的矿山、森林、金矿与他种产业。[1]

1920 年 9 月 27 日，再次发表加拉罕签署的《俄罗斯苏维埃联邦社会主义共和国对中国政府的宣言》，即**第二次对华宣言**，重申第一次对华宣言的原则，希望两国迅速建立正常的贸易和经济关系，两国以第一次宣言的原则为基础，缔结友好条约。随后俄中互派使团，进行接触。

苏俄派特命全权代表越飞于 1922 年 8 月 12 日率团到北京，与北京政府商谈建交事宜。8 月 15 日，外交总长顾维钧与越飞会晤，顾提出苏俄红军立即撤出外蒙古作为谈判的先决条件。越飞则表示，红军暂驻外蒙古有利于维持当地社会秩序，现在还不是全部撤军的时候。不久，越飞致函顾维钧，建议召开俄中会议，先讨论两国间的政治经济关系的根本原则，订立主要条约，恢复使领关系，其余项目可归特别委员会或使领办理，并重申苏俄政府愿以 1919 年、1920 年对华宣言原则，与中国讨论。中方同意在北京召开中俄会议，讨论两国间的悬案。但此后越飞生病，会议未能举行。其间，两国就苏俄归还中东铁路、苏俄军队撤出外蒙、苏俄放弃庚子赔款的问题多次交换函件，均无结果。

1923 年 1 月，越飞赴上海与孙中山会晤，发表《孙文与越飞联合宣言》，越飞应孙中山要求，重申 1920 年 9 月 27 日俄国对华宣言中的各项原则，并称苏联政府决无也从无意思和目的，在外蒙古实施帝国主义政策，或使其与中国分立，孙中山因此认为俄军不必立时撤出外蒙古，防止因俄兵撤出后白俄反对赤俄阴谋与抵抗行为发生，以至酿成较现在更为严重的局面。

1923 年 9 月苏俄政府派加拉罕使华，9 月 4 日加拉罕抵达北京，向报界发表声明，重申前两次对华宣言的原则，谴责沙俄对中国的掠夺和侵略政策，强调完全尊重各国的主权，彻底放弃从别国夺得的一切领土和其他利益，是为

---

[1] 该宣言 1919 年 8 月 26 日在苏俄报纸上发表时，删去了有关无偿归还中东铁路及其附属产业的内容。对此当时的中国读者并不知情。

第三次对华宣言。[1]

1924年3月14日中苏两国草签了建立外交关系的协定。5月31日北京政府外交总长顾维钧与苏联全权代表加拉罕在北京签订了**《中俄（苏）解决悬案大纲协定》**，议定两国立即恢复正常外交关系，在协定签字后一个月内两国举行会议，商讨解决悬案的详细办法。苏方声明废除沙俄与中国及第三者订立的一切有损中国主权及利益的条约。苏联承认外蒙是中国领土，尊重中国在该地的主权，并声明经双方协商妥善办法后即由外蒙全部撤军。双方同意，两国疆界在重行划定前维持现状。苏联放弃庚子赔款的俄国部分和在中国境内的一切租界、租借地，取消在华领事裁判权。双方确认中东铁路属商业性质，可由中国以中国资本赎回，赎回前铁路业务由两国按暂行管理中东铁路的规定共管。同日，顾维钧与加拉罕互换照会，宣布两国建交。

苏俄的对华宣言和中苏建交在中国引起强烈反响，受到中国人民的欢迎。不过，苏俄继承沙俄的地缘政治，继续执行使外蒙古脱离中国的政策。1921年外蒙古在苏俄红军的帮助下成立人民政府。1921年11月5日，列宁在同外蒙古代表团谈话时指出："对你们国家任何一个劳动者来说，唯一正确的道路就是同苏维埃俄国的工人、农民结成联盟，为国家独立和经济独立而斗争。"[2]就在这一天，苏俄政府与外蒙古缔结了建立友好关系协定，表示了"两个比邻国家人民之间自由和睦与合作"的愿望。双方互派了全权代表和领事，确定了解决双边关系中贸易、法律和其他问题的途径。1924年11月蒙古宣告成立"蒙古人民共和国"。苏联1980年出版的《苏联百科辞典》"外蒙古"条写道："1921年建立独立的蒙古国，1924年成立蒙古人民共和国。"[3]这里没有写明的是，这是在苏联的支持下得以实施的。

[1] 参见唐家璇主编：《中国外交词典》，世界知识出版社2000年版，第322、325、420页。

[2] 《列宁全集》，中文第2版，第42卷，第255页。

[3] 《苏联百科辞典》，中国大百科全书出版社1986年版，第1336页。

第五章　苏维埃社会主义共和国联盟（苏联）的成立

第一节 布尔什维克党和列宁制定的民族政策

俄国是一个多民族的国家，它由100多个大小民族组成。俄罗斯族是最大的民族，据1897年统计，占全国人口总数的43.3%。各少数民族虽然占人口的多数，达56.7%，但他们分居各边远地区，联结不成一个有力量的整体。沙皇俄国素有“各族人民的牢狱”之称，沙皇政府一方面把少数民族地区作为殖民掠夺对象，大量攫取它们的矿产、原料和粮食，另一方面又鼓励和纵容大俄罗斯沙文主义，挑拨民族关系，制造民族不和，不断制造蹂躏少数民族事件，以转移广大人民对沙皇制度的不满和反抗，熄灭反对沙皇制度的斗争烈火。

列宁和布尔什维克党把民族问题看做是无产阶级革命的一个有机组成部分。1914年各帝国主义国家为瓜分世界而发动第一次世界大战，煽起民族仇恨，把世界各民族投入互相残杀的血海之中。这时，列宁和布尔什维克党坚持无产阶级国际主义，反对资产阶级民族主义、爱国主义，主张各被压迫民族、殖民地人民享有民族自决权。所谓民族自决，指的就是“政治自决即国家独立、建立民族国家”[1]、自治制和联邦制。但是列宁清醒地看到，沙俄政府推行的大俄罗斯主义，民族压迫，严重损害了“民族共居的事业”，在这种情况下，“有时在自由分离以后，反而可以获得更多的联系！！”[2]他说得很清楚，“我们想建立大国，想使各民族接近乃至融合，但是这要在真正民主和真正国际主义的基础上实现；没有分离自由，这是不可想象的”。[3]

十月革命胜利，在俄国辽阔的土地上建立了无产阶级政权。1917年11月2（15）日，列宁签发了《俄国各民族权利宣言》，规定了处理民族问题的几条基本原则：

1. 俄国各民族的平等和主权；

2. 俄国各民族的自由自决直至分立并组织独立国家的权利；

[1] 《列宁全集》，中文第2版，第25卷，第228页。

[2] 同上书，第379页。

[3] 同上书，第27卷，第85页。

3. 废除任何民族和民族宗教的一切特权和限制；

4. 居住在俄国领土上的各少数民族与种族集团的自由发展。

基于这一原则，苏维埃政权成立后立即承认了波兰、芬兰独立。1918年年初，经苏维埃第3次代表大会批准的《被剥削劳动人民权利宣言》正式选择了联邦制，规定“俄罗斯苏维埃共和国是建立在自由民族的自由联盟基础上的各苏维埃民族共和国联邦”，同时规定了自由自愿原则。[1]

选择各民族的自由共和国联邦作为新的国家制度，这是根据俄国的国情作出的重大决策。其一，俄国是个多民族国家，其中一些民族在历史上曾组成过独立国家或曾是沙俄的附属国。二月革命，特别是十月革命之后，许多民族纷纷起来争取独立，并建立起民族国家。其二，沙皇俄国推行大俄罗斯主义，实行残酷的民族压迫，肆意摧残各民族的任何独立和自由，长期形成民族间的不和与不信任以至仇恨。在这种情况下只有坚持各民族间的完全平等，坚持自愿原则组成的联邦，同时保留它们的分离自由，才能消除民族间的不和与猜疑，形成新的民族关系。

斯大林在谈到以军事和经济事务的共同要求为基础的苏维埃共和国联邦这一形式的优越性时说，这种联邦制可以：“（甲）保证各个共和国和整个联邦的完整性和经济发展；（乙）把不同发展阶段上的不同民族和部族的一切不同的生活习惯、文化和经济状况包罗在一起，并根据这种不同情况采用这种或那种联邦形式；（丙）建立那些把自己的命运同联邦的命运这样或那样联系起来的民族和部族的和睦共处和兄弟合作。”[2]斯大林这里没有谈到用联邦制来保证各民族的平等。这不是偶然的。当时建立的俄罗斯联邦实行的是“区域自治”，加入俄罗斯联邦的各民族共和国是联邦内的自治共和国，有的民族则组成联邦内的自治区。它们都不是平等的独立共和国。俄罗斯民族本身并没有组成独立共和国加入联邦。斯大林后来提出的“自治化”方案，其原型就是这种建立在各民族自治原则上的联邦模式。

布尔什维克党在选择联邦制的时候并没有把这一制度绝对化。列宁认为，对共产党人来说，处于首要的地位是反对资本压迫和争取无产阶级专政的斗争

---

[1] 引自《列宁全集》，中文第2版，第33卷，第224、228—229页。

[2] 《斯大林全集》，第5卷，第19页。

中的团结一致，在这一基础上，采取联邦形式还是其他形式是次要的。他举乌克兰为例说，重要的是无产阶级专政的基本利益，是无产阶级对农民的领导作用，至于乌克兰是否成为一个分立的国家，那是一个极不重要的问题。究竟采取何种形式，应当由各族人民根据自己的切身经验教训，自己作出选择。"甚至这样一种前途，如果乌克兰的工人和农民要求都尝试一下各种制度，比方说他们在若干年内既实际试一下和俄罗斯联邦合并，又实际试一下与它分离而成为一个独立的乌克兰苏维埃社会主义共和国，又试一下同它结成各种形式的亲密联盟，如此等等，即使出现这样的前景也丝毫不会使我们感到惊奇，也不应该使我们感到恐慌。"[1]

不过，列宁坚持民族自决权原则是在革命前和革命后的最初阶段，在往后民族自决的原则就只限于苏维埃俄国以外的地区，对苏俄来说实际上已经不再存在民族自决了。苏俄继承的基本上是沙俄的地缘政治，苏俄的疆界大体上就是以沙俄的疆界为基础的，十月革命后波兰、芬兰和波罗的海三国(立陶宛、爱沙尼亚、拉脱维亚）宣布独立，建立资产阶级政权。宣告独立的还有格鲁吉亚，这是由孟什维克领导的国家，孟什维克在这里进行了它的社会主义试验。1920 年 5 月 7 日，俄罗斯联邦同格鲁吉亚政府签订条约，承认格鲁吉亚独立。但不久俄出兵占领格鲁吉亚，在那里建立了苏维埃政权。

第二节　各民族共和国联合的进程

彼得格勒十月武装起义取得胜利后，在 1917 年年底至 1918 年春这段期间，各民族地区纷纷建立苏维埃政权。苏俄政府先后承认了爱沙尼亚、立陶宛、拉脱维亚、白俄罗斯苏维埃社会主义共和国的独立。不久，立陶宛和白俄罗斯两国联合，建立统一的苏维埃社会主义共和国。关于同乌克兰的关系，十月革命之初，人民委员会就宣布承认乌克兰人民共和国，同时承认它有同俄罗斯分离权或同俄罗斯共和国谈判建立联邦关系之权。不久，乌克兰建立苏维埃政权。乌克兰第一次苏维埃代表大会在《关于乌克兰的自决》的决议中承认，乌克兰共和国为俄罗斯共和国的联邦成员。

---

[1] 《列宁全集》，中文第 2 版，第 38 卷，第 21 页。

这些国家的建立，提出了各共和国之间的关系问题。这种关系经历了不同的发展阶段。

在1918—1921年的国内战争时期，各共和国之间的关系是建立在两国间的协定、条约基础上的。最早是贸易协定，例如苏俄政府在承认波罗的海三国独立的同时，指示粮食人民委员部、最高国民经济委员会同三国相应的机关签订协定，建立双方的贸易关系。但是随着外国武装干涉和国内战争的激化，各共和国面临着保卫本国的独立和生存的问题。于是各共和国之间纷纷建立军事联盟，共同对付国内的反革命武装和外国武装干涉。基于这种需要，1919年5月俄共中央作出了关于军事统一的指示，规定统一指挥红军，最严格地集中管理各共和国的一切力量和资源，特别是全部军事供给机构和铁路运输，以保证战争的胜利。同时，乌克兰、白俄罗斯等共和国政府也纷纷作出决定，要求统一军事行动。6月1日全俄中央执行委员会发布《关于各苏维埃共和国（俄罗斯、乌克兰、拉脱维亚、立陶宛、白俄罗斯）联合对世界帝国主义进行斗争的法令》，规定在完全承认乌克兰等民族劳动人民独立、自由自决基础上，实现下列各部门的紧密联系：1. 军事组织和军事指挥，2. 各国国民经济委员会，3. 铁路管理和经营，4. 财政，5. 各国劳动人民委员部，对上述人民生活的各部门的领导归统一的委员会掌管。这就把各独立共和国的军事联合以法令的形式固定下来了。

这一时期联合的范围主要是军事指挥以及为保证军事胜利所必需的各国民经济部门，目标是保证革命战争的胜利。

不过十月革命后尽管俄罗斯联邦同各共和国的关系有分有合，但最为关键的是共产党是统一的，各共和国的共产党都属俄国共产党领导。尽管有乌克兰共产党、白俄罗斯共产党等等之分，但它们都隶属于俄共，相当于俄共的一个省的委员会。布尔什维克党在整个俄国是统一的组织，借此保证了国内战争期间政令、军令的统一。所以当时的所谓独立，用斯大林的话说，实际上是“假独立”，是“玩弄独立的把戏”，是暂时表现出来的“莫斯科的自由主义”。[1]

随着国内战争的胜利结束，各国的联合逐渐由军事经济发展到外交领域。

1922年年初鉴于全欧经济会议（热那亚会议）召开在即，2月22日，阿

[1] 斯大林致列宁的信（1922年9月22日）。《马克思恩格斯列宁斯大林研究》，1997年第3辑，第23—25页。

塞拜疆、亚美尼亚、白俄罗斯、布哈拉、格鲁吉亚、远东共和国、乌克兰和花剌子模等国同俄罗斯联邦签订议定书，委托俄罗斯联邦代表八国出席会议，在会上保护他们的权益并代表他们签订有关条约和协定。

这样，各独立苏维埃共和国的关系随着形势的需要，从军事联盟逐步扩大为军事、经济和外交联盟，这是以条约形式联结在一起的联盟。

第三节　建立联盟问题的提出

国内战争结束后，开展经济建设，恢复濒于崩溃的国民经济，已成为苏维埃政权的首要任务。苏俄是个幅员辽阔的国家，各共和国和各地区之间存在着历史形成的分工，要恢复国民经济，就需要有统一的经济计划，合理地使用全国的人力和资源，需要各地区的分工合作，需要工农业地区之间的相互支援。然而原来的联合形式（条约关系）已越来越不适应新的条件。例如俄罗斯联邦的劳动国防委员会实际上是各共和国之间总的协调中心，但它对其他共和国的权力却无明确规定。国家计划委员会的作用越来越大，但它的决定对其他共和国的计划委员会无法律约束力。财政上的相互关系也是这样。在这种情况下，一旦出现分歧，都由党的机关出面处理解决。与此同时，随着和平时期的到来，国际交往日益开展，在外交战线上面临着新的斗争。在这种情况下，各独立共和国在国际舞台上单独行动，或仅就某一问题（例如热那亚会议）委托俄罗斯联邦代表各共和国的权益，已经不够。在外交战线上需要有更紧密的联盟以共同处理国际关系问题。

这一切要求把共产党的统一变成国家的统一，把建立统一的苏维埃共和国联盟提上了日程。到了 1922 年，实现这一要求的可能性也日益成熟。苏维埃政权实行的新经济政策不仅得到广大工人和农民的拥护，也得到各族人民的拥护。苏维埃政权已在辽阔的土地牢牢地扎下了根。这是建立自由自愿联盟的政治经济保证。

联合应当向前发展，问题在于找到一个适应新情况、新要求的新的联合形式。

1922 年 3 月，乌克兰共产党中央提出，必须使乌克兰和俄罗斯两共和国之间的法律关系具体化。5 月 11 日，俄共中央政治局成立以伏龙芝为首的委员会来研究乌克兰共产党的建议。委员会制定了两国人民委员会相互关系的协议草案。但是委员会很快看出，不可能仅仅局限于解决乌、俄两国之间的相互关系问题，例如贸易联系的发展就要求各共和国有统一的货币，废除关税壁垒，取消各共和国船只到各港口的限制，等等。同年7月，外高加索也提出，把外高加索联邦同俄罗斯联邦间的关系具体化、明确化。这段期间，白俄罗斯、乌克兰和外高加索都提出了成立联盟国家的问题。

第四节　斯大林的“自治化”方案

1922年8月10日俄共中央政治局建议组织局成立一个委员会，研究并草拟俄罗斯联邦同各民族共和国联合的原则方案，供下次中央全会参考。次日委员会成立，参加的有斯大林、古比雪夫、奥尔忠尼启则、拉柯夫斯基、索柯里尼柯夫和各共和国的代表：姆季瓦尼（格鲁吉亚）、阿加马利－奥格雷（阿塞拜疆）、米雅斯尼科夫（亚美尼亚）、彼得罗夫斯基（乌克兰）和切尔维亚科夫（白俄罗斯）等。

斯大林起草了一个决议草案《关于俄罗斯苏维埃联邦社会主义共和国和各独立共和国的相互关系》，其第1条写道：“认为乌克兰、白俄罗斯、阿塞拜疆、格鲁吉亚和亚美尼亚这几个独立的苏维埃共和国正式加入俄罗斯苏维埃联邦社会主义共和国是适宜的。”第2条写道：“认为将俄罗斯苏维埃联邦社会主义共和国的全俄中央执行委员会、人民委员会和劳动国防委员会的职权范围扩大到第1条中所列举的各共和国中央苏维埃的相应机构是适宜的。”草案还规定，此决议如得到俄共中央赞同，将不公布，“而作为通令”分发给各共和国党中央，由各国相应机构通过，“再作为这些共和国的愿望予以公布”。[1]这就是说，这样一件大事无须经过各共和国的充分讨论，打算通过党内的一纸“通令”付诸实施。

这是完全仿照组织俄罗斯联邦的模式来处理各独立共和国之间的关系的，

---

[1] 斯大林提出的关于俄罗斯苏维埃联邦社会主义共和国与各独立共和国相互关系的决议草案。见《列宁全集》，中文第2版，第43卷，第352页；《苏联历史档案选编》，第5卷，第329—330页。

史称“自治化”方案。

这一草案被分发给各民族共和国的党中央委员会去讨论，马上出现了严重的分歧。除阿塞拜疆、亚美尼亚的党中央和外高加索区委表示赞同外，其他几个共和国的党中央虽然都主张加强和发展各共和国之间的关系，但对这一“自治化”方案提出了不同程度的保留，甚至反对意见。

格鲁吉亚共产党中央明确反对“自治化”方案，它在9月15日的会议上以多数票通过如下决定：“认为根据斯大林同志提纲建议的各独立共和国以自治形式实现统一为时过早。我们认为，在经济上统一力量和统一总政策是必要的，但要保留独立的全部属性。”[1]

白俄罗斯共产党中央主张仍保持现存的各独立共和国间的条约关系，“认为在白俄罗斯各委员部同俄罗斯苏维埃联邦社会主义共和国各委员部之间，建立类似俄罗斯苏维埃联邦社会主义共和国同乌克兰之间的那种关系是恰当的”。[2]

乌克兰党中央没有作出关于联合道路的明确决定，实际上是有所保留。

1922年9月22日，斯大林致函列宁，提出“取消形式上的独立(假独立)”。他认为现在有一种危险，“边区年轻一代党员不把玩弄独立的把戏看做是把戏，他们对独立的诺言绝对信以为真，同时坚决要求我们贯彻独立共和国的宪法条文”，现在不取消假独立，一年以后再想保住各苏维埃共和国的真正统一就会异常困难。[3]

9月23—24日，俄共中央组织局的委员会举行会议，基本通过了“自治化”方案，只对各条款作了一些不涉及实质的修改和补充。其第1条规定：乌克兰、白俄罗斯、阿塞拜疆、格鲁吉亚、亚美尼亚各共和国“正式加入”俄罗斯联邦。这是实质性的规定，由此引申出其他各项规定。例如，与此相应，规定俄罗斯

---

[1] 格鲁吉亚共产党中央委员会会议记录摘抄（1922年9月15日）。《苏联历史档案选编》，第5卷，第334页。

[2] 白俄罗斯共产党中央局第二次全会会议记录摘抄（1922年9月16日）。《苏联历史档案选编》，第5卷，第338页。

[3] 斯大林致列宁的信(1922年9月22日)。《马克思恩格斯列宁斯大林研究》，1997年第3辑，第23—25页。

联邦的全俄中央执行委员会、人民委员会和劳动国防委员会的决定对于各加入国是“必须执行的”。各共和国的对外事务、军事、交通和邮电等人民委员部并入俄罗斯联邦的相应机构，财政、粮食、劳动和国民经济各人民委员部服从俄罗斯联邦相应人民委员部的领导。这样，留给各共和国的独立的人民委员部就不多了，只剩下司法、教育、内务、农业、工农检查、卫生和社会保障等人民委员部。最后，对贯彻决定的方式作了专门规定，说“本决定如经俄共中央赞同，不予公布，而作为通令转发给各民族共和国的党中央，在全俄苏维埃代表大会召开前，先通过上述各共和国中央执行委员会或苏维埃代表大会按苏维埃系统予以贯彻，在全俄苏维埃代表大会召开时，再作为这些共和国的愿望予以公布。”

这一方案在表决时 8 票赞同，1 票反对（格鲁吉亚的姆季瓦尼），1 票弃权（乌克兰的彼得罗夫斯基）。彼得罗夫斯基要求把决定提交各共和国的省委常委会讨论，但以 4 票对 5 票被否决。投赞成票的是乌克兰的彼得罗夫斯基、白俄罗斯的切尔维亚科夫、阿塞拜疆的阿加马利－奥格雷和格鲁吉亚的姆季瓦尼。在这种情况下，彼得罗夫斯基要求在委员会记录上注明：“乌克兰共产党中央委员会不曾讨论它与俄罗斯联邦的相互关系。”[1]

尽管“自治化”方案在斯大林领导的组织局以多数票通过，但是我们看到，讨论过程中缺乏协商一致的精神，方案本身取消了各共和国的独立性，使之变成俄罗斯联邦的自治共和国，并且打算用一纸通令把它们并入俄罗斯联邦。因此毫不奇怪，乌克兰、白俄罗斯和格鲁吉亚这样一些有影响的共和国都程度不同地提出了异议。

组织局的这一决议未经政治局审查，即由中央书记处分送全体中央委员和候补委员。

第五节　“再建一层新楼”——列宁的主张

当时民族联合的最大障碍是大俄罗斯主义。列宁在处理民族问题时始终把反对大俄罗斯主义、大国沙文主义放在首位，认为这是民族问题上的最大危

[1] 俄共（布）中央组织局委员会会议记录（1922 年 9 月 24 日）。《苏联历史档案选编》，第 5 卷，第 336—349 页。

险。大俄罗斯主义是沙皇政府长期推行歧视、迫害俄国境内的少数民族，使大俄罗斯民族处于统治地位的产物。沙皇政府推行大俄罗斯主义的恶果就是造成民族间的不和。要消除这种恶果，就必须始终把反对大俄罗斯主义放在首位，十分谨慎地对待被压迫民族的民族感情。列宁在俄共第八次代表大会上曾告诫说："在这个问题上，我们应当十分慎重。像大俄罗斯人这样的民族特别需要慎重，因为它曾经引起所有其他民族的切齿痛恨。"[1]

斯大林的自治化方案证明了这一点。

9月25日在哥尔克休养的列宁看到了委员会的全部材料，包括斯大林拟定的草案、委员会的决议和会议记录，以及格鲁吉亚、阿塞拜疆和亚美尼亚的共产党中央委员会的决议，感觉到问题严重，当即分别找斯大林、奥尔忠尼启则、米雅斯尼可夫、索柯里尼柯夫和姆季瓦尼等人谈话，了解情况，交换意见，同时建议政治局委员加米涅夫和季诺维也夫仔细研究一下这一问题。9月26日，列宁写信给加米涅夫和全体政治局委员，批评了"自治化"方案，认为"斯大林有点操之过急"，建议把"加入"俄罗斯联邦改成同俄罗斯联邦一起"正式联合成欧洲和亚洲苏维埃共和国联盟"。列宁解释说，这就是说，承认俄罗斯联邦同乌克兰、格鲁吉亚等共和国都是平等的，它们将一起平等地加入新的联盟，新的联邦。列宁强调：

> 重要的是，我们不去助长"独立分子"，也不取消他们的**独立性**，而是再建**一层新楼——平等的**共和国联邦。[2]

由于把"加入"俄罗斯联邦改成平等联合，列宁对组织机构也本着平等原则提出了修改意见，如建立一个"全联邦中央执行委员会"等等。列宁提出的再建一层新楼，即在俄罗斯联邦之上成立一个建立在平等原则之上的共和国联盟，这是一个同自治化根本不同的崭新的方案。

新的国家采用联邦制是俄国的国情定的，组成联邦的各共和国不仅具有各自的民族特点，而且有些国家如乌克兰、格鲁吉亚等在历史上曾独立建国，因此在成立新联合体的时候，必须把这些因素考虑在内。

斯大林在27日给列宁以及政治局委员们写了回信，表示同意列宁对第1

[1] 《列宁全集》，中文第2版，第36卷，第167页。

[2] 同上书，第43卷，第213—214页。

条所作的修改，即把“加入”改成“联合”。但是斯大林对由于这一修改而必然引起的机构设置的变动，几乎一概表示反对。他在信中写道：“关于列宁对第2条的修正——除俄罗斯苏维埃联邦社会主义共和国全俄中央执行委员会，再建立一个联邦中央执行委员会，我认为不应采纳：在莫斯科存在两个中央执行委员会，其中一个显然是‘下院’，另一个则是‘上院’，这只会带来冲突和摩擦。”他建议把俄罗斯联邦中央执行委员会改组成全联邦中央执行委员会，并规定其决定是加入联盟的各共和国的中央机构所必须执行的。但是这样一来，俄罗斯联邦就会像在“自治化”方案中一样，仍然在联盟中处于特殊地位。对列宁提出的其他各种修改意见，在斯大林看来不是“多余的”，就是“纯属措辞性质”，而不予理会。最后，斯大林不仅不承认自己“操之过急”，反而指责列宁“操之过急”，搞“民族自由主义”，说“毫无疑问，这种‘操之过急’将‘助长独立分子’，而有损于列宁同志的民族自由主义。”[1] 不过，斯大林没有坚持自己的意见，最后按照列宁的意见修改了委员会的决议。

很能说明斯大林态度的是他在政治局会议上同加米涅夫交换的便条：

加米涅夫：伊里奇打算为捍卫独立而战。建议我见见格鲁吉亚人。他甚至拒绝昨天的修正。玛丽亚·伊里尼奇娜来过电话。

斯大林：我认为，必须坚决反对伊里奇。如果几个格鲁吉亚孟什维克能影响格鲁吉亚的共产党人，后者又影响伊里奇，试问，还要“独立”干什么？

加米涅夫：我想，既然弗拉基米尔·伊里奇坚持，抗拒会更坏。

斯大林：我不知道。由他瞧着办吧。[2]

10月6日，俄共中央召开全会，会上讨论了各独立共和国的相互关系问题。列宁因牙病没能出席，他给加米涅夫送去一个便条，便条写道：

我宣布要同大俄罗斯沙文主义决一死战。我那颗该死的牙齿一治好，我就要用满口的好牙吃掉它。

要绝对坚持在联盟的中央执行委员会中由

[1] The Trotsky papers. 1917–1922. Mouton. The Harue–Paris.1971. T.2. p.752–754; Известия ЦК КПСС. 1989. № 9. С.208.

[2] Известия ЦК КПСС(б).1989. № 9. С.208–209.

俄罗斯人

乌克兰人

格鲁吉亚人**等等**轮流**担任主席**。

绝对[1]

全会通过了以列宁的建议为基础写成的决议，委托新的委员会制定关于成立苏维埃社会主义共和国联盟的法令草案，以提交苏维埃代表大会。

但是新的决议第1条中又作了一项新的重大的修改。原先的“自治化”方案规定，格鲁吉亚、阿塞拜疆、亚美尼亚3个共和国和乌克兰、白俄罗斯一起加入俄罗斯联邦，而在新的决议案中格鲁吉亚等3国不是直接加入联盟，而是通过外高加索联邦加入联盟。经这样一改，虽然从整体上否定了“自治化”方案，但对格鲁吉亚等3国来说地位并未改变，它们不再是同俄罗斯联邦、乌克兰处于平等地位的加盟共和国，而是降了一级，仍处于原先“自治化”方案所规定的地位。在这之后，格鲁吉亚党的一些领导人继续要求取消外高加索联邦这一中间环节，作为平等的独立共和国加入苏联。这是反对“自治化”方案的继续。然而，他们被指责为“民族独立分子”、“社会民族主义分子”、“民族倾向分子”。其实，他们的要求是颇为有限的。第一，他们不反对成立联盟，不要求脱离联盟而独立，相反地，格鲁吉亚是最早提出成立联盟的共和国之一。[2] 所以列宁只说“被认为有‘闹独立’嫌疑的格鲁吉亚共产党员”,[3] 从用语可以体会出，列宁是不赞成这种说法的。第二，列宁反对这样乱戴帽子。他指出，那些“满不在乎地随便给人加上‘社会民族主义’的罪名”的人，“不仅是真正道地的‘社会民族主义分子’，而且是粗暴的大俄罗斯的杰尔席莫尔达”[4]，即果戈理《钦差大臣》里鱼肉人民的警察。后来，列宁明确指出：“‘倾向分子’和‘沙文主义’和‘孟什维主义倾向’这一称呼证明，这种倾向本身就在大国主义者身上。”[5]

---

[1] 《列宁全集》，中文第2版，第43卷，第216页。

[2] 参见《斯大林全集》，第5卷，第120页。

[3] 《列宁全集》，中文第2版，第43卷，第213页。

[4] 同上书，第353页。

[5] 同上书，第568页。

第六节 苏联的成立

十月全会后，成立联盟的运动在全速进行。

1922 年 12 月 13 日，全乌克兰第七次苏维埃代表大会通过关于成立联盟的宣言，宣言总结了过去各民族人民共同反对地主资本家斗争的历史经验，认为目前苏俄在国际上处于孤立地位，各共和国有必要进一步加强经济上的团结，把一切力量联合起来，以完成各共和国无力单独胜任的任务。为此建议俄罗斯、乌克兰、白俄罗斯、格鲁吉亚、亚美尼亚、阿塞拜疆各共和国的工人和农民，“迅速组织目前事实上已经存在的苏维埃共和国联盟，并以这种方式组织反对世界资本主义的社会主义工农统一战线。”接着，白俄罗斯第四次苏维埃代表大会，外高加索第一次苏维埃代表大会，先后通过决议，响应乌克兰的号召，赞同迅速成立联盟。

12 月 23 日召开全俄第十次苏维埃代表大会，其主要议程就是讨论“各缔约苏维埃共和国关于建立苏维埃社会主义共和国联盟的建议”。26 日，大会通过了《关于建立苏维埃社会主义共和国联盟的决议》。其第 1 条写道：认为俄罗斯、乌克兰、外高加索、白俄罗斯共和国“联合成苏维埃社会主义共和国联盟是适时的”，授权俄罗斯联邦代表团同其他各共和国起草联盟成立宣言草案，同时规定了联盟条约所必须坚持的几条原则。

12 月 30 日，4 国代表聚会莫斯科，举行全苏联第一次苏维埃代表大会，讨论正式成立联盟事宜。这 4 个共和国是：俄罗斯苏维埃社会主义共和国联邦，乌克兰苏维埃社会主义共和国，白俄罗斯苏维埃社会主义共和国，外高加索联邦。

此外还有两个人民共和国：花剌子模和布哈拉，它们的国家性质不同，暂时没有参加联盟。

出席苏维埃代表大会的代表共 2 215 人，其中俄罗斯联邦 1 727 人，乌克兰 364 人，外高加索 91 人，白俄罗斯 33 人。斯大林在会上作了关于成立苏联的报告，他指出，苏维埃政权已经摆脱了军事破坏时期，进入了同经济破坏作斗争的时期，而“要粉碎和消除经济破坏，还必须把各苏维埃共和国的力量集中起来，必须把各共和国的一切财政和经济力量投到恢复我们各基本工业部门方面去。因此，各苏维埃共和国必须联合成一个联盟国家”。[1] 这新的国家形式就是苏维埃社会主义共和国联盟。大会基本通过《苏维埃社会主义共和国联盟成立宣言》和《苏维埃社会主义共和国联盟成立条约》两个文件，决定进一步听取各加盟共和国的意见，进行修改，然后提交苏联第二次苏维埃代表大会最后批准。宣言指出，统一力量和资源，恢复经济和进行经济建设，对付资本主义包围的需要，苏维埃政权的国际主义性质，“无条件地要求各苏维埃共和国联合成一个联盟国家，这个国家既能保证外部的安全和内部的经济繁荣，又能保证各族人民的民族发展自由。”[2] 为此，各共和国的代表们受权签订苏维埃社会主义共和国联盟成立条约。条约规定，俄罗斯、乌克兰、白俄罗斯、外高加索四个共和国联合成联盟国家“**苏维埃社会主义共和国联盟**”[3]。国家最高权力机关为联盟苏维埃代表大会，大会闭会期间是联盟中央执行委员会，执委会闭会期间则是中央执行委员会主席团。中央执行委员会的执行机关是人民委员会。条约还规定了联盟和各共和国人民委员会的组成。外交、陆海军、对外贸易、交通、邮电统属联盟人民委员会领导，各加盟共和国不设人民委员部。条约的最后一条规定：“每个加盟共和国都有自由退出联盟的权利。”[4]

加里宁在代表大会闭幕词中谈到了成立苏联的重大意义。他说：第一，这次联合代表大会使我们有可能加强我们的物质资源，以对抗仇视我们的资产阶

---

[1] 《斯大林全集》，第 5 卷，第 130 页。

[2] 同上书，第 322 页。

[3] 关于苏联的成立以及围绕这一问题展开的党内斗争过去苏联史书很少涉及。《列宁全集》俄文第 5 版第 45、54 卷在发表列宁的《关于民族或“自治化”问题》及有关信件时所加的大量注释，提供了大量鲜为人知的材料，大体揭示了这一斗争过程。1969 年出版的哈尔曼达梁《列宁和外高加索联邦的形成》（*Хармандарян С.В.* Ленин и становление Закавказской федерации. Эривань. 1969），利用大量档案材料较为系统地介绍了成立苏联和格鲁吉亚事件的经过。郑异凡的：为“格鲁吉亚事件”辩护——列宁病中活动之二：（1982）首次在国内较为详细地评述了这一过程。（见郑异凡：《不惑集》，辽宁教育出版社 2001 年版）1989 年《苏共中央通报》第 9 期发表《苏联成立史》，正式公布了一批党内档案，提供了第一手资料。（Из истории образования СССР. Известия ЦК КПСС. 1989. № 9.）

[4] 《斯大林全集》，第 5 卷，第 330 页。

级世界。第二，各苏维埃共和国的联合在政治上很大程度上加强了苏维埃共和国在整个资产阶级世界面前的实际意义。第三，我们在这里奠定了真正兄弟大家庭的第一块基石。

列宁因病未能出席大会，当选为大会名誉主席。那时列宁因病往往不能出席一些会议，但一般都写信表示祝贺。但对这样一个成立苏维埃社会主义共和国联盟的大会，列宁没有写信祝贺，而是抱病于 1922 年 12 月 30 日口授了**《论民族或“自治化”问题》**这一重要文件。

列宁在这里提出了一个重大原则问题：应当怎样理解国际主义？“国际主义”一词俄文为 интернационализм，直译就是“族际主义”，列宁这里提的正是如何正确理解和处理民族间的关系问题。他指出，处理民族问题的根本出发点是无产阶级团结的根本利益，无产阶级斗争的根本利益，因此，对无产者来说，不仅重要，而且极其必要的是保证在无产阶级的阶级斗争中取得少数民族的最大信任，这就要千方百计地消除历史上形成的少数民族对大民族的那种不信任和猜疑。要做到这一点，列宁认为不能仅仅限于遵守形式上的平等，原先的压迫民族甚至应当使自己处于不平等地位以抵偿生活上实际形成的不平等，消除少数民族对大民族的不信任心理。这就是说，对少数民族要多做一些让步，要温和一些，“在这方面过头比不及要好”。列宁认为，不能抽象地谈论民族主义，必须把压迫民族的民族主义和被压迫民族的民族主义，大民族的民族主义和小民族的民族主义区别开来。他说，对第二种民族主义，我们大民族的人在历史实践中几乎永远是有过错的，因为大民族在历史上施加了无数暴力。因此，在民族问题上必须集中力量反对主要危险——大俄罗斯沙文主义倾向。列宁从世界革命发展的高度来看待这一问题，他强调正确处理民族问题对东方的影响，他说，东方亿万人民即将登上历史舞台，“如果在东方登上历史舞台的前夜，在它开始觉醒的时候，由于对我们本国的其他民族采取哪怕最微小的粗暴态度和不公正态度而损害了自己在东方的威信，那就是不可宽恕的机会主义。”

列宁针对当时的局势指出，在当前的情况下，“应当保留和巩固社会主义共和国联盟”，这是毫无疑问的。但是他反对过度的集中化，他说，国内的机构绝大部分还只是沙皇制度和资产阶级的大杂烩，在这种情况下过早地实行高度集中统一，无法保障少数民族的权利，“退出联盟的自由”的保证也只是一纸空文。与这种过分集中的要求相反，列宁甚至认为应做好“倒退”的准备，即只在军事和外交方面保留苏维埃社会主义共和国联盟，而在其他方面恢复各人民委员部的完全独立。

这次召开的第一次苏维埃代表大会未能制定和通过宪法。会后加紧进行了宪法的起草和审定工作。1923 年 7 月 6 日在莫斯科召开第 1 届苏联中央执行委员会第二次会议，会议通过了苏联宪法，选举列宁为苏联人民委员会主席，还选出了苏联各人民委员部的人民委员。1924 年 1 月 31 日，苏联第二次苏维埃代表大会最后批准了第一个苏联宪法。宪法分两部分，第一部分为《苏维埃社会主义共和国联盟成立宣言》，第二部分为《苏维埃社会主义共和国联盟订立的盟约》。盟约规定了共和国联盟各级机构的设置和职权。和原先的盟约不同，宪法规定在最高权力机关设置两院：联盟院和民族院，在苏维埃代表大会闭会期间，联盟院和民族院所组成的联盟中央执行委员会为联盟的最高权力机关。联盟院按各加盟共和国人口比例从各共和国选举产生，名额为 414 人。民族院由每一加盟共和国和自治共和国各选派代表 5 人，苏俄各自治省每省选派代表 1 人组织。设立民族院在保障各民族的利益上前进了一步，起了一定的作用，但代表人数的规定明显地有利于俄罗斯联邦，因此它所起的作用不能不受到限制。宪法规定了苏联的国旗和国徽，决定以莫斯科为首都。至此苏维埃社会主义共和国联盟的建立工作全部完成。

苏联的成立给世界各国被压迫人民、被压迫民族以极大的鼓舞，特别是给东方各民族以极大的影响。中国伟大的革命先行者孙中山在 1925 年写的致苏联遗书中写道：“你们是自由的共和国大联合之首领，此自由的共和国大联合，是不朽的列宁遗产与被压迫民族的世界之真遗产。帝国主义下的难民，将借此以保卫其自由，从以古代奴役战争偏私为基础之国际制度中谋解放。”[1]

第七节　冲突在继续——格鲁吉亚事件

十月革命后，格鲁吉亚宣告独立，成立格鲁吉亚民主共和国，组成以孟什维克为首的政府，并且同俄罗斯联邦签订了相互承认的条约。1921 年 2 月

[1] 《孙中山选集》，下卷，人民出版社 1956 年版，第 922 页。

俄联邦出兵兼并了格鲁吉亚民主共和国，在那里建立了苏维埃政权。[1]

对这样一个新兼并的国家，列宁主张多做让步，要从当地的实际出发，而不要生搬硬套俄罗斯的政策策略。1921年3月，列宁给奥尔忠尼启则去信说：对格鲁吉亚的知识分子和小商人应采取一种特殊的让步政策，不宜采取国有化的政策，格鲁吉亚的内外部条件都要求“不要硬搬俄国的公式，而要善于灵活地制定以对各种小资产阶级分子采取更大让步为基础的特殊策略”。列宁甚至要求，“寻找适当的妥协办法，同饶尔丹尼亚和像他那样的格鲁吉亚的孟什维克结成联盟”。[2] 他强调：“决不可照搬我们的策略，而必须经过周密思考改变策略，使它适合于不同的具体条件”。[3] 列宁还指示在格鲁吉亚的驻军，要他们同当地的格鲁吉亚革命委员会建立密切联系，严格遵守革命委员会的指示，非经革命委员会的同意，不得采取任何可能损害当地居民利益的措施，要特别尊重格鲁吉亚的自主机关，要特别关心、特别谨慎地对待当地的居民。列宁要求立即向全军发出相应指示，对“违反这一指示的人一律要追究责任”。[4]1921年9月13日列宁在给越飞的信中谈到少数民族政策时强调：“**取得**当地人的信任；取得三倍、四倍的信任；**证明**我们**不是**帝国主义者”，“这对我们的整个世界政策是极其重要的。”[5]

在格鲁吉亚工作的共产党人知道这个国家的特殊性、当地各民族的心态，希望以较为温和的相对独立的政策赢取当地居民的支持。所以一年之后，在提出组建新的联盟的时候，格鲁吉亚的共产党人反对匆忙建立统一的国家，而主张保持格鲁吉亚的独立性，或者让格鲁吉亚作为与俄罗斯联邦一样的平等一员加入新成立的苏维埃联盟。他们认为各独立国家以自治形式进行的联合为时过早，坚持保存独立的一切特征。这种主张不能不同斯大林的“自治化”方案发生冲突，在表决斯大林的自治化方案时，格鲁吉亚的姆季瓦尼投了反对票。老家的党组织竟然反对自己的方案，这自然引起斯大林的严重不快。尽管格鲁吉

[1] 见本书第四章。

[2] 《列宁全集》，中文第2版，第40卷，第378页。

[3] 同上书，第41卷，第117页。

[4] 同上书，第184页。

[5] 同上书，第51卷，第323页。

亚共产党人的主张得到列宁的支持，斯大林不得不放弃“自治化”方案，按照列宁的建议修改联合的方案，但是斯大林在新方案上又做了手脚，格鲁吉亚等高加索三国被“外高加索联邦”取代了，因此第1条变成：“确认乌克兰、白俄罗斯以及外高加索共和国联邦和俄罗斯苏维埃联邦社会主义共和国之间缔结关于联合成‘苏维埃社会主义共和国联盟是必要的……’”这样一来，格鲁吉亚被降了一级，仍然是比俄罗斯联邦低一级的共和国。这显然是斯大林给不听话的格鲁吉亚的一个惩罚。

1922年10月初召开俄共中央全会，会议支持列宁的立场，通过以列宁提议为基础的关于联合的决议。关于全会的情况，姆季瓦尼在10月8日写给卡夫塔拉泽的信中是这样说的：“起初（列宁不在）是以杰尔席莫尔达的方式对待我们的，他们嘲笑我们，后来，在我们会见列宁并汇报了详细情况之后，列宁出来干预了，这时事情才转到共产主义的理性方面来。在财政问题上，格鲁吉亚流通券的比价取得了平等地位，关于相互关系问题采取了在权利平等基础上的自愿联盟，结果反对我们的令人窒息的气氛消失了。反过来，在中央全会上对大国沙文主义分子进行了攻击——布哈林、季诺维也夫、加米涅夫等人的发言都是如此。草案当然是列宁的，但却以斯大林、奥尔忠尼启则等人的名义提出，他们迅速转换了战线……辩论表明，一部分中央委员直接否认存在民族问题，完全沾染了大国主义倾向。但是这部分人挨了一记耳光，不会很快就敢于从被列宁赶进去的那个小洞里探出头来的（关于列宁的情绪可以从他的信中看出，此信是在会议快结束时，已对问题作出决定后宣读的）……”[1]

但是全会后又出现了新的问题，使得“格鲁吉亚问题”日益尖锐化。斯大林和以奥尔忠尼启则为首的俄共外高加索边区委员会要求格鲁吉亚、阿塞拜疆通过外高加索联邦加入苏联，而以姆季瓦尼为首的格鲁吉亚共产党中央委员会则要求作为平等的独立共和国直接加入苏联。这一问题是全会决议案中的新规定引起的。

10月19日，格共梯弗里斯委员会举行扩大全会，格共中央委员科·马·钦察泽、M.C.奥库德扎娃、谢·伊·卡夫塔拉泽、马哈拉泽等在会上声明，拥

---

[1] 引自 *Хармандарян С.В.* Ленин и становление Закавказской федерации. Эривань. 1969. C.348.

护俄共中央全会关于成立苏联的决议，但要求对各共和国能否单独加入联盟问题进行再审议。这种要求立即被看作是“一种不能容许的破坏党的纪律的行为”。奥尔忠尼启则宣称，“此事将移交监察委员会处理并上报莫斯科”。

10 月 20 日，外高加索边区区委召开全会，奥尔忠尼启则在会上斥责“格鲁吉亚共产党的上层是沙文主义败类，应当立即抛弃”。全会认为格共领导人奥库德扎娃、钦察泽和马哈拉泽违犯党纪，给他们以党内警告处分，同时决定解除奥库德扎娃的格共中央书记和主席团委员职务。在 10 月 22 日的格鲁吉亚共产党中央全会上，奥尔忠尼启则又指责格共领导人有“孟什维主义倾向”，搞“沙文主义”，表示对格共中央“不信任”。

在这种情况下格共钦察泽、卡夫塔拉泽、马哈拉泽于 10 月 21 日凌晨接通了同莫斯科的直通电话。电话打给全俄中央执行委员会秘书叶努基泽并请他转告加米涅夫和布哈林，叶努基泽作了电话记录，内容如下：

“格鲁吉亚这里走投无路的局势迫使我们来打扰您。请把下述一切转告列宁同志，我们相信，他和您的绝对权威的决定一定能结束现在的灾难性混乱和纷争。奥尔忠尼启则极端刚愎自用……开始摧毁格鲁吉亚共产党（布）中央委员会了，奥库德扎娃被解职，我们已无法承担责任，明天我们将在中央全会上声明这一点。总之，格鲁吉亚的苏维埃政权还从来没有像现在这样处于危险状态。这一切全是奥尔忠尼启则造成的……”[1] 电报说，人们已不堪在他那“杰尔莫达式的制度”下生活和工作了，我们已经无法履行职责，因此决定明天(21 日）在格共中央全会上提出辞职。

电话记录当天（21 日）送到列宁和斯大林处。列宁于同一天给钦察泽和卡夫塔拉泽去电报。列宁这时显然认为由于十月全会改正了“自治化”方案的错误，问题业已解决，因此他对钦察泽等人在电话中的不礼貌口气表示惊奇，谴责对奥尔忠尼启则的谩骂，要求按照组织手续把冲突“以恰当的、有礼貌的口气提交俄共中央书记处解决。”[2] 列宁的电报于 21 日深夜送达。

10 月 22 日，格鲁吉亚共产党中央全会的第二天，通过了格共中央主席团

---

[1] 见 *Хармандарян С.В.* Ленин и становление Закавказской федерации. Эривань. 1969. С. 351.

[2] 《列宁全集》，中文第 2 版，第 52 卷，第 509 页。

的建议，中央委员会提出辞职。

关于辞职原因，格鲁吉亚共和国中央执行委员会主席马哈拉泽在俄共十二大上曾作过解释。他说，辞职不单是因为在格鲁吉亚中央和由奥尔忠尼启则领导的外高加索区委之间存在分歧，只有资产阶级内阁才会因分歧而辞职，“老共产党人是不会这么做的”。问题在于：第一，往中央大量上报关于格鲁吉亚组织的“不正确情报”，造成“中央对地方同志的不信任”。第二，不断给格鲁吉亚地方组织发布各种指令，造成了一种无法进行富有成效的工作的局面。第三，格鲁吉亚共产党主张直接加入苏联，这就成了一种“罪行”，被斥之为“沙文主义者”、“孟什维克”，等等。第四，外高加索区委越过格共中央委员会直接领导格鲁吉亚的工会、梯弗里斯市委等地方组织，造成一种格共中央委员会无法进行工作的局面。因此它不得不提出辞职。[1]

就在这一天斯大林给奥尔忠尼启则打电报说：“我们打算结束格鲁吉亚的争吵并狠狠惩罚一下格鲁吉亚中央委员会。请告知，除召回 4 人外，我们还应把谁从格鲁吉亚调开。依我看，应当采取一条坚决的路线，把各种民族主义残余统统从中央委员会清除出去。收到列宁的电报了吗？他对格鲁吉亚民族主义分子感到愤怒和极端不满。”[2]

10 月 23 日，奥尔忠尼启则致电斯大林：“在我看来，应当解除他们的职务，成立新的中央委员会。”次日，斯大林复电批准：“满足格鲁吉亚共产党现任中央委员会的辞职请求。”他设想了几个“正常地”把辞职的格共中央委员召到莫斯科的办法：马哈拉泽可以安排进联盟执委会主席团，卡夫塔拉泽委以执行委员，或候补马哈拉泽的位置，“用这个办法召回钦察泽，可使外人无所察觉”。他强调，“除了要瓦解民族共产主义者，最好能隔断马哈拉泽同它的联系”。[3]

外高加索边区区委和俄共中央接受了格鲁吉亚共产党中央的辞职，成立了以洛明纳泽为首的新的中央委员会。接着又从政府部门撤换了大批干部，

---

[1] Двенадцатый съезд Российской Коммунистической Партии (большевиков). Бюллетень. Москва- Кремль. 1923. С.128–131.

[2] 引自 *Хармандарян С.В.* Ленин и становление Закавказской федерации. С.353–354.

[3] 中央编译局列宁斯大林著作编译室编译：《列宁研究》，1993 年第 1 辑，第 237 页。

“倾向分子”马哈拉泽被撤去格鲁吉亚共和国中央执行委员会主席职，卡夫塔拉泽被撤去人民委员会主席职，钦察泽被撤去肃反委员会主席职，等等。

10月25日，马哈拉泽等联名致电列宁，对上次电报的尖刻口气表示歉意，同时重申赞同10月中央全会的决定，只是要求“俄共中央重新审议关于共和国不通过既没有中央执行委员会，也没有人民委员会的外高加索联邦单独加入联盟的问题。我们认为这是由格鲁吉亚在国内外所处的地位决定的”。[1]

政治上的冲突最后不仅发展成谩骂，而且甚至发展到奥尔忠尼启则动手打人的地步——他打了柯巴希泽一记耳光，据说是因为后者称他为“斯大林的驴”。

由于格鲁吉亚的一批原领导人不断向俄共中央申诉，俄共中央书记处决定成立一个委员会去梯弗里斯调处。11月24日，书记处任命了由捷尔任斯基(任主席)、米兹凯维奇－卡普苏卡斯和索斯诺夫斯基三人组成的委员会，表决时列宁弃权。后把索斯诺夫斯基改为曼努伊尔斯基。25日第二次表决时，列宁又未投票。

捷尔任斯基委员会在格鲁吉亚进行了调查，它得出的政治结论是：外高加索边区委员会和奥尔忠尼启则的路线和工作完全符合俄共中央的指令，是完全正确的，而辞职的格鲁吉亚党中央的立场则是根本错误的，委员会谴责姆季瓦尼集团的“民族主义”路线。但是，捷尔任斯基委员会的工作带有片面性，偏听偏信，没有作全面调查。例如它把奥库德扎娃和卡卡巴泽的声明说成是污蔑性的，但对声明中列举的事实却没有调查核对，没有同他们谈话，报告中也没提及这一声明。马哈拉泽写信告诉捷尔任斯基，纳里曼诺夫（外高加索联邦联盟院主席）想向委员会作些解释，但委员会未同他会见。委员会对“柯巴希泽事件”，即奥尔忠尼启则动手打人事件也置之不理。

12月12日，列宁从哥尔克回到莫斯科，晚上接见了刚从格鲁吉亚回来的捷尔任斯基。捷尔任斯基向列宁汇报了调查情况，其中谈到奥尔忠尼启则发脾气打人事件。关于这次谈话，列宁后来这样说过：“我害病前夕，捷尔任斯基曾向我谈到过委员会的工作和这一‘事件’，这对我有严重影响。”[2] 次日晨（13

[1] 《列宁研究》，1993年第1辑，第236页。

[2] ［俄］福季耶娃著：《列宁生活片断》，佟木译，湖北人民出版社1960年版，第145页。

日）列宁两次发病，16 日夜出现中风。列宁对捷尔任斯基委员会的工作不满意，认为它在调查时偏袒一方，缺乏应有的公正，甚至怀疑委员会在离开莫斯科之前已经作出了结论。12 月 14 日列宁打算就民族问题即关于成立苏维埃社会主义共和国联盟问题口授一封信，但因病未能如愿。

12 月 30、31 日，就在苏维埃第一次代表大会开幕的同一时候，列宁接连口授了《关于民族或“自治化”问题》的信。

在信中，列宁一开始就因没有坚决过问民族问题而表示“很对不起俄国工人”。这主要是指他因病未能出席讨论这一问题的十月全会以及十二月全会，所以列宁说，“这个问题几乎完全没有经过我的手”。

接着，列宁批评了同格鲁吉亚事件有关的人员。他指出，如果像捷尔任斯基所说的那样，“事情发展到奥尔忠尼启则竟会动手打人，那么可以想象得出，我们已掉到什么样的泥潭里去了。显然，这种‘自治化’计划是根本不对的，是根本不合时宜的”。列宁对捷尔任斯基委员会的公正性表示怀疑，他说，“我还担心，到高加索去调查这些‘社会民族主义分子’‘罪行’案件的捷尔任斯基同志，也只是表现了真正俄罗斯人的情绪，他的整个委员会的公正无私已在奥尔忠尼启则‘动手打人’这件事上得到了充分说明”。列宁要求补充调查或重新调查捷尔任斯基委员会的全部材料，“以便纠正那里无疑已有的大量不正确的地方和不公平的推断”。

列宁就“动手打人”事件严厉批评了奥尔忠尼启则，指出他对于高加索的其他公民就是权力，他没有权利发怒，这种俄罗斯式的动手打人行为是不能用受到任何挑衅甚至侮辱来作辩护的。他应当克制自己，“不应当像一个普通公民那样，尤其不能像一个被指责犯了‘政治’罪的普通公民那样，可以不必克制自己。”列宁提出：“应当处分奥尔忠尼启则同志以儆效尤”，并且认为捷尔任斯基“不可挽回的过错，就在于他对这种动手打人的行为采取了轻率的态度”。

就整个事件而言，列宁认为，“应当使斯大林和捷尔任斯基对这一真正大俄罗斯民族主义的运动负政治上的责任。斯大林的急躁和喜欢采取行政措施以及他对所谓‘社会民族主义’的愤恨，在这件事情上起了决定的作用。”鉴于斯大林、捷尔任斯基和奥尔忠尼启则都不是俄罗斯人，列宁特意补充说，“大家知道，俄罗斯化了的异族人在表现真正俄罗斯人的情绪方面总是做得过火”。

列宁不主张滥用“社会民族主义”罪名，文中凡使用这个词的地方都给加上引号，并且在一个地方不无所指地写道：“如果一个格鲁吉亚人……轻蔑地滥用‘社会民族主义’这个指责（其实他自己不仅是真正道地的‘社会民族主义者’，而且是粗暴的大俄罗斯的杰尔治摩尔达），这个格鲁吉亚人就在实质上破坏了无产阶级团结的利益”。

列宁在文中阐发了社会主义建设时期正确处理民族问题的一系列重要原则。他重申在民族问题上要着重反对大俄罗斯沙文主义，认为不能抽象地提民族问题，必须把压迫民族的民族主义和被压迫民族的民族主义区别出来。对后一种民族主义来说，大俄罗斯民族在历史的实践中几乎永远都是有过错的，因为他们施加了无数的暴力和侮辱。因此列宁主张对少数民族要“多让步一些，多温和一些”，“用自己对待异族人的态度或让步来抵偿‘大国’民族的政府在过去历史上给他们带来的那种不信任、那种猜疑、那种侮辱”。[1]

列宁的秘书福季耶娃在 1923 年 3 月 16 日曾写便条给加米涅夫谈列宁的这封信。福季耶娃说，民族问题“一直使他极为忧虑，他准备在党的会议上谈这个问题。在他这次发病前不久，他告诉我，他将要发表这篇文章，但是要再过一些时候才发表。以后他就病了，没有给我最后的指示。弗·伊·认为这篇文章是有指导意义的，并且非常重要。按照他的指示，曾把这篇文章抄送托洛茨基同志。鉴于他们在这个问题上的一致，弗·伊·委托托洛茨基在党的会议上为他在这个问题上的观点辩护。”[2]

列宁口授的关于民族问题的这封信当时没有送交俄共中央，而是收存在列宁和他的秘书处那里。

政治局于 1923 年 1 月 25 日听取捷尔任斯基委员会结论后批准了他的报告和建议，同意撤换格鲁吉亚党政领导，同时批准组织局 1922 年 12 月 21 日关于把姆季瓦尼、钦察泽、卡夫塔拉泽和马哈拉泽调离格鲁吉亚工作的决定。接着政治局于 2 月初批准了关于格鲁吉亚党内冲突的党内通告信，申述促使政治局就捷尔任斯基委员会的报告作出决定的理由，信中说：“俄共中央要么应当撤销外高加索区委和新的格鲁吉亚共产党中央委员会，再度同外高加索党组

[1] 见《列宁全集》，中文第 2 版，第 43 卷，第 349—355 页。

[2] 引自［俄］托洛茨基著：《俄国局势真相》，三联书店 1963 年版，第 168 页。

织和格共（布）中的多数发生冲突，要么按照格鲁吉亚和外高加索多数党员的愿望撤回四名倾向分子”，继续支持“姆季瓦尼同志已经是不可能和不允许的了”，召回是“唯一可能的出路”。[1]

大致与此同时，1 月底列宁要求调阅格鲁吉亚问题的全部材料。1 月 24 日他指示福季耶娃向捷尔任斯基或斯大林索取这些材料，斯大林借口此事必须由政治局决定，不肯交出材料。列宁接连（25、27、30 日）催问结果。他说，格鲁吉亚事件使他“感到很难受”，表示要为取得材料而斗争。由于列宁的坚持，2 月 1 日政治局批准给列宁所需要的材料，列宁当即委托他的秘书班子福季耶娃、格利亚谢尔和哥尔布诺夫着手研究，要他们写出报告供他在即将召开的党代表大会上用。列宁对研究工作做了详细指示：

> 1. 为什么指控格鲁吉亚共产党原中央委员会犯倾向主义。2. 给它什么罪名，如破坏党的纪律。3. 为什么指控外高加索边区党委压制格鲁吉亚共产党中央委员会。4. 肉体上的压制办法（“肉刑”）。5. 弗拉基米尔·伊里奇不在时和在时中央（俄共。——引注）的路线。6. 委员会的态度。它是否只审查对格鲁吉亚共产党中央的指控，还是也审查对外高加索边区党委的指控？它是否审查了肉刑事件？ 7. 现状（选举运动、孟什维克派、压制、民族纠纷）。[2]

实际上这是一个详细的调查提纲，从这里也可以看出列宁所关心的问题。

2 月 3 日，列宁得知政治局已批准捷尔任斯基委员会的结论，他指示秘书在三星期内写出调查报告。此后他多次询问工作进展情况，由于估计到很可能还需要到格鲁吉亚去进行补充调查，他指示务必抓紧进行，在党的十二大以前作出结论。

在进一步了解了情况之后，2 月 14 日列宁指示福季耶娃向俄共中央监委主席团委员索尔茨示意，他（列宁）“站在被欺侮者一边。让每个被欺侮者都知道，他站在他们一边。三点：1. 不能打人。2. 需要让步。3. 不能把大国同小国相提并论。斯大林是否知道？为什么他没有反应？‘倾向分子’和‘沙文主

[1] 见 *Хармандарян С.В.* Ленин и становление Закавказской федерации. Эривань. 1969. С.411.

[2] 参看《马列著作编译资料》，第 3 期，第 176 页。

义和孟什维主义倾向'这一称呼证明，这种倾向本身就在大国主义者身上。"[1]

3月3日，福季耶娃等把他们所写的关于格鲁吉亚问题的报告和结论送交列宁。附件中补充了一些与事件有关的文件：

1. 福季耶娃写的简要说明：她为列宁索要的柯巴希泽给中央监察委员会的申诉书，据索尔茨询问，已经遗失。

2. 经索尔茨建议，附上了阿·伊·李可夫（他亲眼目睹了在梯弗里斯奥尔忠尼启则的住所里发生的事件）的信的复制件，以代替申诉书。李可夫虽然没有听清柯巴希泽说的话，但他肯定：辱骂行为与个人恩怨有关。

3. 奥库德扎娃的信述说了他同外高加索边疆区委员会领导人进行的另一次气氛十分紧张的谈话的情况。

4. K. 卡卡巴泽的申述书说奥尔忠尼启则曾鼓动他反对姆季瓦尼，还称后者为"小酒铺老板"。

5. 还有奥尔忠尼启则本人所作说明的原件。他否认对他的一切指控，声称这些指控是派性作怪产生的谣言。

6. 从福季耶娃同季诺维也夫的谈话记录中可以看出列宁不在时中央委员们的各种情绪：

谢尔戈太狂妄了，可斯大林非但不制止他，反而支持他。

谢尔戈的错误占20%。

……要不是中央的威信起了作用，马哈拉泽就会在党内拥有多数（指格鲁吉亚共产党中央委员会成员中的多数。——引注）。

(3个人同斯大林)

打算妥协。

派两个有威信的同志——古比雪夫和布哈林，或者加米涅夫去参加他们（格鲁吉亚共产党。——引注）的代表大会。

不同意奥尔忠尼启则路线的有：季诺维也夫，托洛茨基，布哈林，加米涅夫（动摇不定）。

妥协就是让一部分倾向分子（这些人早已被调离格鲁吉亚）回来。

---

[1] 《马列著作编译资料》，第3期，第177页。

列宁及其在政府的副手李可夫和加米涅夫（站立者）

季诺维也夫：必须把奥尔忠尼启则留下。

斯大林：可以派他去土耳其斯坦工作一年。[1]

这显然使列宁进一步弄清了事实真相，得到了明确的结论。鉴于自己无望参加3月底举行的中央全会，所以两天后列宁采取了进一步措施。

一是给托洛茨基去信，请他出面代为辩护。信中说："我请您务必在党中央为格鲁吉亚事件进行辩护。此事现在正由斯大林和捷尔任斯基进行'调查'，而我不能指望他们会不偏不倚。甚至完全相反。如果您同意出面为这一事件进行辩护，那我就可以放心了。如果您由于某种原因不同意，那就请把全部案卷退还给我。我将认为这是您表示不同意。"[2]洛迪切娃当天用电话向托洛茨基传达了这封信。

其次，是在3月6日给姆季瓦尼、马哈拉泽等去信表示对他们的支持。

[1] 《列宁研究》，1993年第1辑，第242—244页。

[2] 《列宁全集》，中文第2版，第52卷，第554页。

列宁在信中写道："我专心致志地关注着你们的事。我对奥尔忠尼启则的粗暴，对斯大林和捷尔任斯基的纵容感到愤慨。我正为你们准备信件和发言稿。"[1]

这是列宁所写的最后一封信，这一天列宁病情恶化，从此未能恢复健康视理国事，因此他对格鲁吉亚事件的直接干预也就到此为止。

但是事情并没有就此了结。3月7日，在动身赴格鲁吉亚之前，加米涅夫给季诺维也夫通报列宁就格鲁吉亚问题给托洛茨基和姆季瓦尼写短信一事，表示"将竭尽全力争取高加索在决议基础上实现和平"，但他担心不会令列宁满意，因为列宁"不仅希望高加索实现和平，而且希望从上边作出明确的组织结论。"[2]

斯大林很快从加米涅夫那儿得知列宁给姆季瓦尼的信，3月7日他给奥尔忠尼启则写信说：

> 亲爱的谢尔戈！我从加米涅夫同志那里得知，伊里奇给马哈拉泽等同志写了一封短信，表示他同情倾向分子并责骂你、捷尔任斯基同志和我。看来目的是要为倾向分子而压制格鲁吉亚共产党代表大会的意志。不用说，倾向分子收到这封信后会尽量利用它来反对外高加索边疆区委，特别是反对你和米雅斯尼科夫同志。我建议：1. 外高加索区委不要给格鲁吉亚共产党中多数派的意志施加任何压力，不管什么样，让这种意志最后得以充分表现；2. 争取妥协，但这种妥协应以在其贯彻时不必对格鲁吉亚的多数负责干部进行压服为限，即必须是自然而然的自愿的妥协；3. 我听说，米雅斯尼可夫同志想参加代表大会，但似乎由于工作人员不够而不放他来。我想，应当放他作为代表参加代表大会，因为毫无疑问，会把他选入党代表大会的。[3]

3月16日斯大林致电奥尔忠尼启则："我认为不管怎么样代表大会上一切

---

[1] 《列宁全集》，中文第2版，第53卷，第556页。

[2] 《列宁研究》，1993年第3辑，第177页。

[3] 引自 *Хармандарян С.В.* Ленин и становление Закавказской федерации. Эривань. 1969. С.398.

都将顺利进行。我不怀疑，格鲁吉亚代表大会和俄共第十二次代表大会将批准外高加索边疆区委的政策。”[1]

俄共中央通过加米涅夫和托洛茨基获悉列宁给姆季瓦尼等的信后，决定往格鲁吉亚派出新的委员会重新调查，委员会由加米涅夫和古比雪夫组成，他们当即前往梯弗里斯。委员会的主要任务是消除分歧和争端，恢复格鲁吉亚党内的统一。因此，他们采取的主要办法是进行内部协商以达成协议。3月14日以奥尔忠尼启则等人为一方，姆季瓦尼等人为另一方，在加米涅夫和古比雪夫参加下签署了《关于格鲁吉亚共产党（布）当前首要任务的提纲》，这一提纲肯定了外高加索联邦的必要性，同时又指出在实践上联邦形式应当灵活，不应破坏各联邦共和国内无需联合的那些经济和管理部门的独立性，强调不要使联合机关变成推行大俄罗斯沙文主义的工具，应进行系统的斗争以反对这样做的任何企图。此外还就格鲁吉亚党政领导成员的人选达成了协议。

但是委员会的工作过于仓促，因为委员会到达后不久就传来列宁病重的消息，所以他们急于返回莫斯科。在签订协议后，加米涅夫等即于当夜（14日夜）离去。在15日的格共代表大会上宣读了加米涅夫致大会主席团的信，信中说：

“由于列宁同志的健康状况的消息，我们不得不立即离开大会返回莫斯科。在这种情况下我们认为有义务执行中央交给我们的任务，向代表大会提出请求：鉴于签订的格鲁吉亚共产党最近任务的协议以及这一提纲断定不存在原则分歧，在讨论问题时不要提及过去的派别斗争，决不要使讨论的问题尖锐化。请记住，格鲁吉亚共产党人的团结应是代表大会的最高目的。”[2]

加米涅夫的态度是尽量缓和矛盾，因此他以“非原则性斗争”作为处理冲突的基本出发点。他的这种态度受到姆季瓦尼等人的欢迎。

列宁秘书格利亚谢尔告诉列宁，托洛茨基在民族问题上的观点同他相近。

---

[1] 引自 *Хармандарян С.В.* Ленин и становление Закавказской федерации. Эривань. 1969. С. 398.

[2] *Хармандарян С.В.* Ленин и становление Закавказской федерации. Эривань. 1969. С.400–401.

3月5日列宁把辩护的责任委托给他，秘书沃洛季切娃在电话中向托洛茨基宣读了列宁的短信，托洛茨基当时表示，由于生病无法承担这项工作，但表示有希望早日恢复健康，因此请求“把这些材料给他送去，一旦健康状况允许，就先看看这些材料”。3月7日列宁的几位秘书去访问了托洛茨基，福季耶娃把列宁的《关于民族或“自治化”问题》一文交给了托洛茨基。托洛茨基抄了一份供写文章和修改斯大林关于民族问题的提纲之用。他说，如果他过去犹豫过，那么他现在确信，一定出了大错误。[1] 关于这一点，稍后，3月26日托洛茨基给格利亚谢尔的便条中说得更明确：“如果说我曾怀疑奥尔忠尼启则的政策和政治局的决定是否正确，那么现在（在奥尔忠尼启则发言之后）这种怀疑增加了一百倍。”[2]

3月20日，托洛茨基在《真理报》上发表了《关于党的一些想法》一文的第二部分《民族问题和青年党员的教育》。他认为小民族中间的民族主义是“防御性的民族主义”，“正如工人中间的无政府冒险主义倾向通常是工人领导组织的机会主义的症状和产物，小民族中共产党人的民族主义倾向乃是在一般国家机关，甚至在执政党的一些角落里的尚未完全消除的大国沙文主义罪过的症状”。反对地方民族主义应当“具有耐心宣传的性质，不是无视民族的要求，而是关切地满足这些要求”。“谁对民族问题掉以轻心，他在这一问题上就有陷入不知所措的危险。”[3]

3月26日，政治局讨论格鲁吉亚共产党问题，托洛茨基在会上提出三条：1. 召回奥尔忠尼启则。2. 认为目前这种外高加索联邦是对苏维埃联邦的一种歪曲，也就是说过于集中化了。3. 认为格鲁吉亚共产党（布）中处于少数的同志并非在民族问题上偏离党的路线的一种“倾向”；他们在这一问题上的政策具有自卫性质——反对奥尔忠尼启则同志的不正确政策。[4] 这三条建议以6票

---

[1] ［俄］托洛茨基：“关于斯大林同志4月16日的声明”，见《斯大林评传》，第472页；《列宁研究》，1993年第3辑，第175页。

[2] 《列宁研究》，1994年第3辑，第181页。

[3] Правда.1923. 20 марта.

[4] 引自 *Хармандарян С.В.* Ленин и становление Закавказской федерации. Эривань. 1969. С.412.

对1票被否决。加米涅夫的观点也没有得到政治局委员会的明显支持。会议决定："鉴于姆季瓦尼同志和格格奇柯利同志热衷于在党内制造紧张关系"将他们调任别的工作。赞同加米涅夫、古比雪夫和格鲁吉亚共产党两派代表于3月14日签署的提纲草案。否决托洛茨基关于召回奥尔忠尼启则的建议（5票对2票）。[1]

3月31日俄共中央全会作了些小修改后原则上批准了政治局的决定。决定召回姆季瓦尼，在致格鲁吉亚共产党员的信中加进一个内容，即"指出少数派在反对联邦思想的斗争中所表现出的错误"。[2]

1923年4月17日**俄共第十二次代表大会**开幕。开幕的前一天福季耶娃把列宁的《关于民族或"自治化"问题》的信送交政治局。

她分别给斯大林和加米涅夫去信，交代与列宁此信有关的情况，说明列宁认为这篇文章"具有重大指导意义"，曾打算发表此文件，但没有作出最后安排就病倒了。斯大林没有忘记利用机会对托洛茨基提出指责，他于当日给中央委员们发表声明，说托洛茨基在3月5日就收到列宁的文章，"居然认为可以把它们搁置一个多月而不向政治局或中央全会报告，直到党的第十二次代表大会开幕前夕才提供出来"，中央委员们不得不靠"流言和传闻过日子"。托洛茨基自然不甘示弱，于4月17日给中央委员们发表声明，说"列宁同志的文章是以私人信件方式通过福季耶娃同志秘密交给我的，而且我当时曾表示想把文章通报给政治局委员，但是列宁同志通过福季耶娃同志表示坚决反对这样做"。"如果有人认为，我在这个问题上的做法不对，那我建议由代表大会冲突委员会或特别委员会调查此事。我看不出有什么其他解决办法。"托洛茨基与斯大林为此事举行了私下会谈，斯大林表示，托洛茨基在这一问题上并无不妥之处，将就此发表一份书面声明。但后来未见斯大林的声明，为此托洛茨基18日致函斯大林，说没有看到声明，表示"将请求冲突委员会全面审查这一问题"。[3]

18日大会主席团作出《关于列宁同志有关民族问题，包括格鲁吉亚问题

---

[1] 《列宁研究》，1994年第3辑，第181页。

[2] 同上书，第182页。

[3] 同上书，第184—193页。

的信札》的决定，决定“在元老会议（即‘代表团领导人’会议）上宣读列宁同志的这些信件以及与之有关的全部材料。然后由主席团委员向代表大会各代表团分别宣读这一材料。与此同时把中央全会关于格鲁吉亚问题的决定通知‘代表团领导人’和各代表团。上述信件和材料不在民族问题委员会上宣读。”[1] 主席团确认：中央之所以在代表大会前夕才得知列宁的有关信件，“这与任何一个中央委员的意愿完全无关，而只是由于列宁同志的指示和他的病情所致”。[2]

这就是说，列宁关于民族问题的信不向全体代表传达，甚至也不向大会民族问题委员会传达！而代表高加索参加“代表团领导人会议”的是斯大林、奥尔忠尼启则、基洛夫以及后补的卢卡申，没有一个“倾向分子”！因此在大会上姆季瓦尼和雅可夫列夫等人一再要求公布这封信，但都遭到了拒绝。

民族问题在代表大会上占相当分量，不仅在进入民族问题议程时有热烈的争论，而且在讨论中央工作总结报告时就有不少人谈及民族问题，特别是格鲁吉亚问题。

托洛茨基在民族问题委员会上有过发言，他说：“同志们，不要说列宁同志的这些信是很早以前写的，等等，有一封信是列宁同志 3 月 5 日发给我的，为的是根据这封信在党的代表大会上进行反对倾向的某种斗争。因此我在自己的发言中要这样做以完成向列宁同志承担的义务。”[3] 但是除了民族委员会上的发言外，在大会上他没有就民族问题发言。在俄共领导人中只有布哈林在大会上为列宁在民族问题上的立场辩护。

大会面临的一个根本性问题是在民族问题上应集中火力反对哪一种倾向——是大俄罗斯沙文主义，还是地方民族主义？布哈林坚持反对大俄罗斯沙文主义。他说：

---

[1] 引自 *Хармандарян С.В.* Ленин и становление Закавказской федерации. Эривань. 1969. С. 414.

[2] 《列宁研究》，1994 年第 3 辑，第 194 页。

[3] 引自 *Хармандарян С.В.* Ленин и становление Закавказской федерации. Эривань. 1969. С. 422.

“列宁主义在我们民族问题上的实质首先在于同我们现存的基本的沙文主义，大俄罗斯沙文主义作斗争。”如果俄罗斯人采取不正确的路线，那么其他民族例如格鲁吉亚也会跟着采取民族主义路线。他发挥列宁的观点说，在这里甚至不能以民族平等的观点作为出发点，相反地，“我们作为前大国民族应当制止民族主义的要求并在对民族潮流作更大的让步的意义上使自己处于不平等的地位。只有在这种制止政策下，只有在我们有意使自己处于比其他民族更低的地位这种政策下，只有付出这种代价，我们才能换取过去被压迫民族的真正信任”。他认为代表大会不应当去反对地方民族主义，这不是说不存在地方民族主义，而是应当打击主要的敌人。否则“就是执行一种不正确的政策”。他解释说，“为什么列宁同志在格鲁吉亚问题上花这么大的劲提出警告？为什么列宁同志在自己的信中只字未提倾向分子的错误，反而用长达 4 俄尺的文字去反对那种反倾向分子的政策？他为什么这样做？是因为不知道存在地方沙文主义吗？或者是因为列举不出十个有分立倾向的县吗？他为什么这样做呢？因为列宁同志是天才的战略家。他知道应当打击主要的敌人，而不是折衷地把一种色调同另一种色调调和在一起。”布哈林认为，就国际影响而言，像乌兹别克的沙文主义是没有什么意义的，而大俄罗斯沙文主义的意义则要大得多。他最后宣布，“如果我们在我们的代表大会上不把同俄罗斯沙文主义作斗争放在首位，如果我们不动员我党的所有基本力量去反对大俄罗斯沙文主义，不去打击它，那我们就没有尽到自己的职责。如果列宁同志在这里，他会把俄罗斯沙文主义者痛骂一顿，使他们十年不忘”。[1]

布哈林这里所阐述的内容完全符合列宁在《关于民族或“自治化”问题》一文中的观点，但是受到了斯大林的严厉批驳。

斯大林在《关于党和国家建设中的民族问题的报告的结论》中说：

有人对我们说，不能委屈少数民族。这是完全正确的，我同意这一点，不应当委屈少数民族。但是如果因此而创造出一种新的理论，说必须使大俄罗斯无产阶级在对过去被压迫民族的关系上处于不平等的地位，——那就是胡说八道了。在列宁同志的一篇著名论文

[1] Двенадцатый съезд Российской Коммунистической Партии (большевиков). Бюллетень. Москва- Кремль. 1923. С.464–467.

中只是文字上的一种表现方法，布哈林竟把它变成了完整的口号。[1]

这里几乎是点名批驳列宁了。斯大林论证说，我们除民族自决权以外，还有工人阶级巩固自己政权的权利，在两者发生抵触时，自决权不能而且不应当成为工人阶级实现专政权的障碍。很清楚，斯大林把巩固无产阶级政权的任务同正确解决民族问题机械地对立起来了。

斯大林定下的调子和采取的措施，导致列宁关于民族问题的信在大会上没有引起重视。会上竟有人认为列宁是不正确的消息的受害者。例如，叶努基泽在大会上说："我觉得列宁同志成了片面的不正确的消息的受害者。一个人因病而不可能去管日常工作，人们却跑去告诉他说，某某地方某某同志受了委屈，遭到打击，被驱逐、被免职等等，他当然会写出这样尖锐的信的。"[2]

斯大林在会上还提出一个大俄罗斯沙文主义只应由俄罗斯共产党人来反的理论："只有俄罗斯的共产党员才能从事反对大俄罗斯沙文主义的斗争，并把它进行到底。"[3]他说，如果由格鲁吉亚的共产党员来反，那就会被认为是反俄罗斯的沙文主义了，就会把事情搞糟。这一"理论"在当时的形势下实际上就是要堵住那些受大俄罗斯沙文主义压制的少数民族的嘴，不让他们抗议现实存在的大国沙文主义。

布哈林的发言中有一段描述大会气氛的话，很能说明多数人的情绪："你们看到，季诺维也夫同志碰到什么了，当他谈到反对地方沙文主义时，到处发出雷鸣般的掌声。多么美妙的团结一致。但这是什么意思呢？……这就是说在发言中谈到地方沙文主义的地方，全体反对，甚至反对格鲁吉亚沙文主义的大俄罗斯人也表示反对。而谈到俄罗斯沙文主义时，那里就躲躲闪闪了（鼓掌、笑声），而**这是最危险的**。"他含蓄地说："我们亲爱的朋友柯巴·斯大林同志不那么尖锐地反对俄罗斯沙文主义，他以格鲁吉亚人的身份反对格鲁吉亚沙文主义，这我理解……但是请允许我来反对俄罗斯沙文主义。"——布哈林是俄

[1] 《斯大林全集》，第 5 卷，第 214 页。

[2] Двенадцатый съезд Российской Коммунистической Партии (большевиков). Бюллетень. Москва-Кремль. 1923. С.447.

[3] 《斯大林全集》，第 5 卷，第 216 页。

罗斯人。他强调，“问题在于消灭俄罗斯沙文主义”。[1]

格鲁吉亚问题是大会激烈争论的问题，争论的焦点仍然是格鲁吉亚等三个民族共和国是直接加入苏联，还是通过外高加索联邦加入苏联。主张保存外高加索联邦的主要论据是：需借助于联邦来维持各民族间的和平，恢复和发展各共和国的经济。持此议者指责格鲁吉亚人为保护自己经济上和地理上的特权（有港口、铁路枢纽等）等等而反对联邦。斯大林在大会上的报告清楚地反映了这一方的观点。以姆季瓦尼为代表的原格鲁吉亚领导人则继续要求直接加入苏联，取消外高加索联邦这一中间环节。他们认为，如果说在成立苏联之前外高加索联邦是必要的，那么一旦建立了苏联，军事、外交等方面在全苏范围内得到了统一，也就不存在格鲁吉亚的特权了，至于地区性的经济联合，那只要有一个经济委员会就足以调节经济性质的相互关系和边界纠纷了。他们指出，各共和国的机构经过几次划分之后，留给外高加索联邦的总共只有一、两个人民委员部加上一个人民委员会主席，“这是有点不妥的联合形式！”[2] 因此，完全可以取消联邦这一多余的中间环节。

关于两院制问题代表大会也有不同意见。在苏联这样的多民族国家，建立一个民族院以保障民族利益无疑是必要的，为什么会出现分歧呢？提出不同看法的乌克兰的拉柯夫斯基在发言中说：“在今天所通过的决议中，两院制不仅不给我们各个共和国以任何的保障，相反地，它实际上更加巩固了我们现有的制度。”这个制度就是在全苏中央执行委员会的 360 个代表中，俄罗斯联邦的代表在 280 个以上，而其他独立共和国的代表总共只有 80 个。在第二院即民族院里，所有民族都有人数相同的代表参加，其结果是俄罗斯联邦的 15 个自治共和国和区域各出 4 个代表，中央区出 4 人，乌克兰出 4 人，白俄罗斯出 4 人，外高加索联邦的三个共和国各出 4 人，这样，实际上俄罗斯就拥有 64 或 70 票，而其他加盟共和国如乌克兰才 4 票。这种比例不足以保障各民族共和国的权益是显然的。因此，拉柯夫斯基主张，参加第二院的应当不是民族，

---

[1] Двенадцатый съезд Российской Коммунистической Партии (большевиков). Бюллетень. C.467.

[2] 姆季瓦尼的发言。见 Двенадцатый съезд Российской Коммунистической Партии (большевиков). Бюллетень. С. 376.

而是各民族共和国，规定“第二院内的任何一个国家联合，其代表名额都不能超过代表总数的五分之二”。[1] 他的意见非常清楚，这就是稍微减少一点俄罗斯在民族院中所占的绝对优势地位，以多少保障各民族共和国的权益。这一主张被斯大林斥为“国家拜物教”，是“迷恋于普鲁士的联邦制”。斯大林把加入俄罗斯联邦的自治共和国和加入苏联的各独立共和国相提并论，把它们看作是地位相等的国家联合。这结果确实像拉柯夫斯基所说的，第二院并不能给各独立共和国以任何保障，而只是加强大俄罗斯的影响和地位。这至少反映了一种对各少数民族，包括对乌克兰，格鲁吉亚等的不信任和不放心心理，同时也造成了各民族共和国之间实际上的不平等。

在整个十二大上，从报告到讨论一直到决议，贯彻始终的主导思想是反对所谓地方民族主义。当然口头上也说大俄罗斯沙文主义是主要危险，但这是虚的，没有具体的针对性，而反对地方民族主义则是具体的，实际上成了头等任务。格鲁吉亚的“被欺侮者”没有得到保护，而是处于挨批判、受指责的地位。在代表大会上发言的斯大林、奥尔忠尼启则等领导人对外高加索区委的错误不置一词，至于列宁对他们本人的批评更是讳莫如深。

总的说来，在民族问题上由于列宁的干预，纠正了自治化方案的严重错误，按照民族平等的原则成立了苏联。但是这一精神并没有为当时的一些领导人所真正理解，他们对格鲁吉亚问题的态度和做法说明了这一点。如果说在对外贸易垄断制问题上列宁的主张最后取得了完全的胜利，那么在民族问题上就不能这么说了，由于病情恶化列宁未能把维护少数民族利益的工作进行到底。这一情况不能不影响苏联以后几十年的民族政策。

在这场斗争中，斯大林不顾甚至歪曲列宁的主张，利用自己在组织上的优势，利用政治局、中央监委主席团中的多数，使用粗暴行政手段，打击持不同观点的对手，这一套做法是以后整个 20 世纪 20 年代斯大林开展的党内斗争的预演和缩影。

---

[1] Двенадцатый съезд Российской Коммунистической Партии (большевиков). Бюллетень. С.496–497.

第六章　20世纪20年代的共产党和党内斗争

党内斗争史是苏联史中被歪曲得最厉害的部分。关于20世纪20年代的党内斗争，长期以来占统治地位的观点是《联共（布）党史简明教程》的观点，在这本书里，反对派成员统统被当做苏维埃政权的敌人、外国派遣的间谍特务，对他们使用各种肮脏的字眼，毫无科学性可言。

苏共二十大之后，在一定程度上摆脱了《联共（布）党史简明教程》的公式，但基本调子没有变，同反对派的斗争依然是同社会主义敌人的斗争，只是表述有所缓和。用的仍然是“斗争”、“摧毁”之类的字眼。

1985年戈尔巴乔夫上台之后重新评价进展仍相当缓慢。到1987年年底，对党内斗争的评价仍然是亲斯大林的。直到1988年苏联官方先后给布哈林、季诺维也夫、加米涅夫等反对派成员正式平反，对他们的评价才进入学术研究的轨道。

中国学术界对联共党内斗争的重新审视早于苏联史学界。“文化大革命”结束后，大致从20世纪70年代末起，以重新评价布哈林为契机，开始对苏联20年代党内斗争中的各种问题提出与过去不同的看法，取得一定的成绩。[1]

[1] 关于20世纪20年代的党内争论过去发表的资料不多，可以看到的是《真理报》、《布尔什维克》杂志上的公开文章，俄共决议，托洛茨基的小册子《新方针》，许多有关党内文件都没有正式公布，孟什维克在国外出版的《社会主义通报》刊载了部分文件的摘要。荷兰出版的两卷本《托洛茨基收藏文件集（1917—1922)》(The Trotsky papers. 1917—1922. Mouton. The Harue－Paris.1964，1971.)、美国出版的4卷本《苏联共产主义反对派（1923—1927)》(1990年在苏联出版时加上《托洛茨基档案》的名称。Архив Троцкого. Коммунистическая оппозиция в СССР（1923－1927）. В 4-х тт. Ред. и сост. *Ю.Фельштинский.* Терра.1990.)，这两部文件集公布了托洛茨基被驱逐出国时随身带出的1917年至1927年的重要档案文件，其大部分已收入《苏联历史档案选编》(社科文献出版社2002年版)。20世纪80年代末，苏共中央决定出版《苏共中央通报》(Известия ЦК КПСС)，陆续公布以往的历史档案。在1990年的第5、6、7、10、12期和1991年第3期陆续刊出《20年代党内争论》(“新方针”的争论）资料，1991年第7—8期围绕《十月的教训》的档案资料，首次公布了大量过去保密的资料，中译文发表在《马克思恩格斯列宁斯大林研究》1998年第3期、1999年第1期。我国出版的《托洛茨基言论》、《布哈林言论》、3卷本《布哈林文选》(均由人民出版社出版)、《托洛茨基读本》(中央编译出版社2008年版）提供了大量有关资料。中国人民大学1958年出

第一节 党内民主化的尝试和流产

20世纪20年代是党内斗争连绵不断的年代。

1920年年底到1921年年初俄共党内就工会问题展开激烈的争论。问题是托洛茨基引起的。1920年中，在国内战争基本结束百废待兴的时候，托洛茨基被派去抓交通运输工作。他运用军事管理的办法迅速整顿了铁路交通，使全国的交通运输业在短期内有了很大的起色，他由此起意，要把军事管理推广到国民经济的其他部门。工会在内战时期是管经济的，也参与分配工作。用军事办法整顿工业企业，自然要同工会发生冲突。为排除工会的阻力，托洛茨基提出整顿工会，“整刷”（抖落）干部的口号。另一方面，进入恢复国民经济时期，工会也面临自身工作性质的转换和定位问题，工会到底是干什么的，这个问题当时并不清楚。革命前它是捍卫工人利益的组织，是直接出面领导工人斗争的组织，是为地下党打掩护的合法的公开的组织。取得政权后，在经济建设中，工会应当扮演什么角色呢？任务不明，就导致工会的作用问题的争论。那时就有一种说法，党管政治，工会管经济，无产阶级文化协会管文化。因此，在转变时期，工会作用问题的争论在一定程度上是不可避免的。

但是，开展那种大规模的广泛的争论，却是可避免的。毕竟当时全党全国面临的最迫切的任务是放弃军事共产主义，取消粮食征收制，满足严重不满的农民的要求——那时的苏维埃国家在农民起义的浪潮中有被推翻的危险。

工会问题的争论转移了全党的注意力，党内按纲领分派，出现派别林立的局面，连列宁本人也加入了所谓“十人纲领派”。

工会问题的争论实际上并没有澄清工会的作用问题。工会是国家机关的提法虽然被否定，但以后的实践表明，苏联的工会始终是国家机关的一部分。工会是共产主义的学校的提法过于抽象，在苏联的实践中并没有得到落实。而

版的两卷本《苏联托洛茨基布哈林反革命派的言论选集（1917—1924，1924—1927）》，选译了当时《真理报》上发表的有关言论。杨彦君编译的《“民主集中派”和“工人反对派”文选》（人民出版社1984年版），郑异凡编译的《“一国社会主义”问题论争资料》（东方出版社1986年版）集中收集了有关文献。

工会的首要任务应当是保护工人利益这一功能，梁赞诺夫曾提出过，工会应当仍然作为联合工人以保护或捍卫他们的物质利益和精神利益的组织。当然，不是用罢工的方法。托洛茨基反对这一提法，认为这是“苏维埃工联主义”。列宁认为托洛茨基的看法是错误的，他说，当时的苏维埃国家是“带有官僚主义弊病的工人国家”，因此“组织起来的无产阶级应当保护自己，而我们则应当利用这些工人组织来保护工人免受自己国家的侵犯，同时也利用这些组织来组织工人保护我们的国家”。[1] 但这一说法没有引起任何人的重视。实际上，无论在军事共产主义下，还是在新经济政策下，都需要工会代表工人的利益，保护工人的利益。因为即使在国营企业也不断出现侵犯工人利益的问题，喀琅施塔得事件之前的彼得格勒工人就遇到这种情况。而进入新经济政策之后，由于私人企业的恢复，国家资本主义企业的出现，保护工人利益的工会就更加必要了。可惜，在工会问题争论期间，根本就没有预料到有朝一日会出现私人企业，所以更不可能明确地提出来在私企中维护工人利益问题。列宁有关保护工人利益的论点在苏联的实践中，在工会理论著作中都没有引起重视。[2] 关于1921年工会问题的争论，人们看到的仅仅是列宁反对托洛茨基和布哈林的斗争，是反对派别活动的斗争。

俄共第十次代表大会除了粮食税问题外，还提出一个重要问题，这就是布尔什维克党如何从夺取政权的革命党向管理国家的执政党转变。在这个意义上，这次大会关于党的建设的决议具有重大意义。决议对党的组织形式和工作方法提出了一个重要的论点：

> 革命的马克思主义政党根本否认能找到一种绝对正确的、对革命过程中的一切阶段都合适的党的组织形式和工作方法。相反，组织形式和工作方法应当完全取决于具体的历史环境的特点以及由这种环境直接产生的任务。[3]

根据这一观点，十大作出了实行“**工人民主制**”的决定。决议解释说，

---

[1] 《列宁选集》，人民出版社1995年版，第4卷，第372—373页。

[2] 详见郑异凡《列宁论工会要捍卫工人的利益》。《中央党校学报》2010年8月第4期。

[3] 《苏联共产党代表大会、代表会议和中央全会决议汇编》，第2分册，第49页。这个决议是布哈林起草的。

这种工人民主制"排斥一切委任的制度"，从下到上的一切机关都实行普遍选举制、报告工作制和监督制等。工人民主制度工作方法是：对一切最重要的问题，在全党必须遵守的党的决议通过以前展开广泛的讨论和争论，充分自由地进行党内批评，集体制定全党性的决议。决议一经通过，就必须遵守。决议对党内生活作了许多具体规定，从党员大会直到支部大会，要经常广泛讨论有关全党生活、一般政治生活和地方生活的一切最重要的问题，要把召开党的领导机关的公开会议作为一种制度，普通党员可以出席这种会议。要使党的舆论对领导机关的工作进行经常的监督。党委会不仅要向上级组织，而且要向下级组织报告工作。上级党的机关只有在下级组织公然违反党代表大会的决议以及根据代表大会决议进一步作出的指示或指令时，才能解散下级组织，等等。[1]应当说，这是苏联共产党存在将近一个世纪里关于党内生活准则，关于党内民主的最好的一个决议。贯彻这一决议无疑能够防止个人专权，可以做到集思广益，广泛调动全体党员积极地创造性地投身于社会主义的建设事业，实现向执政党的转变。

然而与此同时，代表大会还通过一个"关于党的统一"的决议。这是针对大会前在工会问题的争论中党内派别林立的状况作出的决定。决议规定禁止一切派别活动，立即毫无例外地解散一切不论按何种政纲组织成的集团。凡是不执行代表大会这项决议的应立即无条件开除出党。决议的第7条作了更加严厉的规定：如果中央委员进行派别活动，"就把他降为候补中央委员，甚至采取极端措施，把他开除出党"。[2]这个并不长的决议，对以后苏共的命运起了严重的消极作用，它成了某些人手中党同伐异、打击异己的尚方宝剑。

列宁和一些大会代表意识到此决议可能带来副作用，担心会被滥用，所以对涉及中央委员的第7条作了特别限制，规定采取这种极端措施时应当召开中央全会，并请全体候补中央委员和全体中央监察委员参加，需经三分之二票的多数通过。同时还规定，决议第7条不公布。列宁在3月16日的一个短短的发言中，三番五次地强调，这是一种"极端措施"，不希望动用。列宁解释说："我们提议不公布第7条，是希望不用这一条，这是一种极端措施。""只

[1] 见《苏联共产党代表大会、代表会议和中央全会决议汇编》，第2分册，第49—63页。

[2] 同上书，第63—64页。

有觉察到情况十分危险，才能例外使用。”列宁严肃指出，“让代表大会选出的中央委员会有权开除中央委员，这是任何民主制和任何集中制都不容许的。”[1]然而，在以后的党内斗争中，中央全会开除中央委员几乎成了惯例。

这涉及中央委员会同代表大会的关系问题。党的最高权力机关是代表大会，中央委员和中央委员会是代表大会选出来的，中央委员会自然无权开除自己的委员，此权力在代表大会。

由于工会问题的争论，俄共十大代表的选举是按纲领进行的。在讨论关于党的统一的决议时，梁赞诺夫曾建议对草案作如下补充：“代表大会最坚决地谴责任何派别活动，同时，也同样坚决地反对按不同纲领进行代表大会的选举。”这又涉及代表大会的权力了。列宁不同意这种提法，他反驳说，“这次代表大会对下次代表大会的选举，不能加以任何约束”，如果出现像缔结布列斯特和约那样的意见分歧，那又得按不同纲领进行选举了。这是无法禁止的。“如果发生了根本的意见分歧，是不是能够禁止把分歧意见提交全党来裁决呢？不能！这是一种奢望，是无法实现的。”[2]

十大通过的这两个有关党内生活的决定在实质上是有矛盾的。关于党的建设的决议是一个具有根本意义的决议，它为向执政党转变确定了基本原则。而关于党的统一的决议则是直接针对当时的党内争论的一个决定，其中的某些规定是违背党内民主原则的，并且某些禁令在实际操作中容易被歪曲。遗憾的是，在以后的党内生活中工人民主被束之高阁，而关于统一的决议却被看做十大的最主要决定，被频频引用，成为压制民主、排斥异己的工具。以至于后人只知道禁止派别活动的关于统一的决议，而不知道十大还有一个主张工人民主的决议！

第二节　“总书记”一职的设立，“在册权贵”的起源

俄共十大之后在党内建设方面采取了一个重大措施——清党。

[1] 《列宁全集》，中文第2版，第41卷，第97页。

[2] 同上书，第101页。

国内战争结束后，党的成分发生了重大变化。1917 年党员中工人占 60% 以上，而到 1921 年只有 41%。在此期间农民所占的比重则由 7.6% 上升为 28.2%，这就冲刷了无产阶级专政的社会基础。为整顿俄共队伍，清除异己分子，特别是有反对派情绪的人员，1921 年 7 月 27 日俄共中央在《真理报》发布《告全体党组织。关于清党》的文告。清党的结果是无产阶级核心在党员总数中上升到 44.4%。有 3.1% 的党员自愿退党，其中不少人以此表示不同意新经济政策。1922 年春实行党员登记，党员人数大大减少，从 1921 年的 732 000 人减为 1922 年年初的 41 万人。[1]

1922 年 3 月 27 日—4 月 2 日召开俄共第十一次代表大会，这是列宁最后一次出席的代表大会。会议对实行一年的新经济政策进行了初步的总结。会后召开的中央全会选出由斯大林（总书记）、古比雪夫、莫洛托夫 3 人组成的书记处。

中央书记处是在 1917 年 8 月 6（19）日俄国社会民主工党（布）第六次代表大会后第一次建立的。当时它还不是中央委员会书记的集体组织，而是中央委员会机关工作人员的小组，中央委员们通过他们同地方党组织保持联系。书记处负责组织党的情报系统，调配党员干部，处理中央委员会的来往公文，统计和监管党的资金以及履行其他组织职能。在俄共（布）第八次代表大会之前，书记处的工作由斯维尔德洛夫和叶·德·斯塔索娃负责。

1919 年 3 月举行的俄共（布）第八次代表大会通过了《关于组织问题》的决议，根据这一决议党的中央委员会建立政治局、组织局和书记处。书记处由一名责任书记和 5 名技术书记（有经验的党的工作人员）组成，斯塔索娃任责任书记。从 1919 年 3 月起中央书记处开始组建下属部门，首先成立总务部。1919 年 6 月在总务部的基础上成立财务部和事务管理部，还成立信息部、登记分配部、组织指导部、检察侦查部、学校教育部、妇女工作部、出版部，等等。1919 年 11 月 29 日中央全会选举克列斯廷斯基、斯塔索娃为中央书记。1920 年 4 月俄共第九次代表大会后召开的中央全会选出由克列斯廷斯基、普列奥布拉任斯基、谢列布里亚科夫组成的书记处。

[1] *Ратьковский И. С., Ходяков М.В.* История совтской России. Санкт-Петербург. 2001. C.111–112.

1921年3月俄共第十次代表大会后中央全会选出由米哈伊洛夫、莫洛托夫、雅罗斯拉夫斯基组成的书记处。1922年4月俄共十一大后召开的中央全会选出三人组成的书记处：斯大林（总书记）、古比雪夫、莫洛托夫。

书记处是处理日常党务的机关。1922年8月党的第十二次代表会议通过的党章规定："中央委员会设立政治局负责政治工作，设立由委员5人至7人组成的组织局负责组织工作的总的领导，设立由中央委员三人组成的书记处（这三个中央委员经常在书记处工作）负责日常的组织性的工作和执行性的工作。"[1] 这时候虽然已经有"总书记"的设制，但党章中甚至没有提及这一职务。1923年在党的第十二次代表大会上，斯大林在中央组织报告结束语中称自己为中央委员会书记之一。这时候"总书记"的头衔还不突出，只是书记处的领导，而不是党的最高领导人。

列宁说斯大林掌握了"无限权力"，这并不是总书记一个职务造成的，而是斯大林当时在党中央身兼三职所造成的：政治局委员、组织局委员和书记处总书记。这在当时是唯一的现象，这三个职务的权力加在一起，就赋予斯大林以无可比拟的"无限权力"。

斯大林时期的一些著作特别强调，是列宁提议斯大林担任总书记的。例如《斯大林全集》第5卷"年表"中写道：1922年"4月3日俄共（布）中央全会根据弗·伊·列宁的提议选约·维·斯大林为党中央委员会总书记"。[2] 对这一说法历来有不同说法。中央全会参加者托洛茨基在《我的生平》（1929年）中认为："斯大林正是在党的第十一次代表大会上由季诺维也夫推荐，违背列宁的意愿而被任命为总书记的。"[3] 历史学家梅德韦杰夫提出另一个推荐人，他说："没有任何证据可以证明，是列宁建议在我们党设立总书记这一职位的，尤其是，是列宁推荐斯大林担任此职的。大家知道的是，党的第十一次代表大会后立即召开的中央全会是列·加米涅夫主持的（在全

---

[1] 《苏联共产党代表大会、代表会议和中央全会决议汇编》，第2分册，第221页。

[2] 《斯大林全集》，第5卷，第353页。另见《斯大林传略》，莫斯科1949年中文版，第68页；《列宁全集》，第1版，第33卷，第486页；《苏联共产党代表大会、代表会议和中央全会决议汇编》，第2分册，第150页，等等。

[3] *Троцкий.* Моя жизнь. Берлин. 1930. Т.1. С.202.

会开幕时)。许多老布尔什维克见证说，就是他建议选举斯大林为中央书记的。”[1] 无论如何，没有任何证据可以证明“列宁提议”的说法。

实际上在代表大会开幕前夕，1922 年 3 月 25 日曾经召开中央全会，为大会作准备。就在这次全会上决定任命斯大林自 1922 年 4 月 1 日起为总书记。列宁因病休养请假，没有参加这次全会。[2]

值得注意的是，在代表大会选举中央委员会的时候，选票上在斯大林名字的后面有“总书记”的字样，在莫洛托夫和古比雪夫的名字后面是“书记”。这是明显违背程序的做法：政治局、组织局和书记处是由大会后的中央全会选举的，代表大会只选举中央委员。选票上标出“中央总书记”显然是为斯大林造势的措施。这种做法招致检票委员会尼·斯克雷普尼克的不满，甚至要求将这些选票作废。[3]

从中央委员会选举的结果可以看出各当选人在党内的名望。得票最多的是列宁和托洛茨基（477 票)，比他们少一票的是布哈林和加里宁，处第 5 位的是捷尔任斯基（473 票)，拉狄克和托姆斯基 472 票，李可夫 470 票，拉柯夫斯基 468 票，斯大林处第 10 位，得 463 票。[4]

斯大林担任总书记后，立即集中全力抓组织人事大权，并在制度上控制这一领域。书记处的工作人员不断增加，1919 年年底书记处有 107 人，1920 年 3 月（九大）共 150 人，到 1921 年 3 月编制已达 602 人。到十一大机关工作人员为 705 人，1922 年 7 月已达 892 人。人员的增加是由于书记处下属部门的建立和扩大，以及分管的工作范围扩大的结果，书记处已经开始从日常党

[1] *Медведев Р.А.* К суду истории. New York. 1974. С.49.

[2] ［俄］尤里·阿法纳西耶夫编：《别无选择——社会主义的经验教训和未来》，王复士等译，辽宁大学出版社 1989 年版，第 528 页。《列宁全集》，中文第 2 版，第 43 卷，第 62 页。

[3] ［俄］梅德韦杰夫著：《让历史来审判》，李援朝等译，人民出版社 1981 年版，第 32 页。另一种说法是，“总书记”字样是直接印在中央委员的选票上的，见［俄］瓦·萨哈罗夫：“苏联政治体系中的俄共（布）中央总书记职位”，载《马克思恩格斯列宁斯大林研究》，2005 年第 4 期，第 51 页。

[4] *Назаров О.* Пленум принял предрешенное. Российские вести. 2002. 4 марта.

斯大林、李可夫、季诺维也夫、布哈林。1924 年

务工作、技术性工作向政治性工作方向发展。

书记处权力的扩大，特别是斯大林开始专权，引起一些政治局委员的不安。1923 年 7 月底 8 月初，当时在基斯洛沃茨克度假的季诺维也夫和布哈林召开了部分中央委员的所谓“山洞”会议，讨论改组书记处的方案。有两个方案。一个是布哈林的方案——使书记处政治化，加进 3 名政治局委员（斯大林、托洛茨基、季诺维也夫、加米涅夫或者布哈林）。季诺维也夫的方案——使书记处变成服务性技术性的机关。斯大林获悉后对预定的改变持强烈否定的态度。

与此同时，组织局、书记处及其各部门的工作，首先与干部任命有关的工作在加紧进行。1923 年 6 月 12 日，俄共中央组织局通过《关于任命制》的决定。1923 年 9 月 21 日，决定成立由莫洛托夫任主席的一个委员会，研究中央登记分配部部长卡冈诺维奇关于“党控制国家机关”的报告。

10 月 20 日召开了组织局委员会的第一次会议。两天后组织局决定听取布勃诺夫和卡冈诺维奇关于他们领导的部的工作报告。

1923 年 10 月 31 日，组织局下属委员会通过有关干部管理的两个职务名册（номенклатура）：1 号职务名册：“中央机构及其地方机关职务名册，其人员的任免由俄共（布）中央实施”；2 号职务名册：“人民委员部和中央机构职务名册，有关名册内人员的任免，中央机构和部门需事先报告中央委员会"，由中央委员会组织分配部批准。后来在2号名册上加入"选举出来的职务"。未编入1号和2号名册的由各国家机关编制并由中央组织分配部批准，成为3号职务名册，或叫部门职务名册。决定还责成各州委、区委、共和国中央着手编制本地区的"职务名册"。规定凡属1号和2号职务名册的干部的调动和任命都必须通过中央组织分配部报请中央批准，党的地方机关不得自行调动。

登记分配部部长卡冈诺维奇在给组织局的报告中建议制定出有3000个职位的固定的职务名册，其中国家机关2000个职位（包括500个大企业，100个最大的托拉斯，50个最大的辛迪加）。[1]

从这时开始，党中央就按照以上职务名册配备和任用干部。上了名册的干部是苏联最高一级的领导人员，后来往往统称为"在册权贵"[2]。这一层的领导人员的人数不是固定不变，而是经常变动的。1922年4月—1923年4月为10 351人，1923年4月—1924年5月为6 088人，1924年5月—1925年12月为12 227人。按照1号名册，1925年任命了最高国民经济委员会的297人（按照3号名册是1 013人），国家银行92人（3号为130），外交人民委员部291人，内务人民委员部11人，国家政治保卫总局78人。根据1号和2号名册，1925年任命了5 723人。职务名册也扩大到由选举产生的机构中去，包括中央执行委员会、人民委员会（923人），共青团中央（51人），全苏工会中央理事会（425人），所有选举出来的机构共1 590人。[3]这就是说，本来应当由选举产生的机构，实际上也由党中央任命。"在册权贵"制度是斯大林权力机制的基础，他直接控制着1、2号名册的干部，往往还有3号。"在册权贵"制度的出现消灭了民主制的基本原则——国家的权力机关由选举产生的原则。除中央外，各级地方党政组织相应地也有自己这一级的"在册权贵"。这样就

[1] Вопросы истории. 2005. № 2. С.3–24.

[2] "在册权贵"俄文为Номенклатура，有两义，一为党中央制定的党政机关高级职务的名册，本书译作"职务名册"；二为担任相应职务的人或群体，本书译作"在册权贵"。现在俄国出版物中常见的номенклатура一般都指后者，带贬义。

[3] *Коржихина Т.П., Фигатнер Ю.Ю.* Советская номенклатура: становление, механизмы действия. // Вопросы истории, 1993. № 7.

逐步形成一个庞大的全国规模的“在册权贵”的金字塔。

1924年俄共中央登记分配部同组织指导部合并成组织分配部。1926年1月组织分配部被授予为国家、经济、工会、合作社机关选拔工作人员的任务。从这时起政治局、组织局和书记处分配1号名册的职务（1870个职位），而组织分配部按照2号名册选拔人员（1640职位）和批准列入3号名册的各部门的任命（1590职位）。斯大林借助于这一人事机制，解除了新反对派所有成员的重要职务，把他们安排到次要职务上去。从1926年3月起反对派分子被有计划地派送到边远荒凉的省份。“职务名册”制度成为斯大林在党内斗争中的重要工具。

“在册权贵”是共产党控制国家的基本力量，也是斯大林控制全国全党的基本队伍。与此同时，斯大林还采取一系列措施来扩大和加强自己的力量。

那时候斯大林在俄共党内的知名度是不高的。托洛茨基由于十月革命中的作用，领导红军取得内战的胜利，其威望仅在列宁一人之下。其次，季诺维也夫在国外流亡期间长期与列宁共事，又担任共产国际执委会主席、彼得格勒苏维埃主席，知名度很高。加米涅夫在列宁因病缺席的情况下主持政治局会议，在政府内担任列宁的副手——人民委员会和劳动国防委员会副主席、兼任莫斯科苏维埃主席，其地位和人望也高于斯大林。这三个人都各有自己的基地作为依靠，托洛茨基是军队，季诺维也夫是彼得格勒，加米涅夫是莫斯科。而总书记的身后基本是空的，斯大林急需改变这种现状。制定“职务名册”制度，培植“在册权贵”是其第一步，但这需要时间。为扩大自己的势力，斯大林还采取了另外一些措施。

一个是**扩大中央委员会和中央监察委员会的人数**，塞进自己人。

1922年12月26日，列宁在给代表大会的信中建议：“把中央委员人数增加到50人甚至100人。”他强调，增加的应当是工人，“他们的岗位低于五年来被我们提拔为苏维埃职员的那一层人，他们更接近于普通的工人和没有成为直接和间接剥削者的农民”，“应当主要不是来自那些做过长期苏维埃工作的工人（我在本信的这一部分所指的工人都是把农民也包括在内的），因为在这些工人中间已经形成正应该加以克服的传统和成见。”[1] 他在《我们怎样改组工农

---

[1] 《列宁全集》，中文第2版，第43卷，第342页。

检查院》中写道："我建议代表大会从工人和农民中选出75—100名（这当然是一个大致的数字）新的中央监察委员。"[1]

斯大林接过列宁的建议，但是1923年4月，他在俄共十二大上却以自己的名义建议扩大中央委员会和中央监察委员会的人数，他在中央组织报告中说，要谈谈改善中央机关的问题，即扩大中央委员会的问题。他说："我们党的中央机关的情况是这样的：我们有27个中央委员。中央委员会会议每两个月召开一次，而中央委员会里有一个10人到15人组成的核心，这些人在领导我们的机关的政治和经济工作方面已经熟练到有使自己变成领导术士的危险。这也许是好的，但是这也有很危险的一面，因为这些同志既然在领导方面积累了极其丰富的经验，他们就可能沾染上自负的习气，就可能故步自封，脱离群众工作……如果他们的周围没有同地方工作有密切联系的未来新一代的领导者，那么这些高度熟练的人就完全有可能僵化和脱离群众。"斯大林提出的第二点理由是，领导班子老化："中央委员会里富有领导经验的核心在逐渐衰老，它需要接班人。弗·伊·的健康状况你们是知道的。中央委员会基本核心里的其他委员的年龄也相当大了，你们也是知道的。但新的接班人还没有，——不幸就在这里。"现在是考虑培养新的接班人的时候了。培养新的接班人有一个方法，就是吸引有生气的新的工作人员参加中央委员会的工作，并且在工作过程中提拔他们，提拔那些最能独立思考的有头脑的人。"如果代表大会不赞同中央委员会关于至少把中央委员会扩大到40人的建议，那就是极严重的错误了。"[2]

斯大林提出扩大中央委员会的建议，但是不提列宁的建议和方案。增加人数，这是他从列宁的给代表大会的信中取来的，但是他的方案与列宁的思路根本不同，甚至是根本对立的。列宁想要增加的是没有沾染官僚习气的，来自生产第一线的工人和农民。而斯大林要提拔的是同地方有密切联系的干部。所谓班子"老化"的理由则是根本站不住脚的，当时斯大林和托洛茨基年龄最大，也只不过43岁！而布哈林只有35岁！老化之说完全是借口。

斯大林提到在扩大人数问题上领导层中的分歧。他说，扩大中央委员会

[1] 《列宁全集》，中文第2版，第43卷，第374页。

[2] 《斯大林全集》，第5卷，第177—178页。

的问题，在我们中央委员会里已经讨论过好几次了，并且一度引起了激烈的争论，有一些中央委员认为不应当扩大，甚至应当减少中央委员的人数。“我不谈论他们的动机，同志们自己发表意见吧。”此前，斯大林曾建议2月中央全会靠吸收地方来的人来扩大中央委员会。托洛茨基看出了斯大林的“动机”是企图用地方上的自己人来扩大中央，所以他和李可夫投票反对。托洛茨基提出反建议，不扩大中央委员会，而建立新的最高中心——党委员会，作为指令机关。“三驾马车”看到这是对他们垄断政治局大权的威胁而予以拒绝，斯大林的建议获得通过。

结果，在俄共第十二次代表大会上中央委员会名额由27人扩大为40人，选出候补委员17人。

16名新当选的中央委员中2人接近季诺维也夫和加米涅夫，10名来自省或中央工作人员，都是斯大林提拔的。17名候补委员中，3人接近季诺维也夫（巴达耶夫、米雅斯尼科夫、莫斯克文），2人为中央工作人员，其余12人都是斯大林从地方提拔上来的。中央监委从5人扩大到50人，加10名候补委员，各派比例大致与中央委员会相同。[1]

这样斯大林就逐步地得以控制中央委员会和中央监察委员会了。列宁逝世以后在党内斗争中频繁召开中央委员会和中央监察委员会的联席全会，就是因为这样能够形成斯大林的多数。

但是与托洛茨基有军队、季诺维也夫有列宁格勒、加米涅夫有莫斯科相比，这时候斯大林就显得有将无兵了。斯大林需要有广泛的党员群众的支持。为此，列宁逝世后，斯大林抓住这一时机，举办所谓**纪念列宁吸收党员运动**[2]，通过这一声势浩大的吸收党员运动，俄共一下子招收了24万人入党。这种招收完全是按照搞运动的方式进行的，有时是整生产队（突击队）、整车间甚至整工厂的个人被吸收入党。

---

[1] ［俄］阿夫托尔哈诺夫著：《苏共野史》（原名《党治制的由来》），上册，晨曦等译，湖北人民出版社1982年版，第591页。

[2] “为纪念列宁吸收党员”一语是中文意译。俄文为Ленинский призыв，призыв是征收的意思，征兵用的就是призыв这个词。所以Ленинский призыв一词直译是“列宁的征召”，也就是以列宁的名义征收党员。

1924年年初，俄共共有党员472000人。新招收了24万，党员人数立即达到71万。新党员占了三分之一。这批突击招收的党员，形成了斯大林的基本队伍。斯大林把党比做中世纪的“圣剑骑士团”，把党的领导人叫做“术士”。这样就形成由一群“术士”领导的“圣剑骑士团”，斯大林本人则是“大主教”了。

1924年5月召开的党的第十三次代表大会，充分肯定了这种做法。斯大林作出结论说：“所谓扩大中央委员会的‘原则’是正确的。经验证明，扩大中央委员会有很大的好处，坚持缩小中央委员会‘原则’的同志是站在不正确的道路上。”简明教程写道：“大会指出了为纪念列宁而吸收党员的巨大意义，并号召全党注意对党员——首先是为纪念列宁而吸收的青年党员加强列宁主义基础的教育。”“巨大意义”是对斯大林来说的，至于加强列宁主义基础的教育，实际上就是加强斯大林主义基础的教育。1924年4—5月间，斯大林的《论列宁主义基础》在《真理报》上连载。

这种以列宁的名义实施的超突击吸收新党员的做法是完全违背列宁的主张的。还在两年以前，1922年3月，列宁在给莫洛托夫的信中一再强调要严格入党条件，延长预备期，特别强调要明确“工人”的概念。列宁说，“我们常常把丝毫没有受过严格锻炼的人都算作工人。那些由于偶然的机会当了很短一段时间的工人的十足的小资产者常常被划入工人之列……我们党的所谓无产阶级性质实际上根本杜绝不了小业主在党内占优势，固然是短期内占优势的可能性。”列宁明确表示：“我们党现在有30万—40万党员，这个数目已过大。”[1]

经过两年时间工人的成分发生了变化没有呢？随着经济状况的改善，工厂的工人是增加了，但大多数是来自农村的农民，他们在工厂的时间很短，完全够不上列宁所说的工人的标准。还有一部分是在困难年月逃避到农村另谋生路而现在返城的工人。这一部分工人，很难说是坚定的无产者。40万党员列宁还嫌多，然而两年后斯大林却突击吸收了近25万新党员！

斯大林承认，由于大量吸收新党员，党内“政治文盲”由60%上升到80%。[2]政治文盲是容易盲从的，所以这突击吸收的新党员也就成了斯大林在党内的群众基础，成为斯大林在党内斗争中的坚定支持者，斯大林路线的坚决

[1] 《列宁全集》，中文第2版，第43卷，第17—18页。

[2] 《斯大林全集》，第6卷，第223页。

执行者。

斯大林不断加强他领导的组织部门。正是在斯大林担任总书记之后，1922年年中到1923年组织局和书记处通过的一系列决定，使党机关凌驾于党之上，把党变成以中央书记处为首的党的各级机关构成的梯形等级组织。

1922年8月，第十二次党代表会议通过的党章中规定，省委书记由上级党组织批准，这意味着实际上的任命制。

1922年11月，由莫洛托夫和卡冈诺维奇签署的中央通告，严格限制地方党组织的独立自主性。如有必要，它们有权对中央的通告提出解释性的补充，但不允许改变其实质。凡具有原则性质的补充必须得到中央的同意。如果中央的通告改变或取消相应的区域委员会或共和国中央的通告，则应当执行中央的通告。

1923年2月2日，中央组织局通过决定，规定对报刊实施严格领导，所有涉及党委、格伯乌省分部和省检察官工作的批评材料只有得到党委的同意才能发表。

1923年3月16日，中央组织局决定，规定省委和区域委书记承担法律责任的特殊程序，即省检察官在把案件纳入法律程序之前，必须把材料和结论送交检察官审查并取得中央委员会的同意。从1924年起中央政治局为他们确定了相应的惩罚措施。[1]

1924年1月，党的第十三次代表会议确认了党的第十次代表大会关于党的统一的决定，建议中央委员会公布该决议的第7条，这一条规定可以把“进行派别活动”的中央委员降为候补中央委员，直至开除出党。[2]

就在这期间，开始党和国家机关职能的融合，党的中央机关，首先是中央书记处同国家政治保卫总局（奥格伯乌）的联盟，奥格伯乌直接参与党内斗争。斯大林广泛利用奥格伯乌伪造的材料对政治局内动摇的委员施加压力。奥格伯乌中有专门的机构实施针对反对派领袖的挑拨活动。典型的例子就是所谓反对派通过“原弗兰格尔军官”同军事阴谋有联系的神话，而这位军官就是奥

---

[1] *И.В. Павлова.* Загадки внутрипартийной борьбы(1923–1929). Советская история. Проблемы и уроки. Отв. ред. *В.И.Шишкин.* Новосибирск. 1992. С.92–93.

[2] 《苏联共产党代表大会、代表会议和中央全会决议汇编》，第2分册，第371页。

格伯乌的特工。

第三节 列宁卧病期间的党内形势

在列宁执政时，党内和政府内民主气氛还比较好，重大问题通过集体讨论做出决定。十月革命以来，在一些重大问题上列宁不止一次处于少数地位，他都通过党内争论、协商，采取说服、争取的办法贯彻自己的主张。由于列宁本人的作风比较民主，能够比较妥善地协调各方面的工作和解决出现的分歧。然而当时决策的民主化、党政机关的良性运转、各方积极性的调动等等都维系在列宁个人身上，而不是靠制度来保证机器的正常运行，一旦列宁不能视事，马上就会出现运转不灵、无人负责的局面。这从列宁患病，不能正常理政时整个机构不能正常运转就可以看出。因此，要根本解决问题，就必须建立正常的机制，解决依赖个人（领袖）而不是依靠完善的制度的问题。1922年列宁开始努力抓制度的建设，如设人民委员会副主席，为副主席的工作制定条例，抓完善法制工作（制定刑法典等等）、解决各共和国之间的关系问题、改组工农检查院等等。

由于患病和不断休假，病中的列宁开始大权旁落，其主张得不到贯彻，如各共和国平等联合问题（成立苏联问题），维护对外贸易垄断问题，都遇到党内上层领导的抵制和反对。这时候斯大林已开始拥有无限的权力，他身兼多职，然而他的一些决策又屡屡出错，因而受到列宁的频频批评。斯大林对列宁的主张或公然抵制、或阳奉阴违。不仅如此，由于暗中获悉列宁建议解除其总书记的职务，他倒过来千方百计把列宁隔离于国家政治生活之外，以至于列宁为了了解格鲁吉亚问题、取得材料，不得不组织自己的班子，从事“地下活动”！

对列宁生病，退出政治舞台，全党没有做好思想上和组织上的准备，缺乏权力交接的正常制度。这样，从1922年年底开始，苏联出现了“王位空缺”时期。俄共党内形成由斯大林、季诺维也夫和加米涅夫组成的**“三驾马车”**。这是一个没有得到正式授权的集团，但却是一个真正掌握实权的集团——斯大林是中央总书记、政治局委员和组织局委员；季诺维也夫是政治局委员、共产国际执委会的主席、第二首都彼得格勒的首脑；加米涅夫时任政治局委员、在列宁病休期间是政治局会议的主持人，人民委员会和劳动国防委员会副主席，首都莫斯科的首脑。这个“三驾马车”拥有决定国内党政大事的实际权力。前两人（斯大林和季诺维也夫）野心勃勃地争当列宁的接班人。而当时横在他们面前的障碍是托洛茨基，这是因为托洛茨基在十月革命和国内战争中发挥了重大作用，在国内外享有很高的威望，而病中的列宁明显倚重托洛茨基（成立苏联，处理格鲁吉亚事件，坚持外贸垄断，反对官僚主义等等），同托洛茨基结成“联盟”，借以贯彻自己的主张。托洛茨基是领袖地位的有力竞争者。因此排除托洛茨基就成为“三驾马车”的当务之急。

这时候党内上层最关心的已经是争夺领袖的宝座，列宁的指示和意见被抛诸脑后，例如《我们怎样改组工农检查院》一文，列宁是指定在《真理报》上发表的，然而政治局不同意发表。后来虽然批准发表了，但由于文章中提到，“全党的主要任务在于密切注视可能分裂的情况并防止这种情况发生”，[1]针对列宁的警告，1923 年 1 月 27 日政治局和组织局专门向各级组织发了一封通告信，声明中央不存在分裂的危险：

“为了避免可能出现的误解，我们认为有必要一致声明，中央委员会内部工作中**根本没有那种可以令人担心的‘分裂’的情况**。”[2] 在下面签名的有政治局和组织局委员：安德列耶夫、布哈林、捷尔任斯基、加里宁、加米涅夫、古比雪夫、莫洛托夫、李可夫、斯大林、托姆斯基和托洛茨基。

事实上关于分裂的警告绝不是列宁病中的一时失言或“杞人忧天”，而是一个非常现实的重大问题。他在给代表大会的信中，关于分裂的危险说得更加明确无误，例如，在 1922 年 12 月 23 日的信中说，增加中央委员的人数，其目的之一就是“为了防止中央委员会一小部分人的冲突对党的整个前途产生过分大的影响”。在 12 月 24 日的信中更是明确点出，“稳定性的问题基本在于像斯大林和托洛茨基这样的中央委员。依我看，分裂的危险，一大半是由他们之间的关系构成的”。在 1923 年 1 月 4 日写的对 12 月 24 日一信的补充中，鉴于斯大林太粗暴，列宁建议撤销斯大林的总书记职务，说“从防止分裂来看，从我前面所说的斯大林和托洛茨基的相互关系来看，这不是小事，或者说，这是

[1] 《列宁全集》，中文第 2 版，第 43 卷，第 377 页。

[2] 俄共（布）中央政治局和组织局就列宁《我们怎样改组工农检查院》一文给省委和州委的信（1923 年 1 月 27 日）。《苏联历史档案选编》，第 2 卷，第 237 页。

一种可能具有决定意义的小事”。[1]

列宁《关于民族或“自治化”问题》的信，对斯大林的“自治化方案”、大俄罗斯沙文主义提出严厉批评，对成立新的联盟国家提出了重要的原则性意见，同时要求处分在格鲁吉亚问题上犯有错误的几个人。为请求托洛茨基代他在党的代表大会上捍卫自己的观点，列宁把此信以及有关材料交给了托洛茨基。党的十二大前夕，此信送达政治局。但是，斯大林看到此信后的反应不是设法贯彻列宁的建议，根据列宁的精神修改自己关于民族问题的提纲和报告，而是向托洛茨基发难，指责他向中央隐瞒列宁的这一重要信件。为此在大会前夕两人大打笔墨官司。其实，第一，列宁没有指示托洛茨基把这些信件转交政治局；第二，斯大林通过非正常渠道看到的包括“遗嘱”在内的列宁的秘密信件并不比托洛茨基少。结果是在代表大会上无论斯大林，还是托洛茨基都没有出来替列宁说话，倒是布哈林就民族问题讲了一些十分有分量的东西，并因而受到斯大林的攻击。

这样，从1922年到1923年，在党的高层存在两个有代表性的人物——一个是当时得到列宁信任的托洛茨基，一个是受到列宁批评甚至要与之“绝交”的斯大林，威望在托洛茨基一边，而权力在斯大林手中，并且得到了另外两个人物——季诺维也夫和加米涅夫的支持。这种情况预示着在“王位空缺”时期的一场斗争在所难免。

第四节　争取党内民主的斗争——“新方针”的争论

1923年秋爆发的《新方针》的争论就是在这个背景下展开的。权力斗争是这场斗争中的重要因素，不过从党内民主的角度来看，这场争论不仅仅是个权力斗争。

“新方针”的争论是以托洛茨基的一封致党内会议的信和系列文章《新方针》而得名的，但内部争论要比发表《新方针》的文章早得多。

1923年秋，工农业产品的价格出现严重的“剪刀差”，农产品价格太低，

[1] 《列宁全集》，中文第2版，第43卷，第337—340页。

农民缺乏购买力，造成当时产量并不多的工业品大量积压，出现所谓销售危机。为研究和解决面临的严重局势，俄共九月全会决定成立三个委员会："剪刀差"委员会、工资委员会、党内状况委员会。

但是全会还讨论了一个更为敏感的问题——"扩大和充实"革命军事委员会。革命军事委员会自成立以来，一直由托洛茨基领导，其工作在国内战争期间是卓有成效的，但它也是托洛茨基直接控制领导的一个重要机构，这自然引起一些领导人的不安。1923年9月25日，中央全会决定革命军事委员会增加6名中央委员，其中有伏罗希洛夫、奥尔忠尼启则和斯大林等，在革命军事委员会主席（托洛茨基）下成立一个执行机关，其成员有谢·谢·加米涅夫、斯大林、拉舍维奇、皮达可夫、斯克良斯基等。托洛茨基表示强烈反对之后，斯大林撤销了本人的提名。[1]提出这个问题的时间和选派的人员都不很合适。关于斯大林不用多说，伏罗希洛夫在国内战争期间是"军事反对派"的重要人物之一。奥尔忠尼启则是斯大林在高加索的代表，因民族问题上的错误列宁指名要给予处分的人物。派这样一些人去"充实"革命军事委员会，不仅是对托洛茨基的一种挑战，也是对列宁批评的一种否定。其次就时机而言，也显然欠妥。在列宁卧病不能视事的情况下，维持现状，保持党内稳定，是比较符合整体利益的。托洛茨基对此反应强烈，不等会议结束即退出会场。这实际上是1923年秋冬党内争论的直接导火线。会议还涉及另一个敏感问题，这就是本来用以对付外部敌人的国家政治保卫局介入党内斗争，侦察党内的反对派别。托洛茨基看到安全机关介入党内生活的危险性，对此提出了抗议。后来，布哈林在10月11日政治局会议上也反对这种做法，他说："这只会带来害处。这会被理解为变本加厉的警察制度。我们必须急速转向党内民主。"[2]

全会闭幕后不久，10月8日托洛茨基写了一封给中央委员会的信，认为党内局势极端恶化，原因是不正常的党内制度，工人和农民对严重的经济状况的不满，而这种状况也是经济政策根本错误的产物。工农业产品比价的严重失调等于是取消新经济政策。他指责党内缺乏民主，党的第十二次代表大会以

[1] 见 Вопросы истории. 2005. № 2. С.3–24.

[2] Известия ЦК КПСС. 1990. № 10. С.168.

后最终形成的制度，“比军事共产主义最严酷的日子的制度离工人民主制还要远”，“在国内战争的严酷时刻，在党内，甚至在报刊上，曾就吸收专家、游击作风和正规军、纪律等等问题展开争论，而现在甚至根本不想就党所真正关心的问题公开交换意见”。用任命制取代选举制，“在军事共产主义的最严酷时期，党内任命制之盛行还不及目前的十分之一。任命省委书记现在已经成为常规。这实际上使书记脱离地方组织而独立。”“最近一年半形成了特殊的书记心理，其主要特点是相信书记可以不了解事情本身而解决任何问题。”书记选拔制度使党机关的官僚化得到空前发展。国家政治保卫局插手党内事务。同时指出国内经济形势极端恶化，“经济缺乏领导，混乱来自上头”。他特别指责改组革命军事委员会，认为关于革命军事委员会人员更迭的建议的真正理由同正式宣布的毫不相干。中央监委主席古比雪夫对托洛茨基的这一指责不仅没有否定，反而在底下向托洛茨基承认：“我们认为必须开展反对您的斗争，但又不能宣布您是敌人，所以我们只好采取这种方法。”托洛茨基要求：书记的官僚主义必须结束，党内民主应当恢复。[1]

共和国革命军事委员会主席、陆海军人民委员列·达·托洛茨基。1924年11月

托洛茨基要求把送中央书记处转全体中央委员和中央监委委员的这封信的内容通告除此以外的小部分负责同志。10月11日，政治局会议决定在下次政治局会议之前不分发托洛茨基的信。[2]

10月14日，俄共莫斯科委

[1] Известия ЦК КПСС. 1990. № 5. С.165–173.

[2] Известия ЦК КПСС. 1990. № 5. С.175.

员会常务局召开会议，认定托洛茨基的信实质上是一个“政纲，企图在此基础上成立一个派别”，莫斯科委员会常务局“坚决谴责建立派别的企图”。[1]

10月15日，莫洛托夫和托姆斯基致信政治局委员们，说从莫斯科委员会常务局的决议可以看出，托洛茨基的信已经广泛传播，因此建议政治局通过决定，把此信分送全体政治局委员和中央监委委员。托洛茨基就此说明：上次政治局决定之后他就采取措施不让信件扩散，如果它被传出去，那不是他的过错。

同日，中央监委主席团通过决定，说托洛茨基的信是一位中央委员以自己的纲领对抗中央委员会所执行的党的政策，并企图在此政纲基础上组织派别，这在实质上是对抗党的第十次代表大会的决定。但主席团表示，在意见分歧的当前阶段，是可以在中央委员会和中央监委内部消除的，要竭力避免开展广泛的党内争论。主席团要求尽快召开中央联席全会，讨论托洛茨基提出的问题。此前不得散布托洛茨基的信以及与此相关的文件。[2]

10月15日，46名党的著名活动家向中央政治局递交了一份声明，认为“党内建立的这种制度是完全无法忍受的，它破坏党的独立自主；用一种特选的官僚机关来代替党，这种机关平时还能运转自如，但是在危机时刻就不可避免地失灵，而面临现在正迫近的严重事变时，就有根本失败的危险”，他们把这叫做“一派专政的制度”。在经济领域，特别是党内关系方面“党的领导都不称职”，“中央委员会的各项决定临时应付，轻率从事，不成系统，在经济领域未能首尾一致，造成普遍严重经济危机的前景”。党越来越“分化成书记等级和平民百姓，由上面选定的党的职业官员和不参与社会生活的其他党员群众”。“党内的自由争论实际上已经不复存在”，党的书记等级越来越多地在选拔党的代表会议和代表大会的代表，而这些会议越来越成了这一等级安排工作的会议。声明说，“党内确立的制度令人根本不能容忍，它扼杀党的独立自主性，用精心挑选的官吏机关来取代党”，因1921年的转折和列宁患病而采取的作为临时措施的党内实行的专政已经过时，“走向了自己的反面”。声明要求“改变

[1] Известия ЦК КПСС. 1990. № 5. С.176.

[2] Известия ЦК КПСС. 1990. № 5. С.178–179.

政治局多数派”的政策。[1]

在声明上签字的46人的态度各不相同，在签名的时候，不少人对声明的内容和措辞表示了不同程度的保留，但大都赞同提出的具体建议。从内容可以看出，这是一些认真考虑党和国家形势并谋求妥善解决的人，而不是一个派别集团。托洛茨基没有在声明上签字。这份声明当即被叫做“四十六人政纲”。

18日，政治局开会听取古比雪夫关于中央监委主席团决议的报告，决定10月25日召开中央委员会和中央监委紧急联席全会，邀请10—15个最大的无产阶级党组织的代表参加。[2] 邀请大党组织代表显然是为了增加反对托洛茨基的力量。

19日，托洛茨基致函政治局和中央监委主席团。对中央监委主席团作出关于他的信件的决定时不邀请当事人与会表示不满，认为这样做无法保证对一个党员作出谴责时的客观和公正，“主席团把我的信说成是建立派别的纲领。对这种评价，我不能不看做是古比雪夫同志在我写信之前对我说过的那种斗争的继续”。李可夫曾建议举行政治局委员的私下会商。但会商没有举行。托洛茨基认为，这表明政治局拒绝了就党内危机问题进行讨论。在这以后，他才写了这封信，目的是促使中央按另一种方式提出和解决党内生活中最尖锐最迫切的问题。托洛茨基否认自己大量散发给中央的信，说当他听说此信制作了好几份副本，他不但请求不要扩散，而且要求把副本还给他。因此说他把信作为纲领散布的说法是不能成立的。[3]

10月19日斯大林等8名政治局委员和候补委员写了一封致中央委员会和监察委员会的长信，实际上是答复托洛茨基。信中把托洛茨基的信叫做“信—政纲”，论述了9个问题：1. 为什么对托洛茨基1923年10月9日的信必须给予详细答复。2. 经济问题。3. 国内总的政治形势。4. 对外政策。5. 德国革命。6. 共和国革命军事委员会。7. 关于出售伏特加酒。8. 党内状况。9. 46名托洛茨基拥护者的声明。说托洛茨基写信的根本原因是反对用几名中央委员去充实

[1] Известия ЦК КПСС. 1990. №6. С.189–193.《苏联历史档案选编》，第5卷，第546—555页。

[2] Известия ЦК КПСС. 1990. № 6. С.194.

[3] Известия ЦК КПСС. 1990. № 7. С.174–175.

革命军事委员会。信中断定托洛茨基已成为“反对我党基本干部的所有分子的中心”。他们敏感地把争论归结为权力斗争，把托洛茨基写信的动机归结为谋求他个人在经济和军事领域实行独裁。信中写道：“事实是，政治局在经济领域人员任命上过去和现在都持有同托洛茨基同志不同的观点。我们认为党有必要坦率说明，托洛茨基的所有不满，他的所有愤慨，他那延续了数年之久的反对中央委员会的行动，他那震撼党的坚决性，全都是由于托洛茨基希望中央委员会把领导我们经济生活的任务交给他和卡列加也夫同志。列宁曾长期反对这种任命，而我们认为，他（列宁）是完全正确的。我们认为，根本没有东西能证明，托洛茨基同志有能力在当前困难的形势下去管理共和国的经济机关，交通人员委员部的经历说明正好相反。除此以外，还曾有过同工会的严重冲突。虽然中央注意不让在经济和军事事务中实行托洛茨基同志的独裁，中央还是采取了一系列措施，使托洛茨基能达到所期望的目的，托洛茨基是人民委员会委员和改组后的劳动国防委员会委员。列宁曾提议他担任人民委员会副主席。在所有这些位置上托洛茨基同志如果愿意的话，可以用事实向全党证实，党可以赋予他所谋求的在经济和军事领域实际上的不受限制的全权。”但托洛茨基拒不出席人民委员会和劳动国防委员会的会议，没有就经济、财政、预算以及诸如此类的问题提过任何建议。他坚决拒绝列宁副手的位置。看来他觉得这是有损他的尊严的。“他是依照‘要么独揽一切，要么什么也不要’的格言行事的。托洛茨基实际上使自己在党的面前处于这样一种状态，或者是党应当让托洛茨基同志在经济和军事事务领域实行独裁，或者他实际上拒绝在经济领域工作，而只在这一领域保留不断瓦解中央委员会的困难的日常工作的权利。”这些政治局委员们声明：“除了作为革命军事委员会主席已享有的那种全权外，政治局一如既往不能承担责任再去满足托洛茨基要在经济领导上享有独裁权利的要求。我们有义务说明，我们不能为这一领域的危险实验承担责任。”[1]

这不是全体政治局委员的信，没有列宁和鲁祖塔克的名字。布哈林当时在彼得格勒，署名中有他，但他在 1923 年 10 月 20 日致电书记处斯大林和托姆斯基说：

“绝对坚持对文本作如下修改：1. 必须包含和发挥关于党内民主的条文；

[1] Известия ЦК КПСС. 1990. № 7. С.179.

2. 不能用这种玫瑰色来描绘经济危机；3. 必须更多地使用党内统一的口吻；4. 去掉所有报纸杂文的痕迹。文件在表达上应当高度严谨和得体。布哈林”[1]

10 月 20 日，古比雪夫和雅罗斯拉夫斯基致函俄共中央和中央监委，就中央监委主席团的决定作出解释，说“至于托洛茨基同志的信的由头和目的，中央监委主席团作出的评价的依据不是托洛茨基同志的主观意愿——这是主席团无法得知的，而是该文件的客观作用。出现支持托洛茨基同志信的 46 位同志的集体信件（普列奥布拉任斯基、谢列布里亚科夫、伊・尼・斯米尔诺夫等等），完全证实了我们对该信的评价，即这是在中央和中央监委之外进行争论的纲领。”[2]

托洛茨基拒绝了对他的指责。10 月 23 日又给中央委员会和中央监察委员会写了第二封信，大量引证列宁的最后文章和书信，证明他在一系列问题上同列宁完全一致，并且提到列宁对工农检查院的批评，揭露政治局中的多数派企图压下列宁的《我们怎样改组工农检查院》一文而不予发表。领导机关某些人滥用党的十大决议，指责别人搞派别活动，以这种指责“来消灭党的一切独立思想”，而自己却“暗地里也拉帮结派”。政治局的多数“企图将列宁同志的名字拖入现在所争论的问题之中”，以列宁来压人。他举列宁《关于赋予国家计划委员会以立法职能》、就对外贸易垄断问题给自己的信、就格鲁吉亚冲突给自己的信，证明事情根本不像政治局多数所描绘的那样，在一系列问题上他托洛茨基是同列宁完全一致的。他揭露这个多数反对公布列宁《我们怎样改组工农检查院》的文章，在政治局会议上中央监委主席古比雪夫甚至建议专门印一份刊有列宁文章的《真理报》以应付列宁。对某些指责，托洛茨基列举事实予以反驳，例如所谓“低估”农民的作用。他说，斯维尔德洛夫去世后是他提议加里宁这位“能够把农民吸引过来的有威望的人”担任全俄中央执行委员会主席的；是他在 1919 年 3 月给中央报告，坚决主张更有效地贯彻对中农的方针，认为“我们在我国社会主义建设中在很大程度上仍然要从中农出发，把他们吸引到社会主义经济中来”；他早在 1920 年 2 月就向中央提出以一定比例提成的办法取代粮食征收制；他指出过，中央所

[1] Известия ЦК КПСС. 1990. № 7. С.190.

[2] Известия ЦК КПСС. 1990. № 7. С.191.

进行的关于“结合”问题的争论，从根本上说乃是工农业产品之间的价格关系（“剪刀差”）问题，解决的办法只能是通过正确组织生产来降低国营产品的价格，如此等等。“因此，我要在此批驳所谓我在农民问题上执行了一条错误路线的毫无根据的、显然是编造出来的说法。”针对所谓想在“经济领域中搞独裁”的指责，托洛茨基认为根本不存在这种问题，列宁以及斯大林等人都曾建议他担任人民委员会副主席兼最高国民经济委员会主席或国家计划委员会主席的职务。托洛茨基问道：“断言几十名无可指责的党的老工作者在给中央的信件中说出自己的观点和要求只是为了……保证我担任最高国民经济委员会主席的职务，这难道不荒谬无比吗？”[1]

10月25—27日召开了中央全会。

托洛茨基在会上发言，说了如下几点：

1. 指责政治局里还有一个政治局，中央委员会里还有一个中央。他这说的是季诺维也夫、加米涅夫和斯大林组成的“三驾马车”，它成立于1922年年底，后来增加了布哈林和李可夫，成为“五人小组”，再后来增加了托姆斯基和古比雪夫，成为“七人小组”。托洛茨基问道：“五人小组”算什么组织？我们有政治局，有中央委员会。“如果季诺维也夫想建立正常的相互关系，就应当取消‘三驾马车’和‘五人小组’。”

2. 直接表示对中央监察委员会不信任：“我可以肯定地说，你们把中央监察委员会变成了中央书记处在这场党内斗争中的工具。”

3. 现在把那些不积极反对托洛茨基的人都叫做“托洛茨基分子”。“凡是同我一起工作的和能够同我工作的人，现在都被怀疑成为托洛茨基分子”。

4. 谈了自己由于犹太血统曾拒绝担任列宁提议的内务人民委员、外交人民委员和陆军人民委员的职务，出于同样的理由，他拒绝了列宁提议的人民委员会副主席的职务。他说：“我为什么不进入人民委员会和劳动国防委员会？我最怕给人留下托洛茨基在结帮拉派的印象。”[2]

斯大林的发言回避了列宁的批评，声称在民族问题上“没有发生过大的分歧”。“对民主的限制”是“为使党免受新经济政策影响的措施”。指责托洛

---

[1] 见《马克思恩格斯列宁斯大林研究》，1998年第3辑，第189—212页。

[2] 《马克思恩格斯列宁斯大林研究》，1997年第3辑，第28—32页。

茨基“制造派别斗争的气氛”，“造成了使我们面临分裂威胁的气氛”，迈出了非常危险的一步。46人集团走得就更远了，他们“提出问题只是为了掀起一层风波，并不是想认真讨论问题[1]”。

全会通过决议，指责托洛茨基犯了“严重的政治错误”，他“对政治局的攻击在客观上具有派别发动的性质”，他“所选择的办法是走向派别集团的信号（46人声明）”。决议斥责46人声明“是派别分裂政策的一个步骤”。

1924年以前中央全会和政治局会议没有作速记记录。托洛茨基1923年十月全会的发言记录是巴让诺夫根据斯大林的指示记录下来的。至今为止只知道1923年秋召开了两次中央全会——9月22—26日和10月25—27日。而实际上召开过4次全会。有两次全会在历史上失踪了，但也许正是这两次全会事先决定了党内斗争的决定性曲折。[2]

关于这次全会，克鲁普斯卡娅认为，会议充斥“信口开河”的气氛，拿列宁的名字压人。例如彼得罗夫斯基竟然说列宁的病是托洛茨基引起的！克鲁普斯卡娅认为，“最令弗·伊·担忧的不是托洛茨基，而是民族问题和我们的上层形成的那种风气”，该受指责的远不是托洛茨基一人，“也要怪我们的集体：您（季诺维也夫——引注）、斯大林和加米涅夫”。“应当把托洛茨基当做一种党内力量来对待，并且创造使这种力量最大限度地为党所用的环境”。[3]

由于斯大林在红色普列斯尼亚区会议上的讲话违背中央的决定，透露了全会的内容，托洛茨基于12月6日向政治局提出申诉。斯大林作出相应的回答。政治局于12月8日召开会议，讨论此问题，在决议中认为斯大林的做法是不对的。这次会议中有一个值得注意的内容，这就是会上季诺维也夫等人交换的关于建立自己的派别的便条。

季诺维也夫的便条写道：

他们完全按照派别的做法行事。如果我们不立即成立自己的高

[1] 《马克思恩格斯列宁斯大林研究》，1997年第3辑，第33—35页。

[2] *Павлова И.В.* Загадки внутрипартийной борьбы(1923–1929). 见 Советская история. Проблемы и уроки. Отв. ред. *В.И.Шишкин.* Новосибирск. 1992. С.90.

[3] 克鲁普斯卡娅致季诺维也夫（1923年10月31日）。《马克思恩格斯列宁斯大林研究》，1997年第1期，第241—243页。

度团结的派别，那么一切就完了。

我建议首先要得出这个结论。我提议明天（星期日）专门就这个问题召开一次会议，可以在郊区斯大林的住处，或者在我这里。

延误时间就等于自杀。

季诺维也夫　1923 年 12 月 8 日

便条上有如下批语："同意。斯大林"，"很好。同意。米·托姆斯基"，"阿·李可夫"，"只是不要早于晚上 7 点钟。列·加·"，"同意。可我更愿意'观景'。阿·伊·李可夫"。[1]

便条证明，最早采取措施正式成立派别的正是季诺维也夫、斯大林等政治局的多数派。

这样，在党内斗争的初始阶段，全会未能实事求是地处理双方提出的一些具体问题，反而给有不同意见的少数戴上"派别发动"的帽子，这显然无助于缓和矛盾解决问题。

11 月 7 日，日益激化的矛盾突然出现转机，这一天《真理报》发表季诺维也夫受中央委托写的文章《党的新任务》，呼吁活跃党内生活，"切实实行党内的工人民主——加强党内在一般政治问题、经济问题以及其他问题上的自由讨论"。季诺维也夫此文的某些提法同托洛茨基和 46 人声明中的说法差别不大。如果考虑到这时候季诺维也夫对斯大林的独断专行已经强烈不满的话，对季诺维也夫写出这样的文章就不会感到奇怪了。《真理报》在发表季诺维也夫文章时加了编者按，宣布就文中提出的问题展开全党争论。

季诺维也夫的文章表明，在党内民主等根本性问题上，各派表面趋于一致，但就斯大林派而言，这仅仅是缓兵之计。

1923 年 9 月，俄共中央全会成立了由莫洛托夫主持的中央委员会关于党内状况委员会，11 月 29 日，政治局听取了委员会的报告，决定把委员会的建议交政治局的一个委员会审议，委员会成员有：斯大林、莫洛托夫、布哈林、古比雪夫、季诺维也夫、托洛茨基和托姆斯基。工作期限到 12 月 3 日。决定还说："如达成一致，委托委员会批准交其审议的文件，并以中央名义予以公布。"同时决定成立由加米涅夫、斯大林和托洛茨基组成的分委员会，最后修

---

[1] Известия ЦК КПСС. 1990. № 12. С.168.

订拟定的关于党的建设的决议草案。尽管三人委员会内部存在分歧，最后还是达成了一致。[1]

12月5日中央政治局和中央监委主席团联席会议通过《关于党的建设的决议》。决议是一致通过的。决议中有不少提法非常接近于托洛茨基等人的说法，有人甚至认为，决议出自托洛茨基的手笔。决议谈到了党发生新经济政策下的蜕化危险，强调贯彻工人民主制的必要性，肯定“全体党员有公开讨论党的生活中一切重要问题的自由，有对这些问题展开争论的自由，同时由下而上的各级领导人员和集体领导机构都应由选举产生”。“党的领导机关必须倾听广大党员群众的呼声，不要把任何批评都视为派别活动的表现，不要因此把忠诚的守纪律的党员推上派别活动的道路”。决议还要求“经常批判地研究自己的过去，纠正自己的错误，集体讨论最重要的问题”，认为只有采用这样的工作方法，才能保证偶然的意见分歧不致形成派别集团。这些说法是比较实事求是的，也切中时弊。决议规定的方针就被叫做“新方针”。

托洛茨基就这一决议评论说：“我们通过的这个决议中的基本矛盾是，此决议被描绘成是十月全会各项决议的延续。实际上，十月全会是机关官僚主义方针的最高表现，现在需要对这一方针进行根本修改。十月全会谴责的正是两个月后今天政治局认为必须接受的东西。”[2]

当时有一种通行的做法，在党的决议通过的前后，一些党的领导人在会议上或报刊上传达和阐述决议的内容。例如，在12月5日的决议通过之前，12月2日参加决议起草工作的斯大林就在俄共（布）红色普列斯尼亚区委员会扩大会议上作了《关于党的任务》的报告，声称“我现在要对你们讲的基本上会把中央对这些问题的态度表达出来”。[3] 报告于12月6日（即决议通过的次日）刊载在《真理报》上。但是斯大林在回答问题时违背中央的禁令，介绍了全会的情况，不仅承认存在托洛茨基的信、46人声明和政治局多数委员对上两者的答复，而且介绍了全会投票情况：“全会绝大多数赞同政治局的立场：

[1] 关于三人的分歧见1923年12月5日三人委员会的一份文件，托洛茨基12月9日致俄共中央的信。参见《马克思恩格斯列宁斯大林研究》，1998年第3辑，第223—227页。

[2] Известия ЦК КПСС. 1990. № 12. С.169.

[3] 《斯大林全集》，第5卷，第289页。

102 票赞成，2 票反对，10 票弃权，全会谴责了托洛茨基同志和 46 位同志的行为。”[1]12 月 8 日，斯大林在给俄共（布）中央政治局的声明中承认，这种做法是“违背全会关于对决定保密的决议的”，但他为自己的违纪行为辩解说，“对于谎言和诽谤，除了用真相进行反驳外，没有其他方法”。[2]

托洛茨基则在决议通过之后，于 12 月 8 日给党的会议写了一封题为《新方针》的信，提出自己对决议的看法和解释。斯大林的报告或托洛茨基的信都是未经中央授权的个人行为，但由于他们的身份，又往往被看做是中央精神的体现。

托洛茨基在《新方针》中高度评价新的决议，认为“它标志着党在自己的历史道路上着手作重大的转变”，指出“只有发展、加强和巩固工人民主这一方针”，才能消除派别活动的危险。接着，他又在《真理报》上连续发表以《新方针》为总标题的一组文章，这些文章，再加上以后撰写的几篇东西，于 1924 年 1 月以《新方针》为书名出版。针对由此信引起的党内争论以及党内矛盾的激化，托洛茨基于 12 月 18 日在《真理报》上发表短信《答质询》说：“对最近在《真理报》上发表的某些专文，我不予回答，因为我认为这更加符合党的利益，尤其有利于目前正在进行的关于新方针的争论。”

“新方针”争论涉及的主要问题是党内生活问题，主要是党内民主或工人民主问题。如果细心对照一下，如前所述，除去个别激烈的、过火的用词不论，那么争论双方的论点和主张表面上看差别并不大，有些基本提法颇为相近。

托洛茨基一方认为，党内生活中的最大问题是缺乏民主，远离工人民主制，没有自由讨论的风气。党章规定的党的各级组织的选举制没有得到执行，上级任命制取代了选举制，结果党的机关取代了党本身。

党的十大决定实行的“工人民主制”，没有得到实施。这是两派都承认的事实。站在多数派一方的季诺维也夫承认，党内缺乏民主，重大问题未经广大党员讨论就事先决定。他要求发挥全体党员和基层支部的主动性和创造性，就政治、经济问题在党内展开自由讨论。斯大林在《关于党的任务》的报告中也

[1] 斯大林在莫斯科红色普列斯尼亚区党的积极分子扩大会议上的讲话速记记录摘录（1923 年 12 月 2 日）。《马克思恩格斯列宁斯大林研究》，1997 年第 3 辑，第 40 页。

[2] 《马克思恩格斯列宁斯大林研究》，1997 年第 3 辑，第 43—44 页。

指出党内存在战争时期的残余，官僚主义的国家机关对党的压力，他主张让党员讨论他们所关心的一切问题，对党的机关提出的一切建议进行自由批评，还谈到如果没有特殊情况（如党龄的限制），“一切党组织和负责人必须真正由选举产生”。[1]

关于党的建设的决议在很大程度上只不过是重申俄共十大的决议。它重申“工人民主制就是全体党员都有公开讨论党的生活中重大问题的自由。对这些问题进行争论的自由，以及自下而上地选举领导人和委员会”。决议要求保持生机勃勃的思想生活，经常以批评的态度研究自己的过去、纠正自己的错误和对重大问题进行集体讨论。在任何情况下都不容许把批准书记的权力变成对书记的实际上的任命。决议强调，“只有采取这种工作方法，才有切实保证防止把一时的意见分歧变成具有上述一切后果的派别集团。为防止这种情况，需要党的领导机构听取广大群众的呼声，不要把任何批评都看成是派别活动的表现，也不要因此把那些忠诚的和守纪律的党员推上搞小圈子和派别活动的道路”。

可以看出，对党内生活的缺点，对实行工人民主制的必要性，对实行选举制、取消任命制，对克服缺点的基本措施等问题，争论双方的分歧并不明显。他们的分歧与其说是在理论上，不如说是在具体执行的行动上。

同民主问题有密切关系的是反官僚主义的问题。当时官僚主义现象严重，对此双方也无分歧。分歧在于对官僚主义的进一步分析上。斯大林认为官僚主义是战时的残余，主要在地方：“我们党的无产阶级路线是正确的，但地方上在实践中用官僚主义的态度歪曲了这一路线。”党的工作中的缺点是官僚主义的国家机关对党和党的工作人员施加压力的结果。托洛茨基作了另一种分析。他认为，官僚主义不是个别省组织的偶然特征，而是一种普遍的现象。它不是从县里经过省向中央发展的，恰恰相反，是从中央经过省向县里发展的。他不是战争时期的“残余”，而正是最近几年积累起来的行政命令方法搬到党内来的结果。官僚主义不仅仅是一种工作方法或工作作风，而是一种社会现象，即一定的管理人和事的制度。党的书记把全部事务都集中在少数人手里，甚至集中到书记一人手里，而为了统管一切，书记就得为自己建立起拥有官僚主义部

[1] 《斯大林全集》，第5卷，第289—302页。

门、官僚主义情报和书面资料的附属机关，并以这个同苏维埃机构类似的附属机关，把自己同生气勃勃的党隔离开来，这就使党内的官僚主义越来越严重，使党的领导被他的执行机关（党委会、执行局、书记处等等）所取代，“机关”取代了党。所以托洛茨基认为，党内的官僚主义不是过去的古董，而是一种实质上由党的新任务、新职能、新困难和新错误所产生的新现象。

在谈到官僚化的后果时托洛茨基提出了引起争论的老一代人蜕化的问题。他写道，“官僚化的长期发展会造成这样一些危险：脱离群众，把全部注意力集中在管理、挑选和调动的问题上，缩小眼界，削弱革命嗅觉，也就是说，或多或少使老一代至少是其中相当一部分人向机会主义蜕化。”

存在蜕化的可能性，这不是托洛茨基首先提出来的。12 月 5 日的《关于党的建设》的决议中就指出有一部分人会遭到“新经济政策下的蜕化的危险”，“党机关官僚化的危险”。所以原则上说，谁也不否认蜕化的危险。但是，对蜕化的原因看法是不同的。《真理报》的社论《打倒派别活动》认为，“从理论上说来，将来我们有蜕化的危险。这种危险是由于资本主义经济对社会主义经济孤岛取得不断的和缓慢的胜利以及我们的经济干部和行政干部同新的资产阶级有可能逐步‘融合’而来的。”而托洛茨基则专门突出党的老干部蜕化的可能性，认为官僚化的长期发展，会使老一代至少其中大部分人遭到机会主义的蜕化。从新经济政策和官僚化的角度去解释蜕化的可能性，都有一定的道理。但是，把蜕化的可能性仅仅同老近卫军联系在一起，这就得罪了大部分领导人，树敌过多，并且也有借此争夺领袖地位之嫌，使自己处于非常不利的地位。

在谈到蜕化的可能性时，托洛茨基提出了老近卫军同青年人的关系问题。他敏感地看到老年人同青年人之间出现某种“代沟”，需要予以消除。但是，他的议论有片面性，他只强调老近卫军的“蜕化”、“僵化”，而没有谈青年人的弱点；只看到青年人影响或教育老近卫军，使之避免蜕化，而不谈传统的革命教育，不谈新老两代人的相互影响。

与党内民主直接有关的派别和小集团问题引起了激烈的争论。斯大林指责托洛茨基同意禁止派别，但主张有组织小集团的自由，托洛茨基则否认这种指责，声明他并不主张小集团的自由。问题何在？

托洛茨基认为，派别集团产生的重要原因是党机关的官僚主义，“他压制批评，使不满情绪越来越大。他总是喜欢给提出批评或警告的人或集体戴上一顶派别活动的帽子。机械的集中制必然由派别活动来补充。”他的说法是同12月5日的决议一致的。“需要党的领导机构听取广大党员群众的呼声，不要认为任何批评都是派别活动的表现，也不要因此把那些诚诚恳恳和守纪律的党员推上搞小圈子和派别活动的道路。”正因为如此，托洛茨基认为，派别集团光靠禁止是不行的，关键是要消除产生派别集团的根源——官僚主义和不民主的制度，使广大党员能行使自己的民主权利，可以对党内的重大问题发表意见。他认为党的第十次代表大会关于禁止派别活动的决议只具有辅助的性质，并不是解决一切困难的钥匙。

斯大林对派别集团产生的原因作了另一种解释，他把派别集团的产生归结为阶级的原因：一、苏联存在各种各样的经济形式；二、新经济政策下容许资本主义存在，资本主义思想已渗入党内；三、党内有工人、农民和知识分子三种成分。“这就是某些分子离开党而组织集团的原因。”斯大林的这种说法是他以后“阶级斗争尖锐化理论”的组成部分。

实际上党内的意见分歧和派别集团的存在虽然可能同一定的阶级利益有联系，但更多的是对建设社会主义的方法、途径或具体政策上的认识和方案上的差异造成的，只有清醒地看到这一点才能比较正确地处理党内的意见分歧。所以托洛茨基说：“党对同一个任务往往可以通过不同的途径来解决。至于哪一条途径更好、更短、更经济，是会发生意见分歧的。这类意见分歧可能由于问题的性质不同而涉及广大党员，但这并不一定意味着这里有两种阶级倾向在进行斗争。”

这时候托洛茨基还没有组织派别集团。《关于党内状况》的决议也只是说“托洛茨基所选择的办法是走向派别集团的信号（46人声明）”。“托洛茨基对政治局的攻击客观上具有派别发动的性质。”后来事态的发展表明，托洛茨基和46人的主张和意见很大一部分已为政治局和中央监委主席团联席会议通过的《关于党的建设的决议》所吸收。这说明少数派和多数派之间尽管有分歧，但也存在不少共同的看法。多数派如果能采取正确的态度和做法，因意见分歧引起的党内紧张局势是可以缓和下来的。到1923年年底，还没有直接指责托洛茨基组织反对派集团的说法。直到1924年年初才逐渐给托洛茨基等人上纲上线。1924年的一月全会把托洛茨基、拉狄克、皮达可夫等正式算做“反对派”，说是“以托洛茨基为首的反对派”。不过从实际情况看，当时并没有形成像后来“托季联盟”那样有组织、有纲领的反对派组织，这时候许多党员仅仅是出于自己的信念、认识而支持托洛茨基等人的。

“新方针”争论中的另一个大问题是经济政策问题。实际上自从发生销售危机之后，到10月份俄共中央还没有制定出一个完整的经济政策的纲领。关于经济问题的争论这时才刚刚开始，双方都还没有能提出经过深思熟虑的比较完整的一套理论和方针政策。到后来经过1924年以后的不断争论，特别是在两位主将普列奥布拉任斯基提出“社会主义原始积累规律”、布哈林提出“劳动消耗规律”并展开系统的争论之后，才从理论的高度继续并深化了在1923年冬开始的这场争论。

《新方针》的信发表之后，12月14日斯大林、季诺维也夫等8名政治局委员和候补委员发表声明，认为该文的实质内容是：“1. 挑唆党内一部分人反对另一部分人；2. 挑唆党内青年反对党的基本核心；3. 破坏党中央领导核心的威望。”“中央委员会一致通过决议的第二天发表这样的意见就是对齐心协力贯彻中央委员会和中央监察委员会决议的蓄意破坏。”[1]

关于当时争论的气氛和做法，时任红军政治部主任的安东诺夫－奥弗申柯给俄共中央监察委员会主席团和中央政治局的信（1923年12月27日）中有所反映。他说，在各种会议上，争论往往变成对托洛茨基政治经历的评论，极力强调中央不能把他归入“老布尔什维克近卫军”的行列，说他过去一直同布尔什维主义作斗争，是隐藏下来的孟什维克，现在其政治路线仍然表现出孟什维主义。对托洛茨基进行了粗暴的人身攻击，给他戴上“分裂党，破坏党的统一”的罪名。这种做法引起一些与会者的反感，有的与会军人高喊“托洛茨基同志万岁！”这种做法的结果是党、军队和工人群众纪律涣散、士气低落。他警告说，那些普通党员“总有一天会让那些因极端派性而变成聋子的恣意妄为的‘领袖们’听到这种疾呼，从而使他们守规矩”。[2]

党内争论惊动了卧病休养的列宁。1923年12月21日，克鲁普斯卡娅和乌里扬诺娃写信给俄共中央说：“由于报纸上的争论使弗·伊·激动，会加重他的病情，但又不能不给他看报纸，因此我们请求将争论文章移到争论专页

[1] 《马克思恩格斯列宁斯大林研究》，1998年第3辑，第232—241页。

[2] 《马克思恩格斯列宁斯大林研究》，1999年第1辑，第197—200页。

上。”[1] 次日，政治局作出决定，同意把争论文章从《真理报》的版面移到“争论专页”的版面上，同时要求在移版之前“争论必须以最平和、客观的语气进行，不要过激”。这一小插曲透露了列宁对争论的态度。

1923 年 12 月 31 日，斯大林、季诺维也夫等 9 名政治局委员和候补委员写了一封对托洛茨基 10 月 23 日信的答复，对托洛茨基提出全面的指控。其各章的标题如下：1. 托洛茨基同志的信是派别斗争的武器。2. 关于“臆造出来的”托洛茨基同志的反列宁路线的“传闻”。3. 经济问题。4. 对外贸易垄断。5. 民族问题。6. 列宁同志关于改组工农检查院和中央监察委员会的文章。7. 对外政策。8. 托洛茨基同志在军队中的工作。9. 不信任党，不了解党。10. 无派别人士的派别。

1924 年 1 月 16 日俄共召开第十三次代表会议，会议决议一反 12 月 5 日决议的精神，指责托洛茨基反对派“不仅企图修正列宁主义，而且具有十分明显的小资产阶级倾向”，客观上反映了小资产阶级向无产阶级政党的立场和政策的进攻。

关于“新方针”的争论在苏共党史的著作中都说是一场反托洛茨基主义的斗争，反对托洛茨基派别集团的斗争。就发展的结果而论，也确实如此。当时党内的多数派一开始就把党内一部分党员对党的方针政策所发表的批评意见说成是“派别活动的信号”，继而发展到组织各种声讨会，最后给反对派戴上“背离列宁主义”、“小资产阶级倾向”之类的帽子。在列宁病倒不能视事的情况下，开展这样的斗争，进行反对托洛茨基的斗争，显然是违背列宁意愿的。列宁在《给代表大会的信》中所担心的正是斯大林和托洛茨基两人间的冲突带来的党的分裂的危险。列宁不希望他们两人之间闹摩擦和冲突，而希望两人能合作共事，因此主张用撤销斯大林的总书记职务、用增加中央委员的人数来增加中央的稳定性，防止党的分裂。然而，列宁的这些嘱咐未能防止这类悲剧的出现，竟然在列宁最后时日出现了这种冲突的第一个高潮。

《新方针》的争论是争民主和权力斗争纠缠在一起，其结果是在反对派别活动的掩盖下权力斗争占了上风。事过四分之三世纪，撇开权力斗争的因素，可以说，这是苏联共产党内一次争取党内民主的斗争，自此以后，随着斯大林

[1] Известия ЦК КПСС. 1991. № 3. С.204.

在党内统治地位的确立，党内已无民主可言。可以简单列举几个事实：列宁要求增加中央委员的人数，但后来增加的是斯大林手下的各级领导干部，而不是列宁建议的工人和农民。结果是扩大了斯大林的势力，却没有能解决官僚主义问题。列宁去世以后在党内斗争中频繁召开中央委员会和中央监察委员会的联席全会或扩大全会（如再加上10个大党组织），这样做的真正目的不是发扬民主，而是为了保证斯大林拥有绝对多数。

第五节　十月革命史和党内斗争——《十月的教训》

1923年世界革命，特别是西方革命的形势已经不再存在，列宁已经明确地把革命的希望转向东方。然而俄共领导人对此还是不甘心，从年初开始就不停地策划德国的革命，政治局多次开会讨论在德国发动革命，并且规定了起义的日期。莫斯科的指挥是脱离实际的，受到德共领导人的反对，然而俄共领导人一意孤行，直接派人到德国去组织和领导起义。1923年的德国十月革命遭到了失败。[1]

1924年秋托洛茨基出版文集第3卷《1917年》，收入1917年的讲话和文章，并写了题为《十月的教训》的前言，总结俄国二月革命到十月革命的经历，从中吸取教训，作为今后其他国家革命的教本。此书发展了托洛茨基1923—1924年的思想，特别是思考了德国1923年的革命形势和革命失败的教训。托洛茨基认为，十月革命取得胜利是因为有布尔什维克党及其领袖列宁。1923年德国革命的形势和条件比俄国当年要好，失败的原因就在于缺乏布尔什维克党和列宁这样的领袖，德国共产党的领导不正确、不坚决。

托洛茨基是俄国革命的亲历者，1917年5月结束国外流亡生活，回到彼得格勒，并立即同布尔什维克党合作，在7月召开的布尔什维克党第六次代表大会上与区联派一起同布尔什维克党合并。在十月革命期间，托洛茨基是列宁主张的坚定支持者，他领导的彼得格勒苏维埃军事革命委员会是武装起义的具体组织者。

《十月的教训》涉及“三驾马车”成员在1917年的错误：二月革命后加米涅夫和斯大林对临时政府和战争采取的妥协主义立场——有条件地支持临时政

---

[1]　关于俄共策动德国革命，见本书第四章。

府，以炮弹对炮弹；加米涅夫反对列宁的四月提纲；加米涅夫和季诺维也夫反对十月武装起义，如此等等。就历史事实而言，托洛茨基对俄国革命进程的记叙大体上是符合实际的。但是在《新方针》争论中失败之后，《十月的教训》自然是向“三驾马车”发出的第二次挑战，托洛茨基要向党内外证明谁是真正的列宁主义者，谁是列宁的反对者。

托洛茨基在这篇文章中对俄十月起义也有自己的说法。他写道：“彼得格勒的武装起义是分两步进行的。第一步在10月前半月，彼得格勒团队服从苏维埃所作出的决议，顺利地拒绝执行总司令部的命令。第二步在10月25日，这时所需要的只是一种不大的补充性质的起义，以剪断二月政权的脐带。”“自从我们彼得格勒苏维埃拒绝执行克伦斯基关于把三分之二卫戍部队调往前线的命令时起，我们实际上已经进入武装起义的状态”，至少四分之三决定了10月25日起义的结局。[1]

托洛茨基所引用的事实直接涉及“三驾马车”的成员。这就不能不引起“三驾马车”的坚决反击。1924年10月14日《真理报》报道此书出版，10月24日加米涅夫和季诺维也夫就为“七人小组”起草了一个决议草案，内称中央全会把此书看做是“故意歪曲党的历史，想通过迂回的道路实现冬季争论后被党所否定的托洛茨基同志的派别思想”。中央认定，托洛茨基的文章与对十月革命的真正党的和真正科学的研究毫无共同之处，是要恢复党内争论，托洛茨基要对此负责。鉴于迫切需要向全党解释被歪曲的党史和革命史，责成政治局安排一下相应的工作，由列宁研究所立即出版1917年2月至10月列宁的全部文章和文件，由党史研究所重印1917年的《真理报》及代替它的报纸(即《真理报》被查封后更名出版的报纸)。[2]11月10日，列宁格勒省委全会根据季诺维也夫的报告通过决定，“要求中央委员会迅速就托洛茨基同志书中所涉及的问题出版说明托洛茨基同志错误的文集”。[3]1925年出版了《拥护列宁主义》文集，收入围绕《十月的教训》争论的文章和资料。1924年11月18日，加米涅夫到俄共莫斯科委员会积极分子会议上作“列宁主义还是托洛茨基主义”的报

[1] 《托洛茨基言论》，下卷，三联书店1979年版，第590、584—585页。

[2] Известия ЦК КПСС. 1991. № 7.С.159.

[3] Известия ЦК КПСС. 1991. № 7.С.161.

告，此前他起草了一个谴责托洛茨基及其《十月的教训》的决议，发给七人小组征求意见："明天我要在'积极分子'会议上'作报告'。是否通过下述决议。"草案上有两人的批语：斯大林的批语为："对。约・斯大林"。布哈林的批语为："1. 形式上——我反对越过七人小组的正式决定采取这种措施。2. 实质上我反对表决决议做法。把某种东西拿来表决，而投票者什么都没有读过，这不恰当，不合适，因为这会引发不无根据的责难。最后，这是众所周知的，我反对争论，反对转到表决上去，而主张尽量做解释工作。换句话说，我主张干实事，反对起哄(这也是'实事'，但系其另一种'形式')。尼・布哈林"[1]

但是在报刊上公布各种会议通过的声讨决议，是当时造势和批判的主要手段，因此在报纸杂志上还是出现连篇累牍的决议和反击文章。《真理报》发表 3 篇标题类似的文章：加米涅夫的《列宁主义还是托洛茨基主义》，斯大林的《托洛茨基主义还是列宁主义》，季诺维也夫的《布尔什维主义还是托洛茨基主义》，这些文章加上索柯里尼柯夫、莫洛托夫等人的文章合在一起出版了一本匆匆编就的文集《拥护列宁主义》。1925 年年初，出版文集《列宁论托洛茨基和托洛茨基主义》、《列宁主义还是托洛茨基主义》。这些著作试图证明托洛茨基是一贯的"反列宁主义分子"。与此同时，在《真理报》公布了托洛茨基写于 1913 年给齐赫泽和 1921 年给奥里明斯基（党史研究所所长）的信。给齐赫泽的信是从沙皇保安厅的档案中发掘出来的私人信件，并未送达收信人。托洛茨基写这封信的时候心气不佳，因为他在维也纳创办的《真理报》被布尔什维克接受过去，成为布尔什维克的机关报，因此托洛茨基在信中发泄不满，对列宁多有不敬。给奥里明斯基的信则表示反对刊印给齐赫泽的信，认为那是当时情绪的结果，不宜发表，因为"会造成多余的政治上的麻烦"。

1924 年年底，在《真理报》和地方报刊刊载数以百计的决议（按照莫斯科委员会就加米涅夫的报告通过的决议的样式），谴责托洛茨基的《十月的教训》歪曲布尔什维主义和十月革命的历史，破坏党的统一。斯大林的报告替季诺维也夫和加米涅夫十月革命期间反对举行武装起义的错误辩解，说是"不大的偶然的插曲"，否认季诺维也夫和加米涅夫是"党内的右翼"，斯大林声明，"尽管有意见分歧，这些同志还都是站在布尔什维主义共同基础上的老布尔什

[1] Известия ЦК КПСС. 1991. № 7. С.165 – 166.

维克"。[1] 不过，一年以后加米涅夫和季诺维也夫的十月事件已经被斯大林解释成"投降主义"和"失败主义"了。这场争论在苏共党史上叫做"书面争论"(литератуная дискуссия)。

这单方面的"争论"（批判）使斯大林获益匪浅。季诺维也夫和加米涅夫需要被动地为自己辩护，而斯大林却高高在上地为他人辩护，并且这两人的错误掩盖了斯大林本人的许多错误。他利用这一切伪造的十月革命的历史，后来得到广泛传播，一度成为官方的标准说法。

《十月的教训》中对1917年从二月革命到十月革命发展各阶段的历史叙述和分析，得到目前看到的历史文献的证实。

斯大林贬低托洛茨基在十月革命中的作用，却不提自己在革命一周年之际肯定托洛茨基的文章《十月革命》，该文承认："起义的全部实际组织工作是在彼得格勒苏维埃主席托洛茨基同志直接领导下进行的。可以坚定地说，无产阶级很快转到苏维埃方面来与军事革命委员会善于做日常工作是分不开的，这些方面党首先并主要应该归功于托洛茨基"。[2]

在《十月的教训》的争论中，季诺维也夫等人无法就1917年俄国革命问题同托洛茨基展开正面争论，因此绕过具体问题，翻托洛茨基本人的历史老账，竭力证明"托洛茨基主义"是党的历史上最主要的敌人。实际上，从托洛茨基加入布尔什维克党之后，列宁从来没有使用过"托洛茨基主义"的概念，在具体问题上出现分歧的时候，也没有把它同过去的分歧联系起来。1917年11月1（14）日列宁在党的彼得格勒委员会上曾经强调，托洛茨基早就明白不可能同孟什维克统一，"从这以后没有(比托洛茨基) 更好的布尔什维克了"。[3]

在1917—1923年，党内从未提到过"托洛茨基主义"一词。在1923年的争论中，虽然提到革命前托洛茨基同列宁的分歧，但也没有使用"托洛茨基

[1] 《斯大林全集》，第6卷，第283页。

[2] 《真理报》1918年11月6—9日。引自［俄］罗・亚・梅德韦杰夫著:《让历史来审判》，上册，人民出版社1981年版，第58页。中央编译局图书馆所藏的该日《真理报》原件中，斯大林的文章被剪去。

[3] 俄国社会民主工党（布）彼得堡委员会会议记录（1917年11月1（14日））。引自 *Троцкий.* Сталинская школа фальсификаций. Берлин. 1932. С.119.

主义”的说法。在斯大林的《论列宁主义基础》（1924 年 4—5 月在《真理报》上发表）中没有提及“托洛茨基主义”。在党的第十三次代表大会上，“三驾马车”也没有使用托洛茨基主义这个词。直到 1924 年的“书面争论”中才第一次出现“托洛茨基主义”这个专有名词，在整个党史中似乎始终存在列宁主义同托洛茨基主义的对立，在革命的所有基本问题上，对阶级力量的估计，特别是同农民的关系都是如此。制造托洛茨基这一“原罪”的是加米涅夫和季诺维也夫，早在 1924 年年底，季诺维也夫宣称，《十月的教训》是企图“修正甚至直接修正列宁主义的基础”，托洛茨基由非布尔什维主义演变成反布尔什维主义。季诺维也夫和加米涅夫两人以“托洛茨基主义”的神话给斯大林提供了思想武器，在以后的岁月中斯大林不仅用这顶帽子来反对他俩，而且用来反对共产党和国际共产主义运动中的任何与他有分歧者。

斯大林等人在 1923 年的争论中制造了“派别活动”这个吓唬人的东西，在 1924 年的争论中又发明了“托洛茨基主义”一词。这顶帽子一出，托洛茨基就再也不得翻身了。斯大林及其亲信借助于反对“托洛茨基主义”的旗号掀起一个又一个批判、清洗和镇压的浪潮。

“书面争论”是单方面的“争论”，是一面倒的批判，并不存在双方的对话。托洛茨基本人没有就针对他的攻击给予公开的回答。1924 年 11 月托洛茨基写了《我们的意见分歧》，详细回答对他的指控，但此文当时没有发表。他在这里提出三个问题：“1. 说我打着隐蔽的‘托洛茨基主义’旗号修正（修改、篡改）列宁主义，这种说法对吗？ 2. 说我从特殊的‘托洛茨基主义’的视角为自己的《1917 年》一书写了前言，甚至为了贬低列宁主义而错误地解释一系列问题，这种说法对吗？ 3. 说我的前言是一个‘纲领’，说我总是把在党内组建一个‘右翼’作为自己的任务，这种说法对吗？”他就争论的问题、历史问题作了详细的说明，他说：“我希望就最具争议性的问题来证明，我对十月革命的阐释不仅遵循列宁主义的方法，而且与列宁就同一些问题的十分精确具体的评价和结论是完全一致的。”他同时表示，如果他的说明会对争论火上加油，他会放弃刊登此文。[1] 结果此文果然没有公开发表。

---

[1] 见 Архив Троцкого. Коммунистическая оппозиция в СССР. 1923－1927. Терра. Москва. 1990. Т.1. С.110－142. 中译文见《苏联历史档案选编》，第 6 卷，第 81－124 页。

托洛茨基的某些朋友曾经认为托洛茨基发表《十月的教训》是策略错误，给对方提供了借口。1926年联合反对派成立之后，在一次反对派的内部会议上托洛茨基问季诺维也夫：

“请问，如果我不发表《十月的教训》，会不会出现反对‘托洛茨基主义’的所谓书面争论?”

季诺维也夫毫不迟疑地回答：“当然。《十月的教训》只不过是一个借口。没有这个借口，会有另一种争论，争论的形式会有不同，但仅此而已。”[1]

1927年年底，当季诺维也夫和加米涅夫向斯大林投降并恢复“托洛茨基主义”神话时，为查明“托洛茨基主义”一词的起源，托洛茨基分发信函，请求回答是否听加米涅夫和季诺维也夫说过有关“托洛茨基主义”的话。

拉狄克书面回答说：“亲耳听到同加米涅夫的下述谈话：列·波·(加米涅夫）在中央全会上叙述过他们（加、季）同斯大林一起决定利用列·达·(托洛茨基）与列宁的旧分歧，不让托洛茨基同志在列宁死后领导党。此外，还多次听季诺维也夫和加米涅夫说过，他们是如何‘发明’托洛茨基主义作为当前的口号的。”

皮达可夫把他听到的季诺维也夫的说法总结如下：“想出‘托洛茨基主义’一词是为了用虚构的分歧来取代真正的分歧，也就是为上述目的启用现在已经没有任何意义的以往的分歧。”[2]

同上次争论一样，争论是以声讨会、各种谴责的决议结束的。在季诺维也夫的工作下，列宁格勒的报刊刊载了大量的党的会议的决议，要求把托洛茨基开除出党。斯大林在此期间则扮演“中派”和“和平”角色。他在《托洛茨基主义还是列宁主义》的结尾中说：“有人谈到惩罚反对派和分裂的可能性。同志们，这是胡说。我们党是坚强有力的。它不容许任何分裂。至于惩罚，我是坚决反对的。”[3]但实际上，斯大林喜欢的不是“批判的武器”，而是“武器

[1] *Троцкий*. Сталинская школа фальсификаций. Берлин. 1932. С.102.

[2] 见“关于‘托洛茨基主义’神话的起源问题”。*Троцкий.* Сталинская школа фальсификаций. Берлин. 1932. С.101–111.

[3] 《斯大林全集》，第6卷，第309页。

的批判”，他考虑过肉体消灭的措施，但担心青年人的报复而暂时作罢。[1]

1925年1月17—20日召开中央委员会和中央监委联席全会，托洛茨基因重病没有出席，但给会议发了一封信，信中说：

我过去认为，现在仍然认为，我能够在争论中提出有分量的带原则性的和有事实根据的意见，来反驳说我企图“修正列宁主义”和“贬低”（！）列宁作用的指责。然而，我拒绝作这一方面的解释，这不仅因为患病，而且因为，在目前争论的条件下，我就这些题目发表的任何言论，不问内容、性质和语气如何，都只会加深争论，使争论从单方面的争论变成双方面的争论，使争论具有更为尖锐的性质。现在，在估计争论的整个进程时，尽管在争论中对我提出了许多不正确的、简直是骇人听闻的指责，我仍然认为，从党的总的利益着眼，我的沉默是正确的。

不过他声明，不能接受执行一条特殊路线（“托洛茨基主义”）和企图修正列宁主义，对农民采取漠视态度、对社会主义建设抱“悲观主义”等指责。近八年来从来没有人把他的某些思想或建议看成是一种特殊的“托洛茨基主义”思潮的标志，只是在就《1917年》一书进行争论时才出现“托洛茨基主义”这个名词。他声明：“准备在任何职位上和在任何职位之外”完成中央所委托的工作，同时表示，“事业的利益要求尽快解除我的革命军事委员会主席的职务”。[2]

一月全会通过决议，宣布“争论已经结束”，把托洛茨基的言论归结为“力图使俄国共产党的思想体系变成某种被托洛茨基‘现代化了的’不要列宁主义的‘布尔什维主义’”，“这是企图用托洛茨基主义来偷换列宁主义”。“实质上，现在的托洛茨基主义是按照近似‘欧洲’式的假马克思主义的精神，也就是说，归根结底，是按照‘欧洲’社会民主主义的精神伪造共产主义”。关于组织处理，季诺维也夫、加米涅夫以及列宁格勒组织的领导人要求把托洛茨基开除出党，至少开除出政治局，同时解除其军队职务。斯大林则扮演“温和”角色，

---

[1] 托洛茨基在1935年2月18日的日记中追记了季诺维也夫和加米涅夫于1926年同他的谈话，其中就谈到肉体消灭反对派的问题。见《苏联历史档案选编》，第10卷，第546页。

[2] 《托洛茨基言论》，下册，三联书店1979年版，第623—626页。

反对“割除”政策。全会决定解除托洛茨基革命军事委员会主席、陆海军人民委员的职务。[1] 从而收走了托洛茨基的军权，这就除去了对“三驾马车”的最大威胁。由于对托洛茨基的组织处理办法的分歧，后来斯大林把“新反对派”产生的时间定为1925年的1月中央全会。实际上斯大林不是反对开除托洛茨基，而是认为时机未到。在一月全会之前，在“领导集体”会议上斯大林表示过，把托洛茨基开除出政治局需要作小心的准备，“开除托洛茨基的时刻还没有到来。国内和党内还不能正确理解这种措施。”[2]

在一月全会上，季诺维也夫和加米涅夫已经非常担心斯大林不断加强的权力，因此在会上提出让斯大林去接替托洛茨基，担任革命军事委员会主席。斯大林拒绝了这一建议，他需要保留自己的总书记职务，他清楚这一职务的重要性。

1925年1月26日，苏联中央执行委员会主席团通过决定，解除托洛茨基的陆海军人民委员和革命军事委员会主席的职务。接替这两个职位的是伏龙芝，其副手是伏罗希洛夫（他还兼任莫斯科军区司令）。1925年10月31日，伏龙芝奉命治疗，死于手术台。伏罗希洛夫接替了他的位置。

几个月内托洛茨基没有实际工作。1月19日他在赴苏呼姆（现苏呼米）疗养之前给政治局去信说：根据医生的意见，他将在苏呼姆待上一个半月到两个月。在此期间他唯一能够做的工作也许只有文字工作。他说：“最好能够预先定下我近期文字工作的性质，以便最有利于事业地利用这两个月的假期。我设想这样安排，政治局责成组织局或者书记处提出几个我们党的出版物特别需要的题目（宣传、政论或者理论性质的），然后我同书记处商定我选择哪一个或哪几个题目。手稿自然将通过中央书记处转交。我认为，这种工作方法将最大程度符合这次中央全会的决定和党的利益，相信政治局会协助上述想法的实施。”[3]

1925年5月托洛茨基获得三个职位：租让总委员会主席、电气技术管理

---

[1] 《苏联共产党代表大会、代表会议和中央全会决议汇编》，第2分册，第525—535页。

[2] *Андреев А.А.* Воспоминания，письма. М.,1985. С.155. 引自 *Роговин В.* Была ли альтернатива? “Троцкизм”：взгляд через годы. Москва. Терра. 1992. С.203.

[3] Известия ЦК КПСС. 1991. № 8. С.186.

局局长、最高国民经济委员会科技部部长。

关于这场《十月的教训》的争论，真正明白其含义的恐怕只有像加米涅夫、季诺维也夫和斯大林这些当事人以及某些历史学家，对广大党员和群众来说，是一团迷雾。由于一些批判的用词极为尖锐激烈，一些群众甚至把托洛茨基看做敌人。1924年12月18日，老革命家彼·安·扎洛莫夫致原政治苦役犯和流放犯协会的信中对此有生动的反映，他写道：

> 加米涅夫、季诺维也夫等同志论托洛茨基主义和列宁主义的文章在农民的头脑中造成完全混乱。学校中也有反应。例如，苏任斯克区的一级学校有500多人，学生们提问："托洛茨基真的同共产党人作战？他真的逃出国去投向白营了？全体农民真的站在他一边？"孩子们听大人谈话，竭力从老师那里得到对自己不解问题的答案。在街上经常有人拦住我，要我解释什么是Ленинис和Троцкис。只好听农民们从加米涅夫、季诺维也夫等同志文章中得出的没有联系的荒唐结论。基本调子是："托洛茨基是共产党人的敌人，农民的朋友。托洛茨基想消灭所有国营农场。托洛茨基想把所有土地给予农民作为私产。托洛茨基想取消封锁，让外国人进来，想让所有的工厂矿山开工，给所有人以工作。"特别仇视国营农场的是土地少的农民。他们特别热切地希望得到工作，指责中央政权削减顿巴斯的煤炭生产。按他们的看法，'改革'，即十月革命，没有给予任何东西，他们想要另一种什么改革，能够给所有人以工作。他们不要沙皇制度，不要地主和资本家，但按他们的看法，国家政权落入没有本领的人手中，这就是所有灾难的根源。常有人对我喊："让我们活，我们想活。"常常碰到这样的人，他们不考虑整个国家，只从自己的困难状态出发。他们把托洛茨基当作救命稻草。而这不是恶意宣传的结果，而是加米涅夫、季诺维也夫、莫洛托夫、库西宁的文章在农民头脑中的折射。出现骇人听闻的反常的现象：宣传拥护列宁主义，却像宣传拥护托洛茨基主义和别的什么……农村是无法同城市相比的。农村的人们不会读报。农村迫切想要神话般的好生活，但找不到路子。如果我们根据苏维埃代表大会、代表会议等等的决议来判断农民的情绪，那我们是看不到农民的面貌的。想想尼古拉二世"代表全体

俄国人民”的电报。所有决议都是党员同志起草的，反映的正是他们的看法和希望。多数庄稼汉无法弄清决议的内容，他们准备“投票”赞同任何东西，投多少票都可以。通常不会“投票”反对，而是决议在75%弃权下“一致”通过。总之，对决议完全无所谓。农民只有在触及其经济利益时才会活跃起来。[1]

对当时争论涉及的一些问题，读者也发生疑问。例如美国记者约翰·里德的《震撼世界的十天》描绘了十月武装起义的过程，充分肯定了托洛茨基在起义中的作用，而根本没有提到斯大林的名字。斯大林在《托洛茨基主义还是列宁主义?》中一开始就否定里德的这本书。这引起读者的疑问，1924年12月10日，有两名共青团员给斯大林写信，要求解释。信中说：

如果您说这是毫无根据的神话，那怎么伊里奇在此书第二版的前言中说，它对什么是无产阶级革命和无产阶级专政作了正确的描写，并且希望这本书能被印成千百万册，传到全世界，说里德帮助弄清世界工人运动的基本问题。如果您说里德远离我们党，有人想用里德的神话来教育青年人。克鲁普斯卡娅在这一版的前言中说，里德不是漠不关心的旁观者，他是炽烈的革命者，共产党人，懂得事件的意义、伟大斗争的意义，里德的书对于青年，对于未来几代人，对于十月革命对他们来说行将成为历史的人们说来具有巨大意义。根据以上所述，我觉得这里存在我们共青团员不理解的矛盾。我们就此问过老党员，他们没有能够给我们以任何可肯定的回答，而是建议我们给您写信。因此我们请您向我们这些共青团员解释如何理解这种矛盾。[2]

斯大林的回答是从20世纪30年代起禁止此书的出版和销售，直到1957年才解冻再版。

作为“书面争论”的尾声，还有一件所谓“伊斯特曼事件”。

1925年美国记者马克斯·伊斯特曼在美国出版了《列宁死后》一书，描写了克里姆林宫内的争权斗争和反托洛茨基主义斗争中所使用的方法，书中还

[1] Известия ЦК КПСС. 1991. № 7. С.172–176.

[2] Известия ЦК КПСС. 1991. № 7. С.170–171.

披露了列宁“遗嘱”的片段和克鲁普斯卡娅在1924年1月28日写给托洛茨基的信。斯大林看到此书后，写信给政治局委员们，指责托洛茨基泄露秘密文件，企图在中央制造分裂。而托洛茨基认为，列宁“遗嘱”并非国家或党的秘密。发表“遗嘱”并没有错，相反地，向党和工人阶级隐瞒“遗嘱”才是罪行。然而，在政治局多数的压力下，他还是签署了发表在《布尔什维克》（1925年第16期）杂志上的文章，同伊斯特曼“划清界限”，宣称“关于隐瞒或违背‘遗嘱’的一切论调，都是恶意的捏造”。不过，托洛茨基的文章多少还是证实了伊斯特曼书中的某些内容。[1]《布尔什维克》杂志还同时发表克鲁普斯卡娅的信，否定伊斯特曼所说的隐瞒列宁“遗嘱”。

通过书面争论，斯大林取得一系列胜利。第一，斯大林获得了思想武器——“托洛茨基主义”的标签，今后可以用来把自己的竞争者和反对者赶出政治舞台以至肉体消灭。第二，削去最大政敌托洛茨基的兵权，把他排挤到党和国家的次要位置上去。第三，斯大林可以开始打击党内另一对竞争对手——季诺维也夫和加米涅夫。

第六节　“三驾马车”、“七人小组”及其内部矛盾

1922年12月列宁生病之前，权力向斯大林集中还不明显，列宁卧病，特别是逝世之后，情况发生了急剧变化。季诺维也夫、加米涅夫和斯大林在中央组成“三驾马车”，掌握党政大权。

列宁逝世后，“三驾马车”加紧活动，在中央委员会内建立极为秘密的派别。数年后季诺维也夫透露，此派别成立于1924年年初（但如我们上面引用的文件所表明的，早在1923年12月8日他们已经开会决定成立自己的派别），最终形成于1924年8月中央全会多数中央委员的秘密会议上。在这次会议期间正式成立了“七人小组”，把政治局委员托洛茨基排除在中央领导之外。

“三驾马车”从一出现就不是铁板一块，早在他们共同反对托洛茨基的时候，已经出现分歧，斯大林大权独揽的专制作风不断引起季诺维也夫和加米涅夫两人的不满，“三驾马车”中的分歧逐渐显露。

---

[1] 《托洛茨基言论》，下册，三联书店1978年版，第630页。

1923 年 7—8 月份，按照惯例大部分政治局委员去南方休假。莫斯科只留下 3 名政治局委员（斯大林、加米涅夫和鲁祖塔克），用斯大林的话说，政治局“不足法定人数了”[1]，但是在此期间，斯大林以政治局的名义作出一系列决定，这些决定招致季诺维也夫等人的强烈不满。

1923 年 7 月 12 日《真理报》刊载托洛茨基的文章《伏特加，教堂，电影院》，反对销售伏特加酒。当天政治局作出决定，要求《真理报》编辑部“不要再就销售伏特加问题在《真理报》刊登争论文章”。《真理报》的编辑普列奥布拉任斯基于 7 月 15 日写信给政治局，对此表示异议，认为这是“由中央委员会中一部分人作出的”决定，他说，“任何一项旨在恢复销售伏特加的新的决定，如不经过问题的全面而公开的讨论，不获得党内稳定的多数对这一措施的支持，就不可能得到贯彻执行。因此，撇开问题的实质不谈（我个人是反对销售伏特加的），我认为政治局的决定是完全错误的，我请求撤销这项决定”，同时请求解除所担任的《真理报》编辑的职务。

1923 年 7 月 27 日，俄共（布）中央政治局作出决定：“（1）重申政治局的如下决定：鉴于中央全会已建立专门委员会来研究出租酿酒厂的问题，任何有关该问题的争论都是不适宜的。（2）认为普列奥布拉任斯基同志的信语气放肆，内容出格。（3）满足普列奥布拉任斯基同志的请求：解除他在《真理报》的工作，在布哈林同志回来之前先任命一个临时编委会，成员有：拉狄克、布勃诺夫、洛佐夫斯基、利亚多夫、尼·尼·波波夫和雅罗斯拉夫斯基同志。”[2]

7 月 27 日斯大林写信通知季诺维也夫：“我们决定签署海峡公约”，说“已获得政治局一致通过”，同时告诉他，“今天已做出调动普列奥布拉任斯基同志的决定”，任命了一个临时编委会。[3]

斯大林这一系列决定是由留守莫斯科的 3 名政治局委员作出的，没有征求在外地的政治局委员的意见，因此引起他们的强烈反感。

7 月 30 日，季诺维也夫给留在莫斯科的加米涅夫写信，对斯大林的一系

[1] Известия ЦК КПСС. 1991. № 4. С.193. 这组信件首次在该杂志公布。相应的中译文参见《苏联历史档案选编》，第 2 卷，第 302—331 页。

[2] Известия ЦК КПСС. 1991. № 4. С.193–195.

[3] Известия ЦК КПСС. 1991. № 4. С.195.

列做法表示强烈不满，并责备加米涅夫软弱，说他“任凭斯大林公然侮弄人”。他列举了几个问题：

1. 在民族问题上，斯大林任命了反对俄共中央第四次工作会议决议《关于贯彻党的第十二次代表大会关于民族问题的决议的实际措施》的两个人担任处理民族事务的中央特派员。季诺维也夫问道：“斯大林在确定这些任命时征求过谁的意见吗?”“简直是胡作非为”。

2. 海峡公约。“在这个重要问题上为什么不征求我们和托洛茨基的意见？当时有的是时间。顺便提一下，我是负责外交人民委员部工作的。”列宁“什么时候不打电报征求政治局委员的意见就作出决定？从来没有!”“我们这里有8位中央委员，大家都认为签约是错误的。”

3. 共产国际。斯大林用10分钟同拉狄克谈了谈便立刻下了定论，“说德国的中央委员什么也不懂，说我、布哈林、蔡特金、布兰德勒没有把问题搞清楚，还说应当支持拉狄克……”这算怎么一回事?!

4.《真理报》。今天早上布哈林从杜博夫斯基的私人电报中得知，《真理报》编委会已被撤换，任命了7个人。“此事既未通知布哈林，也未征求过他的意见。这不是侮弄人又是什么？如果在斯大林休假时，我们既不告知他，也不同他商量便任命新的中央书记处或民族事务人民委员部部务委员会的话，那他会说什么呢?!”

季诺维也夫举列宁的榜样说：“弗·伊·曾拿出足足十分之一的时间来处理共产国际的事情，每周都同我们就这方面的问题谈上几个小时，他对国际运动了如指掌，但如果没有反复征求大家的意见，他是从不断然行事的。可斯大林到这儿一看便作出了裁决！我和布哈林活像两具‘僵尸’——用不着征求我们的意见。大概连你的意见都没征求，也没有给你看看我们的电报。我们写道(在电报中)，如果政治局打算研究这个重要问题，我们将放弃休假来参加政治局会议。对我们竟然连个答复也不肯给。”

季诺维也夫告诉加米涅夫，“我们对此再也**不会**容忍了”。他甚至说：“如果党注定要经历一段斯大林的专制统治时期（也许是非常短暂的时期），那就让它来吧。但我至少不想把这些下流勾当掩盖起来”。“各种各样的纲领中都谈到‘三驾马车’，认为我在其中起着并非末等的作用。其实根本没有什么‘三驾马车’，有的只是斯大林的独裁。伊里奇的话千真万确。要么找到一个**切实**

有效的解决办法，要么不可避免地经历一个斗争时期。”[1]

因为问题涉及布哈林主管的《真理报》，布哈林也作出了强烈的反应，7月30日写信给加米涅夫说：

如此急急忙忙地贯彻自己个人的指示，太下流了！扬茨（看来是指斯大林。——引注）最会搞这一套，这个人甚至让我无法忍受，他甚至不征求我的意见就把《真理报》交给了布别什卡（布勃诺夫。——引注）。结果玛·伊·（玛·伊·乌里扬诺娃——引注）让我去莫斯科，大家都愤愤不平。C.C.（可能是狗崽子的缩写。——引注）竟然不写明为什么要撵走普列奥布拉任斯基。不能这样摆布人，即使他们做得不对也不能如此。我们会引起许多人的不满，而这种不满只能忍耐一时。弗·伊·至今不在。人们再也**不会相信了**。应该20次交换意见，然后再作决定。我还寄去了许多问题，不过，看来我非得为这些事儿去莫斯科不可。加米纽卡，有时就一些问题通通气并没坏处，同时也要有点勇气。[2] 布哈林说：“即使绵羊也会举起反抗的旗帜。”[3]

7月31日，季诺维也夫直接写信给斯大林，说像海峡公约这样的问题“本该通过直达电报征求托洛茨基和我们的意见”。“在一些非常重大的事情上，如果事情不急，最好通过直达电报商量一下。”[4]

斯大林于8月3日回复季诺维也夫和布哈林，说如果有机会谈一谈就好了，但是，“这当然都要看你们是否认为今后有可能齐心协力地工作（因为通过同谢尔盖谈话我明白了，看来你们真要**准备**分裂，认为这是不可避免的）。如果你们不认为有可能齐心协力地工作，那就随你们的便吧，俄国定会有人来评价这一切，并对罪人进行审判的。”“你们是闲得没事找事”。[5]

季诺维也夫和布哈林的回信中则说：“您谈到了‘分裂’——这肯定是由

[1] Известия ЦК КПСС. 1991. № 4. С.197–198.

[2] Известия ЦК КПСС. 1991. № 4. С.197.

[3] Известия ЦК КПСС. 1991. № 4. С.206.

[4] Известия ЦК КПСС. 1991. № 4. С.200–201.

[5] Известия ЦК КПСС. 1991. № 4. С.201–202.

于您累了。不可能发生这样的事。”[1]

8 月 7 日，斯大林给季诺维也夫写信，对一些指责进行答辩，否定书记个人决定问题：“你们说书记个人决定问题，你们错了，任何一项决定，任何一项指示，无不在中央的档案中留有相应的副本。我非常希望您能在中央的档案中找到哪怕一份未经中央某一个部门核准的电报或命令。”“你们硬说政治局的议事日程是个人确定的，你们错了。议事日程是根据提交到书记处**加上加米涅夫**（主持政治局会议）、**加上古比雪夫**（中央监察委员会主席）**参加**的会议上的所有问题而确定的。”海峡问题是一致决定的，“没有一名政治局委员提出过征求未到会者意见的问题”。托洛茨基请求连政治局会议记录也不要给他寄去。你们两人临走时丝毫也未表示过必须征求你们的意见。“由于文件很多，不可能总是靠打电报来征求意见。”[2]

斯大林的回答回避了实质性问题，所以季诺维也夫和布哈林在 8 月 10 日回信说：

> 根本问题是伊里奇不在。因此，从客观上说中央书记处在中央已开始起着任何一个省委中的书记处所起的那种作用，也就是说它实际上（不是形式上）决定着一切。这是不可否认的事实。谁也不愿意设政委（您甚至把组织局、政治局和全会都算作政委！）。但是在目前的制度下，“小组”要真正存在（而不是虚设），要平等合作和担负起责任，是不可能的。这是事实。您不由得（非您本人所愿）几十次使我们面对既成事实。而情况（既是指托洛茨基，也是指各种各样的“纲领”）变得越来越复杂，党内的不满情绪也在增长（不要看表面）。由此可见，**需要**寻找最佳的合作形式。至于“地位”等问题**用不着**谈。无论是您还是我们，当然都不需要这些东西。至于“决裂”**也用不着谈**。党不允许这样做，我们也不想这样做。顶多是我们靠边。没有别的核心。**如果您愿意的话**，它也完全干得了。我们想象不出这个核心没有您会是什么样子。[3]

---

[1] Известия ЦК КПСС. 1991. № 4. С.202–203.

[2] Известия ЦК КПСС. 1991. № 4. С.203–204.

[3] Известия ЦК КПСС. 1991. № 4. С.206.

显然是为了抑制斯大林的独断专行，7—8月间，在基斯洛沃茨克休假的政治局委员们拟订了一个**改革领导机关的方案，撤销组织局和改组中央书记处**。当时组织局的成员有：安德列耶夫、捷尔任斯基、莫洛托夫、鲁祖塔克、李可夫、斯大林、托姆斯基；候补委员有：捷连斯基、加里宁、米哈伊洛夫。除总书记外，中央书记有莫洛托夫和鲁祖塔克。根据季诺维也夫和布哈林的建议，为进一步加强中央工作，打算让季诺维也夫、斯大林和托洛茨基进入书记处。7月29日，季诺维也夫等把方案通知斯大林。留守莫斯科的斯大林和加米涅夫表示不同意这个建议。斯大林于8月7日写信给季诺维也夫，认为这无非是要或者马上撤换书记，或者安排一个凌驾于书记之上特殊政委，他表示自己“并不看重地位”，同意撤换书记，但反对实行政委制。

1923年8月中斯大林到了斯基洛沃茨克后，讨论继续进行，但双方未取得一致意见。回到莫斯科后，根据斯大林的建议，决定不撤销组织局，而在该局的成员中加上布哈林、季诺维也夫和托洛茨基。1923年9月25日，中央全会选举季诺维也夫和托洛茨基为组织局委员，选举布哈林和科罗特科夫为组织局候补委员。[1]

斯大林猜出了他们的意图，拒绝了他们的方案，并以辞职相威胁。后来斯大林在巩固了自己的地位之后，回过头来清算了基斯洛沃茨克这笔账。1925年12月，斯大林在党的第十四次代表大会上认为，新反对派（未提布哈林）的政纲“就是要改组书记处。使他们完全联结在一起的唯一共同点就是书记处问题”。斯大林回顾了问题的历史。“1923年，在第十二次代表大会以后，那些聚会在‘山洞’中的人制定了一个政纲，主张取消政治局和使书记处政治化，即主张把书记处变成由季诺维也夫、托洛茨基和斯大林组成的政治上和组织上的领导机关。这个政纲的用意何在呢？这是什么意思呢？这就是说不要加里宁，不要莫洛托夫来领导党。[2]这个政纲没有得到什么结果，这不仅因为这个政纲在当时是毫无原则的，而且因为没有我上面指出的几个同志，在目前是无法领导党的。我对从基斯洛沃茨克山洞向我提出的书面问题给了否定的答复，

[1] 《苏联历史档案选编》，第2卷，第307页。

[2] 速记记录上是“李可夫、加里宁、托姆斯基、莫洛托夫和布哈林”，由于其他人以后被陆续打倒，所以《斯大林全集》中只留下加里宁和莫洛托夫两人了。

并且声明说，如果同志们要坚持的话，我情愿让出位置来，绝不声张，也不进行公开的和秘密的争论，也不要求保障少数的权利。”[1]

7月30日，季诺维也夫给加米涅夫的信中含糊地提到列宁的“遗嘱”，说“伊里奇的话千真万确”。斯大林于8月7日致季诺维也夫的信中对此表示不满，说“何必引用一封我并不知道的伊里奇谈书记问题的信呢——难道没有证据说明我并不看重地位，因而就不怕什么信吗？小组的成员都在想方设法相互恐吓(这还是说得轻的)，该如何称呼这样的小组呢？我同意撤换书记，但我反对实行政委制（政委已经不少了：组织局的，政治局的，全会的)”。[2]

季诺维也夫在8月10日回答斯大林说：“是的，是有弗·伊·的一封信，他在信中建议（第十二次代表大会）不要选您当书记。我们（布哈林、加米涅夫和我）决定暂时不对您提这封信的事。其原因是不难理解的：您对于同弗·伊·的分歧的认识本来就太主观片面，所以我们不想使您神经紧张。”[3]

这是拿列宁的遗嘱对斯大林提出的警告，这也说明，还在列宁逝世前，一些政治局委员就已经获悉列宁的“遗嘱”了！

第十三次代表大会闭幕后不久，斯大林开始设法整“三驾马车”中的盟友加米涅夫和季诺维也夫了。1924年斯大林在《关于俄共（布）第十三次代表大会的总结》的报告中公开批判加米涅夫的“变‘耐普曼的俄国’为社会主义的俄国”的口号，还不指名地批判“党专政”的说法，认为“这是胡说”，是“因为平常不关心理论问题，不关心确切的理论定义”，“在提出口号以前缺乏思考的习惯”。[4] 前者斯大林利用了速记员的笔误——把“耐普”写成“耐普曼”。至于“党专政”的提法并非出于“疏忽”，而是布尔什维克党的历来主张，列宁根本就不同意这样提问题：“是党专政还是阶级专政？”他是承认“党专政”的，在他看来，无产阶级专政不能由包括全体无产阶级的组织来实现，而只可能由这个阶级的先锋队即共产党来实施。在一个落后的农民国家，情况更是如此。党专政无非是说出了问题的实质。季诺维也夫在其《列宁主义》一书中的

---

[1] 《斯大林全集》，第7卷，第323—324页。

[2] Известия ЦК КПСС. 1991. № 4. С.203.

[3] Известия ЦК КПСС. 1991. № 4. С.205.

[4] 《斯大林全集》，第6卷，第224—225页。

第15章《列宁关于党的作用的学说》，其副题就是“论无产阶级专政和党专政问题”，其中详细地引证了列宁的有关“党专政”的论述，反驳斯大林的说法。[1]

斯大林不经政治局讨论，1924年6月20日在《真理报》上发表了报告的一部分，严重损害了加、季两人的名声。

1924年八月全会期间召开了多数派会议，与会者都是中央委员：斯大林、布哈林、鲁祖塔克、李可夫、托姆斯基、加里宁、加米涅夫、季诺维也夫、伏罗希洛夫、米高扬、卡冈诺维奇、奥尔忠尼启则、彼得罗夫斯基、古比雪夫、乌格拉诺夫等。他们决定自称党的“领导集体”，发起人之一季诺维也夫在同斯大林分裂后称之为“派别中心”。

会上斯大林直截了当地声明，他的目的是要“扩大核心，因为它已变得狭小了”。实际上，这是因为斯大林在“三驾马车”中处于少数。会议决定设立执行机关“七人小组”，由政治局委员（布哈林、季诺维也夫、加米涅夫、李可夫、斯大林、托姆斯基）加中央监察委员会主席古比雪夫组成，排除了政治局委员托洛茨基。候补人员为：捷尔任斯基、加里宁、莫洛托夫、乌格拉诺夫、伏龙芝。会议制定类似章程的特别文件，规定了领导集体的全部活动。其中主要的一条是严格的纪律。“七人小组”只向此集体的全体会议报告工作，该会议与中央全会同时或在其前夕召开。“七人小组”内部的意见分歧应当由全体会议或者“七人小组”自身解决。“七人小组”的议程与将召开的政治局会议相同，即事先讨论同样的问题。根据其中一名成员的要求可立即召开会议。同样，根据其一名成员的要求，可以取消政治局会议日程上的任何问题。“七人小组”周二开会（政治局周四开会），目的是对政治局会议上要讨论的问题有一致的意见，能够一致对付托洛茨基。“七人小组”会议实际上讨论同托洛茨基或其他党员有分歧的所有党内生活问题，包括经济、对外政策和共产国际问题以及中央监察委员会的重要决定，几乎预先决定全部组织问题。“七人小组”有自己的代号“领导集体”，规定了活动细则，拥有专门的密码（七人小组的决定经常用密码从莫斯科发往列宁格勒），内部有严格的纪律。“七人小组”只对中央全会前召开的“平行中央”的全体会议负责。

---

[1] 见［俄］季诺维也夫著：《列宁主义》，郑异凡等译，东方出版社1989年版，第279—301页。

在 1926 年 7 月联席全会上，已是“托季联盟”成员的季诺维也夫举着涉及“七人小组”工作的各种各样的正式文件的文件夹说：“这是一个完整的组织：全会中的一个派别组织及其执行机构——‘七人小组’，参加的有中央监委的主席古比雪夫同志。”

季诺维也夫向自己的同伙解释成立这一派别的原因时说：“我们需要有一个地方，能够在这里就一些可能同托洛茨基及其同伙发生分歧的重大问题在自己的老列宁主义者中间进行讨论，在这里我们可以犹豫，犯错误，互相纠正，集体共同研究某一问题。在托洛茨基面前我们没有这种可能性。”[1]

十大关于党的统一的决议中规定派别集团的三个特征：封闭性，有自己的纪律，有特殊的纲领。七人小组已经具有前两个特征，只缺乏自己的纲领。实际上他们之间没有统一的思想纲领，在许多问题上是有不同看法的，但为了对付托洛茨基，他们约定避免在各种会议上暴露在党内生活、国内政策、对外方针等各方面的分歧。

“七人小组”有严格的集团纪律，这些纪律高于全党纪律。在地方组织也建立了相应的秘密中心。为便于联系，编制了特殊的密码。这样就在党内建立了严格的非法组织。后来斯大林正是依据此类组织的原型，捏造了根本不存在的“托洛茨基中心”案。

这样就出现了一个不合法的党内组织“七人小组”，它预先制订派别决议，然后提交正式的政治局讨论，以多数票通过。它不仅事先决定政治局的决定，而且还事先决定中央委员会的决定，同时也冻结中央监察委员会的一个重要职能——防止中央委员会内部出现冲突。“七人小组”还事先决定组织问题和干部调配问题。

“七人小组”采取的行动之一是控制全部列宁文件。加米涅夫当时担任列宁研究院院长，研究院是法定的“弗拉基米尔·伊里奇·乌里扬诺夫（列宁）全部手稿以及所有与其活动有关的文件的唯一的国家保存者”。1924 年 10 月中央书记处成立专门委员会以制订个别同志向党史研究所上交文件的计划和程序。根据该委员会的建议中央通过决定，责成所有党员向中央档案馆上交同党

[1] Трудные вопросы истории: Поиски. Размышления. Новый взгляд на события и факты. Под ред. *В.В.Журавлева.* Москва. Политиздат.1991. С.67.

史有关的，首先是列宁手书的文件。主管中央档案馆的是斯大林的秘书托夫斯图哈。列宁文件后来成为斯大林打击异己的有力武器，整到某人，就公布列宁批评某人的言论。

托洛茨基于1924年向列宁研究所上交了他所拥有的列宁书信原件，换得的是照片拷贝。但当权派并不这样做。1924年3月，雅罗斯拉夫斯基显然根据“领导集体”的安排，指示将一个文件包（内含列宁1917年批评季诺维也夫和加米涅夫的信《致全体党员》）交档案馆封存，上面注明：“1929年以前不得启封。”然而，在季诺维也夫和加米涅夫同斯大林分手后，这批文件就公布了。

“七人小组”对干部进行重要的调动，以限制对手的作用，首先是托洛茨基在红军中的影响。1923年，让伏罗希洛夫和拉舍维奇担任革命军事委员会委员，1924年年初解除托洛茨基的助手斯克良斯基陆海军人民委员部第一副委员和军事革命委员会副主席的职务，任命伏龙芝取代。1924年5月，任命伏罗希洛夫取代国内战争英雄、托洛茨基的好友穆拉洛夫担任莫斯科军区司令员，而穆拉洛夫担任较为次要的北高加索军区司令员（原伏罗希洛夫的职位）。1925年1月，解除托洛茨基革命军事委员会主席和陆海军人民委员职务，由伏龙芝接任，年底伏龙芝奉命动手术，死于手术台，伏罗希洛夫接过全部军权。

建立“七人小组”的目标是增加新人（布哈林、李可夫、托姆斯基和古比雪夫）来反对季诺维也夫和加米涅夫，不过直到1925年年初斯大林还需要这两人去同当时最主要的敌人托洛茨基斗争，所以反对季诺维也夫和加米涅夫的行动还只处于试探性阶段，但分歧已经可见，最后在处理托洛茨基问题上终于爆发出来，开始了斯大林反对“三驾马车”前盟友的斗争。

第七节 “新反对派”

“三驾马车”的矛盾和分歧早在其蜜月期已经出现。斯大林和季诺维也夫都觊觎领袖的地位，一山不容二虎，这就注定一场新的斗争不可避免。1925年党内出现季诺维也夫和加米涅夫领导的所谓“新反对派”，叫“新”反对派是为了区别于以托洛茨基为首的“老”反对派。

“新反对派”是在对新经济政策不满的基础上产生的，为首的是季诺维也夫和加米涅夫，中心是季诺维也夫领导的列宁格勒。同工商业的莫斯科不同，工业的列宁格勒遭受价格上涨和商品短缺之苦。1925年夏，《列宁格勒真理报》上成篇累牍地刊载文章证明彼得格勒工人的优点，是俄国“三次革命的制造者”，光荣的革命传统的唯一继承者。俄共十四大代表的选举是在各工厂热烈争论中展开的。季诺维也夫反对当时的农民政策，指责这是对富农的让步，他在《列宁主义》一书中反对斯大林的单独一国建成社会主义的理论，攻击布哈林的理论构想。

季诺维也夫和加米涅夫开展了反对政治局多数的运动。他们反映了不满发展市场关系的部分党的机关的情绪。由于这些措施是借助于国家调节来实施的，所以季诺维也夫和加米涅夫认为苏维埃经济不是社会主义经济，而是国家资本主义经济。与此同时他们反对党机关中的官僚主义和以斯大林为首的日益加强的党内“在册权贵”的作用。

国际形势也对争论发生巨大的影响。新反对派认为，由于所采取的措施，苏联经济越来越同世界经济一体化，从而变成国家资本主义的经济。

1925年的一月全会上，在如何处置托洛茨基问题上出现公开的分歧。季诺维也夫等人要求把托洛茨基开除出政治局。斯大林则扮演“和事佬”的角色，反对“割除”政策，主张仅仅解除托洛茨基的军职，保留党内职务。

分歧早在全会之前已经出现。季诺维也夫事先为中央全会起草了关于处分托洛茨基的决议案。1925年1月4日，季诺维也夫给斯大林写道：

“我在彼得格勒起草了关于托洛茨基的决议草案。我觉得它可以作为全会讨论的基础（当然，如果托洛茨基不制造新的事端的话）。请在星期二以前分发七人小组的成员和候补成员，也许（在周二决定）还分发给我们的全体中央委员。敬礼！格·季诺维也夫”。

季诺维也夫决议草案写道：“2）认为在托洛茨基同志造成的局势下，托洛茨基同志不能在革命军事委员会主席和政治局委员这样的职位上工作。”草案的结尾说：“中央委员会和中央监委全会表示相信，托洛茨基同志公开承认错误并在实际工作中以列宁主义精神证实这一点，将使党有可能让托洛茨基同志恢复为俄共和苏维埃国家的领导人之一。”

草案预定在周二，1925年1月6日或13日，在“七人小组”会议上讨论，在15日的政治局会议上通过。

斯大林不同意季诺维也夫的意见，1月5日，他和布哈林致函政治局，提出对季诺维也夫草案的修改意见，认为：

"1. 该草案可以作为星期二讨论的基础。2. 决议第2条应当按照以下意思修改——只解除托洛茨基同志革命军事委员会主席的职务，仍任政治局委员。理由：托洛茨基同志作为第七名委员留在政治局，比在政治局之外，对党较为有利；开除出政治局必然引发把托洛茨基同志，从而也把担任重要职务的其他反对派成员开除出党的后续措施，给党造成不必要的困难和麻烦。3. 鉴于以上所述，也鉴于必须考虑到托洛茨基同志在中央全会上的这种那种表现，季诺维也夫同志草案的决议部分应作某些修改。星期二我们将把自己的修改方案提交讨论。"[1]

1月6日托姆斯基致函斯大林，也对季诺维也夫的草案提出不同意见：

"1. 我认为其一大缺点是太长。提交200人表决的具有重大政治意义的文件不能长达12页，这不方便。2. 我认为建议的措施为时过早，党的意识深处对此还缺乏准备。当然，这'能够吃掉'，但毫无乐处。3. 我同意可以解除托洛茨基的革命军事委员会的职务，但需由他本人提出，我们表示同意。4. 不要走得更远。"[2]

斯大林1月11日致乌克兰共产党总书记克维林的信中承认在处分托洛茨基问题上领导集团中存在分歧，他说："至于托洛茨基继续留在政治局，在领导集团中有两种意见，多数和少数的意见：多数认为较合适的做法是不把他开除出政治局，而只给以警告，如果他重复违背中央及其决定意志的行为，将立即开除出政治局和停止其在中央委员会的工作，多数认为把托洛茨基留在中央比让他在中央之外对政治局要少一点危险；少数派认为应当立即把他开除出政治局，而留在中央委员会。我个人持多数派的观点。"由于克维林给斯大林的信中提到，有人建议斯大林或者捷尔任斯基担任革命军事委员会主席的职务，斯大林回答说，"多数认为，应由伏龙芝取代托洛茨基"。[3]

1月17日开始的中央全会通过多数派的决议，仅仅解除托洛茨基的军职。由于这个问题上的分歧，斯大林后来把一月全会作为"新反对派"出现的日期。

[1] Известия ЦК КПСС. 1991. № 8. С.179.

[2] Известия ЦК КПСС. 1991. № 8. С.181.

[3] Известия ЦК КПСС. 1991. № 8. С.183.

不过俄共一月全会并没有完全解决问题，会后全国各地纷纷流传领导集团出现分歧。为此乌克兰共产党中央委员和中央监委委员写信给俄共中央委员，信中写道："我们从偶然的信息来源（很大程度上是共青团的）获悉，上次俄共中央全会[1]上显露出来的裂纹不仅没有消除，反而扩大了，并且非常清楚地谈论'斯大林分子'和'季诺维也夫分子'。与此同时还获悉，全会之后加米涅夫和季诺维也夫同志已经有所行动，这是对党的统一的严重威胁，并且这种行动涉及中央全会关于托洛茨基的决定。"他们通过莫斯科之行才弄明白，问题不是可以通过同志方式解决的实际分歧，而是季诺维也夫和加米涅夫同志围绕这一决定发挥出一种布尔什维克和半布尔什维克（半托洛茨基分子）的理论，围绕这个问题开展小集团活动，这种活动发展下去必然在党的列宁主义多数内部建立两个派别。[2]

白俄罗斯共产党戈梅利省委书记吉林斯基在给斯大林的信中（1925 年 4 月 2 日）也提出："最近从莫斯科传向外省大量流言，显然还有歪曲言论。议论是沿'斯大林分子'和'季诺维也夫分子'路线上的分歧展开的，并且这些分歧似乎涉及所有党的政策的基本问题（不仅是今后对待托洛茨基同志的问题）。"[3]

尽管这时候季诺维也夫和加米涅夫、俄共中央竭力否定存在分歧，但是欲盖弥彰，到 1925 年 4 月召开的**俄共第十四次代表会议**，分歧已经涉及新经济政策的一系列问题了。

俄共第十四次代表会议的主要议题是农民农业问题。李可夫在会上做了关于合作社问题报告。会议作出一个重要决策，把新经济政策推行到农村中去，允许农村雇工和租佃土地，允许农村各阶层成员加入各种形式的合作社。新经济政策虽然是以实施粮食税开始的，但是它的一些基本措施和原则并没有及时推广到农村去，所以在会上布哈林、拉林都认为，代表会议宣布的新方针意味着把新经济政策推行到农村，而迄今为止仅在城市（私人商业和工业）发展。

拉林说："李可夫同志的报告是我们从 1921 年起所采取的最重要、最大的

---

[1] 指 1925 年一月全会。

[2] Известия ЦК КПСС. 1991. № 8. С.188－190.

[3] Известия ЦК КПСС. 1991. № 8. С.192.

一项措施。正如在1921年我们为城市宣布新经济政策，现在，在1925年，我们首次公开承认要在农村，在农业生产中发展新经济政策关系。”[1] 布哈林说：“我认为，我们在农村发展新经济政策，而迄今为止那里几乎未曾有过。”[2] 对布哈林和拉林的说法在代表会议上没有任何人提出异议。

会议的讨论显示，虽然都同意把新经济政策推行到农村去，但对其后果和所应当采取的对策看法大相径庭。

由于采取发展农村经济的方针，允许雇工和租佃土地，在农村必然会出现先富裕起来的农民。对此，布哈林号召农村的各阶层“发财吧”，“积累吧”，认为党应当采取消灭贫穷的方针。[3]

而拉林对此提出质疑，指出布哈林立场的矛盾，他说：“布哈林提出两点看法。第一点，他表示反对使农村的阶级斗争尖锐化。他预见到这种尖锐化正在进行，却说他不赞成这种尖锐化。这是什么意思？我断定，当我们承认农村生产中实行经济的新经济政策的时候，在农村实行缓和阶级斗争的路线是完全不正确的。在为上层分子提供经济发展的可能性的同时，却缓和农村下层反对这些分子的政治斗争，这就意味着为上层创造极大的优势。”

“第二点，他要求我们承认，不管过15年，还是20年，我们永远不没收，不剥夺富农、半地主、资产阶级上层，而在农村这一阶层已经开始形成，正在形成，他们有4—5—10名或更多的工人……我们能不能发誓说，过15—20年我们不剥夺农村的富农？我们不能发这个誓，正如我们不能对城市里的私人资本家发这种誓一样。我们允许工厂主拥有工厂，不过我们和他们都很清楚随着彻底建成社会主义制度，我们将没收他的工厂。”[4]

布哈林驳斥必须使农村阶级斗争尖锐化的主张，他说：“阶级斗争的这种

---

[1] Четырнадцатая конференция Российской Коммунистической Партии (большевиков). Стенографический отчет. Москва-Ленинград. 1925.С.135.

[2] Четырнадцатая конференция Российской Коммунистической Партии (большевиков). Стенографический отчет. С.182.

[3] 《布哈林文选》，上册，人民出版社1981年版，第368页。

[4] Четырнадцатая конференция Российской Коммунистической Партии (большевиков). Стенографический отчет. С.139,141－142.

尖锐化将把我们引向第二次革命，也就是说，‘阶级斗争尖锐化’将导致一个阶级推翻另一个阶级，即剥夺另一个阶级。这是由拉林同志的整个立场得出的结论。”布哈林指出：我们的阶级斗争在很大程度上是以完全另外一些形式进行的，所以我们的路线应该是“我们应当加强这些特殊形式，而放弃以前的阶级斗争方式”。“在这里重心由以前的阶级斗争形式（机械地‘打掉门牙’）转到只有在无产阶级专政条件下才可能有的这些新的阶级斗争形式”。“如果在我们这里阶级力量平衡的破坏造成这样一种对比关系，即上层阶层得到增强而反对我们，我们将有这种危险，那么我们将派出我们所有的炮兵去对付它们。但是……我们的总路线（它是我们的合理政策的根本）则应该是由阶级斗争的这些形式转为另外一些形式：向上层部分征税，用农业信贷以及建立技术基础即电气化等等来帮助另一部分（后面这点要在更远的未来实现）。”[1]

李可夫批评拉林的说法：“如果要高速度发展农业生产力，彻底改变现代农村的状况，同时却说过10年对农业资产阶级要高征收，那么不仅拉林同志，而且谁都不会在农村搞积累。”[2]

有争论的另一个重大问题是拉林号召在农村建立包括集体农庄在内的各种社会主义形式。布哈林回答说：“集体农庄，这是个极其强大的东西，但这不是通向社会主义的主干道。”主干道是各种形式的合作社。他提出农村各不同阶层将有适合他们的不同形式的合作社。[3]

第十四次代表会议上的争论表明在农村政策上党内存在巨大分歧。季诺维也夫、加米涅夫这些领导人当时虽然没有就这一问题表态，但他们是赞同拉林的观点的。

1925年10月召开中央全会。全会上听取了莫洛托夫关于农村工作的报告，通过了相应的决议，反对农民问题上的两种倾向。决议指出，在实行第十四次代表会议制定的农村政策中遇到如同1921年向新经济政策过度时所遇到的那种阻力，“因此就造成了从两方面来的歪曲这一政策的危险：一方面是低估新

[1] 《布哈林文选》，上册，人民出版社1981年版，第386—388页。

[2] Четырнадцатая конференция Российской Коммунистической Партии (большевиков). Стенографический отчет. С. 143.

[3] 《布哈林文选》，上册，第388、386页。

经济政策的消极面，另一方面是不了解作为走向社会主义必经阶段的新经济政策的意义”。低估消极方面会忘记贫农的利益，低估富农危险，而不了解新经济政策的必要性，则会忘记基本中农群众的重要作用，破坏工农联盟，从而削弱无产阶级专政。[1]

季诺维也夫、加米涅夫、索柯里尼柯夫和克鲁普斯卡娅向中央提交声明（后来叫做“四人政纲”）：批评中央多数试图抹杀农村的阶级斗争，认为必须扩大党内民主、加强党的集体领导，批评第十四次代表会议关于一国社会主义胜利问题的提法有“民族狭隘性”。四人政纲的观点非常接近于托洛茨基的观点，但政纲作者们囿于派别情绪，继续建议对托洛茨基采取最严厉的措施，直至开除出党。声明说“如果不同意我们提出的要求，则党就处在争论前的 5 分钟了”[2]。

斯大林设法禁止公布这一文件以及公开争论。所以“四人政纲”直到第十四次代表大会才为代表们所知。

在十月中央全会上季诺维也夫和加米涅夫所作的报告没有得到批准，而只是存照。

《时代哲学》与平等问题

在十月革命和国内战争期间，强调的是阶级斗争，是无产阶级专政，为保证军事斗争的胜利建立了拥有某些特权的“重点”主管部门和工作人员集团，农民同工人是不平等的，各阶级之间更是不平等的。1920 年，在国内战争基本结束的时候，俄共第九次代表会议的决议中指出：“我们必须一再提醒全党注意争取进一步实现平等——首先是在党内，其次是在无产阶级内部以及一切劳动群众内部，最后是在各个主管部门和各个工作人员集团之间，特别是在‘专家’和负责工作人员同群众之间。”[3]

---

[1] 《苏联共产党代表大会、代表会议和中央全会决议汇编》，第 3 分册，第 62 页。

[2] Дискуссия 1925 г. (материалы и документы). Под общей ред. *К.А. Попова.* Гозиздат. М.-Л., 1929. С.14.

[3] 《苏联共产党代表大会、代表会议和中央全会决议汇编》，第 2 分册，第 38 页。

实行新经济政策后，开放了市场，允许农村租地和雇佣劳动，开始打破平均主义，出现一些富裕阶层，社会上更尖锐地提出社会平等的要求。1925年季诺维也夫显然打算打出“平等”的旗号以争取群众，他在1925年9月问世的专著《列宁主义》和论文《时代哲学》中提出争取平等的问题，把平等作为当时广大群众争取的目标之一。

《列宁主义》一书写道：“有充分的根据期望，现在苏联将年复一年地繁荣昌盛起来，贫穷、失业、流离失所、文盲、不文明将成为过去，工人群众对平等的要求、觉悟和纪律性将增长，对苏维埃政权像对‘黑土’那样充满真情实意的热爱将日益增强。”“唤起越来越多的人民阶层，吸引亿万人们参加管理国家和经济事业……帮助居民普遍地学习管理并开始进行管理，不仅口头上，而且用行动来争取越来越广泛的平等——这就是目前这一时期苏联无产阶级专政的任务。”[1]

在《时代哲学》中说，在1917年10月的日子里，“以平等的思想，以正是在非资产阶级基础上的新生活的思想，列宁把无数劳动人民吸引到自己这边来”。[2]

斯大林自然不愿意这面对群众颇有吸引力的旗帜掌握在季诺维也夫的手中，当他看到季诺维也夫的《时代哲学》一文后立即表示不同意见，强调此文必须修改，“使它不致带有向第十四次代表大会提出的政纲的性质”。斯大林断定，“平等的口号在目前是社会革命党人的恶意宣传。只要存在着熟练劳动和非熟练劳动，就不会有任何的平等（见列宁《国家与革命》）。应当谈的不是模糊不清的平等，而是阶级的消灭，是社会主义。”[3]

这实际上是从根本上取消了平等问题，把实现平等推迟到遥远的未来，从而回避解决当时现实存在的大量不平等现象，首先是党的领导层（“在册权贵”）同普通工人、农民之间在政治经济上的不平等。

由于在第十四次代表大会上继续受到批判，季诺维也夫在副报告的结束语中对平等问题作了进一步的论证和解释。他对写作和发表《时代哲学》的经

[1] ［俄］季诺维也夫著：《列宁主义。列宁主义研究导论》，郑异凡等译，东方出版社1989年版，第170、178页。

[2] *Зиновьев Г.* Философия эпохи. Прибой. Л., 1925. С.21.

[3] 《斯大林全集》，第7卷，第314页。

过作了说明:《时代哲学》写成后就发给莫洛托夫、古比雪夫和斯大林，请他们提意见。当时斯大林不在莫斯科。季诺维也夫接受了他们提出的修改意见，但没有人认为这是错误的文章。现在却指责他季诺维也夫用庸俗的民主思想理解“平等”的口号，把“平等”等同于高尔察克主义。列宁早就指出:“当社会主义者谈论平等的时候，他理解的是社会平等，社会地位的平等，而不是各人的某种体力和精神能力意义上的平等”(1914年同杜冈·巴拉诺夫斯基的争论)。

季诺维也夫问道:怎么会是这样——社会主义在发展，而人民群众中关于平等的梦想却没有发展?我在文章中写道:

> 如果我们不知道在我们今天人民群众梦想什么，那就糟了，而如果人民群众不梦想这一点，那对我们来说真是个不幸。这种梦想可以用一个词来表达:平等。
>
> 在十月的日子里，无产阶级为什么而奋起，并且全体人民群众为什么跟着他们走?这些群众为什么跟随列宁投入战斗?在苏维埃政权最初几年这些群众为什么冒着敌人的炮火、忍着饥寒在列宁的旗帜下前进?
>
> **为了平等思想，为了在非资产阶级基础上的新生活的思想。**
>
> 列宁不仅以反对沙皇或者反对战争的思想，而且首先和更多地以平等的思想吸引千百万劳动群众跟随自己，正是他善于表达千百万劳动群众关于建立在平等基础上的新生活的深刻思考和梦想，以此来吸引他们。

季诺维也夫宣读了他在1925年10月18日在领导集体讨论这一问题之后立即写就的声明。声明写道:

> 我没有也不可能把平等当作当前口号，也就是说建议现在把全体工人(例如熟练工人和非熟练工人之间)的工资平均化，或者农民和工人的权利平等，等等。
>
> 乌斯特里亚诺夫写道，人民想要、梦想取消革命的“高潮”，建立富裕的资产阶级国家。我回答他说，不对，劳动群众现在比1917年更想要、更梦想的(我说的就是“梦想”)是平等、新生活、社会主义,1917年列宁正是表达了这一“梦想”领导这些群众投入战斗的。

季诺维也夫说，这里没有任何“煽动”。局势的所有困难，在新经济政策下不可避免地存在不平等的因素、期限等等，所有这一切都应当指出，并且都指出了。

存在不平等，不平等还将必然存在，在一定时间不平等还将加强。与此同时在群众中间对平等的自觉向往还将增长和加强。党应当为群众指引道路，向他们解释为什么不平等还不可避免，为什么我们过去和将来有时候不得不加剧不平等（专家，等等），但与此同时，也正因为如此，我们要全力工作（包括宣传），指出党通过这种不平等，甚至通过不平等的增长引导人民走向平等，听取并且知道他们关于平等的“梦想”在增长。通过这种做法反击那些想遏制不平等增长的人，不善于把不平等的暂时增长同建设社会主义结合起来的人。

为什么我们害怕谈论平等？害怕谈论社会平等，即社会主义。当然，社会主义首先就是消灭阶级。

我说过，现在工人阶级、劳动群众比1917年更多、更强烈地梦想平等。这对不对？我认为是对的。如果这不对，那么关于社会主义建设的谈论就会一钱不值，因为我们的基础是工人阶级。如果劳动群众不懂得，我们的新经济政策是认真的长期的，但不是永远的，如果他们不懂得，我们通过新经济政策这个阶段领导他们走向社会主义，如果他们不相信关于社会主义的梦想，即关于平等的梦想，甚至超过1917年，那么我们关于社会主义建设的说法就一钱不值。”“建成社会主义就是消灭阶级，而消灭阶级就是消灭不平等。”[1]

联共（布）第十四次代表大会前的争论

在1925年9月之前争论是秘密进行的，党员并不知情。借口执行1924年8月中央“领导集体”的派别会议关于在同托洛茨基斗争中不许党的领导人之间进行公开争论的决定，“七人小组”的多数禁止公开发表克鲁普斯

---

[1] Четырнадцатый съезд Российской Коммунистической Партии (большевиков). Бюллетень. № 9. С.29–33.

卡娅、布哈林、加米涅夫的争论文章。但是这并未能消除分歧。出现了一份“秘密报告”，这是由季诺维也夫、加米涅夫、克鲁普斯卡娅和索柯里尼柯夫签署，供以斯大林为首的“领导集体”成员阅读的文件，而后者也起草了一份“论四人派别政纲”的文件作回复。接着又互相交换了简短的答复，争论进一步激化。

虽然1925年的十月全会禁止在代表大会前开展争论，但在大会召开前几个星期，莫斯科和列宁格勒分别召开党的代表会议，这两大党组织之间展开了尖锐的争论。

为争论定调的是莫斯科，直接间接地指责以季诺维也夫为首的列宁格勒组织“投降主义”和“失败主义”——否定一国胜利的可能性和夸大资本主义成分对抗社会主义的力量。莫斯科省委在回答列宁格勒省党代会宣言时指出（1925年12月）：“不久前加米涅夫和季诺维也夫在政治局捍卫过下述论点：由于技术和经济落后，没有国际革命的援助，我们将无力解决内部困难。”[1]中央监委主席古比雪夫认为：“在意见分歧的这一阶段，除最坚决地无条件地谴责已出现的倾向外，党中央和全党已经没有别的办法来维护党的统一。”[2]会议通过决议，肯定一国能够建成社会主义，捍卫国营企业的社会主义性质，赞同党在农村的政策，反对农民问题上的两种倾向。反对攻击“党的机关”，反对不正常地膨胀党组织，摒弃立即吸收50%以上工人参加党的企图。必须加强党的集体领导。[3]

季诺维也夫和加米涅夫则指责以斯大林为首的中央多数派为“半托洛茨基分子”。在一月全会之后，季诺维也夫已经让列宁格勒组织准备反击这些“半托洛茨基分子”，认为这些人不仅不进行反对托洛茨基的斗争，而且同他联合。在**列宁格勒省代表会议**上季诺维也夫号召：“我们的行动应该团结得像一个人，我们必须齐心协力。”他在闭幕会上号召：“谁认为我们是对的，如在小地方和

[1] Дискуссия 1925 г.(материалы и документы). Под общей ред. *К.А.Попова.* Гозиздат. М.-Л., 1929. С.56.

[2] Дискуссия 1925 г.(материалы и документы). С.45.

[3] Партия и новая оппозиция. Материалы к проработке решений 14 създа. Под ред. *В.Астрова.* Прибой. Л.,1926. С.188－194.

我们有分歧，那就抛弃这些小地方吧!”[1]列宁格勒党代表会议通过的宣言中说:“在莫斯科省代表会议上出现一种说法，列宁格勒组织及其领导不相信工人阶级的力量，哭诉叫苦，等等，等等……迄今为止我们只看见列宁主义的敌人敌视我们组织，特别是在最近两次同托洛茨基反对派争论期间。”

在这场高层的斗争中，斯大林起初继续扮演“爱好和平”的角色。1925年12月15日，斯大林、加里宁、莫洛托夫、捷尔任斯基等8名中央委员给列宁格勒组织的领导发了一份建议书，建议书写道:莫斯科代表会议的决议是完全正确的，中央应该给予所有一切反对党的路线和瓦解党的倾向以回击。但是，“为了党的统一，为了党内和平”，提出如下建议:

1. 在起草中央总结报告的决议时，应当以莫斯科代表会议的决议为基础，而个别条文的措辞可以稍微缓和些。

2. 为了党的统一，我们认为无论在报纸或公报上发表列宁格勒代表会议的来信和莫斯科委员会的回信都是不适当的。

3. 政治局委员……不得在代表大会上互相攻击。

4. 在代表大会上发言时要同萨尔基斯（调整党内成分问题）和萨法罗夫（国家资本主义问题）划清界限。

5. 在关于科马罗夫、洛波夫和莫斯克文问题上所犯的错误应当用组织方法纠正。

6. 中央关于吸收列宁格勒同志参加书记处的决议，在代表大会闭幕后立即执行。

7. 为了加强同中央机关报的联系，将吸收列宁格勒的一个工作人员参加中央机关报编辑委员会。

8. 鉴于《列宁格勒真理报》主笔（格拉德涅夫）能力薄弱，我们认为必须在取得中央的同意之下由更为得力的同志来代替他。[2]

建议没有被接受，新反对派的回答是要求保障今后的工作。第一，不追究曾实行反中央政策的人员。第二，保证加米涅夫和季诺维也夫今后发言自

[1] Дискуссия 1925 г.(материалы и документы). Под общей ред.*Попова К.А.*. М.-Л., 1929. С.53.

[2] 《斯大林全集》，第7卷，第326页。

由，保障他们申述自己的意见等。[1] 季诺维也夫在十四大上解释说：我们不接受建议是因为这不是和平的建议，而是要我们投降却对今后没有任何保障的建议。这是思想投降的建议，而不仅仅是组织投降。我们当然不能承认自己是阿克雪里罗得分子、取消派分子、失败主义者，因此不能接受“和平”建议。[2]

中央监察委员会全会就此作出如下决定：

> 1. 在报刊上争论和已经开始的组织斗争的责任应当由列宁格勒组织的部分上层分子承担；2. 中央委员会的大多数曾采取一切可能的措施，以便最无痛苦地消除业已发生的意见分歧。[3]

为迎接党的十四大，斯大林为首的多数派也在紧张活动，组织力量。赫鲁晓夫回忆录中对此有所记述，其中写道：

> 我们代表团到达莫斯科不久，就接到雅·阿·雅柯夫列夫要来告诉我们关于党内的某些情况并向我们预告这次大会可能出现的形势。我想雅柯夫列夫是谢·奥尔忠尼启则的副手之一，我们知道雅柯夫列夫来看我们一定是搞派别活动的，因为我们接到通知，除了乌克兰代表团成员，其他任何人不得参加这次会见。我们也认识到雅柯夫列夫告诉我们的机密的消息和指示是直接来自斯大林。雅柯夫列夫说明了我们与季诺维也夫分子的意见分歧之处，以及我们该怎么办。换句话说，他教我们进行派别活动以反对当时积蓄力量的季诺维也夫—加米涅夫反对派。季诺维也夫是共产国际的主席，是指导世界革命航向的国际共产主义组织的主席。作为国际共产主义运动的主要人物，季诺维也夫享有很大的权力和威望。雅柯夫列夫说季诺维也夫将和斯大林一起在大会上作报告。雅柯夫列夫告诉我们，列宁格勒出席第十五次大会[4]的代表团已经写了一封信给大会

---

[1] Дискуссия 1925 г.(материалы и документы). 1929. С.72.

[2] Четырнадцатый съезд Российской Коммунистической Партии (большевиков). Бюллетень. № 9. С.5–6.

[3] Дискуссия 1925 г.(материалы и документы). Под общей ред. *К.А. Попова.* Пред. Ем. Ярославского. Гозиздат. М.-Л., 1929. С.74.

[4] 应是第十四次代表大会。

主席团，根据党章要求再给季诺维也夫和斯大林一样长的发言时间。

赫鲁晓夫记述十四大召开前的气氛说：

在这次大会上，斯大林和他的支持者准备打击季诺维也夫分子，即当时被称为‘列宁格勒反对派’。我记得我们过去常说甚至麻雀也啾啾地叫着告诉街上的人说，党内已经形成了一个宗派。[1]

克鲁普斯卡娅是“新反对派”成员之一。斯大林知道克鲁普斯卡娅在党内的道义威望，也知道她支持列宁格勒反对派的观点，所以竭力拉拢她，甚至答应她担任政治局委员。但克鲁普斯卡娅回答说，她不能改变自己的信念。这以后斯大林一次也没有再见她，也没有再同她说话。

代表大会上的争论

1925 年 12 月 18 日，俄共（布）第十四次代表大会在莫斯科开幕。俄共第十三次代表大会曾经决定，第十四次代表大会在列宁格勒举行。为避开支持季诺维也夫的列宁格勒，1925 年决定改为先在莫斯科举行，然后转移到列宁格勒。1925 年 12 月 18 日，大会开幕后，李可夫代表中央建议大会的全部工作在莫斯科进行，得到多数赞成通过。大会先听取斯大林代表中央委员会作的政治报告，这是他首次代表中央作政治报告。[2] 政治报告后，有 43 名代表签名要求季诺维也夫作副报告（按照大会规则，有 40 人签名要求即可提出副报告）。季诺维也夫在副报告中系统地阐述了“新反对派”的观点。这样就正式开始了新一轮的党内的争论和斗争。

俄共第十四次代表大会是新经济政策发展中的一个重要转折点。正是在 1925 年，新经济政策在城市取得重大成就之后，俄共决定把新经济政策推广到农村去，消除军事共产主义的残余，放宽农村雇工和土地租佃的条件，促使广大农民和农村富裕起来。对待这一重大的政策措施，党内有两种态度。一种是以布哈林为代表的党内多数派，他们支持发展农村经济，不害怕农村“资本主义”的滋长。一种是以季诺维也夫、加米涅夫为首的“新反对派”，

---

[1] 《赫鲁晓夫回忆录》，东方出版社 1988 年版，第 53—54 页。

[2] 在俄共第十二、十三次代表大会上作中央政治总结报告的是季诺维也夫。

他们担心农村资本主义成分的发展，坚持阶级斗争的立场，要求同新经济政策的"消极面"作斗争。斯大林内心深处是赞同新反对派的观点的，但处在权力斗争中心的斯大林，在除掉托洛茨基之后，现在需要从政治上除掉这两个最大的对手，因此他尽管不同意布哈林的"发财吧"的口号，但还是设法保护布哈林。

分歧的根本问题是对待新经济政策的态度——是从发展经济着眼，继续并且发展新经济政策，还是立足于阶级斗争，消除新经济政策的"消极面"，准备在不久的将来再次实行剥夺政策。如前所述，拉林的态度最能代表"左派"的主张。

农民和农村发展问题是争论的中心问题。1925 年 10 月，俄共中央全会的决议指出存在两种倾向或者危险：一种是对新经济政策的消极面估计不足，另一种是不理解作为走向社会主义的必要阶段的新经济政策的意义。"第一种危险即低估新经济政策的消极方面，其结果会忘记贫农的利益和低估富农的危险。第二种危险即不了解新经济政策的全部必要性，其结果会忘记基本中农群众在目前时期的极重要的作用，破坏工农联盟，从而削弱我国无产阶级专政。同这两种危险作坚决斗争，是防止党的农村政策遭受破坏和正确实行党的第十四次代表会议决议的必要条件。"[1] 十月全会是两种危险并提的，没有认定何种倾向更为危险。但是过后不到两个月，斯大林在十四大的总结报告中，主张"集中火力反对第二种倾向"，即夸大富农的作用，在这些人面前张皇失措的倾向。斯大林认为："事实上这种倾向是要挑起农村中的阶级斗争，要恢复贫农委员会的剥夺富农的政策，因而就是要在我国宣布国内战争"，这就会破坏我们的全部建设事业。[2] 这就把矛头直接指向"新反对派"了。

季诺维也夫反驳说：斯大林的报告中有两点使我们不能保持沉默。其中之一是说应当集中火力反对一种倾向（过高估计富农的危险），我们的工作重心应当是同这种倾向作斗争，也就是不仅背离中央十月全会的决定，甚至背离党的莫斯科省代表会议的决定。[3]

[1] 《苏联共产党代表大会、代表会议和中央全会决议汇编》，第 3 分册，第 62 页。

[2] 《斯大林全集》，第 7 卷，第 278—279 页。

[3] Четырнадцатый съезд Российской Коммунистической Партии (большевиков). Бюллетень. № 9. С.6.

加米涅夫则针锋相对地提出危险倾向在于对新经济政策的消极面估计不足、鼓吹发展资本主义。他说：我至今认为，除了博古舍夫斯基、斯列普科夫等人，党一致认为，社会主义建设的危险在于对新经济政策的消极面估计不足，而不在于需要还是不需要新经济政策。如果在 1925 年党内存在较为定形的歪曲党的真正路线的流派，那就是美化新经济政策的消极面的流派，它抹杀我们在新经济政策形式下走向社会主义的道路同社会主义之间的区别，它美化新经济政策，抹杀从资本主义萌芽中产生的困难。我们的信念是，整个社会形势，我国的整个阶级相互关系，整个国际局势都支持和培育倾向于美化、而不是破坏新经济政策的流派。[1]

季诺维也夫等人显然夸大了农村资本主义的发展。他断言，“在新经济政策下，在一定的时期，终究是对富农作了让步的”。1918 年列宁说富农约有 200 万，很可能现在应当说是 150 万，富农约占 3%—4%。[2] 季诺维也夫的这种估算是不符合事实的。列宁说的是剥夺富农之前的人数，经过贫农委员会剥夺富农之后，革命前遗留下来的富农已被基本消灭，后来出现的所谓富农，实际上只是些善于经营的勤劳的富裕农民而已，这些人对于恢复和提高农业生产发挥了积极作用。

根据这个错误的估计数字，季诺维也夫在副报告和结论中说：执行农村政策的结果是同中农接近了，却同贫农疏远了。“当前的迫切问题恰恰是富农的政治和经济的积极性的加强”，富农在农村“比耐普曼在城市要危险得多”，因为他们在城市有补充力量。它的补充力量是 1. 耐普曼，2. 所有新资产阶级，3. 上层专家，4. 上层职员，总共约有 250 万，他们中间某些阶层不是我们的人，当然要寻求同发展中的富农的政治结合。5. 部分资产阶级知识分子。6. 整个资本主义环境，它全力支持富农。这将大大加强富农在农村的胃口，最近的危险正在于此。在农村“几乎又恢复了君主政体，富农又在抬头，六个富农在农村统治着一切。”好多地方富农开始收回被剥夺的土地，召开非党会议，开会时不

[1] Четырнадцатый съезд Российской Коммунистической Партии (большевиков). Бюллетень. № 5. С.29–30.

[2] Четырнадцатый съезд Российской Коммунистической Партии (большевиков). Бюллетень. № 3. С.31.

让任何共产党员和共青团员参加，他们提出归还土地的要求。“我们认为，说雇农虽被富农所雇佣，但在客观上是农村的统治阶级，这是极大的错误。”党在农村的政策“引起了贫农群众的不满”，“不能不看到数百万贫农也有领袖，不能不看到，与贫农有联系的复员红军支持这种情绪。这就是应该集中党的火力的地方”。[1]

实际上三年之后，要不要新经济政策问题就成为最大最迫切的问题了！布哈林的感觉是对的，主要的危险是破坏新经济政策的政策。

布哈林是“新反对派”的主要攻击对象。1925 年 4 月 17 日，布哈林在莫斯科组织积极分子会议上的报告《论新经济政策和我们的任务》中提出一个引起广泛争论的“发财吧”口号。他从发展农业生产，鼓励农民发家致富的角度提出这一口号。他看到工业的发展需要广阔的农村市场，因此必须消除农村的军事共产主义残余，取消行政命令措施，鼓励农民积累、发财。他指出：“过分害怕雇佣劳动，害怕积累，害怕资本主义农民阶层，等等，这会使我们在农村采取不正确的经济战略。”我们过分热衷于得罪富裕农民，造成农民都不敢发展经济，担心因此成为“富农”。因此，布哈林认为：

> 应当对全体农民，对农民的所有阶层说：发财吧（обогащаитесь），积累吧，发展自己的经济吧！只有白痴才会说，我们永远应当贫穷；现在我们应当采取的政策，是要能在我国消除贫穷的政策。[2]

“发财吧”的口号一提出即引起左派的反对。克鲁普斯卡娅写文章批判，布哈林也准备写文章答辩。结果俄共中央决定，两者的文章都不发表。实际上，激烈反对这一口号的加米涅夫也提出过类似的口号——“日益富裕的农村”（богатеющая деревня）的方针。

在代表大会上，新反对派集中火力批判布哈林的“发财吧”的口号。克鲁普斯卡娅说：

> 在莫斯科代表会议上把加米涅夫所说的我们持日益富裕的农村的方针同布哈林同志的口号进行了比较。我认为，加米涅夫同志说

[1] Четырнадцатый съезд Российской Коммунистической Партии (большевиков). Бюллетень. № 3. С.31,35; № 9. С.24,22,25,26.

[2] 《布哈林文选》，上册，人民出版社 1981 年版，第 366—368 页。

党持日益富裕的农村的方针是完全正确的。我们的贫困特别明显地表现在农村，必须用足够的力量去克服这种贫困。确定这条路线是完全正确的。而布哈林同志的口号为什么令人如此不安呢？他似乎是向全体农民发出“发财吧”、“积累吧”的口号。向农民发出号召当然没有什么不好的，但问题在于，“发财吧”、“积累吧”口号的内容，不是号召农业工人、贫农和相当部分的中农，因为当人们在想如何活到新的收成，如何活下去的时候，号召他们“发财吧”，听起来只会让人发笑，因此虽然布哈林同志想号召全体农民，他的口号实质上只能是向富裕农民和富农号召。这就是错误的根源。布哈林的口号脱离了我们的阶级观点。同志们，我知道许多中央委员，甚至政治局委员不同意布哈林同志的口号。但报刊上并没有反驳这一口号，广大党内群众把它当做党的口号、中央的口号来学习。克鲁普斯卡娅认为该口号的实际后果是，在某些区把优惠给予富裕农民，而把赋税负担加给贫农。某些党的工作人员为了不使富裕的庄稼人受委屈，不妨碍生产力的发展而减少捍卫贫雇农权利。结果“富农变得横蛮无礼起来了”。[1]

这时候斯大林非常需要布哈林的支持。他在内部表态：“‘发财吧’这个口号不是我们的口号”，同时把刊登斯捷茨基隐蔽地为“发财吧”口号辩护文章的《共青团真理报》的主编撤职。但在代表大会上却为布哈林辩护，说“布哈林只是犯了一个不大的错误”，“布哈林的错误甚至是不值得注意的”，对布哈林的攻击是“要布哈林的血”。斯大林声明：“你们要布哈林的血？你们要明白，我们不会把他的血给你们的。”[2] 在那时候，关于“血”的说法显然有点耸人听闻，不过10年后就完全可以理解了。

在强大的压力下，布哈林不得不公开否定这个口号，1925年11月中旬布

[1] Четырнадцатый съезд Российской Коммунистической Партии (большевиков). Бюллетень. № 4. С.10.

[2] Четырнадцатый съезд Российской Коммунистической Партии (большевиков). Бюллетень. № 10. С.24.《斯大林全集》收入此报告时删去了有关“要布哈林的血”等语句，因为这时候“布哈林的血”已经被要走了！

哈林在《革命面具下的恺撒主义》一文中承认："这种表达方式无疑是对完全正确的论点即党应该采取提高农村福利的方针的错误表达方式"。[1] 斯大林在会上既否定又辩护的态度为两年后批判布哈林埋下了伏笔。

在**国营企业**性质的定位上，大会两派发生争论，然而应当说，争论意义不大，中间夹杂着派别斗争的因素。大会的多数派指责"新反对派"否认苏联国营企业的社会主义性质。新反对派则认为国有化的国营企业虽是"彻底的社会主义类型"的企业，但还不是纯粹的社会主义企业：就所有制关系而言无疑是社会主义企业，但是在其他方面还不能说是完全社会主义的。加米涅夫指出："对我们国营工业的正确理解是，我们的企业确实是'彻底社会主义类型的'，因为它是工人国家的财产，但它远不是完备的社会主义企业，因为人的关系、劳动组织、工资的支付形式、为市场工作等还没有使它成为全面的社会主义经济的成分。""就所有制关系而言它是社会主义的，就人的关系而言还不是。"[2] 这种说法本来是有一定道理的，属不同层次的问题，在正常的情况下完全可以从容商议，而不必成为互相指责的内容。

与此类似的还有关于**调整党内成分**问题。反对派成员萨尔基斯建议把90%一线（在机床上工作的）无产阶级吸收进党内，一年以后到第十五次代表大会，党的90%应当由一线工人组成。多数派指责新反对派的这一主张是"阿克雪里罗得主义"[3]。实际上，俄共第十三次代表大会的决议也有类似提法："我们苏联无产阶级的一切基本群众参加党的日子已经临近了。代表大会责成中央委员会按照下列方针进行一切工作：在最近期间使直接从事生产的工人占党员的绝大多数。"季诺维也夫引用上述决议问道："如果这是对的，那为什么叫嚷阿克雪里罗得主义。"[4]

"新反对派"的成员之间在一些问题上观点并不一致，但**他们有一个最**

[1] 《布哈林文选》，上册，第517页。

[2] Четырнадцатый съезд Российской Коммунистической Партии (большевиков). Бюллетень. № 5. С.38.

[3] 阿克雪里罗得是孟什维克，他曾建议成立广泛的工人政党。

[4] Четырнадцатый съезд Российской Коммунистической Партии (большевиков). Бюллетень. № 3. С.37.

主要的共同目标，就是要削去斯大林手中的无限权力。[1] 此前在所谓基斯洛沃茨克“山洞”会议提出的改革方案——派季诺维也夫、托洛茨基和斯大林共同掌管书记处，其目的就是削去斯大林独掌书记处的大权。新反对派成员在大会的发言中，明确指出斯大林压制集体领导，必须解除斯大林的总书记职务。

索柯里尼柯夫说：“我不能同意下面的说法，即如果在政治局、或者中央、或者代表大会上提出应当如何组织书记处，这位或者那位同志应当成为书记处成员，就认为是企图发动党内政变。我不能同意这种说法。同志们，我个人相信，我认为斯大林同志的影响和威信，即使他不担任我党的总书记……（喧哗和喊叫）。同志们，难道我们在党的代表大会上不能讨论在任何省组织都可以讨论的问题——谁将担任它的书记……我认为，我们把谁应当担任我党的总书记，总的说来是否需要总书记的职位的问题变成会使我们分裂的问题，这是不必要的……同志们，由于党的总书记一方面是政治局委员，而另一方面又是书记处的领导，那么完全不取决于斯大林个人，就出现这样一种局面，政治局在任何政治问题出现任何分歧，都会在组织工作中得到反映，因为实际上一名政治局委员，他担任总书记，即领导全部组织工作，就处于这样的地位，在政治局中有任何不同意见，他就可以立即在组织措施路线上得到这样那样的体现。（喊声：‘任何总书记身上都会出现。’喧哗。）这里有同志说，任何总书记身上都会出现，是的。但是，同志们，我们不是从来就有总书记的。不错，我们有过列宁同志。列宁既不是政治局的主席，也不是总书记，然而列宁同志在我们党内拥有决定性的政治发言权。而如果我们同他争论，那必须三思而行。所以我说，如果斯大林同志想争得像列宁同志那样的信任，那他就去争取吧。”索柯里尼柯夫最后说，正确的做法是使书记处成为政治局和组织局的执行机关，这样在政治局内就可以自由交换意见了。今天在一个问题上可以出现一个多数，明天在另一个问题上出现另一个多数。这样可以保障政治局内自由交换意

[1] 李可夫在俄共十四大上的说法大体上是符合实际的：通过一年多的经验，我坚信索柯里尼柯夫、季诺维也夫、加米涅夫、拉舍维奇和克鲁普斯卡娅等同志在观点上过去和现在都不存在任何原则上的一致性，在一年半多的时间里，他们只是在改变党的领导意志问题上取得了一致的意见（《李可夫文选》，人民出版社 1986 年版，第 217 页）。

见，避免在政治局和中央形成紧密的固定的集团。[1]

加米涅夫的发言更为尖锐激烈，他在发言的末尾大声疾呼：

我们反对制造“领袖”理论，我们反对制造“领袖”。我们反对书记处实际上把政治和组织合在一起，凌驾于政治机关之上。我们主张在内部我们的上层这样来组织：有真正全权的政治局，统一我党的所有政治家，同时让书记处从属于它，在技术上执行其决定。（喧哗）如果书记处集政治和组织于一身，实际上预先决定政治，如果继续这种状况，我们不能认为这是正常的，并且认为这是对党有害的。（喧哗）同志们，这就是需要做的。不同意我的人可以作出自己的结论。（席上插话：“本来就应当从这一点开始。”）这是发言者的权利，从他所愿意讲的地方开始。您觉得，应当从这样的地方开始，但我说，我个人认为，我们的总书记不是能够把老布尔什维克司令部团结在自己周围的人物。我不认为这是基本的政治问题。我不认为这个问题比理论问题更为重要。我认为，如果党通过了（喧哗），如果党通过了明确的政治路线，同现在中央的一部分人支持的那些倾向划清界限，那么这第二个问题现在就不会提上日程。但是我必须把话说到底。正因为我不止一次地对斯大林同志个人说过，正因为我不止一次地对列宁主义者同志集团说过，所以我把这话在代表代会上再重复一遍：我相信，斯大林同志不能完成团结布尔什维克司令部的任务。[2]

加米涅夫最后说：

我们反对一人专权的理论，反对制造领袖，我的发言以这些话开始，现在也以这些话结束。[3]

---

[1] Четырнадцатый съезд Российской Коммунистической Партии (большевиков). Бюллетень. С.45–47.

[2] Четырнадцатый съезд Российской Коммунистической Партии (большевиков). Бюллетень. № 5. С.56–57.

[3] Четырнадцатый съезд Российской Коммунистической Партии (большевиков). Бюллетень. № 5. С. 57.

加米涅夫的话就像向大会扔出一颗炸弹，整个会场爆炸了，一片喧哗。

在俄共十四大上新反对派及其依靠的列宁格勒代表团处于少数，会上出现以多数压少数的现象，不断出现“党是正确的”，“党代表大会总是正确的”说法。对这种说法，克鲁普斯卡娅提出异议。她说：

布哈林同志以极大的热情说，代表大会决定的就是正确的。每一个布尔什维克都认为代表大会的决定是必须接受的。不过，同志们，我们不应当持某些英国法学家的观点，这些人重复英国的民间谚语：“议会能够决定一切，甚至可以决定让女人变成男人”……对我们马克思主义者来说，符合实际的就是真理。我们代表大会应当致力于寻找并找到正确的路线。不能以多数总是正确来自慰。在我党历史上曾经有过多数不正确的代表大会。例如让我们回想一下斯德哥尔摩代表大会。多数不应当自恃多数，而应当不带偏见地寻找正确的决定。如果决定是正确的……它就会领导党走上正确的道路。

我们应当共同寻找正确的路线。代表大会的巨大意义就在于大会表达了集体的思想。为达到此目的，大会的每一个成员都应当做到实际地讨论每一个问题。我认为叫喊这个或者那个是真正的列宁主义是不恰当的。最近我重读了《国家与革命》的第一章。那里写道；“在历史上有这样的情况，伟大革命家的学说在其死后遭到歪曲。试图把他们变为无害的神像，赋予他们的名字某种名誉，磨去它的革命锋芒。”[1]

在讨论中央监察委员会的总结时，克鲁普斯卡娅提到列宁的最后著作，强调了中央监察委员会在预防可能突然发生的分裂中的作用。列宁去世后权力向执行机关集中的势头加强了，克鲁普斯卡娅指出：

“代表大会应当考虑的问题之一是，根据我们的党章我们有拥有巨大权力的组织局和书记处，它们有权调动人员，撤销人们的工作。这给予我们的组织局、我们的书记处以确实无限的权力。我想，在讨论党章的条文时应当极端注意如何合理地限制这些调动、撤职，

[1] Четырнадцатый съезд Российской Коммунистической Партии (большевиков). Бюллетень. № 4. С.17.

这种做法经常造成不可能坦率地，公开地说话……你们知道，在上次争论期间在我们这里思想斗争变成了组织斗争。我认为，中央监察委员会不能容许这种做法……要让它在捍卫党的统一问题上保持思想的一定的独立性和客观性（喊声：独立于什么?）对个别党员会影响它的看法保持独立……我想，中央监察委员会的工作是注意使争论不要采取非同志式的形式。中央监察委员会应当注意不让在报刊上像现在这样倾倒垃圾。”如果允许这样做，那么“我们关于党内民主的良好愿望就会停留在纸面上。”[1]

克鲁普斯卡娅关于斯德哥尔摩代表大会的议论掀起轩然大波，一些发言者指责她把俄共比作孟什维克。1925年12月23日下午，克鲁普斯卡娅在会上再次发言，否认自己搞影射，她解释说：

同志们，如果我想搞什么类比，同孟什维克类比，我会直接说的。我说的是一个例子，我想我有权举这个例子。斯德哥尔摩代表大会是我党的代表大会之一。斯德哥尔摩代表大会是在塔墨尔福斯代表会议之后召开的，在这次代表会议上一致决定必须同孟什维克统一。我不知道别人怎么看，但我知道，弗拉基米尔·伊里奇是非常严肃地看待统一问题的，并且不仅他一人，而且许多同志都认为应当同在一个党内工作。我们把现在20年以后关于孟什维克的概念用于那个时候，忘记了那时我们是怎样看待孟什维克的。从那时起过了很长一段时间，在布尔什维克和孟什维克之间有了一个巨大的鸿沟，但那时决定同他们一起举行共同的党代表大会。我不想做任何类比。应当把所说的话放在普遍联系之中。但布哈林同志在代表大会之初对大会的多数说，你们是多数，你们作出的决定就是列宁主义，对此我不能不回答说，不管代表大会上的是什么样的多数，所有与会代表必须仔细地研究所有的问题，共同寻找解决办法。[2]

历史表明克鲁普斯卡娅的说法是正确的，提出的警告也是及时的。当时

---

[1] 引自 *Роговин В.* Была ли альтернатива? Москва. Терра. 1992. С.235.

[2] Четырнадцатый съезд Российской Коммунистической Партии (большевиков). Бюллетень. № 9. С.3－4.

有些领导人经常说党永远正确。布哈林、托洛茨基都说过“党永远正确”的话。就在这次大会上，布哈林还说：“不管我们的党代表大会通过什么样的决定，我们全体像一个人一样……承认党代表大会的决定是对列宁党的路线唯一的最终的解释。”[1]这种形而上学的说法使他们本人后来在同拥有多数的斯大林争论中处于非常不利的地位。

大会争论的一个大问题是**单独一国建成社会主义的问题**。

布哈林在发言中说：我们认为，关于在目前阶级力量下、目前阶级组合下在一个国家建设社会主义的可能性始终是一个基本问题。“我们在这些争论中为全党取得了明确准确的信念，我们不会因为我们国内的阶级差别，因为我们的技术落后而灭亡，甚至在这种低下的技术基础上我们也能建设社会主义，社会主义的这种增长将会非常缓慢，我们将以乌龟速度爬行，但我们还是能够建设社会主义，并且我们将把它建成。在第十四次党代表会议期间我们就这一点在一次政治局会议上发生热烈争论。我在这里确定，并且许多证人、中央委员也能证明，在这次会议上加米涅夫同志，在他后面还有季诺维也夫同志捍卫一种立场，认为由于我们的技术落后我们不能把社会主义建设到底。我们就这一点同他们争论，我们为这个问题同他们打嘴仗。我们同他们达成一致，认为防止干涉、新的战争、资本主义军队的刺刀带来的复辟只能是国际社会主义革命；但是我们同他们提出的我们会由于我们的技术落后而灭亡的说法展开热烈的争论。”新反对派的主张是企图把我们拉向后退，退回到我们已经走过的路上去，退回到党已经消除的观点上去。[2]

季诺维也夫回应说：毫无疑问，并且我们经济发展的全部进程都证明，我们确实在我国建设社会主义。我们争论的仅仅是，能不能在一个国家最终建成社会主义并巩固社会主义制度，并且这不是像美国那样的国家，而是我们这个农民国家。我们没有争论在一个国家能不能建设社会主义：苏联现有的无产阶级人数足够做到这一点，存在经济前提，总的政治形势完全有利于卓有成效地

[1] Четырнадцатый съезд Российской Коммунистической Партии (большевиков). Бюллетень. № 3. С.70.

[2] Четырнадцатый съезд Российской Коммунистической Партии (большевиков). Бюллетень. № 3. С.49–50.

建设社会主义，还有国际工人阶级的支持正在到来，我们的社会主义建设最终将在国际范围内完成。

这个问题的争论在这次大会上仅仅是个开始，分歧是存在的，两派的分歧不在于单独一国能不能进行社会主义建设，在这一点上不存在分歧，分歧在于苏联单独一国能不能“建成”社会主义。不过这时候争论的主角托洛茨基还没有登台，双方的论证还没有展开。

俄共第十四次代表大会没有能够认真讨论党的社会经济战略问题。《联共（布）党史简明教程》说这次代表大会是“工业化的大会”，并不符合事实。实际上工业化问题仅仅一般地提出，非常笼统，没有予以具体化，没有讨论其资金来源、工业的发展速度等等问题，斯大林的政治报告中甚至反对增加工业发展的投资。斯大林第一次较为系统地提出工业化的问题是在大会之后，1926年4月在《关于苏联经济状况和党的政策》的报告中才正式提出“工业化”的方针。

关于组织处理问题是明显落败的新反对派领袖们所关心的问题，他们呼吁保障少数人的权利，不要采取组织报复措施。

托姆斯基天真地就此回答说：“这里说什么似乎有人要把权力集中到自己手里，而中央的其余多数支持他，这是可笑的。怎么会发生这样的事呢？不，加米涅夫同志，如果您提出这样的问题，说一人专权的领袖体制不可能存在，那么我们说，我们一直为反对这样做而斗争；一人专权的领袖体制不可能存在，将来也不会有，是的，不会有的。”他坚决否认这样一种念头，即大会会对加米涅夫和季诺维也夫采取组织措施。“现在让我们来回答这样一种说法，好像有人想消灭、压制、排除季诺维也夫和加米涅夫。谁会相信？是我们人太多了吗？我们疯了？排除加米涅夫和季诺维也夫？为什么？根据哪一条？这是怎么一回事？你们停止这类谈论吧……”[1]托姆斯基的说法助长了“一人专政的领袖体制”的形成，三年后他就尝到这种体制的苦头了。

斯大林在结束语中的调子有所不同：“我们反对割除办法。我们反对割除政策。但这并不是说，可以容许领袖们为所欲为，骑在党的头上。对不起，决

[1] Четырнадцатый съезд Российской Коммунистической Партии (большевиков). Бюллетень. № 5. С.72–73.

不能这样。向领袖们磕头的事不会有的（呼喊声：'对！'鼓掌。）我们主张统一，我们反对割除办法。割除政策是同我们不相容的。党要求统一，如果加米涅夫和季诺维也夫愿意这样，党就和他们一起去达到这种统一；如果他们不愿意，党没有他们也要达到这种统一。"[1]

大会进行期间已经派了几名中央委员去列宁格勒做工作，大会结束后又派伏罗希洛夫、莫洛托夫、基洛夫等人去列宁格勒，以捣毁"新反对派"的老巢。召开了"列宁格勒省非常代表会议"，列宁格勒省委，党和共青团的区委常务局统统改选。数百名领导人被撤销职务，改由基洛夫领导列宁格勒组织。季诺维也夫和原列宁格勒省委第一书记格·叶·叶夫多基莫夫被召回莫斯科，召回后者的名义是当选为中央书记。但1926年年初，斯大林在同其盟友的秘密谈话中已经提出需要改组十四大后选举出来的领导机关问题，其第一步就是在四月全会上决定以什维尔尼克取代叶夫多基莫夫。

第十四次代表大会是苏共历史上最后一次程序较为正常的党代表大会，会上中央委员会向大会代表作工作总结报告，按照程序允许做副报告，可以对中央委员会的政策和某个领导人提出批评，哪怕非常尖锐的批评，大会用无记名投票的方式选举了中央委员会。

大会决定把"俄国共产党（布）"改名为"全联盟共产党（布）"，简称"联共（布）"。

在俄共十四大后召开的中央全会上，布哈林赞同斯大林提议的处理新反对派的意见。加米涅夫反对，他说：奇怪的是，一贯反对严厉报复托洛茨基分子的布哈林现在居然号召挥舞鞭子了。托洛茨基插话道："啊！他终于欣赏起鞭子来了。"布哈林仿佛猝不及防挨了一记鞭打似的叫喊起来："你以为我终于欣赏起鞭子了吗？这种欣赏使我全身不寒而栗。"从这件事起，托洛茨基"经过长期的中断"又恢复了与布哈林的个人接触。[2]

新反对派是明显的少数，因此结局是没有悬念的，只有5名新反对派的成员进入中央委员会，季诺维也夫暂时仍保留政治局委员的身份，加米涅夫降

[1] 《斯大林全集》第7卷，第327页。

[2] ［俄］伊·多伊彻著：《被解除武装的先知（1921—1929）》，周任辛译，中央编译出版社1998年版，第282页。

为政治局候补委员。政治局增加3名新委员：莫洛托夫、加里宁、伏罗希洛夫。“三驾马车”和“七人小组”最终解体。

在这场争论中，托洛茨基坐山观虎斗，一直保持沉默。只是在12月28日举行的中央全会紧急会议上投票反对解除季诺维也夫的忠实拥护者伊·马·扎克斯－格拉德涅夫的《列宁格勒真理报》主编的职务，显示了他对新反对派的某种支持。托洛茨基继续进入政治局，但斯大林已经拥有稳定的多数，在这个多数中已经没有人可以同他斯大林平起平坐了。

第八节 “托洛茨基季诺维也夫联盟”（“联合反对派”）

在党的第十四次代表大会上，托洛茨基反对派没有采取行动。托洛茨基对当前形势进行了分析，他给布哈林的信中写道：“在列宁格勒只是较为鲜明地和畸形地反映了整个党所存在的消极点”。[1]

1926年春，在思想接近的基础上，新老反对派联合成**“托洛茨基季诺维也夫联盟”**，或称**“联合反对派”**。主要人员有：托洛茨基、季诺维也夫、加米涅夫、克鲁普斯卡娅、普列奥布拉任斯基、皮达可夫、谢列布里亚科夫、索柯里尼柯夫、安东诺夫－奥弗申柯、穆拉罗夫、施略普尼柯夫，等等。按派别分，参加的有“新反对派”、“左翼反对派”，以及原先的“工人反对派”、“民主集中派”、“左派共产主义者”集团、“工人集团”的领导人和积极分子。他们对产生的困难及其克服途径的看法一致，自称“布尔什维克—列宁主义者”。

托洛茨基写道：“富农方针和一国社会主义方针使列宁格勒工人感到不安。工人的阶级抗议与季诺维也夫的高层阵线正好一致。这样就产生了新反对派……季诺维也夫和加米涅夫两人不得不重复老反对派的批评，不久就加入了‘托洛茨基分子’的阵营。”[2]

托洛茨基派中有不少人反对同季诺维也夫分子结盟，也有人主张不同

---

[1] Вопрос истории.1990. № 5. С.84.

[2] *Троцкий.* Моя жизнь. Берлин. 1930. Т.2. С.264.

任何人结盟，例如姆拉奇科斯基就说过："斯大林会搞欺骗，而季诺维也夫会逃跑"。托洛茨基认为，"最终这类问题不是由心理估计，而是由政治估计来解决的。季诺维也夫和加米涅夫公开承认，1923 年以来'托洛茨基分子'反对他们的斗争是正确的，他们接受了我们的基本行动纲领。在这种条件下，不能不同他们结盟，何况在他们背后还有成千上万列宁格勒的工人革命者。"[1]

1926 年季诺维也夫被解除共产国际执委会主席职务，同时撤销主席建制。共产国际的实际领导人改为布哈林（政治书记处书记）。加米涅夫被撤销人民委员会副主席和劳动国防委员会主席职务，在短期内被任命为国内和国外贸易人民委员，不久被派往意大利任大使。

托洛茨基同"新反对派"的接近

两派的接近最早是在 1926 年的四月全会上。

在党的十四大上斯大林说，工业在恢复之后，发展速度将大大降低，"不会像迄今以前那样快"，而"农业不同于工业，它在现今的技术基础上也能迅速发展一个相当时期。"[2]那时，当权派没有明确的社会主义改造计划、对工业和农业发展之间的关系也没有明确的看法。

李可夫在四月全会上作关于经济政策的报告，他指出"在欧洲的一个最落后的农业国"实行工业化的复杂性。他根据国家计委的计算，预言工业总产量的增长将从 1926—1927 经济年度的 23% 下降为 1929—1930 年度的 14.7%。[3]

托洛茨基在全会上发言，批评政治局多数对迅速发展工业的任务和工业发展的潜力估计不足，对李可夫的决议草案提出了修改意见。他建议制订一个较为强化的国家工业化计划，加快工业化的速度，在下一个五年计划中增加基

[1] *Троцкий.* Моя жизнь. Берлин. 1930. Т.2. С.265.

[2] 《斯大林全集》，第 7 卷，第 260 页。

[3] *Роговин В.* Была ли альтернатива? "Троцкизм"：взгляд через годы. Москва. Терра. 1992. С.243.

本建设的投资规模，以便减少工业落后于农业的状态，从而消除工业品同农产品的价格剪刀差。为刺激生产率的提高，建议提高工人的名义工资和实际工资。大体上到1931年做到在不断降低价格的条件下达到工业品供需之间的相对平衡。托洛茨基提出从年度计划向为时数年的工作计划过渡，年度计划应当是五年远景计划的一部分。他强调指出，“工业化速度不是独立自在的。而是受国际制约的”，是置于世界资本主义经济的相对监督之下的。[1]

斯大林多数派则把这些要求叫做“孟什维主义”的要求，把它要求的工业发展速度叫做“超工业化主义”，把要求提高工资说成是“蛊惑人心”的要求。

托洛茨基是主张使苏联经济同世界经济接轨的，他在《经济问题笔记》中提出几个重要论点：每一种社会制度及该社会制度的每一个发展阶段基本上都以劳动生产率的高低为特征。从这点出发，他认为，“只有使我国的劳动生产率赶上并超过资本主义的劳动生产率，我国的社会主义经济才能得到发展和巩固”，如果认为只有保持国家经济的闭关自守才能在高度工业化基础上取得经济独立，那是错误的。封锁是造成最初几年经济衰退的原因之一。相反，只有利用世界经济的各种资源，才能赶上并超过它。同资本主义国家进行频繁的商品流转，这就使苏联的经济以世界市场的劳动生产率和成本作为评判的标准。[2]

托洛茨基对政治局关于经济建设问题决议的修正方案在四月全会上得到皮达可夫、加米涅夫和季诺维也夫的支持，这成了他们联合的起点。

在一月全会上新反对派成员叶夫多基莫夫被选入组织局，同时担任中央书记。这对当权派多少是一个威胁。因此，在四月全会上作出决定：“根据叶夫多基莫夫同志的请求，全会解除他的中央委员会书记职务。”虽然并不存在叶夫多基莫夫本人的请求。

两派的联合一开始就存在致命的弱点——在此之前他们曾经无情地互相攻击和揭发，因此必须把历史上的这笔旧账说圆了。

---

[1] 托洛茨基在中央四月全会上的发言，托洛茨基对李可夫关于苏联经济状况的决议草案的修改意见。《苏联历史档案选编》，第6卷，第226—234、235—246页。

[2] ［俄］托洛茨基：“经济问题笔记”（1926年1月15日）。《苏联历史档案选编》，第6卷，第177—178页。

托洛茨基说：季诺维也夫和加米涅夫公开承认，从1923年起“托洛茨基分子”反对他们是正确的，他们接受了我们政纲的基础。[1]

1926年季诺维也夫同路特·费舍谈过和托洛茨基结盟的问题：

“这是一场争夺国家权力的斗争。我们所以需要托洛茨基，不仅是因为没有他杰出的智慧和广泛的影响，就不可能夺得国家政权，而且是因为我们在夺得政权以后，还需要一位强有力的人物把俄国和共产国际拉回到社会主义的道路上来。此外，只有他能够组织军队。斯大林是用强力而不是用宣言来对付我们的，因此，我们也只能用更大的强力而不是宣言去对付他。拉舍维奇是我们的人，假如托洛茨基和我们联合起来，我们就能胜利。”[2]

1926年6月26日，季诺维也夫在中央监委主席团会议上发表了如下声明：“本来我们两个真正的无产阶级革命者集团应该联合起来，共同反对堕落的斯大林及其朋友们，但是由于我们对党的状况有一系列的模糊认识，两年来彼此攻讦，对此我们深表遗憾，并希望这样的事今后不再重演。”[3]

1926年7月14—23日召开了中央委员会和中央监察委员会联席全会，季诺维也夫在会上承认，在1923年开展的反对“三驾马车”的斗争中，托洛茨基派是正确的：“我犯过许多错误。我认为，我的最大错误有两个……我的第二个错误更加危险，因为1917年的错误是在列宁生前犯的，得到列宁的纠正，在他的帮助下过了几天我们自己也改正了，而1923年的错误是……”奥尔忠尼启则打断了季诺维也夫的话问：“您为什么要愚弄全党？”季诺维也夫没有接着谈自己的错误何在，而是说：“1923年的反对派核心（正如当前反对派领导的进展所标明的那样）正确地警告过，说存在脱离无产阶级路线的危险，党机关制度有发展的危险。然而，几十、几百名1923年反对派的领导人，其中包括为数众多的久经斗争考验的老工人布尔什维克，他

---

[1] *Троцкий.* Моя жизнь. Берлин. 1930. т.2. С.265.

[2] ［德］路特·费舍著：《斯大林和德国共产主义运动》，下册，何式谷译，商务印书馆1964年版，第608—609页。

[3] 《党和反对派。文件汇编。联共（布）第十五次代表大会准备材料》，联共（布）中央委员会宣传鼓动部出版，只供联共（布）党员阅读，莫斯科1927年第1版，第23页。引自［苏］阿夫托尔哈诺夫：《苏共野史》，下卷，湖北人民出版社1982年版，第700页。

们不追求个人名利，不会阿谀奉承，虽然他们表现出克制和遵守纪律，但至今仍被排斥在党的工作之外……布哈林、斯米尔诺夫、托姆斯基以及其他许多同志的演变完全证实了托洛茨基所说的某些同志蜕化了的话是正确的，证实了我们写进宣言的有关你们的蜕化和你们的机会主义的条款是正确的。是的，在有关蜕化问题上，在有关机关官僚压制问题上，托洛茨基反对你们是对的。”[1]

托洛茨基在全会上接着说：“毫无疑问，我在《十月的教训》中把机会主义的策略变动同季诺维也夫和加米涅夫的名字连在了一起。中央委员会内部思想斗争的经验表明，这是一个莫大的错误。产生这一错误的根源在于，我当时没有机会注视七人小组内部的思想斗争，没能及时看出，机会主义变动是由斯大林所领导的反对季诺维也夫和加米涅夫同志的集团所引起的。”[2]

两派都看错了打击对象，都忽略了斯大林的作用，这也许是实情。但无论如何，这为斯大林当权派提供了谴责托洛茨基和季诺维也夫缺乏原则性的口实。

不过，斯大林在需要的时候也做过同样的“大赦”。1924年11月斯大林在还需要加米涅夫和季诺维也夫的时候曾经为两人1917年10月的错误辩护说：“意见分歧所以只延续了几天，是因为而且仅仅是因为加米涅夫和季诺维也夫是列宁主义者，是布尔什维克。”[3]

季诺维也夫在发言中还提到列宁1923年3月5日致斯大林信中关于要同他断绝关系的内容、列宁1922年12月24日给代表大会信的第二部分和1923年1月4日的补充、1922年12月30日《论民族或者论“自治化”问题》一文中对斯大林的评价。为此联席全会宣读了列宁1922年12月25日、12月30日论民族或自治化问题，还有1917年10月18（31）日谈加米涅夫和季诺维

[1] 《党和反对派。文件汇编。联共（布）第十五次代表大会准备材料》，莫斯科1927年版，第24页。引自［苏］阿夫托尔哈诺夫：《苏共野史》，下卷，第701页。

[2] 《党和反对派。文件汇编。联共（布）第十五次代表大会准备材料》，莫斯科1927年版，第23页。引自［俄］阿夫托尔哈诺夫：《苏共野史》，下卷，第701页。另见《斯大林全集》，第8卷，第209页。

[3] 《斯大林全集》，第6卷，第283—284页。

也夫反对武装起义的《给布尔什维克党党员的信》。

托洛茨基季诺维也夫联盟及其失败

1926年7月14—23日联共召开中央联席全会，会上最终形成“联合”反对派，或称“托季联盟”。

联合反对派联合了相当部分党的老近卫军，其中有党的第七次代表大会选出的12名中央委员中的7名，第八次代表大会选出的18名中央委员中的10名，第九次代表大会选出的16名中央委员中的9名（不包括1926年以前去世的）。除了政治经济问题上观点的基本一致，联合反对派的一个最主要的实际目标，就是推翻斯大林。然而到1926年，斯大林的羽翼已经丰满，通过宣传和争论已经不可能动摇他的地位了。托洛茨基写道：“纯粹的机关专政制度统治着全党。换言之，党已经不成其为党了。”[1]

在七月全会期间，反对派中的13名中央委员和中央监察委员（托洛茨基、加米涅夫、季诺维也夫、皮达可夫、叶夫多基莫夫、拉舍维奇、穆拉洛夫等）发表声明（史称“十三人政纲”），认为“党内危机不断加剧的最直接的原因是官僚主义，它在列宁死后极度膨胀并在继续发展”，官僚主义是派别活动的根源。他们指责党内制度，认为在目前方针下，只有上头讲话，而下头只能听取和心中思量，把自己的想法藏起来。不满意者、持异议者与怀疑者不敢在党的会议上说话。广大党员听到的只是党的领导千篇一律的讲话。相互联系和对领导的信任逐渐减少。会议总是老一套和随之必然产生的淡漠态度。投票时常常只剩下寥寥数人，与会者都匆匆离开，以免违心地对事先授意的决议投票。无论在哪里，各种决议都‘一致’通过。所有这些都只是党组织内部生活的反映。党员们害怕公开说出自己内心深处的想法、愿望和要求。按照列宁思想，中央监察委员会应当是同官僚主义斗争，捍卫共产党员自由表达自己想法的权利的机关。但这一思想遭到破坏，中央监察委员会本身变成了一个纯粹的行政机关，帮助其他官僚机关搞压制，“禁止党内存在任何独立思想，禁止发表任何批评言论，禁止对党的命运公开表示任何忧虑，禁止对党的某些领导人提出任

---

[1] *Троцкий.* Моя жизнь. Берлин. 1930. Т.2. С.257.

1927年的反对派。前排：斯米尔诺夫、托洛茨基、斯米尔加

何批评。”工人国家发生“官僚主义蜕化”。现在，国有工业的工人加上交通部门的工人数量不到300万。而苏维埃、工会、合作社和所有其他部门的职员的总数无论如何不会少于300万。仅这种对比就已经证明了官僚们的巨大政治和经济作用。国家机关按其成分和生活水平来说在很大程度上是资产阶级和小资产阶级的，并且日益脱离无产阶级和农村贫农。列宁多次提到国家机关的官僚主义蜕化，指出工会必须经常保护工人免遭苏维埃国家的损害。然而党内官僚主义者恰恰在这方面沾染了最危险的自我欺骗习气。在经济方面，反对派认为工业在经济发展中处于落后地位，使得无产阶级的社会地位降低。“只有在工业的发展速度不落后于经济发展的一般速度，并不断把国家的技术水平提高到

较发达的资本主义国家水平上时，才能保证国家朝社会主义方向发展。”[1]

声明对党机关的批评，实际上只是重复了 1923 年 12 月 5 日政治局一致通过的决议中的说法。[2]

在七月全会上还有一个尖锐的问题，这就是当权派指责反对派领袖“企图建立派别组织”。其根据就是反对派成员、中央候补委员拉舍维奇在莫斯科郊外树林召开的会议上发表讲话。七月全会批准中央监委主席团对会议参加者采取严厉措施的决定。季诺维也夫因“实际领导”反对派的派别斗争被开除出中央政治局，拉舍维奇被开除出中央委员会（这是第一次使用十大关于党的统一决议的第 7 条），撤销其革命军事委员会副主席的职务，在两年内禁止担任党的负责工作。[3] 拉舍维奇于 1928 年自杀。

反过来，反对派也指责中央长期存在一个非法的“七人小组”，它由托洛茨基以外的 6 名政治局委员加上中央监察委员会主席古比雪夫组成。这个派别集团预先决定每一个列入政治局和中央委员会议程的问题，并且自行解决许多问题，根本不提交政治局审议。它按照派别方式分配力量并用派别的内部纪律约束其成员。党机关中的部分上层人士在莫斯科、列宁格勒、哈尔科夫及其他大中心城市，组织召开了一系列的秘密会议，在会上宣读秘密文件，没有加入这个派别的人仅仅因为传播这些文件就会被开除出党。声明说：“那种认为‘多数人’不会结成派别的说法是没有道理的。”

声明肯定了 1923 年反对派是正确的。“现在已经毫无疑义的是，1923 年反对派的基本核心提醒大家注意背离无产阶级路线的危险和机关制度的危险发展是正确的，现在的领导集团的演变也说明了这一点。”

七月全会以谴责联合反对派结束。从此开始了长达一年半的激烈的党内斗争。

---

[1] 见《苏联历史档案选编》，第 9 卷，第 7—25 页。

[2] 这个决议后来成为俄共第十三次代表会议“关于党的建设”决议的基本内容。代表会议的决议删去此决议中的第一章“新经济政策条件下的党”，保留其中的第 3 节作为引言。见《苏联共产党代表大会、代表会议和中央全会决议汇编》，第 2 分册，第 355—362 页。删去部分见第 508—510 页。

[3] 《苏联共产党代表大会、代表会议和中央全会决议汇编》，第 3 分册，第 184—185 页。

1926年7月起，托洛茨基最终放弃“妥协”策略，直接指责以斯大林为首的当权派篡党。他在一次政治局会议上说：“斯大林在充当我党和革命的掘墓人的候选人角色。”[1]

8月，季诺维也夫和托洛茨基给中央的呼吁书中指出，最大的危险是党内制度，“严重得多的分裂危险来自机关权力的过度集中和对这种权力的滥用”。“在党的机关的帮助下总书记周围逐渐形成的小集团把全部权力都集中到了自己手中。”

呼吁书中有一句话颇有预见：“早在四月全会之前就清楚，斯大林集团的上层决定把季诺维也夫、加米涅夫、托洛茨基排除出政治局，以保障斯大林对托姆斯基、李可夫和布哈林的绝对优势。”[2]

斗争异常激烈。托洛茨基在自传中写道：1926年斗争更加尖锐了。初秋，反对派在各党支部会议上公开出击，机关进行了疯狂的回击。行政压制手段取代了思想斗争，用电话把党的官僚召到工人支部的会场，集中汽车猛揿喇叭，每当反对派成员登上讲台，就有组织地吹口哨和吼叫。当权派集中自己的力量，以镇压相威胁。在这种情况下反对派被迫退却了，在10月16日提出声明（由季诺维也夫、加米涅夫、皮达可夫、索柯里尼柯夫、托洛茨基和叶夫多基莫夫签署），认为自己的观点是正确的，在党的范围内保留捍卫自己观点的权利，同时放弃一切可以导致分裂危险的行动，表达了要求留在党内为党服务的愿望。[3] 声明说：“我们声明，坚决不再采用派别活动的办法维护自己的观点”，并号召所有赞同我们观点的同志也这样做，“我们呼吁立即解散一切派别组织”。“最近几个月一些同志因为违反党的纪律和采用派别方法捍卫自己的观点而被开除出党……我们非常希望由于反对派一方实际停止派别斗争能够使承认违背党纪错误和党的统一利益的同志有可能返回党的队伍。”[4]

---

[1] XV конференция ВКП（б）. Стенографичесий отчет. М.–Л.,1927. С.633.

[2] Архив Троцкого. Коммунистическая оппозиция в СССР(1923–1927). Терра.1990. т.2. С.35.

[3] *Троцкий.* Моя жизнь. Берлин. 1930. Т.2. С.274.

[4] 《党和反对派。文件汇编。联共（布）第十五次代表大会准备材料》，莫斯科1927年版，第31—32页。引自［俄］阿夫托尔哈诺夫著：《苏共野史》，下卷，第707页。

托洛茨基把10月16日的声明叫做“停战”协议，反对派在一段时间内停止了派别活动。但是当权派并没有停战。10月23日，中央联席全会决定解除托洛茨基政治局委员、加米涅夫政治局候补委员的职务，认为季诺维也夫不能继续在共产国际中工作下去了。[1]斯大林要求反对派不仅在组织上投降，而且也要在思想上投降。他在《论反对派联盟》的提纲中要求“反对派联盟承认自己的观点是错误的”。[2]这个提议得到全会的批准。斯大林论功行赏：古比雪夫进入政治局并被任命为最高国民经济委员会主席，奥尔忠尼启则接替古比雪夫担任中央监察委员会主席，柯秀尔和丘巴尔担任政治局候补委员，布哈林接替季诺维也夫的位置，担任共产国际执委会政治书记处书记。

1926年10月26日至11月3日召开了联共（布）第十五次代表会议。斯

1928年的一批反对派成员：前排：谢列布里亚科夫、拉狄克、托洛茨基、博古斯拉夫斯基、普列奥布拉任斯基；后排：拉柯夫斯基、德罗布尼斯、别洛博罗多夫、索斯诺夫斯基

[1] 《苏联共产党代表大会、代表会议和中央全会决议汇编》，第3分册，第192页。

[2] 《斯大林全集》，第8卷，第205页。

大林在会上作了长篇报告《论我们党内的社会民主主义倾向》，论证他的一国社会主义理论，同时把托洛茨基的理论归结为“社会民主主义”，抨击反对派的活动。在报告的结论中斯大林向反对派提出最后通牒——8个“不能再容忍”：不能容忍上街攻击党；不能容忍搜罗各种不满分子作为组织新党的材料；不能容忍破坏党内制度，在派别自由的旗帜下组织新党；不能容忍利用国内困难来攻击党，恶化形势；不能容忍上街煽动立即提高工资30%—40%；不能容忍宣传提高出厂价加重农民负担，把无产阶级同农民的关系变成剥削关系；不能容忍鼓吹不能建成社会主义的思想；不能容忍破坏共产国际的威信。斯大林声称，反对派如不履行这些要求，那么昨天打败了你们，“明天就要开始彻底粉碎你们”。[1] 社会民主主义同“托洛茨基主义”实在有点风马牛不相及。加米涅夫、托洛茨基和季诺维也夫也就这一问题发表了不同看法。[2]

在联共（布）第十五次代表会议上，斯大林的一个大收获是克鲁普斯卡娅脱离反对派。斯大林在总结报告中兴奋地说：“反对派联盟正在瓦解，反对派中的优秀分子正在脱离它，它被内部矛盾压得喘不过气来了。例如克鲁普斯卡娅同志正在脱离反对派联盟，这难道不是事实吗？”[3] 然而，克鲁普斯卡娅的声明直到半年后才公布。她之所以脱离，不是认为自己错了，斯大林正确，而是担心派别斗争的后果。她在给《真理报》编辑部的信中写道：

> 广大农民和工人群众把反对派的行为看作是反对共产党和苏维埃政权的基本原则。当然这种看法是根本错误的。但是这一事实雄辩地说明需要采取较为克制的、同志式的争论形式。我认为党的自我批评非常需要，但我认为这种自我批评不应当变成相互之间指责犯了各种各样的致命罪行。需要实事求是地冷静地讨论问题。[4]

在给托洛茨基和季诺维也夫的信中，克鲁普斯卡娅解释了自己采取这一行动的原因，“在这种工作方法下我们直接滑向另一个政党……”季诺维也夫回答克鲁普斯卡娅说：“不管您的愿望如何（这愿望当然是好的），事实上您在

[1] 《斯大林全集》，第8卷，第317页。

[2] 他们的发言见郑异凡编译：《“一国社会主义”问题争论资料》，东方出版社1986年版。

[3] 《斯大林全集》，第8卷，第319页。

[4] Правда. 1927. 20 мая.

帮斯大林的忙，他正在把事情引向（现在以狂热的速度进行）分裂、把捍卫伊里奇的人开除出党……毫无疑问，您很快就会相信这一点的。不过这期间斯大林会干自己的事的……不要几个星期您就会彻底看到斯大林的意图。非常遗憾，您实际上使他易于实现弗·伊·如此担心的，并且警告过的那些事。”[1]

反对派清楚看到斯大林准备采取措施粉碎反对派，他们等待这一结局。托洛茨基在《我的生平》中写道：“反对派的核心集团清醒地迎向这一结局。我们十分清醒地知道，要想把我们的思想变成新一代工人的财富，不能靠外交手腕或影响，只能靠公开的斗争，不顾任何后果的斗争。我们坚定地为我们较远的未来思想胜利做准备，迎向直接的毁灭。”[2]

1926年底，斯大林把反对派问题提到共产国际，共产国际执委会第七次扩大全会（1926年11月22日—12月16日）讨论了反对派问题。斯大林在会上作了《再论我们党内的社会民主主义倾向》的长篇报告。季诺维也夫、托洛茨基和加米涅夫也分别发言，继续论证和捍卫自己的观点。[3]他们的这一行动被斯大林指为“从反对派1926年10月的‘声明’发展到恢复反对派的分裂路线”，又在进行派别斗争。[4]

上述两次会议争论的中心问题是一国社会主义问题。就捍卫传统的社会主义观点而论，更有说服力的是加米涅夫、季诺维也夫和托洛茨基的论述。

这时候斯大林当权派采取的一个重大措施是揭老底，用过去的历史来打击现在的对手。例如搜集和出版1917年以前托洛茨基写的所有反对列宁的文章和列宁写的所有反对托洛茨基的文章，包括私人信件和从沙皇警察厅档案中发掘出来的文件；公布十月革命前夕列宁写给中央委员会的因“工贼”行为要求把加米涅夫和季诺维也夫开除出党的秘密信件。而斯大林本人在讲话中竭力否认自己在历史上的错误，甚至公然声称在民族问题上他同列宁“从来没有过任何意见分歧”。[5]

---

[1] Известия ЦК КПСС. 1989. № 2. С.205–206.

[2] *Троцкий.* Моя жизнь. Берлин. 1930.Т.2. С.276.

[3] 他们的发言见郑异凡编译：《“一国社会主义”问题争论资料》，东方出版社1986年版。

[4] 《斯大林全集》，第9卷，第132页。

[5] 同上书，第60页。

1927年进入了斗争的最后阶段。

1927年5月9日是《真理报》创办15周年，为此专门召开了纪念会议，季诺维也夫在会上发表了讲话。起初官方媒体关于纪念会的报道是客观的。5月10日《消息报》报道说，1927年5月9日工会大厦圆柱大厅召开了纪念《真理报》创刊15周年的隆重大会。莫斯科市委书记乌格拉诺夫宣布大会开幕，联共中央出版部部长古谢夫作关于出版任务的报告，然后乌里扬诺娃、著名作家和记者萨韦利耶夫、波隆斯基发言，然后是季诺维也夫讲话，接着布哈林讲话。会议通过了相应的决议。5月13日之前，报刊上没有关于季诺维也夫发言的任何评价和内容转述。在工会大厦举办的纪念会完全是党的正式举措，没有任何传媒认为是"非党的"。

然而，5月13日《真理报》和《消息报》在没有介绍季诺维也夫发言内容的情况下，对季诺维也夫和整个反对派发动了大规模攻击。报纸引用5月12日联共中央"关于季诺维也夫同志瓦解性发言"的决定，其中把党在圆柱大厅举行的会议说成是"非党会议"，在没有任何事实的情况下宣称，"季诺维也夫同志于出版节（5月9日）在非党会议上讲话，攻击联共（布）中央及其决定"，这是"在联共（布）队伍里闻所未闻的行为，是完全不能允许和容忍的，违背了包括季诺维也夫同志在内的反对派做出的遵守党纪的所有诺言"。

两报还刊登了莫斯科市委常务局5月10日的决定，说季诺维也夫明明知道是"非党会议"，还要在会上阐述自己的和其他反对派成员的观点，证明共产国际和党中央的政策不正确。季诺维也夫的发言是瓦解性的，危险的，决定要求季诺维也夫承担责任。类似决定还有5月11日列宁格勒州委常务局的决定、莫斯科省军队支部代表会议的决议。从14日起报上出现"反对季诺维也夫同志反党行为"、"反对破坏党的统一"专栏，成篇累牍地发表各种抨击反对派的决议。

1927年5月25日，反对派向中央委员会提交**"八十三人声明"**（实际上有84人签名并在短期内征集了约3000—5000人签名），批判联共中央在中国革命问题和英国工人总罢工问题上的错误，指出国内工资问题和失业问题越来越尖锐，大工业落后于国民经济的要求，农民的分化速度越来越快。声明认为，解决问题的主要办法是"恢复党内民主和加强党同工人阶级的真正有效的联系”。声明要求开展党内争论，让每个同志都有维护自己观点的机会。[1]

由于当局不准公开发表和传播“声明”，反对派在地下印刷厂印制了 3 万份分发。

1927 年 6 月 9 日，反对派重要成员、中央委员斯米尔加“调动工作”，赴远东哈巴罗夫斯克。托洛茨基和季诺维也夫到雅罗斯拉夫尔车站为斯米尔加送行，莫斯科一些工厂的工人也闻讯赶来。托洛茨基在车站发表了演说。用中央监察委员会副主席扬松的话说，“当时形成了一种矛头指向中央委员会的街头游行示威”。[2]

于是，中央监察委员会召开会议讨论反对派问题，对托洛茨基等人提出两项指责：1. 在共产国际全会上发表派别言论；2. 参加为斯米尔加车站送行的集会。

托洛茨基在会上作了两次发言。[3] 他提到，还在 1926 年反对派的 7 月宣言中就准确预言，你们会找一切借口来改变党的领导，这是你们在 1926 年七月全会之前，党的第十四次代表大会之前就想好的。托洛茨基代表反对派声明：“只要你们没有堵住我们的嘴，我们就要继续批判斯大林制度。否则，它将破坏十月革命的一切成果。”他指出，一国社会主义理论在马克思和恩格斯的著作中找不到根据，倒是同德国右翼社会民主党人福尔马尔 1879 年的一篇题为《孤立的社会主义国家》的文章完全一致。[4] 他在发言中还谈了自己的历史，说如果把孟什维主义理解成一种政治阶级路线，那他从来不曾是孟什维克。在

---

[1] Архив Троцкого. Коммунистическая оппозиция в СССР. 1923–1927. М.，1990. Т.3. С.60–72. 中译文参见《苏联历史档案选编》，第 9 卷，第 398–411 页。

[2] 《党和反对派。文件汇编》，第 34 页。引自［俄］阿夫托尔哈诺夫著：《苏共野史》，下卷，湖北人民出版社 1982 年版，第 718 页。

[3] 这两次讲话发表在 *Троцкий.* Сталинская школа фальсификаций. Берлин. 1932. С.132–163. 中文参见《苏联历史档案选编》，第 9 卷，第 430—483 页。

[4] 《苏联历史档案选编》，第 9 卷，第 450 页。托洛茨基引了福尔马尔的一句话：“我认为，并且以后还要努力证明，社会主义在一个（最初）国家取得彻底胜利不仅具有历史可能性，而且孤立的社会主义国家的存在和繁荣绝对不会有任何障碍。”福尔马尔的文章“孤立的社会主义国家”，见《福尔马尔文选》，人民出版社 1984 年版。

1905年他同布尔什维克有许多共同语言，有过密切的合作。1922年年底，列宁专门找他谈话，建议同他成立反对官僚主义的“联盟”。托洛茨基预言：“那些跟着你们投百分之百赞成票的人，昨天奉命‘斥责’托洛茨基、今天又奉命‘斥责’季诺维也夫，明天一定会‘斥责’布哈林和李可夫”！

中央监委会议提出把托洛茨基和季诺维也夫开除出党的问题，但没有作出决定。

1927年6月22日，《真理报》在编辑部文章《反对派的道路》中指责说，反对派炮制各种文件，这些文件难以同敌人的文件区别开来，它同张伯伦结盟，利用“国际形势的尖锐化”。

为此，1927年7月11日托洛茨基给奥尔忠尼启则的信中写道：“谁要是说正是为了工人国家的胜利应该把那些无知的和无耻的抄袭家的政治路线像垃圾一样扫除掉，谁绝不会因此就成为‘失败主义者’。”他提到第一次世界大战期间法国的克列孟梭的例子。克列孟梭是政府的反对派，在德军已经离巴黎80公里的时候，起来反对自己的政府。“当时法国的报界有没有人称克列孟梭为失败主义者呢？大概是有的，因为在一切阶级的队伍里总会有一些糊涂虫和诽谤者拖在后边的。”[1]

1927年7月29日至8月9日，联共中央和中央监委召开联席全会，讨论反对派的最近行动和季诺维也夫、托洛茨基违反党纪问题。8月1日，斯大林在联席全会上作《国际形势和保卫苏联》的报告。全会的任务是把反对派成员开除出党的领导机关。为达到此目的，斯大林把反对派问题同战争危险联系起来，认定托洛茨基关于克列孟梭的说法表明反对派打算发生战争时通过起义夺取政权。因为要扫除党的多数，“就必须在党内发动内战”。[2]实际上，克列孟梭在1914年并没有发动政变，他是在1917年合法上台的。斯大林强调“政变”，是要给反对派戴上企图发动政变的罪名。8月5日，斯大林第二次发言，要求反对派放弃关于热月和克列孟梭式的实验的荒谬口号，放弃一切派别活动。他说：“是的，这是高压手段。高压手段在我们党的武库里从来没有被认为是不可以用的。”[3]

[1] 引自《斯大林全集》，第10卷，第48—49页。

[2] 同上书，第50页。

[3] 同上书，第76—77页。

托洛茨基在全会上作了《战争危险、国防政策和反对派》的发言，否认反对派在战争问题上持失败主义立场，要求同那些指责反对派持有条件的护国主义和散布反对派搞两个党的谎言的诽谤者当面对质。他重复斯大林的问话："难道反对派会反对苏联在与帝国主义进行未来搏斗中取胜吗？"

实际上，那时候关于战争危险的种种言论不过是争论双方借题做文章而已，在20年代后期并不存在现实的战争危险，同某些国家关系紧张是有的，爆发战争的可能性并不存在。

8月8日托洛茨基等13名反对派成员发表声明，要求停止因观点不同把反对派开除出党或采取其他镇压手段，恢复被开除者的党籍；在代表大会召开之前用两个月的时间在报刊上发表党内少数派的论点、文章和纲领，让全体党员都能够看到有分歧的重要文件，进行同志式的讨论，不言过其实，不搞人身攻击，等等。[1]

全会讨论了季诺维也夫和托洛茨基违背党纪问题，通过决议，谴责反对派的派别活动。鉴于反对派提出"声明"，基本上同意全会提出的条件，因此全会决定不讨论开除出党问题，而仅仅给予严重警告。

1927年9月3日，13名反对派成员的中央委员和中央监委委员给政治局递交"布尔什维克—列宁主义者（反对派）给联共（布）第十五次代表大会的行动纲领草案。党的危机及其克服的道路"，史称"十三人政纲"。[2]这是左翼反对派的一个内容广泛的纲领。联共中央不仅禁止讨论，而且禁止传播此文件。结果反对派将行动纲领在秘密印厂印刷，标上"手稿，仅供联共（布）党员阅读"字样，在党员中秘密散发。虽然在"八十三人声明"上签名的许多人被开除出党，但仍然有不少人在新文件上签名。托洛茨基在自传中写道："尽

[1] 《苏联历史档案选编》，第10卷，第266页。普列奥布拉任斯基指出："仅在最近两个月内就有600多人因刊登和传播我们的纲领，因在纲领上签名被开除出党。"（见《苏联历史档案选编》，第10卷，第290页）

[2] "十三人政纲"，见［俄］托洛茨基著：《俄国局势真相》，三联书店1963年版，第23—112页。这个版本是根据英译本转译的，篇名改为《俄国局势真相和共产党的任务》。此文件的基本论点包含在反对派关于五年计划的反提纲之中，发表在1927年11月17日的《真理报》。

管周围是骇人听闻的恐怖，但在党内还是出现了希望听听反对派意见的愿望。这只有通过非法手段才行。在莫斯科、列宁格勒的各个角落里，经常举行工人、大学生的秘密集会。从20人到100人、200人不等。”这些会议通常都在工人家里举行。在莫斯科和列宁格勒与会者总数达2万人之多。反对派在莫斯科高等技术学校举行了2000多人的集会。托洛茨基和加米涅夫在会上作了约2小时的讲话。此后中央发出号召书，要工人用暴力驱散反对派组织的集会。“此项号召仅仅是一种掩饰，以便出动国家政治保卫总局领导下的战斗队向反对派发动一次精心准备的进攻。斯大林想用血腥镇压来解决问题了。我们发出暂时停止大型集会的信号，但这已经是11月7日示威之后的事了。”[1]

“十三人政纲”共12章，阐述了反对派同当权派之间在9个方面的分歧。第11章“关于真正的和伪造的分歧”中列举了18项在党内外、国内外政策上的具体分歧，如资本主义稳定，一国社会主义，无产阶级国家的官僚主义蜕化，热月化，富农和平长入社会主义，对私人资本积累的估计，“超工业化”，价格政策，英国总罢工，同阿姆斯特丹工会国际的关系、中国革命、战争危险和国防、共产国际、“托洛茨基主义”的帽子等问题。[2]

1927年10月，在列宁格勒召开苏联中央执行委员会的例会，10月17日为庆祝大会的召开举行群众游行。托洛茨基和季诺维也夫等人乘车环城观看游行的规模和情绪。塔夫利达宫前面停着几辆卡车当作观礼台，托洛茨基等人的汽车开到纠察线前停住开不过去，卫队长请他们登上最后一辆汽车的观礼台。卡车立即被围得水泄不通，工人和红军战士对托洛茨基等高声欢呼。官方对此自然无法容忍。中央执行委员会主席加里宁等见此情景跑到托洛茨基等人所在的最后一辆车上来。但没有用，群众高呼的仍然不是他们的名字。游行变成了支持反对派的突发事件。[3]

当权派借此加紧对反对派领袖的镇压。1927年10月21—23日联共中央和中央监委召开联席全会，会上国家政治保卫总局局长明仁斯基作了报告（公开的议程中没有列入这一报告）。会议听取了中央监委主席团关于托洛茨基和

[1] *Троцкий.* Моя жизнь. Берлин. 1930.Т.2. С.277–278.

[2] ［俄］托洛茨基著：《俄国局势真相》，三联书店1963年版，第101—106页。

[3] *Троцкий.* Моя жизнь. Берлин. 1930.Т.2. С.278–279.

季诺维也夫在八月联席全会之后所进行的派别活动的报告，认定反对派已经“发展到同资产阶级知识分子一起组织反列宁主义的新党的地步”，决定把两人开除出中央委员会。[1]

托洛茨基在会上发表了讲话，这是托洛茨基最后一次在党的中央全会上公开发言。在他发言期间主席团有人不断干扰他的讲话，有人向他扔杯子，有人抓住他的胳膊要把他拉下台，中央监委主席团委员雅罗斯拉夫斯基甚至将厚厚的钉成一叠的控制数字材料朝托洛茨基的头上砸去，如此等等。[2] 托洛茨基说：列宁曾提到的粗暴和不忠已不光是个人的品质，这已成了当权派及其政策和制度的品质。现行方针的主要特征是相信暴力（甚至对党本身施加暴力）是万能的。“斯大林的直接任务是分裂党，取消反对派，使党习惯于从肉体上消灭的方法”，其目的是剪除反对派，从肉体上消灭他们。已经有人在说：“开除一千，枪毙一百，党内就太平了。”他们“纠集一伙法西斯哨帮，用拳头解决问题，砸书本，扔石头，监狱的铁窗，这就是斯大林方针在向前推进之前暂时选定的方针”。[3]

根据全会的决定，1927 年 11 月 5 日和 17 日《真理报》在“争论专页”公布了《托洛茨基反对派关于农村工作的反提纲》，提纲的原名是《布尔什维克列宁主义者（反对派）提交联共（布）第十五次代表大会的提纲》。[4]

11 月 7 日是十月革命 10 周年纪念日，在纪念日前夕，斯大林发表特别宣言，宣布：1. 苏联实行 7 小时工作制，现有工资不变；2. 35% 的农户年免除纳税。反对派把它叫做“蛊惑”，投票反对这个宣言，因而被当权派指责为反对人民的根本利益。

在十月革命节那一天，莫斯科举行了盛大游行。反对派也组织了自己的游行队伍，莫斯科由托洛茨基率领，列宁格勒由季诺维也夫率领。在游行过程中发生了数起冲突。反对派打出的口号是：“回归列宁！”“向右开火，反对富

[1] 《苏联共产党代表大会、代表会议和中央全会决议汇编》，第 3 分册，第 352—353 页。

[2] 见 1927 年 10 月 24 日托洛茨基致中央书记处的信。《苏联历史档案选编》，第 10 卷，第 399 页。

[3] 《苏联历史档案选编》，第 10 卷，第 390—398 页。

[4] 提纲全文见《托洛茨基言论》，下册，三联书店 1979 年版，第 829—903 页。

农、耐普曼和官僚!”“反对机会主义，反对分裂，拥护列宁党的统一!”“执行列宁遗嘱!”“争取真正的工人民主!”“世界革命的领袖托洛茨基和季诺维也夫万岁!”在此期间，一伙军人闯进中央委员斯米尔加的住宅，摘走有列宁、季诺维也夫和托洛茨基肖像的红色旗幅。在巴黎宾馆（苏维埃第27号楼办事处）的阳台上站着反对派斯米尔加、普列奥布拉任斯基等人。一伙人向他们投掷土豆、冰块、西红柿、黄瓜，并冲上阳台，把他们拽出阳台，扣留在饭店的一个房间达数小时之久。许多反对派成员遭殴打。加米涅夫、穆拉洛夫和托洛茨基乘坐的汽车沿谢苗诺夫大街行驶，驶过游行队伍时传来4声枪声。各游行队伍纷纷扑向反对派，殴打他们。高喊“打倒”和“揍反对派”，“揍反对派—犹太佬”和“揍犹太佬”的口号。[1]季诺维也夫和拉狄克等人在列宁格勒参加了类似的游行，其遭遇也大体相似。

11月14日，中央委员会和中央监察委员会联席会议认定托洛茨基和季诺维也夫已“由反对党和反对党的统一派别斗争发展到同资产阶级知识分子一起组织反列宁主义的新党的地步，决定把托洛茨基和季诺维也夫开除出党，把加米涅夫、斯米尔加、叶夫多基莫夫、拉柯夫斯基、阿夫杰耶夫开除出中央委员会，把穆拉洛夫、巴卡耶夫、什克洛夫斯基、彼得松、索洛维也夫等开除出中央监察委员会。[2]这是为召开党的十五大而进行组织准备的最后一个措施，使反对派领袖们无法利用代表大会的讲坛。此后开始大规模地清洗和逮捕那些在反对派文件上签过名的共产党员。据雅罗斯拉夫斯基说：“从第十四次代表大会至(1927年)11月15日，因参加派别活动而受到追究的人总共有2031人……开除了其中的970人。”[3]

1927年12月2—19日在莫斯科召开了**联共（布）第十五次代表大会**。

这次代表大会是苏联历史中的重要路标。由于五年计划指令的通过，代表大会标志着向计划分配体制的过渡。计划的基础是高速度的工业化，通过大

[1] 事后穆拉洛夫、斯米尔加、加米涅夫、托洛茨基、尼古拉耶夫等人分别向中央委员会和中央政治局、中央监察委员会及其主席团就暴行事件提出申诉。见《苏联历史档案选编》，第10卷，第442—463页。

[2] Правда.1927. 15 ноября.

[3] Пятнадцатый съезд ВКП(б). Стенографичесий отчет. М.,1961. С.550.

幅度提高税额向城乡私人资本主义成分进攻，对贫农采取鼓励政策，加强农村的合作化。与此同时指令中还保留某些合理的经济政策的痕迹，指出必须保持平衡，保持消费和积累、工业和农业之间的正确比例，考虑开发自然界和吸收劳动力储备的可能性，建立后备，等等。有大量的专家参与计划的制订。五年计划有两个方案：最低方案和最佳方案。总的说来，预定5年后达到某种中间水平，从而向社会主义迈出重要的一步。

斯大林在会上作了中央委员会的政治报告，对党内斗争作了总结。在讨论斯大林报告的时候，5名反对派成员：穆拉洛夫、叶夫多基莫夫、拉柯夫斯基、巴卡也夫和加米涅夫发了言。加米涅夫在发言中强调和解，说“发言只抱有一个目的——寻求反对派与党和解的途径”，声明无条件服从代表大会的决定，完全停止一切派别斗争和解散派别组织。与此同时，加米涅夫声明，如果除此之外再加上要我们放弃观点，“这就不是布尔什维克的做法了。同志们，在我们党内从未有过要求放弃个人观点的做法”，要求放弃自己的观点，是无法接受的，也是不能容忍的。“穆拉契柯夫斯基等人已被投入监狱，而我们还处在自由状态，这种处境是无法忍受的。我们和这些同志一道斗争过，不能把我们同他们分开。我们对他们的行为负责”。[1]

反对派的发言被多次打断，大会给予反对派以反击。当时站在斯大林一边的李可夫的发言颇有代表性。他说：“加米涅夫同志在结束发言时说，他不能同那些现在坐牢的反对派分开。我在开始发言时要说，我不能和那些把有反党反苏维埃行为的某些反对派成员投入监狱的革命者分开。”“加米涅夫同志曾是政府成员，有一定的政治经验，他不应当为有一些人在反对派尖锐的反党的斗争中被投入监狱而抱怨，而应当认为在反对派企图造成的‘局势’下被关的人非常少。我认为不能保证近期内监狱里的人数不会增多。”[2]

这是动用专政的力量来镇压反对派了。

12月18日，大会“关于反对派”的决定中认定，“反对派已经从策略性分歧转到纲领性分歧”，“从派别活动发展到建立自己的托洛茨基党”，其活动

[1] Пятнадцатый съезд ВКП(б). Стенографичесий отчет. М.,1961. С.281、284–285.

[2] Пятнадцатый съезд ВКП(б). Стенографичесий отчет. М.,1961. С.285–286、291.

“越出了苏维埃法律的范围”，因而认为11月14日开除托洛茨基和季诺维也夫出党的决定是正确的。宣布“参加托洛茨基反对派和宣传其观点的行为与留在联共（布）党内不能相容”。大会决定把加米涅夫、拉狄克、皮达可夫、拉柯夫斯基、斯米尔诺夫等75名托洛茨基反对派积极分子开除出党，把“显然是反革命的萨普龙诺夫集团”23人开除出党。[1]

12月19日，季诺维也夫和加米涅夫等23名反对派成员（没有托洛茨基）向十五大提交声明：说“代表大会认为12月10日关于放弃宣传我们观点的声明是不够的，不能令人满意的。因此我们接受代表大会要我们在思想上和组织上解除武装的要求。我们愿意承担责任，维护党的代表大会、代表会议、中央委员会的观点和决定。”[2] 大会则决定对19日的声明不予审理。

在十五大后召开的中央全会上，斯大林最后一次提出辞职说：

> 我认为，直到最近时期的情况使党要我这个作为较有分量的对抗反对派的人留在这个位置上。现在反对派不仅被粉碎，而且被开除出党。然而我们有列宁的指示，这个指示我觉得应当付诸实施。因此请求全会解除我的总书记职务。我向你们保证，同志们，这样做只会给党带来好处。[3]

全会否决了斯大林的请求。据斯大林说，他曾经多次提出辞职：在党的第十三次代表大会后的第一次中央全会上，他请求辞去总书记的职务，但是“所有代表团，连托洛茨基、加米涅夫、季诺维也夫也在内，都一致责令斯大林留在自己的岗位上。”“一年后，我又向全会提出辞职，当时全会又责令我留在岗位上。”[4]

1928年年初，托洛茨基被流放阿拉木图，1929年1月，被驱逐出境。国家政治保卫局1月18日的决定写道：

“事由：公民列·达·托洛茨基一案，根据刑法典第58条第10款被控从事反革命活动，组织反苏维埃的地下党，该党近来策划反苏维埃的活动，旨在

[1] 《苏联共产党代表大会、代表会议和中央全会决议汇编》，第3分册，第420页。

[2] Пятнадцатый съезд ВКП(б). Стенографичесий отчет. М.,1961. С.1417.

[3] Политическое образование. 1988. № 8. С.44.

[4] 《斯大林全集》，第10卷，第151—152页。

反对苏维埃政权的武装斗争。判决：将公民托洛茨基·列夫·达维多维奇，驱逐出苏联国境。”[1]

“一国社会主义”问题的争论[2]

1926年8月，拉狄克和托洛茨基对斯大林多数派同反对派的基本分歧作了概括，他们认为多数派“背离了无产阶级的阶级路线”，表现在：1. 对党进行官僚主义的压制；2. 美化苏维埃国家的现状，否认苏维埃国家接近工人的必要性；3. 美化新经济政策，掩饰和淡化新经济政策的矛盾，对资本主义倾向的比重估计过低；4. 不理解工业落后于整个国民经济的发展所隐藏的危险；5. 对农村的分化估计不足，掩饰富农不断增长的作用，同时纵容农业人民委员部在农业合作社方面采取依靠生产能力强的中农即实质上是富农的方针；6. 对城乡小资产阶级的政治积极性比工人、贫农和贫苦农民的积极性提高得还快所产生的危险估计不足，放宽选举条例和选举办法，以利于小资产阶级；7. 不是同右倾，而是同那些对右倾提出警告的人进行斗争；8. 歪曲统一战线策略，将团结群众的方针偷换为同工人运动的右派领袖结盟的方针；9. 对建立东方全民族运动领导者即无产阶级强大的独立组织的必要性不理解，等等。

而中央多数派则指责反对派：1. 否认在苏联建成社会主义的可能性。2. 不理解苏维埃国家的工人性质；3. 过分强调官僚主义的危险；4. 反对派想不顾一切地把农民的积累抽给工业，对靠牺牲农民实现工业化会破坏结合的危险性估计不足；5. 对工人问题采取蛊惑人心的态度；6. 企图通过组织派别来分裂党；7. 结成无原则的联盟，它类似于当年的“八月联盟”；8. 借口党内民主而鼓励取消专政的小资产阶级倾向，等等。[3]

综合起来，两者的主要分歧是新经济政策是否发展了资本主义，农村的

---

[1] ［俄］托洛茨基著：《我的生平》，赵泓等译，上海人民出版社2007年版，第492页。

[2] 关于这场争论详见郑异凡《“一国建成社会主义”理论中的若干问题》、《恩格斯“同时胜利论”质疑》，载郑异凡《史海探索》安徽大学出版社2005年版。

[3] 见《苏联历史档案选编》，第9卷，第50—51、86—98页。

富农是否得到发展并成为农村的真正主人，工业化的资金是否应当取自农民（普列奥布拉任斯基的“社会主义原始积累规律”），工业应当采取怎么样的速度发展（所谓“超工业化”），党政机关的官僚主义发展到何种程度（所谓“热月”和“蜕化”），党机关是否取代了党本身，党内是否应当和允许存在不同意见，如何看待党内的派别存在，党内的主要倾向是“左”还是右，等等。反对派认为出路在于改造新经济政策，实行高速度工业化，发展重工业，以支持世界革命。他们把批评的火力集中瞄准布哈林及其他“右倾机会主义者”（李可夫、加里宁、捷尔任斯基、托姆斯基等）的经济构想，而把斯大林及其拥护者莫洛托夫、古比雪夫、基洛夫等看做是机关“中派集团”。而斯大林当时打的旗帜是捍卫新经济政策，反对镇压，反对人为地制造阶级斗争，暂时容忍布哈林的“长入社会主义”、“发财吧”的口号，用“一国社会主义”理论对抗托洛茨基的世界革命和“不断革命”理论。这样，经过长期战争和动乱，追求安定生活的苏联人民多数会去支持斯大林所宣布的政策，而反对或者摒弃托洛茨基的方针。

20年代争论得最激烈、占篇幅最多的问题是托洛茨基的“不断革命论”和斯大林的“一国社会主义理论”。

苏联单独一国能够建成社会主义的理论是斯大林独创的理论，这个理论是斯大林在同托洛茨基争论中通过修改自己的观点而逐步形成的。

斯大林在1924年4月发表的《论列宁主义基础》中明确断言，在一个国家内可以推翻资产阶级政权，建立无产阶级政权，但不能解决“组织社会主义生产”这一社会主义的主要任务。“为了获得社会主义的最终胜利，为了组织社会主义生产，单靠一个国家的努力，特别是像俄国这样一个农民国家的努力就不够了——为了达到这个目的，就必须有几个先进国家中无产者的共同努力。”[1]

不久，斯大林否定了自己的上述论断，宣布这是“一个很不全面的陈旧的公式”。[2] 为自圆其说，斯大林把一国胜利问题分解成两个问题，一个是可能用一国的力量建成社会主义，他对此给予肯定的回答，另一个是免除外国武

[1] 见《斯大林全集》，第8卷，第60页。

[2] 同上书，第64页。

装干涉从而免除旧制度复辟的保障问题，他给予否定的回答，他认为要解决这一问题“至少必须有几个国家内革命的胜利”。这样他就把能否建成的唯一障碍推到国外的武装干涉上去，而认为除此之外苏联什么都能靠自己的力量办到。他脱离具体时间地点片面援引列宁在 1915 年至 1923 年的言论，无视列宁大量与此直接相反的言论。同时，从托洛茨基的不同年代的著作中摘取认为社会主义在一国不可能胜利的言论，同列宁的作对比，从而建立列宁主义同“托洛茨基主义”根本对立的概念。

这里需要提一下列宁在这一问题上的基本观点。列宁始终坚持无产阶级革命的国际性，把俄国革命看做世界革命这一统一过程的组成部分。他认为无产阶级革命的根本任务是消灭资本主义，“按事情本质来说，要想在一个国家内战胜资本是不可能的。资本是一种国际力量，要想彻底战胜它，工人在国际范围内也必须共同行动起来。”[1]1922 年春列宁用更为明确的语言声明：“我们向来笃信并一再重申马克思主义的一个起码的真理，即要取得社会主义的胜利，必须有几个先进国家的工人的共同努力。”[2] 他把这叫做马克思主义的“起码的真理”，虽然是个“痛苦的真理”。没有理由认为列宁最后抛弃了这一被称为真理的原理！

但是，列宁认为，在特殊情况下单独一国可以发动革命，夺取政权，建立无产阶级专政国家。俄国就是一个例子，在战争和危机等各种情况的凑合下，布尔什维克党发动武装起义，夺取了政权，建立了苏维埃国家。但是列宁并不认为，俄国单独一个国家可以建成社会主义社会。他起先寄希望于西欧先进国家无产阶级革命的胜利，指望它们及时给予落后的俄国以支援，在西方革命无望的情况下，列宁改而寄希望于东方的殖民地半殖民地国家，指望它们的觉醒能够同苏俄建立起反帝联盟，帮助苏维埃政权存在下去，并进行社会主义建设。

一国建成社会主义理论一提出来就受到党内最高领导层几乎一致的反对。反对者之一是季诺维也夫，他认为社会主义的最终胜利至少应理解为消灭阶级，从而废除一个阶级的专政，即无产阶级专政。换句话说，社会主义的完

[1] 《列宁全集》，中文第 2 版，第 40 卷，第 318—319 页。

[2] 同上书，第 42 卷，第 450 页。

全和最终胜利是从共产主义的第一阶段或低级阶段过渡到第二阶段即最高阶段。[1]季氏在这里坚持的是一种传统的社会主义观点，按照这种观点，社会主义就是消灭阶级，不仅消灭剥削阶级，而且也消灭工人阶级和农民阶级。反对派并不反对在苏联进行社会主义建设，但是认为苏联单独一国不可能建成社会主义。

这里涉及一个重大问题，即什么是社会主义，要建成的是什么样的社会主义，也就是社会主义的标准问题。

斯大林本人对此有不同的说法。一种说法是认为社会主义是无阶级的社会，同季诺维也夫的观点一致。1926年，斯大林在《论列宁主义的几个问题》中写道，无产阶级专政的第三个任务是“利用无产阶级专政来组织社会主义社会，消灭阶级，过渡到无阶级的社会，即过渡到社会主义社会”。[2]1927年，他在同第一个美国工人代表团谈话中重申这一观点：“马克思和恩格斯把无产阶级专政时期看做相当长久并充满革命搏斗的国内战争的时期，掌握政权的无产阶级在这个时期内采取经济上、政治上、文化上和组织上的种种必要措施，以便建立社会主义的新社会、没有阶级的社会、没有国家的社会，来代替资本主义的旧社会。”[3]1933年斯大林宣布五年计划的任务是“建立起在苏联消灭阶级和建成社会主义社会的经济基础”。[4]1934年在联共十七大的总结报告中再次提出，“我们正向着建立无阶级的社会主义前进”。[5]1938年即在宣布社会主义已在苏联建成之后，他在回顾20年代的争论时还说，当时争论的是能不能靠自己的力量“建立起没有阶级的新社会，即完全的社会主义社会呢？”[6]

与此同时，斯大林还有另一个社会主义的标准：社会主义的胜利或建成就是战胜本国的资本主义成分，解决农民问题。1926年他在《论列宁主义

---

[1] ［俄］季诺维也夫著：《列宁主义》，第234—235页。

[2] 《斯大林全集》，第8卷，第31页。

[3] 同上书，第10卷，第87—88页。

[4] 同上书，第13卷，第158页。

[5] 同上书，第310页。

[6] 《斯大林文选》，上册，第166页。

的几个问题》中写道：社会主义可能在一个国家内胜利，“就是可能用我国内部的力量来解决无产阶级和农民间的矛盾”。[1] 同年，他在一个报告中说，我国社会主义胜利的可能性“就是我国经济中的社会主义成分战胜资本主义成分的可能性”。[2] 他在共产国际作报告说：“在苏联建成社会主义就是在斗争进程中用本身的力量战胜苏联本国的资产阶级”。[3] 在这里消灭阶级变成了消灭资产阶级，消灭作为小生产者的农民阶级，建立起没有剥削阶级的社会。

没有阶级的社会同**没有剥削阶级**的社会虽然仅仅两字之差，却是有质的不同的两个历史时代！

如果撇开那种靠行政命令实现的人为措施，那么生产关系的真正变革，那种水到渠成的生产关系的变革，是离不开生产力的高度发展的。因此，谈社会主义是不能离开生产力标准的。

托洛茨基是斯大林一国社会主义理论的主要反对者。他认为，当代经济已形成世界经济，生产力已越出一国的范围，成为世界性的。帝国主义时代内在的最重要的矛盾就是生产力同国家壁垒的矛盾，单独一个国家对于资本主义已经变得过分狭小，更不可能作为完备的社会主义的地盘。国际分工，各国在经济上的相互依赖，这一切都使得单独一国不可能建成社会主义。社会主义要有高于资本主义的生产力发展水平，建成社会主义的前提是消灭阶级，按社会主义方式组织全部生产和消费以取代阶级社会。这又要以生产力的高度发展为前提，必须使还非常落后的苏联的生产力超过资本主义的生产力。问题不仅仅在于武装干涉的危险，还有廉价商品的干涉。这就需要提高生产力水平。同世界市场的联系是割不断的、不能人为撇开的。托洛茨基认为，解决苏联社会主义建设中经济技术落后矛盾的办法只有世界革命，如果西方先进资本主义国家无产阶级革命取得胜利，他们就会用最先进的技术来帮助俄国发展生产力，在俄国实现社会主义。托洛茨基同斯大林的分歧可以归结为“世界革命论”同“一国建成论”的对立。然而，历史证明，一国社

[1] 《斯大林全集》，第 8 卷，第 64 页。

[2] 同上书，第 231 页。

[3] 同上书，第 9 卷，第 20 页。

会主义理论所不能解决的问题，世界革命论同样不能解决。要用单独一国的力量在一个落后的国家建成没有阶级的社会主义是个空想，指望西方先进资本主义国家无产阶级革命胜利，从而给予苏联以先进技术的援助，同样是乌托邦。

然而，到1936年，当大饥荒仅仅过去4年，人民生活还处于贫困的水平，国内进行大规模镇压的时候，斯大林宣布苏联已经基本建成社会主义。

1939年8月，拉斯科尔尼科夫致斯大林的信中说，工人阶级以英雄主义气概承受紧张的劳动，承受不足餬口的工资、狭小的住房、短缺的商品等困难。“他们相信您会领导他们走到社会主义，但您欺骗了他们的信任。”“您剥夺了他们的希望：您宣布最终建成了社会主义。工人们不解地窃窃相问：‘如果这就是社会主义，那为什么要为之奋斗，同志们？’”[1]

对这种高层展开的理论问题争论，一般工人和农民并不感兴趣。在争论最热闹的时候，1926年11月14日，一个名叫Л.Н. 加里宁的非党工人给莫洛托夫写信说：我作为工人只看见一件事，我一天的工资是280戈比，但房租一个月10卢布，照明3—6卢布，合作社出售的皮鞋为20—25卢布（并且质量很差），400克白面包11—13戈比，一包香烟20戈比，肉35—40戈比，如此等等。“您是对的，这对您来说是小事，但我的全部生活都来自这些小事！您会说，这是小市民作风，是小事，更重要的是事业——这就是弄清楚谁更为正确地理解恩格斯同志‘关于一国社会主义革命的可能性’的提法，1905年列宁就这个问题所写的文章是否指的是俄国，谁理解得正确一些，是托洛茨基还是加米涅夫、季诺维也夫，还是您同斯大林。是的，也许这是重要的，但对我们来说肚子也是重要的，当你们在那里争论的时候，我们的家庭也许会饿死。并且我自己也会由于劳累过度而死去!!! ……我们这些都不懂，我们只想工作和吃饱。”[2]

---

[1] *Раскольников Ф.* Открытое письмо Сталину. Страницы истории.1988. Лениздат.1989. С.111–112.

[2] История России. 1917–1940. Хрестоматия. Под ред. проф. *М.Е.Главацкого.* Екатеринбург. 1993. С.156–157.

第九节 布哈林、李可夫和托姆斯基的抗争[1]

联共第十五次代表大会最终粉碎了联合反对派。列宁时期政治局有5名委员：列宁、托洛茨基、季诺维也夫、加米涅夫和斯大林。通过几年的党内斗争斯大林打倒了3名，消除了最大的竞争对手，取得了政治上的巨大胜利。但

---

[1] 关于联共党内布哈林同斯大林的争论，长期以来苏联的史书特别是《联共（布）党史简明教程》都当做斯大林反对布哈林右倾集团的机会主义的斗争，历史学家瓦加诺夫的著作《联共（布）党内的右倾及其被粉碎》（*Ваганов Ф.М.* Правый уклон в ВКП(б) и его разгром. М.,1970.）是这种观点的代表作，虽然作者引用了大量鲜为人知的档案资料。为这场争论恢复本来面貌的是美国历史学家斯蒂芬·科恩的专著《布哈林与布尔什维克革命——政治传记（1888—1938）》（徐葵等译，人民出版社1982年版）。1988年苏联为布哈林、李可夫等人恢复名誉之后，出版了大量尘封半个多世纪的布哈林本人的著作、有关布哈林的档案材料和专著。对研究布哈林同斯大林争论最有价值的是5卷本的联共（布）中央全会会议速记记录《新经济政策是怎样被断送的》（Как ломали НЭП. Стенограммы пленумов ЦК ВКП(б). В 5- ти томов. М., Изд. Материк. 2000. 已有人民出版社出的中译本）。在中国，关于布哈林的重新评价从20世纪80年代初已经开始，叶书宗："布哈林不是'三仙巷事件'的策划者"（1980，见叶书宗：《俄国社会主义实践研究》，安徽大学出版社2005年版），郑异凡："有关布哈林的若干问题"（1981）、"重评布哈林的'阶级斗争熄灭论'"（1981，见郑异凡：《史海探索》，安徽大学出版社2005年版），开始从历史和理论的角度重新评价布哈林。此后陆续出版了几本有关布哈林的专著，如传记性的范玉传著《布哈林传》（华夏出版社1987年版），闻一、叶书宗著《布哈林传》（吉林教育出版社1988年版），张伟垣、许林森著《被玷污的岁月——布哈林与布哈林问题》（世界知识出版社1989年版）。郑异凡的《布哈林论》（中央编译出版社1997年版、2007年修订版），把着重点转向对布哈林观点的理论分析。1981年人民出版社出版了由中央编译局国际共运史研究室编译的3卷本的《布哈林文选》，是迄今为止世上篇幅最大的布哈林选集。人民出版社还在1986年出版了由中央编译局国际共运史研究室编译的《李可夫文选》。这些都是研究这场争论的重要资料。值得一提的是中共驻共产国际代表瞿秋白1929年3月的《致中共中央政治局的信》以及后续的几封信，相当详细地介绍了布哈林同斯大林的分歧（《瞿秋白文集》，第6卷，人民出版社1996年版，第293—324页），这是最早传到中国的关于布哈林和斯大林争论的信息。

是党内斗争本身并不解决国内的经济问题，就在斗争硝烟弥漫之际，一场严重的危机已经悄悄到来，这就是粮食收购危机。实行新经济政策之后，曾经多次出现危机，但经过政策调整以及其他措施，都得到较为妥当的解决。而这一次危机却导致又一轮党内斗争和新经济政策的终结。

粮食收购危机和斯大林的西伯利亚方式

1927年年底至1928年年初苏联发生了严重的粮食收购危机。

1926年年底苏联收购了4.28亿普特粮食，而1927年年底才收购了3亿普特，缺额达1.28亿普特。为解决收购问题，联共（布）中央1927年12月14、24日和1928年1月6日给各地接连发出三个指令，要求加紧收购工作，完成收购任务。

1928年1月5日，政治局成立了以斯大林为首的中央委员会的特别委员会，负责领导粮食收购工作。1月6日中央发布了斯大林签署的《中央就粮食收购问题给各地党组织的指令》，要求各省（边区）完成商业人民委员部下达的年度和月份任务，商业部关于装运粮食的安排必须严格地准确准时执行，对富农和破坏农产品价格的投机分子必须采取特殊的镇压措施。指令警告说："拖延执行本指令，在本周内在粮食收购工作坚决转变上未作出实际成绩，将迫使中央面对撤换党组织现任领导人的必要性问题"。[1]

1月15日，斯大林秘密赴西伯利亚，先后视察了西伯利亚、巴尔瑙尔、卢布佐夫斯克、鄂木斯克、克拉斯诺亚尔斯克，最后又回到鄂木斯克。这是斯大林最后一次到外地基层视察，在视察过程中作出了影响深远的重要决策，产生了所谓**"西伯利亚方式"**。

就在斯大林成行前夕，1月14日，发出了《中央就加强粮食收购措施给地方党组织的电报》。电报继续上述指令的精神，认为"已经证明，收购工作中三分之二的错误属领导的失误"，同时也要求打击投机分子和富农，逮捕他们以及其他瓦解市场和破坏价格政策者。粮食收购是我们无论如何都应攻下的堡垒，"如果我们按布尔什维克的方式工作，施加布尔什维克的压力，那

[1] Известия ЦК КПСС. 1991. № 5. С.193－195.

我们一定能攻下它”。斯大林西伯利亚之行的任务就是去“施加布尔什维克的压力”！

1 月 18 日，斯大林出席联共西伯利亚边疆区区委常务局及粮食收购组织、其他组织代表会议，会议纪要第一次提出**运用刑法典第 107 条于粮食收购工作**。

此前，1 月 17 日，边疆区常委会曾决定，各基层粮食收购区把几名(4—10 名）有粮食而利用粮食困难投机、哄抬价格、囤积粮食的富农作为恶劣的投机分子没收粮食。18 日的会议纪要则进一步明确：“作为此决定的补充，认为有必要以检察机关的名义执行上述措施（按照刑法典第 107 条的程序)”。[1]

所谓 105 条和 107 条是指俄罗斯联邦刑法典有关条文。其内容如下：

“第 105 条。破坏调节商业的条例……处以 1 年以下强迫劳动或 2 000 卢布以下的罚款。合作或信贷机构管理机关的人员犯有为法律或机关条例所禁止的行为者，处以 6 个月以下的强迫劳动或 500 卢布以下的罚款。”

“第 107 条。通过采购、藏匿商品或不投放市场等手段蓄意抬高商品价格者，处以 1 年以下剥夺自由并没收全部或部分财产，或剥夺自由。

上述行为如查明有同商人勾结者，处以剥夺自由 3 年以下并没收部分财产。”[2]

这些条文本来是用来对付在流通领域利用商品进行囤积居奇、投机倒把行为的，并不涉及自家生产的产品，哪怕是富农生产的产品。但此令一出，凡拒绝按国家牌价出售余粮者，不管是富农还是中农，就统统按 105、107 条论处。

斯大林 1 月 19 日从西伯利亚给中央的密电中指明了这两条的打击对象：1. 根据第 107 条打击投机者及富农—收购者，他们是革命法制的破坏者。2. 按第 105 条打击基层机关中纵容投机者及帮凶，他们是苏维埃法律的破坏者。[3]

另一项重大措施是 1 月 10 日在西伯利亚边疆区区委下成立“非常粮食小组”，由谢・伊・瑟尔佐夫等三人组成，这是一个在边疆区拥有全权的特殊机

---

[1] Известия ЦК КПСС. 1991. № 5. С.197.

[2] Известия ЦК КПСС. 1991. № 5. С.197.

[3] Известия ЦК КПСС. 1991. № 5. С.202.

构。此后全国各地纷纷仿效，成立此类享有特别全权的“三人小组”。

在中央领导人视察期间有大量的地方工作人员因“态度软弱”、“调和情绪”、同富农“勾结”而被撤职查办，开除出党。在莫洛托夫视察的乌拉尔地区，从1928年1月至3月就有1157名边疆区、区和村机关的工作人员被撤职。

与此同时，开始关闭市场，挨户搜查，把拥有存粮者送交法庭。而法庭则没收一切粮食，不仅储存的商品粮，还有农户自己生产和消费所必须的粮食，往往连农具也没收。对农民实行体刑、打耳光，等等。最后还动用俄罗斯联邦刑法典第58条第10款有关反革命鼓动的条文去对付敢于口头谴责暴力的人。

在“布尔什维克的压力”下，粮食收购进度大大加快。据斯大林本人给中央的密码电报报告，北高加索过去每5天共收购50万—60万普特粮食，现上升为100万—150万。俄罗斯中部4省过去为60万—70万，现为150万普特。

斯大林在1月27日给中央发电报，“祝贺中央委员会在一月份取得8 000万普特的成绩”，欢呼“这是党的决定巨大胜利”！[1]

斯大林的西伯利亚之行不只是解决了一个粮食收购问题，而且也是农业发展或农村发展道路的一个根本转折。正是在这次视察中，斯大林首次明确提出要发展“大型的集体经济”，即发展集体农庄。最有代表性的是他在联共(布)西伯利亚边疆区委常委会秘密会议上的讲话。[2]

斯大林指出，革命前俄国约有1500万个体农户，而现在达2500万。这意味着地主破产了，大经济被摧毁了，农户的耕地增加了。如果农业继续沿这条道路发展下去，那么每过10年就得重分一次地。斯大林认为，“农业的继续发展可以有两条道路：或者发展大型的个体经济，或者是发展大型的集体经济。第三条道路是没有的”。[3] 苏联的中农同德国的不一样，是小农，他们很少使用机器，而贫农则是更小的小农，他们必须沿着扩大经济的路线发展，“沿着逐步把小农和小小农联合成大型的集体经济的路线发展农业”，并且现在

---

[1] Известия ЦК КПСС. 1991. № 5. С.179.

[2] 其简要记录即系18年后才发表在《斯大林全集》第11卷上的《论粮食收购和农业发展的前途（1928年1月在西伯利亚各地区的讲话节录）》。

[3] Известия ЦК КПСС. 1991. № 6. С.204.

就应采取认真的步骤，应当着手干起来。[1]

斯大林为集体农庄鼓吹，说集体农庄在我们这里还不多，它们有点被忽视，被认为不是农业中的主干道。在首次发表在《斯大林全集》上的《论粮食收购和农业发展的前途》中强调："目前苏维埃制度是建立在两种不同的基础上：联合的社会主义化的工业和以生产资料私有制为基础的个体小农经济"。苏维埃制度是不能长久地建立在这两种不同基础之上的。因此：一、"必须逐步而又坚定不移地把出产商品最少的个体农民经济联合为出产商品最多的集体经济，联合成为集体农庄"。二、"必须使我国各地区毫无例外地都布满集体农庄（和国营农场）"。[2]

把建立集体农庄提到首位，这是以前党的决议，包括联共（布）第十五次代表大会决议所未见的，是斯大林的创造。这标志着苏联农业组织形式的一个根本性转折。

党的十五大的决议中有关部分是这样说的：

"必须把分散的农民经济在农民进一步合作化的基础上逐步转上大生产的轨道（在农业的集约化和机械化的基础上集体耕种土地）看做首要的任务，大力扶持和鼓励社会化的农业劳动的幼芽。"（《关于中央委员会的总结报告》的决定）

"必须指出，一般合作社，特别是农业合作社，除了有巨大的经济意义之外，它们还是在经济上大规模地联合农民并发挥农民的主动性和创造性的最好形式，是在经济上、文化和政治上改造农民并把农民纳入总的社会主义建设轨道的最好形式。"

"反对派的特点就在于他们不相信能够通过合作社把基本农民群众纳入社会主义建设轨道。这就是否定列宁的合作社计划，因此也就是直接背叛了列宁主义。"[3]

决议提到了"把个体小农经济联合并改造为大规模集体经济这一任务应

---

[1] Известия ЦК КПСС. 1991. № 6. С.205.

[2] 《斯大林全集》，第 11 卷，第 7 页。

[3] 《苏联共产党代表大会、代表会议和中央全会决议汇编》，第 3 分册，第 360、402—403 页。

该作为党在农村中的基本任务”，但认为这必须通过合作社这种形式逐步地、自愿地从供销领域扩展到生产领域。决议并没有把集体化和集体农庄提到首位，更没有提出让集体农庄布满全国的任务。

这一根本性的改动是斯大林在巡视西伯利亚时作出，然后用电报形式通知中央的。这也开创了斯大林新的工作方式——先斩后奏，先由个人作出决定并付诸实施，然后让中央追认。

非常措施引起的分歧

非常措施的施行立即在两方面引起强烈的反应。首先是农民，特别是中农的强烈不满。其次是比较了解下情的地方干部的反对。

西伯利亚农业银行理事会主席 С.И. 扎古缅内在 1 月 18 日的会上对实行非常措施提出异议。次日又写信给斯大林，认为不能仅仅因为不把粮食投放市场就对富农采取此类措施。富农的剥削不在商业方面，而在农产品的生产方面。在整个新经济政策时期对富农都没有采取过这种措施，而是采取旨在限制其增长的经济影响手段。他写道：“中农和贫农基本群众会把只因富农不出售粮食而把他送交法庭看做是在某种形式下回到军事共产主义时期，回到粮食征收制时期”。“根本问题在于，仅仅因‘不投放’粮食而惩处富农会使中农相信，迟早会轮到他们身上，他们也存有一定数量的余粮”。他建议，对富农采取第 107 条措施时“要极端谨慎”。[1]

斯大林在 1 月 20 日的会上反驳扎古缅内信中所说的富农的剥削实质不在商业而在生产方面，认为“这当然是错的，因为私人生产者搞生产不是为了生产，而是为了出售”[2]。斯大林就此作了这样的概括：“个体经济不是为自己生产，而是为出售生产，否则他们就不会得到任何好处。”[3] 斯大林的这一结论是不确切的，个体经济，特别是像中农这样的个体经济，首先是为满足自己的需要而生产，如果还有剩余才会出售。把全部个体经济都看作为出售而生产，这是为扩

[1] Известия ЦК КПСС. 1991. № 5. С.199–201.

[2] Известия ЦК КПСС. 1991. № 5. С.207.

[3] Известия ЦК КПСС. 1991. № 5. С.209.

大 107 条的适用范围而制造的理论，是为强制中农交出余粮而寻找的借口。果然，斯大林接着就说，一部分人，一部分中农将会叨叨，请看一个人在劳动，却不让他随意出售。“他们将感到委屈——我们把他们当做不把自己的商品投放市场的人，甚至当做收购者而揍了他们。我前天说过，中农会说，我用自己的钱购买粮食，如果你想要，你也买好了。显然应该执行谁也不得罪的政策，但从来也没有这种政策。我们不能这样处理富农而不得罪中农。这种政策是没有的，一部分中农将会感到委屈。**中农会懂得，这是新经济政策中的转折。**”[1]

“新经济政策中的转折”一语透露了斯大林的最终取消新经济政策的目标。

实行非常措施引起广大干部和各阶层农民的强烈不满。

1928 年 1 月联共“第 199—202 号磨坊”支部书记 B. 库兹涅佐夫向卡缅斯克区委书记报告农民的情绪时说，农民都抱怨今年的赋税太重，这种征税伤了中农和贫农。完不成任务的农民往往被关在冰冷的仓库里。红雅尔村的一个农民无力纳税，就没收了他的几匹马和一头奶牛，结果第二天早上发现他已上吊身亡。在这种情况下农民不愿多种，有的农民说，多种了，又从我这里拿走，对我有什么好处，只有为自己播种，税额减少，我才播种。[2]

一位村政治部主任、共产党员斯杰潘诺夫收到粮食收购的指令后说：“这是头脑发昏，这一切难道可以贯彻执行？为什么要一下子这么厉害地压榨所有的人？大概党有什么东西瞒着我们。反对派是对的，因为中央的这种政策导致了危机。”此人因此被撤职。还有一个支部书记也说：“不管反对派叫喊得多么厉害，我们执行的还是加米涅夫的政策，但这样能有好结果没有，我怀疑。”[3]

农民在谈论公开反抗。一个村苏维埃主席、贫农、共青团员说：“在十月革命十周年之际共产党人疯了或正在发疯。不能靠收税去建设。去年也收税，但不像现在这样靠大棒去收。把最后一头奶牛或一匹马以极低的价格出售，这有什么用？难道这样做能发展经济？看来农民只得像 1919—1920 年那样锻造长矛来保卫自己了。完全是在抢劫，要股金，要收税，要保险金，并且都要马上缴纳，而又不供给商品。”另一个贫农说：“这种压榨有 1920 年的气味，因

[1] Известия ЦК КПСС. 1991. № 5. С.207–210.

[2] Известия ЦК КПСС. 1991. № 6. С.215–216.

[3] Известия ЦК КПСС. 1991. № 6. С.181.

此看来只好去打造长矛了……”[1]

在西伯利亚1928年年初因对粮食政策不满而发生的农民闹事达13次，每起参加的人数从15人至300人不等，其中有11次是由于粮食困难引起的。1928年1—6月国家政治保卫局机关记录在案的在边疆区散发的反苏维埃传单有76份。恐怖活动日益增多，1927年4—12月共发生159起恐怖事件，而1928年1—6月半年间就发生252起。[2]

1928年3月26日全俄中央执行委员会秘书阿·谢·基谢廖夫在全俄中央执行委员会主席团俄共党团会议上的报告谈到了当时农村的状况：“采取了使我们完全破坏农民情绪的强制措施和行政压制手段”，“由于拿走了农民的粮食，最近农村中反苏情绪剧增。如果仅仅拿走富农的粮食，那还没有什么，然而，还拿走了中农和贫农的”，在北高加索成立了若干三人小组以加强粮食收购，由于三人小组有逮捕权，所以他们就逮捕了没有完成指令的农民。在巴泰斯克专区有这样的事例：那里强迫运出用来养活全家和播种用的剩余粮食。在叶卡捷琳娜站，没收了一个农民自己买来的家庭用品。在沃罗涅日省一批被关押者写道，他们中间许多人已没留下可用来播种的粮食了，有些人被没收的粮食多于他们所拥有的，因此只好付钱，“春天来临，已到播种季节，我们却被关押受苦”。他们要求释放。基谢廖夫指出，对待播种运动的情绪很糟糕，农村出现减少播种面积的情绪。农民议论说，难道我们回到了军事共产主义。他们要求政府说明今后怎么办。“我们认为做得过火了，在这种情况下农民经济不可能运行。”[3]

西伯利亚方式在短时期内在粮食收购工作上取得了巨大成绩，但与此同时也使农村局势趋于紧张。广大农民不满，播种面积锐减，农村局势动荡。各地谣传要取消新经济政策，恢复粮食征收制，回到军事共产主义。

1928年3月9日，李可夫在莫斯科苏维埃全体会议上的讲话中对粮食收购困难及问题做了分析。他指出，出现的只是粮食收购困难，技术作物的收购超过了去年。产生困难的“主要原因是商品荒日益严重”，即工业品的供应严

[1] Известия ЦК КПСС. 1991. № 7. С.179－182.

[2] Вопрос истории КПСС. 1991. № 1.С.79.

[3] Документы свидетельствуют. Из истории деревни накануне и в ходе коллективизации. Под ред. *В.П.Данилова и Н.А.Ивницкого.* М.,1989. С.22－23.

重不足。不同农产品的比价有很大的差别，例如在第一季度的物价指数是：黑麦是 100.5，小麦 110.7，各种谷物 109.4，而技术作物的指数却是 140.1，蛋类 217.7，肉类 172.6，大张皮 161.6，小张皮 210。李可夫就此指出："只要为农民设身处地想一想就能明白，农民为了得到钱，为什么首先出卖的不是粮食，而是那些进款较多的农产品。""我们既然无法向农民提供充足的商品，而税额仍像去年那样偏低，那么他们就没有多大兴趣出售自己的全部余粮，而主要是出售他能得钱较多的东西。"[1]李可夫随即补充说，但是为了得到纸币而出卖粮食，愿意这样做的人是不多的。对于上次战争中 1 卢布变成 5 戈比的教训，农民记忆犹新。因此我们关于战争危险谈论得越厉害，愿意仅仅为了得到纸币而出售粮食的人也就越少。

联共四月中央全会

1928 年 4 月 6 日至 11 日，联共中央和中央监委召开联席全会，讨论粮食

斯大林和布哈林。1930 年

[1] 中央编译局国际共运史研究室编译：《李可夫文选》，人民出版社 1986 年版，第 340 页。

收购问题。会上通过了《关于本年度的粮食收购和组织1928—1929年度的粮食收购运动》的决议。会后斯大林和布哈林分别向地方组织传达会议的精神，他们的报告充分说明党内在粮食危机和解决危机的办法上存在重大分歧。

4月13日**斯大林**在党的莫斯科组织积极分子会议上作了关于四月全会的工作报告。报告认为，出现粮食收购危机的原因是，经过连续三年丰收，富农成长起来了，积下了粮食，能够操纵粮价，抬高粮价了。收购危机是农村资本主义分子“对苏维埃政权发动的严重进攻”。因此，解决粮食问题必须抓农村的阶级斗争，向富农进攻。

同日，**布哈林**在列宁格勒向积极分子作了四月全会的总结报告，对收购危机作了另一种分析。他认为，在分析困难的原因时，应当既看到阶级斗争，也看到市场关系和经济比例，不能把经济和阶级两者割裂开来。出现危机的原因，是经济领导机关的失算造成经济比例失调，从而为阶级敌人提供了可乘之机。粮食收购危机首先是由不正确的价格政策造成的，其中之一是谷物同畜产品、经济作物的比价悬殊。

第一，谷物的价格逐年下降，其价格指数从1924—1925年的129下降为1927—1929年的109（第一次世界大战前为100），而经济作物及畜产品的价格则不断上涨，由135上涨到151。[1] 在农业内部价格的剪刀差不断扩大，“粮食成为最无利可图的东西了”。[2] 这样，农民宁可把粮食留下用来饲养牲畜，用牲畜及其他经济作物换钱去缴纳税款和购买工业品。

第二，税收不利于谷物。大田作物在农民的纯收入中占39.5%，但在赋税中所占的份额却高达66.59%，而非农业收入（其中包括富农经济的非劳动收入）占纯收入的27.8%，但在赋税中所占的份额仅为5.2%。

第三，工业品供应不足。农民在秋收后出卖农产品获得一定量的货币，但国家不能及时投放足够的工业品来满足农民的需要。而货币还没有成为积累的手段。这也影响农民生产和销售的积极性。

这些情况造成的基本市场比例的破坏，使农民不愿种植谷物，也使手里有粮食的农民不愿出售粮食。顺便指出，手里有粮食的不仅仅是富农，斯大林

[1] 《布哈林文选》，中册，第211页。

[2] 同上书，第216页。

也承认，“持有大部分粮食的主要和基本的群众是中农”。[1]

因此，布哈林认为解决问题的办法不是继续实行非常措施，而是增加工业品的产量，提高基建投资的利用率，调整政策，使谷物同经济作物、畜产品保持比较正确的比例关系，来平衡经济的诸基本因素。

布哈林特别强调两点，一、“新经济政策无论如何不应当取消”，“新经济政策本身包含着自我克服的根源，即社会主义胜利的根源”。二、必须看到非常措施的“过渡的、有条件的性质”，随着本年度粮食收购运动困难的排除，非常措施也应该废除。[2]

粮食收购危机实质上是经过数年新经济政策的实践和教育，懂得市场经济、文明经营和经商的农民对于封闭的行政命令的价格、税收管理体制的一种抗议和反抗。这说明如要继续执行新经济政策，就得进一步运用市场机制。

尽管实行非常措施后粮食收购进度曾大大加快，但到 4 月份速度又变慢了，出现了新的困难。1—3 月收购了近 3 亿普特，而 4—6 月连 1 亿普特也没有收购到。斯大林的解释是 1—3 月收购的是农民的“机动粮”，而到 4 月份机动粮已被收购完，开始触动“防荒粮”了。[3] 这一事实说明，问题不是富农囤积，而是农村确实没有余粮了。在这种情况下再度采取非常措施，必然要进一步侵犯广大农民，特别是中农的利益，激起他们的反抗。

一部分政治局委员一直对农村的局势感到不安。李可夫在四月全会上警告说，我们同中农的关系有破裂的危险，对富农的压制使他们缩减耕地，而这是我们无法弥补的。[4] 财政人民委员弗鲁姆金在 6 月 15 日的信中指出，“农村中除了一小部分贫农，都有反对我们的情绪”。[5]

再次实行非常措施使本来已存在的分歧趋于尖锐，并且逐渐超出粮食收购和非常措施的范围，终于爆发了一场新的党内斗争。

党的最高领导层逐渐形成两派，一派以斯大林为首，主要成员有莫洛托

---

[1] 《斯大林全集》，第 11 卷，第 37 页。

[2] 《布哈林文选》，中册，第 224、226、230 页。

[3] 《斯大林全集》，第 11 卷，第 178 页。

[4] 见 *Ваганов Ф.М.* Правый уклон в ВКП(б) и его разгром. М.,1970. С.125.

[5] 见《斯大林全集》，第 11 卷，第 232 页。

夫、卡冈诺维奇、伏罗希洛夫等人。另一派以布哈林为首，主要成员有人民委员会主席李可夫、全苏工会中央理事会主席托姆斯基，还有莫斯科市委书记乌格拉诺夫和财政人民委员弗鲁姆金等人。两派差不多势均力敌。争论只在上层内部会议上进行，但在公开的会议上发表讲话，在报刊上发表文章，已经开始不点名地批评对方的观点。由于在中央尚未形成占优势的多数派，在党的会议上各派能比较充分地阐述自己的观点。斯大林往往做一些妥协让步，决议多采取布哈林的表述。

1928年5月16日，斯大林在共青团第八次代表大会上批判了“自流论”、“碰运气”论、自然而然“一切都会搞好”的理论，批判“我们这里没有阶级，我们的敌人已经安静，我们这里一切都会如意的理论”，等等，强调“加强工人阶级的战斗准备去反对它的阶级敌人”。[1]

5月28日斯大林作《在粮食战线上》的讲话，认为粮食困难的根源是“商品粮食产量比粮食需要量增长得慢”，“出路在于在农业方面由个体农民

布哈林及其“布哈林学派”

[1] 《斯大林全集》，第11卷，第57、59页。

经济过渡到集体的公共经济”。斯大林批判了苏维埃政权可以同时依靠两个对立阶级——富农和工人阶级的理论，说“这真是反动派才玩得出的把戏”，批判把集体农庄同列宁的合作社计划对立起来的理论，认为集体农庄是“列宁的合作社计划不可分割的组成部分”。他断言，党的第十五次代表大会“认为群众性集体农庄运动的条件已经成熟”。[1]6月12日斯大林在《列宁和联合中农问题》一文中指责“有些人想用放弃对富农斗争或用放松这个斗争的办法来和中农达成妥协，说什么进行对富农的斗争会吓跑一部分中农，即富裕中农”。[2]

与此同时，布哈林也在内部和公开场合利用各种机会阐述自己的观点和主张。1928年5月17日，政治局会议讨论进口计划，布哈林就米高扬的一项建议给斯大林写了一个条子，说明自己的观点：

我对下列情况非常担心：

米高扬的三个便条有这样的倾向：1. 加强工业品的出口；2. 抛开作为出口物的粮食（谷物）不管。

结果：

a. 我们会延长国内的商品荒；

b. 在国内商品荒的情况下，我们却迫使工业为出口而生产；

c. 我们不采取措施去发展农产品（谷物）的出口；

d. 一个农业国却搞工业品出口。

应当采取另一种做法：

1. 加强工业化，使之为国内市场生产；

2. 使农业工业化，提高其生产率（同时使谷物业机械化）；

3. 为工业化的目的而采取出口农产品的方针。

农业缺乏一定的积累就不可能有任何集体化，因为机器是不能白拿的，而一千台木犁也装配不成一台拖拉机。

我很担心下述本质性的缺陷：

打算搞的工业化并不同时使农业也工业化，而是使工业脱离农

[1] 《斯大林全集》，第11卷，第72—78页。

[2] 同上书，第91页。

业和谷物生产的稳定等等。

这种政策只会加深巨大的困难。[1]

斯大林就此解释："对。米高扬有这种（不正确的）倾向，它不是来自某种自觉采取的方针，而是来自某种（我所不知道的）经验主义和实际考虑。但这并不可怕，因为米高扬在这里无权决定问题。斯大[林]" [2]

布哈林在这里提出了发展农业生产，特别是谷物生产，使农业工业化和机械化的办法来提高生产率的论点。

尽管斯大林表示赞同布哈林的意见，实际上两人的关系相当紧张。布哈林甚至担心同斯大林面谈会谈崩，因而于6月1—2日给斯大林写信，阐述自己的看法。布哈林在信中指出，"我们既没有路线，也没有共同的看法"，中央最上层，"哪怕在最小的范围内"，"一次也没有讨论过总的政治问题"。问题在于"首先，我们和全党没有任何完整的计划。我们做得比最草率的超经验主义者还糟糕。其次，我们在思想上也使党失去方向……我们的非常措施(必要的)在思想上已变成、发展成同第十五次代表大会不同的新的政治路线……如果全部问题在于富农，那么，这9亿之数算什么？——现在已承认这是神话般的数字。而如果我们的粮食本来就少，那怎么能说是'富农控制了'我们？如果全部救星在于集体农庄，那么从哪儿取得供它们机械化之需的钱？在我们这里要在贫穷和分散的基础上发展集体农庄，这总的说来正确吗？吸收小额储蓄的方针是继续有效，还是已经过时？提高个体经济的方针仍然有效还是也已过时？"布哈林的态度是和解的，他对斯大林说，"我不要争吵，也不愿争吵。我知道得很清楚，争吵意味着什么，特别是在我们全国和我们党目前所处的这样艰难的条件下。"

鉴于共产国际第六次代表大会召开在即，布哈林要求斯大林"考虑一件事：使代表大会平静地举行；不要在这里制造不必要的裂痕；不要制造唧唧咕咕的气氛"。[3]

6月15日，政治局候补委员、财政人民委员弗鲁姆金写信给政治局，就

[1] *Бухарин Н.И.* Проблемы теории и практики социализма. М., С.300–301.

[2] *Бухарин Н.И.* Проблемы теории и практики социализма. М., С.300–301.

[3] 同上书，С.298–299。

农村政策提出自己的意见。他说："我们国内形势恶化，首先是由于农村形势、农业状况恶化的结果。我们不应闭目无视除一小部分贫农以外，农村都反对我们这个事实，而且这种情绪已经开始感染到工人的城市。"他认为，在对待中农问题上采取了新的路线，虽然出于惯性仍然高谈与中农联盟，"事实上我们却在抛弃中农"，"最近的方针使中农基本群众感到没有希望，没有前途"。宣布富农不受法律保护引起了对待全体农民的不法行为。为刺激经济好转所采取的所有办法，都由于农民害怕被划为富农而失效。针对当时各地的过火现象，他指出不能用"剥夺富农"的办法同富农作斗争。他援引莫洛托夫在乌拉尔党委会上的话："应该狠狠打击富农，要吓得中农在我们面前服服帖帖。"他要求"回到第十四次和第十五次代表大会去"，提出11条具体建议，其中：

"1）建立革命法制。宣布富农为非法引起了对待全体农民的不法行为。在苏维埃政权的第11个年头，不能允许当局发布这样的决定，它形式上是法令，但实际上只是对法制的嘲弄（例如为有象甲虫、为不把狗拴起来就罚款100—200卢布）。2）农业的商品率、农业生产的增长应当依然具有十四大和十五次代表会议期间所赋予的全部意义。所有党的地方机关都应清楚地看到，每100万粮食，不管来自什么集团，都在加强无产阶级专政和工业化。3）因此我们应当同富农作斗争，办法是降低其积累，增加税负，使中农和贫农摆脱其经济影响（由此，还有政治影响）。我们不应用我们微薄的贷款去支持他们，但也不应"剥夺富农"，粉碎他们的经济、他们的生产，在许多年里这些都还是我们所需要的。由此得出的结论是，在下一年度应予以关怀和帮助的首先是个体农户。5）最大限度地帮助贫农，通过加强集体经济吸引他们加入集体经济，纳入真正的（而不是假的）公共经济。6）不要用突击和超突击的办法扩展国营农场。这种突击的做法付出的代价太大。把我们有限的资金用于目前还是初级形式的集体化，用于加强贫农和中农农户，收效会好一些。7）恢复，准确点说，开放粮食市场，这是同改变商业人民委员部的全部政策联系在一起的。8）把粮食价格提高15—20戈比，同时降低其他农产品的价格，降幅应使农业的整个指数同目前持平。降低林产品收购单价和运价，等等。9）加强同酿私酒的斗争，它花去大量的粮食。10）发展大田作物，特别是谷物业，应成为农业人民委员部注意的中心，迄今为止对它们注意得不够。11）使个体农户也能拥有机器，而不仅仅是集体农庄（如在北高加索的某些区所做的那样)。”[1]

1928年11月，弗鲁姆金还向中央递交了第二封信，对苏联农业的状况表示担忧，指出“在我们面前的是一幅农业停滞的图景，特别是在谷物部门……我们不能也不应当在报刊上谈论退化。但我们在党内不应讳言，这种落后等于退化”。[2] 作为解决农业问题的措施之一，他建议“不应当妨碍富农经济的生产，同时要和它的奴役性的剥削作斗争。”[3] 他认为基建规模过大，投资过多，因此建议压减基建投资。

这本来是对经济形势和经济政策的个人看法和建议，斯大林在政治局会议上要求讨论这封信，对弗鲁姆金信的论点作出“政治评价”。布哈林、李可夫、托姆斯基和乌格拉诺夫都反对这样做。加里宁说：“我读过（这封信），那里没有什么特别的东西，可以等一等，不必着急。”斯大林的建议被政治局否定，决定留到下次政治局会议再讨论。但斯大林迫不及待地在会议之前于6月20日以个人名义写信给中央政治局委员们，认定弗鲁姆金的信“是一封要求宽容富农、取消对富农的限制的申请书”。后来更上纲说，不妨碍富农经济“就是给富农自由”，而给富农自由也就是“给他们政权”。斯大林宣布，右倾的“第一把交椅应当让弗鲁姆金去坐”。[4]

1928年6月27日，政治局召开会议，布哈林在李可夫、托姆斯基和乌格拉诺夫的同意下宣读了一份手写的关于经济状况的长篇声明。内容为：1. 警告工农联盟处于破裂的边缘。2. 要求为自由贸易和市场关系创造条件。3. 要求提高和发展农民经济。莫洛托夫听后立即说，这是一个反列宁主义、反党的文件。斯大林却说：十分之九我都可以接受。[5] 为制定与经济形势有关的经济政策，成立了由鲍曼、布哈林、米高扬、李可夫和斯大林组成的委员会。7月2日政治局赞同委员会制定的提纲，决定提交中央全会审查。提纲基本上反映了

---

[1] История России. 1917–1940. Хрестоматия. Под ред. проф. *М.Е.Главацкого*. Екатеринбург.1993. С.246–247. 原文缺第4条。

[2] 引自 *Ваганов Ф.М.* Правый уклон в ВКП(б) и его разгром. М.,1970. С.118.

[3] 引自《斯大林全集》，第11卷，第135页。

[4] 《斯大林全集》，第11卷，第110、232、236页。

[5] 引自 *Ваганов Ф.М.* Правый уклон в ВКП(б) и его разгром. М.,1970. С.145.

布哈林的主张。

联共七月中央全会

7月4—12日，联共召开中央全会。除共产国际问题以外，全会着重讨论了国内经济形势，特别是粮食收购政策问题。

斯大林在会上作了三次发言：《论共产国际纲领》、《论工业化和粮食政策》和《论工农结合和国营农场》。他在发言中提出一些新提法，从而使分歧进一步扩大升级。

第一，斯大林提出了**"贡款"的理论**。[1] 他在讲话中谈到了工业化资金的来源，指出苏联不能靠掠夺殖民地和举借奴役性外债来取得资金，所以只能取自农民。他集中论证了向农民征收额外税的必要性，说农民不仅要向国家缴纳一般的税，即直接税和间接税，而且还要高价购买工业品，低价出售自己的农产品，这种剪刀差是一种类似"贡款"的东西。"为了保持并加快工业发展的现有速度，保证工业满足全国的需要，继续提高农村的物质生活水平"，必须征收这种"贡款"。

第二，斯大林第一次提出并论证了**"阶级斗争尖锐化"的理论**。斯大林认为，在苏联无产阶级专政条件下，任何稍微重大的政治或经济事件都反映出城市或农村中的阶级斗争，"随着我们的进展，资本主义分子的反抗将加强起来，阶级斗争将更加尖锐"，"向社会主义的前进不能不引起剥削分子对这种前进的反抗，而剥削分子的反抗不能不引起阶级斗争必然的尖锐化"。[2]

这两个新论点是斯大林的创新，是以后斯大林政策的基本点，也是党内两派争论的焦点。

斯大林重申粮食困难的根源是农业的日益分散和零碎化，但在谈论摆脱危机的出路时，改变了三条措施的顺序。5月28日《在粮食战线上》把组织集体农庄放在首位，把支持个体经济放在末尾，现在颠倒过来，改为：第一，

---

[1] "贡款"俄文为Дань，《斯大林全集》中文版译作"贡税"，这里指的是无偿的进贡，本书译作"贡款"。

[2] 《斯大林全集》，第11卷，第149—150页。

提高中小农民经济的生产率。第二，把小经济联合为一切形式的公共经济。第三，巩固并发展国营农场。[1]顺序的改变说明斯大林在全会上还没有拥有多数。

1928年7月10日，布哈林在全会上发表了一个长篇讲话，主要内容如下：他认为，非常措施在很大程度上不是收购而是"征收"。如果早几个月考虑到这问题，是可以采取别的解决办法的。现在应抓住的政治环节，取消非常措施。因为非常措施"已历史地过时了，它在经济上几乎已不再为我们提供任何东西"。相反地，它在完成前一段收购任务的同时，也造成严重的后果，这就是它不仅打击了富农，也伤及中农，从而造成对工农结合的威胁。

非常措施的施行实际上是走上军事共产主义——改行配给制，日常生活用品消失等等。布哈林说，当我们在前一段时间采用非常措施时，我们确实出现了某种由非常措施转向可以叫做"军事共产主义倾向"的过程。继续非常措施的体制，我们就不能发展，这就是军事共产主义，但是，第一，没有战争；第二，因而保卫庄稼汉的土地这条根据业已消失。由于严重侵犯广大农民的利益，"在我们面前的是群众性的不满浪潮"。在全国一些地方，在乌克兰、在北高加索等地约有150起事端，有几十起各种各样的恐怖行为。他警告说，"我们面前已响了两次铃，第三次铃马上就要响了"，可以说，"我们这里存在对工人阶级同农民结合的现实威胁"。布哈林大声疾呼，"我们无论如何不应以允许扩大重新实施非常措施为方针"，"我们政策的中心是：我们无论如何不允许造成对结合的威胁。否则我们就执行不了列宁的基本遗嘱"。

对于富农，布哈林主张运用税收政策去进行调节。他说，"像税收政策这样的杠杆，它使我们有可能几乎剥夺富农，而又不伤及中农。他并不反对向富农进攻，但认为进攻的手段应是经济手段，税收政策，而不是诸如没收、扫地出门一类的镇压手段。

粮食收购困难是个客观存在的问题，布哈林在发言中再次对困难的根源和解决办法进行了分析。他反对把收购困难简单地归结为富农兴风作浪。他指出，去年出口2.77亿普特粮食并且大家都吃饱了，今年不仅一点也没有出口，而且在许多地区还存在消费不足的迹象。"在一年之内不可能完成这样的分化过程"。布哈林认为，粮食收购困难的直接原因是谷物价格太低，这就使农民

---

[1] 《斯大林全集》，第11卷，第156—161页。

出售粮食的积极性大大下降。"在我们同小农间的相互关系上，当市场关系起决定性作用的时候，在这里价格范畴是有决定性意义的，在这里价格不能不是生产的调节者。"

布哈林认为，困难是由于一系列巨大的任务和经济的落后造成的，例如，想赶上西欧，想加快社会主义工业的积累速度，想使农业得到最大限度的增产，想使工人和劳动群众有最大限度的消费额，而同时国内经济却普遍落后，贫困。"这些任务不可能同时解决。我们在一部分一部分地解决这些任务，有时倒向这一边，有时倒向另一边，自相矛盾"，结果"我们时而从这一端，时而又从另一端抱怨经济上的比例失调"。布哈林指出，国内出现了"口张得大大的漏洞、陷坑"，其根源是没有执行党所规定的"有后备的经济"这一政策。

布哈林揭露经济生活中的反常现象，"我们的经济是头足倒立的"：马吃烤面包，而某些地方的人却在吃糠；农民不得不到附近城市去买粮；一个农业国却出口工业品，进口粮食。他认为，"这种倒立的经济会造成倒立的分歧。必须予以纠正。"

布哈林对所谓个体经济已到了发展的极限的议论提出了不同的看法，认为现在仍需"强调发展个体经济的重要性"，要把个体经济同个人刺激挂钩，促使其发展。不应当把发展个体经济同建设集体农庄对立起来，"集体化本身是立足于发展个体经济之上的"。他指出，列宁直接反对了这样一种看法：个体经济越贫困，它就越易于走向集体化。

针对当时已开始冒头的强制集体化，布哈林引列宁的话说，对我们的中农不要干蠢事，"请大家想一想吧，你们是在一个小资产阶级国家里的无产阶级政权，但这个政权却要用暴力把庄稼汉赶进公社。""这样你们就会出现庄稼汉的起义，富农则让庄稼汉承担责任；富农组织他们，领导他们。富农本身并不可怕，但是如果中农群众跟他们走，那就会形成一支可怕的力量。小资产阶级自发势力起义反对无产阶级，予以迎头痛击，结果是一场残酷的阶级斗争，无产阶级专政消失。在这里你们得到的是什么呢？"[1]

会上有一些政治局委员发言支持布哈林。

李可夫指出，当前"政治局势恶化，同农村的关系紧张"。"看不到当前

---

[1] 布哈林的发言引自德国慕尼黑出版的俄文杂志 Форум. 1988. № .19. C.216–238.

全苏工会中央理事会主席米·巴·托姆斯基

的政治情绪，不试图给予清醒的估计，这是政治上的近视”。他认为同农村关系紧张的根源在于非常措施，是我们在革命的第11年，在实行新经济政策期间第一次对农民这个粮食的生产者大规模地施加行政压制。“继续非常措施实质上意味着国内政治危机，应当取消非常措施”。李可夫指出，“如果再采取非常措施，那就意味着同中农的决裂”。他坦率地承认，“任何一个政府仅仅搞得这么糟糕都会受到攻击，甚至提出更换政府的问题。”作为人民委员会主席，他承认自己是“所发生的这些事件的主要肇因者之一”。他强调向农民做让步的必要性，指出“当同农村的关系像要绷断的弦那样紧张，那就不排除让步。如果在国内战争与让步之间做选择，自然是选择让步”。[1]

托姆斯基在发言中特别强调在当前局势下向农民做让步的必要性。他认为“在当前历史阶段。工人阶级的历史任务是在保持工人阶级同农民联盟的条件下保障实际的社会主义建设。这是问题之问题，社会主义建设不仅靠工人阶级，而且要靠工人阶级领导下的农民的手去干”。他主张向农民让步：除了工人阶级向中农作一系列的让步外，能想象另一种工人阶级同农民联盟的保障吗？他认为，资产阶级和富农要对我们构成危险必需有两个条件，一是得到外国的支持，另一个是能领导小生产者基本群众——中农来反对我们。那么什么时候他们能领导小生产者基本群众来反对我们呢？托姆斯基认为，这就是当我

[1] РЦХИДНИ, Ф.17, Оп.2, Ед.х.375，В.2，С.73.

们没能正确实现工农结合之时。他举历史上的三种情况，一次是结合的大破坏，1921 年春的喀琅施塔得叛乱；另一次是 1923 年因剪刀差引起的销售危机；第三次就是目前的危机，粮价偏低，农民不干，结果他们不是去反对富农，而是反对政府，反对我们的领导，去保卫他们的利益。这三次危机头两次都以向农民让步，改变或调整政策得到圆满的解决，这次同样应该用让步求得解决。他不同意莫洛托夫的下述论断：我们过去和将来都要打击富农，同时也要伤及中农。托姆斯基认为，这会直接威胁到工农联盟，而保持和保障工人阶级和农民的联盟，"是胜利建设社会主义所必须的实际前提条件"之一。他针对当时形势指出，"如果发生战争，实行配给制是不可避免的。但是如果我们在无产阶级专政的第 11 个年头，迫使人们接受配给制，同时说我们这里一切都好，我们的领导是正确的，而富农的破坏活动越来越多，这实在说不过去！"[1]

果然，由于供应紧张，1928 年年底不得不在全国实行配给制！

布哈林等人认为，关键是发展经济，增加生产，应该千方百计地为此而努力。乌格拉诺夫认为，必须扩大新经济政策，给私营企业以自由。归根到底对我们来说，由谁来生产是无所谓的，只要生产出来就行。[2] 弗鲁姆金强调说："每取得一百万普特粮食，不管它是从哪个集团那里得到的，都是在巩固无产阶级专政。"[3]

会上争论激烈，斯大林尚未获得多数的支持，他的主张没能写进全会的决议。7 月 10 日全会根据米高扬的报告通过了《根据整个经济状况而采取的粮食收购政策》的决议。决议中关于粮食收购危机产生的根源、特殊原因、应采取的对策等都采纳了布哈林的提法。而斯大林的新提法如贡款等在决议中尚无反映。[4]

决议通过后，7 月 11 日，斯大林和布哈林各自采取了进一步措施。

斯大林在全会会议上发表《论工农结合和国营农场》的讲话，为未写入

---

[1] 引自 *Ваганов Ф.М.* Правый уклон в ВКП(б) и его разгром. М., 1970. С.133–139.

[2] 引自 *Ваганов Ф.М.* Правый уклон в ВКП(б) и его разгром. М., 1970. С.134.

[3] РЦХИДНИ, Ф.17，Оп.2，Ед.х.375，Выс.2, С.75。

[4] 见《苏联共产党代表大会、代表会议和中央全会决议汇编》，第 3 分册，第 446—451 页。

决议的“贡款论”辩护，指责“一部分同志”在谈发展农业的办法时只字不提发展集体农庄和国营农场，“这是一种反常的和奇怪的现象”，同时不点名地批评托姆斯基的“不断让步论”，指责他主张“无止境地退却，不断地把自己的阵地让给资本主义分子”，认为要加强工农联盟，就必须同富农即农村的资本主义分子进行坚决的斗争。[1]

尽管全会通过了体现布哈林观点的决议，但是鉴于斯大林的观点和主张在许多方面非常接近于托洛茨基反对派，布哈林担心斯大林把托派拉过去，所以他通过索柯里尼可夫牵线，于7月11日去访问了原托季联盟的主要成员加米涅夫，向他谈了联共中央，特别是这次中央全会的争论情况。

在谈话中布哈林对形势表示深为不安，认为“斯大林的路线对整个革命是灾难性的。它会给我们带来毁灭”，“事实上，革命已在危险之中”。布哈林把斯大林的路线概括为：1. 贡款论。布哈林认为这和普列奥布拉任斯基的“社会主义原始积累规律”没有任何不同之处。2. 社会主义愈是发展，反抗就愈强烈。布哈林认为，“这简直是愚蠢无知”。3. 既然需要贡款，而反抗又要增强，这就需要有一个坚强的领导。“自我批评”不应触及领导，而只适用于执行者。布哈林认为，这样做的结果就是警察统治。

布哈林告诉加米涅夫，斯大林“是个没有原则的阴谋家”，是“分裂分子”，他“除了保持权力，对别的都不感兴趣”，他有时作让步，是为了把住领导权的钥匙，以便以后消灭对手。布哈林举了一个很能说明问题的例子：他给斯大林写了第二封信后，斯大林把他请到办公室，对他说：“你和我是喜马拉雅山，其他人是无足轻重的。”后来在政治局开会时布哈林引用了他这句话，斯大林却大喊大叫：“你说谎！你捏造事实让政治局反对我。”[2]

会晤未产生任何实际结果。加米涅夫过后作了简短的纪要。1929年1月托派把这一纪要印成传单，在莫斯科散发。此事成了斯大林对付布哈林的重要把柄。

---

[1] 《斯大林全集》，第11卷，第164—170页。

[2] 参见《论布哈林和布哈林思想》，贵州人民出版社1982年版，第156—170页。本引文根据［俄］库恩·米克洛什著：《布哈林及其敌友》，莫斯科1992年俄文版订正（*Кун Миклош*. Бухарин: его друзья и враги. М., Республика. 1992.）。

七月全会上的两种声音的争论说明，党的领导层存在严重的分歧，这种分歧在党内外早已有所闻。不过在当时的力量对比下，对斯大林来说最好的办法是对全党、全国封锁分歧的消息。布哈林自然也不希望把分歧捅出去，至少希望即将召开的共产国际代表大会“能平静地举行”。因此当时以联共中央政治局的名义向共产国际发表了一个联共（布）中央政治局内部“完全一致”的声明。

1928年9月19日古比雪夫在列宁格勒党组织会议上发表了一个被称做“新的工业化宣言”的讲话。他说，国内外出现的危机和危险情况要求不顾一切代价地急剧加速和集中对重工业的投资，即使造成经济不平衡和人民群众中出现“不满情绪和强烈的抵制行动”也在所不惜。他指出，“我们必须明了，减慢工业化的速度，从各方面看都是错误的”。针对有人指责搞“超工业化”，“不量力而行”，古比雪夫称：“我敢肯定，凡是认真研究了我国经济的人都会同意我的看法，即最严重的不平衡……就是我国生产资料的生产与需要之间的不平衡”。[1]

古比雪夫的讲话提出了工业化的速度和格局这一新问题。至此，1928—1929年间联共党内争论的几个主要问题基本上都提出来了。

1928年9月30日，在进入新的经济年度前夕，布哈林在《真理报》上发表文章《一个经济学家的札记》。这是一篇在社会主义经济学说史上占有重要地位的论文。

布哈林首先谈到实行新经济政策以来国民经济的长足进步，接着指出苏联经济出现了危机。这是一种“独特的危机，它的表现同资本主义危机恰好相反，都是生产和需求的比例失调所致，但在苏联这种失调是‘颠倒的’：不是生产过剩，而是商品荒，不是供过于求，而是求过于供，不是资本积累过多，而是资本缺乏。但有一点是共同的，资本主义危机是由生产的普遍无计划性造成的，而苏联经济的危机也是由相对的无政府状态，即由过渡时期经济的相对无计划性产生的”。布哈林进一步分析说，过渡时期的这种相对无计划性——或相对计划性，“是建立在小经济和市场联系的形式上，也就是说，存在着大

[1] 《真理报》1928年9月25日。引自［美］罗·文·丹尼尔斯著：《革命的良心——苏联党内的反对派》，高德平译，北京出版社1985年版，第537页。

量无政府状态成分的基础上的”。在这种情况下不可能制订出一种“理想的计划”，因为它包含着许多对自发的合理预测的成分。因此不能过高估计计划经济的因素，也不应忽视大量的自发性成分。布哈林要求尽可能建立起国民经济各部门之间的“动的经济平衡”。他警告说，破坏必要的经济比例，就会破坏国内的政治平衡。他的这一警告既是针对当时的现实的，也是给当时制订五年计划提出一个基本方针。

他以托派的经济理论为靶子，批评最大限度地把资金从农业抽调到工业去，以保证工业的最大速度的主张，指出工业的高速度必须以农业迅速的真正积累为前提。但是目前工业蓬勃发展，而粮食数量却没有增长。粮食收购危机并非工业品荒下粮食过剩的表现，而是不合理的政策造成的。“粮食危机毋宁说是在农民经济缩小的情况下，由谷物业的稳定或者下降造成的，它是在下列情况下出现的：1. 谷物价格和经济作物价格之间日益增长的比例失调；2. 非农业来源的收入增加；3. 对富农经济的税率提高得不够；4. 对农村的工业品的供应不足；5. 富农在农村经济影响的增长。结果则是“生产力的重新分配不利于谷物业，从谷物业中（相对地）转移了”。布哈林重申，粮食生产必须在发展个体经济的基础上得到解决。

在谈到工业品短缺的时候，布哈林指出，这并不是工业落后于农业，因而无法满足农村的需求，而是工业遇到了自身发展的极限。其表现为工业各部门之间比例不当，原料不足，粮食不足等等。布哈林特别批评了当时基本建设过大，缺乏后备保证，弦绷得太紧，认为这有点“冒险主义的气味”。他指出，在基本建设上并非有了钱就有了一切，必须保证建筑材料的“自然的物理存在”，不能用“未来的砖头”建造“现实的工厂”。布哈林指出，基本建设的高速度是以预算的极端紧张、后备短缺、削减消费部分为代价达到的。而基本建设投资过于紧张将会产生如下结果：1. 使实际的建筑工作不能以同样规模跟上；2. 一段时间以后将导致收缩已经开始的工程；3. 会对其他部门发生非常不利的影响；4. 使各方面的商品荒更加严重；5. 最终会减慢发展速度。

布哈林提出学会文明管理，提高企业的生产率这一根本性任务。为此他主张消除俄国的闭塞性，利用资本主义的历史经验，掌握西欧科技的进步成果。

他把问题又归结到国家的体制问题上去，提出“朝着列宁的公社国家的方向采取一些步骤”，把个人的、集团的、群众的、社会的和国家的主动精神结合起来，消除过分集中化。他在文章的结尾中说：“如果我们有更多的文化，学会更好的管理，我们就会成长，就能够而且会较少动荡地成长。列宁同志在他的晚年所说的正是这些问题”。[1]

这篇文章引起斯大林的强烈不满。但对文章的批判是逐步升级的。10月8日政治局用征询的办法，在9名政治局委员中有5人不在的情况下（布哈林本人也不在），加里宁、莫洛托夫、李可夫和斯大林四人通过一个关于布哈林文章的决定，说鉴于布哈林文章中存在一些有争议的论点，《真理报》本不应在未通知中央政治局的情况下予以发表的。[2] 在一段时间里斯大林还不得不替它辩护，说布哈林在《一个经济学家的札记》中“提出的是（农业）退化的可能性或危险性这一抽象的理论问题。抽象地说，这样提出的问题是完全可能的和合乎情理的”。[3] 直到1929年1、2月中央政治局和中央监委主席团联席会议上，斯大林声称，“在我们大多数政治局委员看来”（按：如上所述，只是9名委员中的4人）这是一篇“反党的折中主义的文章”，“它指望减缓工业发展的速度并按照大家知道的弗鲁姆金那封信的意见来改变我们党的农村政策”。[4]

共产国际的争夺

争夺首先在共产国际展开。

1926年季诺维也夫被撤去共产国际执委会主席职务后，布哈林一直作为共产国际政治书记处书记主持共产国际的工作。

为准备共产国际第六次代表大会，布哈林受委托起草了关于国际形势和共产国际的任务的提纲草案。1928年7月14日，布哈林把草案交给联共驻共

---

[1] 《布哈林文选》，中册，第270—299页。

[2] 见 *Ваганов Ф.М.* Правый уклон в ВКП(б) и его разгром. М., 1970. С.175.

[3] 《斯大林全集》，第11卷，第224页。

[4] 同上书，第276页。

产国际代表团，请求在大会召开以前予以审查。7月16日，有斯大林、布哈林、李可夫、莫洛托夫、洛佐夫斯基、曼努伊尔斯基和皮亚特尼茨基参加的联共驻共产国际代表团讨论了草案并通过决定："采纳提纲。根据交换的意见进行修改。"次日，代表大会开幕时，联共代表团会议决定仔细审议布哈林的提纲，同时决定："在7月18日共产国际执委会会议上，联共（布）派出的执委会委员必须建议以布哈林的关于国际形势和共产国际的任务的提纲作为基础提交代表大会"。[1] 直到7月24日联共代表团常务委员会会议和7月25日代表团全体会议上才重新讨论了布哈林的提纲并作了较大的修改和补充。

苏联第二任人民委员会主席阿·伊·李可夫

斯大林做文章的第二个文件是《共产国际纲领草案》。布哈林是共产国际几个纲领性文件的起草人，他为1918年召开的共产国际成立大会起草了共产国际行动纲领，接着又接受委托起草共产国际纲领，他起草的纲领草案收入他的《进攻》文集。共产国际第五次代表大会（1924年）曾讨论过纲领问题，决定尽快公布纲领草案，并定于下次代表大会最后讨论批准。1928年布哈林完成纲领起草工作。斯大林建议改变结构并提出一些修改意见。在联共中央七月全会上布哈林作了关于共产国际纲领草案的报告，但起草者

[1] 见［俄］茹拉甫列夫主编：《布哈林——人、政治家、学者》，尤开元等译，东方出版社1992年版，第141页。

变成了两人——布哈林和斯大林。布哈林后来说："斯大林在很多地方把我的提纲弄坏了。""他自己想要在全会上作关于这个纲领的报告。我无法摆脱他。他极力想要人家承认他是个理论家，他以为这就是他唯一缺少的东西。"[1]

斯大林对共产国际文件的修改反映了两人在一系列问题上的分歧。关键问题是对资本主义的分析。布哈林认为，从历史角度看，现代资本主义已失去其进步作用，但资本主义仍有继续发展生产力的能力。他在代表大会上说："实际上它(生产力）在发展，而且发展得相当快，甚至不排除在某些国家……资本主义生产力能够异常迅速地发展。"[2]他看到科学技术的飞速发展为资本主义的进一步发展提供了巨大的可能性，因而修改了共产国际第四次代表大会第一个纲领草案中完全排除资本主义经济发展可能性的提法，作出了较为符合实际的结论。尽管布哈林对资本主义体系灭亡的到来估计得较为乐观，但他并不认为目前正处于革命爆发的前夜。斯大林对这一观点作了修正，认为"资本主义的稳定是不巩固的，而且不可能是巩固的；由于世界资本主义危机的尖锐化，这种稳定正被事变的进程动摇着，而且以后还会被动摇"。[3]因此斯大林得出结论，"新的革命高潮"正在到来。

与形势密切相关的是对社会民主党的估计问题。在统一战线问题上当时普遍存在一种"左"的看法，布哈林也不例外，他把社会民主党领袖看做"叛徒"和"资本主义支柱"，但他没有抛开社会民主党内的广大群众，反对把社会民主党等同于法西斯。他在代表大会上指出，"把社会民主党同法西斯混为一谈是不明智的。在分析形势时，在制定共产党的策略时，都不能这样做。"[4]但经过斯大林的修改，在有斯大林签署的纲领草案中社会民主党被称之为"最大的反革命势力"，表现出"法西斯主义倾向"，在资本主义危机时期起着"法西斯的作用"。

---

[1] 见中国社科院马列所编：《论布哈林和布哈林思想》，贵州人民出版社 1982 年版，第 165 页。

[2] Ⅵ конгресс Комитерна. Стенографический отчет. М.-Л., 1929. Кн.3. С.137.

[3] 《斯大林全集》，第 12 卷，第 20 页。

[4] Ⅵ конгресс Комитерна. Стенографический отчет. М.-Л., 1929. Кн.3. С. 144–145.

布哈林起草的提纲中谈到必须同社会民主党作斗争。斯大林认为这还不够，"必须强调和社会民主党的所谓'左'翼作斗争的问题"，因为这个"左"翼阻碍工人群众离开社会民主党，不粉碎"左"翼社会民主党人就不可能战胜整个社会民主党。[1]这样，斯大林就把共产国际内存在的"左"倾宗派主义发展到了极端，大大影响了以后建立反法西斯统一战线的工作。

在共产党内反倾向问题上，经斯大林修改后的文件强调不仅要反对右倾，而且要反对对右倾的调和态度，同时强调加强党内铁的纪律、保持党的统一。其目的就是禁止党内出现任何不同意见，把任何不同意见视为异端而予以禁绝。布哈林在这一点上也被迫作了让步。他本想就此展开"思想斗争和思想辩论"，然而斯大林充分利用了有关决定作为反对布哈林的武器。

纲领中被斯大林"弄糟"的地方还有：把向无产阶级专政过渡的多种条件和多种道路简单化为"三种类型"：高度发达的资本主义国家，中等发达的资本主义国家和殖民地半殖民地国家；抛弃社会主义建设多种多样道路的提法；抛弃布哈林纲领草案的结尾——强调各国共产党的活动必须富有创造性的提法。

由于对布哈林起草的文件作了原则性的修改，在与会的各国党的代表团中流传联共中央领导中出现分歧，使布哈林的处境陷入困难。为此布哈林请求联共中央政治局在各代表团团长会议上发表一个关于政治局委员中没有意见分歧的声明。7月23日政治局委托布哈林和斯大林起草这项声明，声明于7月30日得到批准。声明批驳联共中央政治局委员间存在分歧的任何流言，认为一个最团结的领导集团在一些具体问题上也不可能没有争论，但这些争论不能成为散布存在意见分歧的流言蜚语的依据。在信上签署的政治局委员斯大林、布哈林、伏罗希洛夫、鲁祖塔克、莫洛托夫、加里宁、古比雪夫全都站在同一条战线上，并认为有责任特别提醒不要拿共产国际问题上的传闻投机，认为这种投机在政治上是有害的，是与共产党员不相称的。7月31日在各代表团团长会上通报了这一声明，同时决定向全体代表通报。[2]

尽管共产国际第六次代表大会是在布哈林主持下召开的，但实际上他已

[1] 《斯大林全集》，第12卷，第21页。

[2] 见《布哈林——人、政治家、学者》，第141—142页。

被排除出共产国际的领导之外。从此建立了斯大林对共产国际执委会的严格控制，加强了共产国际中的宗派教条倾向。

斯大林在莫斯科的胜利

莫斯科市委是布哈林的坚强支柱。1926年在布哈林接替季诺维也夫的共产国际职位的同时，乌格拉诺夫接替了加米涅夫在莫斯科的职位，出任莫斯科市委书记。

早在联共(布)莫斯科委员会第二次全会(1928年1月31日—2月1日)上，乌格拉诺夫对局势所作的评价就显露出与斯大林不同，认为只能把非常措施看做是暂时的措施。他说，“作为非常状态采取的那些措施，我们不能看做是正常状态的措施”。关于富农，他说，“依我看现在应该担心的不是对他们打得不够，而是可能打得过头了”。关于集体农庄的任务，他认为“如果不是遥远的将来的任务，至少也是最近几十年的任务”。这些言论引起了斯大林的警觉。为了能及时掌握莫斯科组织的情况，斯大林派莫洛托夫和鲍曼去莫斯科组织，参加莫斯科委员会的会议。3—4月莫斯科领导人两次会见斯大林，就工业化速度、轻重工业的关系，同农民的关系交换意见，但未达成共识。

6、7月间莫斯科领导人又同中央领导人会见了两次。莫斯科领导人受到背离党的方针、对中央提出错误批评的指责。接着，在莫斯科第五次全会上莫斯科领导人又受到“抹杀”右倾危险、贬低中央七月全会决定的指控。

乌格拉诺夫在1929年4月中央全会上说:“1928年4月我们同斯大林同志谈过，指出严重局势，包括在我们看来，由于粮食状况尖锐化造成的在经济领域的严重局势。有一次斯大林骂我们是尾巴主义者、改良主义者，等等。他说我们想实行尾巴主义、改良主义政策。我必须说，斯大林同志的这些‘论据’并没有让我们相信我们错了。我坚持在中央政治局和四月全会上讨论总的经济形势问题。建议没有被接受。我们建议在中央委员会下定期召开经济以及其他负责工作人员的会议，以便就一般政治问题以及某些大的不顺畅的工作领域的问题听取他们的意见。斯大林同志回答我说，这样做我们会破坏中央委员会在经济工作人员心目中的威望，他们会感到中央委员会没有路线等等。”[1]

1928年10月18—19日，莫斯科委员会和莫斯科监委举行联席全会（第六次全会）。报告人乌格拉诺夫在会上宣读了中央《告联共（布）莫斯科组织全体党员书》，其中包含有矛盾的提法，一方面说莫斯科组织按照党的总路线工作，另一方面又批评某些领导人犯了右倾错误，虽然没有点名。一些发言者尖锐批评乌格拉诺夫对右倾估计不足，另一些人又热烈支持乌格拉诺夫。19日，斯大林在会上发表了《论联共（布）党内的右倾危险》的讲话，第一次正式使用“右倾”的提法，并且把右倾同复辟联系起来：“右倾在我们党内获得胜利，就会使资本主义在我国恢复所必需的条件增长起来”。[2] 斯大林列举的右倾内容有：企图离开第十五次代表大会的决议，否认向农村资本主义分子进攻的必要性，要求收缩工业，否认资助集体农庄和国营农场的适当性，要求放松对外贸易垄断，等等。

“右倾”的提法对广大党员显然是很突然的，所以全会上有人要求指出“右倾分子”或“调和分子”的名字来。斯大林回答说：“问题不在于人，而在于产生党内右倾危险的条件和环境”。[3] 他把右倾分子限定在地方机关，只说在中央的成员中也有一些对右倾危险采取调和态度的因素，甚至宣布：“在我们政治局内既没有右倾分子，又没有‘左’倾分子，也没有对他们采取调和态度的分子。这是必须在这里十分肯定地说明的。”[4] 他认为莫斯科组织“有过犹豫和动摇”，但没有说明表现在什么地方。

乌格拉诺夫一般地承认存在错误，但否认容忍右倾的指责，甚至转入反攻，说存在一种企图用排除一些有威望的领导人的办法去寻求摆脱政治和经济困难的情绪。

然而采取的组织措施是无情的。支持乌格拉诺夫的一些区委M.H. 柳京、M.A. 片可夫、B.A. 雅可夫列夫，莫斯科委员会常委Г.С. 莫罗兹、H.H. 曼杰利

[1] Как сломали НЭП. Стенограммы пленумов ЦК ВКП(б). В 5- ти томов. М., 2000. Т.4. С.136.

[2] 《斯大林全集》，第11卷，第95页。

[3] 同上书，第193页。

[4] 同上书，第203页。

什塔姆等被解除职务。莫洛托夫和鲍曼进驻莫斯科。

这样，支持布哈林的一个有力据点就被拔除了。12 月 29 日，向莫斯科各党组织下发了《莫斯科委员会的内部通告信》，这是在莫洛托夫和鲍曼直接参加下起草的，其中写道：

> 在目前开展国家工业化的时期，右倾、公开的机会主义倾向是最大的危险，它力求收缩国家工业化的速度，麻痹无产阶级同资本主义分子（同富农）斗争的警惕性，对于在农业中广泛发展社会主义成分估计不足。然而这一倾向在党员群众中还揭露得不够。这就是为什么对右倾及对右倾持调和主义态度的人，要给予主要打击的原因。[1]

这是一个进一步开展反布哈林斗争的动员令，接着在莫斯科党组织内展开了大规模的清洗。斯大林在莫斯科的胜利在某种程度上决定了 1929 年同布哈林“集团”斗争的结局。此后布哈林等已无法指望首都共产党人的支持了。

“右倾”帽子的提出，就像当年“托洛茨基主义”帽子的提出一样，表明斯大林找到了击败对手的强有力的武器。布哈林等人没有理直气壮地否定右倾的存在，而是同意这种提法，仅仅设法缩小或缓和“右倾”的含义，否认自己是“右倾分子”。李可夫解释说：“我们所说的党内倾向，指的是这样一些有微小差别的不同意见，这些意见在基本原则上，是同党、党的纲领、党的决议一致的，是站在党性立场上并遵守党的纪律的……在谈到右倾时，指的是在现阶段必须采取思想斗争加以克服的那种党内倾向。”[2] 实际上，一旦承认了“右倾”的存在，再谈什么原则一致，是根本不可能的。加米涅夫曾问过布哈林：“是你写了关于同右倾斗争的决议吗?”布哈林答称：“当然是我。我要告诉党，我不是右派。”[3] 但是，既然给自己写下了“死刑”罪名的判决书，其余的一切

---

[1] 有关莫斯科党组织中的争论的部分材料引自 *Небогин О.Б., Самородов А.Г.* Дискуссии в Московской партийной организации в 1928–1929 гг. (Обзор источников по фондам партийного архива Института истории партии МГК и МК КПСС). Вопросы истории КПСС. 1990. № 6. С.64–74.

[2] 《李可夫文选》，第 404 页。

[3] Бюллетень оппозиции.1929. № 1–2. С. 15–17.

努力就不能不是白费的了。

《真理报》和工会的争夺

《真理报》是斯大林势在必得的重要阵地。

十月革命胜利之后，布哈林一直是《真理报》的主编，只在1918年因布列斯特和约问题上的分歧而暂时退出一段时间。在他的主持下，《真理报》办得相当活跃。在《真理报》的版面上可以看到就各种理论问题、现实问题展开争论的不同观点的文章。围绕《真理报》有一批青年理论家，被称之为"布哈林学派"。布哈林在《真理报》上发表的大量文章，特别是理论文章，使他在国内外享有盛誉。

斯大林已紧紧盯住《真理报》。1928年9月30日，《真理报》发表了布哈林的文章《一个经济学家的札记》。过不久，《真理报》编辑部的一名叫B.C.波波夫-杜博夫斯基的人给莫洛托夫写了个声明，称B.H.阿斯特罗夫、A.H.斯列普可夫、E.B.策特林及布哈林的其他拥护者从事反对中央委员会的派别活动。这封告密信成了撤换编委会和编辑部中布哈林拥护者的借口。在新任命的副主编Γ.克鲁敏的支持下，一批新的编辑人员使得仍任主编的布哈林已不能决定报纸的编辑方针了。

斗争还围绕全苏工会中央理事会展开。长期以来中央理事会主席一直由托姆斯基担任，全苏工会是布哈林的有力支持者。

12月10—24日，在莫斯科召开了工会第八次代表大会。还在大会开幕之前报纸上已纷纷发表文章，指责工会的"官僚主义"，要求工会展开"自我批评"。

大会期间中央政治局作出关于加强全苏工会中央理事会的决定。根据这一决定，大会选举鲁祖塔克、奥尔忠尼启则、古比雪夫、卡冈诺维奇和日丹诺夫进入新的工会中央理事会，这是削弱托姆斯基权力和影响的措施。托姆斯基抱怨说，由于中央书记卡冈诺维奇进入中央理事会，使理事会形成"两个中心"，他已无法领导工会的工作，因此他于12月23日提出了辞职的请求。

斯大林还往其他关键单位派去自己的代表：往人民委员会派去奥尔忠尼

启则，往《真理报》派去萨维利也夫（后来改为麦赫利斯），往共产国际派去曼努伊尔斯基作为中央代表，规定这些部门的一切决定和指示均需中央代表联署方为有效，并且中央代表拥有否决权。布哈林把这叫做“建立了政治委员制度”。[1] 众所周知，政治委员制度始建于国内战争期间，其任务首先是监督在红军中服役的前沙俄军官，现在这种办法被用来对付自己的同志了。

1928 年 11 月 16—24 日，联共中央召开全会，主要讨论 1928—1929 年度国民经济的控制数字问题。会前成立了一个由布哈林、克尔日扎诺夫斯基、古比雪夫、米高扬、奥尔忠尼启则、李可夫和斯大林组成的委员会，为全会准备决议案。委员会开了近十天的会，争论激烈，在农业今后的发展和党在农村的政策问题上分歧尤为尖锐。布哈林、李可夫和托姆斯基三人在会上提出集体辞职。在奥尔忠尼启则的斡旋下，三人收回辞呈。一天后他们交给斯大林一个 16 点声明，提出一系列要求，包括停止反右倾运动，对共产党人讨论党的政策不要乱扣“倾向”的帽子，对所谓犯“右倾”错误的人不要滥用组织措施；恢复被解职的《真理报》工作人员的职务；停止对莫斯科委员会领导人的批判，等等。[2] 其中一部分得到了满足。

委员会最后一致通过了 1928—1929 年度国民经济控制数字的决议，因此全会再次声明“政治局内部没有意见分歧”。[3]

斯大林在全会上发表了《论国家工业化和联共（布）党内的右倾》的讲话，强调保持工业高速度发展的必要性，主张尽量增加工业的基本投资。在谈到右倾时，斯大林把它同“资本主义复辟”直接联系在一起，但是他表示，右的倾向“是一种还没有形成机会主义的而且是可以纠正的倾向”，“右倾分子”还没有组成“派别组织”。[4]

人民委员会主席李可夫代表政治局作报告。他特别担心地提到，从农业中抽取资金已使农业不堪重负，建议用提高粮价的办法予以缓和。他尖锐地批

---

[1] 《苏联共产党代表大会、代表会议和中央全会决议汇编》，第 3 分册，第 505 页。

[2] 见 *Ваганов Ф.М.* Правый уклон в ВКП(б) и его разгром. М.,1970. С.177.

[3] 《苏联共产党代表大会、代表会议和中央全会决议汇编》，第 3 分册，第 512 页。

[4] 《斯大林全集》，第 11 卷，第 244、246 页。

判了粮食政策，认为在实行配给制的情况下是不可能建成社会主义的。他认为，建立集体农庄和国营农场的办法无助于摆脱粮食困难，因为小生产者提供90%的粮食，仍然发挥着决定性的作用。李可夫为五年计划第一年的高速度辩护，但他强调，如果认为在许多年内都可以保持这种高速度那就太轻率了。他反对认为阶级斗争尖锐化是不可避免的论断。

斯大林在会上批判了右倾，但没有点布哈林的名字，而是拿副财政人民委员弗鲁姆金开刀，批判他在1928年6月和11月给中央的两封信，认为右倾的“第一把交椅应当让弗鲁姆金去坐”。[1]

弗鲁姆金在发言中嘲笑了斯大林捏造“右倾”的做法。他说：“我理解斯大林同志需要选出弗鲁姆金来打板子。尤其是因为迄今为止这是唯一的一个右倾的姓氏。当然不应为此感到委屈。既然这是党的利益所需要的，那就应当忍受下来”。[2]

可以举一个例子看看当时是怎么给“右倾分子”上纲上线的。弗鲁姆金说：“向富农进攻……但在我们还需要的时候，给他们以从事经济活动的可能性”。莫洛托夫由此得出结论，说弗鲁姆金“实际上变成了无产阶级同资本主义资产阶级合作思想的辩护士”。[3] 斯大林抓住弗鲁姆金所说的“我们不应当妨碍富农经济的生产，同时要和它的奴役性的剥削作斗争”，上纲道：“不妨碍富农经济是什么意思呢？这就是给富农自由。而给富农自由又是什么意思呢？这就是给他们政权。”[4] 其实弗鲁姆金无非是说，在现阶段还需要富农经济提供商品粮，在这种情况下，一方面要给予从事农业经营的可能性，同时又要限制其剥削。这里根本扯不上什么给富农以政权的问题。

全会最后通过的基本建设投资为16.5亿卢布，其中2/3用于重工业，上一年度的投资额为13.3亿卢布。这是斯大林“迅速发展工业”的方针，即“尽

[1] 《斯大林全集》，第232页。

[2] 引自 *Трукан Г.А.* Политическая дискуссия 1928–1929 гг. о путях строительства социализма. М.,1990. С.27–28.

[3] *Трукан Г.А.* Политическая дискуссия 1928–1929 гг. о путях строительства социализма. М., 1990. С.28.

[4] 《斯大林全集》，第11卷，第236页。

量增加工业的基本投资”。[1] 不过，布哈林等也为自己的刺激个体经济的主张在决议中争得一席之地。决议在谈到鼓励和大力支持集体农业经营形式的同时，也指出要“尽量加强对贫农和中农群众的经济刺激”，认为“在刺激个体农民经济的发展方面，党和苏维埃机关远未采取一切保证基本农民经济大大提高的措施”。[2]

全会闭幕后，11 月 30 日，李可夫在列宁格勒党组织积极分子大会上作《中央十一月全会的总结》的报告，称赞用市场方法收购粮食所取得的成绩，改善了曾一度恶化的同农村的关系。在谈到党内状况时，他驳斥了“政治局内有分歧的谣言”，但补充说，“不用说，对于我们的政策、我们的经济、文化等建设的某些具体问题，我们是有争论的”，不能把这些争论看做是倾向，即使有些实际分歧，也没有什么不好。他争辩说，“党应该讨论并决定一切，我们有权也有义务进行讨论和争论”。[3]

布哈林的三篇文章

全会以后，布哈林为捍卫自己的观点发表了三篇颇有分量的文章，同斯大林展开不指名的争论。

12 月 2 日，《真理报》发表布哈林在第四次工农通讯员会议上的报告《**目前形势和我们报刊的任务**》。报告反对“疯人政策”，警告不要把弦“绷得太紧”。显然是回答关于不懂阶级斗争的诀窍的指责，布哈林指出，“城市和农村脱节的危险是我国最主要的内部危险”，“无产阶级同基本农民群众的联盟愈巩固，社会主义建设工作就愈有成绩，工人阶级的阶级斗争就愈是成功”。同富农斗争的办法是使中农跟我们走，使之在农村陷于孤立。[4]

1929 年 1 月 20 日，布哈林在《真理报》发表纪念列宁的文章《**列宁和科**

---

[1] 《斯大林全集》，第 11 卷，第 213 页。

[2] 《苏联共产党代表大会、代表会议和中央全会决议汇编》，第 3 分册，第 469 页。

[3] 中央编译局国际共运史研究室编译：《李可夫文选》，人民出版社 1986 年版，第 405—406 页。

[4] 《布哈林文选》，中册，第 300—323 页。

学在社会主义建设中的任务》，强调要把计划建立在科学的基础之上，“只有在科学的领导之下才能取得胜利；我们的计划政策应当成为一门（它已在开始成为）依靠自己的理论和依靠一系列科学的学科的特殊实用科学”。他警告说，在苏联这样高度集中的国家里，对经济领导的任何失算和错误，都会影响整个社会，其无益耗费有可能超过资本主义自发势力所造成的耗费。布哈林高度评价科学的作用，他写道：“科学，这是巨大的补充的社会生产力。并且，它愈是掌握更多的群众，就愈是成为更加强大的杠杆。”[1] 这是对唯意志论的一个警告。

接着，布哈林在列宁逝世五周年纪念大会上作了一个重要报告**《列宁的政治遗嘱》**，有针对地阐述了列宁的思想观点，总结了列宁的社会主义建设方针，提出“三段式”：工业化、居民合作化和文化革命，同时还提出了党和国家机关建设的迫切问题。这一切后来都写进了《联共（布）党史简明教程》，成了斯大林社会主义模式的理论基础，当然，具体内容完全变了。布哈林根据列宁在最后的文章中的思想的发展指出，使十月革命获得胜利的“无产阶级革命同农民战争的结合”无论如何应该保持下去，否则开展社会主义革命的整个基础就会丧失。在涉及工人政权同农民的关系的那些政策上要极其慎重，要防止工人和农民这两大阶级的分裂。这种分裂将“意味着苏维埃共和国的覆灭”。列宁的合作社计划是通过“合作社的流转”实行结合的计划。不卖弄聪明，不耍花样，要用农民的利益吸引农民，找到对农民最简单易行的办法。农民从个人利益出发，通过合作社可以走向社会主义。工业化政策不仅不能同农民发生分裂，相反地要同农民结成联盟。工业化需要大量的资金，来源可以是花掉原有的后备，冒通货膨胀和商品缺乏的危险发行纸币，也可以是过分加重农民的赋税，但这些办法“都不是工业化的健全的基础”，是不可靠的，“有与农民发生分裂的危险”。“从质量上提高全民劳动生产率，并且同一切非生产性的开支进行坚决斗争”，这才是积累的主要来源。[2]

可以看出，列宁的晚期思想是同斯大林在1920年代末的一整套做法根本不同的，这时候布哈林实际上是让列宁本人出来同斯大林论战。仅报告所用的

[1] 《布哈林文选》，中册，第333—337页。

[2] 同上书，第338—360页。

标题《列宁的政治遗嘱》，就极富挑战性。自托洛茨基反对派遭到失败以后，“列宁遗嘱”已成为禁区，拥有列宁遗嘱（即《给代表大会的信》）被等同于拥有违禁文件。“列宁遗嘱”一语使记忆犹新的广大党的干部联想到要求撤销斯大林总书记职务的列宁给代表大会的信。

总结1928年的局势，可以说，联共中央出现的实际上是持两个不同观点和政策主张的派别之间的斗争。布哈林派的观点主张并未越出联共第十四、十五次代表大会，以及1928年历次中央全会所通过的决定，相反地，联共的这些决定多半体现了布哈林的观点和主张。当时并不存在一个反对联共中央的有组织的“右倾反对派集团”。真正变更党的方针的是斯大林。不过这一时期斯大林的主张也只是一派的主张，还没有成为联共（布）中央的主张。

中央政治局和中央监委主席团二月联席会议

1929年1月底形势急转直下。转折点是布哈林同加米涅夫会晤一事的披露。1月20日，托派在莫斯科的一份传单中以《党被蒙着眼睛领向新的灾难》为题公布了布哈林和加米涅夫谈话的纪要。这就为斯大林提供了有力的口实来指责布哈林进行非组织活动。

1月30日，在中央政治局和中央监委主席团联席会议上斯大林作了《布哈林集团和我们党内的右倾》的报告，宣布“我们党内形成了由布哈林、托姆斯基和李可夫组成的特殊的布哈林集团”，说由于布哈林分子的严密隐瞒，“过去党一点也不知道有这个集团存在”。布哈林“受这个集团的委托”，曾和加米涅夫进行“幕后谈判”，“以便组织布哈林分子和托洛茨基分子的联盟来反对党和党中央”。[1]

2月9日，中央政治局和中央监委主席团联席会议通过的关于党内事件的决议中认定，布哈林就改变中央的政策和更换政治局的成员问题同加米涅夫进行了幕后谈判，并且是“几次幕后谈判”，谋求建立布哈林和加米涅夫的“派别联盟”，而李可夫和托姆斯基却知情不报。

如前所述，布哈林同加米涅夫会见过，加米涅夫所作的谈话札记是事后

[1] 《斯大林全集》，第11卷，第274—275页。

追记的，并非现场记录。当时斯大林有过让加米涅夫和季诺维也夫等人返回党和国家领导工作的打算，因此，布哈林才在同加米涅夫的谈话中阐述斯大林政策的致命后果，设法阻止他们同斯大林结盟。

斯大林把所谓布哈林集团定性为“右倾投降主义集团”，根据是它有“和党的政策相对抗的特殊政纲”。斯大林把这个政纲的内容归结为三点：

1. 要求降低工业发展速度。

2. 要求收缩国营农场和集体农庄的建设。

3. 要求规定私人贸易完全自由并放弃国家在贸易方面的调节作用。

就基本内容而言，这三点“政纲”既不特殊也不新，布哈林从来没有隐瞒过，从1928年七月全会起，争论一直围绕着这几个问题展开，对中央来说并非秘密，并且如前所述，布哈林所反对的也说不上是“党的现行政策”。但是，由于联共中央七月全会、十一月全会和共产国际第六次代表大会多次发表政治局内部完全一致的声明，全党确实不知道领导层存在分歧。斯大林列举的另一些“罪状”还有：认为“贡款”论是“对农民实行军事封建剥削”，布哈林三人实行“辞职政策”，“不了解阶级斗争的诀窍”，等等。

1月30日，布哈林在联席会议上发表声明，说明他同加米涅夫谈话的经过，承认“犯了同加米涅夫进行坦率谈话的错误”，谈话的政治目的很简单，他请加米涅夫“不要参加污蔑”。此外他对当时的形势和政策提出了自己的看法：

1. 反对“贡款”理论。他说：“在第十四次代表大会上斯大林因殖民地和剥夺农民而大力批判普列奥布拉任斯基。而在七月全会上他却宣布‘贡款’的口号，即对农民实行军事封建剥削的口号。贡款是同社会主义建设毫无共同之处的范畴……谁也无权要求党员支持这种‘贡款’。然而却造成这样一种局面，谁也不能对‘贡款’说一个不字，因为这是斯大林同志说的。”对农民征收“超额税”是这一政策的组成部分，斯大林没有执行中央全会关于鼓励个体农民并提高其单位面积产量的决议。

2. 强调必须加强同中农的联盟。在十一月全会上经过激烈的斗争通过了由李可夫和布哈林起草的决议，认为中心任务之一是刺激中农和贫农的个体经济，但执行起来完全是另一回事，布哈林说：“建立了两条‘路线’：一条是口头上说说的决议，另一条是实际上贯彻的路线。”“我认为主要任务是同中农和解，加强同中农的联盟。这就是现在的中心任务。只是现在才非常清楚地看到，列宁那么坚持在这件事上要极端小心谨慎，是多么正确。”

3. 党内缺乏民主，斯大林执行压制党内民主的路线。布哈林指出，在党的组织路线上也存在两条路线。一条是“实行自我批评”。这里什么都有：自我批评、党内民主、选举制，等等。但实际上我们在哪儿看到过选举出来的省委书记？实际上我们党内的官僚主义成分增长了。布哈林问道：“如果关心粮食问题被说成是小市民习气，那怎么能讨论经济问题呢？……如果关怀同庄稼汉结合的稳固性被叫做农民倾向，如果建议提供或者减少追加拨款被说成是反列宁主义……谁敢就这些问题张嘴说话呢？这就是这些问题没有被提出来，而是藏而不露的原因。这就是全党都议论这些问题，然而是在‘心中’议论，在两三个人之间议论的原因……出席会议，投一致票，通过正式的决定成了一种宗教仪式，党所需要的仪式”。

4. 在《真理报》、共产国际和全苏工会中央理事会内建立了“政治委员”制度。例如在《真理报》两名“政治委员”克鲁敏和萨韦利耶夫凌驾于政治局委员布哈林之上！在全苏工会中央理事会里存在两个中心。为此布哈林提出辞去在共产国际和《真理报》的职务。

布哈林认为，现在党不讨论严肃的大问题。全国都为粮食和供应问题而苦恼，但无产阶级的执政党的代表会议却沉默不语。全国都感到同农民的关系不顺，而无产阶级的党，我们的党的代表会议却沉默不语。全国都看到感觉到国际形势的变化，而无产阶级党的代表会议却沉默不语。反而抛出成千上万关于倾向的决议，关于右倾分子李可夫、托姆斯基和布哈林的流言蜚语。“这是小政治，而不是在困难时期向工人阶级讲清局势真相、依靠群众、倾听和感知群众的需要的政治，不是同群众一起开展自己的事业的政治。”[1]

联席会议决定成立一个委员会来调处，成员有布哈林、伏罗希洛夫、基洛夫、柯罗特可夫、莫洛托夫、奥尔忠尼启则、鲁祖塔克、斯大林和雅罗斯拉夫斯基。给委员会一周的工作时间，但始终没有让布哈林参加工作，直到最后时刻才把现成的决议草案交给布哈林。内容如下：

---

[1] Как сломали НЭП. Стенограммы пленумов ЦК ВКП(б). В 5- ти томов. М., 2000. Т.4.С.572–576.

> 从内部交换意见中查明：
>
> 1. 布哈林承认同加米涅夫谈判是政治错误；
>
> 2. 布哈林承认，他在1929年1月30日的声明中关于中央实际上‘对农民实行军事封建剥削’政策的论断，关于中央瓦解共产国际并在党内培植官僚主义的论断，都是他在激烈辩论中冒火时说出来的，他不再坚持这些论断，并认为他在这些问题上和中央没有分歧；
>
> 3. 根据这一点，布哈林承认在政治局内同心协力工作是可能的和必要的；
>
> 4. 布哈林不再辞去《真理报》和共产国际方面的职务；
>
> 5. 因此，布哈林收回他在1月30日的声明。
>
> 根据上述情况，委员会认为可以不向政治局和中央监委主席团联席会议提出从政治上评定布哈林的错误的决议草案，并建议政治局和中央监委主席团联席会议收回现有一切文件（讲话的速记记录等等）。委员会建议政治局和中央监委主席团为布哈林在《真理报》主编和共产国际执行委员会书记的岗位上进行正常工作保证一切必要的条件。[1]

这是一个单方面要布哈林等人承认错误、全面投降的“和解办法”。布哈林拒绝了这种“和解”，也不收回他1月30日的声明。本来到1929年1月，由于农业税的改革，向农业供应农业机器的措施，关于中农的提法等等，已消除了经济政策领域中的许多严重分歧。然而恰恰在这时候，反而要采取措施把布哈林集团排除出领导之外。

2月9日，李可夫在联席会议上宣读了由布哈林、李可夫和托姆斯基签署的声明。声明共8点：1. 如何搞出不符合实际的指责的。2.“关于同加米涅夫结盟”的谎言和关于“派别工作”的谎言。3. 关于斯大林同志宣布的“贡款”口号。4. 克鲁敏同志和向农民经济进攻的口号。5. 关于经济政策及其实际实施。6. 关于官僚主义和党内民主。7. 关于共产国际的领导。8. 关于组织“修理”和被迫辞职。

声明认为，国内的经济和政治形势极为严重，这表现在通货膨胀、工业

[1] 引自《斯大林全集》，第12卷，第8—9页。

品极端缺乏、缺乏后备，黄金和外汇状况严重，以及从 1928 年年底开始恢复粮食配给制，等等。近几个月来这些困难在增长，并可能变成整个经济的危机。工业化是靠“贡款”、花掉黄金储备及其他后备实行的。

声明不仅不收回对“贡款”的指责，而且作了更为深入的剖析，指出决议草案多次把斯大林同党并列，或者把斯大林混同为党，把党混同为斯大林。根据这种混同把对斯大林的批评变成对党中央的攻击。但是无论中央还是党都没有宣布过“贡款”理论，是斯大林宣布了这个理论。几年前，普列奥布拉任斯基提出过“社会主义原始积累规律”，斯大林批判过他。而在七月全会上，他重复普列奥布拉任斯基的论据。这个错误在于对无产阶级和农民的社会关系作不正确的、反列宁主义的、反马克思主义的界定，必然导致实践上征收过头税，破坏工农联盟的基础。贡款是剥削经济的范畴。如果农民缴纳贡款，那就意味着他是受剥削和压迫的纳贡者，从国家的角度看，他就不是公民，而是臣民。这是无知，在政治上是危险的。如果从贡款的角度看待事情，那么就用不着关怀税负的程度，也不用关怀对农村的供应。列宁可不是这样看的。他不认为是从农民那里收取贡款，而是说农民给我们的“信贷”、“贷款”，强调这是我们必须偿还的期票。斯大林为什么要把列宁的“结合”偷换成“贡款”呢？改变我们同农民关系的公式目前特别危险，因为我们刚刚实行了非常措施，“贡款”的理论很容易被看做是从意识形态上使这些措施永久保存下去。声明认为，斯大林不过是“深化”普列奥布拉任斯基而已。他不仅把农民等同于殖民地，不仅把无产阶级同农民的关系等同于剥削型的关系，而且采取了最残酷的剥削形式（“贡款”）。不是党，也不是中央委员会，而是斯大林爬到普列奥布拉任斯基同志的观点上去了。决议草案不仅没有谴责贡款的理论，反而把它说成是党的决定，要求政治局和中央监委主席团联席会议批准这一理论。这是任何一个列宁主义者所不能同意的。“我们认为靠‘贡款’是不能建成社会主义工业化的”。

中央十一月全会强调，党的中心任务之一是刺激个体农民经济（贫农和中农），但在解释全会决议时，这个任务消失了。《经济生活报》的社论《工业化与谷物问题（联共（布）中央全会总结）》中写道：

“提一下被遗忘的列宁主义基本知识并无坏处。”

“关于什么形式将占上风的问题可以归结为无产阶级经济命脉向资本主义

经济成分，向小农和最小农生产进攻的速度，后者是国家社会主义发展的阻力。”（11月25日）

声明说，原来“列宁主义基本知识”是除了向资本进攻，还要向小农即贫农进攻。很清楚，在“贡款”和“向小农和最小农生产进攻”的方针下，这种生产是不会得到发展的。不过这样一来也就不会有粮食，也不会有工农联盟。

文章没有署名，是社论。而报纸的主编是克鲁敏，正是派到《真理报》去监督布哈林的人！

清楚准确地描绘实际存在的现象，研究和严格检验事实，这是正确的马克思主义政策和正确领导的前提。可惜决议草案回避了一些沉重的事实，美化了另一些事实。目前经济形势的基本事实是，在无产阶级专政第12个年头，我们在施行粮食配给制，在一些地区出现半饥饿、原料短缺、工业品极端缺乏、通货膨胀的症状和黄金及外汇资金的严重状况。我们偏离了正确的政策轨道。

如果我们在最近几年农村政策只同集体农庄运动的成绩联系起来的话，国家粮食短缺将会激化。简单的算术表明，在最近几年内集体农庄和国营农场不可能成为粮食基本来源。基本来源在长时间内仍然是个体农民经济。

声明说，我们根本不想降低工业化的速度，相反地我们想要工业化的最高的速度——稳定的和长期的高速度。但我们认为，靠“贡款”是建不成工业化的；工业化不应当立足于花光我们储备的最后一个戈比之上；它应当立足于提高贫农和中农的经济、劳动生产率的普遍增长之上。建议把国内资金首先用于农业，建立后备，余下的用于工业。

关于党内民主，委员会的文件虚伪地谈论民主，指责托姆斯基和布哈林反对“政治委员”、“搞党内封建主义”，反对“中央委员会对他们的日常工作进行的检查”。

三人声明：我们谁都不反对检查我们的工作。但问题在于检查的形式。现在是让克鲁敏和萨韦里耶夫代表“中央机关”检查政治局委员布哈林，让卡冈诺维奇来检查托姆斯基同志，等等。可以同过去党的宪章作一比较：过去主编代表中央检查全体编辑的工作，自己对中央负责；现在编辑们检查他，似乎是让他们代表中央来监督他，虽然中央并没有这种决定。谜底在于实际上消灭了中央的集体领导。荒谬绝伦的是文件断定，我们中间有人想搞“封建王国”。

但我们主张集体领导。我们反对个人决定党的领导问题。我们反对把集体的监督偷换为个人的监督，哪怕是权威的个人。

斯大林同异己斗争的一个常用的手法就是拿列宁在过去年代写的批评文章或书信作为攻击对方的武器。这一次斯大林引用1916年列宁给斯略普里可夫的信来败坏布哈林的声誉。但是声明提醒斯大林注意列宁在“遗嘱”中关于布哈林和斯大林所写下的东西。声明完整地援引了其中有关布哈林和斯大林的评论。声明说，从那时起，斯大林的“无限权力”变得更加“无限”了，变得如此无限，例如直接违背党的第十五次代表大会的决定至今没有公布列宁遗嘱（除了分发给代表们的公报），也没有公布涉及这一时期的其他文件。不过声明强调，“这一切不是说我们想要斯大林离职等等，就像有人要把这种要求强加于我们那样。我们只是认为，斯大林同志应当考虑列宁给予的（非常英明的）忠告，不背离集体领导”。

斯大林指责布哈林等人的“辞职政策”。声明解释说，之所以提出辞职，“是因为我们不想要党内斗争、争论、搞什么小集团、动摇党。为了党内和平我们宁愿牺牲自己，我们放弃为我们认为正确的东西而斗争。我们没有采取对抗措施来回答‘修理’。”除此以外，没有别的达到和平的途径。辞职并不是逃避困难，而是因为在目前条件下无法在这些部门工作了。我们答应承担任何其他部门的工作。我们还在政治局，还会分担困难，解决困难。“我们想工作。我们认为，我们能够帮助克服困难。”而委员会的决议把问题搞得极端复杂化了。“它的方针是清除。这个决议是打歼灭战的文件，如此而已。因此，通过这一决议，在我们看来，是一种必然导致把我们清除出去，最终摧毁真正的集体领导的行为。”[1]

可以看出，布哈林等人当时是准备妥协的，双方达成和解的可能性是存在的。然而这时候斯大林在联席会议上已拥有多数，他利用这个多数的地位，通过了一个关于党内事件的决议，抓住布哈林同加米涅夫谈话一事指责他们企图秘密组织反对中央的派别联盟，改变经济政策和“相应地更换政治局成员”。会议决定：1. 认为布哈林对中央工作的批评是毫无根据的；2. 责成布哈林在国内政策上同弗鲁姆金划清界限；3. 不同意辞职；4. 责成布哈林和托姆斯基忠诚

[1] Как сломали НЭП. Стенограммы пленумов ЦК ВКП(б). Т.4. С.604–619.

地执行共产国际执委会、党和党中央的一切决议。[1]

这一决议使党内斗争继续升温，最后的摊牌势在必行。

联共四月联席全会

四月全会前夕，李可夫提出了**第一个五年计划提纲**，其中指出，“五年计划的中心思想和基本指标是在计划中规划国民劳动生产率的巨大增长”，强调新经济政策是五年计划的政治基础，“五年计划的实施能够也应该遵循新经济政策的轨道”。李可夫还提出一个补充的两年计划，以便用税收、价格和农艺等措施消除农业的极端落后状态。政治局否决了李可夫的提纲，责成专门委员会制定新的文件。4 月 15 日新制定的提纲提交政治局审查，布哈林、李可夫和托姆斯基在表决时弃权。

中央和中央监委联席全会于 1929 年 4 月 16—23 日举行。斯大林对全会做了充分的准备，4 月 16 日全会开幕时共有 302 人出席，其绝大多数是坚决反对“反对派”的，这是斯大林工作的结果。虽然根据惯例全会一致选举李可夫为主席，但是定调子的报告是由完全支持斯大林观点的雅罗斯拉夫斯基作的。发言者的调子越来越高，例如日丹诺夫大力谴责了“放慢重工业发展速度和使农村富农发财”的路线，并警告说：“……我们清算了托洛茨基分子，全党也一定会清算你们，如果你们不屈服，不承认自己的错误的话”。[2]

4 月 22 日，斯大林在会上发表《论联共（布）党内的右倾》的长篇讲话。讲话表明，这时候斯大林已不再需要和解，而是强调分歧和斗争了。布哈林在会上曾表示，我们赞同总路线，存在的分歧“可以这样来表述：下一步怎么办？”李可夫也说，分歧是“在统一的总路线范围内”的分歧。斯大林回答说，存在两条不同的路线，一条是中央路线，另一条是布哈林的“机会主义的路线”。[3]

在阶级斗争问题上斯大林进一步阐述了他的阶级斗争尖锐化理论，批判所谓阶级斗争熄灭论、富农和平长入社会主义的理论，断言“我们的前进，我

---

[1] 见《苏联共产党代表大会、代表会议和中央全会决议汇编》，第 3 分册，第 499—511 页。

[2] Как сломали НЭП. Стенограммы пленумов ЦК ВКП(б). Т.4.С.48–49.

[3] 《斯大林全集》，第 12 卷，第 11 页。

们的进攻总是要减少资本主义分子，把他们排挤出去的，而他们这些垂死的阶级总是要不顾一切地举行反抗的”。这就是阶级斗争尖锐化的根源，这就是无产阶级专政下阶级斗争的诀窍。[1]

斯大林在讲话中论证了他的“贡款”理论、发展集体农庄、超高速度发展工业等措施。

布哈林作为理论家在国内外享有盛誉，要打倒布哈林，就必须先否定作为理论家的布哈林。正因为如此，斯大林在报告中用很大的篇幅去“动摇”布哈林这个“党的最宝贵和最大理论家”的地位。针对列宁在生前最后时日所说布哈林是“全党喜欢的人物”，斯大林借柏拉图的话称，“我们爱布哈林，但是我们更爱真理，更爱党，更爱共产国际。”然后又借列宁的话说，布哈林是“不懂辩证法的理论家，繁琐哲学的理论家”。为证明这一点，他重翻历史上的老账，援引列宁同布哈林历史上在“炸毁”国家问题上的分歧，断定“布哈林犯了半无政府主义的错误”。[2]

斯大林的指责是站不住脚的。这是一桩早已解决的历史误解和分歧。1. 布哈林本人从来没有否定过渡时期的无产阶级专政国家。2.“炸毁”国家一语是恩格斯的用语，是直接针对资产阶级国家机器的，并非无政府主义的公式。3. 1917 年克鲁普斯卡娅受列宁委托正式向布哈林转告过，列宁认为在国家问题上他同布哈林没有分歧了。[3]

斯大林讲话的另一个突出之点是进一步断定布哈林组织了一个“派别集团”，说“布哈林集团含有派别活动的一切因素。这里既有政纲，又有派别性的小圈子，既有辞职政策，又有反对中央的有组织的斗争”。[4]

4 月 18 日，布哈林在全会上发表长达数小时的讲话。这时候他清楚地意识到自己的地位已岌岌可危。他在会上说，“我觉得我作为政治局委员在全会上发言已是最后一次了”。因此他利用这不可再得的机会全面阐述自己的观点，也批判了斯大林的诸如“阶级斗争尖锐化”、“贡款”等理论主张。

---

[1] 《斯大林全集》，第 12 卷，第 35、26 页。

[2] 同上书，第 22 页。

[3] 详见郑异凡：《布哈林论》，中央编译出版社 2006 年版，第 47—69 页。

[4] 《斯大林全集》，第 12 卷，第 87 页。

布哈林首先批判了“阶级斗争尖锐化”理论。

他说：“现在有一种著名的‘理论’在党内获得完全合法的地位，这就是越向社会主义前进，阶级斗争就越尖锐，我们遇到的困难和矛盾就越多。这一理论是斯大林同志在七月全会上提出来，而古比雪夫同志加以特别发挥并天才地予以‘深化’的。我认为这一‘理论’混淆了全然不同的东西。它把在某一短暂的阶段中阶级斗争尖锐化（我们现在就处于此类阶段之中）同发展的一般进程混为一谈了。它把目前尖锐化的事实本身变成我们发展的某种不可避免的规律。根据这一奇怪的理论就得出结论，我们越是朝社会主义前进，就会遇到越多的困难，阶级斗争就越尖锐，而到抵达社会主义大门之时，我们显然应当或者发动国内战争，或者饿死战死。”

布哈林引了古比雪夫的以下说法：

“社会主义建设事业越有成就，国内外敌对力量的反抗和对抗就会在越大的程度上增长。阶级的消亡（我们整个发展的最终结果）应当、自然也将在尖锐化的阶级斗争的局势下进行。”[1]

布哈林就此评论说：“这样，古比雪夫同志加深并提到更高阶段的这一理论宣布了这样一个论点，阶级的消亡越迅速，阶级斗争就越尖锐，显然，阶级斗争的火焰将在已没有任何阶级的时候燃烧得最旺最旺！这也属最近许多理论‘发现’之一，遗憾的是它们已在某种程度上决定了我们的政策……它把我们导向我们在粮食收购、谷物经济及许多其他方面所遇到的那种奇妙的实际结果。”。布哈林特别强调，“发展的经常趋势是一回事，阶级矛盾的暂时尖锐化则是另一回事”。他并不否认在一特定阶段阶级斗争尖锐化的事实，认为当时在农村确实存在阶级斗争尖锐化的现象，但这不是一种经常趋势，经常趋势应该说是趋于缓和。“有一种理论说我们应当把阶级斗争尖锐化当做我们改造时期的规律，我们应当点燃阶级斗争，我把这种原理叫做白痴。我过去把这叫做白痴，现在也这么叫”。

布哈林否定所谓他鼓吹“富农和平长入社会主义的理论”的指责。布哈林郑重声明：这是断章取义，“‘富农和平长入社会主义’一语在我的任何一篇文章、任何一本小册子、任何一个报告中都是找不到的。”布哈林完整地宣读

[1] Правда.1928. 25 сентября.

了他的《到社会主义之路和工农联盟》一书中的这段引文：

> 因此，我国基本的农民合作社组织网将不是由富农式的而是由“劳动”式的基层合作社细胞构成，这些细胞将长入到我们的一般国家机关的体系中去，并通过这一途径成为社会主义经济的单一链条中的环节。另一方面，富农合作社的窝巢也将会通过银行等同样长入到这个体系中去，不过它们在某种程度上将是异物，例如像租让企业那样。[1]

有人就此指责布哈林竟允许同资产阶级合作，同富农合作，允许有富农合作社的窝巢，等等。布哈林指出，允许富农参加一般合作社“是政治局的决定”，“这是同资产阶级某种合作的一定形式”，而这种合作是列宁也同意的。列宁在确定我国阶级结构时说：我们目前的制度是建立在两个阶级的合作之上的——无产阶级和农民，在一定条件下也允许资产阶级加入这一合作。布哈林问道：“或者你们想既容许资产阶级，又要它处于国民经济之外？”这是童话，是不可能的。

关于“富农和平长入社会主义”这一说法本身，布哈林认为是“荒唐透顶的”，“因为这种公式意味着在发达的社会主义里还有阶级、还有富农。怎么想都可以，但认为共产主义下会有富农，这犹如说在共产主义下会有尖锐的阶级斗争一样，是天才的发现”。

至于对布哈林三人的种种指责，布哈林列举了一个“指责”的清单：

1. 对工业化估计不足；
2. 不懂得只有依靠我们强大的工业才能改造农民；
3. 不懂得在农村的支柱、社会基础是贫农和雇农阶级，而指靠富农；
4. 不懂得农民经济是小资产阶级经济，对富农估计不足；
5. 富农和平长入社会主义理论；
6. 把列宁的合作社计划同他的电气化计划对立起来。

卡冈诺维奇中了布哈林的圈套，插话说：“对你来说这个清单是正确的。”

布哈林接着指出，这些指责几乎逐字逐句摘自托洛茨基给联共十五大的

---

[1] 《布哈林文选》，上册，第428页。

政纲。"托洛茨基的政纲同现在对我提出的指责竟有如此奇怪、如此可疑的'思想上的一致'"！然而托洛茨基当时的指责不是针对布哈林，而是"针对全党的"。

布哈林接着详细阐述了他对当前一系列迫切问题的看法。

一个是经济比例失调。他认为，当前经济困难的基础"在于基本的经济比例遭到某种破坏，而首先是破坏了工业和农业之间的正常比例关系"。问题不在于工业发展速度太快，也许还可以再快一些，但是要有一个条件，这就是"使作为工业基地的农业得到发展，城乡之间有很快的经济周转"。之所以出现困难，"是因为我们对基本农民群众缺乏足够正确的态度"，如不灵活的价格政策，对农业税的过度征收，政策常变，实行非常措施，在一定程度上禁止商品流通，等等。这使得农业，特别是谷物业不但没有增长，反而减少。

布哈林进一步分析了谷物业的状况，重申他在1928年春天所作的分析，认为在农业税方面，在价格方面，在农业的各种价格和工业价格间的相互关系方面，在农业生产的不同部门之间的价格方面，谷物业都处于最不利的地位。这就使得生产力从谷物业向别的部门转移。农民或者不去扩大谷物的耕种面积，或者用谷物去喂牲口，或者改种其他作物。谷物生产下降又导致谷物出口创汇率下降，而谷物是创汇的主要产品。这就影响到进口，不能从国外购买足够数量的原料和装备。为了获得进口所需要的外汇，不得不削减消费以出口消费品，这就使国内粮食市场更加恶化。布哈林指出，"我认为我国经济困难的机制就是这样转动的。这些因素是互相影响的"。

在谈到农业的状况时，布哈林进一步指出，结合的基本形式在长时间内本应是"市场联系的形式，通过粮食的买卖来实现，然而，现在小商品生产者从卖粮者变成了交粮者"，粮食的出售变成向国家缴纳的贡款，粮食本身越来越多地由商品变成了缴纳的贡款，同时也成了货币的代用品和积累手段，因此它开始在市场上消失。由于不是通过市场机制，而是用行政命令办法征收粮食，因而"采购机关的开销"和取得粮食的花费也随着市场联系的消失而剧增，收到的每一普特粮食的附加费用急剧上升。配给制、摊派制使粮食生产的基地继续减少，秋播面积减少了3%—4%。经济刺激的杠杆作用削弱，为取得粮食只好加强压制，采取行政命令的措施，形成新形式的非常措施。

布哈林认为，非常措施同新经济政策是不能共存的，是相互排斥的。他重提斯大林本人也曾同意的新经济政策的定义："新经济政策是无产阶级专政的政策，其目的在于利用市场，通过市场，而不是以直接的产品交换，不要市场……"[1] 布哈林认为，不能从理论上认为我们已可以越过此定义，已可以跳出新经济政策阶段。他主张"重申新经济政策和扩大商品流转"。"市场联系的形式在许多年将是经济联系的决定性形式"，我们领导的经济作用应是通过经济关系，即通过扩大商品流转。他警告说，我们今天可以用一天的时间靠压制手段取得粮食，但明天怎么办？"总不能搞只顾一天的政策！""已成为一种制度的非常措施堵住了我们的所有出入口"，必须坚决抛弃化名的或不化名的非常措施，这"应当是我们政策的坚定不移的基础。因为只有这样才能保持新经济政策的体系"。

布哈林批判一种"完全错误的托洛茨基主义概念"，即把个体经济等同于富农经济，一谈到提高个体经济似乎"就是主张发展资本主义经济"。个体经济是各种各样的，其中包括富农经济，但是谈到发展个体经济时，指的是农民经济的基本群众，即个体的贫农中农经济。当时的农村从整体上说是贫穷落后的，不少地区无马的农民占 40% 以上。中农在很大程度上仍然是微不足道的半贫困者。布哈林认为，这些贫困的贫农和中农个体经济离富农还很远，不用担心它们会很快发展成为庞大的富农阶层。这里不能以贫富程度来划分农村阶级。布哈林指出，我们的社会范畴是以对劳动的剥削关系作为划分标准的。富农也许并不特别富，但如果他经常剥削雇佣劳动力，那他就是小资本家。目前富农在农村还掌握一定的力量，这是因为许多产粮区用非常措施伤害了中农，而在许多消费地区，又没有给贫农及部分中农供应足够的粮食。富农却挨家挨户分送粮食，这就建立了富农同部分中贫农的联盟。

布哈林认为，对富农要限制，要排挤，但不应剥夺，不要搞"第三次革命"。向富农加紧进攻首先应沿着征税的路线展开。为了使赋税能准确地落到富农身上，布哈林要求"更加仔细地查明富农的地区性特征"。实际上问题还不仅在于缺乏地方标准，当时也缺乏科学的全国统一的标准，因此到底谁是富农的问题从中央到地方都没有一个明确的符合实际的答案。这样在实行非常措施以至后来搞全盘集体化、消灭富农时把中农当做富农打，就毫不奇怪的了。

---

[1] 《斯大林全集》，第 11 卷，第 128 页。

布哈林提出解决危机的四点办法：

1. 进口粮食。布哈林认为，从各种角度看，用赊购的办法进口粮食比实行非常措施对我们要合算一些。

2. 坚决抛弃非常措施。因为作为一种制度的非常措施是排斥新经济政策的，它堵死了所有的出入口。

3. 确立革命法制。布哈林说："我们需要的革命法制是'真正的'、长期的、牢固的、经常性的革命法制。经济要求某种司法的、立法的措施，它们一旦受到破坏，经济就往往不能发展"。他指出，农民应当事先知道，要从他们那里拿走多少，在什么期限内，按照什么样的日程安排，等等。

4. 灵活的价格政策。布哈林认为，应当制定一个"较为灵活的按季节和按地区区分的价格政策"。在市场价格上，富农、中农和贫农都是站在卖主的立场上的，因此不能到处都实行"阶级"价格。而我们现在的收购价同"自由市场"的价格出现严重的脱节。

与此相联系，还应有一个经过深思熟虑的税收制度，使得进入较富裕户手中的东西，能通过税收制度超额地收回。

然而，这些建议在全会上遭到了否决。

在讲话的结束语中，布哈林只承认同加米涅夫谈话是错误，对所有其他指责概不承认。他声明赞同在国家五年计划中提出的党的总路线，但坚决反对在执行经济政策时采用非常措施。他严正声明，之所以不能承认子虚乌有的错误并自我污蔑，是因为"必须在我们党内捍卫可以思考，可以讲话的做法"，不能用赤裸裸地挥舞拳头的政策去取代思想和思考！[1]

全会的决议草案由维·维·柯秀尔、基洛夫和鲍曼起草，完全贯穿着斯大林讲话的精神。在约250名与会者中投反对票的仅10人，另有3人弃权。

决议谴责布哈林集团的观点"背离党的总路线"，并且以决议的形式使斯大林对国内社会主义建设和国际共产主义运动的一系列观点合法化。

布哈林被解除《真理报》、共产国际的职务，托姆斯基被解除全苏工会中央理事会的职务。布哈林后来揭露斯大林的这种不准辞职，只能撤职的

[1] *Бухарин Н.И.* Проблемы теории и практики социализма. М., С.253－308.

手法时说："起先需要予以抹黑，羞辱，损害声誉，踩在脚下，然后问题已不是满足辞职的要求，而是因怠工而'撤职'。这里玩弄的把戏是尽人皆知的。"[1]

列宁的妹妹玛·乌里扬诺娃因病没有出席全会，但她于4月22日给全会写信，表示反对把布哈林等三人开除出政治局。她重提列宁遗嘱，列宁认为不是某一个个人，而只有"集体的工作才能保证正确的领导和党的统一"。把党的三位最著名的工作者李可夫、布哈林、托姆斯基开除出政治局或者继续"修理"他们和破坏他们的声誉，会"威胁到这个集体领导"，违背列宁的遗嘱，危害无产阶级革命。最近一段时间收到许多越来越令人不安的信件，证明农村出现大动荡（由于非常措施、消费省份的饥荒、破坏法制），城市也出现某种动荡（由于日益尖锐的粮食状况）。"我认为李可夫、托姆斯基和布哈林的功绩在于他们向党提出这些大问题，而不是隐瞒不提。我认为另一种观点，隐瞒和抹杀困难和危险的观点，还有对成就的过分欣赏，乃是狭隘的自满自足和共产党人自大狂的表现"。她告诉全会，她投票反对把这三位同志或其中某一位开除出政治局，反对谴责他们和破坏他们的声誉。[2]

4月底召开的联共（布）第十六次代表会议批准了四月全会《关于党内事件》的决议。

7月召开共产国际执行委员会第十次扩大全会，会上通过了关于布哈林的决议，撤销其执委会主席团委员的职务。

斯大林的胜利

四月全会后，反右倾运动一步紧似一步。布哈林等人基本上处于被动挨打的地位。在党的第十六次代表会议上布哈林甚至没有发言。李可夫在作报告时也极端谨慎小心，没有提及同斯大林领导的政治局多数的分歧。

8月份运动进入新的阶段。8月21日、24日《真理报》发表文章，公开

---

[1] Правда.1989. 3 февраля.

[2] Хрестоматия по истории КПСС. Под ред. *В.В.Журавлева и В.И.Зубарева.* М.,1989. С.186–187.

左起：斯大林、李可夫、加米涅夫和季诺维也夫。20世纪20年代初

点布哈林的名字，称他为“倾向分子的主要鼓舞者和领导人”。此后，各种谴责铺天盖地而来。

11月7日，斯大林在《真理报》发表长篇文章《**大转变的一年**》，宣布农村开始全盘集体化，农民“整村、整乡、整区加入”集体农庄，国家“已经摆脱粮食危机”，再过两三年苏联将成为“世界上粮食最多的国家”。[1]“右倾机会主义者（布哈林集团）的断言已经破产而且被粉碎了”。[2]

这篇文章也为三天后召开的十一月中央全会定下了调子。在这次全会上斯大林批判了“农民合作社长入社会主义”的公式。[3] 按照斯大林的看法，“它（这个公式）使人认为小农和中农经济能够以其现在这种形式长入社会主义，也就是说不经过改造，不对它们进行根本的改造就能够长入，这当然是不正确

[1] 三年后苏联农村就出现了使数百万人饿死的大饥荒。

[2] 《斯大林全集》，第12卷，第116—118页。

[3] 这个公式曾得到1925年召开的共产国际执委会第五次全会的批准。

的。”[1]这已经是对列宁的《论合作社》一文中的论点的否定。列宁在这篇文章中一再论证，合作社，并且是流通领域的合作社，是“使农民感到简便易行和容易接受的方法过渡到新制度”去的最好形式，认为“合作社的发展也就等于社会主义的发展”。[2]列宁并不认为，农民合作社还需要经过什么“根本改造”才能进入社会主义。斯大林认为合作社有高低级之分，认定消费合作社、供销合作社是“低级形式”，只有“生产合作社——集体农庄”才是“高级形式”[3]，从而为自己用“集体农庄”顶替列宁的流通领域的合作社制造根据。其实，合作社不能以生产和流通来分其高低，它们各有各的职能，并无高低之分，区分好坏的标准只有一个，即，是否符合当时发展生产的需要，是否能促进生产力的发展。而就当时苏联的实际情况看，广大农民能接受的，并且有利于农村生产力发展的仍然是合作社，而不是集体农庄。

全会的主要议题是关于1929—1930年度的国民经济控制数字。同李可夫领导下制订的五年计划的任务（得到党的第十六次代表会议和苏联第五次苏维埃代表大会批准的）相比，控制数字大大提高了，首先是生铁、钢、拖拉机、有色金属。在粉碎了“右倾”之后斯大林开始实行自己的“超工业化”计划了。

在讨论控制数字的时候，对布哈林等人发起了新一轮攻击。约·米·瓦雷斯基认定，布哈林对新经济政策的解释是“孟什维主义的”。发言者要求布哈林、李可夫和托姆斯基“放下反党的机会主义武器”，否则就把他们赶出“党的参谋部”。埃赫提出“对反列宁主义者、反布尔什维克分子布哈林该作出组织结论了”。[4]彼得罗夫斯基曾想缓和指责的语气，却为此受到严厉的批评。

11月12日，李可夫代表布哈林和托姆斯基在中央全会上发表了一个长篇声明，阐述对总路线以及其他一系列问题的观点。这是他们所作的最后一次有限度的抗辩。这一次他们把分歧集中到实行非常措施上。他们声明“过去和现

[1] 引自 *Трукан Г.А.* Политическая дискуссия 1928–1929 гг. о путях строительства социализма. М.,1990.С.41.

[2] 《列宁全集》，中文第2版，第43卷，第362、367页。

[3] 见《斯大林全集》，第12卷，第117页。

[4] 引自 *Трукан Г.А.* Политическая дискуссия 1928–1929 гг. о путях строительства социализма. М.,1990. С.44–45.

在完全赞同党的总路线”，赞同五年计划和“政治局决议中向本次全会建议的控制数字”。“我们同中央多数之间的意见分歧在消失”。他们同时也指出存在的困难和问题，这包括：尽管集体化规模巨大，但机器供应等的增长未完成，整个农业的产量计划，特别是其谷物部分未完成；更没有完成畜牧业计划，牲口的数量有所减少；最后，实际工资计划未完成。工业的发展和农业基地的发展之间的脱节现象还没有消除。“我们认为关于必须发展个体贫农和中农经济的问题尚未取消”。他们强调，“如果按照我们在四月全会上所指出的贯彻党的总路线的方法行事，我们就可能通过较少痛苦的道路取得合乎愿望的结果”。

他们认为，同中央多数的分歧只有一点，即非常措施问题。声明说："我们担心实行非常措施，把它变成长期的制度必然也伤及相当数量的中农阶层，所以我们在上次（1929 年 4 月）中央全会上反对实行非常措施。我们同中央和政治局多数的分歧正在于此。”他们指出，“毫无疑问，实行非常措施在短时期内保证了无产阶级国家的粮食储备，但也在一些地方使某些中农阶层的不满有所增长，把这部分中农推向进行残暴反抗的富农一边。同样无疑的是，实行非常措施也造成某些农业计划未能完成”。他们认为，“非常措施在明年已成为多余”。[1]

这时候他们已不把争论纠缠在一些具体政策问题上，甚至对工业化的速度、集体化及其速度也不再提异议。实际上，这时候定的速度同几个月后斯大林所规定的速度还有很大的差距。他们三人这时候所赞同的速度几个月后就被认为是相当保守的速度了。他们把分歧集中到一点，即反对把非常措施变成长期的制度。这是一个根本性的问题。如他们早就看到的，非常措施是同新经济政策不能并存的，因此反对非常措施也就是保卫列宁的新经济政策，此其一。其次，反对非常措施实质上是反对经济领域中的行政命令体制，就这一方面而言，三人的斗争的意义远远超过反对具体的，在 1928 年春为收购粮食而实行的非常措施。他们显然看到，此口一开，以后就不再有可能去制止军事共产主义的复活了。第三，20 世纪 30 年代的实践也从反面证明，当时布哈林等人紧

---

[1] Хрестоматия по истории КПСС. Под ред. *В.В.Журавлева и В.И.Зубарева.* М., 1989. Т.2. С. 202–210.

紧抓住非常措施问题不放，显示了他们的预感不谬。20 世纪 30 年代的强制集体化，对各阶层人民以至高级领导人的镇压等等，都是非常措施的延伸和扩大。

莫洛托夫作了长篇发言，反驳三人的声明：说“布哈林集团”仍把自己置于与党对立的地位。莫洛托夫否认分歧只在于非常措施的说法，认为同“右倾分子”的分歧涉及一系列重大问题，首先是关于工业化的速度，还有集体农庄和国营农场的建设，以及与之相联系的向富农进攻，同官僚主义斗争首先是党内民主问题，共产国际的政策等等。反对非常措施是反对加强对富农的进攻，想把进攻的政策改为退却的政策。莫洛托夫声称，他们捏造党要把非常措施变成制度，指责党似乎想用非常措施来建设社会主义，即实行行政镇压的政策。[1] 应该说，在这一点上莫洛托夫的这个概括是准确的，布哈林等人所担心的正是这样一种危险的前景！

11 月 17 日，全会通过《关于布哈林集团》的决定，指责他们拒绝承认自己观点错误，认定三人声明“是派别活动性质的文件”，“是敌视党的文件”，决定“撤销右倾分子领导者布哈林的政治局委员的职务”，同时对李可夫、托姆斯基和乌加罗夫提出警告。

表决时投反对票的有三人：托姆斯基、乌加罗夫和布哈林。表决后会议主席宣读了布哈林的下述声明：

> 1. 我投票反对整个决议。
>
> 2. 关于把我开除出联共（布）中央政治局的那一条我弃权，因为根据我党的完全恰当的传统，我不能捍卫某一职务的候选人资格。
>
> 尼古拉·布哈林
>
> 1929 年 11 月 17 日于莫斯科 [2]

李可夫没有参加决议的表决，但其态度是清楚的。11 月 12 日，他有一个发言，其中说：“古比雪夫同志在报告中说我投票赞同提纲（指 1929—1930 年国民经济控制数字的提纲。——引注），但反对其中关于反右倾的部分。我认为这种说法不准确。我历来主张并投票赞成同右倾作斗争。我的声明是说，我

---

[1] Хрестоматия по истории КПСС. Т.2. С. 111 – 118.

[2] Хрестоматия по истории КПСС. Т.2.С. 111 – 118.

反对提纲中指责我个人和布哈林、托姆斯基同志右倾的那一部分。”[1]

这是他们三人的一致立场——反对“右倾”，但不承认自己是“右倾分子”。他这种立场除了显示自己的原则性以外收效甚微。不过，可以看出，到这时为止布哈林等人并没有缴械投降，只是作了某些退让。11 月 25 日，三人向中央提交了新的声明，其中写道：

> 最近一年半在我们和联共（布）中央多数在一些政治和策略问题上有过意见分歧。我们在一些文件、在联共（布）中央和中央监委的全会以及其他会议的发言中阐述了自己的观点。
>
> 我们认为有责任声明，在这一争论中党及其中央是正确的。在人所共知的一些文件中所表述的我们的观点是错误的。我们承认自己的这些错误，我们从自己这一方面将竭尽全力和全党一起同偏离党的总路线的一切倾向，首先是右倾和调和主义进行坚决斗争，以克服任何困难和保证社会主义建设的完全胜利和早日胜利。

1929 年 11 月 26 日《真理报》刊登了这一声明。这标志着布哈林三人的彻底失败，斯大林达到了要失败者公开悔过的目的。至此斯大林可以认为，在 20 世纪 20 年代连绵不断的党内斗争中已打倒所有的对手，整倒了列宁的所有战友，在党内、国内以至共产国际内确立了唯我独尊的地位。这一年的 12 月 21 日**斯大林举行了 50 大寿的盛大庆典**，各家报纸连篇累牍地发表赞颂斯大林的文章。《真理报》刊载“祝寿”专号，通栏标题为：“马克思和列宁事业的忠诚继承者”，“社会主义工业化和集体化的组织者和领导者”，“无产阶级政党的领袖”。刊载的文章有：卡冈诺维奇《斯大林和党》、奥尔忠尼启则《坚定不移的布尔什维克》、古比雪夫《斯大林和国家工业化》、伏罗希洛夫《斯大林和红军》、加里宁《布尔什维主义的舵手》、米高扬《布尔什维克党的钢铁战士》，等等。联共（布）中央委员会和中央监察委员会的贺词说，他们向最优秀的列宁主义者致敬。

由于布哈林及其一整套主张的失败，苏联的历史发生了重大的转折，或者用斯大林的话说，“伟大的转变”。这个转折表现在：1. 取消新经济政策。1929 年 12 月 27 日斯大林在马克思主义者土地问题专家代表会议上公开宣布

[1] Хрестоматия по истории КПСС. Т.2.С. 111－118.

"让新经济政策见鬼去"![1] 2. 抛弃列宁的合作化方针，强制实行农村的全盘集体化。3. 实行消灭富农以至全部个体农民的新方针。庆祝 50 大寿后不久斯大林宣布："我们从限制富农剥削趋势的政策开始了向消灭富农阶级的政策方面的转变。"[2]4. 实行"超工业化"，高速度发展工业，特别是重工业和军事工业，其速度大大超过当年托洛茨基的主张。5. 按照"阶级斗争尖锐化"的理论，开始对全国各阶层的大规模镇压。6. 在 20 世纪 30 年代确立政治、经济生活中的行政命令体制。7. 开始制造对斯大林的个人崇拜，等等。

斯大林很欣赏后来的科学院院士斯・古・施特卢米宁的一篇文章，在这篇文章中施特卢米宁概括了一条搞"指令性"经济的信条：我们的任务不在于研究经济，而在于改造经济；任何规律都不能束缚我们；没有布尔什维克不能攻占的堡垒；速度问题是人决定的。[3]

从此布哈林脱离了党和国家的政治领导地位，尽管后来有一段时间担任过《消息报》主编，但对国家的大政方针已不能发挥影响。"党的最可宝贵的理论家"在理论上已无所作为，只能起有限的作用了。

1931 年 4 月，孟什维克杂志《社会主义通报》第 8 期发表文章指出，斯大林竭尽全力来"破坏恢复新经济政策的幻想，破除演变的希望"。总书记"已经不止一次地试图制服右翼共产党人，——但是由于种种内部原因，镇压直到现在还没有达到极点，李可夫、布哈林、托姆斯基遭暴力摧残的结局被推迟了。把他们不仅最终开除出党的机关，而且最终开除出党的过程还没有结束。同情农民要求的新经济政策拥护者（虽然他们在心理上无力同专政一刀两断）已被撤职，但还没有被宣布为人民公敌。不过当权者正磨刀霍霍，很快就要动手收拾他们了。"[4]

[1] 见《斯大林全集》，第 12 卷，第 151 页。全集译作"我们就把它抛开"。

[2] 同上书，第 156—157 页。

[3] 《计划经济》1927 年第 7 号第 11 页。引自沃尔科戈诺夫著：《胜利与悲剧——斯大林政治肖像》，第 1 卷，第 306 页。

[4] 引自[俄]沃尔科戈诺夫著：《胜利与悲剧——斯大林政治肖像》，第 1 卷，第 338—339 页。

第七章　20 世纪 20 年代的政治体制

第一节　在政治体制改革的十字路口 *

1920 年国内战争基本结束，开始向和平建设过渡。随着和平环境的出现，越来越多的人认为，应当结束战时造成的对自由民主的限制，首先在党内实施民主化。

1921 年年初由于粮食紧缺，开始削减粮食定量，这引起大城市工人的强烈不满，他们首先要求取消某些人员的粮食供应的优惠。1 月底，莫斯科许多工厂召开全厂工人大会，要求改变某些范畴人员的特殊优待。2 月 1 日，莫斯科苏维埃全会决定请求人民委员会废除粮食优惠定量，其中包括有 1 万负责干部的人民委员会和 1900 人的科学院优惠。2 月 2—4 日，莫斯科市和莫斯科省无党派五金工人代表会议也提出类似要求，此外还要求放弃粮食征收制，改行粮食税。

考虑到群众的情绪，2 月 8 日，人民委员会决定削减优惠定量，供应负责干部的定量与工人取平。不过列宁坚决反对完全取消科学院院士的优惠定量，决定保留共和国“确实必须的科学专家”的优惠定量。同日，列宁在政治局会

---

* 关于 20 世纪 20 年代的政治体制问题，苏联解体后出版了一些专著，其中有[俄]施什金著：《政权 · 政治 · 经济》（*Шишкин В.А.* Власть, политика, экономика. Послереволюционная Россия (1917 – 1928) С-Петербург. Изд. Дмитрий Буланин. 1997.）；[俄]巴甫洛娃著：《斯大林主义：权力机制的形成》（*Павлова И.В.* Сталинизм: становление механизма власти. Сибирский хронограф. Новосибирск. 1993.）；[俄] 特鲁坎著：《通向极权的道路》（*Трукан Г.А.* Путь к тоталитаризму. 1917 – 1929. М., Наука. 1994.）；[俄] 罗戈文著：《是否有选择?》（*Роговин В.* Была ли альтернатива? “Троцкизм” : взгляд через годы. Москва. Терра. 1992.）一些文集中也收有有关政治体制问题的论文，如《史家争论》（Историки спорят.Тринадцать бесед. Под ред. *В.С.Лельчука*. М., Политиздат. 1988.）；《历史难题》（Трудные вопросы истории: Пойски. Размышления. Новый взгляд на события и факты. Под ред. *В.В.Журавлева.* Москва. Политиздат.1991.）等等。戈兰德的论文“政治与经济（20 年代社会斗争概要）”（*Голанд Ю.* Политика и экономика (Очерки общественной борьбы 20-х годов)// “Знамя” , март 1990. SLON-PARTY_RU.）对 20 年代的政治体制问题有较详细的阐述。

议上建议放弃粮食征收制。

2月下旬，一些城市出现工潮。2月23日，莫斯科哈莫夫尼基区的一些企业数千名工人罢工，他们走向军营，号召红军加入反对经济状况恶化的示威游行。在彼得格勒连续数天工潮，工人同军校生发生冲突，有人受伤。3月初，喀琅施塔得水兵暴动，直接危及苏维埃政权的存在。

喀琅施塔得暴动引发的国内政治危机和工会问题争论引发的党内危机，促使党的第十次代表大会一致通过实行粮食税，同时禁止党内派别活动。

随着向新经济政策过渡，国家政治民主化问题也凸显出来。

列宁也在考虑政党制度的改革问题。1921年3月15日，列宁在党的十大《关于以实物税代替粮食征收制的报告的总结发言》中从历史和经济关系的现实中得出多党存在的必然性，他说：

> 富农的出现和小资产阶级关系的发展自然会产生相应的政党，在俄国，这些政党是在几十年当中形成和发展起来的，我们对它们都很熟悉。这里要选择的，不是让不让这些政党发展，因为小资产阶级经济关系必然会产生这些政党；我们要选择的，而且只能在一定程度上选择的，只是集中和联合这些政党的行动的形式。[1]

正是出于多党存在必然性的考虑，列宁曾多次思考让社会革命党和孟什维克合法存在的问题。1921年3月2日列宁给奥尔忠尼启则的信中提出同孟什维克结盟问题："极其重要的是，寻找适当的妥协方法，同饶尔丹尼亚或像他那样的格鲁吉亚的孟什维克结成联盟，因为他们在起义以前并不绝对反对格鲁吉亚在一定条件下实行苏维埃制度的想法。"[2]

在列宁起草的一些供自己用的提纲中，不断闪现让孟什维克等政党合法化的念头，例如：

写于1922年1—2月的《政论家札记》一文的两个提纲稿中，有一条提到西欧无产阶级的"统一战线"，接着写上一句："对孟什维克的态度。"另一个提纲稿直接拟出一个标题："论孟什维克的合法化"，对孟什维克（+社会革

[1] 《列宁全集》，中文第2版，第41卷，第67页。

[2] 同上书，第40卷，第378页。

命党人和**无政府主义者**）的态度和统一战线。[1]

不过让其他政党合法化只是列宁思考的问题，并没有明确的结论，而当时其他政党如社会革命党和孟什维克只是半合法地存在，既没有明令禁止，也没有公开予以合法化，部分党员被关进监狱，部分党员仍在社会上活动。左派社会革命党出版杂志《旗帜》，社会革命党少数派出版杂志《人民》。1920 年 12 月底，孟什维克和社会革命党人应邀参加了全俄苏维埃第八次代表大会的工作，他们在会上发表了自己的主张，包括建议改变同农民的关系，废除粮食征收制，实行粮食税，等等。

就整体而言，执政党还没有意识到转变的必要性，党的整个活动仍然处在军事共产主义思维的控制下。工会问题的争论非常热烈，但是在众多的纲领中，没有一个纲领提出放弃军事共产主义政策的要求。新经济政策对许多共产党人来说是非常突然的，多数党的工作人员期望这只是策略措施，相信不久就会回到粮食征收制，甚至有党员因实行新经济政策而退党和自杀的。原工人反对派成员对新经济政策提出激烈批评，柯伦泰在 1921 年夏宣称，由于实行新经济政策俄国也许会形成另一次工人革命的条件。"新经济政策"被叫做"对无产阶级的新剥削"！[2]

列宁本人一方面觉得在新的形势下需要实施国家的民主化，另一方面又深切感到无产阶级在国内势单力薄，必须加强无产阶级专政，以维系政权。关于这一点他在一次会上说得很坦率。据萨普龙诺夫回忆，列宁说："我们受小资产阶级自发势力包围，其中积存了，正在积存，并且在一段时间内还会积存反对我们的不满情绪。喀琅施塔得起义是这种种不满的第一次表现。其后一定还会有其他不满的表现。局势是危机性的。"只有在下列情况下党才能保持领导作用，即"表现出铁的纪律性"，在现有条件下，派别斗争削弱了党，会被苏维埃政权的敌人利用来组织反革命行动。[3]

在党的第十次代表大会上，列宁在提出党的统一的决议案时说："内部的

---

[1] 《列宁全集》，中文第 2 版，第 42 卷，第 530、533 页。

[2] "新经济政策"的俄文缩写 НЭП 与"对无产阶级的新剥削"俄文缩写 НЭП 是一样的。

[3] 引自 *Голанд Ю.* Политика и экономика (Очерки общественной борьбы 20-х годов). SLON—PARTY_RU.

危险在某种意义上比邓尼金和尤登尼奇的危险还要大。"[1]因此需要非常坚固的团结，不能允许党内派别的存在。不过在最困难的1918年，列宁并没有要求禁止左派共产主义者集团。后者在自己的杂志《共产主义者》上不仅反对布列斯特和约，还批评列宁提出的发展国家资本主义的方针，指责列宁本人"右倾"。实际上，并非党内的派别导致工潮、农民起义和喀琅施塔得暴乱，而是拖延政策的转变所致。

实施粮食税在党内遇到严重阻力，只是在喀琅施塔得暴动的压力下才得以迅速通过。这说明今后还会有阻力，列宁希望通过禁止派别活动，加强纪律来消除阻力，克服保守倾向。但决议客观上却提供了同处于少数的进步倾向作斗争的武器。拉狄克在俄共第十次代表大会上提请注意这一点："这里确定了一种不知道会用来反对谁的规则。"[2]

执政党内部都不能容忍派别组织，对其他政党的存在就更不能容忍了，同其他政党的关系急剧恶化，开始逮捕孟什维克党和社会革命党的党员，莫斯科逮捕了160名孟什维克，彼得格勒逮捕了120名社会革命党人和孟什维克，指责他们参与喀琅施塔得叛乱。实际上这些合法活动的政党并没有号召武装反对苏维埃政权，但他们对布尔什维克的批判却会对社会发生广泛的影响，这也正是布尔什维克所担心的。例如，孟什维克彼得格勒委员会印数为1000份的《告彼得格勒饥寒交迫的工人书》，其中说："问题在于我们国家机器的巨大缺陷"，建议停止对农民的暴力，在考虑他们利益的基础上改善同他们的关系。他们要求取消共产党专政，自由改选苏维埃，实现言论自由。其结论是："为了实施这种合理的政策，国家政权应当不是口头上，而是事实上掌握在劳动者手中。"[3]

俄共第十次代表大会没有专门研究同其他政党的关系问题。列宁在谈到喀琅施塔得的教训时只说要加强同孟什维克和社会革命党人的斗争，但未通过任何决定。

---

[1] 《列宁全集》，中文第2版，第41卷，第92页。

[2] Десятый съезд РКП(б). Стенографический отчет. Москва, 1963. С.533.

[3] 引自 *Голанд Ю.* Политика и экономика (Очерки общественной борьбы 20-х годов).

国家民主化的建议

不过那时候党内已经有人对和平时期的政治路线提出了一系列建议，要求实行政治生活的民主化，实施言论和出版自由，允许党内有派、国内有反对党。

1921 年 4 月，党的著名政论家、中央宣传鼓动部干部、契卡顾问**瓦尔丁**给俄共中央和莫斯科委员会发去报告，建议允许社会主义性质的小资产阶级政党——孟什维克、社会革命党人、无政府主义者，至少其“左翼”集团合法活动，包括在出版领域。

他说：“我觉得允许孟什维克、社会革命党人、‘规矩的’无政府主义者出版印刷的机关刊物（周刊、双周刊）是合适的。如果马尔托夫的《社会主义通报》不在柏林而在莫斯科出版，我不懂，这会给我们带来何种危害。它不会因此而变得鲜亮有力一些的。”瓦尔丁还认为，允许其他政党参加苏维埃选举是合适的。“我认为极端重要的是准许所有政党，而不是一个政党参加苏维埃的选举。我们需要在苏维埃中有反对党。非党工人抗议一党专政，他们指的不是在苏维埃中缺乏阶级的政党，而是缺乏能经常反映他们职业的和日常生活的利益和需要的政党。”瓦尔丁建议释放“那些没有策划、号召和组织起义、罢工等等的孟什维克、社会革命党人和最‘规矩’的无政府主义者，以参加预定在4 月底举行的莫斯科苏维埃的选举”。他认为，这一措施不会在政治上削弱我们，反而会加强我们。党的十大确定的政治上的转折保证了广大居民支持共产党人，因此没有根据害怕其他政党在选举中的竞争。与此同时，瓦尔丁强调：“在合法化的同时，我们自然应当拉紧缰绳……我们必须对我们的对手说：‘先生们，在法律的范围内你们是自由的，但如企图号召内战、罢工和破坏我们的法律，我们会把你们交付法庭的。’”

他这是建议按照宪法办事，因为俄联邦宪法并没有禁止依法活动的其他政党。为此他提到，过去沙皇政府把布尔什维克送去服苦役，同时容忍他们留在杜马，因为它顾及俄“议会制度”的利益，顾及自己的“宪法”。瓦尔丁建议实行“自由选举”，遵守宪法，如果我们这样做，就会加强我们的立场，减少发生新的喀琅施塔得的可能性。同其他政党的斗争，要用政治方法，放弃镇压手段。“我认为社会革命党人、孟什维克、无政府主义者利用合法手段的时候，我们在政治上同他们的斗争就会容易一些。”[1]

1921年4月14日，政治局会议否决了在莫斯科改选前夕释放某些未被指控策划反对苏维埃政权暴乱的孟什维克和社会革命党人的建议。4月17日列宁就此写信说：“他（瓦尔金——引注）的建议行不通。”[2]

4月21日，列宁在《论粮食税》中写道：“孟什维克和社会革命党人，不论是公开的还是装扮成非党人员的，他们安身之地应该是监狱（或者是国外的杂志社，与白卫分子为伍；我们曾很乐意放马尔托夫出国）”，“我们要把孟什维克和社会革命党人，不论是公开的或装扮成‘非党人员’的，统统关进监狱。”[3]

孟什维克对选举期间不释放他们提出了抗议。4月23日，政治局讨论了抗议书，责成中央执行委员会主席团驳回抗议，因为他们的领袖唐恩和罗日柯夫“犯有参与喀琅施塔得叛乱的罪行”。[4]

话虽那么说，那时候这些异党党员还在某种程度上有可能参加政治活动。例如，4月底在莫斯科苏维埃的改选中，有十多名孟什维克被选入苏维埃。5月中社会革命党人和孟什维克的代表参加了全俄工会第四次代表大会，在会上曾多次发言。

一个月之后，中央候补委员、时任农业人民委员的**奥新斯基**给中央送去报告：建议成立“农民苏维埃协会”[5]，其职能是参加农村经济文化的基本建设，提出苏维埃的候选人，管理合作社，等等。协会是独立行事的组织，但是党可以通过在其中的代表监督其工作。奥新斯基建议以此把农民独立行事与党的领导作用结合起来。

这个想法接近列宁的观点。1920年12月，在苏维埃第八次代表大会的俄共党团会议上，列宁肯定地回答他是否赞成农民工会的问题。诚然，同时也指出，如何把工会工作推广到全体劳动农民中去，我们还不知道。列宁没有表示反对奥新斯基的建议，只作了保留，说成立这种工会还为时过早，要设法为此

---

[1] 引自 *Голанд Ю.* Политика и экономика (Очерки общественной борьбы 20-х годов).

[2] 《列宁全集》，中文第2版，第50卷，第261页。

[3] 同上书，第41卷，第229、230页。

[4] 同上书，第50卷，第598页。不过说此两人参与喀琅施塔得叛乱，缺乏证据。

[5] “农民协会”，俄文为 Крестьянский союз，也译作“农民工会”。

做准备。与此同时，列宁请全体中央委员对奥新斯基的建议发表意见。[1]

多数中央委员对此表示反对。农村中的党员人数不多，并且相当部分的党员在军事共产主义时期已经搞得信誉扫地。多数委员认为，只能建立无条件执行党的全部指示的农民协会。他们认为，同独立行事的组织合作以对其发挥思想影响，这种做法是同无产阶级专政不相容的，也未必能够发挥这样的影响。

奥新斯基并非第一个提出这种建议的。在他之前，在5月初，老党员**米雅斯尼科夫**（1906年入党，1917年前在监狱和苦役中待了7年，十月革命后在乌拉尔和彼得格勒工作）向中央提交了一个报告，触及了国内政治生活的一个根本问题，包括建议成立农民协会，赋予比奥新斯基建议的更多的独立性。他认为农民不能独立自主是无法振兴农业的，并且必然使官僚主义得到增长。“如果我们对农民说：你老实坐着，不要造反，不要调皮捣蛋，要干活去，共产党长官会关怀你的——这是一条迷信长官权力、官僚权力的道路。”

1920年年底1921年年初，米雅斯尼科夫在彼得格勒从事党的工作，他在报告中指出党脱离了工人阶级，导致工潮和喀琅施塔得事变。“党得政权是有的，但不是自己的，是远离自己的。要从它那里得到什么，必须‘施压’，不施压就什么也得不到。”工厂一罢工，就几乎给予所要求的一切。彼得格勒当局把所有罢工都归罪于孟什维克和社会革命党人，而不想想自己的错误。彼得格勒的领导人季诺维也夫坚信自己毫无过错，因此党组织内部实际上禁止任何批评。“任何试图批评的人都被列入孟什维克和社会革命党人的行列，并得到由此带来的一切后果。”

为提高党的威望，加强党对工人农民的思想影响，他建议实施国家民主化。“在我们镇压了剥削阶级的反抗并在国内建立统一的政权之后，我们应当像镇压了高尔察克之后废除死刑那样宣布言论和出版自由，这种自由是全世界从保皇派到无政府主义者谁也没有见到过的。我们通过这种办法加强我们在城乡群众中的影响，并且是在全世界的范围上。”

米雅斯尼科夫几乎3个月没有得到回答，没有一个领导人读他的报告。于是米雅斯尼科夫给《真理报》主编布哈林发去文章《迫切的难题》。文章发挥和补充了报告中的思想，论证了为恢复经济必须建立国内和平。他说，发展

[1] 见《列宁全集》，中文第2版，第40卷，第167页。

的辩证法是，战争结束后“全国深感需要的时代要求不是革命，而是进化”。需要保证能够提供和平进化可能性的法规，首先是言论和出版自由。

但是党内强烈反对这一切。许多人担心出版自由会被苏维埃政权的敌人唆使遭受物质困难的工人和农民去反抗党，只有经济改善后才能考虑这样做。米雅斯尼科夫反驳说，没有工人和农民的积极参与是不可能振兴经济的，正是为了发挥他们的积极性，需要言论和出版自由。

反对言论自由的另一个论据，是认为言论自由会让人知道存在的缺点、罢工，等等。米雅斯尼科夫反驳说，“如果只是因为我们有太多的缺点而害怕言论自由，那么要知道，缺点并不会因为缺乏言论自由而减少”。此外，尽管报纸没有报道发生的各种事情，人们反正会从目击者那里了解到真相的。“这种保密只会产生一个后果：不相信我们的报纸。”“谁害怕让工人和农民思考和说话，谁就总是害怕和到处见到反革命。”

米雅斯尼科夫在结束时说：“谁想要在我国所处的艰苦条件下遭受苦难的农民跟我们走，谁想要加强我们在无产者群众和农民中的影响和力量，那他就必须说，除了言论和出版自由，别无他途。”

8月5日，列宁给米雅斯尼科夫写了详细的答复，赞同他关于“国内和平”（直译“公民和平”）取代“国内战争”的提法，认为这是“正确地运用了辩证法”。列宁承认“‘出版自由’这个口号从中世纪末直到19世纪成了全世界一个伟大的口号”，这反映了资产阶级的进步性。但是列宁否定米雅斯尼科夫关于出版自由的议论，认为“在受到全世界资产阶级这个敌人包围的俄罗斯联邦提出出版自由，就是让资产阶级及其最忠实的奴仆孟什维克和社会革命党人有建立**政治组织**的自由”。“资产阶级（全世界）比我们强好多倍……我们不想自杀，因此我们不会这样做。”米雅斯尼科夫指望借助于出版自由来揭发各种弊端：“在我们这里有许多胡作非为和营私舞弊的现象，出版自由可以把它们揭发出来。”而列宁主张“通过中央监察委员会、通过党的报刊、通过《真理报》来**讨伐**营私舞弊行为”。[1]

列宁在写作此信之前曾于8月1日给米雅斯尼科夫去信，认为他的文章“开头写得很好。有道理”。但可能存在隔阂，希望能同他当面谈谈，要求他写

[1] 《列宁全集》，中文第2版，第42卷，第84—90页。

封简短的回信。[1]8 月 22 日，米雅斯尼科回复列宁说，他建议的言论自由是只给予工人阶级和农民的。他认为，“公开性将比监察委员会能更多地消灭这种［胡作非为和营私舞弊］行为”，但公开性应在言论和出版自由法律所规定的范围内进行，“撒谎、诽谤、号召不执行某个法律——都应受到法律的惩治，但法律不应惩治那些为了向政府、报刊和社会各界等施加影响而说出想法的人”。

列宁这时候强烈否定“出版自由”，可能有两个原因：一个原因是列宁把报刊（俄文“出版”和“报刊”是同一个词 печать）等同于政治组织，这是从俄国社会民主工党的历史中得出的结论：20 世纪初在俄国建党的时候，《火星报》发挥了重要的组织作用，所以在党的第二次代表大会上选举了两个并行的党中央，一个是中央委员会，一个是《火星报》编辑部。因此列宁对刊物的作用非常敏感，保持高度警惕。另一个原因是这时候苏俄虽然实行了新经济政策，但仍把“贸易自由”等同于“资本主义自由”。在经济上已经作了如此大的让步，列宁担心出版自由会给资产阶级提供更多的施加影响的可能性。

米雅斯尼科夫在 8 月 22 日的回信中表示不同意列宁说的资产阶级要强大一些的说法，认为“它在自己的家里是要强大一些，但在我们这里并不强大”。他主张实行“公开性”，作为具体措施，建议让最大的一份日报成为不同社会思想争论性的报纸。他强调，他建议的言论自由只给予工人阶级和农民，在他们中间存在不同的观点——“从君主派到无政府主义者”。对知识分子的态度则应是另一种：“同资产者立宪民主党人、律师、医生、教授没有什么好讨论的，这里只有一种药方：打耳光。”[2]

领导机关迅速作出了反应。7 月 29 日俄共中央组织局开会讨论米雅斯尼科夫的问题，还为此成立了一个专门委员会来审查他的活动。8 月 22 日组织局会议认为，米雅斯尼科夫的提纲同党的利益不相容，责成他不得在党的正式会议上发表。1922 年 2 月 20 日，米雅斯尼科夫被开除出党。

瓦尔丁、奥辛斯基、米雅斯尼科夫等在党内是绝对的少数，就是后来大力鼓吹米雅斯尼科夫的“国内和平”主张的布哈林那时也没有施以援手。他们

---

[1] 《列宁全集》，中文第 2 版，第 51 卷，第 151 页。

[2] 有关瓦尔丁、奥索夫斯基、米雅斯尼科夫的资料引自 *Голанд Ю.* Политика и экономика (Очерки общественной борьбы 20-х годов).

的建议遭到否决。

布尔什维克党处于矛盾的两难境地，一方面由于国内战争结束，进入和平建设时期，又实施了新经济政策，应当把对国家的统治建立在法治的基础上，按宪法以及各种法律办事，扩大人民应当享受的民主权利，减少国家的镇压职能，削减镇压机关的权力。另一方面，虽然武装斗争胜利了，由于无产阶级在苏俄本来就处于绝对少数的地位，而国内战争又大大减少了无产者的人数，在经济上对农民作出让步之后，不敢冒险在政治上放开。这样尽管列宁在1922年还曾考虑让社会革命党和孟什维克合法化，但始终不敢迈出这一步，反而采取强制措施，查禁异党。

知识分子问题

当时执政党面临的另一个大问题，是知识分子问题。俄国有大量的知识分子，国内战争结束后，其多数开始接受苏维埃政权，但短时间内很难承认和接受社会主义、共产主义意识形态。这时候俄共领导一方面需要大量专家参加经济建设，另一方面，对这些知识分子又很不放心，特别是对那些有独立思想，不时对布尔什维克党的政策提出批评的知识分子。

运用市场机制需要大批金融财政方面的知识分子专家，1921年10月6日，人民委员会通过决定，各人民委员部和机构必须于一周内提出有经验的金融—经济工作人员的名单供人民委员会支配。

但在吸收和使用知识分子问题上，阻力重重。10月7日，中央执行委员会的例会讨论了沃尔霍夫水电站的建设问题，建设遇到巨大的困难，主要是经济破坏和管理不善引起的。然而一些发言者却把这看作是资产阶级专家为外国资本的利益搞阴谋所致。定调的是时任中央执行委员会主席团候补委员及党中央宣传鼓动部部长的索斯诺夫斯基。谈到电工技术人员时，他断言“除少数例外，现在所有教授、工程师、电学家，他们所有人都掌握在一两个德国或者比利时电器股份公司手中，他们现在在执行其老板的意志”。军事共产主义的著名思想家拉林走得更远：“国家计划委员会缺乏共产党的坚强领导，这毫无疑问给其全部工作进程打上了烙印。”他在讲话结束时说：“在像现在这样的战斗的苏维埃建设年代，信任那些与我们政治信念敌对的专家来领导这种建设，是极端不谨慎的做法。"

《消息报》编辑Ю.斯切克洛夫会后第一天在报纸上指责大部分专家从事反革命活动，竭力渗透到负责岗位，破坏苏维埃经济力量的恢复工作。他把经济困难归咎于某种"看不见的黑暗势力"。

这些攻击表明在使用知识分子问题上党内有一股强大的阻力，不过在一段时间里并没有在党的政策上得到反映。1921年10月20日，政治局通过列宁起草的决定："委托财政人民委员部和财政委员会，以及所有与国内商业问题有关的同志，在最短时间内物色一批在资本主义商业方面有丰富阅历和实际经验的人员以备货币流通问题的咨询。"[1]吸收这类专家的最显著例子是同月任命沙皇时期大臣尼·库特列尔为国家银行理事会理事，此人不久前（8月底）与全俄赈济饥民委员会其他成员一道被捕。库特列尔在经济工作中具有丰富的经验——1885—1905年在财政部工作，担任各种职务直至副大臣。19世纪90年代参加由财政大臣维特实施的货币改革。1905—1906年任土地和土地建设大臣。库特列尔还是立宪民主党的著名活动家，国家杜马代表，革命前列宁曾多次尖锐批判过他的政治观点。从1919年起，库特列尔同苏维埃政权合作，曾任财政人民委员部经济研究所所务会成员。任命他担任国家银行理事会理事、货币发行部监理的结果是，他在1922—1924年实施货币改革中发挥了关键作用。

列宁认为需要把吸收专家的路线写入他起草的《关于经济工作的指令》，1921年12月28日全俄苏维埃第九次代表大会通过了此指令。其中指出，"更坚持不懈地吸收专家参加经济建设工作是绝对必要的。所谓专家是指科学技术人员以及那些在经营商业、组织大企业、监督经济业务等方面具有实际工作经验和知识的人员。"[2]

改善同专家的关系也表现于扩大了出版活动的可能性。如前所述，列宁是反对出版自由的，但到1922年夏之前并没有予以特别限制。1922年5月底，莫斯科登记有220家私人出版社，彼得格勒有99家。诚然，它们必须把手稿送交国家出版社政治部审查，但被禁止的只是一小部分。例如私人出版社

---

[1] 《列宁全集》，中文第2版，第42卷，第208页。

[2] 同上书，第361页。

1921年11月中旬到1922年5月底提交了813份手稿，未获批准的有31份，占3.8%。1922年出版了《经济学家》和《俄国》杂志，无党派知识分子在这些刊物上提出各种各样的尖锐批评。

新经济政策的发展要求有法律的保障。1921年夏报刊上提出法制国家的思想。1921年12月底列宁在全俄苏维埃第九次代表大会上说："我们当前的任务是发展民事流转，这是新经济政策的要求，而这样就要求加强革命法制。""我们政权愈趋稳固，民事流转愈发展，就愈需要提出加强法制这个坚定不移的口号，就愈要缩小那些对阴谋者的袭击给予回击的机关的活动范围。"[1]

国家安全机关的改组

改革全俄肃反委员会就是基于这种考虑，需要改革来停止契卡机关对国营和私营企业的任意干涉，为发挥私人积极性建立较为可靠的保障。

全俄肃反委员会，全名是全俄肃清反革命和怠工非常委员会，简称契卡，于1917年12月7日（20日）成立，由捷尔任斯基领导。原先其职能仅仅是侦查，必要时将罪犯移交革命法庭审判，但很快就获得了直接执行的权力，包括判处死刑。而革命法庭到1918年6月才获得判处死刑的权力。

实行新经济政策后的一段时间，契卡的权力得到扩大。1921年1月契卡成立秘密行动管理处，其下设若干分部，以从事军队中的反间谍工作，同其他政党和宗教斗争。还成立经济管理处，开展对新的经济关系的监视工作。契卡中央机构的人数由1921年1月的1643人增加到1921年9月的2645人。这样契卡仍然是一个军事化的强力组织。

在军事共产主义时期，契卡机关负责同投机倒把和职务犯罪斗争，因此需要监督经济活动，实施新经济政策后继续这项工作，但由于契卡机关缺乏熟悉经济的人员，所以他们经常对经济工作人员施加毫无根据的压制。这种做法引发经济机关的抗议。例如1921年3月契卡机关在喀山逮捕了一个工厂的厂长和工程师，尽管鞑靼国民经济委员会领导人提出抗议，但几个月不放人。为此最高国民经济委员会主席团写信给党中央。对契卡地方机关不考虑新经济政

[1] 《列宁全集》，中文第2版，第42卷，第353页。

策的条件对合作社工作的任意干预，中央消费合作总社也提出控告。契卡无根据地限制商务出国的做法引起最高国民经济委员会的严重不满。

契卡的活动显然已经不能适应新的形势要求，需要削减其职能和职权，使安全机关为新的建设任务服务，使苏维埃国家成为法制国家。

1921年6月4日，受列宁委托，温什利赫特提交了1921年下半年和1922年年初的契卡工作计划，其中预定实施大规模的行动以彻底瓦解社会革命党和孟什维克，把他们从工业中心流放到荒凉地区，取缔社会革命党人—最高纲领派集团，解除农民武装，实施原地主、警察和军官的登记。

1921年12月1日，列宁为政治局起草了关于全俄肃反委员会的决定草案初稿，其中规定契卡要缩小权限，缩小逮捕权，缩短关押期限，加强法院工作或全交法院审理，等等。[1]这就启动了改组契卡的程序。

为改组契卡，成立了由捷尔任斯基、加米涅夫和库尔斯基组成的委员会，负责拟订改组方案。委员会的任务是限制契卡的逮捕权，加强法庭，同时考虑改名。委员会成员各有自己的观点。加米涅夫认为，契卡应当保留同政治犯罪、怠工、盗匪斗争，保卫铁路和珍宝库的职责，主张取消契卡不经法庭审判的惩处权。库尔斯基主张由司法人民委员部监督契卡的活动。而捷尔任斯基坚决反对加米涅夫和库尔斯基的建议，主张保留契卡原先的所有职能，包括不经法庭审判的惩处权力，但也不反对最大限度地限制这些职能。最后，加米涅夫的主张获得了胜利。

随后召开的俄共第十一次代表会议就此指出："在革命过程中和在国家政权所执行的经济政策的基础上建立起来的新型关系，应当在法律上得到体现，并受到司法程序的保护……应将苏维埃共和国的司法机关提到应有的高度。全俄肃反委员会及其所属机关的职权和活动范围应适当地缩小，其本身也应改组。"[2]

1921年12月28日，全俄苏维埃第九次代表大会通过修改契卡条例。1922年1月18日，温什利赫特给列宁送去全俄肃反委员会会务委员会的方案，保留肃反委员会的原名，保留惩办职能，仍然归属人民委员会领导。这说明，

[1] 《列宁全集》，中文第2版，第42卷，第293页。

[2] 《苏联共产党代表大会、代表会议和中央全会决议汇编》，第2分册，第142—143页。

契卡的领导并不想进行什么改革。

1922年1月20—23日，政治局下属委员会讨论了改组契卡等问题，委托库尔斯基和温什利赫特在一周内根据下述指令起草一份条例草案以中央执行委员会名义交政治局批准：

为执行苏维埃第九次代表大会的决定，中央执行委员会决定：

撤销全俄肃反委员会。

所有有关反对苏维埃制度或破坏苏维埃法律的犯罪行为通过革命法庭或者人民法院以司法程序解决。

在内务人民委员部下设立直属内务人民委员部的国家政治保卫局（格伯乌），该局在内务人民委员任主席和人民委员会任命的副主席主持下根据特殊条例活动。

格伯乌的地方机关不作为格伯乌的部门，而直属省执行委员会，在自治共和国则属执行委员会。

格伯乌的任务是：

专门同间谍、盗匪作斗争，镇压公开的反革命行为；

保卫铁路和水陆交通及运送的货物。

政治保卫共和国边界，同走私作斗争。

为执行交给格伯乌的任务，成立格伯乌部队交格伯乌支配。为同样目的，根据格伯乌制定并得到司法人民委员部批准的专门指示授予格伯乌搜查、没收和逮捕之权，实施逮捕时应遵守下列规定：

从逮捕时起两周内起诉。

提交法庭前关押时间不得长于两月，这以后如有特别必要需继续关押者需请求中央执行委员会批准，或者把案件移交给法庭，或者予以释放。

司法人民委员部保留对格伯乌行动合法性的监督权。[1]

---

[1] Судебный процесс над социалистами-революционерами (июнь-август 1922). Подготовка. Проведение. Итоги. Сборник документов. Сост. *С.А.Красильников., К.Н.Морозов, И.В.Чубыкин.* М., РОССПЭН, 2002. Док. № 16–7。此书系网上下载，出处仅标文件编号，下同。

2月6日，全俄中央执行委员会通过关于改组全俄肃反委员会的决议，撤销肃反委员会，在内务人民委员部下设立国家政治保卫局（格伯乌），其任务是：镇压公开的反革命暴乱，其中包括镇压土匪活动；采取保卫和反间谍措施；保卫铁路和水路交通线；政治保卫共和国边界；同走私和偷越国境作斗争，等等。格伯乌有权进行搜查、没收和逮捕，但规定自逮捕之日起两周内必须对被捕者提出起诉；自逮捕之日起两个月内，国家政治保卫局或者释放被捕者，或者（特殊情况需要时）请求全俄中央执行委员会主席团准予继续隔离，或者将案件连同被捕者移交法院审理。今后，一切有关反对苏维埃制度或违反俄罗斯联邦法律的犯罪案件，均应分别由革命法庭或人民法院判处。[1]

这样，肃反委员会（契卡）改组为内务人民委员部下属的**国家政治保卫局**（格伯乌），苏联成立后格伯乌改名为**国家政治保卫总局**（奥格伯乌）。这项措施的目的是削减和限制安全机关的权力，把镇压的职能纳入法制的轨道。

国内战争结束引发“对流血的厌倦”，20世纪20年代初镇压有所缓和。甚至契卡也谈论需要“取消过时的方法”，着手重新审查过去作出的判决。1921年契卡逮捕了200 300人，35 800人被判刑，9 700人被枪毙。1922年这些数字相应为119 300人，6 000人和1 900人。[2]

1922年把关监狱期限限制在5年。这时候关押场所的制度比较宽松，特别是对社会党人，被关押者甚至可以在各监号之间自由访问。一名左派社会革命党人回忆1922年年初的监狱生活时写道：

> “社会主义监区”外部是封闭的，但内部是完全自治……在监狱的一条走廊里郑重举行组长委员会会议，主要由右派社会革命党中央委员组成……在他们面前的是长长的新来者的名单，他们分配监号：夫妇两人住单间，独身者住大间……走进他们（认识的右派社会革命党人）的监号我感到惊异……单人床上的墙壁上挂着壁毯，床

---

[1] 《列宁与全俄肃反委员会》，下册，赵仲元等译，群众出版社1981年版，第641—642页。

[2] *Кацва Л. А.* История России. Советский период. (1917 – 1991) . http://som.fio.ru

前铺着小地毯。床上铺着家用床单，上面放着几个彩色的枕头……

阿尔卡季·伊万诺维奇坐在床上弹奏吉他。[1]

不过，正如该回忆录所言，这种“自由主义时期”为时不长。

限制和缩小国家安全机关的权力是走向正常的法治国家的一个重要步骤。可惜这一步并没有走到底，不久就逐步突破对它的限制了。

首先列宁并不准备放弃镇压手段。1922 年 3 月 3 日，他给加米涅夫的信中说：“以为实行新经济政策会中止使用恐怖手段，那是极大的错误。我们还会重新采取恐怖手段，采取经济方面的恐怖手段。”[2] 他在俄共第十一次代表大会上说：“凡是公开宣传孟什维主义者，我们革命法庭应一律予以枪决。”[3]

1922 年 5 月 15 日，列宁指示司法人民委员库尔斯基，要把枪决的适用范围扩大到孟什维克、社会革命党人之类的一切活动；把他们的行为同国际资产阶级联系起来；答应取消恐怖手段是自欺欺人，要使恐怖手段具有法律依据。[4]

1922 年 8 月 1 日，中央执行委员会根据政治局的指示授予内务人民委员部行政流放权，在该委员部下设立一个专门委员会来处理流放事务，有权不经法院审判把“参与反革命活动”的人员流放“某地”（最长 3 年）或国外。1922 年 10 月，获得对原反苏维埃政党党员以及惯犯采取惩罚措施的权力，对盗匪独立行使死刑的权力，从而恢复了不经法庭审判的镇压实践。

国内集中营的数量持续增长。1923 年秋为 315 个。其中最可怕的是索洛维茨特殊集中营，1923 年关押了 4000 人。在内务人民委员部的正式报告中称，1923 年已经撤销了集中营或者改造成一般的监狱。实际上，集中营仍然保留，直接归格伯乌管理，其规模和数量不断扩大。

1922 年 3 月，在格伯乌军事书报检查处下成立演出检查部，管理剧院、音乐厅、马戏和电影，以及艺术、摄影等国家的和私人的展览。格伯乌还负责

---

[1] *Кацва Л. А.*История России. Советский период. (1917–1991) . http://som.fio.ru

[2] 《列宁全集》，中文第 2 版，第 42 卷，第 460 页。

[3] 同上书，第 43 卷，第 88 页。

[4] 同上书，第 186—187 页。

所有出版物的书报检查，监视发往国内外的邮件、电报、电讯（外交信函除外），暗中检查信件。

格伯乌于1923年从内务人民委员部分出，仍然直属人民委员会，这意味着其权力地位的加强。

与经济改革大步迈进不同，政治体制改革处于十字路口。列宁在1922年年底《给代表大会的信》中建议“对我们的政治制度作一系列的变动”，在随后的几封信中提出加强监督等建议，但因这以后列宁病倒，脱离领导岗位，政治制度的变动没有什么进展，而党的领导最后选择了加强控制，加强专政，加强镇压的方针。

第二节　右派社会革命党人审判案与一党制的最后形成[1]

实行新经济政策，农民暴动逐渐减少，社会趋于安定。但是布尔什维克

[1] 关于1922年右派社会革命党人案，苏联史书语焉不详。虽然当时的报纸详细报道了案件的审讯情况，但一般读者已难以接触到。21世纪初出版一批审判案的文件资料和有关人员的介绍文章，才逐渐揭示出案件的真实过程。主要的有2002年出版的克拉西尔尼科夫等人编辑的《社会革命党人审判案》（Судебный процесс над социалистами-революционерами (июнь-август 1922). Подготовка. Проведение. Итоги. Сборник документов. Сост. *С.А.Красильников., К.Н.Морозов, И.В.Чубыкин.* М., РОССПЭН, 2002. 1007.），网上可以下载；2005年出版的莫罗佐夫著：《社会革命党人审判案和狱中对抗（1922—1926）：对抗的道德和策略》（*Морозов К.Н.* Судебный процесс социалистов-революционеров и тюремное противостояние (1922–1926): этика и тактика противоборства. М., РОССПЭН, 2005.）；1993年出版的扬申著：《没有审判的审判。1922年。社会革命党人的公开审判案》（*Янсен М.* Суд без суда. 1922 год. Показательный процесс социалистов-революционеров. М., 1993.）。

此外还有一些有关社会革命党人物的资料和文章，如由雅科夫列夫编辑的《德米特里·德米特里耶维奇·顿斯科伊》（Дмитрий Дмитриевич Донской (Составитель, автор введения, комментариев *Я.А. Яковлев*). Томск. Изд-во ТГУ, 2000.），莫罗佐夫等人编辑的《“自由突击”的儿子和1922年社会革命党人审判案的第13名“死刑犯”：李赫特

党的领导人仍然感觉到存在着对苏维埃政权的威胁。

这种威胁大致来自三个方面：东正教，社会主义政党，知识分子。

东正教在俄国有广泛的影响，有三分之二以上的居民信教。十月革命后实施政教分离，不过这只是在行政层面上的事，在意识形态层面上宗教的影响仍然广泛存在。布尔什维克党一方面加强无神论和反宗教的宣传，另一方面直接采用暴力手段来打压教会。1921 年国内出现严重的饥荒，当局以赈灾的名义没收教会珍宝，把一批著名的教会神职人员送交法庭审判定罪，关的关，杀的杀，这是一箭双雕的措施，既为国库增加财富，又打击和压制了教会的影响。[1]

十月革命后除俄国共产党（布）外，还存在两个较大的社会主义政党，一个是与布尔什维克同根生的孟什维克，现在的正式名称是“俄国社会民主工党”；另一个是曾被列宁叫做真正代表农民利益的社会革命党。这两个党一直半合法地存在和活动，不断批评和反对布尔什维克的政策，在意识形态上对布尔什维克党构成极大的威胁。这是苏维埃政权的心腹之患，于是在 1922 年进行了一场十月革命以来最大的政治审判案——对右派社会革命党人的审判案，以彻底消除社会革命党在国内的影响。当时还准备审判孟什维克，但没有最后实施。

第三支对布尔什维克党的统治构成威胁的力量，是一批对苏维埃政权并

尔个人档案中的文件和资料集》（Сын “вольного штурмана” н тринадцатый “смертник” судебного процесса С.-р. 1922 г.: Сборник документов и материалов из личного архива В.Н.Рихтера. Сост. *К.Н.Морозов, А.Ю.Морозова, Т.А.Семенова (Рихтер)*. М.: РОССПЭН, 2005.）；茹拉甫列夫的文章“革命时代的人：社会革命党人——恐怖分子谢苗诺夫（1891—1937）的命运”（*Журавлев С.В.* Человек революционной эпохи: судьба эсера-террориста Г.И. Семенова (1891–1937) //Отечественная история. 2000. № 3. С. 87–105.）扬申的文章“1922 年审判后的季莫费耶夫以及其他社会革命党中央委员们”（*Янсен М.Е.*М. Тимофеев и другие члены ЦК ПСР после процесса 1922 г. Минувшее. Вып. 7. ATHENEUM. 1989. С. 193–214.），利特温的文章“阿捷夫第二”（*Литвин А.Л.* Азеф второй. Родина. 1999. № 9. С.80–84.），等等。

[1] 详见本书第 1 章第 4 节。

不服贴的独立知识分子。这些人在苏维埃政权下工作，但并不归顺执政党的意识形态，他们在高等院校、科学研究机构工作，仍有相当的影响力。这是布尔什维主义的竞争者。同他们展开理论学术争论，说服他们，是一项费时费工的工作，最简单的办法就是把这些持有异议的或被怀疑持有异议的知识分子驱逐出境。于是在苏联历史上就出现了所谓“哲学之船”的驱逐知识分子事件。

1922 年的“社会革命党人案”是十月革命后第一个大政治案件。很难说这是革命和反革命的斗争，实际上这场审判是半世纪以来马克思主义者和民粹派之间对抗的总结，在这个意义上，审判是要给这半世纪的争论画上句号。布尔什维克党打算通过社会革命党审判案实现一箭双雕：一方面从政治舞台上排除尚存的最危险的竞争者，其次是败坏社会革命党人的思想理论和实践，消除他们在群众中特别是农民中的影响，埋葬与布尔什维主义不相容的另一种社会主义模式。

社会革命党概况

社会革命党在俄国曾拥有巨大的影响。它给自己规定的任务是捍卫全体劳动者的利益，包括工人、农民和劳动知识分子。其纲领确定革命的最终目标是实现社会主义，即实现所有权的社会化，消灭阶级和剥削，有计划地组织全部生产，实现土地社会化，等等。1906 年曾参加国家杜马选举，获得 37 个议席，他们向国家杜马提交了土地基本法案，要求把全部土地交给劳动者，法案征得约 106 个议员的签名。后来认为参加沙皇杜马的选举不合适，不再参加杜马选举，而集中精力于工会运动和合作社活动和同专制制度斗争，恐怖手段在其斗争策略上占重要地位。

1917 年二月革命后进入了合法活动的舞台，一度曾是国内的主导政治力量。那时共有 100 万登记的党员，出版了 80 份日报。社会革命党人参加了历届临时政府，从第三届内阁起（9 月 1（14）日），社会革命党人克伦斯基担任了内阁总理。在后来的立宪会议选举中，社会革命党在 703 个席位中获得 416 个席位。在 59 个选区 3600 万选民中有 2000 万选民（57%）支持社会革命党。在市杜马和地方自治局选举中该党到处都拥有多数，几乎所有城市的首脑都是社会革命党人。列宁曾经说过，社会革命党是真正代表农民利益的政党。

十月革命前后的一段时间里，左派社会革命党人与布尔什维克曾密切合作，十月革命实际上是两党联合夺权，此后在半年左右的时间里同布尔什维克共事。苏维埃政权颁布的土地法令用的是社会革命党的土地社会化的方案。社会革命党在立宪会议选举中赢得多数席位，迫使布尔什维克党以武力驱散立宪会议。社会革命党左派反对签订布列斯特和约，为此退出了政府，结束了同布尔什维克党的合作。他们的做法同当时的普遍革命情绪，包括布尔什维克党内的左派共产主义者的主张相吻合。在军事共产主义时期，社会革命党人代表农民的要求，反对粮食征收制，反对军事共产主义制度，他们提出的解决方案同后来布尔什维克党实施的新经济政策大体一致。他们在国内的合作社中有广泛的影响，以至于列宁一谈到合作社立刻把它同社会革命党和孟什维克联系起来，认为合作社是社会革命党和孟什维克的温床。在农民的起义军中，社会革命党的影响普遍存在，或者有社会革命党人直接介入，或者虽然没有社会革命党人参与，但可以感觉到他们的主张和影响。

右派社会革命党人在十月革命后转入地下，反对布尔什维克政权。不久，1917 年选出的和 1919 年补选的全体中央委员被作为人质关进监狱。中央局的某些委员也被关进监狱。到 1922 年审判前有些人已经被关押 4 年之久。他们拥有 6 个地下印刷厂，出版非法的社会革命党报刊，其在俄国各地的组织仍在继续活动。社会革命党在国外设有特别代表团，其成员由在俄国的中央机关选举和批准。代表团成员（正式的和候补的）是：В.М. 切尔诺夫，Гр.И. 施雷德尔，Н.С. 鲁萨诺夫，С.П. 波斯特尼科夫（在德国），В.В. 苏霍姆林和 М.Л. 斯洛尼姆（在捷克），Е.А. 斯塔林斯基（在法国和比利时）。代表团设有常务工作机关——书记处（在柏林）。出版中央机关刊物《革命俄国》。[1]

实行新经济政策后，社会革命党人不仅要求经济民主化，而且要求政治

[1] 社会革命党国外代表团致社会党国际常务局（1923 年 4 月 1 日）。Судебный процесс над социалистами-революционерами (июнь-август 1922). Подготовка. Проведение. Итоги. Сборник документов. Док. № Ⅱ –127.

民主化，这不能不对广大群众产生吸引力。

1922 年 7 月 16 日，列宁给斯大林写信说，据我的意见，所有这些社会革命党人、孟什维克、立宪民主党人统统都应驱逐出境，“最有害的是社会革命党人，因为他们更加狡猾”。[1]

多年来关于反对党包括社会革命党灭亡的原因被解释为其“思想上破产”。实际上应当说，社会革命党是在布尔什维克党的打压下被消灭的，布尔什维克党是一个高度集中的政党，是一个不容异见的党，不仅不允许党外存在反对党，也不允许党内存在反对派，对反对党和反对派必除之而后快。

1922 年年初，肃反委员会开始改组，这时候有不少著名的党政领导人想要限制“革命的惩罚之剑”，认为既然国内战争的非常时期已经结束，其许多职能就应予以取消和限制。然而，新成立的国家政治保卫局并不甘心新的地位和受限的权力，它要向党政领导展示，在和平时期它仍然是不可或缺的重要机构。社会革命党人案给它提供了机会，它实际操作了整个案件的准备和实施，同时为审判期间的国家安全做了大量的工作。

审判的准备工作

1922 年 1 月 15 日，原社会革命党人、战斗队员，现俄共党员 Л.В. 柯诺普列娃给俄共中央送去声明，并向契卡递交关于社会革命党中央 1917 年年底至 1918 年 6 月在彼得堡和莫斯科从事军事、战斗和恐怖工作的情况的证词，认定社会革命党领袖联合西方资本主义国家政府在俄国发动内战。她证明社会革命党中央委员阿·拉·郭茨、Е.М. 季莫费耶夫、В.И. 李赫特尔、Л.Я. 格尔施坦、Д.Д. 顿斯科伊、М.А. 维杰尼亚平等人直接领导了对沃洛达尔斯基、乌里茨基和列宁的暗杀行动。

柯诺普列娃给俄共中央的声明中说：

……我没有接受布列斯特和约。我认为革命的俄国不能同资

[1] ЦХИДНИ, Ф.2,Оп.2,Д.1338,Л.1–2. 引自 *Волкогонов Д.* Ленин. Политический портрет. В 2-х книгах. М., Новости. 1997. Т.2. С.185.

本主义国家签订任何条约。我产生了必须对列宁使用恐怖手段的念头……A. 郭茨赞同此念头。列宁的形象越来越多地在革命事件中出现。觉得社会革命党人屡屡失败是由于社会革命党中央不像俄共中央那样有列宁这样的人。只有让列宁从政治舞台消失，社会革命党才有可能战胜布尔什维克……有时我觉得，社会革命党中央认为不允许使用这种恐怖手段，但是它习惯于使用在复仇道路上所碰到的任何手段，——它批准了恐怖手段。[1]

1922年2月，原社会革命党中央委员会下属中央战斗队领导人Г.И. 谢苗诺夫在柏林出版了轰动一时的小册子《1917—1918年间社会革命党的军事和战斗工作》。他在前言中写道，经过沉重的思想斗争，他决定谈谈社会革命党人使用奸细、破坏活动、剥夺、怠工、个人和群体恐怖来同苏维埃政权斗争的情况。谢苗诺夫深信，从二月革命起社会革命党一直起反革命作用，使用社会主义政党所绝对不能允许的方法。“我坦率地声明，我对社会革命党所犯罪行所承担的责任要比任何人都多……根据最高革命法庭的要求，我认为自己必须返回苏维埃俄国接受应得的惩罚。”

肃反委员会主席捷尔任斯基。1922年

[1] Доклад бывшего члена ПСР Л.В. Коноплевой в ЦК РКП(б) о ее прежней эсеровской работе. Судебный процесс над социалистами-революционерами (июнь-август 1922). Подготовка. Проведение. Итоги. Сборник документов. № 16-6*.

柯诺普列娃和谢苗诺夫的说法成了指控社会革命党人的重要证词。

1922 年 2 月 27 日，格伯乌主席团发表通告称：鉴于格伯乌所掌握的材料毫无疑义地确定社会革命党对无产阶级革命所犯的罪行，将该党中央委员会及其积极活动家送交最高革命法庭。格伯乌号召公民谢苗诺夫以及全体参与该党活动但认识到其罪恶的反革命斗争方法的党员，在审判社会革命党时出庭。

1922 年 3 月 4 日，政治局作出准备审讯社会革命党党员的决定，把全体社会革命党员，还有那些甚至现在已是俄共党员的原社会革命党党员统统列入被告。[1] 当然，受审的首先是在押的社会革命党中央委员们。

3 月 15 日政治局任命一个由捷尔任斯基、库尔斯基和斯切克洛夫组成的委员会，负责社会革命党案的准备和安排。4 月 13 日撤销捷尔任斯基委员会，任命了一个级别更高的加米涅夫、托洛茨基和捷尔任斯基组成的三人委员会，负责审判案的政治方面问题。

社会革命党人是以恐怖行动出名的，对此不得不防，审判期间整个莫斯科如临大敌。5 月 24 日格伯乌决定采取预防措施，从 5 月 26 日起在莫斯科实施 24 小时昼夜巡查，成立各种各样的委员会加强警戒和预防，切断在押被告同外界的一切联系，对来自国外的辩护人实施严密监视，检查他们的来往信件，甚至为已婚的王德威尔得制造绯闻。

俄罗斯联邦刑法典的制定

1922 年春司法人民委员部着手制订刑法典，准备提交于 5 月 12 日召开的全俄中央执行委员会常会讨论。司法人民委员库尔斯基把法典草案送交在哥尔克的列宁审阅。法典的 6 条涉及极刑（枪决）。15 日列宁在旁边补充了 6 条，依据这 6 条也应予枪决，例如第 69 条规定：宣传和鼓动……包括号召消极抵制政府、群众性不履行兵役或纳税义务者枪决。未经批准回国者也应予枪决。

1922 年 5 月 15 日列宁向司法人民委员解释其主要论据：

---

[1] Судебный процесс над социалистами-революционерами (июнь-август 1922). Подготовка. Проведение. Итоги. Сборник документов. Док. № 16–27.

“依我看，应把枪决（也可以代之以驱逐出境，见第1页下方）的适用范围扩大到孟什维克、**社会革命党人之类**的一切活动；

找出适当措词把这些行为**同国际资产阶级**及其同我们的斗争（收买报刊代理人、准备战争等等）**联系起来**。”

他在5月17日的信中继续写道：“法院不应该取消恐怖手段；答应这样做是自欺欺人，应该原则地、明确地、不掩饰又不夸张地说明恐怖手段的理由，并使它具有法律根据。表述应尽量广泛，因为只有革命的法律意识和革命的良心才能提出实际上较为广泛地使用这种手段的条件。”

列宁提出两个方案：

方案1：凡以宣传、或者鼓动、或者参加或者协助一种组织等行动（宣传和鼓动）帮助那一部分不承认正在取代资本主义的共产主义所有制的平等地位，并图谋通过武装干涉、或者封锁、或者间谍活动、或者资助报刊以及其他类似手段以暴力推翻共产主义所有制的国际资产阶级者，处以极刑，情节较轻者，以剥夺自由或驱逐出境代之。

方案2：

(a) 凡从事客观上协助那一部分……国际资产阶级之宣传或鼓动者，

(b) 凡参加或者协助进行上述活动的（其活动有上述性质的）组织或个人之罪犯，均应判处此刑。

方案2 (b) 协助或能够协助。[1]

全俄中央执行委员会第三次常委会批准了《俄罗斯联邦刑法典》，于1922年6月1日起实施。

匆匆出台的刑法典成了对社会革命党人审判的法律基础。

三个国际代表会议关于社会革命党人案的协议

在准备社会革命党人案之际，在德国召开了三个国际代表会议。这三个国际是：共产国际、第二国际和第二半国际。会议于1922年4月2—5日在柏林举行，其主要任务是确定工人阶级统一行动的实际措施、筹备世界工人大

[1] 《列宁全集》，中文第2版，第43卷，第186—188页。

会。三个国际代表会议的主要目的是要在各国社会主义政党和组织间实现统一行动，但是在苏俄却要审判一个社会主义政党，这就不能不引发国际性的抗议。许多国际组织要求中止或者延缓审判，由三个国际代表会议来协商这个问题，找出解决的出路。第三国际的代表就此作出了两项许诺：1. 对社会革命党人不施用死刑；2. 苏维埃政权准许第二国际和第二半国际派代表出席审判，充当辩护人。列宁对三个国际会议的结果很不满意，认为我们付出的代价太大了，不过他认为“不应该撕毁签了字的协议”。[1]

涉案时间的认定

准备工作中的一个重要问题是涉案时间的认定。一个方案是仅仅追查社会革命党 1918 年的罪行，另一个方案是追查社会革命党所有时期的罪行。1922 年 5 月 10 日俄联邦最高法庭庭长克雷连柯致信政治局反对扩大审讯范围。

但中央政治局设立的“三人委员会”决定扩大案件范围，对社会革命党人在所有革命年代的所有活动提出控诉，而不仅仅限于1918年至1919年年初。克雷连柯对此提出异议，他说此前他收到的材料只涉及 1918 年，即谢苗诺夫在其小册子中所揭露的内容。而后来（5 月 9 日）从格伯乌那里得到 9 卷材料，涉及社会革命党人在所有革命年代的活动，即涉及坦波夫起义、喀琅施塔得、西伯利亚和乌法的起义。这些材料在审判前根本来不及研究，而更为重要的是“不能在审判中要那些从 1919 年起就被关押在监狱中的人为其他在 1919、1920 和 1921 年还没有成为右派社会革命党中央委员的人的行为负责，提起控诉。在有外国辩护人的情况下，这样做不仅可笑，而且愚蠢”。并且不能追究政党，因为在法庭上应当追究的是个人，而不是政党。因此克雷连柯要求把案件限制在 1918 年的范围内，指控被关押在监狱里的社会革命党中央委员和其他党员，指控他们参与恐怖行动、交结同盟国、参与剥夺和准备武装起义。他说，否则“我将不得不解除自己对审判案的所有责任，我不想成为使党政治上破产的罪人，请求把案件从最高法庭转交给另外一个机构，或者结束我在最高

[1] 《列宁全集》，中文第 2 版，第 43 卷，第 135—137 页。

法庭的工作和对审判案所承担的责任”。[1]

最后确定的涉案时间是1917年年底和1918年。

一个难题——1919年的大赦令

但是这样一来审判就遇到了另一个难题——1919年年初苏维埃政权的大赦令。

1922年4月1日温什利赫特致政治局的信中写道：

> 社会革命党中央委员们在审讯中拒绝递交口供，其依据是1919年2月26日全俄中央执行委员会的决定，此决定赦免右派社会革命党的所有集团，条件是放弃同苏维埃政权进行武装斗争政策，并且赞同1919年2月8日右派社会革命党代表会议的决定（表示反对同苏维埃政权进行武装斗争，号召社会革命党党员去同各反动政府斗争）。上述中央执行委员会的决定可以被解释为赦免社会革命党各党员和集团在同苏维埃政权进行武装斗争时期的所有行为。即将被送交法庭审判的社会革命党中央委员们就是这样解释此决定的。社会革命党人也将按照这种精神在最高法院的法庭上发言。有鉴于此，或者由司法人民委员部作出解释，认为中央执行委员会的决定不适用于1918年参加社会革命党的恐怖和剥夺活动的社会革命党党员，或者认为符合中央执行委员会作出的相应决定。[2]

不仅存在1919年2月26日的赦免令，而且1919年11月5日还有一个全俄中央执行委员会赦免所有宣布动员本党党员保卫苏维埃共和国的政党党员的决定，其中写道：

> 作为对大赦的补充，全俄中央执行委员会指令各地方机关从地方监狱和集中营释放所有宣布动员本组织成员保卫苏维埃共和国的

[1] Судебный процесс над социалистами-революционерами (июнь-август 1922). Подготовка. Проведение. Итоги. Сборник документов. Док. № 16–6.

[2] Судебный процесс над социалистами-революционерами (июнь-август 1922). Подготовка. Проведение. Итоги. Сборник документов. Док. № 16–53.

政治组织和政党的所有成员。[1]

司法人民委员库尔斯基就此解释说：赦免只限于对那些参加过反苏维埃政权的武装斗争并已改恶从善不再斗争的那些右派社会革命党人，而对那些并未放弃采取恐怖、破坏和剥夺手段的被告则不予赦免。[2]

解释相当勉强，那些被告大都在1919年就已被关进监狱，根本不可能再对苏维埃政权发动武装斗争或恐怖活动。

被告——一群历经磨难的反沙皇制度的革命斗士

在社会革命党人审判案中，共有34名被告。他们分为两组，第一组是社会革命党中央委员们以及某些积极分子，共22人，他们是：阿·拉·郭茨、德·德·顿斯科伊、叶·姆·季莫费耶夫、列·雅·格尔施坦、米·阿·利哈奇、叶·马·拉特涅尔、马·阿·维杰尼亚平、米·亚·亨德尔曼-格拉鲍夫斯基、尼·尼·伊万诺夫、德·菲·拉科夫、弗·菲·费多罗维奇、谢·弗·莫罗佐夫等。第二组基本上是原社会革命党战斗队员，以谢苗诺夫为首，他们脱离了社会革命党，有的已经加入俄共，这些人实质上仅仅是陪审。

1922年8月14日，社会革命党莫斯科局曾散发一份地下传单"审判谁?"，介绍了主要被告人的情况：

1. 阿加波夫，32岁，1909年参加社会革命党，在沙皇制度下曾被流放，在布尔什维克政权下3次被捕，关押近2年。

2. 阿尔腾耶夫，38岁，1903年起参加革命运动，1904年加入社会革命党，在沙皇制度下被流放图鲁汉斯克边疆区4年，在那里因逃跑被流放到北极圈无人区，在布尔什维克政权下4次被捕，被关押近3年。

3. 维杰尼亚平，42岁，1901年加入社会革命党，在沙皇制度下2次被流放，3次被捕，被关押约7年（其中4年为苦役），在布尔

[1] Судебный процесс над социалистами-революционерами (июнь-август 1922). Подготовка. Проведение. Итоги. Сборник документов. Док. № 16–55.

[2] ［俄］戈林科夫著：《反苏维埃地下组织的覆灭》，下册，赵永穆、赵仲元等译，群众出版社1983年版，第225页。

什维克政权下2次被捕，被关押1年半以上。

4. 亨德尔曼，41岁，1899年参加革命运动，1902年加入社会革命党，在沙皇制度下因参加大学生骚乱被送去参军，多次被关押和流放，在布尔什维克政权下从1921年3月起被关押。

5. 格尔施坦，45岁，1898年参加革命运动，1901年加入社会革命党，在沙皇制度下被关押4年半，两次被流放（2年和3年），1920年是推翻高尔察克的伊尔库茨克“政治中心”办公室主任，1921年4月起被布尔什维克关押。

6. 戈尔可夫，47岁，1902年参加革命运动，1904年加入社会革命党，在沙皇制度下5次被捕，被关押5年，被流放，1920年8月起被布尔什维克关押。

7. 郭茨，40岁，1900年参加革命运动，1902年加入社会革命党，1905年起是战斗组织的领导人之一，参与针对杜尔诺沃（1889—1895年任沙俄内务大臣、1895—1903年任大臣委员会主席）、米恩和里曼(两人均为沙俄上校，镇压莫斯科12月起义)、大臣亚基莫夫、市长舒瓦洛夫、警察局副局长拉奇科夫斯基的行动，在沙皇制度下3次被捕，流放，服8年苦役，1920年5月起被布尔什维克关押。

8. 顿斯科伊，41岁，1897年参加革命运动，1902年加入社会革命党，在沙皇制度下因参加大学生骚乱被送去参军，3次流放西伯利亚，在狱中关了约6年，在布尔什维克政权下关了3年。

9. 伊万诺夫，34岁，1906年加入社会革命党，北方飞行战斗队成员，参加针对监狱管理总局局长马克西莫夫的恐怖行动，准备爆炸国务会议，为此被判15年苦役，后改为10年，在高尔察克下由于逃出监狱免遭枪决，在布尔什维克政权下2次被捕，从1921年8月起坐牢。

10. 伊万诺娃－伊拉诺娃，36岁，1901年参加社会革命党，战斗组织成员，在她的参与下刺杀了古季姆监狱长，是刺杀“十字”监狱长伊万诺夫的组织者，参与执行暗杀马克西莫夫行动，1907年在准备爆炸国务会议时被捕，被判处绞刑，后改为无期苦役，在布尔什维克政权下3次被捕，1921年12月起坐牢。

11. 利哈奇，34岁，1903年参加社会革命党，在沙皇制度下4

次被捕，监禁2年，3次流放（有两次各为期3年），在布尔什维克政权下1921年1月起坐牢。

12. 莫罗佐夫，34岁，1904年参加革命运动，1905年参加社会革命党，普列斯尼亚起义参加者，7年苦役，布尔什维克政权下1919年8月起坐牢。

13. 拉科夫，40岁，1902年参加革命运动，1903年参加社会革命党，在沙皇制度下多次被捕和流放，在高尔察克统治下曾被捕，侥幸逃过枪毙，在布尔什维克政权下已被关禁3年。

14. 拉特涅尔，36岁，1903年参加社会革命党，在沙皇制度下9次被捕，关押约6年（其中2年半关押在要塞），在布尔什维克政权下1919年12月起坐牢。

15. 季莫费耶夫，36岁，1900年参加革命运动，1902年参加社会革命党，1905年被判处5年苦役，期满前因在狱中领导伊尔库茨克党组织追加10年，在布尔什维克政权下1920年5月起坐牢。

16. 费多罗维奇，43岁，1898年参加革命运动，1902年参加社会革命党，在沙皇制度下5次被捕，被流放，服苦役6年，在高尔察克下被捕，多亏逃跑得以躲过枪毙，曾任推翻高尔察克的伊尔库茨克"政治中心"主席，在布尔什维克政权下1921年3月起坐牢。[1]

这是一个不完整的被告人名单，从中可以看到，这些都是反对沙皇制度的英勇无畏的革命斗士，为此曾多次被捕、流放和服苦役。十月革命后，由于对社会主义的看法不同，不能认同布尔什维克的路线而反对苏维埃政权，因而再次遭受逮捕和坐牢的命运。

审　判

实际上，社会革命党人审判案的任务不是证明社会革命党反对布尔什维克政权的罪行，——对此社会革命党人不仅供认不讳，而且引以为荣，也不是要

[1] Судебный процесс над социалистами-революционерами (июнь-август 1922). Подготовка. Проведение. Итоги. Сборник документов. Док. № 18–2.

把他们投入监狱——他们已经被关押多年，而是要败坏社会革命党人作为革命者的声誉，证明他们是一伙勾结协约国、立宪民主党人和白卫军的革命叛徒。

对右派社会革命党人的审判于1922年6月8日至8月7日在莫斯科工会大厦圆柱大厅举行。根据托洛茨基的提议，政治局决定由皮达可夫担任最高革命法庭庭长。公诉人是：尼·弗·克雷连柯、阿·弗·卢那察尔斯基、米·尼·波克罗夫斯基和共产国际的克·蔡特金等人。

根据司法人民委员部的特别决议，法庭准许第二国际和第二半国际派代表作为辩护人出庭，为第一组被告辩护。他们是：艾·王德威尔德、蒂·李卜克内西和库·罗津费尔德以及革命前享有盛名的律师尼·克·穆拉维也夫、阿·萨·塔格尔等。为第二组被告辩护的是：斯·勃·奇列诺夫教授、鲁·卡塔尼扬和共产国际代表费·柯恩、雅·沙杜尔、安·葛兰西等。

法庭指控社会革命党人的罪状有：

> 策动国内战争。
>
> 他们的行动加深了国内战争的危机。
>
> 不承认布列斯特和约。
>
> 在1918年夏秋，社会革命党人“准备犯罪性地破坏我们的人民财产——铁路”。
>
> 密谋暗杀列宁和托洛茨基以及其他布尔什维克领导人。
>
> 打算从同盟国代表手里拿钱来购置爆破用的技术器材。
>
> 1918年充当协约国的间谍。
>
> 同萨文柯夫，或者费罗宁科，或者立宪民主党人，或者“复兴同盟”，或者反动大学生甚至白军合作。

被告并不否认这些事实，承认1917年至1918年进行过反对布尔什维克政权的武装斗争。但他们指出，1919年2月27日全俄中央执行委员会发布过对社会革命党人的大赦令，赦免了他们此前的所有反布尔什维克的罪行。1919年11月5日，全俄中央执行委员会还补发了“关于赦免所有宣布动员本党党员保卫苏维埃共和国的各政党党员的决定”。

1919年年初，鉴于高尔察克和邓尼金的威胁，社会革命党人取消了武装暴动的做法，从那时起就没有进行过反对布尔什维克的武装斗争。萨马拉的社会革命党人甚至曾经给布尔什维克军队打开了一段高尔察克的战线，大赦令也因此而颁布。这以后社会革命党放弃了反苏维埃政权的武装斗争，他们承认苏维埃政权，只要求实行允许各党派自由宣传的苏维埃改选。

社会革命党的伊尔库茨克“政治中心”在逮捕高尔察克中起了重大作用。“政治中心”是社会革命党和孟什维克的组织，1919 年 11 月 12 日在伊尔库茨克召开的地方自治机关和城市会议上成立，主席是社会革命党人费多罗维奇。1919 年 11 月红军占领鄂木斯克，高尔察克政府逃往伊尔库茨克。政治中心于 12 月 19 日在切列姆霍瓦车站发动起义，1919 年 12 月底政治中心开始控制伊尔库茨克，1920 年 1 月 6 日政治中心宣告掌握政权，地方政权转入市杜马和地方自治会议之手，同时宣布高尔察克及其党徒为人民敌人。1 月 10—11 日，政治中心召开西伯利亚人民管理临时委员会，把全部权力移交给该委员会。有 8 名政治中心成员以及地方自治机关和合作社的代表进入委员会。1 月 15 日，捷克军团司令部应政治中心的要求把乘火车去符拉迪沃斯托克的高尔察克及其总理佩佩里亚耶夫交给政治中心。1920 年 1 月 20 日成立军事革命委员会（主席是布尔什维克），政权转入其手。政治中心将高尔察克转交军事革命委员会。1 月 23 日政治中心解散。2 月 7 日根据列宁下达的秘密指示将高尔察克枪决。

对社会革命党在粉碎高尔察克中的作用，卢那察尔斯基曾予以肯定。1922 年 7 月 12 日卢那察尔斯基在致俄共中央的信中写道：

> 我们目前无疑犯了某些错误。社会革命党人虽然不是理性地，仅在不大的程度上，但毕竟帮助了摧毁高尔察克……以至季莫菲耶夫有惊人之语：“我们打倒了高尔察克，拱手送给了你们”。[1]

1919 年 6 月 28—30 日召开的社会革命党第九届委员会通过一项决议称：“值此一切革命成果面临……来自高尔察克、邓尼金、尤登尼奇和其他内外反动派代表的威胁之际，考虑到现有力量对比，社会革命党第九届委员会赞同并批准所有拥有全权的党的机关通过的在目前停止反对布尔什维克政权的武装斗争和代之以一般的政治斗争的决议。”[2]

---

[1] Судебный процесс над социалистами-революционерами (июнь-август 1922). Сборник документов. Док. № 17–25.

[2] 引自［俄］戈林科夫著：《反苏维埃地下组织的覆灭》，上册，赵永穆、陈行慧译，群众出版社 1983 年版，第 284 页。

1922年4月3日，社会革命党中央委员维吉尼亚平在供词中谈到社会革命党策略的变化，他们对波兰战争的支持，以及在废除粮食征收制改行粮食税中的工作。他说：

> 1919年6月召开的社会革命党第九届委员会同苏维埃政权斗争的策略发生了改变，放弃了同苏维埃政权的武装斗争。第九届委员会之后不久中央委员会发表致人民委员会书，其中说，社会革命党建议以全俄工人农民代表会议来解决立宪会议问题，工人农民代表会议通过直接秘密的选举选出，党将服从这样的解决办法。
>
> 1920年5月，苏俄对波兰军事行动开始后，社会革命党中央委员会发表宣言，号召劳动者和党员全力支持红军对波兰的斗争，此前中央委员会完全赞同中央委员们领导反对高尔察克的武装起义，并同苏维埃政权达成协议，以避免重新燃起国内战争，中央委员会还赞同菲里波夫斯基同邓尼金作斗争并同苏维埃政权达成协议的做法。

由于社会革命党在同波兰斗争中的立场，维吉尼亚平请求社会革命党中央准许他去农业人民委员部工作并得到了准许。1920年5月9日他会见了比岑科，谈好并在集体农庄总管理局（Центроколхоз）工作。但在5月11日被捕，1920年12月31日获释。社会革命党中央委员会决定积极参加莫斯科苏维埃的选举，维吉尼亚平为此建议出版杂志，他和顿斯科伊向加米涅夫提出请求，从加米涅夫那儿获悉，俄共中央鉴于社会革命党所采取的立场以及关于出版党的机关刊物的请求，决定成立三人小组（加米涅夫、谢列布里亚科夫和克列斯廷斯基），就此进行协商。维吉尼亚平最后获得了出版杂志的许可，只是由于纸张危机，未能实施。社会革命党手中掌握来自地方的信息，了解粮食征收制中的问题，知道如不改变没收粮食的做法，那么在乌拉尔和所有地方将会爆发起义。维吉尼亚平通过比岑科就此提出建议，以防止出现这种情况。这时候，俄共中央书记谢列布里亚科夫曾把上访的农民奥·伊·切尔诺夫送到维吉尼亚平那里，这位农民从伊尔库茨克省的切列姆霍沃来到莫斯科，目的是证明粮食征收制的致命危害，他有大量的事实材料证明这一点。2月9日，列宁接见了切尔诺夫，根据列宁的指示《消息报》刊载了切尔诺夫的报告。[1]

维吉尼亚平的供词和经历说明，从1919年年初起，社会革命党确实同苏维埃政权进行了某种程度上的合作，他们的行为也得到了布尔什维克党的认可。

以停止反对苏维埃政权的武装斗争为标志的社会革命党的新方针还表现在：

1919年2月，社会革命党人作出一项决议：在红军中进行秘密宣传，鼓动红军战士拒绝参加对付农民的惩罚队。他们还宣布，只要布尔什维克政权不对社会革命党人实行屠杀政策，就不先动手。1920年还说过：如果布尔什维克杀害被捉去充当人质的社会革命党人，那么党将拿起武器。不过此后并没有采取任何恐怖行动。

1921年9月，即审判前10个月，被关押在布蒂尔监狱的社会革命党中央委员们给新选出的中央委员会写信说：他们认可通过团结劳动群众和宣传鼓动工作的方式，而不主张用任何方式推翻布尔什维克专政。[2]

第一组被告们在最后陈词中纷纷表示坚持自己的信仰和主张，拒绝放弃社会革命党的纲领，他们宣称，如能获得自由，将继续社会革命党的未竟事业。有的被告只承认自己的过错或罪行是1918年同布尔什维克党斗争得不够。

1922年8月1日，郭茨在辩护词中说：社会革命党人在监狱中被同人民群众和政治斗争隔离了两年多，现在我们利用法庭这个讲坛向工人阶级说明自己过去的活动、在革命危急的困难条件下难以避免的不由自主的错误，告诉他们我们所设想的拯救革命的可能道路。“我们为此向你们表示感谢。”他说：“我不知道命运给我们的判决是什么——生还是死。如果是死，我们将作为革命者死去，勇敢地面对死亡；如果是生，我们将作为社会主义者，为工人阶级的利益竭尽全力继续斗争。”[3]

---

[1] Судебный процесс над социалистами-революционерами (июнь-август 1922). Сборник документов. Док. № Ⅱ –30. 另见［俄］根基娜著：《列宁的国务活动（1921—1923）》，梅明等译，中国人民大学出版社1982年版，第100页。

[2] 参见［俄］索尔仁尼琴著：《古拉格群岛》，上卷，群众出版社1982年版，第346—362页。

[3] Судебный процесс над социалистами-революционерами (июнь-август 1922). Сборник документов. Док. № Ⅱ –75.

被告李别洛夫说："我承认自己的过错在于1918年为推翻布尔什维克做得不够。""我认为自己对俄国工人有罪的是，我没有能够用全力同所谓工农政权进行斗争，但我希望，我的时间还没有过去。"

1922年8月4日，《消息报》刊载了第一组被告的最后陈词。当时的报道还能够较为客观的转述被告的讲话，从中可以看到他们的真实思想和立场。下面是报道的部分内容。

> 第一个陈述的是女被告人叶夫根尼·拉特涅尔。她反驳布哈林的论点，断定布哈林没有能够证明社会革命党背叛了齐美尔瓦尔特和昆塔尔代表会议的决议。社会革命党人加入的第二半国际，是齐美尔瓦尔特和昆塔尔立场的"自然"延续。拉特涅尔的发言以社会革命党人"为无产阶级的自由而斗争"的论断结束。
>
> 被告中央委员里哈奇在"最后陈词"中指出，第一组被告的罪行是曾经得到赦免的。他说，我们过去是社会主义者，现在仍然是社会主义者。
>
> 庭长皮达可夫向被告说明，法庭想从被告最后陈述中听到，如果他们获释，是否还会从事反对苏维埃政权的武装斗争。皮达可夫同志强调，在判决时这一点对法庭极端重要。

审判右派社会革命党人的法庭，中坐者为庭长皮达可夫。1922年

利别罗夫指责苏维埃政权把工人变成“寄生农民身上的赘疣”。

中央委员季莫费耶夫在陈述中表示，我们将等待未来的另一个时间，那时我们将回来干我们的工作。像过去那样，我们将号召为这个未来而斗争。

叶连娜·伊万诺娃在结束时说：如果我获得自由，我会按照我对你们的仇恨所指示的那样行动，这种仇恨是从1917年10月就怀有的。

兹洛宾声明，根本谈不上“今后不留在社会革命党的行列之中”，他同党有不可分割的联系。

贝尔格发表了非常长的辩护词，赞扬民主自由并谴责苏维埃制度。他声明，如果获得自由，今后不会收起社会革命党的旗帜，将继续社会革命党迄今为止所进行的工作。

戈尔可夫－多布罗留波夫说：“我从来就是任何暴力的反对者。因此布尔什维克的专政是我无法接受的。通向社会主义的唯一道路是民主和人民政权。我是社会革命党人，永远不会放弃我们的立场。”

格尔施坦说：“我们不会放弃我所理解的革命民主社会主义的实质。革命民主社会主义不会死亡。”

伊万诺夫声明：今后我们同你们走的也不是一条道。我们将继续为社会主义理想进行同样的斗争。

被告拉科夫说，他发表最后陈词是为了说明党在农民问题上的立场和思想。他说，鉴于苏俄的国内外形势，党认为推翻苏维埃政权的策略是有害的。应当从党的武器库中抛弃推翻苏维埃政权的斗争。党在农民问题上的纲领包括：恢复农民经济，阐明和形成依靠农民的阶级方针，消除农民中间的暴动造反情绪。

被告莫罗佐夫声明，我过去和现在都是你们的敌人。今后我还要为我过去服务过的事业服务——解放劳动者。

最后一个陈词者是郭茨。他说：我发表讲话是要回答庭长提出的问题：我们今后将如何同你们斗争。在对外政策领域我们将争取外国政府承认苏维埃政府。我们将支持苏维埃政权为俄国经济独立同西欧资本的斗争，只要这种斗争有利于劳动群众。而如果你们损害这种利益，我们将揭露你们。在内政领域我们的任务与过去一样。[1]

在案件审判中控告方（共产党人）和被告方（社会革命党人）都力图向自己、对手和全世界证明，自己才是真正的革命者，而对方是革命和劳动者的真正叛徒。

国际上的抗议

国际上对社会革命党人审判案的反应之强烈大大超出俄共领导人的预计。

早在决定对社会革命党人的审判的时候，国际上就掀起了一股强大的抗议浪潮。审判接近结束的时候，国际上再次掀起抗议热潮，尤其是反对判处被告死刑。提出抗议的有第二国际、第二半国际、阿姆斯特丹工会国际及其下属的政党和工会组织，还有世界各国各界名流甚至政要。

1922 年 3 月 16 日发出的全德工会的电报称，“以 800 万德国有组织的工人名义请求赦免被告。世界要求和解。特别是国际工人阶级的命运取决于停止以强制的形式取缔和迫害兄弟党。请帮助相互理解与和平，不要以血腥的判决妨碍俄国和德国工人已经开始的继续接近，这种判决只会引起全体自由拥护者的失望和愤慨”。[2]

比利时社会党中央委员会致电第三国际执委会，要求“在柏林召开三个执行委员会会议之前不要结束社会革命党人案件，以便查明指控的实质。在既成事实之后再通告处死我们的同志，这会给建立统一战线的事业以致命的打击”。[3]

荷兰社会民主党主席维尔柯文致电列宁，也要求“在柏林三个执行委员

[1] Известия. 1922. 5 августа. 引自 Судебный процесс над социалистами-революционерами (июнь-август 1922). Сборник документов. Док. № II –76.

[2] Судебный процесс над социалистами-революционерами (июнь-август 1922). Сборник документов. Док. № 16–32.

[3] Судебный процесс над социалистами-революционерами (июнь-август 1922). Сборник документов. Док. № 16–36.

会代表大会了解指控的性质之前不要结束社会革命党人案”。[1]

被迫寓居国外的高尔基致信苏俄领导人李可夫说，杀害社会革命党人将招致对俄国的道义封锁：

> 阿列［克谢］·伊万［诺维奇］！如果对社会革命党人审判案以杀人告终，这将是事先预谋的卑鄙的谋杀。恳请您把我的这一看法转告托洛茨基以及其他人。希望这一看法不会使您感到惊异，因为在整个革命期间我曾千百次地向苏维埃政权指出，在我们这不文明的文盲国家里消灭知识分子是丧失理性的犯罪行为。现在我相信，如果杀害社会革命党人，这种犯罪行为将会招致社会主义欧洲对俄国的道义封锁。

他同时向法国作家安·法朗士呼吁，希望他出面请求苏维埃当局留下社会革命党人的性命，说“对社会革命党人的审判具有对为俄罗斯人民解放事业真诚服务的人们实行公开谋杀的无耻性质。恳请您再次向苏维埃政权提出请求，指出不允许这种罪行，您的有分量的话语将能保护社会主义者的宝贵生命。”[2]

《真理报》发表文章回答，说“高尔基以其在国外的政治言论危害我们的革命，并且危害严重”。

3月17日，安纳托利·法朗士自巴黎致苏维埃政府电，吁请不要迫害政敌：“为了人类和无产阶级最高（世界）利益，不要对你们的政敌采取会被解释为报复的措施。这样做你们会给全世界劳动者解放的伟大事业造成巨大的危害。”[3]

1922年3月17日，许多工会代表致电列宁说：“……为了人性我们要求把生命和自由还给那些在沙皇制度下把自己最美好的岁月献给工人和社会主义

---

[1] Судебный процесс над социалистами-революционерами (июнь-август 1922). Сборник документов. Док. № 16–33.

[2] Судебный процесс над социалистами-революционерами (июнь-август 1922). Сборник документов. Док. № 18–1.

[3] Судебный процесс над социалистами-революционерами (июнь-август 1922). Сборник документов. Док. № 16–34. 1922年7月20日，俄共中央政治局对此的回应是：“责成社会革命党人案三人小组约稿并监督刊载下列内容的文章：高尔基和法朗士的请求对苏维埃俄国没有任何意义。”（同上书。Док. № 17–34.）

的人们。”[1]

丹麦社会民主党人、工会国际领导、社会民主联盟、荷兰辛迪加代表会议等等都对审判社会革命党人提出抗议，要求释放他们。

审判接近尾声的时候，由于明显要判处主犯以死刑，国际上掀起新一轮的抗议浪潮。

德国独立社会民主党和德国社会民主党国会党团在抗议书中写道：“我们依据人、政治和社会主义的原因坚决抗议一切死刑。我们要求保护被告社会革命党人的生命。”独立社会民主党爱尔福特组织在抗议信中指出：“如果布尔什维克法庭作出并实施死刑判决，这将给世界工人运动带来严重损失。这将使得在不能确定的时间内同第三国际代表的共事成为不可能。”德国独立社会民主党弗兰克福组织认为，这种判决将损害社会主义的世界观。德国各工会代表指出，判处死刑将会“引起西欧工人的最大愤慨，并会消灭对苏俄的最后一点好感”。[2]

欧洲的一些著名学者和作家，其中包括会见过列宁的英国作家赫·乔·威尔斯也提出抗议和请求：“吁请苏维埃政府为了人性与普遍和解，放弃会被整个文明世界看作报复行为的做法。”

7月30日，德国共产党领导人蔡特金和布兰德勒给俄共中央写信，建议一旦判处社会革命党人死刑立即予以赦免。信中写道：

> 审判显然将以死刑结束。问题是死刑是否应当执行。我们觉得，在目前形势下执行判决政治上是不明智的。枪毙社会革命党人会帮我们敌人的大忙。死的社会革命党人对我们的事业将比活的要危险得多。其次，社会革命党人无疑还拥有相当多的党徒和力量，他们会用针对我们优秀领袖的恐怖行动来回答枪毙。枪毙的做法政治上不会对我们有利，资产阶级和改良主义分子会成功地把此举描绘成“个人复仇”，从道义和政治上孤立苏俄。活着的社会革命党人将在

[1] Судебный процесс над социалистами-революционерами (июнь-август 1922). Сборник документов. Док. № 16–37.

[2] Судебный процесс над социалистами-революционерами (июнь-август 1922). Сборник документов. Док. № 17–29,38,41.

你们手中，成为反对暗杀的人质，而死亡的社会革命党人则会成为敌人宣传的工具。这会在共产国际引发危机。共产国际将会向苏政府请求赦免，即请求不要执行死刑。[1]

党内的不同声音

对判决并执行死刑，党内高层也有不同意见，特别是那些对西方情况比较了解的领导人，他们担心这样做带来的抗议和麻烦。

卢那察尔斯基表示，他不反对给一些人判处极刑，但如果予以执行，那就是极大错误，应当设法予以赦免。

1922 年 7 月 21 日，外交人民委员契切林自柏林发电报给俄共中央说：各大国同情我们的人警告说，如果处决某些社会革命党人，大家都会疏远我们，而我们的露骨敌人将自由地反对我们，打开反对俄国的最具侵略性政策的大门。[2]

7 月 26 日，中央委员普列奥布拉任斯基根据对国外的观察致信政治局说：由于共产主义的报刊比其他报刊少得多，不仅非无产阶级阶层，甚至工人阶级的多数都是按照我们敌人的口味获得审判信息的。我们的这一案件政治上失败了。审判的结果如判死刑，这会是巨大的政治错误。我不认为工人阶级的多数，甚至俄国的多数工人，会如此渴望这样的判决。西方的多数工人肯定将反对这种判决。这种判决将把那些在热那亚会议后对我们的好感急剧增长的那些小资产阶层推离苏维埃政权。鉴于上述一切，我反对死刑，它给我们带来的坏处将大大超过好处。[3]

7 月 31 日，财政人民委员索柯里尼柯夫致信俄共中央，警告判处死刑可

---

[1] Судебный процесс над социалистами-революционерами (июнь-август 1922). Сборник документов. Док. № 17–55.

[2] Судебный процесс над социалистами-революционерами (июнь-август 1922). Сборник документов. Док. № 17–36.

[3] Судебный процесс над социалистами-революционерами (июнь-август 1922). Сборник документов. Док. № 17–49.

能的后果。他报告了海牙之行的个人印象，说国外的广大工人群众完全不了解审判对社会革命党人的揭露，不理解审判。第二国际和第二半国际的报刊开展反对布尔什维克的疯狂运动，把对社会革命党人的死刑判决说成是国际内部的兄弟相残。资产阶级报刊把案件说成是缺乏正常组织的法庭的证据，利用来破坏同俄联邦的商业联系。如果把判决付诸实施就会造成一种局面，一旦社会革命党人恢复对俄国共产党领袖的恐怖行动，欧洲的非党工人将会无动于衷。另一方面，所有干涉集团就会得到第二国际和第二半国际各党的最热烈的拥护，实施对苏俄的封锁会容易得多。[1]

俄共宣传鼓动部副部长索斯诺夫斯基致信托洛茨基，谈审判对欧洲各国舆论的影响。信中说，社会革命党人案即将结束。依我所见，它对俄国的意义比对欧洲要大得多，因为后者对它不感兴趣，即使共产主义欧洲也是如此。案件的揭露部分已经过去，而判决尚未过去。我个人还在案件开始之前在同捷尔任斯基和拉狄克谈话时就已说过，需要找一个恰当的形式声明，政府和法庭根本无意猎取社会革命党人的20颗脑袋，这些脑袋现在已经掌握在我们手中，有更合适的时刻来处置他们。依我看这在当时是非常有益的。但现在枪毙这帮人甚至在共产主义圈子里也是有害的，特别是在工人的妥协阶层和小资产阶级中间。工人们说：就算像谢德曼、诺斯克、韩德逊、托马斯这些卑鄙家伙该上绞刑架，但既然同他们谈判建立统一战线，那么俄国的诺斯克至少应当只关在监狱里。

在欧洲可以找到很多展示自己廉价人道的人："虽然我是苏维埃的朋友，但为了人道主义等等。"法朗士、高尔基、萧伯纳等等就对这一运动发出这种声调。

如果在这场运动之后减轻判决，这对我们很糟糕。最好在结束之前发表一个宣言。一般说来，需要在20日发表这个宣言以回答处极刑的要求。

如果资产阶级的和妥协主义的欧洲把兴趣仅仅集中于惩处措施上，那前景就会完全被扭曲。

因为各国的谢德曼手中有很大的力量。只要他们向任何工会（所有工会）

[1] Судебный процесс над социалистами-революционерами (июнь-август 1922). Сборник документов. Док. № 17–56.

提出口号，或者代表会议对枪毙提出抗议就够了。工会的报刊会把抗议印行几百万份。

因此我的意见是：实际判决应是驱逐他们，或者让他们再蹲一两年，以免再增加10名被王德威尔得解救出来的“蒙难者”、宣传员。不要枪毙。否则会给我们的各种困难上再增加新的不必要的困难。[1]

可以看出，对社会革命党的审判，在国内可以控制舆论，把被告说成是一伙反革命。但布尔什维克党的宣传未能走出国门多远，国外的广大工人群众几乎一无所知，而西方的舆论大多把审判看作是革命阵营内部的同室操戈，自相残杀，甚至是一种报复。所以一些了解国外情况的领导人都认为审判在国外是输了，如果判决并执行死刑，那么对苏维埃政权就更为不利。

判　决

为安抚西方的左派，苏俄政府允许国外辩护人参加审讯。社会党派出以王德威尔得（第二国际国际局主席）为首的4名辩护人。进入俄国国界时他们受到精心组织的“人民愤怒”的迎接。在法庭上他们的辩护被叫做“对审判的拙劣嘲讽”，最后不得不退出法庭。审判期间，在举行审判的圆柱大厅外不断举行群众大会，要求对被告判处死刑。

经过50天的审理，8月7日最高法庭判处14名被告死刑，其余被告判处不同的刑期。

被判处死刑的有社会革命党中央委员郭茨、顿斯科伊、格尔施坦、亨德尔曼–格拉鲍夫斯基、利哈奇、伊万诺夫、拉特涅尔–埃利金德、季莫费耶夫；党的各级领导机关成员莫罗佐夫、阿加波夫、阿尔托夫斯基；中央战斗队成员谢苗诺夫、柯诺普列娃、伊万诺娃–伊拉诺娃。

10人被判处不同刑期的监禁：中央委员拉科夫、费多罗维奇、维杰尼亚平，直接参加恐怖活动的叶菲莫夫、乌索夫、祖勃科夫、费多罗夫–科兹洛夫、佩列文、达舍夫斯基、斯塔夫斯卡娅。还有上百人“另立专案审

[1] Судебный процесс над социалистами-революционерами (июнь-август 1922). Сборник документов. Док. № 17–42.

理”。

与此同时，最高法庭向全俄中央执行委员会提出申请，要求对被判刑的谢苗诺夫、柯诺普列娃、叶菲莫夫、乌索夫、祖勃科夫、费多罗夫－科兹洛夫、佩列文、斯塔夫斯卡娅、达舍夫斯基和伊格纳切夫等人免刑。

暂缓执行死刑

判决公布后，1922 年 8 月 8 日全俄中央执行委员会主席团批准了判决，同时宣布暂缓死刑的执行，条件是社会革命党停止反对苏维埃政权的地下阴谋活动、恐怖活动、军事间谍活动和暴乱活动，也就是把这批社会革命党人作为反恐的人质；同时批准对谢苗诺夫、柯诺普列娃等人免于刑事处分。

采取这种一面判刑一面赦免的做法的原因是：

1. 社会革命党从根本上讲是革命党，其党员曾经是反对沙皇制度的无畏英雄、勇士。这一点在俄国人民中是公认的。在军事共产主义时期，他们反对布尔什维克政策的斗争，在人民群众中是有共鸣的。布尔什维克党不能不考虑他们的历史功绩。一个鲜明的例子是对待左派社会革命党著名领袖斯皮里多诺娃的态度，苏维埃政权曾多次判她死刑，但每一次都在判决后，声明鉴于其革命功绩予以赦免。

2. 恐怖手段是社会革命党人传统策略。他们在沙皇时期，在 1918 年，实施过多次有效的恐怖行动。对恐怖报复的畏惧是布尔什维克党缓刑的原因之一，需要把判处死刑的社会革命党人作为人质，迫使他们放弃恐怖行动。1922 年 7 月 14 日，格伯乌柏林站向国内报告说：在社会革命党人中间即使没有明确的计划，无论如何也存在搞恐怖的情绪，作为对莫斯科审判以死刑结束的回答。[1]

3. 国际上的强大抗议浪潮。第二国际、第二半国际及其所属各种政党和工会组织、各界名流在审判前和判决后都掀起强大的抗议浪潮，著名作家高尔基也联络一些著名人士从国外对此提出抗议。

[1] Судебный процесс над социалистами-революционерами (июнь-август 1922). Сборник документов. Док. № 17–28.

4. 举行审判的本意本来就不是要在押的社会革命党人的脑袋，在审判过程中领导层内部已经在准备赦免措施。审判的目的是想要消除社会革命党人的影响，特别是在农民中的影响。

这种处理办法是托洛茨基建议的。他说："法庭判处死刑是必要的，但执行死刑必然会遭到恐怖分子的疯狂报复。如果把惩罚局限于监禁，即使是长期监禁，那简直就是鼓励恐怖分子，因为他们根本就不相信苏维埃政权会长久。在这种情况下没有别的办法，只好宣布是否执行死刑取决于该党是否继续进行恐怖斗争。换言之，该党的领袖成了人质。"列宁赞成他的主张说："完全正确，没有别的办法。"[1]

被判刑的社会革命党人在沙皇时期有着丰富的狱中斗争经验，在苏联监狱中他们运用这些经验展开斗争，争取改善狱中条件，减免刑期。他们的斗争加上国外有关人士的声援，在一定程度上达到了目的。1924 年 1 月 12 日，全俄中央执行委员会主席团审议了改变惩罚措施的决定草案，14 日作出决定，停止执行最高法庭对郭茨、顿斯科伊、格尔施坦、亨德尔曼、利哈奇、伊万诺夫、拉特涅尔、季莫费耶夫、阿加波夫、阿尔托夫斯基、伊万诺娃的死刑判决，代之以剥夺自由 5 年，对其他社会革命党人将剥夺自由的期限减半。[2]

1923 年 3 月 18 日至 23 日，发起小组召集前社会革命党普通党员全俄代表大会（在格伯乌的秘密监视下），确认社会革命党已经彻底瓦解，宣布解散。

由于对社会革命党的审判案并不成功，所以也就停止了拟议中的对孟什维克的审判。在布尔什维克的强大压力下，1923—1924 年间孟什维克组织也"自行解散"。

社会革命党是反抗布尔什维克时间最长的党，它和孟什维克党从苏联政治舞台消失，意味着苏联多党制的终结，俄国另一种社会主义模式的消失，布尔什维克一党制的确立。

---

[1] ［俄］托洛茨基著：《我的生平》，赵泓等译，上海人民出版社 2007 年版，第 415 页。

[2] Судебный процесс над социалистами-революционерами (июнь-август 1922). Сборник документов. Док. № 18–27.

美国记者的评论

在本案开庭的时候，美国记者 Ф.А. 迈肯齐 6 月 8 日发给《芝加哥每日新闻》的电讯中说，今天开始了俄国最大的政治审判案，本案中重要的不仅是确定被告有罪无罪，还在于这是两个革命集团之间的最后搏斗。布尔什维克说："我们希望向最缺乏觉悟的农民指出，社会革命党人毫无力量，不值得他们信任、关注和支持。"

1922 年 8 月 9 日，迈肯齐给《芝加哥每日新闻》发去关于审判结束的电讯。其中写道：

> 这样结束了最奇特的案件之一，甚至对革命的俄国来说也是如此：一批老同志，在持续两代时间的斗争中一起反对沙皇制度，一起坐牢，一起戴着镣铐走向西伯利亚，现在作为公开的敌人互相反对，其一方依靠自己的军事和法律力量，而另一方甚至没有人敢于出来替他说话。郭茨，被拘押犯人的领袖，1917 年曾经救过受到人群威胁的现任莫斯科首脑加米涅夫的命。审判案显示了双方的特殊苦涩：主要的囚犯集团没有一点忏悔的意思，他们以自己的罪行为荣。作为被告，他们利用审判大规模地宣传自己的事业。"我们知道我们会被判刑，但我们并不害怕死亡。"——首领之一亨德尔曼对法庭这样声明说。审讯时一些有威望的布尔什维克曾伸出橄榄枝，建议被告们今后如采取克制的手段，同白卫侨民断绝关系，就释放他们，给予他们作为单独的政治个体以生存的可能性，但囚犯们没有给予任何回答。
>
> 整个审判进行得非常自由，使西欧的观察家都感到惊异。大量公众几乎参与了全部审讯过程。给了囚犯以比其他任何地方都多的行动自由，他们不断地破坏审讯的进程。[1]

这家的报道比较符合实际。这是苏维埃政权下少有的比较合乎法律程序的审判。到了 20 世纪 30 年代，这样的审判就不见踪影了。

---

[1] Судебный процесс над социалистами-революционерами (июнь-август 1922). Сборник документов. Док. № II –94,110.

第三节 “哲学之船”——驱逐知识分子[1]

布尔什维克党对知识分子有一种矛盾的心态。恢复经济，社会主义建设需要大量的知识分子参与，但是知识分子作为有独立思想的阶层对新政权又具有一定的威胁。

新经济政策要求缓和国内政治制度。一个重要问题是如何对待无党派知识分子和专家。还在实行新经济政策之前，列宁就主张吸收他们进入经济机关，但受到某些领导干部的反对。例如工农检查院的领导人之一克雷连柯1921年2月说：“应当认为指靠专家是彻头彻尾失败的。”同月，某些担任高级职务的共产党员对无党派专家制定的电气化计划提出无根据的批评。

1922年3月6日，列宁在讲话中建议以革命前从事经济活动的非党人士取代外行的共产党企业领导人。“我们要这样来建立我们的整个组织，做到不让那些没有商业经验的人来领导商业企业。”[2]他还建议从国家机关中排除不会工作的共产党人，把“那些现在只会设立委员会而不进行也不会进行任何实际工作的几万人”清除出去。列宁在党的第十一次代表大会政治报告提纲中写道：“负责的共产党员从第一线后退！普通的店员——前进！”[3]

但是列宁想要利用的是经济工作者、工程技术人员。而社会学家、著作家会散布一定的意识形态，这是他所不放心的。

在新经济政策下，允许市场关系和私有制的存在，各种思潮也随之活跃起来，孟什维克、社会革命党人和一些知识界人士要求政府在社会和政治生活方面实行较为宽松的政策，实现国家的民主化。特别是由于实施新经济政策而出现的“路标转换派”，公开寄希望于布尔什维克党和苏维埃政权的蜕变。在1922年上半年召开的各种知识分子职业组织的全国代表大会上，发言者纷纷

[1] Отечественные архивы. 2003 г. №1 以《我们把俄国长期打扫干净》为题公布了一批有关驱逐知识分子的解密档案，此外一些杂志也发表了关于“哲学之船”的论文。《苏联历史档案选编》第2卷选录了部分有关档案资料。

[2] 《列宁全集》，中文第2版，第43卷，第13页。

[3] 同上书，第394页。

反对官员们外行的行政干预，要求允许思想的自由交流，主张建立完善的法制来保证新经济政策的实施。

在1922年上半年在一定程度上存在出版自由的情况下，一些哲学家和经济学家公开发表自己的观点，并不掩饰自己对马克思主义的敌意。他们认为，新经济政策同自由创造不可分。1922年2月份的《著作家之家年鉴》编辑部文章断定："我们记得很清楚，一定的经济产生相应的意识形态……如果是这样，是不是应当事先考虑到不可避免的最终结果？是不是现在就该承认，自由的商品交换是同允许就任何问题自由交换思想不可分割地联系在一起的。"1922年上半年召开的一些专家会议也表达了同样的思想。3月初举行的农学家代表大会支持副农业人民委员奥新斯基的建议，尖锐批评了地方苏维埃政权机关，批评官员们干预农学家的工作，给他们指派与其职责无关的任务，断言到处都是"农学家全然无权的状态"。

不允许外行对专家发号施令，必须实行地方自治的思想在全俄医生第二次代表大会上（5月10—14日）获得广泛支持。会上的争论以及会议通过的决议吓坏了卫生人民委员谢马什柯，大会结束一周后，他给政治局发去报告《关于医学界中重要而危险的思潮》，建议采取坚决措施来反对这种思潮，包括禁止专家及其联合组织出版社会政治而非学术性质的报刊，加强对其工会分会活动的监督。他认为需要同格伯乌协调除去在代表大会上发言的医生上层人物——孟什维克和社会革命党人。他说："许多负责同志不仅没有认识到这种危险，反而轻率地俯耳倾听这些专家的私下议论。"[1]

5月17日《真理报》发表社论《反革命民主的幻想》，其中写道："某些知识界人士错误地指望我们在新经济政策和西方资本家的压力下继续后退，企图反对苏维埃政权。""我们任何情况下都不会允许'内部敌人'从背后包抄我们。自由民主派的战略是利用新经济政策的时机，在我们苏维埃机体内迅速生长起来以反对苏维埃机体。"6月2日发表更为尖锐的文章《专政，你的鞭子在哪里?》，以粗暴的侮辱语气攻击著名的文学研究家尤·艾亨瓦里德的著作《男女诗人》。结尾写道："专政储备有鞭子。这种鞭子该让艾亨瓦里德见鬼去。"

[1] *Голанд Ю.* Политика и экономика (Очерки общественной борьбы 20-х годов). "Знамя", март 1990. SLON–PARTY_RU.

这一切使知识分子感到不安。6 月上旬在彼得格勒召开的地质学家代表大会在决议中指出："已经是在国内保障起码的人权和公民权的时候了，没有这种权利任何有益的工作，首先是科学工作，都无法正常进行。"

这些知识分子的言论也使当局深感不安。列宁对《经济学家》杂志尤为不满。5 月 19 日他给捷尔任斯基的信中称这家杂志为白卫的中心。《经济学家》发表了不少文章，不仅批评了苏维埃政权的某些现行决定，还批评了社会主义思想本身。例如，经济学家布鲁茨库斯连续 3 期分析传统的无市场观念。文章基本上写于 1920 年下半年军事共产主义的高潮中，他根据理论分析和当时还不丰富的经验指出非市场的经营制度是无效益的。他同时认为在社会主义下是不可能有市场的，这在当时是公认的观点。

6 月份关闭了几家杂志，包括《经济学家》和《经济复兴》。布尔什维克领导担心言论自由的政治要求会威胁到政权的存在，因此在经济上退却的同时，在政治上"拧紧螺丝钉"，压制和镇压任何反对行动。1922 年，俄共（布）中央政治局有近 30 次会议是研究查封有反苏维埃言论的刊物、取缔反苏维埃党派、驱逐其代表人物等问题的。

1922 年夏秋，在审判社会革命党人的同时，布尔什维克政权实施了另一项重大措施，这就是驱逐一批知名政治活动家、学者和作家，这一行动史称"哲学之船"。此举损害了俄国的社会生活，影响了科学和文化的发展，但无意中拯救了一批专家学者的生命，使他们免遭 30 年代镇压的厄运。

早在 1921 年冬布尔什维克领袖已经产生流放和驱逐知识分子的想法，那时高校教授和教员罢工，知识分子层中社会运动活跃。列宁在 1922 年 1 月 30 日给俄共中央政治局委员写信，建议"对孟什维克加强镇压，责成我们的法院付诸实施"。[1]1922 年 3 月 12 日写成的《论战斗唯物主义的意义》一文中，列宁提出了把某些知识分子流放的主张，他说："俄国工人阶级有本领夺得政权，但是还没有学会利用这个政权，否则它早就把这类教员和学术团体的成员客客气气地送到资产阶级'民主'国家里去了。那里才是这类农奴主最适合的地方。"[2]

5 月 19 日，列宁给捷尔任斯基去信，要他"谈谈把那些帮助反革命的作

---

[1] 《列宁全集》，中文第 2 版，第 52 卷，第 245 页。

[2] 同上书，第 43 卷，第 32 页。

家和教授驱逐出境的问题”，要求把这件事“准备得周密一些”，要“搜集关于教授和作家们的政治经历、工作和写作活动的**系统**材料。”列宁还对两家杂志有关人员的处理提出意见。关于俄国技术协会主办的《经济学家》杂志，列宁认为这是“白卫分子的公开的中心”，其第3期封面上刊登的撰稿人“几乎全部都是应该被驱逐出境的”，“这些人全都是明目张胆的反革命分子，协约国的帮凶，协约国的一伙仆从、间谍和毒害青年学生的教唆犯。要这样来处理此事：把这些‘军事间谍’全抓起来，要不断地和有计划地抓，并把他们驱逐出境”。[1]

5月21日，列宁收到卫生人民委员尼·亚·谢马什柯的信，报告全俄医学卫生协会第二次全俄医生分会代表大会的总结，建议借助国家政治保卫局“除去”反对派代表大会以及某些地方医生协会的领导人。列宁在信上批道：“斯大林同志：我认为应当严格保密地（不要复制）把此信给捷尔任斯基和全体政治局委员看一看并作出指示：‘责成捷尔任斯基（国家政治保卫局）在谢马什柯的帮助下拟定措施计划并报告政治局’。”[2]

5月24日，政治局研究了报告，表示支持列宁的建议，通过包含一系列措施的决定：责成国家政治保卫局会同卫生人民委员部制定有待“除去”的医生名单，观察他们对审判社会革命党人案件的反应，责成全俄中央执行委员会发布关于在内务人民委员部下成立特别会议以研究行政驱逐医生的问题。不过镇压推迟到社会革命党人案结束之后。6月8日政治局决定成立由加米涅夫、库尔斯基和约·斯·温什利赫特组成的委员会，以“最终审定需驱逐的敌对分子上层的名单”。

准备流放的主要工作由国家政治保卫局操办，它已经具有一定的经验，还在1921年5月为查明在重要国家机关，包括各人民委员部和大学中的持异议人士，曾成立契卡工作“协助”局，其成员有党和苏维埃领导人，由他们收集本单位反苏分子的信息，监视各种会议的情况。协助局的材料是严格保密的，集中到契卡—格伯乌保密局的第8分局。准备和实施驱逐知识分子措施的是负责“知识分子工作”的保密局第4分局。稍候，在此分局的基础上成立了“行政驱逐反苏知识分子特别局”。国家政治保卫局在各省的分局和代表处也成

[1] 《列宁全集》，中文第2版，第52卷，第449—450页。

[2] РГАСПИ. Ф. 2. Оп. 1. Д. 23244. Л. 1–1 об. 引自 Отечественные архивы. 2003 г. №1.

立了类似的特别局。

为制定名单和使名单准确无误，在“协助局”的秘密帮助下契卡人员还征询人民委员部的领导人、高校和科研机构党支部书记、党的著作家的意见。根据列宁的建议，在编制知识分子的鉴定时吸收了一批老布尔什维克参加，如Н.А. 谢马什柯、П.А. 波格丹诺夫、Ю.М. 斯切克洛夫、П.И. 列别捷夫－波良斯基、列・米・欣丘克、谢・帕・谢列达等等。

1922 年 6 月第一批被驱逐出境的是当时流放在特维尔省卡申城的社会活动家，原全俄赈济饥民委员会的领导人谢・尼・普罗科波维奇和叶・德・库斯柯娃。6 月 22 日政治局决定逮捕一批医生并流放边远的饥荒省份。

7 月 16 日，列宁从哥尔克写信给斯大林，对拖延驱逐异议分子表示不安。“这一行动在我休假之前已经开始，到现在还没有结束”，他要求“坚决根除”所有的人民社会党人、孟什维克，建议驱逐《经济学家》、《日报》全体编辑人员。“委员会……应当提出名单，把几百个这样的先生无情地驱逐出境。我们要把俄国长期打扫干净”。“此事应当立即干。在社会革命党人案结束之前，而不是以后。逮捕……不宣布理由——走吧，先生们！”[1]

格伯乌机关用数月的时间准备驱逐的名单，把那些在报刊上、专家代表大会上、高校教室里发表批评言论的人包括在内。7 月 20 日政治局开会，审议了委员会制定的驱逐名单，包括莫斯科、彼得格勒和乌克兰（哈尔科夫、基辅、敖德萨以及其他城市）的科学家和社会活动家。全俄中央执行委员会批准了这一行动。

8 月 4—7 日，举行俄共第十二次代表会议，会议的一项议程是“关于反苏维埃的党派”问题，季诺维也夫就这个问题作了报告。他强调，从经济让步的事实中不应得出必须作政治让步，建议实施政治进攻。会议决议中说：反苏党派“企图利用苏维埃的合法机会来为自己的反革命利益服务，并抱着‘钻进’苏维埃制度的方针，它们希望用资产阶级民主的精神来逐渐改变这个制度，并且照他们的估计，这个制度本身必然会向资产阶级蜕化。”

“不但对社会革命党人和孟什维克，而且对冒充无党派的资产阶级民主知识界的上层政客也不应当放弃使用镇压手段，因为这些知识分子为了达到自己的反革命目的，是不惜牺牲许多团体的根本利益的，对他们来说，科学、技

[1] РГАСПИ. Ф. 2. Оп. 2. Д. 1338. Л. 1. 引自 Отечественные архивы. 2003 г. № 1.

术、教育、合作社等的真正利益只不过是一句空话，是政治的掩饰物而已。”[1]

会议结束后3天（同时也结束了对右派社会革命党人的审判），格伯乌向各地发出逮捕、流放和解雇所有右派社会革命党人的指令，扩大了逮捕孟什维克的规模。8月3日，中央执行委员会和人民委员会通过关于社团登记的决定，所有联合组织都一律禁止，如果“其活动的目标或方法同宪法或苏维埃共和国的法律相矛盾的话”。

在莫斯科、彼得格勒、乌克兰等地采取了驱逐行动。彼得格勒开列了一个“彼得格勒市反苏维埃知识分子名单”，共51人。7月31日开列出拟驱逐的知识分子名单共67名，包括第一莫斯科大学教授、交通工程学院教授以及其他学校的教授，自由经济学会专家，考古研究所教授，“岸”出版社人员，苏维埃农艺师和合作社工作人员，医生，工程师，作家等等。其中有哲学家别尔嘉也夫、经济学家鲍·达·布鲁茨库斯、哲学家和经济学家谢·尼·布尔加柯夫、经济学家尼·德·康德拉季耶夫等等。

7月底在消除反对派医生之后，开始逮捕莫斯科建筑学院的学者H.A.茨韦特科夫、H.M.科罗布科夫、B.M.博尔德金教授，逮捕原劳动党领袖、经济学家阿·瓦·彼舍霍诺夫。

8月10日，全俄中央执行委员会颁布了《关于行政驱逐的决定》，对“参与反革命活动的人员”决定以行政方式驱逐出境或流放到俄罗斯联邦境内的指定地点。据此，内务人民委员部的一个特别委员会有权不经法庭审判把有关人员驱逐出境或流放。

主要行动是在8月16—18日的夜间实施的。在实施隔离（当时用语，即监禁）异议知识分子的同时，国家政治保卫局把大牧首吉洪软禁在家，对孟什维克和所谓资产阶级大学生实施逮捕。被关押在国家政治保卫局监狱或者软禁在家的有著名的哲学家、历史学家、法学家、作家和著作家、经济学家和金融学家、数学家、工程师和自然科学家、合作社运动活动家、医生。有些人是后来抓到的，如哲学家和社会学家П.А.索罗金、Ф.А.斯捷蓬、И.А.伊林、Б.П.维舍斯拉夫采夫，作家M.A.伊林（M.A.奥索尔金），医生H.H.罗扎诺夫，历史学家H.A.罗日柯夫，合作社工作者H.И.柳比莫夫和H.П.罗莫达诺夫斯基，

[1] 《苏联共产党代表大会、代表会议和中央全会决议汇编》，第2分册，第235、240页。

工程师 П.И. 帕尔钦斯基，等等。他们被关进监狱或者软禁在家。

在押人员须回答事先准备好的问题：对苏维埃政权和布尔什维克实施的政策的看法。被捕者基本上没有反政权的行为，不过作为有自己思想的人，他们不隐瞒自己对待政权的态度。例如 С.Е. 特鲁别茨科伊回答说："我怀着极大的兴趣看待苏维埃政权的结构以及它所创造的国家，就像看待世界上崭新的历史现象一样；我从来不认为自己是预言家，因此我不知道，这种发展的结果是什么，不过苏维埃政权和俄国现在的存在使我相信，看来这是其历史发展的必经阶段。"多数被审讯者认为，"对俄罗斯知识分子来说，脱离自己的土地是非常痛苦的和有害的"，而他们的基本任务是"协助在国内传播有用的科学知识和文化，这是社会各阶层都需要的"。

根据行政驱逐的决定，对每一人员的驱逐决定必须附有驱逐原因的详细说明。**现举驱逐别尔嘉也夫的材料为例。**

1922 年 8 月 18 日，对别尔嘉也夫进行了审讯。审讯中别尔嘉也夫回答提问说，他既不拥护资产阶级社会，也不拥护共产主义，他信奉基督教社会，这是建立在任何政党都没有实现过的基督教自由和平等基础之上的社会。他不赞成阶级观点，不论是贵族的、农民的、无产阶级的和资产阶级的意识形态，都是狭隘的、局限而自私的。他赞成的是人和人类的观点。他认为民主政治是错误的，因为它主张多数人的统治。俄国没有什么无产阶级的国家，因为俄国人民的大多数是农民。对社会革命党人的严厉判决是错误的。不赞同苏维埃政权对高校的政策，因为它破坏了学术和教学的自由，压制了先前的哲学自由。知识分子在各个文化和社会领域的任务，就是捍卫充满崇高精神的原则，使物质的动因从属于精神文化思想，知识分子应成为科学、道德、美学意识的代表。[1]

8 月 19 日，国家政治保卫总局作出驱逐别尔嘉也夫的决定，认为此人从十月革命起，一直对工农政权不满，"没有停止过反苏维埃活动"，为防范其今后继续进行反苏维埃活动，应予无限期驱逐出境。

1922 年 8 月 21 日，别尔嘉也夫被捕，关押在内务部监狱。鉴于别尔嘉也夫本人提出了自费离国的申请，将其释放 7 天以安排事务，然后到政治保卫局报到遣送出国。作为罪证的别尔嘉也夫的"反对俄国社会主义的言论"是摘自

[1] 《苏联历史档案选编》，第 2 卷，第 207—209 页。

其1919—1920年在莫斯科讲课的讲义，其中有这样一些言论：

俄罗斯哲学家尼·亚·别尔嘉耶夫

“社会主义在其进行的尝试中根本不会是社会主义者所追求的那种东西。它会引发人类生活中新的内在矛盾，这种矛盾会使社会主义运动所提出的任务无法实现。它永远不会实现马克思想通过劳动的联合来达到的那种人类劳动的解放，永远不会将人类引向富裕，不会实现平等，而只会造成新的人与人之间的敌视，新的分化，新的前所未闻的压迫形式……”任何强制之路都是比较轻松的，所以人类在历史进程中往往受到诱惑，“以强制之路偷换自由之路而走上歧途……这种诱惑在过去产生了历史上的宗教裁判所，而现在则产生社会主义宗教，它不是别的，正是大宗教裁判官的宗教，其基础就是偷换自由之路。”[1]

别尔嘉也夫的这些观点是马克思主义者所不能同意的，但这只是观点认识上的异见，是信仰的不同，国家政治保卫局并没有能够举出别尔嘉也夫直接反抗苏维埃政权的罪证。

被驱逐者需签署两个文件：保证不返回苏维埃俄国和出国费用由自己（如果自己有钱的话）或公费开支。例如，尤·伊·艾亨瓦里德签署后，得到警告说，“如自行返回俄罗斯联邦境内”，将按照俄联邦刑法典第7条处以极刑。

8月22日，温什利赫特给斯大林报告，共驱逐出境217人，要求为各种

[1] 参见《苏联历史档案选编》，第2卷，第212页。

费用从专库拨款500亿卢布。

根据政治局的决定，不把医生驱逐出境，而是流放国内发生饥荒的省份，以救护垂死的居民和防治瘟疫。

《真理报》1922年8月31日发表文章《第一个警告》，为把160名“最积极的资产阶级思想家”、“弗兰格尔分子和高尔察克分子的思想家”驱逐出境辩护。在这些被驱逐的人员中有莫斯科大学校长M.M.诺维科夫（动物学家）、卡尔萨文（哲学家），以莫斯科大学数学系主任斯特拉托诺夫为首的一批数学家，经济学家布鲁茨库斯，历史学家基泽韦捷尔、米雅柯金，法学家和彼得堡大学副校长博哥列波夫，合作社工作者布拉托夫，哲学家别尔嘉也夫、布尔加柯夫、斯捷蓬、弗兰克，社会学家索罗金，等等。

对逮捕、流放和驱逐的名单，存在不同意见。不仅有国家和社会组织，甚至还有某些因与其一道工作、教学而与之相熟的布尔什维克领导人也都出来为某些人士辩护，例如A.K.沃隆斯基为作家E.И.札米亚金辩护；卢那察尔斯基为彼得格勒大学教授И.И.拉普申辩护；加里宁为社会活动家尼·米·基什金辩护；奥博连斯基（奥新斯基）为农业经济学家H.Д.康德拉季耶夫辩护；雅柯夫列夫为莫斯科大学教授B.E.福明辩护；米·康·弗拉基米罗夫为经济学家Л.H.尤罗夫斯基辩护；格·马·克尔日扎诺夫斯基和皮达可夫为工程师П.A.帕尔钦斯基辩护。他们提出无可反驳的事实，证明被辩护人的学识对苏维埃国家的重要性。例如时任最高国民经济委员会主席的彼·阿·波格丹诺夫写道：“库科列夫斯基教授是留在国内的两三位水力发动机和水力装置领域的专家之一，这个领域今后在俄国的电气化和利用水力资源方面对我们具有非常大的意义。”

政治局授权捷尔任斯基修改待驱逐人员名单。8月31日至9月1日夜由捷尔任斯基、温什利赫特、亚戈达以及负责准备和实施行动的国家政治保卫局保密室第4处的两名工作人员组成的委员会开会，部分满足有关同志的请求，因“有利于”国民经济而免除И.И.库科列夫斯基,Л.H.尤罗夫斯基,H.E.帕尔希娜以及其他几个人的驱逐。还决定在解决同苏维埃政权合作问题之前暂停E.И.扎米亚京,И.X.奥泽罗夫以及其他几个人士的驱逐。决定推迟解决H.Д.康德拉季耶夫，A.A.雷布尼科夫以及其他几名合作社工作者，还有俄国农业科学院的教师И.A.阿尔托波列夫斯基的问题，待其反苏活动案结束之后再作决定。1922年11月和12月政治局通过专门决定，对Н.А. 罗日柯夫以流放普斯科夫取代驱逐出境。大致同时，由于一些著名的布尔什维克的求情，决定取消驱逐Н.П. 奥加诺夫斯基，В.И. 查尔诺卢斯基，П. 杰斯尼茨基－斯特罗耶夫等人。

列宁密切注视驱逐进程，指示要加速行动。捷尔任斯基同列宁谈话后所作的关于驱逐知识分子工作的札记（1922年9月4—5日，绝密）中写道："弗·伊·的指令。9月4日。坚定不移地继续驱逐积极反苏知识分子（首先是孟什维克）。仔细拟定并核查名单，责成我们的著作家写出评论。在他们中间做一些分工。拟定敌视我们的合作社工作者名单。检查《思想》和《大家族》文集的所有参与者。"[1]

1922年9月17日，列宁致信温什利赫特："请退回全部所附文件并注明谁驱逐，谁监禁，谁（和为什么）免于驱逐？非常简短地在纸上注明。"[2]

9月下旬А.В. 彼舍霍诺夫，П.А. 索罗金，И.П. 马特维耶夫，А.И. 西基尔斯基等人全家被用火车驱逐到里加。之后Ф.А. 斯捷蓬，Н.И. 柳比莫夫等被用火车驱逐到柏林。有两批人乘从德国人那儿包租的轮船"哈肯市长"号被驱逐出境，第一个轮班是9月29—30日从彼得格勒去斯德丁（现斯切青），共30多人（加上家人约70人），是莫斯科和喀山的知识分子，其中有Н.А. 别尔嘉也夫，С.Л. 弗兰克，С.Е. 特鲁别茨基，П.А. 伊林，Б.П. 维舍斯拉夫采夫，А.А. 基泽韦捷尔，М.А. 奥索尔金，М.М. 诺维科夫，А.И. 乌格里莫夫，В.В. 兹沃雷金，Н.А. 茨韦特科夫，И.Ю. 巴卡尔等。第二个轮班乘"普鲁士"号于11月16日出发，共17人（连家人44人），是彼得格勒的教授和科学文化活动家，其中有Л.П. 卡尔萨文和Н.О. 洛斯基。出发时有契卡人员押送，到喀琅施塔得后，押送人员乘小船离开。

据Ф.А. 斯捷蓬回忆，被驱逐者准许携带1件冬季大衣和1件夏季风衣，1件外衣，各2件不同的衬衣（2件白天用的，2件晚上穿的），2条衬裤，2双袜子。除结婚戒指外，禁止携带黄金制品和宝石，甚至贴身佩戴的十字架也必须从脖子上取下。允许携带为数不多的外汇，每人约20美元，但是根本无

[1] РГАСПИ. Ф. 76. Оп. 3. Д. 303. Л. 1–3. 引自 Отечественные архивы. 2003 г. №1.

[2] РГАСПИ. Ф. 2. Оп. 2. Д. 1245. Л. 1. 引自 Отечественные архивы. 2003 г. №1.

法得到外汇，那时保存外汇是要坐牢的，有时还会被处死。[1]

至于乌克兰的知识分子，其中一部分于 1922 年 9—10 月被驱逐出境。然而，捷克斯洛伐克政府对乌克兰教授表示热烈欢迎，为之提供布拉格大学的教席，特别是为乌克兰流亡者开办了乌克兰大学，获悉此情报后，乌共政治局决定建议俄共政治局修改驱逐乌克兰教授的决定。[2] 经过多次讨论，俄共政治局同意乌共领导人的建议，以流放俄联邦边远地区取代驱逐出境。俄共领导不愿用流亡者去加强乌克兰的民族主义运动。

作为镇压措施的驱逐知识分子的做法，以后仍在继续。1923 年初被驱逐出境的有著名的合作社工作者 Б.Р. 弗罗梅特，哲学家和宗教活动家 С.Н. 布尔加柯夫以及其他一些人。但已经不是 1922 年夏、秋那种规模了。

建立了监视知识分子的制度。1922 年 9 月初，捷尔任斯基在给副手温什利赫特的信中确定了一系列监视知识分子的制度，"不放过一个知识分子"。

出乎意外的是，苏俄政府的某些机构利用机会聘用被驱逐出境者作为他们在国外的代表。为此根据列宁的建议，1922 年 12 月 12 日，俄共（布）中央政治局通过关于禁止驻外机构吸收被驱逐的专家工作的决定：

> 1. 给所有人民委员部以及莫斯科其他国家机关发布命令，废除已经发放的聘书，今后禁止发放此类聘书。
>
> 2. 禁止聘任行政驱逐出境者在苏维埃机构中工作。
>
> 3. 禁止苏维埃机构同外国驻俄使团直接交往。
>
> 4. 有上述现象的党员同志应承担党内责任。[3]

分析苏维埃政府采取驱逐措施的原因，1923 年斯捷蓬写道，国内战争之后俄国的多数知识分子都对政权忠顺。然而，对布尔什维克来说，单单忠顺是不够的，即承认苏维埃政权是事实和力量是不够的；他们还要求这些人内心承认自己，即承认自己和自己的政权是真理和善，而这是旧俄罗斯知识分子所无法同意的。布尔什维克为了在国内继续进行试验，必须消除内部的反抗，所以他们在 1922

[1] *Степун Ф.* Бывшее и несбывшееся. СПб., 2000. С. 621–622. 引自 Отечественные архивы. 2003 г. №1.

[2] АПРФ.Ф.3.Оп.58.Д.175.Л.93. 引自 Отечественные архивы. 2003 г. № 1.

[3] АПРФ.Ф.3.Оп.58.Д.175.Л.4. 引自 Отечественные архивы. 2003 г. № 1.

年8月至9月用3周的时间有效地这样做了，俄罗斯知识分子中的持异议人士被驱逐或者被流放。对俄罗斯知识分子中留下的那些人来说一切还刚刚开始。[1]

1922年被驱逐知识分子的总数尚无定论，根据这一年公布的有关资料，从8月到12月有300—400名俄国科学和文化界的活动家被分批驱逐出境。据国外历史学家估计，约有500名学者留在国外。

十月革命之后，在相当长的时间里，当局是把知识分子与资产阶级等同看待的，其多数并没有被看作是“自己人”，他们的生活水平急剧下降，政治权利得不到保障，在劳动义务制之下，大量有高级技能的知识分子被派去从事简单的体力劳动。这不能不引起知识分子对苏维埃政权的不满。但从实施新经济政策时起，大量爱国知识分子的立场有重大改变，愿意为祖国的建设效力。当然，他们世界观的转变是需要时日的。列宁对待知识分子的态度是矛盾的，一方面他迫切感到落后的俄国需要大量的知识分子，需要争取知识分子为社会主义服务，所以他曾经说得很好：“要记住，工程师为了接受共产主义而经历的途径将不同于过去的地下宣传员和著作家，他们将通过自己那门科学所达到的成果接受共产主义，农艺师将循着自己的途径来接受共产主义，林学家也将

运载被驱逐知识分子的“哈肯市长号”轮船

[1] *Степун Ф.А.* Мысли о России. Очерк П. Соч. М., 2000. С.224. 引　自 Отечественные архивы. 2003 г. № 1.

循着自己的途径来接受共产主义，如此等等。"[1]然而，另一方面，列宁对有独立思想的知识分子又不放心，1921 年他同艺术家 Ю.П. 安年科夫会见时相当坦率地表示："总的来说，你大概知道，我对待知识分子没有多大的好感，我们的口号'扫除文盲'不应当解释为想培养新的知识分子。扫除文盲应当是为了让每一个农民、工人能够不用别人帮忙，独立地阅读我们的法令、命令和宣言。目的是非常实际的。仅此而已。"[2]

8 月 29 日，季诺维也夫在彼得格勒苏维埃全会上为驱逐知识分子辩解说："针对一部分知识分子的措施的意义可以简而言之：谁不和我们站在一起，谁就是反对我们。"这种说法显然同新经济政策的基本思想、国内和平的思想相矛盾。

托洛茨基的说法与季诺维也夫有所不同，1924 年 5 月 9 日，他在俄共中央文学讨论会上说："谁反对我们，谁就不是同路人，谁就是敌人，我们就要在必要时把他驱逐出境，因为，革命的利益是我们至高无上的法律。"[3]他在回答安・路・斯特朗采访时认为，这种镇压措施是一种特殊的"布尔什维克方式的人道主义"。"我们驱逐或将要驱逐的那些人其本身在政治上是无足轻重的。但他们是我们可能的敌人手中的潜在工具。如果发生新的战争纠纷……所有这些不调和的和不可救药的分子将会是敌人的军事政治代理人。那时我们不得不按照战争法把他们枪毙。所以我们宁愿在现在，在和平的时期，及时把他们驱逐出境。我希望，您不会不承认我们有远见的人道主义，并在社会舆论面前为之辩护"。[4]

是的，比起 20 世纪 30 年代的肉体消灭，这种措施确实要"人道"的多，数年之后，托洛茨基本人也享受到了这种"人道"的待遇——被斯大林驱逐出境！顺便说一下，上了上述名单的人并没有全都被流放国外，例如经济学家康德拉季耶夫后来担任了行情研究所所长，不过，在 20 世纪 30 年代还是没有能

[1] 《列宁全集》，中文第 2 版，第 40 卷，第 353 页。

[2] *Анеков Ю.П.* Дневник моих встреч. Цикл лекций. М.1991. Т.2. С.270. 引自 Драма российской истории: большевики и революция. Новый хронограф. Москва. 2002. С.389.

[3] [俄] 托洛茨基著：《文学与革命》，刘文飞等译，外国文学出版社 1992 年版，第 535 页。

[4] Известия. 1922. 30 августа.

够逃脱被镇压的厄运！

知识分子接受共产主义的过程显然是漫长的，艰难的，在当时的政治环境下，执政当局缺乏等待的耐心，往往轻率地给那些持另一种世界观或信仰的、持观望态度的知识分子戴上“反苏分子”的帽子，采用司法手段予以镇压。这种做法使苏维埃政权丧失了一批高水平的，甚至世界级的知识分子。然而对俄国知识分子来说，被驱逐却是不幸中的万幸，他们得以逃过20世纪30年代的镇压，在国外继续自己的学术工作。

第四节 农民政治上的不平等

1917年立宪会议的选举中，大量农民投社会革命党人的票，使得布尔什维克党虽然掌握了政权，但在立宪会议上却处于少数地位，不得不驱散立宪会议。这给了布尔什维克党以严重的教训：由于无产阶级在俄国处于绝对少数的地位，决不能让农民和无产阶级享受同样的选举权。实行新经济政策不久，1921年5月，列宁在俄共第十次代表会议上说：“我们开诚布公地、老老实实地对农民说：为了坚持社会主义道路，我们将对你们农民同志作一系列让步，但是只能在一定的范围和限度以内，自然，范围和限度的大小要由我们来决定。”[1]

另一些领导说得就更直率了。1921年12月2日，萨普龙诺夫致信列宁，建议认真研究苏维埃制度的组织问题，说决不能在政治领域向农民作让步，因为在经济独立之后他们还会要求政治自由和权利。“随着新经济政策的实行庄稼汉即可恢复元气，这已不是什么秘密。只要有两三年的好收成（甚至一年也会使庄稼汉恢复元气）庄稼汉就能站稳脚跟，他们必然会要求有权参与国家建设的问题，而且会逐步试图掌握苏维埃，甚至提出召开立宪会议的口号。”他建议：“我们在经济问题上已经作了实际让步，在政治上则不能容许这种奢侈，但必须作出表面的让步。这些让步可以表现为玩议会游戏（如果愿意的话），应当允许小资产阶级参加议会，当然不是让孟什维克和社会革命党人参加（这倒是他们的好讲坛），我们再把300个大胡子庄稼汉中的10人或者30人安排

[1] 《列宁全集》，中文第2版，第41卷，第313—314页。

到全俄中央执行委员会去。这也算是农村小资产阶级的代表制吧。”[1]

拉林写于1925年的文章中说，列宁“坚决反对政治上的新经济政策倾向，他指出，如果说我们打开了某些经济阀门，那就更应该拧紧政治的螺丝钉。”[2]

按照1918年通过的俄联邦宪法，选举全俄苏维埃代表大会代表中，城市2.5万选民选一名代表，而农村要12.5万选民选一名代表，即一个城市选民抵5个农村选民。1924年1月通过的苏联宪法继续保持这一比例。

区域苏维埃代表大会相应地为5000对25000，省为2000对10000，县为200对1000。比例始终是1比5。

不仅如此，农村是按全体居民人数计算的，而城市是按有选举权的选民人数计算的。选民人数一般为居民人数的一半多一点，这样城乡的比例就不是1∶5，而是更大了。[3]

1922年1月26日，全俄中央执行委员会通过条例，规定县苏维埃代表大会上农村代表再减少一半，结果城乡相差为10倍，即城市200选一，而农村2000选一。

在工农苏维埃国家的俄国议会最高机构中，居民人数最多的农民代表的人数是完全不成比例的。1921年全俄苏维埃第九届代表大会上，农民出身的代表约占20%，工人39%，其他41%；1925年的第十二届相应数字为29，41，30；1927年的第十三届为28，47，25。然而，如果不是按社会出身，而是按地位计，则在第九届代表大会上直接从事农业生产的仅占0.5%，一线生产的工人仅占0.9%，其他为98.6%；第十二届相应百分比为17.3，7，75.7；第十三届为13.9，11.2，74.9。[4]

从以上情况可以看出，无论在军事共产主义时期，还是新经济政策时期，

---

[1] 参见《列宁全集补遗》，第1卷，人民出版社2001年版，第578—579页。

[2] 引自 *Климин И.И.* Российское крестьянство в годы новой экономической политики (1921–1927). С.-Петербург. Изд. Политехнического университета. 2007. С.6.

[3] *Ковалев Д.В.* Политическая дискриминация крестьянство в нэповской России.//Вопросы истории. 2007. № 5. С.139.

[4] *Климин И.И.* Российское крестьянство в годы новой экономической политики(1921–1927). С.-Петербург. Изд. Политехнического университета. 2007. С.6.

对占居民人数4/5的农民在政治上从来就没有放松过。实行新经济政策后在经济上对农民作了重大让步，但在政治上不仅没作什么让步，而且是越来越加紧控制。农民选举权的不平等是一个重要标志。

从农民这方面说，他们忙于经营生产，养家糊口，对选举也不感兴趣。据统计，1922年农村只有22.3%居民参加选举，1923年为35.8%。

1924年夏秋，农民的政治积极性有所增强。由于税收，特别是征税的方法，工农业产品之间的剪刀差，以及产粮区歉收，农民的不满情绪增加了。他们提出口号："从下到上改选苏维埃"，"普遍直接秘密的选举"，"工人和农民在苏维埃享有平等比例的代表权"，等等。莫斯科省兹韦尼戈罗德县的选举结果引发农民的强烈抗议。这个县9万农村居民在县苏维埃代表大会上仅有45名代表，而只有8000名工人的一家丝绸厂却有40名代表。

这种情况导致大量农民抵制选举，1924年参加选举的农民不到1/3。这迫使中央执行委员会1924年12月宣布，9月至12月在各区域实施的选举中，凡参选选民少于35%，或者明显违背选举程序的，选举无效。结果撤销了40%村、乡苏维埃的选举结果。与此同时，中央执行委员会制定了新的选举条例，除选举委员会外，社会团体和公民也有权提出候选人。

但农村居民选举名额的不平等继续存在。1925年4月，Л.З. 梅赫里斯给中央组织分配部送去《关于工农选举权的平等问题》的绝密报告。他根据内务人民委员部关于县、省苏维埃代表大会构成的统计数字指出，现存的选举制度保证了城市居民以4—5倍的数字超过其在全国居民中的比例。他认为，政治上恰当的做法是修改代表名额和投票程序，使之对农民较为公平，从而消除反苏分子宣传的口实。[1] 但建议未获中央支持。

按照俄联邦宪法，要剥夺为谋取利润而使用雇佣劳动的人的选举权。1925年春，中央执行委员会主席加里宁提出修改意见，在俄联邦宪法中加进给予使用雇工的农民以选举权的条文。5月，对宪法进行了修改，加进了建议的条文，新的宪法修正稿得到中央执行委员会主席团的赞同，决定提交第九届中央执行委员会第三次会议审议。在会议讨论中所有发言人也都对修改表示赞同，为最

[1] РГАСПИ Ф.17. Оп.84. Д.895. Л.125－126. 引自 *Ковалев Д.В.* Политическая дискриминация крестьянство в нэповской России.// Вопросы истории. 2007. № 5. С.141.

终修订草案成立了一个委员会，中央执行委员会主席团的多数委员进入了此委员会。但该委员会突然拒绝了草案中有关给予某类人以选举权的修改。原因是政治局在最后关头拒绝了这种修改，只同意把新的条文放在选举条例上，根据新的选举条例，雇工的农民、不超过一名工人的手工业者、小商人均享有选举权。给予这类人以选举权是同鼓励他们的经济活动相联系的。不过条例与宪法不同，只在短期有效，如果需要，在下次选举前就可以改变。

农民对政治体制的不满突出表现在广泛要求组织独立的“农民协会”上。农民希望借助农民协会来捍卫其公民权、经济权和社会权利。如克鲁普斯卡娅 1925 年 1 月 11 日在《真理报》上所写的，农村居民争取成立自己的政党，它将比共产党更多地关心农民的事务。在新经济政策年代，成立“农民协会”的呼声越来越频繁地出现。1924 年 1 月 1 日至 1928 年 1 月 1 日登记在案的要求成立农民协会的宣传共 4 670 起，其中 1924 年有 139 起，1925 年 543 起，1926 年有 1 676 起，1927 年 2 312 起。

这是农民的维权行动。农民们希望由农民协会来协调农产品和工业品的价格，降低税额，使他们能够自由经营和支配土地，安排好同国外的贸易，以及改善居民的文化生活状况，也有要求把农民协会办成政治组织、工会组织的。给区苏维埃代表大会代表的委托书中往往责成其提出组织农民协会的问题，农民协会应有权按照合作原则买卖农产品，其中包括出口农产品，进口所需商品，包括农业技术。农民要求代表们把自己的要求提交更高的机关，直至全国苏维埃代表大会。当局承认，一半以上提出组织“农民协会”要求的是中农和贫农，即布尔什维克党在农村的依靠对象。不过他们的要求遭到拒绝。当局认为这是反革命的要求，是“富农的反苏维埃运动”。1924 年 6 月，捷尔任斯基给政治局的报告中警告，农村政治积极性的增长是朝着取消苏维埃政权的阶级政策的方向发展的。“富农和中农阶层政治积极性的增长表现在建立明显具有反苏维埃色彩的‘农民协会’，庄稼人协会的趋势上。”[1]

从 1926 年起，开始限制民主原则。1926 年 7 月召开的中央联席全会对苏维埃改选作了总结，决议指出“当资本主义成分无论在城市或农村中都有了一

---

[1] 引自 *Климин И.И.* Российское крестьянство в годы новой экономической политики (1921–1927). Ч.2. С.205.

些增长的时候，缩减被剥夺选举权的人数是不正确的”。[1] 根据全苏中央执行委员会 1926 年 9 月 28 日的指示，1926—1927 年度的选举中增加了被剥夺选举权的人数，在农村增加了 1 倍。

1927 年夏，以“反苏情绪”为由对数以千计的村民和知识分子的代表实施镇压。国内进行了 2 万次搜查，逮捕了 9000 人，其中 9/10 是农村居民。[2]

不久后的全盘集体化不仅消灭了作为独立农业生产者的农民，也消灭了作为独立政治力量的农民。

第五节　收缩新经济政策的某些做法

1922 年 9 月底，政治局决定扩大国家政治保卫局的权力，10 月 16 日，中央执行委员会通过决定，赋予格伯乌“对所有现场捕获的实施抢劫的匪徒和劫掠的武装人员有权不经法庭自行惩处直至枪毙”。内务人民委员部的特别委员会除行政流放权外又获得把反苏维埃政党党员流放到集中营强迫劳动 3 年以下的权力。这就破坏了作为改组契卡和成立格伯乌时所规定的一项重要原则。

对知识分子的迫害不能不影响政府的实际活动，例如耽搁了夏天已经准备开始的货币改革，因为这项改革需要大量的专家参与工作，而他们处于被怀疑监视之中，有的面临被驱逐的危险。在这种情况下，根本谈不上用非党专家取代领导托拉斯和企业的共产党员。

10 月初出现某些放弃新经济政策基本思路的征兆，有流言说不久将取消新经济政策。莫斯科大量逮捕耐普曼，指责他们违法。

1922 年 10 月初，列宁恢复工作，中止了事态的不良发展。10 月 11 日，人民委员会通过赋予国家银行发行切尔文卢布的权力，意味着货币改革的开始。报刊上停止了对知识分子的攻击。11 月 20 日，列宁在莫斯科苏维埃全会

[1] 《苏联共产党代表大会、代表会议和中央全会决议汇编》，第 3 分册，第 174 页。

[2] ЦГАИПД.Ф.9.Оп.1.Д.1329.Л.40-41. 引自 *Климин И.И.* Российское крестьянство в годы новой экономической политики(1921－1927). Ч.2. С.282.

上说："新经济政策仍然是当前主要的、迫切的、囊括一切的口号。"[1] 由于坚持了新经济政策的基本思想，1924 年胜利完成了货币改革，国家获得了坚挺的货币。

不过中央仍然有人主张另一种政策，1922 年 12 月中旬列宁退出政事之后，领导活动中的消极面表现得更为清楚了。

季诺维也夫在党的第十二次代表大会上继续强调进攻："在过去的一年里总体上说来，退却停止了。我们在某些领域转向进攻的准备，虽然非常缓慢，有时是令人痛苦的缓慢。"[2]

在十二大之前，流传一份匿名政纲，其中说，党的上层不是以一定的思想指导自己的政策，而是争权。建议在即将召开的代表大会上不要把季诺维也夫、加米涅夫和斯大林选入中央委员会，他们是官僚主义领导作风最著名的代表。一些负责的共产党经济干部，首先是外贸人民委员克拉辛也批评中央对经济事务的外行干预。

季诺维也夫在俄共十二大的中央报告中把对领导人的批评说成是对党的路线的批评，声称"对党的路线的所有批评，哪怕是所谓左的批评，都是孟什维克的批评。"[3]这是当时领导的一贯的做法，起初不允许孟什维克和社会革命党的批评，然后是非党知识分子的批评，现在是禁止党内对领导人的批评了。

季诺维也夫在会上一再强调"一党专政"的必要性。他说："在目前革命的新阶段我们必须努力加强党的领导作用或者一党专政。我们有同志说：'一党专政，可以这样做，但不要说出来。'为什么不说？这种耻于说的态度是不对的。甚至第二国际各党在其纲领中也号召社会民主党夺取政权。这同一党专政有什么区别？没有区别。对存在并且不应掩盖的东西为什么耻于说出来？工人阶级专政是以其先锋队的领导作用，即其优秀队伍，其政党的专政为前提的。应当说出并捍卫这一点，特别是在目前，非党工人已经极其清楚地看到这

---

[1] 《列宁全集》，中文第 2 版，第 43 卷，第 301 页。

[2] Двенадцатый съезд Российской Коммунистической Партии (большевиков). Бюллетень. Москва- Кремль. 1923.С.6.

[3] Двенадцатый съезд Российской Коммунистической Партии (большевиков). Бюллетень. С.33.

20世纪20年代彼得格勒劳动交易市场上的失业人群

一点的时候。这就是在这个领域不允许作任何修正的原因。不通过省委既不能实施实物税，也不能调节工资，更不能领导经济……分工可以，分权不行。这就是我们的公式。”所以他说，如果我们不希望俄国倒退，如果想使经济振兴，如果不想使新经济政策成为资产阶级包抄无产阶级的行动，而是无产阶级包抄资产阶级的行动的话，以我党专政形式出现的无产阶级专政是绝对必须的。[1]

1922 年 11 月，政治局成立以古比雪夫为首的委员会，其任务是调整托拉斯的管理成员。列宁指望借此撤换外行的共产党员。1923 年春，委员会完成对 28 个托拉斯的考察，得出结论说：许多托拉斯经营混乱的困难局面是不善于、不谨慎地选拔托拉斯的管理人员造成的。委员会得出与列宁截然相反的结论：“党没有把足够数量的久经考验的坚强的党员派去担任工业的负责领导人”。

斯大林在党的第十二次代表大会上强调，必须“使党能够把党员补充到

[1] Двенадцатый съезд Российской Коммунистической Партии (большевиков). Бюллетень. С.29－30.

我们的主要企业的管理机关里去，从而实现党对国家机关的领导。"[1]代表大会赞同这条要党员不要非党专家的路线，1923 年在托拉斯和企业管理机关中担任领导的部分非党专家被共产党员所取代。共产党员的比例在托拉斯的管理机关中从 52% 上升到 61%，在企业领导中由 29% 上升到 49%。

这里起作用的是对非党专家的不信任。例如，格伯乌认为，企业经营混乱是蓄意暗害所致。1923 年 4 月 4 日，在各经济人民委员部与格伯乌领导人会议上，格伯乌副局长温什利赫特断言存在经济反革命。外贸人民委员克拉辛听此言后微笑，于是温什利赫特说："经济反革命问题引起克拉辛同志的讥笑。他怀疑存在这样的反革命。我不说在所有各种小场合都可以看到，但是有想这样干的人，国外有以此为目标的大组织，它同专家有联系，这是无疑问的。要查明此事非常困难，现在还不能准确证明存在这样的组织。"这是把想象当作现实了！

对托拉斯和企业的外行领导是造成 1923 年夏秋销售危机的原因之一。外行的领导竭力提高工业品的价格，而不考虑出售的困难，认为产品反正早晚会被买走的。商品堆在仓库，企业开不出工资，这引起工人的不满。1923 年 7—8 月，一些城市，包括莫斯科、哈尔科夫，发生工潮。

与此同时，党内的"工人集团"活跃起来了，1923 年春发表"俄共（布）工人集团宣言"，尖锐批评党的内外政策。

1923 年 9 月召开的中央全会听取了捷尔任斯基的报告。鉴于工潮和"工人集团"的活动，他建议责成所有共产党员向格伯乌报告党内的非法派别集团。为经常监视孟什维克和社会革命党人，格伯乌早先就试图让其党员以及了解情况的非党人士充当线人。存在非法派别集团这一事实就证明党内状况不良。捷尔任斯基提请全会参加者注意，党内生活的停滞、任命制取代选举制已经成为一种危险，瓦解党对工人阶级的政治领导。全会成立以捷尔任斯基为首的委员会以拟定改善局势的具体建议。这是要求在党内建立告密制度，托洛茨基对安全机关介入党内生活提出了强烈抗议。

在党的第十四次代表大会上也有人对这种告密制度提出了异议。十四大上对反对派的许多指控依据的是共产党员列昂诺夫给中央的信，他在信中报告了自己同好友列宁格勒省委书记、中央委员扎卢茨基以及其他共产党员的谈话

[1] 《斯大林全集》，第 5 卷，第 173 页。

内容。列宁格勒监察委员会主席И. 巴卡耶夫指出党内不允许告密行为："我对企图在我们党内扎根的那种不健康的道德作风不能泰然处之。我指的是告密行为……如果这种告密行为具有这样的形式、这样的性质，使得相互间不能推心置腹地交流思想，这像什么？"多数派的许多代表都反对他。中央监委主席团委员施基里亚托夫认为，就某个党员想成立什么集团向党的高级机关告密，这是"每一个党员的义务"。古比雪夫完全支持这种说法。而中央监委主席团委员古谢夫走得更远，他声明："我没有建议在我们党内设契卡。我们有中央监委，我们有中央委员会，但我认为，每一位党员都应当告密。如果我们有什么毛病的话，那不是因为告密，而是因为不告密……可以是很好的朋友，但一旦出现政策分歧，我们不仅不得不中断友谊，而且还要走得更远——去'告密'。"

中央委员、反对派成员尼古拉耶娃反对把契卡的工作方法用于党内，她说："什么是契卡人员？契卡人员是反对敌人的武器……是反对阶级敌人的。告密党内同志，告密那些同志式交换意见的某些同志，这只会瓦解我们的党……党内的这种制度将带来损害，它将扼杀真正的不满，扼杀每一个会思考的共产党员都会出现的一系列不解的问题……不应当用这种制度去斗争，而应当依靠正确的党内民主制度去斗争。"

大会的多数拒绝了反对告密的呼声。中央监委主席在结束语中承认不允许使用"告密"的说法，但认为应当"报告"："总的说来党员向党提出关于某一组织中存在不良现象是否可以用'告密'的说法？我认为，这不是告密，这是报告，是每一个党员的责任。"[1]这样，共产党员反对苏维埃政权的敌人的斗争，变成了党员之间相互告密和诬蔑。建立中央监察委员会本来是为了加强党的统一的，现在逐渐变成惩处那些斯大林所不喜欢的人员的工具，促使强权政治的建立。到了20世纪30年代，这种告密行为成了党员以至群众自保的一种手段。

但不久出现了新的问题，捷尔任斯基委员会的工作被搁置。1923年10月党内开始了"新方针"的争论。

---

[1] XIV съезд Всесоюзной Коммунистической партии(б.). Стенографический отчет. М., 1926. С.570，600，601，612，613. 引自 *Роговин В.* Была ли альтернатива? Терра. 1992. С.237. 参见 *Голанд Ю.* Политика и экономика. "Знамя"，март 1990. SLON-PARTY_RU.

这一轮党内斗争的结果，要求党内民主的托洛茨基遭到失败，在争论中表现出独立性的有批判精神的干部纷纷被解除职务。党内制度更加严酷了。

1924 年 3 月，开始对所谓“非无产阶级支部”进行清洗，表面上是清除腐化的异己分子，实际上首先被清洗的是在争论中站在托洛茨基反对派一边的组织。

对非党知识分子的态度更加严酷了，报上充斥大量关于专家罪行的文章和评论。越来越多的共产党员取代非党人士担任负责的经济领导职务。最高国民经济委员会的负责干部阿·戈尔茨曼受最高国民经济委员会主席捷尔任斯基的委托所写的报告中说：“工程师感到他们只能干到即将到来的某一时刻，然后他们将被当做毫无用处的人被赶走。”在法律面前非党人士与共产党员是不平等的，同样犯法，但所受的待遇不一样。例如 1923 年有 3 起大案，44 人被判刑。到 1924 年中，所有原共产党员（被捕时开除的）都提前获释，而非党人员继续关押在监狱服刑。

1924 年 3 月召开的列宁格勒省第二次工程师代表大会很好地表达了专家的情绪，有人发言说：“在我们的工作中，可以看到一种疲沓现象。原因在哪里？原因在于我们前途渺茫。要按我说，我们这里总感到有些不融洽，我们不能同共产党员达成相互谅解。”之所以不能，是因为对人权的意义有不同的理解。“对知识分子来说——这所有的人，不管是农民、工人，还是有文凭的人，都把人权看得高于一切，认为人是国家里的最高价值。我们这里没有这一切，所以知识分子才工作得没有生气……只要我们没有人权，我们的工作总是受到束缚，总是得过且过的。”季诺维也夫在党的十三大上回答这位工程师说：“我们是不会做政治让步的。”[1]

对专家的错误政策促使克拉辛于 1924 年 6 月给政治局提出报告说：党和工会中绝大多数人都对专家抱阶级的敌意。对待专家的这种态度涉及新经济政策的基础。为此他指出：如果认为需要修改列宁在 1922 年年底确定的方针，那就应当开诚布公地做，向工人坦率说明这一点，而不是一点一滴地通过个别的法令和措施来取消它，这种做法必然消灭新经济政策的基础本身。

---

[1] 参见《俄共（布）第十三次代表大会（速记记录）》，人民出版社 1987 年版，第 103—104、105 页。

背离新经济政策的精神也表现在对待私人商业的态度上。1924 年 2 月数千名耐普曼受到投机倒把的指责，被从莫斯科流放到北方去。这一行动的发起者之一是捷尔任斯基，他于 1923 年秋致信斯大林提出此建议，认为私商从事投机倒把，施加诡计诓骗托拉斯和合作社干部，他们在各地商人云集的莫斯科尤为活跃。

把涨价统统归罪于私商是不符合事实的。秋季销售危机中价格上涨是由于托拉斯和辛迪加提高了批发价。实际上，在 1923 年夏秋私人商业市场上工业品的价格有时还低于国营商业和合作社的价格，因为私商对行情的反应更为迅速。

国家领导对私人资本在商业中的地位感到不安。从新经济政策角度看这本来没有什么可怕的，但是党内许多人把这看做是“谁战胜谁”的问题，认为出现了资本主义复辟的危险。流放耐普曼是得到党的第十三次代表大会批准的限制私人商业的总方针的一部分。决议虽然也说，排挤私人商业应当同时发展国营商业和合作社，使整个商品流转不致减少。但在实践上，耐普曼不得不停止自己的经营活动，谁也没有考虑用什么来取代和如何取代，结果出现大量商业空白点，特别是在农村，国营商业和合作社只能弥补 4% 的被排挤的私商的商品流转。

1924 年 6 月，布哈林在共产国际第五次代表大会上解释出现这种种现象的原因：“我们完全是从政治适当性角度看待新经济政策的，看做是对小资产阶级的政治让步。我们没有想到新经济政策本身是适当、合理的，而是认为出于政治考虑必须实行的。”到 1922 年秋经济和政治状况明显好转，于是出现一种看法——该放弃临时让步了。

1924 年上半年采取的背离新经济政策的决定，立即对经济发生消极后果。急剧削减私人商业又缺乏替代者造成城乡脱节。这一切迫使那些不同意损害新经济政策的领导人采取行动，1924 年秋，中央领导中形成一个要求坚决改变上半年政策的多数，他们的主张占了上风。

这一主张的胜利是由于对错误负有责任的“三驾马车”在 1924 年夏开始分化了，斯大林发起了反对季诺维也夫和加米涅夫的斗争。争权斗争是在幕后进行的，双方都在争取党内领导层的支持，特别是那些主张继续新经济政策的领导人的支持。

第六节　1925年新经济政策的扩展

1924年10月底的俄共（布）中央全会宣布实行新方针：活跃苏维埃，严格遵守革命法制，落实真正的选举制，反对滥用行政职权，反对官僚主义。

布哈林在《布尔什维克》上发表文章，论证了民主化的路线。他认为目前虽然在经济方面取得明显的进步，但政治体制还存在严重的军事共产主义的残余，他写道："政治是经济基础的'上层建筑'，既然在它下面'一切都在流动，一切都在变化'，它是不可能停留在原地不动的。"需要改变统治的形式和方法。全俄肃反委员会改组为国家政治保卫局了，现在出现了"苏维埃法制"的呼声。"如果从狭义上把专政定为不受任何成文法律约束的政权，那么苏维埃专政毕竟还要受它自己的法律的'约束'。不这样是不行的。"军事共产主义政策，那时的专政形式，对于新经济政策时期是不合适的，是矛盾的。现在"需要使苏维埃制度加速'正规化'。"这种"正规化"就是严格遵守法律，发展经济的管理方法，提高各级苏维埃的作用。布哈林特别呼吁给农民以权利："军事共产主义的残余同农民经济发展的要求在发生矛盾。这种矛盾必须消除。农民应当享有苏维埃制度，苏维埃权利，苏维埃法律，而不是靠现在还不知在什么地方的'控诉局'来抑制苏维埃的专横。""应当坚决地以'制度'取代'专横'"。[1]

1924年年底，布哈林表示反对给格伯乌补充拨款。这引起捷尔任斯基的不满。布哈林在一封短信中解释了自己的立场："我认为，我们应当尽快地转向较为'自由'的苏维埃政权的形式，少一点镇压，多一些法制，多一些讨论、自治（自然是在党的领导下）等等。因此我有时表示反对扩大格伯乌权力之类的建议。"[2]

12月24日，捷尔任斯基把此信转交给副手明仁斯基，在附笔中表示了他对"自由化"思想的态度："如果党在关于格伯乌的原则问题上向庸人投降，

---

[1]　［俄］布哈林："经济增长和工农联盟问题"。《布哈林文选》，上册，第211—213页。

[2]　引自*Голанд Ю.* Политика и экономика (Очерки общественной борьбы 20-х годов). "Знамя", март 1990. SLON-PARTY_RU.

给他们以‘春天’，把这当做路线，当做政策，当做宣言，那就会是极大的错误。这就意味着向耐普曼、向否定布尔什维主义的庸人让步，这就会是托洛茨基主义的胜利和让出阵地。为了对抗这种情绪，我们必须修改我们的政策、我们的方法，消除能够培养这种情绪的一切。这意味着我们（格伯乌）也许必须不事张扬，谦虚一些，搜查和逮捕时要谨慎一些，要有更多的证据；要限制对某些类型的逮捕（耐普曼和职务犯罪）。”[1]

1925 年，在一定程度上出现了制度的继续“非军事共产主义化”进程，这涉及政治、经济和意识形态。减少了行政压制，在苏维埃选举中少了一些官方指定的候选人。1925 年 4 月召开的党的第十四次代表会议上，中央监委主席团委员索尔茨在关于革命法制的报告中说：“我们的任务是保障所有居民阶层我们认为有利于我们建设的那些权利。”他谈到新经济政策下富农和耐普曼的作用，以及为什么要给予一定的权利。“因为在一定的时期内他们的协助，他们的工作是我们建设所必需的。不管其愿望如何，在新经济政策条件下他们以自己的工作，可以说，帮助我们走过准备走向社会主义的过渡时期，不仅帮助我们手持武器取得胜利，而且帮助我们作为优秀的建设者，优秀的工作者取得胜利。从苏维埃选举的角度看，我们的任务是要让居民投我们的票，把我们看做是能够捍卫其利益的好人。因此关怀这些居民，争取这些居民的好感，在专政的条件下不滥用自己的权力，应是我们的职责。”[2]

取消了妨碍农户发展的限制，允许雇工和租佃土地，取消了针对私商的镇压措施，手工业者获得了税收的优惠，改善了原材料供应。开始实施吸引私人资本的方针。发起人之一是捷尔任斯基，从 1924 年 2 月起，他担任最高国民经济委员会主席（同时兼任格伯乌的领导），他看到，合作社无法取代私人商业。1925 年 3 月 31 日，捷尔任斯基在劳动国防委员会会议上说：目前合作

---

[1] 引自*Голанд Ю.* Политика и экономика (Очерки общественной борьбы 20-х годов). “Знамя”, март 1990. SLON-PARTY_RU.

[2] Четырнадцатая конференция Российской Коммунистической Партии (большевиков). Стенографический отчет. Государственное издательство. Москва-Ленинград. 1925. С.253–254.

社无力同小私人商业竞争，实际上也不必做到这一点。如果说我们学会了在生产领域利用耐普曼，那么现在必须善于在商品流转中利用私商。小私商对商品流转有巨大意义。当合作社在自己的小铺里坐等顾客的时候，私商在采取一切措施吸引顾客，发掘隐蔽的需求。

3 月 30 日，在工会大厦召开的讨论会上私商代表希涅洛波夫说："需要创造条件使私商能够从背口袋的买卖人转向正常工作和健康的商业活动。这样做的第一个条件就是平和稳定的商业政策。现在再说私人资本是国家的敌人简直可笑。"国家计划委员会副主席斯米尔加在报告中强调："必须给予私商一系列优惠……私人资本还会在国内经济中发挥相当大的作用，对此我们要认真地长期地予以容忍。"会后第二天劳动国防委员会通过决定，改善私人商业的工作条件，使之易于从国营工业获得商品以及贷款。[1]

吸引各阶层参加社会主义建设的方针也表现在提高专家的地位上。1925 年 9 月 11 日俄共中央关于"知识分子的工作"的决定中指出，在评价专家时要注意其工龄、在某一专业领域的功绩，无论如何不能只根据其阶级出身。根据这个决定，专家子女上大学时给予优待，改善专家的居住条件，给予赋税优惠。[2]

1925 年，俄共的政策的基本点是保持国内和平稳定，不人为地掀起阶级斗争。党的领导认为，在城乡点燃阶级斗争的方针会破坏国家的经济发展。

布哈林对此作出了论证，他认为，在农村和手工业方面还缺乏新经济政策，需要把新经济政策推广到农村去，使雇工和租佃合法化，鼓励农民积累、"发财"，他特别批驳农村"第二次革命"的论调，指出"如果我们要在农村鼓吹积累，同时却允许并安排在两年后举行武装起义，那就会害怕积累"。[3]4 月 1 日，公布布哈林为共产国际起草的关于农民问题的提纲草案，提纲得到俄共代表团的赞同并提交共产国际执委会全会的委员会。草案写道：

---

[1] 引自 *Голанд Ю.* Политика и экономика (Очерки общественной борьбы 20-х годов). "Знамя", март 1990. SLON-PARTY_RU.

[2] 《苏联共产党和苏联政府经济问题决议汇编》，第 1 卷，中国人民大学出版社 1984 年版，第 536—538 页。

[3] 见《布哈林文选》，上册，第 353—379、380—389 页。

> 整个无产阶级专政时期的特点是具有这样一个特殊规律性：在顺利发展的情况下，阶级矛盾从一定的时候起开始逐渐缩小规模，社会主义经济成分以进化的方法成长起来，无产阶级的政策不是为了分裂社会整体，而是巩固它，与此同时逐步排挤敌对的资产阶级形式，而对小经济形式则逐步改造（通过合作社、各种集体联合形式等等的增长）。这种特殊的发展规律乃是我们在这一时期全部策略的基础。[1]

这样，1925年开始脱离1924年上半年执行的政策。然而党的领导人对此的理解并不相同。布哈林、李可夫、加里宁等认为新方针对社会主义建设的整个时期原则上都是正确的，而斯大林则把它看做临时的策略手段。应他的要求，新经济政策的著名反对者拉林在第十四次党代表会议上批评布哈林说："他要求我们承认，不管过15年还是20年我们永远不去没收剥夺富农、半地主、上层资产阶级……当时间到来的时候，我们将没收剥夺私人大经济。"[2]

李可夫在关于合作社报告的结论中反驳说："如果力求尽快发展农业生产力，促使目前的农村状况发生重大变化，同时又发出10年以后对农村资产阶级的财产实行征用的诺言，那么，不仅拉林同志，而且任何人都不会在农村搞积累了。作这样的补充和解释，就意味着实际上取消中央委员会在这个问题上的整个政策。"[3]

在关于合作社的议程结束后，布哈林在讨论冶金工业问题的议程中紧急插进去就合作社问题补充发言，批驳拉林的观点，为自己的立场辩护。他指出，人为地使阶级斗争尖锐化"将把我们引向第二次革命，也就是说，阶级斗争尖锐化将导致一个阶级推翻另一个阶级，即剥夺另一个阶级"，这不是我们的观点。"我们的总路线"应当是由阶级斗争的这种没收、剥夺的形式转为另

---

[1] 参见［匈］贝拉·库恩编：《共产国际文件汇编》，第2册，中国人民大学编译室译，三联书店1965年版，第154页。

[2] Четырнадцатая конференция Российской Коммунистической Партии (большевиков). Стенографический отчет. Государственное издательство. Москва-Ленинград. 1925. С.141–142.

[3] 《李可夫文选》，第148页。

一些形式：向上层征税，用农业信贷以及建立技术基础即电气化等等来帮助另一部分，等等。[1]

反对农村新方针的不仅仅拉林一人，还有在 1925 年形成的以季诺维也夫和加米涅夫为首的“新反对派”，他们强调农村富农的危险，要求集中火力打击城乡的资本主义势力。他们把攻击的矛头对准布哈林的“发财吧”的口号，迫使布哈林收回这个口号。新反对派同中央多数政策上的分歧主要就是围绕农村政策问题展开的。

第七节　新经济政策的黄昏

新方针的实施是短暂的，它受到党内的强烈抵制。当时党内争论的双方——斯大林和季诺维也夫等人合力围攻布哈林的“发财吧”的口号就非常清楚地说明，新方针只能是短命的。[2]

格伯乌恢复以往契卡的角色一事表明很快就会抛弃新方针了。尽管宣布社会民主化，但格伯乌机关的职能并没有像 1922 年年初那样受到限制。克雷连柯于 5 月向政治局提交了关于格伯乌工作的报告。他提请注意，格伯乌不经法庭审理自行处置案件超出了规定的范围。按规定，格伯乌有权不经法庭审理直接处置反革命案、间谍案、匪帮案、格伯乌工作人员的职务犯罪案、制造伪币案。对于后三种罪行，格伯乌有权通过“三人审判小组”不经法庭作出判决直至枪毙。此外，作为例外格伯乌在获得中央执行委员会主席团的准许下可以对其他任何案件不经法庭作出的判决。

克雷连柯指出，在实践上“例外变成了常规……没有一条刑法典的条文格伯乌不认为自己有权用来办案的”。“三人审判组”的每一次会议都要匆匆忙忙地处理大量案件，例如 1925 年 2 月 6 日一天处理 308 件，4 月 3 日 319 件。这样自然无法做到认真、仔细地审议。据克雷连柯统计，1924 年格伯乌判决枪毙 650 人（占被判刑者的 6.9%），与此同时俄联邦法庭判决枪毙 615 人（占

[1] 《布哈林文选》，上册，第 384、387 页。

[2] 斯大林反对“发财吧”口号的文章见《致〈共青团真理报〉编辑部全体委员》，《斯大林全集》，第 7 卷，第 128—130 页。该报主编因此被撤职。

被判刑者的 0.9%)。

克雷连柯还提到，被流放者生活条件极端恶劣，特别是在西伯利亚的北部地区。被流放的还有老头（主要是宗教界人士),“危害社会的”老太婆。“关进集中营的做法实际上把行政流放变成关监狱，与法庭判决监禁在某个监狱没有区别。”

克雷连柯在结束时说：“结果形成一种局面，经由格伯乌处理的人和较为重要的案件，通常都不移交法庭，而在法庭外作出判决”，他建议严格限制那些可能不经法庭审理的案件，减轻惩罚措施，其中包括把流放集中营 3 年改为 1 年。至于作出比特别会议更为严厉判决的“三人审判小组”，建议每次审理案件都必须得到中央执行委员会的批准。他认为必须加强对格伯乌活动的检查监督。[1]

克雷连柯的建议并不太激进，例如他没有提出取消不经法庭判决的整个制度，但他的建议还是被格伯乌领导所拒绝。

检察院和法院遵循新方针，力求严格依法办事。而格伯乌机关干部认为，同居民中的敌对集团斗争不应凭借法律，而首先应当是依据革命的适当性。

不现实的经济发展计划是靠大量发行货币获得资金的，它引发了 1925 年秋的尖锐的商品荒。在其影响下，私人资本的行情恶化。工业急剧削减供应私商的短缺商品，因为首先需要供应合作社。为获得商品，零售商使用了各种各样的迂回手段，例如雇用失业工人排长队到国营和合作商店购买短缺的商品，然后加价出售。调节机关试图整顿私人市场。1925 年 12 月莫斯科实施商品干预：答应按计划给予私商 40 车皮的布匹，条件是加价不得超过 30%。结果是布匹的零售价格下降了 20% 以上。但 1926 年 1 月初，价格又上涨了，原因是给私商的产品不是 40 车皮，而只有 25 车皮，这不足以赢利，所以私商失去为承担这一义务的商业兴趣。他们准备接受计划供应，同意加价 30% 以下，但提出条件：符合市场需求的稳定的足以保证盈利的货物供应。

在商品缺乏的情况下满足这一条件是极端困难的。于是捷尔任斯基采取

[1] *Голанд Ю.* Политика и экономика (Очерки общественной борьбы 20-х годов). “Знамя”, март 1990. SLON-PARTY_RU.

久经考验的老办法——动用格伯乌机关。1926年3月28日他给格伯乌经济管理处处长安·普罗科菲耶夫的便条中称："在商品荒的基础上，新经济政策，特别是在莫斯科，具有无法掩盖的谁都看得见的投机、发财和厚颜无耻的性质，这种投机的心态已经转移到国家和合作机构，把越来越多的人以至共产党员卷进去。"捷尔任斯基提出一系列反对耐普曼的措施，其中包括没收财产，把全家迁出大城市，以及流放边远地区和集中营。当天他（作为最高国民经济委员会主席）给全苏辛迪加主席Ф.基列维茨写信说：只要存在商品荒，投机就会继续存在，与之斗争需要采取行政措施，"我认为需要把几千名投机分子发送到图尔汉斯克和索洛维茨集中营去。"[1]

1926年4月初政治局同意了捷尔任斯基的建议。不仅在莫斯科，而且在其他城市都采取了反对私商的行政措施。例如1926年2月私商提高了粮食收购价，在塞兹兰市场排挤了国营和合作社采购商。省商业部特派员把此事告知地方检察官，请求追究私商破坏市场的法律责任。人民法庭判处8名商人剥夺自由6个月至1年。《经济生活》记者讲述了这段历史写道："这以后塞兹兰粮食市场是否健全起来了呢？没有。此事在地方商人中引起惊慌，他们关闭了店铺，停止营业。粮食的运入也减少了，因为农民也知道了此事。诚然，现在这里不提高粮价了，但是在一个没有粮食的市场里粮价又有什么意义呢？"

商品荒导致压制私商，但商品荒是中央机关计划上的失算造成的，而为他们的错误付出代价的不仅有耐普曼，而且还有全体居民。1926年春，同富裕农民的关系也恶化了，他们不愿把粮食卖给计划收购机关。国家提高了农民的赋税，禁止把拖拉机和复杂的农具出售给他们，而这种做法本身又阻碍了农业的发展和居民生活水平的提高。1926年已经开始出现脱离新经济方针的某些重要措施。

为什么如此迅速地改变一致通过的方针呢？首先是党的十四大之后中央的力量对比发生了变化。1925年，斯大林逐渐把季诺维也夫和加米涅夫排挤出领导之外。而后者则组成"新反对派"进行反击。"新反对派"的主要目标是斯大林，但也包含反对经济新方针的内容。关于这一点中央委员柯秀尔在大

---

[1] *Голанд Ю.* Политика и экономика (Очерки общественной борьбы 20-х годов). "Знамя", март 1990. SLON-PARTY_RU.

会上说得很清楚："他们没有提出任何实践建议，因为如果根据他们的观点提出什么东西，那就是说，应当向后退。"[1]

加米涅夫直接建议撤销斯大林的总书记职务。也正是在这次会上，在政治局委员中突出了斯大林，伏罗希洛夫称斯大林为"政治局主要委员"。

放弃新方针，不久就扩大到政治和意识形态领域。1926 年根据斯大林的提议，谴责了根据中央执行委员会指示扩大选举权范围的做法。夏天，召开中央七月全会之前不久，关闭了非党知识分子的刊物《新俄国》，这是一家宣传所有社会集团参加经济和文化建设思想的杂志，它把人，人的积极性放在首位。

查封《新俄国》杂志和谴责中央执行委员会关于选举权的指示，证明党的领导不允许那些另有自己利益的各阶层发挥其政治和意识形态影响。这标志着放弃 1925 年的关于不煽起阶级斗争的方针。

分水岭是 1926 年的 7 月中央全会。全会拒绝了反对派关于发展党内民主、取消关于派别集团的禁令的要求。

反对派成员奥索夫斯基从理论上论证了这些要求。1926 年第 14 期《布尔什维克》杂志刊载了他的文章，他写道：在多种经济成分下由一个唯一的政党代表社会所有阶层的利益是不合理的。"由于坚持我党的绝对统一和唯一性的原则，报刊不准自由交换意见，尽管由于经济的多样性在党内实际上已经存在不同的看法。"

奥索夫斯基认为统一的、唯一的政党是不可能有效地管理国家的，他提出两个替代方案：1. 唯一的党，但不是绝对统一的党，即党内存在派别和集团。2. 绝对统一的党，但不是唯一的党，即允许其他遵守苏维埃法律的合法政党的存在。依他看，比较可行的是第一种方案。

当时还存在其他看法，认为派别和集团是同一党制的管理形式不相容的，需要多党制。米雅斯尼科夫从监狱中致信季诺维也夫说："如果批评某一问题不含有观点、纲领，那不是批评，而是文字的堆砌，是废话，提出批评是要在纲领的基础上获得党员的多数，以便推行另一种政策。不存在不含观点、不含纲领的批评。不存在没有集团的批评。而集团是新政党潜在的可能性。而这怎

[1] Четырнадцатый съезд Российской Коммунистической Партии (большевиков). Бюллетень. № 6. С.18.

么能同一党的管理形式相容呢？”[1]

对党和国家的领导来说这两种理念都是无法接受的。中央七月全会重申不许建立派别集团。奥索夫斯基被开除出党。

全会期间捷尔任斯基逝世。他身上最清楚不过地体现了俄国革命的矛盾。一方面他作为最高国民经济委员会主席力求安排好经济工作，为经济工作者和专家提供正常的活动条件。有些原孟什维克在最高国民经济委员会的关键岗位工作，捷尔任斯基极力给予保护。另一方面，作为国家安全机关的领导人，他又无情地追究其他政党的党员，其中包括遵守苏维埃法律的异党党员，他动用专政的武器对付“资本主义成分”，不愿考虑私人经济的利益。他是唯一的和绝对统一的政党原则的坚定拥护者。

七月全会之后加强了对私商的压制，预算资金的分配开始有利于工业，而牺牲农业的利益。农民们的回答是要求组织农民协会以保卫自己的利益。

政治垄断加强了经济领域的垄断趋势。国营工业利用调节机关的支持极力阻挠手工业发展，而消费合作社不仅企图阻碍商业，而且也阻碍国营商业。

经济生活的官僚化促使在实践上采用以计划分配取代市场。这样做的首先是商业人民委员部，其发出的指示经常同市场，特别是农业市场的要求相矛盾。其例子是农业人民委员 A. 斯米尔诺夫在一篇文章中所说的：

> 我记得 1925 年春天，那时由于谷物收购得不多，商业人民委员部的一个委员会去了西伯利亚，并在那里采取了著名的措施——拖延发放付给庄稼汉的牛奶款，设想这样一来谷物就会源源不断而来。然而，没有任何谷物，而畜牧业却遭到了重大打击；农业合作社遭到破坏和瓦解，私商介入粮食收购，莫斯科市场黄油供应中断，与此同时，我们的出口也遭到重大打击。不得不取消这项“合理的措施”。

这出现在实施新方针的时期。就是那时期，调节机关也不是设法刺激，而是压制。1926 年 7 月中央全会后，由米高扬领导商业人民委员部，这种趋势更为加强了。

---

[1] 参见*Голанд Ю.* Политика и экономика (Очерки общественной борьбы 20-х годов). “Знамя”, март 1990. SLON-PARTY_RU.

有一批经济学家反对中断新经济政策的方针，他们明白，这会导致悲惨的后果。例如，1926 年 10 月初，Б. 巴扎诺夫在财政人民委员部部务会议上说：

> 在谈到私人资本时，现在看到两个问题混淆在一起：同私人资本主义经济成分斗争问题与在商品经济、市场、货币、价格基础上的经营方法问题混淆在一起。这种混淆对我们的经济政策有极大的害处。经常出现的是，想进行反对私人资本的斗争，结果却是反对市场，反对立足于市场的经营方法……首先要正确理解问题，而不是在同私人资本斗争的借口下煽动取消新经济政策的基础。这是当前的极其重要的任务之一。[1]

财政人民委员部机关报《金融报》也捍卫这一立场。但反对者要强大的多，10 月底该报在亏损的借口下被关闭。这证明报纸所捍卫的路线的失败和进一步限制报刊上的争论自由。

在国际形势发生急剧变化的情况下，制度变得更为严酷了。1927 年 5 月英国同苏联断交，6 月 7 日俄侨暗杀了驻波兰全权代表彼·拉·沃伊柯夫。实际上，当时并不存在现实的战争危险，但它提供了严厉对待“资产阶级分子”和党内反对派的借口。5 月中逮捕了许多在各苏维埃机构工作的世袭贵族作为人质。在刺杀沃伊柯夫的次日，不经法庭审判根据格伯乌局务会议决定枪毙了 20 名人质。不久，开始逮捕顿巴斯工程师，指责他们搞暗害（见本书沙赫特案）。从这时起延续许多年不断逮捕恐怖分子和间谍。

1927 年年底，出现粮食和工业品严重短缺，商店排长队，工人举行集会和群众大会要求改善粮食供应。

党的领导集团思想上早已准备采取严酷的镇压措施。党的十五大上关于遵守法制问题的讨论就证明了这一点。如果说十四大上中央监委的领导为告密辩护，那么在十五大上则开始为胡作非为辩护，司法机关干部因要求遵守法律而受到攻击。中央监委—工农检查院部务委员施基里亚托夫在大会上宣称：“在审理任何案件时除了法律的字母外还应当有无产阶级的革命嗅觉，而在他

---

[1] 引自*Голанд Ю.* Политика и экономика (Очерки общественной борьбы 20-х годов). “Знамя”, март 1990. SLON-PARTY_RU.

们那里有时法律高于一切。”克雷连柯问道：“结论是可以不管法律就枪毙人？”施基里亚托夫回答说：“结论是不能当一个没有心肝的官员。”[1]

1928年年初，由于粮食收购危机，决定采取非常措施，不仅没收富裕农民，而且还有中农甚至贫农的粮食。农民对苏维埃政权的态度立即恶化。与此同时，1928年秋，城市的粮食供应再次恶化，工人中也出现反苏维埃情绪。1928年10月5日，加里宁到波多里机械厂参加职工大会，许多发言者骂苏维埃政权，说在沙皇制度下生活得要好一些，要求迅速改善局势。一名工人说：“加里宁同志，请采取紧急措施，否则你们会挨揍的。”

在广大群众对政策不满的情况下，甚至知道其错误的领导人也没有决心公开出来反对这种政策。布哈林、李可夫、托姆斯基在幕后同斯大林展开斗争，他们担心公开分裂会加强苏维埃政权的敌对力量，会威胁党的领导作用。而斯大林在开始时在人数上并不占优势，所以也不敢使分歧公开化。这种幕后的斗争有利于斯大林积蓄力量，争取支持者。随着危机的进一步恶化，国内出现对铁腕的需求，不是通过政策的调整，而是通过暴力手段来恢复秩序和保持党对国家的统治。斯大林正是他们所需要的人。他排除了所有不同意他的人，党内出现权力的高度集中化，集中到斯大林手里。

1929年11月7日，斯大林发表《大转变的一年》。年底，斯大林举行50大寿的庆典，庆祝自己击败了所有对手，获得党内斗争的胜利，庆祝自己的“圣剑骑士团”——自己的嫡系团队的组成，庆祝斯大林体制的诞生。

---

[1] Пятнадцатый съезд ВКП(б). Стенографичесий отчет. М., 1961. Т.1. С.592–593.

第八章　斯大林模式的源头

第一节　从国家电气化计划到五年计划

革命是为了解放生产力。对俄国的革命列宁有一个清醒的认识，他看到俄国是一个落后的农民国家，在这样一个国家搞社会主义缺乏必要的物质基础，因此他提出，利用政权的力量，开展经济文化建设，为社会主义创造必要的物质前提。

1920 年在国内战争行将结束之际，全俄中央执行委员会 1920 年 2 月 3 日发布关于制订电气化计划的决定，决定说："现在苏维埃俄国初次有可能着手进行比较有计划的经济建设，科学地制订并彻底执行整个国民经济的国家计划。"[1]

最高国民经济委员会主席团于 2 月 21 日成立了俄罗斯国家电气化委员会，由格·马·克尔日扎诺夫斯基任主席，参加的有 200 多名科技专家。同年年底，委员会编出《俄罗斯联邦电气化计划》，在 12 月召开的全俄苏维埃第八次代表大会上通过。计划规定在电气化基础上根本改造国民经济——兴建大型企业，建设 30 个地区发电站，其中包括 10 个水力发电站，总功率为 175 万千瓦，年发电量 88 亿度。在 10—15 年完成。这是第一个统一的国家远景计划，是以后五年计划的雏形。列宁认为这是"关于统一的经济计划问题所写的唯一的一部严肃的著作"。[2] 他把这个计划叫做"我们的第二个党纲"，说"应当用第二个党纲，即重建整个国民经济并使它达到现代技术水平的工作计划来补充"第一个党纲。正是在这里，列宁提出一句名言："共产主义就是苏维埃政权加全国电气化"。[3] 实际上这是共产主义性质的社会经济改造的广泛计划，列宁期望在统一的电气化的覆盖下全部国民经济的集中化，庞大的国家机器的所有线头都集中在国家手中。电气化计划是集中计划、未来加速工业化和农业全盘集体化思想的基石。

经济学家斯特卢米林写道："从社会经营的自发过程向计划经济过渡是一

---

[1] 引自《列宁选集》，中文第 3 版，第 4 卷，第 435 页。

[2] 同上书，第 434 页。

[3] 同上书，第 363、364 页。

场革命。但这场革命像其他许多事情一样，是在充分认识和理论武装之前进行的。还没有计划科学，而五年远景计划已经存在了。”[1]

1923 年托洛茨基在为俄共第十二次代表大会准备的关于工业的提纲中专门谈到计划工作的任务和方法。他指出，由于基本生产资料属国家所有，因此“国家对经济生活的积极干预必然具有计划的性质”。“社会主义经济的计划不能先验地通过理论途径或官僚主义途径来确立。真正的社会主义经济计划囊括相互关联的一切部门和整个工业与农业的相互关系，只有在国有化的基础上长期进行准备性的经济试验、不断对各经济部门的工作努力加以实际协调以及正确统计成绩之后，才有可能制订出这样的计划。”他认为，“计划原则在我国不局限于个别的托拉斯或辛迪加的范围，而扩展到整个工业。不仅如此，国家计划应包括工业与农业、金融业、运输业、内贸及外贸的相互关系。”他同时警告，由于采取市场的经济形式，“国家应向各个企业提供在市场上进行经营活动的必要自由，不试图用行政意图去取代这一自由。”[2]得到党的十二大批准的这个报告提纲为计划经济作了论证。

计划经济的思想在电气化计划中开始得到体现和落实，从这时起，计划思想开始成为经济管理的指导思想。经济中的各种问题往往被归结为计划不够和计划失误。例如，在 1923 年“新方针”的争论中，托洛茨基就多次指责计划工作做得不好。他在 1923 年 10 月 24 日的给中央的信中写道：“经济领域的一个中心问题，过去和现在都是周密的计划领导的作用问题，也就是国营经济在其适应发展中的市场的过程中起主要成分的系统结合的作用问题。我过去和现在都认为，我们的经济危机的重要原因之一是缺乏来自上面的正确的统一的调节。”[3]1923 年 12 月 29 日，由奥新斯基、皮达可夫、普列奥布拉任斯基和斯米尔诺夫签署的《关于经济政策的当前任务的决议》草案这一纲领性文件也认为，经济工作没有做好的根本原因是，“没有一个把国营经济各部门的工作统一起来的计划，各领导机关凭偶然性办事，工作缺乏系统性……”国营工业

[1] *Белоуов. Р.* Экономическая история России XX век. Книга Ⅱ. С.301.

[2] 《苏联历史档案选编》，第 5 卷，第 500—501 页。

[3] 郑异凡编译：“有关 1924—1925 年俄共党内争论的 4 个文件”，《世界史研究动态》，1987 年第 8 期，第 32 页。

的发展自发进行，同农业的发展不平衡，都是“无计划和无领导的结果”，他们认为，必须“在我们的经济建设中确立计划性，把计划性贯彻到我们的国家经济中去”。[1]

为获取有关各行业实际联系的可靠信息，1924 年 7 月，政府委托中央统计局（ЦСУ）制订 1923—1924 年度决算平衡表。在较短期间平衡表编制完成。此表并不完善，缺乏一些重要的指标如国民收入和积累，不过其中包含社会产品的生产和分配量的分析。重要工业产品（煤炭、生铁、钢、印花布、套鞋、火柴等等）成本计算和分析提高了平衡表的质量和可靠性。

在制订各种计划的时候，首先遇到的问题是计划同市场的关系问题。经济学家格罗曼、巴扎罗夫、康德拉季耶夫提出“预测计划”，主张市场对计划的优先地位，他们认为，“经济制度的均衡规律”应该是拟制远景计划的支柱，我们增长复兴的经济在自发地力求达到这一均衡。“在现有条件下，只有市场才能对一切行动的正确性作自动的控制，市场才能作为表示每个部门、每个生产单位、每个企业单独活动的成果的政治自动计数器。”[2]不过这些观点都被看作是“资产阶级的计划工作观点”而被否定。

财政人民委员索柯里尼柯夫 1925 年就当时的计划同市场的关系状态写道：“我们的计划很糟糕，我们以为一个与自发力量相抗衡的计划本身就能够保证取得伟大的成就，结果我们成了糟糕计划的牺牲品：这些计划的拟定和实施都力图限制市场调节的自由，而这种自由在苏联的条件下具有巨大的意义。少制订些计划，应当学会实际经营，应当知道什么地方不需要计划的条条框框，什么地方需要业务领导者负起责任，需要实际的经营活动……现在我们清楚地看到，在糟糕的计划经济下，危机就会发生，而且完全不可避免。只要我们实行的是糟糕的计划经济，我们就会年复一年地发生各种各样的危机。”[3]一个明显的例证就是 1925 年年末出现的粮食收购危机。由于商品匮乏和工业品昂贵，

---

[1] 《真理报》1924 年 1 月 1 日。引自《世界史研究动态》，1987 年第 8 期，第 34—35 页。

[2] 苏联科学院经济研究所编：《苏联社会主义经济史》，第 3 卷，三联书店 1982 年版，第 13 页。

[3] ［俄］索柯里尼柯夫：“新财政政策：取得硬通货的途径”，引自《历史性突破——俄罗斯学者论新经济政策》，第 143 页。

农民从出售粮食中得不到足够的好处，导致 5.45 亿普特的粮食收购计划只完成了 3.36 亿普特。这就影响了进口计划和工业发展。到 1925 年年底经济形势紧张，到了需要作出紧急决断的时刻。[1]

皮达可夫是目的论计划实现的积极鼓吹者，他说："工业发展计划是一个战略方针，我们应当遵循这一方针，通过新经济政策走向社会主义。计划应当是多年的，但开始时应从每个工业部门的五年远景计划、工作设想着手。我们不应满足于笼统的公式，而应明确规定我国工业五年之后的面貌。这是一个坚定的任务。"[2]

1925 年开始制订年度经济计划。这些年度计划工作提供了一系列完整的年度控制数字。

1925 年 4 月，工业固定资本再生产特别会议开始了制订五年计划的工作。不仅最高国民经济委员会，而且国家计划委员会也都制订了五年计划方案。五年计划要求有年度计划作为其组成部分。1925 年 8 月 20 日首次公布了 1925—1926 年度国民经济控制数字，这被看作是制订全国性计划的一个里程碑。

1927 年 3 月，国家计划委员会下属以斯特卢米林为首的专家委员会起草了一份新的五年计划草案。对这份草案进行了相当全面和自由的讨论。有些经济学家（弗·亚·巴扎罗夫、尼·德·康德拉季耶夫等）反对将数字的结构过分细化，例如，远景计划中对 1931 年将要拍发的电报数量和电报的平均字数作了计算。批评者们认为，评价草案的主要标准是是否符合发展生产力的条件。1928 年，巴扎罗夫在共产主义科学院的发言中批评了报告人斯特卢米林的观点，他说："不是生产力应当去适应事先先验的确定的社会化形式，恰恰相反，应当不断地对现行的社会化形式进行审视、批评和更改，如果这些形式不能充分促进生产力的发展的话。"斯特卢米林在辩护时声称："在我们看来，在制订我们的计划时，任何科学预测对我们来说都只是辅助性因素，而我们自觉地给自己提出的目标则是指导性的因素。"[3]他这是用政策方面的论据为自己的观点作论证。

[1] 《历史性突破——俄罗斯学者论新经济政策》，第 143—144 页。

[2] 同上书，第 139 页。

[3] 同上书，第 147—148 页。

在联共第十五次代表大会上李可夫作关于编制国民经济发展五年计划的指令的报告。报告把国家计委主席克尔日扎诺夫斯基准备的计划予以具体化。他说，目前已经有 5 个以上的五年计划方案。最后一个是国家计划委员会下属委员会编制的方案。这些方案的共同缺点是：数字太多，而缺乏经济分析、技术生产方针，其次是没有涉及地区的后备，没有明确提出苏联经济区域化问题。计划只有全苏作为一个整体的计划，而没有各地区的计划。提交大会讨论的不是五年计划本身，而是编制计划的指令或者委托书。他说：五年计划的编制工作如果不是处于起步阶段，无论如何也没超过中期阶段，“还未完成一半”。[1] 五年计划的中心思想是国家工业化，是组织社会主义经济的主要途径的思想。

大会通过的指令几乎没有具体的数字，它贯穿着国民经济适度发展的思想，同左的“大跃进”方针不同，它把长期的战略利益放在首位，按照这一精神解决经济增长的速度问题。“这里必须考虑的不是最近一年或数年内积累的最高速度，而是能保证长期的最快发展速度的国民经济各个因素的对比关系。”国民经济的适度思想是解决所有战略比例问题的指导方针：积累和消费、工业和农业、重工业和轻工业之间的比例。关于城乡关系，“要求尽量把资金从农业方面抽到工业方面去是不正确的，因为这不仅会在政治上同农民决裂，而且也会破坏工业本身的原料基地和国内市场，破坏出口，破坏整个国民经济体系的平衡。”[2]

指令专门规定了农业领域的任务，指出“除尽力发展销售合作社外，目前必须用最大的力量支持一切富有生命力的生产合作社（农业公社、集体农庄、劳动组合、生产协作社、合作工厂等等）和那些应该提到更高阶段的国营农场。”[3]

一致通过的这个指令比较符合党的总路线，是其具体化。但是其中某些东西不久就被斯大林及其亲信歪曲了。

在制订第一个五年计划时，国家计委提出两个方案——初步方案和最佳

---

[1] Пятнадцатый съезд ВКП(б). Стеннографичесий отчет. М., 1961.Т.2. С.866.

[2] 《苏联共产党代表大会、代表会议和中央全会决议汇编》，第 3 分册，第 379 页。

[3] 同上书，第 387 页。

方案。在经济建设的规模和速度上，最佳方案的指标超过初步方案20%，最佳方案的任务约超过初步方案20%。工业生产在五年内按初步方案应增长115%，按最佳方案增长145%。农业总产值相应地为42%和54%。工业的基本建设费分别定为110亿和140亿，农业分别为228亿和240亿。[1]

最佳方案要求存在有利的条件：在计划时期不发生任何严重的歉收，保持与世界经济的广泛联系，最近两年在质和量指标（成本、收获量）方面有显著的好转，国防开支比重小。此外，最佳方案与国家计委和最高国民经济委员会于1927—1928年制订的最初的远景目标有很大的不同。五年计划的大多数草案中发展大工业的速度是根据"曲线递减"拟定的，直到最佳方案才消除了这种"曲线"。

之所以制订两个方案，是因为还缺乏制订长期计划的足够经验，需要做两手准备。所以第一个五年计划的指标是有条件的、初步的。但是在讨论时却把初步方案所规定的数字看作是"右倾"的表现。《联共（布）党史简明教程》在谈到第十六次代表会议时写道："会议否决了右倾投降主义者所维护的五年计划的'初步'方案"。[2]

1929年4月，联共第十六次代表会议和苏维埃第五次代表大会通过了五年计划的最佳方案。但不久最高方案所规定的指标即被不断修改，层层加码，最后变得面目全非，根本无法完成，事实上也没有完成。

第二节　工业化的启动

在国民经济恢复任务完成之后，开始提出国家的工业化问题。这实际上是继续沙俄时代已经开始，被第一次世界大战和1917年革命所中断的任务。

工业化涉及三个重要问题。第一，资金来源问题。第二，农轻重在工业化中的位置问题。第三，速度问题。

按照斯大林的说法，苏联的工业化是从联共第十四次代表大会开始的，

---

[1] 李可夫："在莫斯科省苏维埃第九次代表大会上的政府工作报告"（1929年4月），见《李可夫文选》，人民出版社1986年版，第421页。

[2] 《联共（布）党史简明教程》，人民出版社1975年版，第326页。

他宣称："第十四次代表大会主要是工业化代表大会。"[1]1959年出版的《苏联共产党历史》继续写道：党的第十四次代表大会"是作为国家工业化的代表大会载入史册的。"[2]

这种说法并不确切。联共十四大关于中央委员会的总结报告的决议中甚至没有出现"工业化"的提法。斯大林在大会的政治报告中只有一个地方提到"国家工业化"这个词，但不是作为当前任务提出的，在他的报告中农业农民问题占更多的篇幅。约半年以后（1926年4月13日），斯大林才在《关于苏联经济状况和党的政策》中正式提出"工业化的方针"。在这里斯大林提出了优先发展重工业、社会主义积累等问题。他说："不是发展任何一种工业都算做工业化。工业化的中心，工业化的基础，就是发展重工业（燃料、金属等等），归根到底，就是发展生产资料的生产，发展本国的机器制造业。"[3]

不过，需要发展工业，特别是重工业，在此之前已经提出。1922年11月，列宁在一个报告中指出："我们知道，不挽救重工业，不恢复重工业，我们就不能建成任何工业，而没有工业，我们就会灭亡，而不能成为独立国家。""重工业是需要资助的。如果我们找不到这种资金，那我们就会灭亡，就不能成为文明国家，更不用说成为社会主义国家了。"[4]

1923年，俄共召开第十二次代表大会，托洛茨基作关于工业问题的报告。在准备工业问题的提纲时，在托洛茨基和多数中央委员之间出现分歧。在政治局讨论托洛茨基起草的提纲时，反对者认为，其中的一个缺点是缺乏关于必须巩固工业同农业的结合的提法，对农民的作用估计不足。提出最有分量批评的是捷尔任斯基。托洛茨基对提纲作了一些修改，其中包括国家工业的恢复同农业的发展存在密切的关系的提法。[5]但不久托洛茨基提出，修改后的提纲存在巨大的缺点，光提一个坐标——农民和农业不够，还应当提另一个坐标——国际革命，这是工业和整个社会主义建设发展的不可或缺的条件。他给政治局送

[1] 《斯大林全集》，第12卷，第297页。

[2] 《苏联共产党历史》，人民出版社1960年版，第417页。

[3] 《斯大林全集》，第8卷，第112页。

[4] 《列宁全集》，中文第2版，第43卷，第282页。

[5] 《苏联历史档案选编》，第5卷，第499页。

去报告，认为不提国际革命“就破坏了必要的前景”，给人留下印象，“好像我们放弃了对西方无产阶级革命的希望，相应地也放弃了我们的建设计划”。[1] 托洛茨基的这一思想写入了十二大通过的“关于工业”的决议之中。

捷尔任斯基不仅批评了托洛茨基的提纲草案，而且提出了恢复工业的积极的行动纲领，包括农业在其中的作用、外国资本的意义、计划机关和财政机关以及管理机关在新经济政策条件下的调节作用，等等。

党的十四大以前在优先发展重工业问题上，国内就有争论。有些人认为，不能让生产资料的生产跑在前头。财政人民委员索柯里尼柯夫坚持这一观点。在 1924 年 10 月召开的中央全会上，他提出轻重工业的关系问题，指出“我们在支持重工业方面做得有点过头了，轻重工业发展速度有点不相适应”。重工业得到国家预算的特别关怀，得到特别支持，而其他行业却没有得到应有的发展。[2] 他建议在发展工业的速度上要“谨慎和克制”。他知道，为保证工业增长的高速度需要大量的资金，而国家并不拥有这样的资金。在一个时候其出路是增加货币的发行量，但这样就会使刚刚完成的货币改革（确立了坚挺的切尔文）的成果化为乌有，他极力主张保持货币的坚挺。在 1 月中央全会之前和以后，他都坚持这个立场，他在 1924 年 6 月 11 日召开的财政经济委员会会议上所做的报告中说：“货币不仅是苏维埃国家的工具，预算的工具，解决一系列政治任务的工具和国防的工具，也是我们整个经济的工具，是涉及外贸人民委员部、交通人民委员部、最高国民经济委员会……的工具。如果我们明年像今年这样过吝啬鬼的生活，我们就可以不用补充发行货币而摆脱困境……”[3] 为避免通货膨胀，他不得不进行战斗，有时也取得某些成功。

中央和政府的政策是另一种。1925 年 3 月 30—31 日召开的有地方代表参加的劳动国防委员会会议认定继续发展工业生产的方针是正确的。[4] 一些决定的重点偏向于更好地供应农村以工业品。1925 年 6 月 26 日，劳动国防委员

---

[1] РЦХИДНИ, Ф.558,Оп.1,Д.3419,Л.6. 引自 Индустриализация Советского Союза. Новые документы. Новые факты. Новые подходы. Часть1. М., 1997. С.39.

[2] 引自 Индустриализация Советского Союза. Часть1. М., 1997. С.44.

[3] Индустриализация Советского Союза. Часть1. М., 1997. С.19.

[4] Индустриализация Советского Союза. Часть1.С.4.

会会议建议："紧急采取一切措施促使不停顿地继续发展农民所需要的工业品，首先是布匹……"[1]

人民委员会主席李可夫多次强调工业的优先意义。"必须多给工业一些……今年它得到的应当多于以往——这是毫无疑问的，否则我们就会变成农民国家。预算的全部增长应当用于增加工业生产的基础。"[2]

虽然国家计委著名经济学家格罗曼1925年10月28日在劳动国防委员会会议上引用了有说服力的数字，但没有能够为高速工业化降温。1924—1925年度农业增长2%，而工业生产增长60%。我们看到的是工业的高速度发展。结论是不言而喻的：应当限制对工业的投资以加强对农业的帮助。[3]

始终存在工农业之间的关系问题。瞿鲁巴说：我们是农民国家，"而如果我们有工业，这是因为我们有农民。"克拉辛问道："而无产阶级专政呢？"瞿鲁巴回答："它之所以能够在我国存在，是因为工业是建立在农民之上的。"[4]

这场争论，斯大林归结为两条总路线的争论。斯大林在联共第十四次代表大会的政治报告中就经济建设的方针指出："有两条总路线"，一条是长期保留为一个农业国，应该输出农产品而输入设备，实际上要求收缩我国的工业。另一条总路线是使我国成为经济上独立自主而依靠国内市场的国家，摒弃把我国变成世界资本主义体系附属品的政策，这条路线要求最大限度地扩展我国的工业。[5]

对斯大林的提法，财政人民委员索柯里尼柯夫提出异议。1925年6月7日，他在人民委员会会议上说："应当集中注意力于进口国外工业品……如果我们出口3亿卢布的谷物，这是对工业的最好贡献……"[6]这一提法没有得到国家领导的支持，其建议被斯大林叫做使国家"道威尔化"的计划。

索柯里尼柯夫在党的十四大上说：

"我们应当最大限度地扩展我们的工业，并且同我们拥有的资源

---

[1] Индустриализациа Советского Союза. Часть1.С.25.

[2] Индустриализациа Советского Союза. Часть1.С.26.

[3] Индустриализациа Советского Союза. Часть1.С.28.

[4] Индустриализациа Советского Союза. Часть1.С.29.

[5] 《斯大林全集》，第7卷，第246—247页。

[6] 引自 Индустриализациа Советского Союза. Часть1.С.10.

相适应，这是毫无争论的。我们需要尽最大可能迅速发展工业。有争论的是什么样的最快扩展我们工业的道路？我们应当向代表大会全面提出这个问题……有两条道路可以让我们以较快速度扩展我们的工业和更换装备。第一条道路是现在实践上已经被我们排除的道路，这就是吸收国外的长期贷款，这会给我们提供资金以便输入必需的设备。而输入这种设备，就会很容易更换装备和扩展我们的工业。由于不采用这条道路，那就剩下另一条路了，这就是发展我们出口的道路，在最近几年只能是农产品出口的道路。（插话：'这是萨宁的办法。'）同志们，这不是萨宁的办法，这意味着只有走发展农产品出口的道路，我们才能够在国外获得可以支付的资金，为我们的工业进口设备以及原料，使我们能够更换装备和扩展工业，如果我们真的想在速度和规模上赶上外国工业的话。

但这样一来，斯大林把扩展我们的工业的纲领同从国外进口设备的纲领对立起来，就是完全错误的。实际上，只有我们从国外进口现成商品上走得太远，我们的工业才会受害。这就意味着压缩我国工业运作的可能性。没有人认为根本不应当进口一普特商品。"

"当斯大林同志在指出两条总路线的时候，他无疑陷入了谬误，因为他本应该对这两条路线作另一种表述，应当说的不是进口设备，而是进口现成商品。这样也许会出现对立，而现在这种说法是不能成立的。" [1]

索柯里尼柯夫接着指出，斯大林说只要存在资本主义包围，我国在经济

[1] Четырнадцатый съезд Российской Коммунистической Партии(большевиков). Бюллетень. Государственное издательство. Москва-Ленинград. 1925. № 6，С.41.《斯大林全集》中刊载的斯大林的政治报告结论中是这样写的："他（索柯里尼柯夫）在发言时说：'斯大林在指出两条总路线，指出我国经济建设的两条路线的时候，把我们弄糊涂了，因为他本来应该用另一种方式来表述这两条路线，他本来不应该说输入装备而应该说输入成品。'……我是想说索柯里尼柯夫在这里实际上表明他是一个拥护我国道威斯化的人。"按照道威斯计划，德国将卖给我们装备，而我们将输入这些装备，并向国外输出农产品。这样我们的工业就会处于依附欧洲的地位（第 7 卷，第 293、294 页）。

上就应当独立。但这里就出现另一个问题：我们采取什么样的方针？我们是否采取发展我们的对外贸易关系的方针？我们是否认为，不同世界市场保持最密切的联系，现在和将来都无法迅速发展国家的全部经济？这是对整个政策具有非常重大意义的问题。

当斯大林宣称，长期保留为一个农业国，输出农产品而输入设备，不是我们的路线的时候，索柯里尼柯夫回答说："这是我国的路线，我国将沿这条路线前进，斯大林本人也肯定了这一点，他指出最近几年里农业将比工业发展得快，指出城市和农村产品不相适应。"如果要使我们国家的发展不落后于资本主义国家，那就必须出口农产品以进口设备。发展农业可以不必投入大量的资金，这是我国真正经济计划的关键之一。农业比工业发展快的状况说明，在国内市场上农产品同工业品之间不相适应。出路何在？如果农产品多了，出路在于国外市场，出口国外市场的问题对我们来说具有越来越大的意义。出口的目的是进口工业所需的设备和欠缺的原料。[1]

实际上，苏联长期执行输出农产品，进口设备的政策。农产品的出口是苏联换取外汇购买进口设备的主要手段。

索柯里尼柯夫在会上建议暂时停止发展重工业，以调节货币流通机制，避免商品荒的加剧。他在一次发言中指出："解决商品荒是第一个任务，而实现工业化是第二个任务，最大错误之一……在于有些人试图用工业化来解决商品荒问题，然而商品荒本身就是违反经济平衡规律的产物，工业化应该是有计划的经济政策的任务，按照这个政策国家的经济机制应该进行改革，但不得违背经济平衡的规律。过度的工业基本建设费用导致不平衡发展，造成了矛盾，即轻工业部门负荷不足，而重工业却对日用品有着大量的需求。"[2]索柯里尼柯夫、萨宁等主张优先发展农业，在此基础上实施工业化。这种观点得到国家计划委员会、最高国民经济委员会和农业人民委员部的专家的支持。

索柯里尼柯夫针对1925年年底出现的粮食收购困难指出："粮食收购计划

---

[1] Четырнадцатый съезд Российской Коммунистической Партии (большевиков). Бюллетень. Государственное издательство. Москва-Ленинград. 1925. № 6，С.42–43.

[2] [俄]索柯里尼柯夫著：《革命的财政政策》，第3卷，第82、83页。引自《历史性突破——俄罗斯学者论新经济政策》，第209页。

的错误，进出口计划的错误，现在已经导致削减信贷计划，修改在相当大规模上发展我们的工业计划，削减我国工业的基建投资的计划——这一切是怎么发生的？这是由于我们高估了强硬的计划领导所拥有的可能性，我们高估了自己计划的作用，我们想强行实施这样的经济计划，但由于商品无政府因素的巨大力量，由于我们经济中的小资本主义性质的成分，这样的计划是无法实施的。今年秋天的经验，我们经历的困难，我们现在所拥有的一切，都向我们说明一点：不要过高估计你们经济中社会主义成分的成熟程度，要知道你们是在什么样的环境中活动。知道在你们手中的是什么样的经济机器。"[1]他表示担心列宁所说的左派幼稚病的复发。

索柯里尼柯夫关于 1925 年"秋季停滞"的观点得到很多著名经济学家的赞同。在继续实行与市场脱离的降价政策下，单纯依靠扩大生产来医治商品荒是没有前途的，只能导致市场与商品货币流通混乱，导致配给制。1926 年，维·瓦·诺沃日洛夫在《谈商品短缺》一文中指出；"凡是在物价不再履行供求平衡功能的地方，货币经济也就不再履行自己的组织职能，即不再维护生产和分配秩序。"二者必择其一：要么是对经济的计划调控丝毫不考虑市场，要么是这种调控先想到未来的市场指标。如果计划与市场相背离，那么货币经济是否可行就令人怀疑，需知市场是货币经济的大脑。如果那样的话，货币贸易就应当被凭证、凭票分配所取代。[2] 可惜当时的领导人听不进此类警告，认为把利于加速工业化的物价政策强加于市场是用"社会主义计划分配"代替"小资产阶级自发势力"的先决条件。

实施工业化的一个关键问题就是积累问题，斯大林在会上指出："积累资本以发展工业的问题，社会主义积累问题，现在对于我们就有头等重要的意义。"历史上有三种积累方式：掠夺殖民地、战争赔款、借外债。斯大林认为这三条道路对苏联都行不通，唯一的办法是"靠本国节约来发展工业的道路"。[3]"国内市场的需求和国内资源，这是苏联工业发展的基础。"我国工业将在更大程

[1] Четырнадцатый съезд Российской Коммунистической Партии (большевиков). Бюллетень. Государственное издательство. Москва-Ленинград. 1925. № 6，С.36.

[2] 引自《历史性突破——俄罗斯学者论新经济政策》，第 209—210 页。

[3] 《斯大林全集》，第 8 卷，第 114—115 页。

度上依靠国内市场，首先是依靠农民市场。这就是工业同农民经济结合的基础。”[1]斯大林的说法排除了从外部取得资金的可能性，在他看来，凡是外债必然是奴役性的盘剥性的。

关于经济建设，包括工业化的资金来源问题，并不是斯大林1926年的报告第一次提出来的，列宁当年提出实行租让制的时候着眼点就是借助外国资本来振兴本国的经济，特别是工业。

1923年召开的俄共第十二次代表大会，列宁因病没有参加，季诺维也夫的政治报告仅仅顺便提到租让事务。克拉辛对季诺维也夫的报告非常不满，主张从国外取得发展经济所需要的资金，他指出，为了恢复被破坏的经济，为实现工业革命，必须这样做。“我们对外政策的主要目标是取得贷款，为恢复农民经济、交通、工业，为稳定我们的卢布，我们需要贷款。”当时有一种流行的说法，认为指望资本主义敌人给予帮助，这是幼稚、自我欺骗或者乌托邦，在回答这种说法的时候，克拉辛说：“不，这不是乌托邦，因为整个资本主义世界是建立在利益矛盾的基础之上的。善于利用这些矛盾的利益，我们过去已经获得物质帮助，今后也一定能够获得。签订拉帕洛条约就给苏俄带来一定的好处。通过我们的许多商业合同和我们的贸易政策，我们打破了一系列封锁：黄金、木材、石油等等的封锁。我们取得了巨大成果，我们得到了现在所拥有的贷款。4月1日，我们的伦敦阿尔柯斯公司给了我们的机构来自英国的黄金信贷共4900万卢布。从这一事实你们看到，在明确的政策下（当然，必须是政策）能够迫使我们的敌人帮助我们。”克拉辛这里是批评季诺维也夫。“我们实行了这种政策没有？没有，没有实行这种政策，我向你们声明，我们没有用上我们所拥有的现实可能性的十分之一，因为就实质而论，我们没有实施明确的对外政策。”[2]

克拉辛认为在原则问题上不能让步，也没有让步。“问题在于要弄清楚，可以妥协的条件是什么，在什么条件下可以达成妥协，由于经济恢复延迟我们会失去什么。”他认为，中央从来没有提出这个任务，它从来没有去查明，由

[1] 《斯大林全集》，第8卷，第120页。

[2] Двенадцатый съезд Российской Коммунистической Партии (большевиков). Бюллетень. Москва- Кремль. 1923. №3, С.93–94.

于经济破坏，同1913年相比我们每年丧失多少金卢布。他认为在一定的条件下支付革命前的债务是合适的，这样可以获得贷款，加速工业以及国民经济部门的发展。他援引统计学家的统计：由于破坏的结果我国的经济同1913年相比少收入80亿金卢布。“……我们的整个债务，包括对我们提出的数额，可以调整为100亿—150亿金卢布（加上延期支付利息5年甚至10年）。在这种条件下我们可以考虑，给自己提出寻求妥协的任务，因为我们极端需要外来的帮助，因为我们无法靠自己的力量迅速恢复经济。如果我们向谁提出这样的保证，那我们是在欺骗他。我们不能在没有外国的支持下迅速恢复重工业。不恢复重工业，我们最终就有覆灭的危险，在很大程度上扔掉我们所依靠的社会阶层。”他向季诺维也夫指出，在对外政策领域也需要某种“新经济政策”一类的东西。[1]

克拉辛的主张是与几年后实行的方针不同的另一种选择，后来实行的是“靠自己的力量，用自己的积累来源”实现工业化的方针。通常把实施这一方针同党的第十四次代表大会联系在一起，但根源在1923年。季诺维也夫在政治报告的总结发言中不是正面回应克拉辛，而是打出列宁的旗帜，声称：“他（克拉辛）批评弗拉基米尔·伊里奇·列宁领导的政策，却装作仅仅是批评他的学生的政策。”季诺维也夫说：“在国际政策上我们是否可以接受‘新经济政策’的公式？如果作字面上的理解，那就像我上次说过的，这就意味着取消外贸垄断。如果作形象的理解，这就意味着对国际资本做更多的让步。”[2]

季诺维也夫针对克拉辛提出的数字说：“克拉辛同志说我们需要贷款，因为每年损失80亿金卢布。依我看，这些数字是凭空想出来的。”

但是，第一，克拉辛在发言中已经指出，这不是他的而是统计学家的计算数字。第二，1913年和1921年国民经济总收入之差大约为80亿金卢布，即同战前的1913年相比，这是苏维埃经济每年少收入的数额。十月革命前的外国贷款为100亿—150亿金卢布。这就是说，如果经济得到复兴，只要两年

[1] Двенадцатый съезд Российской Коммунистической Партии (большевиков). Бюллетень. №3, С.94.

[2] Двенадцатый съезд Российской Коммунистической Партии (большевиков). Бюллетень. №6, С.159，161.

时间就可以偿还所欠的外债，而且偿付的时间还可以延长，因此偿付外债并不是一个难以完成的任务。

季诺维也夫最后使关于政治报告的决议支持他的立场："代表大会也完全赞同中央委员会所采取的国际政策，坚决斥责在这方面的任何动摇"。所谓动摇，指的就是克拉辛的主张。不是寻求外国的贷款和实施租让，大会第一次提出新的方针："适当地安排俄国余粮的出口工作已经成了一项具有头等重要意义的任务。"[1] 这种提法意味着为工业化积累的沉重负担要落在农民身上了。

虽然莫洛托夫在 1927 年 2 月承认从农村吸取工业建设的基本资源，但季诺维也夫还是主张向富裕农户征收资金。在 1927 年 2 月中央联席全会上，季诺维也夫问道："为什么我们不能划分出 150 万到 200 万最富裕的农户，以税收或者债款的名义收他 1 亿卢布。我认为，我们可以不触及整个农村，而只触及农村的富裕上层——占 7%—8% 的农户，做到这一点。"他还建议压榨私商，从他们那里获取相当部分的资金。[2] 而据李可夫证实，1927 年夏每家农民家庭人均收入比工人家庭少 2/3。关于 1928 年夏少付给农民的粮食款，索柯里尼柯夫在 1928 年 7 月全会上说：我们付给农民的购粮款是绝对不够的。如果粗略地说，比较一下粮食和商品的指数，如果我们从农民那里购买了 6 亿普特粮食，在最好的情况下只付给他们 4 亿普特的钱，有 2 亿普特是无偿取得的。[3]

斯大林在 1928 年 7 月中央全会上的《论工业化和粮食问题》的发言中，把问题讲得非常直露了。他说，要靠内部积累来发展工业，使国家工业化，其具体办法就是"向农民征收一种额外税"，这是一种类似"贡款"的东西，是一种类似超额税的东西。这就是苏联长期使用的工农业产品之间的"剪刀差"。斯大林在"贡款"的名义下，把普列奥布拉任斯基的"社会主义原始积累规律"合法化，并用于实践。

克拉辛所提的建议并不是一种不可企及的幻想，其中包含合理的成分。历史说明，从国外取得部分建设资金，包括工业化资金是现实可行的。问题是要采取合理的应对政策，使得借贷双方都能得利，那种一边赖账（不承认沙俄

[1] 《苏联共产党代表大会、代表会议和中央全会决议汇编》，第 2 分册，第 249—250 页。

[2] Индустриализация Советского Союза. Часть1. М., 1997. С.145.

[3] Индустриализация Советского Союза. Часть1. С.205.

的旧债)，一边要人家贷款的政策自然是行不通的。按照克拉辛的计算，当时的苏联政府是可以在偿还旧债的基础上获得新的贷款的。

经济学家普列奥布拉任斯基提出他的社会主义原始积累规律，主张从农民身上抽取工业化所必需的资金。斯大林当时否定了他的建议，说“我们党内有一些人把劳动农民群众看成异类，看成工业的剥削对象，看成我国工业的殖民地之类的东西……对于工人阶级来说，农民既不是剥削对象，也不能是殖民地。农民经济是工业的市场，正像工业是农民经济的市场一样。”“我们不能像旧时那样地说：‘自己吃不饱，也得要输出。’我们不能说这样的话，因为工人和农民要像人样地吃饱。”[1] 不过，过不多久斯大林就完全“忘记了”这些许诺，走上了截然相反的道路。

《托洛茨基反对派关于国民经济五年计划的反提纲》对资金的来源提出自己的建议。提纲写道：“资金的基本来源就是正确地利用预算、信贷和价格的办法对国民收入实行再分配。资金的补充来源应当是正确地利用和世界经济的联系。”1928 年至 1932 年的 5 年内，每年从预算中投入工业化的纯投资可以而且应当达到 5 亿—10 亿。其来源是：对私营企业家增收 1.5 亿至 2 亿卢布（现在只有 5000 万卢布）的税款；从约占农户总数 10% 的富农和富裕阶层的存粮中征借 1.5 亿至 2 亿普特的粮食，出口粮食以换取原料和工业设备；通过节约制度每年可以减少 4 亿卢布的非生产性开支；压缩庞大的官僚机构；利用对外贸易垄断、外国贷款、租让制、技术援助合同等工具，也能提供一部分资金。[2] 他们是主张利用同世界经济的联系以取得补充资金的。

1926 年 4 月全会上一些发言者，首先是斯大林强调优先发展重工业，这一方针得到实施。据古比雪夫引用的统计数字，用于发展重工业的资金 1925—1926 年为 66%，1926—1927 年为 70%，1927—1928 年为 71%，已开始的 1928—1929 年为 77%。[3]

这以后导致工业 A 部类同 B 部类之间比例失调。1927 年 7 月李可夫提请

---

[1] 《斯大林全集》，第 8 卷，第 118 页。

[2] 中央编译局国际共运史研究室编译：《托洛茨基言论》，人民出版社 1979 年版，第 898—899 页。

[3] Индустриализация Советского Союза. Часть1. С.222－223.

注意，生产资料的生产得到较快发展，“从国家的工业化、交通运输的设备更新、加强国防能力的观点看是好事，但存在某些危险，因为这影响市场关系的稳定”。他建议，在下一年度“不降低重工业的发展速度的情况下，增加轻工业商品的产量。”[1]

轻工业是重工业的可靠资金来源。例如，奥新斯基在1928年7月全会上说：“对最高国民经济委员会来说，纺织工业是资助其他工业部门的主要的摇钱树。”[2]

然而，作为实践任务提出的口号“谁战胜谁”及由此具体化为绝对命令的“赶超”任务，加上那时大肆宣传入侵苏联不可避免的思想，这就使得军队不断要求增加国防拨款，发展军工生产。

存在对轻工业包括纺织工业的作用估计不足，这造成其发展的不平衡。而谁提出需要给予更多的关照，他就会被指责为“右倾”。乌格拉诺夫在1929年4月全会上说：他在政治局和最高国民经济委员会上提出必须给轻工业提供固定资本，“以便让这个会下金蛋的母鸡能够像过去那样提供利润”。但他被解除莫斯科市委书记的职务，1929年4月被撤销中央政治局委员和中央书记的职务。他说：

> “指责我总是倾向于纺织工业。当然，我关心纺织工业，不能对此不关心。纺织工业在我国国民经济生活中起着巨大的作用。我们莫斯科人经常说，轻工业，首先纺织工业是发展重工业的资金源泉。这一点一直是莫斯科组织全部工作的方针。与此同时，我在政治局，在最高国民经济委员会上总是这样提问题：留下最必要的资金用于大修，并不是坚持对纺织工业的大改造，而是要求最必要的修理，使固定资本保持完好，让这只会下金蛋的母鸡今后仍然能够提供利润。而有人企图把事情描绘成，我们是手工业者，只考虑小工业，不懂得重工业的作用！不要忘了，纺织工业有6万工人。”[3]

---

[1] Индустриализация Советского Союза. Часть1. С.162.

[2] Индустриализация Советского Союза. Часть1. С.200.

[3] Как сломали НЭП. Стенограммы пленумов ЦК ВКП(б). М., 2000. Т.4. С.133–134.

莫斯科卡兰切夫路第一寄宿所。1926 年

工业和世界市场的关系这个问题早在彼得大帝之前已经存在，十月革命后进入和平建设时期，同国外的关系问题变得越来越迫切。一些国务活动家，特别是列宁，清楚地知道这一点。托洛茨基清醒地看到苏联经济同世界经济的联系和相互依赖关系，要求利用西方的资金与技术来促进苏联的工业化。1926年12月，他在共产国际第七次扩大全会上说："社会主义的前提是重工业和机器制造业，这是社会主义的最重要的杠杆。"据统计，战前俄国的工业装备63%是进口的机器，只有1/3是国产的，并且极其简单。"因此，当你们察看我国工厂的技术装备时，你们就会亲眼看见俄国以及苏联在物质上对世界经济的依赖。"近几十年来，几乎没有更换过工业的固定资本。恢复时期的终点同时也就是恢复同世界经济的物质联系的起点，提出工业化的任务，意味着增加同外界的联系，增加对世界市场、对资本主义、对它的技术和经济的依赖，当然是相互依赖。如果要在最近时间里凭自己的双手制造出全部机器，或至少是最重要的机器，就是说，如果我们企图忽视世界经济的分工，并跳过造成我国工业的现状的先前的经济历史，总之，如果我们走上"社会主义的"门罗主义的道路而一切靠自己的双手制造的话，那就必然会大大降低我们的经济发展速度。实际上，我们的国家始终直接或间接地处于世界市场的相对控制之中。发展速度不能任意规定，它是由整个世界发展给我们规定的，因为世界经济处于最高一级的地位控制着自己的每一个部分，即使这个部分处于无产阶级专政之下并正在建设社会主义。他说："为了使我国工业化，我们需要输入机器。而农民需要输出粮食及其他产品。如果我们不输出，我们就不能输入。另一方面，国内市场不能吞纳全部农产品。因此，无论农民的需要或工业的需要都把我们重新纳入世界经济。"[1]

托洛茨基认为，应当向世界市场看齐，因为在最近几年苏联对资本主义技术的依赖将加强。随着工业化的进展，出口和工业进口将大大增长。这样，苏联经济同国外经济的相互依赖将增长，应当扩大世界联系。苏联对国外的依赖程度不取决于是否生产机器，而是自身的发展速度。在赶上世界经济之前，首先要利用世界经济。苏联从属于世界市场。技术领域落后于外国对苏联是非常危险的。他的这些议论是反对那些在保持国家经济独立的借口下使苏联经济

[1] 《托洛茨基言论》，人民出版社1979年版，第702—703页。

处于孤立状态的主张的。

托洛茨基认为工业化的速度不仅取决于设备的物理损耗，还含有它的无形损耗，换句话说，取决于世界技术进步，因此应当采取一切措施紧紧跟随国外发达国家出现的技术进步的要求。[1]

关于工业同其他部门的关系，有一个流传甚广的“工业专政”的说法，这个说法是托洛茨基首先提出的，但后来其本意已变得面目全非。1923 年年底，托洛茨基在小册子《新方针》中题为“计划经济（1042）”一文中谈到“工业专政”，他说：提高、巩固和发展作为无产阶级专政基石和社会主义基础的国营工业是一项基本目标。这个“国营经济”除工业外还包括交通运输、对外贸易、国内贸易和金融事业，这是一个“综合体”。托洛茨基指出：“国家计划委员会必须调整国家经济中的一切基本因素，也就是说有系统地统一并指导国家经济中所有的基本因素。国家计划委员会所关心的主要目标必须是发展国营（社会主义）工业，正是从这个意义出发，我说在国营经济综合体当中，‘专政’必须掌握在工业手里。当然，正如我已经指出的那样，‘专政’这个字眼的意义在这里是极其有限和有条件的：这是用来与财政金融所要求的‘专政’的相对提法。换句话说，不仅对外贸易，而且还有恢复稳定的通货，都必须严格服从国营工业的利益。当然不用说，这决不会是针对结合关系说的。”他说，他这样提问题并不是忽视农民，也不是让国营经济独揽一切。[2]

在 20 世纪 20 年代的党内争论中托洛茨基一直指责工业发展缓慢，影响整个国民经济的发展。“工业发展速度不够快，转过来又导致农业发展迟缓。同时，没有农业生产力的决定性的提高和商品生产的大量增加，工业化也是不可能的。”[3] 不过，托洛茨基也反对 1928 年以后的高速度工业化。托洛茨基写道：“素来短视的经验主义的斯大林官僚集团在成就的影响下，于 1928 年开始鲁莽地加快工业化与农业集体化的速度。这里两种角色对调了位置。左翼反对派提出警告说：如果采取未经以前经验证明的过快的速度，那么城市与乡村之间、工业各部门之间可能产生不平衡，因而造成可怕的危机。而且——这是反

[1] Индустриализация Советского Союза. Часть1. С. 134－139.

[2] 《托洛茨基言论》，上册，三联书店 1979 年版，第 476 页。

[3] ［俄］托洛茨基著：《俄国局势真相》，三联书店 1963 年版，第 51 页。

对派的主要论据——过分迅速地把资本投入工业将会过分地减少分配给日常消费的部分，不能保证人民生活水平得到必要的提高。”[1]

在反对托洛茨基派的斗争中，斯大林在1928年以前批判托洛茨基高速度的要求，1928年以后又批判托洛茨基降低速度的主张。斯大林把托洛茨基所主张的高速度发展工业叫做“超工业化主义”。托洛茨基后来写道：“反对派要求放弃一年计划而采用五年计划，断定如果有集中的领导，工业每年增长20%决不是办不到的。斯大林官僚集团当时指责反对派的主张是超工业化主义和乌托邦主义。”[2]然而过不了几年，斯大林就反过来嘲笑托洛茨基所主张的速度了。1930年6月27日，斯大林在党的第十六次代表大会的政治报告中宣称：“我们社会主义工业的产值在最近3年内增加了一倍多，而它在1930—1931年又比本年度增加47%，仅仅这个增加额就等于战前全部大工业的产值”。“关于托洛茨基分子有这样一种说法，说他们是超工业化主义者。但是，这种说法只有一部分是正确的。这种说法只有在讲到恢复时期末期的时候才是正确的，因为那时托洛茨基分子确实曾经发挥过超工业化的幻想。至于改造时期，托洛茨基分子在建设方面却是最极端的最低速度派和最卑鄙无耻的投降派。”[3]“在托洛茨基分子看来，国营工业的产值每年增长18%是改造时期计划加快发展速度的最高限度，应当作为理想来追求。现在把托洛茨基分子的这种浅薄的小聪明和我们最近3年来产值的实际增长（1927—1928年度为26.3%，1928—1929年度为24.3%，1929—1930年度为32%）比较一下，把托洛茨基分子的这种投降主义哲学和国家计划委员会拟定的1930—1931年度的控制数字（增加47%，超过恢复时期产值增加的最高速度）比较一下，你们就会看出托洛茨基分子的‘递减曲线’论的全部反动性，就会看出托洛茨基分子对改造时期所具有的可能性是多么不相信。”正因为如此，托洛茨基分子现在叫喊工业和集体农庄建设的布尔什维克发展速度“过快”。[4]

---

[1] ［俄］托洛茨基：“是斯大林还是苏维埃在削弱?”，载于《政治季刊》，1932年7—9月第3卷，第3期，第312—314页。见《托洛茨基反动言论摘录》，第253—254页。

[2] 同上。

[3] 《斯大林全集》，第12卷，第303页。

[4] 同上书，第303、305—306页。

1928年9月19日，古比雪夫在列宁格勒党组织会议上发表讲话，这个讲话被叫做“新的工业化宣言”。他说，国内外出现的危机和危险情况要求不惜一切代价地急剧加速和集中对重工业的投资，即使造成经济不平衡和人民群众中出现“不满情绪和强烈的抵制行动”也在所不惜。他指出：“我们必须明了，减慢工业化速度，从各方面看都是错误的。”针对有人指责搞“超工业化”，“不量力而行”，古比雪夫称：“我敢肯定，凡是认真研究了我国经济的人都会同意我的看法，即最严重的不平衡……就是我国生产资料的生产与需要之间的不平衡。”[1] 根据这个“宣言”，苏联的工业化变成了“重工业化”。

1929年十一月全会讨论了1929—1930年度国民经济控制数字。本来应当由人民委员会主席李可夫作此报告，但他提交给政治局的提纲被认为不能令人满意，他又拒绝在修改中加上反对右倾及对其调和主义的政治内容，政治局决定由克尔日扎诺夫斯基和古比雪夫来做。[2] 全会解除布哈林政治局委员职，同时给予李可夫、托姆斯基和乌格拉诺夫以警告。稍早在四月全会上解除了布哈林《真理报》主编、托姆斯基——全苏工会中央理事会主席职务。1930年12月，解除了李可夫政治局委员、苏联人民委员会主席和劳动国防委员会主席的职务。完成了组织上粉碎“右倾集团”的任务，也结束了关于工业化的争论。

第三节　合作化还是集体化？

在新经济政策下农业有了长足发展，到1927年农业总产值比1913年增加了21%。但是这一增长主要是靠畜牧产品和技术作物，至于粮食作物，不论耕作面积还是总产值都没有达到战前水平。尤其急剧下降的是商品粮的生产。1909—1913年间商品粮年平均为101 800普特，而1923—1927年间降到51400万普特。[3]

造成商品粮减少的原因是多方面的，一个重要原因是粮食的收购价过低，

[1] 《真理报》，1928年9月25日。引自《革命的良心》，北京出版社1985年版，第537页。

[2] РЦХИДНИ, Ф.17,Оп.3,Д.763,Л.3. 引自 Индустриализациа Советского Союза. Часть1. С.260.

[3] ［俄］梅德维杰夫著：《让历史来审判》，上卷，人民出版社1981年版，第129页。

粮食生产的发展得不到刺激。以 1913 年为 100，1926—1927 年畜牧产品的收购价格指数为 178，技术作物为 146，而粮食仅为 89。[1] 提高粮食的收购价，又需要国家增加对农村的工业品和日用品的供应量，当时的工业无法满足农民对工业品的需求。

新的农业结构也阻碍了商品粮生产的发展。先前商品粮的主要供给者地主已经被消灭，另一供应者富农经过贫农委员会的剥夺，也基本上被消灭了，中农和贫农成了粮食包括商品粮的主要生产者。到 20 年代末，这些农户生产了 40 亿普特的粮食，而革命前仅为 25 亿普特，但他们提供的商品粮只有 4.4 亿普特，商品率为 11%。这说明农民生活的改善，又同国家的需要发生矛盾。在这种背景下，发生了 1923 年年底的工业品“销售危机”，1925 年年底的收购困难，1928 年的收购危机。

著名农学家恰亚诺夫指出，中农户（更不必说贫农）多数从事的是家庭实物经济，主要搞自身经济的再生产，而不是提高生产的商品率。商品市场的活动会破坏这种农户存在的基础，但这是一个长期的演变过程。在苏维埃政权时期这一过程发展缓慢，因为商品市场遭到破坏，拥有多余的粮食不仅不利，而且危险。家庭农户的存在和发展是按照另一种规律进行的，不同于经典政治经济学。它们往往排斥新的耕作技术，不是由拥有的资本多少，而是根据家庭的规模及其需求来决定经营活动的方向和规模。这里的家庭成员既是东家，也是工人。

农学家亚·瓦·恰亚诺夫

内战结束后 3—4 年内农民恢复了农业。1925—1929 年谷物生产处于稍稍超过战前水平的状态，这不能不

[1] *Трапезников С.* Ленинизм и аграрно-крестьянский вопрос. М.,1967. Т.2. С.55.

成为走上工业化道路国家的一个问题。

1927 年 10 月 1 日，联共中央通过决定，为准备供党的第十五次代表大会讨论的农村问题提纲，成立由莫洛托夫为首的委员会。在准备提纲的过程中，曾就农村的发展道路问题向一些农学家和经济学家征询意见，其中有恰亚诺夫和康德拉季耶夫。

10 月 6 日，应莫洛托夫的要求恰亚诺夫提交了自己的报告。恰亚诺夫认为，战前的世界农业有两种基本类型。一种是以众多农场主经济为基础的美国农业，农场主从事体力劳作，雇有 2—3 个雇工。产业规模中等，经营粗放，机械化程度高，以所谓纵向的集中化形式扎根于资本主义国民经济体系之中。在这里，信贷合作和信托合作迅速发展。按合作原则组织起来的农场主，通过与银行结合，进入按资本主义原则组织起来的经济体系。另一种是东方国家，采取家庭经营形式，耕作劳动耗费极大，在租赁、信贷和劳动雇佣领域广泛存在奴役关系。战前俄国的农业则是这两种类型的混合，存在两种基本趋势：一种是走美国道路，在农业中竭力发展农场成分。一种是依靠中农，建立纵向集中化经营的合作形式。十月革命以后，农业生产结构发生了变化，消灭了地主经济，剥夺了富农，复活了村社的重分土地，从而使高商品性企业从农户总量中消失，这不可避免地影响农产品的商品量及其出口。农产品的产量可以恢复甚至超过战前，但只有通过大大提高广大农户的商品性的途径才能增加农产品的出口。现有的国营农场和集体农庄并不具有大规模生产的意义。

报告指出，苏联的农业基本上是由资本主义前的家庭农户组成的，在出租和租用农具和役畜方面存在奴役关系。从 1921 年起在商品经济的压力下，又出现资本主义前的分化和资本主义农场型的分化。存在中农户向农场和向合作社发展两种趋势。农村出现良性的变化，农户的领导人半数以上是经过前线和革命教育的年轻人，他们能够接受农业的改良。另外，已经能够教给这些新的经营主体新的农业技术。农民经济摆脱了停滞状态开始自动推进。但是现在对扩大农户的刺激因素太弱，而“对扩大农户的刺激是我国经济最起码的要素之一”。这里的问题不仅在于价格不合理，还有极重的税负。

在许多地区，家庭农户在变成资本主义农场。不过在现阶段，问题不是摧毁这种农户，而是以完全不同的形式促使社会主义成分的增长，在农业纵向集中化的领域寻找社会主义成分。

苏联是由国家的有组织力量和资本对农业的发展实行控制的，在农业经营中发展社会主义农业成分是完全可能的。合作社和集体经济成分能够通过资本主义在工业领域内所通过的那些环节和阶段进入社会主义体系。恰亚诺夫开列了这样一条逐步扩大公有经济成分的路线图：信贷——收购——销售——农业辅助性企业——组织初级加工——共同组织运输和共同耕耘土地以及一系列农业部门社会化为大型合作企业。在这种情况下，农户体系将逐步变成农村社会合作经济体系。应该把这种体系划归为彻底公有的社会主义经济形式，以后有可能用较大型的、按最佳规模组织起来的集体农庄型企业，取代残留的个人小块土地。

恰亚诺夫强调农业在工业化中的地位。认为工业化仅仅是一种加工工业和动力装置的发展是不正确的，因为没有与工业相关的农业其他部门的同时变化，孤立的工业是不能发展的。工业比重的发展应以该工业农业基地的巨大形态变更为前提，在发展工业时，应当彻底改变作为原料提供者的原料基地的结构，千方百计发展农业的商品形式，发展农业的机械化。工业化应当从工业开始，在头几年把大量资金投入工业，但几年之后，甚至在最近5年之内，要把大部分努力和资金用来组织工业化经济的农业部门，而农业部门也应保证它的工业成分的稳定存在和发展。[1]

简而言之，恰亚诺夫的主张是走美国的道路，引导农民通过合作社组织起来，通过各种辅助组织使农民的农业生产形成一个完整的合作体系，从而纳入社会主义的总体系之中。农业不是单纯的原料提供者，是国民经济的重要组成部分，工业化必须把农业包括在内，使农业也同时实现工业化。

著名经济学家康德拉季耶夫也于1927年10月8日致函莫洛托夫，发表自己的见解。他认为，农业的发展不仅仅依赖国家的有意识的促进，还有赖于客观的历史环境。为此他详细分析了苏联农业发展的具体环境，并同资本主义国家的条件进行比较。

苏联主要是一个农业国，其技术生产资料和交通工具特别是铁路的保障很不发达，生产力仍处于极低的水平，因此才会出现农业人口过剩，而这种过剩又反过来阻碍了国民经济和农业的发展。苏联农业的市场条件的特点是：

---

[1] 恰亚诺夫关于苏联农业现状的报告。见《苏联历史档案选编》，第6卷，第488—500页。

1. 工业品不足，2. 工业品价格相对高，而农产品价格相对低。向农业供应工具和生产资料的数量仍然低于战前。国家赋予农业合作社的功能，是苏联农业发展的重要条件之一，国家机关竭力通过农业合作社供应生产资料、发放信贷、农产品的销售和加工等等。农村的赋税低于战前，并且把相对较大的税负压在农村上层身上。

经济学家、行情研究所所长尼·德·康德拉季耶夫

康德拉季耶夫认为，苏联近年来农业发展速度高于战前发展速度，甚至高于美国的速度。平均增长速度接近 10%—15%。不过有减慢的趋势。这是因为，恢复时期农业总产量粗放增长时期即将结束，而农业的进一步发展要求大量投入新工具和生产资料。减慢还因为市场条件不大有利：在技术作物、养猪业和奶畜业的市场条件急剧恶化时期（1925—1926 年），这些产业部门出现了发展停滞现象。1926—1927 年谷类粮食市场欠佳，造成了这类粮食耕作面积扩大的速度减慢，产粮区尤其如此。农业商品率的增长和农业出口的增长不快，低于战前水平。农机和农村的电气化有长足进步，但远远落后于美国。

关于农村的分化情况，康德拉季耶夫以耕地面积和牲口的拥有量作为划分标志，根据具体数字得出结论，认为农村出现了农业全面高涨的局面，相应地，农户中下层群体转入较高群体，因而最贫困群体的百分比在减少。上层群体，在 1923 年前急剧减少，从 1923 年起“才有很小的增长”。根据有关租赁、雇佣和不雇佣劳力的材料看，在 1925 年、1926 年，耕地面积较少的群体中，通常承租地和雇佣短工的相对比重减少，而较多耕地的群体中这个比重增加。另一方面，数字表明，较低群体反而出租土地并出卖劳动力。这就是说，农村生活总的在改善，在此背景下出现分化过程，“然而这种分化是在一个极其狭窄的范围内进行的。上层群体的比重仍然不大”。根据对苏联和外国农业分化过程的分析，康德拉季耶夫得出结论认为：农业发展的条件，其走向是限制农村分化过程和促使农村中贫困阶层和中等阶层经济上升，在这方面将产生足够确定的良好效果。这就是，苏联农村的分化相对而言不大明显。

至于集体化，由于目前还没有集体经济迅速发展所需要的足够的技术前提和经济前提，成绩微不足道。农户的分家也在一定程度上阻碍集体化的进程。而合作化，其数量、入股人数及农业居民合作化的程度都在迅速增长，合作化农户的百分比由1924年1月的7.8%增加到1926年7月的26.3%。

康德拉季耶夫得出的结论是：

1. 苏联农业发展速度将比过去几年要低。这取决于市场条件，对农业的工具和生产资料，特别是农业机械的供应量，农业的技术改造。

2. 农业商品率和农业出口的发展，主要取决于农业的市场情况。没有通向世界市场的广阔通道，农业不可能高速发展。因此，为发展农业出口而斗争，为提高农业商品率而斗争，同时也是为农业发展的速度而斗争。

3. 需要发展农机具的国内生产，进口缺乏的机器，降低农业工具和农业生产资料的价格，并增加购买此类产品的贷款。

4. 农业的现代发展条件为防止农村的急剧分化提供了足够的保证。要以特别谨慎的和鼓励性的政策对待正在发展的高商品性的劳动农户。

5. 农业合作化近期在农产品销售加工、向农业供应工具和生产资料等领域内将继续下去，但这种生产的扩大将会放慢。

6. 集体农庄将继续发展，但将放慢速度。发展集体化要求极高的技术基础和居民的高文化水平。

7. 国营农场的发展要求国家大量投入，因而它在农业总产量中所占的分量在长时间内将是微不足道的。

8. 综上所述，在可以预见的近期内，农业发展问题仍像早先一样，首先是个体农户的发展问题（就比重而言），尽管他们在农产品销售和加工的基础上，在向农业供应工具和生产资料的基础上联合成合作社。

康德拉季耶夫最后强调，“有重要意义的是提供条件，让农业小生产者有足够的兴趣去发展农业生产力并提高其商品率。”[1]

我们看到，恰亚诺夫和康德拉季耶夫两位专家的看法基本相同，都不看好近期内集体农庄和国营农场的发展，认为有发展潜力的还是个体经济，只要采取有效的鼓励和刺激措施，通过各种不同的合作社把他们组织联合起来，形成社会合作体系，小生产就有可能得到发展，并在其发展的基础上增加商品率，增加农产品的出口，满足工业的需要。工业化不单单是工业本身的问题，也是农业发展的需要，工业化必须把农业的工业化包括在内。对党内争论不休的农村分化、富农威胁的问题，两人均认为并不值得担心，美国的经验表明，农业发展本身就具有抑制和限制分化的可能。康德拉季耶夫比较了苏联和美国的农村分化情况，得出结论：“农业的现代条件，其走向是限制农村分化过程和促使农村中贫困阶层和中等阶层经济上升，在这方面将产生足够的良好效果。那就是，我国农村的分化相对而言不大明显，速度缓慢，贫困户和中等户的基本群众正向更高的经济实力攀升。”[2]

1927 年 10 月 23 日，联共中央联席全会通过关于农村工作的决议，即莫洛托夫向党的第十五次代表大会报告的提纲。在 12 月 2—19 日召开的联共十五大上，听取了莫洛托夫关于农村工作的报告，通过了关于农村工作的决议。这两个决议内容和精神大体一致，从中可以看到恰亚诺夫和康德拉季耶夫的某些主张。例如，十五大决议指出：“苏联向社会主义发展的基本前提之一，就是农村生产力的提高和广大农民群众物质福利的增长。社会主义城市只有沿着这条道路才能领导农村，并大力促进个体私有经济（它在相当长的时期内仍将是整个农业的基础）向集体经济的逐步过渡”。[3]“通过群众性的合作化运动（在交换领域内，同时也日益在生产领域内），小商品生产者能够逐渐被吸引到

[1]　[俄] 康德拉季耶夫：“论苏联农业发展条件的特点及其意义”。见《苏联历史档案选编》，第 6 卷，第 502—535 页。

[2]　《苏联历史档案选编》，第 6 卷，第 530 页。

[3]　《苏联共产党代表大会、代表会议和中央全会决议汇编》，第 3 分册，第 398 页。

总的社会主义建设中来。"[1] 苏联农村分化的特点是"中农阶层得到进一步的发展"，"中农集团加强，同时富农集团因有部分富裕中农上升而暂时有某种程度的增大，贫农集团缩小。"合作社（消费合作社和农业合作社）已成长为联合了数百万农户的强大机体，要通过合作社把小农经济引上社会主义道路，通过流通过程，同时也在越来越大的程度上通过生产本身的改组和联合，把个体的分散的生产单位改造成以新的技术(电气化等）为基础的大规模的公有化经济。合作社，特别是农业合作社是改造农民并把农民纳入总的社会主义建设轨道的最好形式。这种改造"只有在劳动农民的同意下才能进行"。[2]

联共第十五次代表大会被斯大林叫做"集体化代表大会"[3]，据说大会决定了实施集体化的方针。《联共（布）当时简明教程》写道："第十五次代表大会通过了关于尽力开展农业集体化的决议，大会拟定了扩大和巩固集体农庄和国营农场网的计划，并明确指出了实现农业集体化的方法"。[4]《苏联共产党历史》写道：党的第十五次代表大会"通过了全力开展农业集体化运动、关于把农业改变为以新技术为基础的社会主义大生产的决议。"十五大"是作为农业集体化和准备社会主义全线进攻的代表大会载入党的史册的。"[5]

把联共第十五次代表大会叫做"集体化的代表大会"是缺乏根据的。实际上，在会上集体化问题本身才仅仅提出，并没有作出集体化的明确方针。在大会关于农村工作的决议中还强调农村的个体私有经济将长期存在，是整个农业的基础。集体农庄并没有处于特殊地位，只在"集体农庄和国营农场方面"的任务一小节中提到"集体农庄"一词。[6] 斯大林在十五大上的政治报告中谈到农业的出路时说："出路就在于把分散的小农户转变为以公共耕种制为基础的联合起来的大农庄，就在于转变到以高度的新技术为基础的集体耕种制。"[7]

---

[1] 《苏联共产党代表大会、代表会议和中央全会决议汇编》，第 3 分册，第 400 页。

[2] 同上书，第 402—403 页。

[3] 《斯大林全集》，第 12 卷，第 297 页。

[4] 《联共（布）当时简明教程》，人民出版社 1975 年版，第 318 页。

[5] 《苏联共产党历史》，人民出版社 1960 年版，第 440、443 页。

[6] 《苏联共产党代表大会、代表会议和中央全会决议汇编》，第 3 分册，第 412 页。

[7] 《斯大林全集》，第 10 卷，第 261 页。

同样没有提到集体农庄这个词。莫洛托夫在大会作"关于农村工作"的报告中指出："我们知道，个体经济朝社会主义道路发展是一条缓慢的道路，是一条漫长的道路。从个体经济向公有（集体）经济过渡要花不少年的时间。我们知道，个体经济的发展还要持续好多好多年……""我们清楚地知道，耐普——所谓'新经济政策'本身是对中农、小私有者、小业主的让步，他们认为个体经济要比集体经济为好。只要存在小农经济，我们过去、现在和将来都要坚持这一政策。"[1]今后集体农庄要同其他形式的生产合作社一起获得大力支持，同时并不排除全力发展销售合作社和农村其他形式的合作社连同个体农民经济的必要性。

1928年7月召开的中央全会上，斯大林还把提高个体农民经济当作党的工作的第一位的、主要的任务。"出路在于：尽量提高中小农民经济的生产率……个体农民经济发展的可能性还不小。"他还说：如果"采取了斗争和消灭个体农民经济的观点，那我们就是破坏了结合"。[2]1929年4月，联共第十六次代表会议在决议中指出："小经济远远没有失去并且不会很快失去它所拥有的可能性"。

1929年2月1日，人民委员会主席李可夫在全俄农艺师第二次代表大会上说："在苏维埃国家的条件下，甚至小生产者也比在其他国家有大得多得发展自己的经济的可能性。""农民经济是如此落后，以致每个小的个体经济都有自己发展的巨大可能性。因此，也必须帮助个体经济。个体经济之所以需要帮助，是因为最近几年它在粮食总产量和向国家供应方面仍将起决定性的作用。"[3]

1929年4月李可夫在政府工作报告谈到个体农民经济的前景，说"到五年计划结束时，个体农民经济仍将在商品粮的产量中占60%以上，而在农业总产值中则大约占90%"。因此他说："千方百计地鼓励个体商品生产者发展生产，大力协助中农、贫农基本群众的个体经济，不仅在现在，而且在最近的将来，也都具有极其巨大的意义。"[4]

---

[1] Пятнадцатый съезд ВКП(б).Стенографичесий отчет. М.,1961.С.1185.

[2] 《斯大林全集》，第11卷，第156、158页。

[3] 《李可夫文选》，人民出版社1986年版，第411、413页。

[4] 同上书，第426页。

可见在联共十五大以及此后的一段时间里党政领导人并没有提出或者规定集体化的方针。

改变方针，放弃列宁的合作社计划，把全盘集体化当作头等任务提出的是斯大林。1929年年底，斯大林在马克思主义者土地问题专家代表会议上发表《论苏联土地政策的几个问题》的讲话，提出“和理论上的资产阶级偏见”作斗争的任务。被斯大林叫做“资产阶级偏见”的有“平衡”论、社会主义建设“自流论”、小农经济“稳固”论等等。斯大林认为苏联“小农经济的大部分不仅不能实现逐年扩大再生产，相反地，连简单再生产也是很少有可能实现的”，因此不能把社会主义建立在两个不同的基础之上，即社会主义工业和分散落后的农民小商品经济基础之上。出路就在于使农业成为大农业，在农业中培植集体农庄和国营农场。只有这种大经济，才能成为能够带领基本农民群众跟着社会主义城市走的社会主义基地。这就改变了联共十五大关于个体私有经济将长期存在，是整个农业的基础的提法。为了给集体农庄取代合作社提供合法性，斯大林把列宁在《论合作社》中所说的流通领域的合作社与集体农庄混

典型的农村家庭

为一谈，说列宁所指的合作社“既包括它的低级形式（供销合作社），也包括它的高级形式（集体农庄）”。实际上，合作社与集体农庄之间有一个根本的区别，这就是在合作社里，农民是经营的主体，是独立的生产者，而在斯大林的集体农庄里农民失去生产者的独立地位，失去土地和生产资料的所有权和支配权。斯大林在讲话中擅自宣布：“我们已经从限制富农剥削趋向过渡到消灭富农阶级的政策。”他号召剥夺富农，说“现在多谈剥夺富农财产问题是可笑而不严肃的。既然割下了脑袋，也就不必怜惜头发了。”实际上，整个集体化的过程是对农民，而不仅仅是富农的剥夺，消灭的不仅仅是富农，而是全体农民。这种种做法都是直接违背新经济政策基本原则的，所以斯大林认为关于新经济政策也应当有新的提法：新经济政策已经不再为社会主义服务了，应当“让它见鬼去了”。[1]

实际上 20 年代末苏联农村的分化不是社会意义上的分化，即不是阶级分化，而是财产意义上的分化，贫富的分化。

《论苏联土地政策的几个问题》是废除新经济政策的宣言，也是斯大林模式的正式开端。进入 20 世纪 30 年代，国内和党内已经没有任何力量能够对抗斯大林模式的实施，苏联历史进入了斯大林模式时期。

第四节　沙赫特案件——20 世纪 30 年代镇压的预演

在 1928—1929 年反对布哈林右倾的斗争中，斯大林提出社会主义取得成就越大，阶级斗争越尖锐的理论。沙赫特案件就是阶级斗争尖锐化理论的标本。

1928 年 3 月 12 日，《消息报》刊登了苏联最高法院检察官的通告，在顿巴斯的沙赫特区揭露出一个反革命组织，其目标是瓦解和摧毁煤炭工业。通告指出，该组织在国外总部的领导下在矿区实施怠工和破坏。该组织的领导总部在国外，由顿涅茨矿区煤炭企业的原资本家和股东组成，他们同某些德国公司和波兰反间谍人员有密切联系。参加破坏活动的有专家工程师、技术员、工长、职员。他们从原主人那里领取酬金，从国外间谍组织获取特别费，其中许

[1] 《斯大林全集》，第 12 卷，第 126—151 页。

多人原来就是白卫反间谍人员。他们从事怠工、纵火、爆炸、破坏机器、使矿井倒塌、实施不合理的建筑方法、浪费资金、降低产品质量、提高产品成本，从国外购买陈旧设备或者不适用的先进设备等等反革命活动。

沙赫特是北高加索边疆区一个工业区中心，处于顿涅茨矿区的东南角。其工业提供了区总产值的75%，有37个工厂，22600名工人。北高加索边疆区700名技术专家中，有200名在沙赫特区工作。1923年曾出现过工潮，1927年5月再次出现工人不满。根据新的集体合同，工人的实际工资减少了一半。局势迫使工人寻找具体的罪魁祸首，旧专家工程师就成了这样的人。

根据国家政治保卫总局（奥格伯乌）的侦查，以1920—1928年从事破坏活动的罪名逮捕了53名矿井专家，于1928年5—6月对本案进行公开审判。

案件的侦讯由侦讯小组（库尔斯基、费多托夫等）负责，其任务是不惜任何代价从被告人身上取得“真诚的招供”并使案件具有全国性。侦讯过程采取了肉体和精神折磨手段：连续三昼夜或更长时间不许睡觉，连续不断地向被告宣读他应当在法庭上承认自己罪行的供词，以迫害其家属相威胁，通过这种“修理”，他们在预审中承认了自己的罪行，但并无物证。

奥格伯乌的侦讯员认定，在沙赫特形成了相当规模的破坏系统，包括：

1. 在矿山和矿务局领导成员中的怠工和破坏活动；

2. 破坏“顿煤”托拉斯的领导；

3. 破坏莫斯科煤炭工业的计划领导。

他们构想出来的组织系统是：在沙赫特区的矿山和矿务局中的基层破坏集团，哈尔科夫的“顿煤”托拉斯经理部（中间环节），煤炭工业的领导人员（高级环节），“工商集团”的政治领导：巴黎、柏林、华沙。

法庭开庭前两个月就开展了大规模的宣传。《真理报》和《消息报》社论、斯大林在莫斯科积极分子会议上的讲话中，关于存在“反革命组织”、资产阶级专家“秘密集团”已经作为得到证实的事实大肆渲染。法院还没有开庭，4月13日，斯大林就公开宣布：“沙赫特事件是一部分以前掌管煤矿工业的资产阶级专家所策动的经济反革命事件。”[1]

由莫斯科大学校长维辛斯基主持的苏联最高法院特别法庭于1928年5月

[1] 《斯大林全集》，第11卷，第46页。

沙赫特案件中的被告。1928 年

18 日在工会大厦圆柱大厅开庭，审判持续了 41 天。除国家公诉人克雷连柯和罗金斯基外，还有 42 名社会控诉人。审判是公开的，邀请了几百名记者和 3 万观众。大厅外举行游行示威，要求严惩罪犯。尽管事先做了充分准备，但在 53 名被告人中仍有 23 人拒绝承认有罪，10 人只承认部分有罪。

11 名被告被判处枪毙，其中 6 人后改为 10 年监禁，其中矿山工程师别列佐夫斯基拒不认罪。1928 年 7 月 9 日，5 人被枪决，其中两人拒绝认罪：矿山工程师 Н.Н. 戈尔列茨基（罪名是“组织”的首领）和 А.Я. 尤谢维奇。根据判决 4 名被告获释（其中两人为德国人），4 人缓刑，其余被告剥夺自由 1 年至 10 年。

沙赫特案件是为寻找替罪羊而炮制出来的案件。实际上当时矿山频繁出现各种事故是因为各种设备年久失修、老化磨损，一味强调增加生产，多出煤炭，而忽视安全，领导官僚主义等等原因造成的。这些被卷入案件的工程技术人员都是恢复煤炭工业的积极参与者，对新经济政策时期国民经济的发展做出过贡献。斯大林及其亲信急于解决城市经济和采矿业中“谁战胜谁”的问题，以便在农业中开始“大转变”，同时把 1927—1928 年的全部经济困难归咎于虚构的“破坏者”。

捷克驻莫斯科的外交人员季尔萨给本国外交部报告说：矿山用的是不合理的粗放的劳动。在矿山工作来自农村的农民带来了对生活条件、低工资、沉重的工作和生活条件的不安和不满，罢工的条件成熟了，它可能打破煤炭开采的节奏，给政府造成新的困难。“继续隐瞒苏联经济下降已经不可能，归咎于从过去的岁月遗留的落后、战争和外国干涉的后果，也已经是过时的武器，而承认工业下降和工人不满的原因主要是与不合适的经济体制相联系的，这就会意味着领导的威信继续下降。因此需要从所谓‘阶级敌人中间寻找’罪魁祸首，指责技术专家搞预谋的反革命和反对苏维埃制度的有组织阴谋，并且还可以顺便提出在俄国的原外国所有主的问题。现在已经用对知识分子不信任和怀疑的精神来培植舆论。”根本谈不上什么存在若干年的有组织的阴谋，所有这一切都是上述目的的产物和肆无忌惮的捏造。[1]

德国历史学家 M. 雷曼，根据德国外交部的档案中的苏联文献写成《社会主义的诞生。第二次革命前夕的苏联》一书。书中指出，苏联和顿巴斯的经济状况之困难犹如国内战争年代，技术落后，装备和投资不足，许多矿井关闭，失业，许多工人对事业懒散，对行政、工程师和技术员不满，开始出现罢工运动，但工会同行政领导站在一条线上，工人向地方格伯乌机关投诉。关于“专家”在沙赫特的反革命活动的最早消息是在 1927 年年底出现的。1928 年春，格伯乌机关审理了对工程师和技术人员的投诉。看来“材料”不能令人满意，但由于涉及“阶级异己分子”，逐渐查清了他们的“反革命意图”。但事情并没有立即取得进展，因为侦察员的行动同党政领导所指示的政策有分歧。此外沙赫特还有 6 名德国工程师根据合同在帮助安装设备，案件会在德国和国外引起不良反应。北高加索格伯乌领导人 E.Г. 叶夫多基莫夫在组织审讯中没有能得到明仁斯基的支持，于是直接向斯大林求助。“在任何情况下都毫无疑问，斯大林正是直接批准逮捕的人。”斯大林企图利用机会减轻顿巴斯社会紧张程度，可以利用所谓“暗害的活跃化”作为借口来营造非常措施的氛围，以此替危机辩解，同时显示消除危机斗争的积极性。决定是斯大林一人独自作出的，直到 3 月 5

[1] AFMZV, PZ Moskva 1928, No 60, 19 III; No 96, 11, V; No 100, 12, V; No 119,28, V; No 133, 11 VI 。引自 *Шишкин В.А.* Власть, политика, экономика. Послереволюционная Россия. (1917–1928) .С.-Петербург. 1997. С.317.

日才召开政治局会议，通报已经实施的逮捕。在讨论的时候李可夫对此表示怀疑，他得到加里宁、契切林，看来还有古比雪夫的支持。明仁斯基决定支持格伯乌北高加索机关的情报。政治局通过决定进行大规模审讯，以在外国舆论面前使逮捕合法化。斯大林建议李可夫3月9日在莫斯科苏维埃向舆论界作通报。然而，甚至苏联检察院在审查了地方格伯乌的材料后也得出结论，它经不起任何批评。尽管李可夫、契切林等人继续反对，阻止案件进行的所有尝试都遇到斯大林的反抗，他不愿意让案件"刹车"，因为这等于承认自己的政治错误。[1]

斯大林坚持把沙赫特案件以及以后的类似案件和审讯中揭发出来的"阶级敌人的破坏"作为解释苏联经济困难的基本原因，这能够争取到相当多的基层和中层党政机关的支持，对他们来说把自己的失误解释成"破坏活动"的结果是很轻松的事。此外，他还把"破坏活动"同反对苏联的新的外国干涉联系在一起。

沙赫特案件在全国引起极大的震动。1928 年 3 月 15 日联共莫斯科委员会情报部"与揭露顿巴斯反革命阴谋有关的情绪"的报告称，在某些企业出现反专家行为，有人认为"应当把一半专家枪毙"，"没有他们也行"，"应当清洗机关的专家"。专家中间出现沮丧情绪，他们担心，案件会引发对全体专家的否定，会出现打击专家和迫害专家的新浪潮。有些地方专家集会抗议，有的表现消极，出现民族沙文主义情绪（顿巴斯有许多非俄罗斯族工程师），对从国外引进专家表示否定。也有人反对对专家采取镇压措施。

沙赫特案件结束后，对技术知识分子的进攻以更大的规模继续展开。受打击的还有相对独立的科技社会团体。例如，1929 年 8 月 27 日撤销了全俄工程师协会，罪名是"协助破坏"，搞小圈子，精英主义，脱离工人和技术员。1928—1929 年实施大规模逮捕工程技术人员（"破坏分子"），这包括铁路部门（在 20 名被枪毙的人中有坚信新经济政策的大工程师 M.K. 梅克）、列宁格勒的大型造船厂（"造船托拉斯案件"）和布良斯克"红色工会国际"工厂、采金工业、"供应部门破坏分子"（以解释 1928—1929 年的粮食困难），最后还有"工

[1] Raiman M. *The Birth of Stalinism. The USSR on the Eve of the "Second Revolution"*. Bloomingtong; Indianapolis, 1987. p.60－65. 引自 *Шишкин В.А*. Власть, политика, экономика. С.318－319.

业党案件”等。

为抗议对技术工程人员的镇压，1928 年 9 月 23 日冶金专家、科学院通讯院士格鲁姆－格尔日迈洛致信最高国民经济委员会主席古比雪夫，辞去最高国民经济委员会科学技术委员会主席的职务。他在辞职书中指责布尔什维克“狂吹沙赫特事件，从中制造子虚乌有的全部工业被破坏的威胁，怀疑所有的知识分子，逮捕大批工程师，炮制一系列的案件”。原因在于“布尔什维克在工业战线上遭受的毫无疑问的失败”，他们不承认这种失败是所采取的工业管理体制的失败，他们没有勇气这样做。“面对物价上涨、劳动生产率徘徊不前，民族没有富裕起来，甚至连粮食也没有了，又不愿意承认自己的过错，布尔什维克就开始为自己的失败寻找替罪羊”，抓住沙赫特案件为自己的失误辩解。这种诿过于人的做法将造成工业彻底完蛋，甚至造成饥荒。“证明这一点并不难。既然都用检察官的眼光来看专家的所有行动，所有技术人员和专家都处于监视之下，那么行政机器的瘫痪就是必然的了”。过去知识分子是独立于政府之外的，敢于对各种事物作出评价，所以存在独立的社会舆论，而沙皇政府也能倾听。现在“没有言论自由，没有出版自由”，俄国已经没有独立的人了。所有知识分子被变成 20 号（发工资日）人，饥饿迫使他们成为驯服的奴隶，大家都沉默不语。他得出结论，对专家来说只有一条道路：出于自身安全的考虑不要作出任何决定，这当然会导致工业的崩溃。他宣布，在这种氛围下他不可能再担任科学技术委员会主席，在这里工作人员不是工作，而是一直在考虑不让检察官有可能指责说话者搞破坏。出于这种信念，他不能完成自己的领导职责，因此提出辞职，但他表示，准备继续在冶金工业技术委员会技术局从事技术顾问的一般工作。[1]1928 年 10 月 31 日报纸报道：格鲁姆－格尔日迈洛因患肝癌去世。

沙赫特案件是斯大林 20 世纪 30 年代镇压的一次预演，30 年代的 3 次大公审几乎完全是按照沙赫特案的模式进行的：无辜的被告，罗织的罪行，国内的反革命破坏同国外间谍机关的联系，逼供的手段，审讯中使用肉刑，舆论的制造以至审判的地点，都是按照同样的模式进行的，制造冤假错案的高手维辛斯基亚在沙赫特案中粉墨登场了！

---

[1] 《苏联历史档案选编》，第 6 卷，第 568—572 页。

不是偶然的，正是在这一年斯大林提出了阶级斗争的新规律："随着我们的进展，资本主义分子的反抗将加强起来，阶级斗争将更加尖锐……向社会主义的前进不能不引起剥削分子对这种前进的反抗，而剥削分子的反抗不能不引起阶级斗争的必然尖锐化。"[1] 这就是斯大林的"阶级斗争尖锐化"的理论，是斯大林的一大发明。

至此，斯大林模式的三大支柱：消灭富农以实施农业集体化，以重工业化和军事工业化为中心的超高速度工业化，在"阶级斗争尖锐化"理论下的大规模清洗镇压，在20年代末已初具形态，需要的只是加以完善，予以推广。

[1] 《斯大林全集》，第11卷，第149—150页。

第九章　20 世纪 20 年代的文化

十月革命前3/10成人不能读写，农村文盲占80%，在民族地区文盲占99.5%，知识分子仅占人口的2.2%。

1917年10月前夕，布尔什维克党内知识分子约占10%。在彼得格勒武装起义的500名积极参加者中，知识分子占40%以上。到1918年春，许多敌视十月革命并参加过怠工的知识分子（医生、教师、工程技术人员等），已经开始与苏维埃政权在业务上合作。布尔什维克党对一些著名的专家实行高薪制。到20世纪20年代中期，旧知识分子与苏维埃政权在业务上的合作已基本实现。联共第十四次代表大会指出："从苏维埃职工（教员、医生、工程师、农艺师等等）的倾向和情绪来看，他们已开始真正成为苏维埃的了。"[1]

1917—1918年间对地主庄园、修道院和资产阶级私宅中的藏书实施国有化，1920年年底建立俄联邦统一的图书馆网，一批宫殿、博物馆和艺术收藏品收归国有。1919年电影业和戏剧联盟被国有化。20世纪20年代建立了一批自愿协会如扫盲协会、广播之友协会、苏联影迷协会、战斗无神论者同盟等。至1927年有高校90所，在校生11.42万人(1914年为高校72所，在校生8.65万人)，中等职业学校672所，在校生12.32万人(1914年为297所,3.54万人)。开办了工人预科，以培养工农青年。

各种学术研究机构纷纷成立。1918年开办社会主义科学院，1924年更名为共产主义科学院。1919年创办斯维尔德洛夫共产主义大学。1919年开始出第一版《列宁全集》。1921年成立马克思恩格斯研究院，1920年成立党史委员会，1921年成立红色教授学院，1923年成立列宁研究院（1928年党史委员会与之合并），1921年成立东方劳动者共产主义大学和少数民族共产主义大学。

布尔什维克党非常重视报刊的作用。最重要的两家报纸是党中央的机关报《真理报》和政府机关报《消息报》。《真理报》由没有担任政府职务党的理论家、政治局委员布哈林任主编。这家报纸在20年代办得比较活跃，经常就国内外的重大问题、党内分歧展开争论，反对派的文章、纲领也能见诸报端。《真理报》发起的工农通讯员运动，培养了大批的工农通讯员。1922年1月出版《在马克思主义旗帜下》（至1944年6月）。20年代还创办了党刊《布尔什维克》杂志。

杂志在艺术生活中发挥了重要作用。《新世界》、《红色处女地》、《青年近

---

[1] 《苏联共产党代表大会、代表会议和中央全会决议汇编》，第3分册，第115页。

卫军》、《十月》、《星》、《出版与革命》等等，推出了许多优秀作品，发表各种评论文章，就文学艺术问题展开热烈的争论。例如，1922年围绕莫斯科的巡回展览派艺术家的第47届画展展开过讨论。1924年《出版与革命》展开关于形式方法的讨论。

外国媒体在苏联受到严格的限制，社会政治性的外国报刊进不了苏联，只有为数不多的几个党政机关——联共中央、外交部等可以看到。有一个“关于同国外的联系”的专门法令，根据这个法令国家政治保卫局可以以阅读国外报纸反苏文章为由追究法律责任。至于在苏联报刊上出现的国外报刊的文字，都只限于对苏联友好的，或者反对资本主义国家及其政府政策的文章。还有一种特殊现象，就是在党内斗争中各派都设法利用外国报刊赞扬对方的言论来攻击诋毁对手。

随着向新经济政策过渡，1921年出现“路标转换派”。1921年布拉格出

莫斯科学生们举行的扫除文盲宣传游行。20年代

版了《路标转换》文集，为文集撰文的有克柳奇尼科夫、乌斯特里亚洛夫、博布里谢夫－普希金、卢基扬诺夫、恰霍金、波捷钦。1921—1922年间，巴黎出版同名杂志。这不是具有一致思想纲领的派别，把他们联系在一起的有两点：放弃反苏维埃的武装斗争，准备与苏维埃政权合作；期待苏维埃政权发生演变。路标转换派被允许出版刊物，发表讲演，举办辩论会和集会，其文集《路标转换》曾由国家出版社两次出版。俄共第十二次代表会议指出："所谓路标转换派在此以前曾经起了，而且还有可能起客观的进步作用。这一派别过去和现在都团结着那些同苏维埃政权'和解'并准备同它一起复兴祖国的侨民和俄国知识分子集团。因此，就这一点而言，路标转换派过去和现在都是值得欢迎的。"[1] 到20世纪20年代中期，路标转换派作为一种思潮逐渐消失。

第一节　无产阶级文化派以及其他文学团体

十月革命后，特别是20世纪20年代，文化领域曾经是流派纷呈、各种文化和文学团体群起的时期，在莫斯科有30多个文艺团体，其中有：十月革命前即已存在的无产阶级文化协会，煅冶场（打铁场，1920），谢拉皮翁兄弟（1921），莫斯科无产阶级作家协会（"莫普"，1923），左翼艺术阵线（"列夫"，1922），山隘（1924），俄罗斯无产阶级作家协会（"拉普"，1925）等。在文化领域，"左"的激进倾向极其盛行。不过，艺术上的"左"的含义与政治上的"左"有所不同，"左翼"是艺术知识分子中最初一批为革命创作的人，他们探寻新的艺术表现形式，其中有些人以其艺术作品丰富了苏维埃文艺。但也有"左"的极端表现，对文化遗产持虚无主义的态度，排斥非无产阶级作家。

最早出现并且影响巨大的是无产阶级文化派，其组织名为"无产阶级文化协会"，全名是"无产阶级文化教育组织"。

1917年10月16—19日，在彼得格勒召开了无产阶级文化教育组织第一次代表会议，会上成立了无产阶级文化教育组织中央委员会，卢那察尔斯基当选名誉主席，费·伊·加里宁当选执行局主席。会议规定协会的目标是用知识去武装工人阶级，指出必须掌握过去和现在的全部文化财富，同社会主义知识

[1] 《苏联共产党代表大会、代表会议和中央全会决议汇编》，第2分册，第237—238页。

分子、非党知识分子合作等。

苏维埃政权建立之后，由于广大群众对科学文化的迫切需求，无产阶级文化协会在组织上急剧增长，迅速发展成为一个群众性文化教育组织，人数最多时（1919—1920）达40万人，有8万人直接参加协会所属各工作室的活动，作家、诗人、戏剧家、画家等各种艺术家纷纷加入，拥有《无产阶级文化》(莫斯科)、《未来》（彼得格勒）和《熔炉》等15种杂志；在全国有一个庞大的协会网，各省和各大城市都设有地方无产阶级文化协会(在1920年约达100个)。从中央到地方有一套完整的组织机构：领导机关是无产阶级文化协会全俄委员会中央委员会，下设戏剧艺术部、文学出版部、科学部、俱乐部等部门，有各种活动场所如“中央舞台”、“第一工人剧院”、戏剧工作室、造型艺术工作室、合唱队、俱乐部等等，它们出版和上演了大量作品。1920年8月，在共产国际第二次代表大会期间还成立了无产阶级文化协会国际局，英、德、捷等欧洲国家也成立了无产阶级文化协会。这一切对开展工人群众文化教育和文学艺术活动曾起过良好的促进作用。

1918年9月召开了无产阶级文化教育组织第一次全俄代表会议，会议选举列别捷夫－波良斯基为主席，马施罗夫－萨莫贝特尼克为副主席。1918年春加入协会的亚·亚·波格丹诺夫当选为中央委员。这次会议是一个转折点。会议决议把“制定无产阶级文化”作为协会的主要目标，提出创造特殊的工作条件，“以便能够充分地进行无产阶级的严格的阶级创作”。[1] 无产阶级文化派的基本理论在这里开始形成。

1920年10月，在莫斯科几乎同时召开了两个大会，这是在文化问题上代表两种截然不同方针的两个大会。10月2—10日召开了共青团第三次全国代表大会，列宁在会上发表了《青年团的任务》的演说，强调青年的任务是学习，指出学习人类创造的全部知识财富的重要性。而5—12日举行的无产阶级文化协会第一次全俄代表大会却鼓吹抛弃文化遗产，在空地上创造出纯而又纯的无产阶级文化，同时要求协会完全自治，不受教育人民委员部的领导。为此列宁立即起草《论无产阶级文化》的决议草案，重申发展真正的无产阶级文化必须吸收和改造两千多年来人类思想和文化发展中一切有价值的东西，反对把自己

[1] 引自 Вопросы истории.1968. № 5.С.87.

关在与世隔绝的组织之中臆造自己的特殊文化，明确指出协会的一切组织必须无条件地接受苏维埃政权和俄国共产党的领导。

1920年俄共中央十一月全会决定以中央名义起草一封论无产阶级文化协会的信，使俄共中央的观点直接同广大协会会员和工人群众见面。信由季诺维也夫起草，克鲁普斯卡娅作了许多重要修改，最后经列宁审定，于1920年12月1日在《真理报》上发表。

俄共中央《论无产阶级文化协会》的信确认了协会从属教育人民委员部、接受它的领导的方针，批评了协会在十月革命后继续坚持独立的错误，指出协会让社会异己分子、小资产阶级分子篡夺了领导权，让未来派、颓废派、唯心主义哲学家把持了一些地方协会事务。信中指出，“他们在‘无产阶级文化’的外衣下，把资产阶级的哲学观点（马赫主义）奉献给工人。而在艺术领域，则在工人中间培养了一种荒唐的、不正常的趣味（未来主义）”。[1]

协会中央委员会主席团给党中央送去解释性简报，要求在《真理报》上发表，接着又派出由普列特涅夫等4人组成的代表团去见列宁，进行解释。在列宁同他们进行谈话之后，协会中央决定改组协会的工作。主席列别捷夫–波良斯基不同意这一决定，退出了无产阶级文化协会。改选后无产阶级文化派著名理论家普列特涅夫任主席，亚·亚·波格丹诺夫落选。

俄共中央的信发表之后，有些党组织对协会的工作不给予支持，甚至要求干脆取消它。因此，一年后，1921年11月22日，政治局专门作了一个关于无产阶级文化协会的决定，指出协会“应成为党满足无产阶级文化需求的机构之一”，要求各级党组织对协会的工作“给予更大的重视”，同时号召“从思想上反击用资产阶级唯心主义哲学（波格丹诺夫等等）的假货色顶替唯物主义世界观的一切企图”。决定特别指出，“去年那封信是针对极少数人的，这些人现在已在所谓‘集体派’的特殊政纲中公开暴露了自己的真面目，并且近一年来的经验表明，无产阶级文化协会中的绝大多数人员是反对他们的。”[2]

列宁这里提到的“集体派”政纲指的是1921年11月无产阶级文化协会第二次全俄代表大会前夕流传的一个匿名文件《我们是集体派》。这个政纲宣

---

[1] Ленин о литератре и искусстве. М., 1976. С.585–588.

[2] Ленин о литератре и искусстве. М.,1976. С.588.

称要为无产阶级文化的阶级纯洁性而斗争，声称创造无产阶级艺术和科学是他们当前的任务。他们号召组织上结集在无产阶级文化协会周围，同时承认：他们是党内前进派、工人反对派的继承者。列宁把这个政纲叫做“‘波格丹诺夫派’的政纲”。[1]

“无产阶级文化”的理论家和苏联输血研究所所长亚·亚·波格丹诺夫

1922年9—11月，《真理报》和《消息报》就无产阶级文化问题开展了一场争论。9月27日，无产阶级文化协会主席普列特涅夫在《真理报》发表纲领性文章《在意识形态战线上》，系统地阐述了无产阶级文化派的观点。列宁看到这篇文章后，当即在报纸的边角上作了批注，当天寄给《真理报》主编布哈林，问为什么要登载这种用各种炫耀博学的时髦字眼来虚张声势的昏话，指出：“这可是在伪造历史唯物主义！玩弄历史唯物主义！”[2]要编辑部给予批驳。

《真理报》和《消息报》先后发表了十几篇文章，就无产阶级文化问题展开争论。克鲁普斯卡娅、斯克沃尔佐夫－斯捷潘诺夫、卢那察尔斯基、雅柯夫列夫等纷纷写文章批判无产阶级文化派的观点。普列特涅夫也另写了两篇文章进行答辩。

这场争论涉及发展无产阶级文化的一系列问题，如无产阶级文化的性质，发展无产阶级文化的道路，无产阶级文化协会的宗旨和任务，农民和知识分子在发展无产阶级文化中的作用，对待文化遗产的态度，“科学社会化”的错误，苏俄当时最迫切的文化教育任务等问题。克鲁普斯卡娅在《无产阶级意识形态和无产阶级文化协会》一文中概括说，无产阶级文化协会的错误在于对资产阶

[1] Ленин о литератре и искусстве. М.,1976.С.776.

[2] 《列宁全集》，中文第2版，第52卷，第496页。

级艺术缺乏批判的态度，以至于把腐朽没落的资产阶级艺术奉为真正的无产阶级艺术；以作者的无产阶级出身作为判定无产阶级文学的标准；脱离生活，脱离斗争，企图人为地“孵出”无产阶级艺术。[1]

特别值得注意的是俄共中央宣传鼓动部副部长雅柯夫列夫的文章《论“无产阶级文化”和无产阶级文化协会》[2]。这是受列宁委托，根据列宁对普列特涅夫文章所作的批注的精神写就的。在文章的写作过程中，列宁曾五次接见雅柯夫列夫，同他交谈，并审阅了原稿。

对无产阶级文化问题，党内领导层的看法并不完全一致。托洛茨基否定产生无产阶级文化的可能性，认为无产阶级专政是一个短暂的过渡时期，无产阶级文化还没有来得及产生，无产阶级专政已经不存在，所以谈不上什么“无产阶级文化”。他在《无产阶级文化和无产阶级艺术》中问道，无产阶级是否有足够的时间去创造“无产阶级”文化呢？他回答说，无产阶级专政是短暂的过渡时期，它需要“几年和几十年——几十年，但不是几个世纪”的时间，“在专政时代是谈不上新文化的创造，即谈不上具有最伟大的历史规模的建设的；而当专政的铁钳已无必要的时候出现的、在历史上无与伦比的文化建设，将不会有阶级性了。由此应当得出结论，即无产阶级文化不仅现在没有，而且将来也不会有。”他说，没有必要为此惋惜，因为无产阶级掌握政权正是为了永远结束阶级文化，为全人类文化开辟道路。所以托洛茨基断定：“所谓‘无产阶级文化’、‘无产阶级艺术’等等，在我们这里大概在十分之三的场合下是不加批判地指未来共产主义社会的文化和艺术，在十分之二的场合下是指无产阶级的个别集团掌握无产阶级以前的文化要素的事实，最后，在十分之五的场合下，谈论的概念和文字是如此混乱，以致完全不知所云。”[3]

布哈林不同意托洛茨基的观点，认为托洛茨基夸大了无产阶级专政消亡的速度，忽略了无产阶级专政的长期性，忽略了不同国家无产阶级专政的不平衡性，即有的国家无产阶级夺取了政权，而另外许多国家还是资本主义国家，

---

[1] Правда. 1922. 8 октября.

[2] Правда.1922. 24,25 октября.

[3] ［俄］托洛茨基：“无产阶级文化和无产阶级艺术”。郑异凡编：《托洛茨基读本》，中央编译出版社 2008 年版，第 129—129、137 页。

这样无产阶级专政的道路就延长了。“不管我们如何实行消除城乡矛盾的政策，无产阶级文化的成长过程还是比它消亡的过程快得多。”[1] 所以布哈林是主张无产阶级文化的存在的。

布哈林同托洛茨基的分歧，从根本上讲，是对无产阶级革命和无产阶级专政的时限长短的估计上的分歧。

布哈林还坦率承认，在无产阶级文化问题上他不同意列宁的意见。列宁的意见是什么呢？列宁认为，在落后的俄国，最为迫切的不是去杜造什么无产阶级文化，有资产阶级文化就不错了，因此当前最迫切的是先教会工人农民识字读书，讲究卫生等等。布哈林认为除了普及的任务外，还应当提高，其中包括创造无产阶级文化。实际上在普及与提高问题上列宁同布哈林并不存在分歧，只是强调的重点不同而已。

列宁本人并不赞成独立的无产阶级文化的说法，他强调“无产阶级文化＝共产主义”。[2] 列宁这里说的意思和托洛茨基的观点相近，强调的是不存在单独的无产阶级文化。“无产阶级文化＝共产主义”，而共产主义社会是不存在无产阶级的，无产阶级已经消融在共产主义社会之中，“无产阶级文化”自然也消融在共产主义文化之中了，这时出现的是普遍的全人类的文化。

在 20 世纪 20 年代，无产阶级文化协会每况愈下，协会和会员人数逐年下降。1918 年全俄有 147 个协会，1920 年年初为 300 个，1921 年减为 54 个（另一统计为 38 个），1922 年 24 个（其中两个正在组织），1925 年 11 个，1928 年只有 5 个，1931 年到 1932 年年初 12 个（还有 4 个正在筹建）。人数最多时为 1920 年，有 40 万人（另一统计为 50 万），在工作室工作的 1919 年有 8 万人，1922 年减为 1.5 万人。

1922 年 6 月，无产阶级文化协会副主席法伊迪什写道：“现在几乎每天都收到无产阶级文化协会关闭的消息。组织消亡已成现实。”[3] 1925 年，俄共中央组织局决定把协会划归全苏工会中央理事会管辖，这时它的影响已经很小

[1] ［俄］布哈林：“无产阶级和文艺政策问题”。《布哈林文选》上册，第 339—342 页。

[2] 《列宁全集》，中文第 2 版，第 49 卷，第 583 页。

[3] 引自 *Горбунов В.В.* В.И.Ленин и Пролеткульт. Москва. 1974. С.186.

了，最后于 1932 年 8 月解散。

一些作家、诗人不愿在创作方法上受无产阶级文化协会理论家的条条框框的束缚纷纷退出，另行成立新的无产阶级文学团体。

1920 年 2 月，莫斯科无产阶级文化协会的一批作家退出协会，于 1920 年 5 月创办《煅冶场》（又译“打铁场”）杂志，开始形成新的文学团体“煅冶场”。就思想倾向而言，煅冶场仍属无产阶级文化派思潮。它在宣言中写道：“工人作家协会‘煅冶场’是唯一的一个完全站在工人阶级的革命先锋队俄共纲领上的协会。在走向共产主义的道路上，在加强无产阶级专政和实现工农民主的事业中，它认为自己是意识形态战线前沿阵地上的一支突击队。”“工人作家协会‘煅冶场’持俄共的观点，同时明了自己是意识形态战线前沿阵地的突击队。”[1]

1920 年 10 月 18—21 日，召开了全俄无产阶级作家会议，选出主要由“煅冶场”人员组成的理事会。

1922 年年初，一批年轻党员作家创办《青年近卫军》和《工人之春》杂志。12 月他们联合退出“煅冶场”的罗多夫以及没有参加任何团体的列列维奇等人，在《青年近卫军》编辑部成立“十月社”。在“十月社”倡导下，1923 年 3 月 15—17 日，召开了莫斯科无产阶级作家第一次代表大会，成立了“莫斯科无产阶级作家协会”（“莫普”）。大会根据罗多夫的报告《目前局势和无产阶级文学的任务》通过“莫普”的纲领文件《无产阶级作家‘十月’社的意识形态和艺术纲领》。1923 年 6 月，创办机关刊物《在岗位上》，因此“十月派”又叫“岗位派”。十月社的艺术纲领认为，“在阶级社会中文学艺术是同其他东西一起为一定的阶级任务服务的，只有通过阶级才能为全人类服务”，“摆在无产阶级面前的头等任务是建设自己的阶级文化，因而也要建设自己的文学艺术，这是深刻影响群众感性知觉的有力手段”。有计划的社会主义建设要求“无产阶级文学具有一定的体系”，十月社“作为掌握了辩证唯物主义世界观的无产阶级先锋队”将努力建立这样的体系。[2] 会上通过的列列维奇的报告提纲《论对资产阶级文学和中间集团的态度》提出，需要无产阶级政党和国家制定出“明确的

[1] 郑异凡编译：《苏联“无产阶级文化派”论争资料》，人民出版社 1980 年版，第 360—362 页。

[2] 《苏联“无产阶级文化派”论争资料》，第 343—345 页。

艺术政策”，认为只有无产阶级文学“才是对社会有益的文学”。对资产阶级集团根本谈不上什么合作，只有公开的阶级斗争。同小资产阶级同路人可以有一定的合作。与同路人的合作，“只有把它们当作瓦解敌人的辅助部队的情况下才是合理的，并且还必须经常不断地揭露他们那混乱的小资产阶级特点”。“意识形态战线的利益现在就要求使无产阶级文学在文学和党的基本出版机关中占有领导影响。只有在这种条件下才能有利于革命地利用‘同路人’的辅助力量，正如在政治领域，只有无产阶级先锋队俄共（布）的统率地位才能保证为无产阶级专政的利益而利用路标转换派。”他们把文学政策归结如下：“无产阶级先锋队在文学领域的主要支柱是无产阶级文学；为了瓦解敌人的思想而利用作为辅助力量的‘同路人’的文学，并且经常揭露他们的小资产阶级特性；随时随地同一切形式的资产阶级文学进行斗争。”[1]

列列维奇在《“莫普”执行委员会向俄共中央宣传部报告》中要求党在莫斯科无产阶级作家第一次代表大会决议（即“十月社”纲领）的基础上，“明确规定文学的方针，通令所有相应机构遵行”。他们主张，“不断坚持思想斗争的不可调和性，无条件进行思想路线的激烈斗争”。宣布同路人文学“基本上是反对无产阶级革命的文学”的。“仅仅‘承认’无产阶级文学已经不够了，而必须承认无产阶级文学的领导权原则”。[2]

1925年1月，岗位派等团体召开第一次全俄无产阶级作家代表会议，成立全俄无产阶级作家协会（伐普，ВАПП）。1928年秋在莫斯科召开第一次全苏无产阶级作家代表大会，成立全苏无产阶级作家协会联合会（伏阿普，ВОАПП），伐普更名拉普（俄罗斯无产阶级作家协会，РАПП）加入。1932年4月23日，联共中央发布改组文艺团体的决定，解散无产阶级作家团体，成立苏联作家协会。伏阿普、拉普退出了历史舞台。

1921年，亚·康·沃隆斯基创办《红色处女地》，任主编。这是苏俄第一份大型的文学杂志，它不同意“岗位派”的主张，成了团结广大作家和文化人的阵地，其工作得到俄共中央的肯定。1922年7月，俄共中央政治局在“组织作家诗人独立协会的专门委员会”的有关决定中指出：“在组织非党协会的

[1] 《苏联“无产阶级文化派”论争资料》，第343—351页。

[2] 引自马龙闪：《苏联剧变的文化透视》，第80、82—83、84页。

过程中，要利用事实上已存在于《红色处女地》的这一团体”。[1]1924年成立的山隘派，全名为“全苏工农作家联合会”，主要由围绕《红色处女地》的一些作家和诗人组成，其精神领袖就是沃隆斯基，其文艺观点与岗位派针锋相对。[2]

人数不多，但创作强盛的“谢拉皮翁兄弟”集体是典型的同路人，它宣扬不问政治，艺术创作独立于思想信仰。不过其创作，包括吉洪诺夫、费定、左琴科、卡维林、斯洛尼姆斯基、伊万诺夫等人的创作，超越了其宣扬的框框。

在20世纪20年代，同路人问题是当时思想和文学争论的焦点之一，“同路人”问题往往被看作是使用旧知识分子这一总问题的一部分，不过准确点说，应是对待持有不同看法或认识与官方不一致的知识分子的问题，并不全是“旧”知识分子问题。“同路人”一语是托洛茨基最早使用的，指的是那些同情革命，但没有从马克思主义观点理解其社会目的及政治目的的非党作家，他们以自己的方式接受革命，但“没有从整体上把握革命，对革命的共产主义目标也感到陌生”。[3] 托洛茨基认为，他们绝大多数属于知识分子阶层并为农民服务。《红色处女地》主编沃隆斯基认为，同路人是“小资产阶级、农民和知识分子阶层的苗裔，他们成长于革命时期，认识到十月革命的胜利，直接目睹或参加了革命。”[4] 而岗位派则对“同路人”采取敌视的态度，把“同路人”当作骂人的称呼。第一次全苏无产阶级作家会议认为，除极少数人，大多数“同路人”诽谤革命，渗透了民族主义、帝国主义、沙文主义和神秘主义精神，对这种人必须进行“最坚决的斗争”。《在岗位上》杂志提出口号：“不要同路人，不是盟友便是敌人！”把非无产阶级出身的所有文学家统统归入同路人，认为他们是苏维埃政权的敌对分子。

---

[1] 引自马龙闪：《苏联剧变的文化透视》，第168页。

[2] 沃隆斯基后来被打成托派，所以山隘派也就看作托派的别动队。苏共二十大后沃隆斯基得到平反。

[3] ［俄］托洛茨基著：《文学与革命》，刘文飞等译，外国文学出版社1992年版，第42页。

[4] 沃隆斯基给党中央宣传部的报告。《“拉普”资料汇编》，上册，张秋华等编选，中国社会科学出版社1981年版，第335页。

第二节 俄共中央召开的文学会议及其决议

20世纪20年代的文坛流派纷呈，复杂多样，无产阶级文化协会、煅冶场、谢拉皮翁兄弟、十月、列夫、山隘、拉普、瓦普、莫普等等各种文学团体并存，现实主义、未来主义、浪漫主义、立体主义、先锋主义、抽象派等等各种主义争雄，正是这一时期苏联出现了一批闻名世界的学者、作家和艺术家。

当时颇有影响的《工商报》副主编瓦连廷诺夫（沃尔斯基）对这一阶段有过描写。他说，1925年对知识分子来说被看作是“希望和乐观的一年”。追随苏维埃制度并参加社会主义建设的知识分子产生一种希望，不久“将出现哪怕是微小的自由的萌芽”。他们在一些文学著作中，例如，在皮尼亚克的著作中，看到了这种萌芽。“在新经济政策时代文学艺术获得了相对的自由”。但是变到所有阶级可以共存于一个社会的幻想，很快就破灭了。到1927年，已经“仿佛回到‘军事共产主义’时代”。[1]

托洛茨基是高层领导中最早就党的艺术政策发表看法的领导人。1923年9月16日，他在《真理报》上发表《党的艺术政策》一文，表示支持沃隆斯基，其中写道：“我们认为，沃隆斯基同志根据党的委托进行了大量文学和文化工作，并认为，用一篇文章浮皮潦草地颁布共产主义艺术的命令自然要比从事共产主义艺术的细致的准备工作容易得多。”他直接否定只有工人才能创造出革命艺术的论调，反对在文艺创作领域发号施令。他指出：“艺术应当靠自己的双脚走出路来。马克思主义的方法不是艺术的方法。党领导无产阶级，但不是领导历史的进程。有些领域，党可以直接地、绝对地进行领导；有些领域，党可以进行监督和协助；有些领域，党只能进行协助；最后，有些领域，党只能给予指导。艺术领域并不是党发号施令的场所。党可以并且应当进行限制、协助和仅仅是间接的领导。党对各种艺术团体可以并且应该给予有条件的信任，只要它们真诚地努力靠近革命并用艺术的形式来描绘革命。在任何场合下，党现在和将来都不能站在正与别的文学团体进行争论的或者干脆说进行竞争的某

[1] 引自 *Шишкин В.А.* Власть, политика, экономика. С.-Петербург. 1997, С.326–327.

个文学团体的立场上。党所维护的是整个阶级的长远利益。党在有意识地、一步一步地为新文化从而为新艺术创造前提条件，党对待文学同路人的态度，不是把他们当作工人作家的竞争者，而是当作在宏伟建设中的真正的或可能的助手。党了解过渡时期文学团体的暂时性，因此对它们的评价着眼于它们在培育社会主义文化过程中所起的或可能起的作用，而不是着眼于文学家们的阶级身份。”“党不能只是因为写作的人是工人而给《煅冶场》杂志打上纲领性的印记，另一方面，党也不能事先摒弃任何一个文学团体，即使是知识分子的文学团体”，“党对明显有毒的、有腐蚀作用的艺术倾向都要根据政治标准给予打击。不过，艺术侧翼的防卫比政治阵线的防卫要松一些，这是对的。”[1]

1924 年，卢那察尔斯基在《苏维埃国家的艺术政策》中指出：“既不能称现实主义流派，也不能称未来主义流派为国家的流派。不能不顾暂时还没有强大到能发表其意见的无产阶级本身的意愿，宣称任何一个派别是真正无产阶级的，无论是包装一新但仍然混乱的结构主义，还是虽说是民粹主义的，但同样需要极力照看的现实主义。这是一个最崇高的中立……”[2]

1924 年 5 月 9—10 日，俄共中央召开党的文艺政策会议，由中央委员会的出版部部长 Я.А. 雅科夫列夫主持。早在 1923 年就已经计划召开这样的会议了。参加会议的有党的活动家以及文学团体的代表。

无党派作家皮利尼亚克、叶赛宁、A. 托尔斯泰、H. 吉洪诺夫、M. 左琴科、瓦·伊万诺夫、O. 曼德尔施塔姆、И. 巴别尔、M. 普利什文、M. 沃洛申、B. 卡维林、O. 福尔施等人给会议写信，表示不能容许《在岗位上》杂志的无端攻击，“我们认为有必要声明，这种对待文学的态度有损于文学，有损于革命。我们苏俄作家们深信，我们的写作劳动是苏维埃俄国所需要的，是对它有益的”。会议听取了沃隆斯基和瓦尔丁的报告。参加讨论发言的有：奥新斯基、拉斯科尔尼科夫、波隆斯基、列列维奇、布哈林、阿维尔巴赫、雅库波维奇、雅科夫列夫、拉狄克、普列特涅夫、托洛茨基、罗多夫、卢那察尔斯基、克尔

[1] Правда.1923. 16 сентября. 引自《托洛茨基言论》，三联书店 1979 年版，第 392、394—395 页。

[2] 引自［俄］M.P. 泽齐娜等著：《俄罗斯文化史》，刘文飞、苏玲译，上海译文出版社 1999 年版，第 312 页。

任采夫、梁赞诺夫、别德内依等人。会议通过雅柯夫列夫提出的决议，批评岗位派，支持沃隆斯基，肯定了在文艺领域必须坚持工农创作的方向，同时支持站在十月革命纲领上的同路人。决议谴责了《在岗位上》杂志，认为它的做法使有才能的作家离开党和苏维埃政权。决议强调，任何一个文学流派或团体都不能以党的名义讲话。[1] 俄共第十三次代表大会把会议决议中的重要条文写进《关于报刊》的决议，决议指出，“进入我们文学界的无产阶级作家和农民作家，一部分来自车床旁和耕犁旁，一部分来自在十月革命时期和军事共产主义时期参加俄国共产党和共青团的知识分子阶层，必须大力提拔他们，并尽量给他们以物质帮助。”“必须继续对所谓同路人中的最有才能的人进行系统的指导性的帮助，这些人是在学校中以及同共产党员一起进行同志式的工作中培养起来的。”决议特别强调，“代表大会认为任何一个文学流派、学派或集团都不能而且也不应当代表党来说话。”[2]

1925 年 2 月 5 日，俄共中央政治局决定成立文学委员会，由它向俄共提供关于文学政策的建议。委员会成员有布哈林、加米涅夫、托姆斯基、伏龙芝、古比雪夫、安德列耶夫、卢那察尔斯基、瓦雷基斯，由瓦雷基斯负责。1925 年 2 月 10 日，约·米·瓦雷基斯提交了由他起草的“关于无产阶级作家和关于我们在文学艺术总的路线”的决议草案。

2 月 23 日，政治局文学委员会讨论了此决议案，与会的除委员会成员（瓦雷基斯、布哈林、伏龙芝和卢那察尔斯基）还有各文学团体、无产阶级文化协会、图书出版事业总管理局等等的代表，共 25 人。会议决定：

> 1. 委托布哈林同志起草党在文艺方面的政策的决议草案，以瓦雷基斯同志的提纲为基本材料。在起草草案时要考虑委员会中交换的看法。
>
> 2. 布哈林同志起草的关于党在文艺领域的政策决议案由瓦雷基斯、布哈林、伏龙芝、卢那察尔斯基审议，然后再次提交有各文学团体代表参加的委员会讨论。
>
> 3. 决议草案经讨论后，交政治局的委员会最后审定。

---

[1] *Бухарин Н.И.* Революция и культура. М.,1993. С.331.

[2] 《苏联共产党代表大会、代表会议和中央全会决议汇编》，第 2 分册，第 473 页。

4. 下周四，3 月 5 日决议提交政治局。[1]

“关于无产阶级作家”问题直到 1925 年 5 月 5 日才由政治局审议。当时决定：“责成政治局的委员会在一周内结束工作并报告政治局。”委员会直到 6 月 18 日才报告自己的工作。从向政治局提交处理这一问题的人员名单看，除了制定决议最终方案的委员会成员外，还有瓦普的两名代表——拉斯科尔尼科夫和列列维奇。提交政治局审议的决议案叫做“关于文学艺术”。政治局基本通过提交的决议案，决定责成布哈林、列列维奇和卢那察尔斯基三人组成的委员会最终修订。此外，还建议托洛茨基以书面形式提出自己的修改方案。政治局通过了最终决议案《关于党在文学方面的政策》(由布哈林、卢那察尔斯基和列列维奇签署)。[2]7 月 1 日在《真理报》公布。

《真理报》主编、共产国际政治书记处书记尼·伊·布哈林

在 1924 年 5 月 9 日和 1925 年 2 月俄共中央讨论党的文艺政策的会议上，布哈林发表了关于文艺政策的讲话，内容不仅是文艺政策问题，还涉及整个知识分子政策问题。

1. 领导权问题。布哈林认为，领导权问题是存在的，但是，领导权不能自封。他指出，在资本主义社会里无产阶级已经作为一支有组织的政治力量成熟起来，但还不是作为一种文化力量成熟起来，无产阶级取得政权以后取得了政治领导权，然而在艺术、科学和其他领域无产阶级还没有成熟到能够掌握领导权的地步，无产阶级必须“依靠自己的力量在文学和文化等领域中争得社会领导的历史权利”。

[1] История советской политической цензуры. С.602－603.

[2] История советской политической цензуры. С.602－603.

这归根结底要靠作品，靠作品的竞争。从总的方面讲党可以决定一系列问题，并作出必要的结论。但是，“在一系列艺术的形式问题上，在形式、风格的创造等问题上不能做这样的结论”。[1] 文化问题有自己的特殊性，“文化问题同战斗问题不同之处在于它不能通过打击的办法、施加机械暴力的办法去解决。它也不能用骑兵突击的办法去解决。它只能用同理性的批判的方法相适应的综合的办法解决。而主要是在相应的作品上的竞争的办法”。[2] 布哈林声明：“我主张进行总的领导和开展最广泛的竞赛。”[3]“扼杀无产阶级文学的最好办法，最好手段就是抛弃自由自在的竞争”。如果由国家政权去调节文学，让它享受各种各样的特权，那就会扼杀无产阶级文学。[4] 针对当时各种文艺团体频频发布各种各样的纲领宣言，布哈林宣布，一本好的文学作品胜过二十个纲领！

2. 同其他阶层作家的关系问题。布哈林指出，我们目前的社会不是一个阶级的社会，而是存在三个阶级——工人阶级、农民阶级和资产阶级的社会。文艺界的情况也与此大体相似，除了无产阶级作家以外，还有农民作家和“同路人”，这就有一个三者的关系问题。对农民作家不能因为他是非无产阶级而扼杀他，要考虑到他们的分量和特点，逐步地引导他们走非农民化的道路。[5] 对同路人也应如此，应该像吸引农民那样吸引同路人作家，而不应该用大棒砸脑袋，或扼得他们喘不过气来。“在改造人的问题上，应该有一定的分寸感。”[6] 他强调，在这里还有一个我们自身的自我教育问题，要反对“共产党人自大狂”。他指出，在这个我们还没有什么成就，尚无自立能力的部门中，却出现了共产党人自大狂，这就意味着，我们从开步走的时候起就可能把事业毁掉。

3. 关于文艺团体。为了开展竞争，布哈林主张成立各种各样的文艺团体，但任何团体都无权代表中央说话。中央委员会并不把自己像发针一样别在某一文艺团体身上。布哈林号召“组织起一千个、两千个团体吧，除莫普和伐普之

---

[1] 《布哈林文选》，上册，第346、350页。

[2] *Бухарин Н.И.* Революция и культура. Москва.1993.С.64.

[3] 《布哈林文选》，上册，第352页。

[4] *Бухарин Н.И.* Революция и культура. Москва.1993.С.65.

[5] *Бухарин Н.И.* Революция и культура. Москва.1993.С.64.

[6] 《布哈林文选》，上册，第348页。

外，能成立多少文学小组和团体就成立多少吧！”[1]但是，不能按照党、工会和军队那种类型去组建文艺团体，在文化领域应提出另一种组织原则，问题不在于称呼，它们必须是完全自愿的组织，非常灵活的组织，而不是靠拨款过活的组织，当然，它们之间可以有差别，可以开展最广泛的竞赛。这是发展无产阶

布哈林迎接从意大利回国的高尔基。1928 年

[1] 《布哈林文选》，上册，第 351 页。

级文化的必由之路。

布哈林的这些主张写进了俄共（布）中央1925年6月18日的《关于党在文学方面的政策》的决议。此决议的作者就是布哈林本人。档案中保存有一份手写的决议稿，是布哈林起草的。打印出来的文本中略有改动，由布哈林、卢那察尔斯基和列列维奇签署，作为中央委员会的决定。[1]

俄共（布）中央《关于党在文学方面的政策》的决议提出一系列重要的论点和主张。

党的文学政策涉及以下问题：无产阶级作家、农民作家与所谓“同路人”及其他作家之间的相互关系；党对于无产阶级作家的政策；批评问题；艺术作品的风格和形式问题，以及创造新艺术形式的方法问题，组织性问题。在无产阶级专政期间，党的任务之一是使技术知识分子和其他一切知识分子为革命服务，在思想上把他们从资产阶级那里争取过来。在文学领域夺取阵地这个任务比无产阶级正在解决的其他任务要复杂得多，因为无产阶级过去是被压迫阶级，不可能创造自己的文学、自己的特别艺术形式、自己的风格。现在还不存在无产阶级作家的领导权，党应当帮助这些作家给自己赢得掌握这个领导权的历史权利。农民作家应当受到友好的接待和享有我们无条件的支持。任务是使他们转到无产阶级轨道上来，但决不要使他们的创作失掉农民文学的特色。

左翼艺术阵线杂志《列夫》

对同路人，要看到他们许多人作为文学技术的熟练“专家”之重要性。在这里，

[1] 1925年6月18日俄共中央政治局会议第67号记录。РЦХИДНИ. Ф. 17. Оп. 163. Д. 494. ЛЛ: 56–62. Подлинник. Машинописный текст. Правда. 1 июля 1925 г. 见www.sov-lit.ru. 另见《“拉普”资料汇编》，中国社科出版社1981年版，第347页。由于布哈林后来被镇压，所以过去都把决议的起草归功于伏龙芝。

一般的方针应当是周到地和细心地对待他们。党在排除反无产阶级分子和反革命分子时（他们现在是少得微不足道了），在跟“同路人”中间正在形成的新资产阶级思想形态作斗争时，应当以容忍的态度对待中间的思想形态。

对无产阶级作家，要用一切方法帮助他们成长，支持他们及其组织，同时防止他们出现摆共产党员架子这种最有害的现象。党应当以一切方法与那些对旧文化遗产和文学专家的轻率和蔑视的态度作斗争。一方面反对投降，另一方面反对摆共产党员架子——这应当是党的口号。党也应当与纯粹在温室里培植“无产阶级”文学的企图作斗争。广泛把握极其复杂的现象，不局限在一个工厂范围内，不要成为车间的文学，而要成为领导千百万农民前进的伟大的战斗阶级文学，——这就是无产阶级文学内容的范围。

对于一切可能而且一定会同无产阶级一起前进的文学集团表示最大的周到、慎重和忍耐。在文学上共产主义批评应当避免使用命令的语气。马克思主义批评应当坚决根除一切狂妄的、一知半解的和神气十足的共产党员架子。

党决不偏袒文学形式方面的某一派别而使自己受到束缚。既然领导整个文学，党就不可能支持某一文学派别，正如党不能以决议来解决家庭形式问题一样。党应当主张各种集团和派别自由竞赛。用其他任何方法来解决这个问题，都不免衙门官僚式的虚假的解决。以指令或党的决议使某一集团或文学组织对文学出版事业实行合法的垄断，同样是不容许的。因为这首先就会毁灭无产阶级文学。党应当用一切办法根除对文学事业的专横的和外行的行政干涉的企图。[1]

应该说，这是苏联70多年来关于文化政策的最好的一个决议。就知识分子政策而言，这也不失为一个好政策。

第三节　繁荣的20世纪20年代文艺

20世纪20年代是苏联文艺百花齐放的时期。十月革命后的文艺，体裁上起初以诗歌创作规模最大，继而小说跟上，风格上以浪漫主义为主，现实主义也不少见。老作家继续写作，青年作家进入文坛。由于当时各种限制相对较

---

[1] 《苏联文学艺术问题》，人民文学出版社1953年版，第3—9页。

少，因而能形成新旧文学交汇交融，各种流派纷呈，多种理论相峙的局面。这种局面持续到20世纪20年代后期。

十月革命后最先兴起的是革命诗歌，这是由于诗歌这种形式能够及时表现革命的激情、诉求、氛围，常常能够发挥革命的号角作用。所以在国内战争期间，出现一批无产阶级诗人，如别德内依、马雅可夫斯基等等。在诗人队伍中还有革命前已经闻名的像叶赛宁、阿赫玛托娃这样的人物。当时流行一种说法，认为小说是资产阶级的文学形式，它将在无产阶级革命胜利之后自然消亡。最早反映革命的还有M.M.摩尔(Д.С.奥尔洛夫)、B.杰尼(B.H.杰尼索夫)、M.M.切列姆内赫的宣传画。

十月革命后出于不同原因有一批杰出的作家艺术家流亡到国外，如И.А.布宁、А.Н.托尔斯泰（1922年回国）、А.И.库普宁、М.И.茨韦塔耶娃、Е.И.扎米亚京、Ф.И.夏里亚宾、А.П.巴甫洛娃、К.А.科罗温。在20世纪

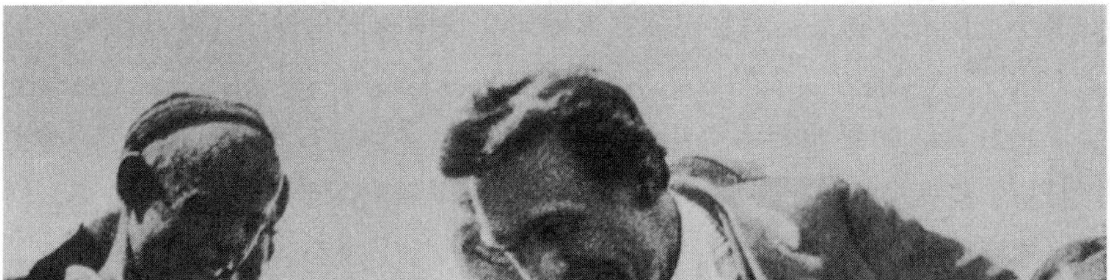

“少先队员不握手!”这是当时开展的习俗改革“取消握手运动”。伸手者为李可夫。20世纪20年代

20年代，国内作家与侨民作家联系颇为紧密，许多文学家、艺术家同他们保持个人通信，苏联杂志也发表评介侨民刊物的文章。

也有一批老作家、艺术家留在国内，继续创作活动：В.В. 马雅可夫斯基、С.А. 叶赛宁、Д. 别德内依、А.М. 高尔基、А.С. 绥拉菲莫维奇、К.С. 斯坦尼斯拉夫斯基、Вс.Э. 梅耶霍德、А.Я. 泰罗夫、К.С. 彼得罗夫－沃德金、С.Т. 科尼奥科夫等。

国内战争结束后，开始出现表现内战的小说，内战题材成为20世纪20年代文学的主要题材。这类题材的小说作者多为内战的直接参加者，В.А. 卡维林、Н.С. 吉洪诺夫、Н.Н. 阿谢耶夫、А.А. 扎罗夫、Л.М. 列昂诺夫、扎祖勃林、富尔曼诺夫、法捷耶夫、肖洛霍夫、列昂诺夫等人都曾投身艰苦的战斗。

1921年，皮利尼亚克出版小说《荒年》，这是关于革命最初年代的第一部长篇小说，它描写了国内战争时期偏僻小城中的生活，其中有没落的贵族，愚昧的小市民，放荡不羁的农民。在苏维埃文学中首次出现了布尔什维克的形象——一群穿"短皮上衣"的人，但是描写并不太成功，有点公式化、概念化。

1921年，В. 扎祖勃林发表小说《两个世界》，通过东西伯利亚的一支游击队与高尔察克军的殊死斗争，第一次广泛展现了新旧两个世界的激烈冲突。列宁称赞这是"一本很好的、急需的书"。[1]

1922年，李别进斯基发表中篇小说《一周间》，描写布尔什维克为市民筹集过冬燃料同时平息叛乱的斗争，把时代基本冲突的发展置入一周之间，有较细腻的心理描写。

1923年，А. 马雷什金发表小说《攻克达伊尔》，着力描写群体，描写N军攻打达伊尔城的壮烈场面。

作家В. 伊万诺夫在1921—1922年间写出了四部小说：《游击队员们》(1921)、《铁甲列车14－69》、《彩色的风》、《蓝色的沙地》(1922)，描写国内战争时期远东的游击战争。费定评论说："他是战后以其艺术力量把革命新素材成功地引进文学艺术中去的第一个人。"《铁甲列车14－69》中的农民游击队领袖维尔希宁是苏维埃文学中最早的较为成功的正面形象。

[1] [俄] 高尔基：《〈两个世界〉序》。引自刘文飞：《墙里墙外。俄语文学论集》，中央编译出版社1997年版，第35页。

费定、列昂诺夫、肖洛霍夫等人也在20年代开始了创作活动。费定发表了《城与年》(1924)、《兄弟们》(1928)。列昂诺夫出版了《獾》(1924)、《贼》(1927)，描绘内战引起的城乡剧变，对人与社会的关系作了道德上的探讨和哲学上的沉思。肖洛霍夫出版《顿河故事》(1926)，收入他1923—1926年间的作品，作家集中描写了顿河地区哥萨克家庭中的冲突。他的享誉世界的长篇小说《静静的顿河》也在20年代开始写作。

福尔曼诺夫在《恰巴耶夫》、绥拉菲莫维奇在《铁流》和法捷耶夫在《毁灭》中较为成功地塑造了国内战争中的正面形象，标志着20年代苏联文学正面形象形成过程中成熟阶段的来临。福尔曼诺夫的《恰巴耶夫》是苏联内战题材小说中一部成功之作，描写了一个红军指战员恰巴耶夫在战斗中成长过程。老作家绥拉菲莫维奇1924年推出《铁流》，描写塔曼红军在郭如鹤率领下突围战斗过程，整支队伍从乌合之众经历远征而成长为一支铁的队伍。法捷耶夫的《毁灭》被誉为“性格小说”，生动地描绘了莱奋生这样党的领导人。

20世纪20年代下半期，被称为“关于昨天的小说”的内战题材的中长篇小说仍不断涌现，如B. 巴赫麦季耶夫的《马尔登的罪行》(1927)、C. 谢苗诺夫的《娜塔莉娅·塔尔波娃》(1927)、费定的《兄弟们》(1928)、维·巴·金的《在另一方》(1928)和奥列莎的《嫉妒》(1929)。除上述小说外，值得一提的还有拉夫列尼约夫的《第四十一》(1924)、巴别尔的《骑兵军》(1924)。

A. 托尔斯泰回国后创作了长篇科幻小说《艾里达》(1922—1923)、《加林工程师的双曲线体》(1925—1927)，描写知识分子在革命时期所走道路的三部曲《苦难的历程》(1922—1941)也开始写作和出版。爱伦堡1922年年初在柏林出版了小说《胡里奥·胡列尼托》，年底国家出版社同他签订了在国内出版的合同，条件是必须有布哈林的序言。布哈林写了序言，虽然不完全同意作者所写的，但肯定了书中对资本主义、战争等的抨击，此书得以出版。

造型艺术中主导创作进程的团体有：俄罗斯革命美术家协会，其代表性画作有C. 马柳京的《德·富尔曼诺夫肖像》，里亚日斯基的《女代表》，切普佐夫的《农村支部会议》，格列科夫的《机枪马车》；架上画画家协会，其代表作有A. 杰伊涅卡的《彼得格勒保卫战》，皮缅诺夫的《重工业》，卢奇什金的《球飞走了》；“四艺”社和莫斯科美术家协会，由老一辈大师组成，加入的画家创作手法各有不同。

20 世纪 20 年代中期出现苏维埃戏剧。莫斯科省工会理事会剧院上演 B. 比利－别洛采尔可夫斯基的《风暴》、小剧院上演 K. 特列尼约夫的《柳波芙·雅罗瓦娅》、瓦赫坦戈夫剧院和大剧院上演拉夫列尼约夫的《决裂》、莫斯科艺术剧院上演伊万诺夫的《铁甲列车 14–69》，是 1925—1927 年间戏剧演出季中的重大事件。列宁格勒大剧院、梅耶霍德剧院、瓦赫坦戈夫剧院、莫斯科苏维埃剧院在苏联戏剧艺术形成过程中起过重大作用。在歌剧和芭蕾舞中占主要地位的仍然是古典作品。1927 年大剧院上演的《红罂粟》是最早表现现实主题的作品之一。

苏联电影处于起步阶段。爱森斯坦的《战舰“波将金”号》使他蜚声世界影坛，电影以“波将金”号起义为素材，但加进了许多艺术想象，并不完全符合“波将金”号起义的历史事实。他的另一部电影《十月》也同样如此，电影中攻打冬宫场景后来竟被当做真实的历史图景传播。

革命最初十年艺术生活的首要问题，是对新的艺术方法、新的美学观念的探索。那时统一的“社会主义现实主义”尚未出现，作家和艺术家有较大的自由空间按照自己的想法、风格、手法从事写作，整个文坛展现的是一幅五彩缤纷的图景，这是苏联文学艺术发展的一个黄金时期。

第四节　书报检查制度

文化体制，准确点说，文化管理体制，是政治体制的组成部分。文化管理体制中的一个根本性问题是言论自由还是言禁。在言禁中公开的或者隐蔽的书报检查制度[1]起了极其恶劣的作用，它历来是统治阶级用来控制人民思想、社会舆论的重要工具。借助于这种制度统治阶级扼杀先进文化、自由思想以及

---

[1] 书报检查或书报检查制度，俄文为 цензура，这个词出现的时候，大众媒体只有书籍和报刊，因此译作“书报检查”或“书报检查制度”，但是随着科技的发展，信息的载体也有很大的发展，出现广播、电影、电视、网络等等传播新形式，因此后世出现的 цензура 就不仅仅是对书报的检查，检查的范围包括从广播到网络的所有媒体，也许叫做“媒体检查”或“媒体检查制度”更为贴切。不过根据约定俗成的原则，本书仍沿用“书报检查”或“书报检查制度”的用语。

一切不利于其制度的言行，制止它所不喜欢的创新和改革等等。书报检查制度是扼杀文化发展，妨碍人的自由发展的制度。言禁的极端是因言治罪，文字狱，直至肉体消灭。然而思想文化有其特殊性，人不在，思想仍然存在，甚至还可能发扬光大。正因为如此，历史上人类的优秀思想始终禁而不绝。

苏联官方在很长一个时期是不承认存在书报检查制度的，只承认为了保守国家机密而采取的监督措施。因此在苏联时期并不存在苏联书报检查史这门学科，直到苏联解体，有关档案解密，才出现有关苏联书报检查的专题历史论著。[1]

革命的许诺——“为出版确立完全的自由”

早在沙俄时期已经实施书报检查制度，对这种制度列宁深受其害，他的

[1] 《苏联大百科全书》第3版、1980年出版的《苏联百科辞典》只介绍西方国家和沙俄政府的书报检查制度，而不承认苏联存在这种制度。其“书报检查”词条写道：“为人民利益和巩固发展社会主义制度，苏联宪法保障公民的出版自由。建立国家监督是为了防止构成国家秘密的信息以及其他损害劳动人民利益的信息在公开的出版物上公布并在大众传媒中传播。”（Советская большая энциклопедия. M., 3-изд.,1978. T.28. C.489–490.）直到1986年2月戈尔巴乔夫在回答法国《人道报》的提问时才承认苏联存在书报检查。此后苏联的书报检查制度成为俄国学者研究的一个课题，已出现一些重要的研究成果。1997年出版的由T.M.戈里亚耶娃主编的《苏联政治书报检查史。文件和注解》（История советской политической цензуры. Документы и комметарии. M., РОССПЭН. 1997.），摘录了大量苏联时期的有关文献，并附有详细的注解，其中绝大多数是新解密的档案，为研究者提供了第一手资料。2001年莫斯科出版了Г.В.日尔科夫的《19—20世纪俄国书报检查制度史》（*Жирков Г.В.* История цензуры в России XIX – XX вв. M., 2001），内容涉及沙俄和苏联时期的书报检查制度，此书在网上可以下载。2002年出版了T.M.戈里亚耶娃的《苏联政治书报检查制度。1917—1991年》（*Горяева, Т.М.* Политическая цензура в СССР . 1917–1991 г.г. M., РОССПЭН, 2002）。2004年出版了由A.B.勃留姆编的《苏联的书报检查制度。1917—1991。文件》（Цензура в Советском Союзе. 1917–1991. Документы. Составитель: *А.В.Блюм.* Коменнтарии: *В.Г.Воловников.* M.,РОССПЭН. 2004），是从斯大林到戈尔巴乔夫时期的文化与政权系列丛书之一。此外俄国的一些学术刊物也发表了一些有关文章。

有些著作遭到书报检查官的删改或查禁，有些著作为了能够出版不得不采用伊索寓言的写法。他说过，俄国的报刊是“戴上笼嘴”的[1]，迫使人们不得不用“伊索式语言”、“奴隶的”语言写作。1917 年 4 月列宁为《帝国主义是资本主义的最高阶段》写的序言通篇都是对书报检查制度的控诉。他写道：

“我写这本小册子的时候，是考虑到沙皇政府的书报检查的。因此，我不但要极其严格地限制自己只作理论上的、特别是经济上的分析，而且在表述关于政治方面的几点必要的意见时，不得不极其谨慎，不得不用暗示的方法，用沙皇政府迫害使一切革命者提笔写作‘合法’著作时不得不采用的那种伊索式的——可恶的伊索式的——语言。

在目前这种自由的日子里，重读小册子里这些因顾虑沙皇政府的书报检查而说得走了样的、吞吞吐吐的、好像被铁钳子钳住了似的地方，真是感到十分难受。”[2] 他把书报检查机关叫做“可耻的机构”，是“令人发指的蒙蔽国民的政策，是令人发指的地主企图使国家倒退的政策。”[3]

1917 年二月革命胜利后，3 月 5 日，临时政府宣布取消沙皇的报检机关——出版事务总委员会，设立出版事务委员一职。5 月 16 日，发布《临时政府公告》：“出版和出版物买卖自由。不许对它们实施行政处罚。”当时战争还在继续，七月事变后临时政府赋予军事部查封号召前线士兵暴动和不服从的出版物，同时开始同异议分子的斗争，布尔什维克出版物遭查封，被赶入地下。

十月革命胜利后，苏维埃政权首先通过两个法令：“和平法令”和“土地法令”。鲜为人知的是不久后还有一个同样由列宁签署的“出版法令”，此法令于 1917 年 11 月 9 日通过，10 日公布。全文如下：

出版法令

1917 年 11 月 10 日

在变革的艰难的决定性时刻及其随后的时日，临时革命委员会

---

[1] 《列宁全集》，中文第 2 版，第 16 卷，第 440 页。

[2] 同上书，第 27 卷，第 323—324 页。

[3] 同上书，第 24 卷，第 282 页。

不得不采取一系列针对不同色彩的反革命报刊的措施。立即从四面八方传来叫嚷声，说新的社会主义政权这样做就违背了自己的纲领，侵犯出版自由。工农政府请居民注意，在这种自由主义的幌子下掩盖着有产阶级占据绝大部分的报刊的自由，不受限制地毒害群众的意识、在他们的意识中制造混乱的自由。谁都知道，资产阶级报刊是资产阶级最强大的工具之一。特别是在新政权，工农政权刚刚巩固的危机时刻，不能把这个武器完全留在敌人手里，在这时候，其危险不亚于炸弹和机关枪。黄色和绿色报刊用这些东西来诬蔑人民刚刚取得的胜利，这就是为什么要采取临时的非常措施以制止造谣诬蔑这些污水浊流的缘故。一旦新秩序得到巩固，对出版的任何行政干预都将停止，将在对法庭负责的界限内、按照在这方面最广泛和进步的法律为出版确立完全的自由。人民委员会认为，即使在危机关头，只有在绝对的必要的范围内才允许限制出版，兹决定：

出版总则

一、应予查封的只有下列报刊：1. 号召公开反抗或不服从工农政府者；2. 用明显歪曲事实的手段制造混乱者；3. 号召采取明显的犯罪行为，即应受刑法惩罚的行为者。

二、暂时或永久查禁报刊只能由人民委员会决定。

三、本总则具有临时性质，随着正常的社会生活条件的来临将通过特别命令予以废除。

人民委员会主席　弗拉基米尔·乌里扬诺夫（列宁）。[1]

布尔什维克政权颁发出版法令，是因为当时有不少报刊号召同新政权斗争，而那时苏维埃政权还只在少数城市取得胜利，为了保护新生的政权，不得不采取“临时”措施，查封大批报刊。当时的查封只涉及报刊，没有涉及图书。即使报刊，也没有从意识形态角度出发取缔资产阶级和小资产阶级报刊，而是惩罚公开号召反抗和不服从苏维埃政权、造谣中伤的行为。法令郑重许诺，一旦新秩序得到巩固，对出版的任何行政干预都将停止，为出版确立完全的

[1] Правда.1917.10 ноября，引自 История советской политической цензуры. Документы и комметарии. М., РОССПЭН. 1997. С.28－29.

自由。

这个法令也可以看作是新政权在文化领域的总的指导方针，其维护的基调是出版自由，其他的所有各种禁令都具有临时性质，属非常措施。它是继《和平法令》、《土地法令》之后的第三个重要法令。

根据出版法令从1917年10月到1918年6月封闭或因其他原因停刊的有470家报纸。

出版法令旨在镇压反苏维埃政权的报刊，但这些报刊采取不断变换名称的办法来对付法令。例如《士兵之声》（彼得格勒）3个月换了9个名称。为回答这种策略，1918年1月28日通过关于革命出版法庭的法令，其中写道：

> 1. 在革命法庭下设立革命出版法庭。革命出版法庭受理的是利用出版实施反对人民的罪行和过错。
>
> 2. 利用出版实施的罪行和过错是指关于社会生活现象的虚假的或歪曲的报道，这侵犯了革命人民的利益，也违反了苏维埃政权发布的关于出版的法令。
>
> ……
>
> 8. 革命军事法庭的决定是最终的，不得上诉。工兵农代表苏维埃所属出版事务委员执行革命军事法庭的决定和判决。[1]

这是把“出版法令”具体化的措施。革命出版法庭由三人组成。法令规定了惩罚措施，包括罚款、剥夺自由和政治权利、没收印刷机和印刷厂的财产，等等。

所有这些法令限制了新旧反对党派的出版物，但它们是短期性的并有地区限制。革命出版法庭存在到1918年5月。

1918年7月10日全俄苏维埃第五次代表大会通过的俄罗斯联邦宪法是决定言论自由的主要文件。宪法写道：

> 14. 为保障劳动者表达自己观点的真正自由，俄罗斯社会主义联邦苏维埃共和国消除出版对资本的依赖，给予工人阶级和贫农出版报纸、小册子、书籍以及其他各种印刷品的技术和物质手段，并保

---

[1] История советской политической цензуры. Документы и комметарии. М., РОССПЭН. 1997. С.31.

障其在全国自由传播……[1]

由工人阶级和贫农构成的这一部分居民，在当时苏俄的全体居民中仅占很小的少数，就是说，宪法规定的言论和出版自由只给予少数居民，而多数居民被剥夺了言论和出版自由。而实际上在这少数居民中能够真正享受并行使这种自由的也寥寥无几。

军事书报检查时期

1917—1920年是军事书报检查时期。国内战争时期实施书报检查的一个重要原因是军事保密的需要。这一时期书报检查比较分散，几个部门同时进行书报检查。

1918年12月23日公布由托洛茨基签署的《军事书报检查条例》，内称“为保守军事机密设立军事书报检查局”。军事书报检查局的总的任务是：a. 事先审阅所有准备出版发行的报道军事性质的印刷品、图片、照片和电影。b. 以监视的形式审阅所有a. 条所列的已出版发行的作品。c. 事先审阅所有包含军事信息的准备公布的各种命令、官方消息等等。d. 审阅国际邮件和电报，如果需要也包括国内邮件和电报。e. 审阅发往国外的a条所开列的材料。f. 监视打往外埠的电话。[2]

1918年6月21日发布了《关于对报纸刊物以及所有定期出版物的文章实施军事书报检查的条例》，条例指出，军事书报检查是指事先审阅所有预定出版而含有因军事秘密而不得公布内容的出版物。军事书报检查官的职责是：审阅上述规定的印刷品，预定出版的作品应当向军事书报检查官提交手稿、条样或单印本。根据条例应经军事书报检查而未获批准擅自出版者最长可监禁6个月或罚金2000万卢布。[3]

[1] *Жирков Г.В.* История цензуры в России XIX – XX вв. М., 2001. 引自网上电子版 www.media.utmn.ru–library.

[2] История советской политической цензуры. Документы и комметарии. М., РОССПЭН. 1997. С.31.

[3] История советской политической цензуры. С.29–30.

1918 年 7 月 1 日军事书报检查部的一个报告，开列了一份违反事先进行军事书报检查规定而给予相应惩罚的报纸名单，共 17 家报纸，有 8 家报纸被停刊。例如，据称《新生活报》有两条错误：1. 6 月 12 日刊登了条样中被删除的材料；2. 没有把全部军事材料刊印在 6 月 13 日和 15 日供审查的条样上。对其处罚是“停刊”。[1] 当然，《新生活报》被停刊远不是这个原因，但这是最好的借口。

1921 年 8 月 1 日，军事书报检查工作移交肃反委员会（契卡）负责。小人民委员会会议第 722 号记录（1921 年 8 月 1 日）写道：责成共和国革命军事委员会从 8 月 1 日开始把军事书报检查工作移交契卡。责成契卡会同革命军事委员会和司法人民委员部一周内修订不得公布的信息目录。条例草案由契卡在 5 日内同共和国革命军事委员会协商。[2]

国家出版局实施的书报检查

1919 年出现书报检查集中化的过程，在教育人民委员部下，通过合并全俄中央执行委员会、莫斯科苏维埃和彼得格勒苏维埃的出版部门，成立了俄罗斯联邦国家出版局（Государственное издательство（Госиздат））。

1919 年 5 月 21 日，全俄中央执行委员会发布关于国家出版局条例。根据条例，国家出版局是国家机关，其编委会由人民委员会任命，全俄中央执行委员会批准，其局长相当于教育人民委员部部务委员。其领导人为政论家和批评家 B.B. 沃罗夫斯基，他和布哈林、涅夫斯基、波克罗夫斯基、斯克沃尔佐夫－斯捷潘诺夫等人组成编委会，在全国各地设有分局。国家出版局手中集中全部出版事务，拥有管理所有出版机构——苏维埃的、党的以及私人的和合作社的出版机构的权力。除了出版事务外，还兼有对所有出版过程实施监督和书报检查的权力。

1919 年 7 月 29 日，人民委员会通过关于地方苏维埃出版分局的决定，根据此决定，莫斯科、彼得格勒以及其他苏维埃的出版分局是国家出版局的下属

[1] История советской политической цензуры. С.412－413.

[2] История советской политической цензуры. С. 33.

机关，有权批准报刊的出版，实施书报检查。

在沃罗夫斯基任国家出版局局长时期，此类出版局还有可能发挥作用，1920年6月改由斯克沃尔佐夫–斯捷潘诺夫、萨·马·扎克斯等领导，12月17日起由尼·列·美舍利亚科夫单独领导，对待私人出版社的态度变得严厉了。特别严格的书报检查是针对私人和合作出版社的。

1920年年底国家出版局领导人给苏维埃第八次代表大会的报告中指出：它不能把印刷资金和纸张用来“重印革命前的只具有有限作用的艺术作品，出版散发出资产阶级局限性气味的科学和哲学著作。”报告指出，私人企业付给作者高稿酬，这破坏了国家出版局的经济基础及其威望，因此最好把这些私人公司统统关闭，这样国家出版局就可以避免竞争，并有助于减少异议思想的蔓延。沃罗夫斯基反对“麦穗”出版社出版《纪念拉夫罗夫》文集，因为其作者中有克鲁泡特金、索罗金等人，即对苏维埃政权有反对情绪的人。1920年3月国家出版局以“不适当”为由禁止出版革命民粹主义者米海伊洛夫的文集，建议“把纸张用来印刷宣传性的书籍”。

受书报检查的不仅有民粹派（合作出版社“麦穗”）的，还有社会革命党人、孟什维克、无政府主义者的出版社和著作。国家出版局禁止无政府工团主义联盟的“劳动之声”出版社出版《巴枯宁文集》第4、5卷，克鲁泡特金的著作《国家及其在历史上的作用》、《无政府状态》等等。稍后，“劳动之声”出版社请求国家出版局发放纸张以印刷克鲁泡特金的3本著作。国家出版局的扎克斯回答说，此书将由国家出版局来出版。“劳动之声”认为这种做法违背了作者本人的意志，扎克斯的回答是对作者和出版社的侮辱。国家出版局拒绝给“劳动之声”发放纸张。

在国内战争时期，虽然对社会上的言论自由作了严格的限制，但在党内生活中还是比较讲民主的，重大的政治问题大都经过集体讨论决定，对有分歧的问题甚至展开全党争论，最后做出结论。例如，1918年签订布列斯特和约问题，1920—1921年的工会问题，都有过公开的争论，争论各方可以敞开表述自己的观点看法。即使在列宁逝世前后，党内不同派别在争论中还是能够在党的会议或者《真理报》的“争论专页”中发表自己的看法、公布纲领，虽然在不同程度上受到种种限制。

实行新经济政策后出版事业处于另一种政治和经济条件之下，各种私人出版社和合作出版社纷纷成立，与此同时一些自由主义的思潮也开始抬头，如“路标转换派”等等。国家开始采取立法程序确定私人和合作出版社的法律地位，既给予合法存在的权利，也设置了种种限制。1921 年 8 月 18 日，教育人民委员部批准“关于私人（合作的、协作的和单干的）出版社条例”。

1921 年 9 月 13 日俄共中央政治局会议决定，准许在莫斯科自由出售图书，但必须从中剔除含有色情和宗教内容的图书，把这些图书交造纸工业总管理局造纸。[1]

国家出版局力求适应这种条件，以加强自己的领导地位和经济特权。1921 年 3 月 16 日发表关于调节出版事务的决定，规定“所有在印厂的报纸和印刷品都须在国家出版局及其地方机关登记，只有获得国家出版局的批准才可开印。”“未经国家出版局的中央管理机关的批准，任何作品都不得付排……国家出版社及其地方机关有权监督印厂和石印厂的工作过程。”

1921 年 12 月 12 日，人民委员会发布关于私人出版社的法令，其中规定：成立出版社需得到国家出版局或者地方相应机关的批准，并立即报告国家出版总局核定。由国家出版局及其地方分局（地方上如无分局则由省教育委员会）按照教育人民委员部的特别指示发放成立出版社和刊印手稿（第 9 条）的许可证。每部手稿发排之前需得到第 8 条所规定的出版机关的准许，并在每一本出版的书上标明。对地方出版机关的决定可以向国家出版局的编委会投诉。未经批准出版的图书予以没收，交国家出版局处理，而其出版者要承担法律责任。[2]

私人出版社通过国家出版局按照国家的订货工作，国家出版局批准其出版计划，有权要求提交手稿审阅，期限由国家出版局的特别指示规定。私人出版社所需纸张不由国库提供。国家出版局有权“征收某些出版社的整个工厂”。

新经济政策的实施导致各种思潮的活跃，出现有反对派情绪的报刊。为此当局加强了政治书报检查制度，把检查的重点放在意识形态上。小人民委员

[1] История советской политической цензуры. С.412–413.

[2] История советской политической цензуры. С.34–35.

会通过由国家出版局局长施米特提交的决议案“关于私人出版社”，同时准许教育人民委员部在国家出版局及其机关下以及在地方上成立政治部，以处理私人出版社和批准手稿出版问题。国家出版局的政治部则由有经验的党的干部尼·列·美舍利雅科夫领导。

1921年11月18日，有列宁参加的政治局会议给政治部领导人下达指令：“决不要限制同情马克思主义、共产国际等等的著作出版，与此同时不允许出版具有明显反动倾向的著作，包括宗教、神秘主义、反科学、政治上有害之类的书籍。”指令的目标是异议人士。这非常清楚地表明，书报检查已经从针对反革命言论扩大到意识形态领域，唯心主义、宗教、反科学、政治上有害的图书都在查禁之列。

1921年开始酝酿改组国家出版局，统一书报检查工作的问题。国家出版局的领导人对苏维埃、党和军队的机关同它一起从事书报检查表示不满。1922年5月8日，美舍利雅科夫向教育人民委员卢那察尔斯基抱怨说：“情况令所有人无法忍受。由于书报检查工作不统一，存在双重机关，人数达2500人。应当尽快予以削减。”他抗议军事书报检查机关插手“他人领域”。1921年12月政治局讨论了“关于政治书报检查”问题，责成拉狄克“研究书报检查事宜”。俄共中央成立以托洛茨基为首的委员会（1921年3月到1922年10月）以制定改善出版事务的措施，委员会力求加强国家出版局的集中化和书报检查。

1922年6月国家出版局的书报检查职能移交给新成立的专门机构——图书出版事业总管理局。

对书报检查制度的不同看法

在内战时期由于军事保密的需要，红白双方都认为书报检查是合理的，必要的。

实行新经济政策后，政治、社会、文化等各领域活跃起来，出现许多私人出版社和报刊，当时流行一个与新经济政策的缩写 НЭП 相近的新词“НЕП”——независимая печать，即独立出版物或独立报刊。

1922年3月，俄共第十一次代表大会指出，党和苏维埃报刊发生了严重危机。布尔什维克感觉到，形成的局面可能使他们的成果消失。喀琅施塔得水兵暴动、农民起义、"支持没有布尔什维克的苏维埃"的口号等等，迫使布尔什维克寻找新的出路。1922 年 8 月党的第十二次代表会议通过"关于反苏维埃的党派"的决议，号召提高政治警惕性。"各反苏维埃的党派正在有步骤地企图把农业合作社变成富农反革命的工具，把高等学校的讲台变成公开的资产阶级宣传的讲坛，把合法的出版机关变成反对工农政权的宣传工具等等。"决议特别强调报刊的"巨大作用"。[1]

在新形势下，布尔什维克政权决定采取一系列措施强化政治方针和书报检查制度。但党内意见并不一致。

1921 年 4 月 11 日，中央宣传鼓动部工作人员兼特派员瓦尔丁给俄共中央和莫斯科委员会常务局送去报告，建议给"社会主义性质的小资产阶级政党"孟什维克、社会革命党人、无政府主义者，至少是他们当中的"左派"集团，提供包括出版方面的合法活动的可能性，他认为，如果马尔托夫的《社会主义通报》不是在柏林，而是在莫斯科出版也不会有什么危险。

5 月初，老党员格·伊·米雅斯尼科夫向中央委员会递交了一份长篇报告，其中提出社会生活民主化的建议。要求实行"言论和出版自由"，建议办一个最大的日报，"使之成为各种社会思想争论的报纸"。"在我们这里有许多胡作非为和营私舞弊的现象，出版自由可以把它们揭发出来。"在镇压了剥削者的反抗并建立国家唯一的政权之后，应该立即宣布言论和出版自由。他在《伤脑筋的问题》一文说，现在需要的不是革命，而是进化。需要制定能保证和平进化，首先是言论和出版自由的法规。言论和出版自由是调动工农积极性所必须的。

列宁给米雅斯尼科夫的答复中，承认"'出版自由'这个口号从中世纪末直到 19 世纪成了全世界一个伟大的口号"，这反映了资产阶级的进步性。但是列宁否定米雅斯尼科夫关于出版自由的议论，认为"在受到全世界资产阶级这个敌人包围的俄罗斯联邦提出出版自由，就是让资产阶级及其最忠实的奴仆孟什维克和社会革命党人有建立政治组织的自由"。米雅斯尼科夫指望借助于出版自由来揭发各种弊端："在我们这里有许多胡作非为和营私舞弊的现象，出

---

[1] 《苏联共产党代表大会、代表会议和中央全会决议汇编》，第 2 分册，第 237、240 页。

版自由可以把它们揭发出来。”而列宁主张“通过中央监察委员会、通过党的报刊、通过《真理报》来讨伐营私舞弊行为”。[1]

8月22日，米雅斯尼科回复列宁说，他建议的言论自由是只给予工人阶级和农民的。他认为，“公开性将比监察委员会能更多地消灭这种（胡作非为和营私舞弊）行为”，但公开性应在言论和出版自由法律所规定的范围内进行，“撒谎、诽谤、号召不执行某个法律——都应受到法律的惩治，但法律不应惩治那些为了向政府、报刊和社会各界等施加影响而说出想法的人”。[2]

1921年8月7日，列宁就国家出版局再版谢·马斯洛夫的《农民经济》一书写信给农业人民委员部和国家出版社：

> 在国家出版局出版的新书中我收到了一本：谢·马斯洛夫：《农民经济》1921年第5版！（或者第4版）。从随便翻阅中看出，这是一本用资产阶级骗人的“学术”谎言来蒙蔽农民的、浸透资产阶级意识的坑人的坏书。全书近400页，但丝毫没有谈到苏维埃制度和它的政策，没有谈到我们的法律和向社会主义过渡的措施等等。只有蠢货或者恶意的怠工分子才会让这本书出版。请调查清楚负责审阅和出版这本书的全体人员，并把它们的名单开给我。[3]

列宁尖锐反对《经济学家》杂志（1922年第1期），称之为现代农奴主的杂志，披着科学、民主主义等等的外衣。他要求，对“教授和作家的写作活动”进行经常的书报检查，并责成党的领导人，共产党著作家（斯切克洛夫、奥里明斯基、斯克沃尔佐夫、布哈林等）来实施。1922年5月19日，列宁写信给捷尔任斯基：“责成政治局委员每周抽出两三小时审阅一些报刊和书籍，同时检查执行情况，要其提出书面意见，力求做到把所有非共产主义出版物毫不拖延地寄到莫斯科来。”[4]

教育人民委员卢那察尔斯基身上有某种“自由主义”，但那时候是支持书

[1] 《列宁全集》，中文第2版，第42卷，第84—90页。

[2] 参见本书第七章。

[3] 《列宁全集》，中文第2版，第51卷，第182—183页。

[4] 同上书，第52卷，第449页。

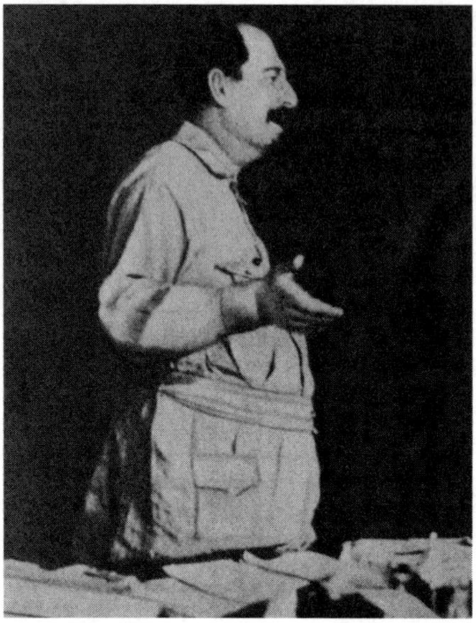

教育人民委员阿·瓦·卢那察尔斯基

报检查的。1921年他发表文章《图书的自由和革命》，认为书报检查在新社会是合理的。“实际上任何革命都没有建立自由的制度，也不可能建立。”甚至社会主义革命，它是“在作为终极理想的结束一切战争和取消任何国家政权的标志下进行的，在最初阶段也不得不加强特殊的军国主义，加强国家政权的专政，甚至其警察的性质”。在这种条件下，“国家不能允许报刊宣传自由”，因为“言论是一种武器”。“暂时停止甚至伟大的艺术作品出版的书报检查是必要的，我们需要进行挑选，同那些极端需要的图书相比，把那些无疑也需要的图书搁置到第三、第四的队列上去。”不过，他同时认为，决定某一作品是否应该出版，首先要看其艺术价值。“任何一部真正的大艺术作品是不会不利于革命的。”[1]

后来的实践使他对书报检查的看法有了改变。1927年他在中央执行委员会第二次例会上提出一个思想：“书报检查是一件大好事，因为它使我们免于反革命的阴谋，但它也是不可避免的恶。”他反对在文学艺术中百分之百的思想纯洁性的要求。当热心的批评家和书报检查官出于思想纯洁的考虑而开始清洗苏维埃和国外的电影时，卢那察尔斯基在《从思想内容看苏联电影产品》一文中（1928）愤怒地指出：“在我们现实中最恶劣的就是不断要求‘百分之百’。这种要求对文化革命事业是有害的。”[2]

在最高层领导人中托洛茨基是主张实行书报检查的，但是他把政治需要

[1] 引自*О'коннор Т.Э.* Анатолий Луначарский и советская политика в области культуры. М., Прогресс. 1992. С.91.

[2] *Жирков Г.В.* История цензуры в России 19-20 веков, М., Издательство“Аспект-Пресс” 2001 г. (www.media.utmn.ru-library)

同艺术创作的政策做了区分。从政治上讲，他认为，革命对任何一个有可能瓦解革命阵营，或者会使无产阶级、农民、知识分子的内在力量相互敌对的艺术流派不能不加以干预。“我们的标准显然是政治的、指令性的和不容异议的。但正因为如此，这一标准才应当清晰地划定起作用的范围。”在艺术上他主张采取灵活的政策：“在实行警觉的革命的书报检查制度的同时，在艺术领域实行一种与小团体的吹毛求疵迥异的广泛和灵活的政策。”一方面不能采取放任自由的政策，另一方面要确定“干预在哪一点上开始，干预的界限何在”。[1] 托洛茨基显然担心违背艺术创作特点的外行的干预，因为当时有一些左翼文学团体以无产阶级或者共产党的名义干预其他文学团体和流派的创作活动。托洛茨基认为，这个界限就是“拥护革命还是反对革命”。他写道：“在过渡时期我们的艺术政策可能而且应该是这样的：帮助已站到革命立场上的各种艺术团体和流派，使它们易于真正把握革命的历史意义，在对它们提出‘拥护革命还是反对革命’这一毫不含糊的标准之后，在艺术自决方面给它们以充分自由。”[2]1924 年 5 月 9 日在俄共中央文学讨论会上，托洛茨基作了《论文学和俄共的政策》的发言，回到书报检查制度的话题上来：“由于资产阶级在新经济政策基础上的发展，在存在着这些基本的阶级关系的同时，我们这儿如今又出现了资产阶级意识形态沿着旧车辙的恢复，这一意识形态自然要对艺术创作进行冲击。正是就这意义而言，我在那本书中写道，与在艺术领域采取灵活的、有远见的政策的同时，我们也需要坚决的和严厉的、自然不是吹毛求疵的书报检查制度。这意味着，在为了对小资产阶级的、农夫的或农夫化知识分子的优秀创作成分施加影响而进行经常的思想斗争的同时，我们也需要与复辟者们想使新的苏维埃艺术听任资产阶级摆布的种种企图进行严肃的政治斗争。”[3]

在 1917 年的出版法令中把取消对出版自由的限制同苏维埃政权的稳定联系起来，一旦政权得到稳定和巩固就取消对出版自由的限制。托洛茨基则把取消限制同西方革命的胜利联系在一起，在他看来，西方革命的胜利从根本上保

[1] ［俄］托洛茨基著：《文学与革命》，刘文飞等译，外国文学出版社 1992 年版，第 206—207 页。

[2] 同上书，第 6 页。

[3] 同上书，第 549 页。

证了苏维埃政权的稳固，因此他声明："到了无产阶级在西方最强大的国家中稳固地获胜的那一天，革命的书报检查制度就会因没有必要而消失……"[1]

托洛茨基关于书报检查的必要性是立足于革命和反革命的对立，重点不在意识形态上。对西方新出现的一些学说，托洛茨基并不简单地当做资产阶级学说予以否定。他说："党遵循其政治标准，是要抵制那些显然有毒的、腐蚀性的艺术倾向的。但是，较之于政治路线，艺术的侧翼设防较少，这也是事实。可是科学方面的情况难道不也是如此吗？纯无产阶级科学的幻想家们对于相对论该说些什么呢？相对论与唯物论相容吗？这一问题解决了吗？何时、何地、由何人解决的？我们的生理学家巴甫洛夫的工作完全是遵循唯物论的，即使是一个门外汉也清楚这一点。但对于弗洛伊德的心理分析学说又该说些什么呢？它如同拉狄克同志认为的那样（我也赞同他的意见）是与唯物论相容的，还是与唯物论敌对的呢？对于原子构造等等的新学说，都可以提出这样的问题。"[2]

比较一下后来苏联大肆批判相对论、摩尔根学说等等做法，可以看出托洛茨基当年提出的问题颇有深度，感觉出那时已经隐存的在科学上否定西方的一切的苗头。

在书报检查问题上，斯大林的说法同列宁是一致的。不同的是斯大林把书报检查网编织得愈来愈紧密，成为无所不包的天罗地网，使整个书报检查系统服从自身权力的利益，并把这种利益叫做党和国家的利益。他充分利用了俄国专制主义的经验。

关于报刊的作用，斯大林突出强调的有两点：1. 报刊是宣传鼓动的工具。1923 年 4 月他在俄共第十三次代表大会上所作中央组织报告中说："报刊是党每日每时用自己所需要的语言向工人阶级讲话的最有力的武器"。[3]2. 报刊是集体的组织者。1923 年 5 月斯大林同当时著名的报刊活动家英谷洛夫争论时发表《报刊是集体的组织者》一文，强调"使报纸成为党和苏维埃政权的集体组织者，使报纸成为联系我国劳动群众并把他们团结在党和苏维埃政权周围的

---

[1] ［俄］托洛茨基著：《文学与革命》，第 9 页。

[2] 同上书，第 205 页。

[3] 《斯大林全集》，第 5 卷，第 166 页。

工具”，为论证这一观点斯大林大段引用列宁的《从何着手?》中的说法，引文几乎占了全文的三分之一。[1]斯大林的这篇文章后来成了苏联报刊理论的基石。有两点值得注意，第一，列宁的文章写于1901年，那时的《火星报》确实发挥了集体的组织者的作用，但是现代的报刊已经不再具有这种功能。第二，在斯大林的报刊作用的理论中，没有提供信息的任务。托洛茨基主张报刊提供信息，于是凡主张报刊提供信息就成了“托洛茨基主义”。所有信息论专家（M.古斯，A.库尔斯等）都被当做托洛茨基分子，受到批判。

1927年11月5日斯大林接见外国工人代表团，在回答“为什么苏联没有出版自由”时说：

> 你们说的是什么样的出版自由？哪一个阶级的出版自由——资产阶级的还是无产阶级的？如果指的是资产阶级的出版自由，那么这种自由在我国是没有的，而且只要无产阶级专政存在，它是不会有的。如果指的是无产阶级的出版自由，那么我必须指出，你们在世界上找不到另外一个国家像苏联这样有全面而广泛的无产阶级的出版自由……最好的印刷厂，最好的出版大厦，一幢幢出版上所必需的油墨制造厂，许多高大的会议厅——所有这些以及其他很多为工人阶级出版自由所必需的东西都完完全全掌握在工人阶级和劳动群众的手里。[2]

不过，实际上工人阶级和劳动群众是不可能掌握这些出版手段的，要享受这一权利并不容易。试举一例。1927年1月29日，列宁格勒五金厂工人尼古拉·普罗科菲耶夫给教育人民委员卢那察尔斯基发了一封申诉信。信中说，我是一个工人，自然科学的爱好者。从1890年起就在五金工厂工作。1890到1907年我出版了5本关于物理学争论问题的小册子——那时没有遇到任何障碍。现在我积了点钱，想出版小册子《世界素描—1—唯一的假说》，提出物质的基本单位是电子，并把此书献给德国著名的理论物理学家麦克斯·普朗克教授。但是列宁格勒省图书出版管理局不准此书出版，理由是我作为一个工人不应当把此书献给资产阶级教授，其次作为联共（布）预备党员此事应当通过相

[1] 《斯大林全集》，第5卷，第229—232页。

[2] 同上书，第10卷，第181页。

应的机关。给了我一份此书的清样，以便向联共列宁格勒省委的“出版部”申请出版许可。但我向本厂联共（布）组织申请提交“出版部”的证明时，给我的回答是：“这不是我们的事，我们不能出证明。”落到这种绝境，我只得向您申诉，请您查处此事。[1]

不仅工人个人，而且连工会也难以享受出版的权利。1921 年 1 月 18 日，由若干大工会领导人签署的工人反对派的提纲《工会的任务》抱怨说：“到目前为止，工会既没有印刷所，也没有纸张。甚至大的工会组织主编的杂志也要耽误好几个月才能出版。国家的印刷所即使安排在最后，也几乎不接受工会的活。”[2]

为出版立法的尝试

随着内战的结束，由国内战争转变为国内和平，逐步实现人民的言论自由这一宪法权利是可能的也是必要的，应当像革命之初所许诺的，新社会秩序一经巩固，就撤销对出版物的一切行政管制。

新经济政策的实施使苏维埃政权重新看待出版的法律地位，出现为出版立法的想法。1921 年第 2 期的《出版与革命》上设置了“出版立法”栏。1922 年 12 月 30 日宣传鼓动部部长会议在决议“出版的当前问题”中主张“加速制定出版基本法”。1923 年第 3 期《新闻记者》杂志的纲领性文章中，出版工作者协会领导人鉴于“对我们出版工作者的迫害仍在继续”，提出需要规定记者的权利和义务。根据俄共中央出版部的提议，教育人民委员部成立了制定出版基本法的委员会，试图把反对侵害出版权的斗争转到法律的基础之上。中央宣传鼓动部的工作报告（1922 年 11 月 15 日—1923 年 1 月 15 日）报导，委员会在斯图契卡主持下着手制定出版基本法。不过委员会的努力没有得到支持，因为有一种观点认为，出版法的出现会限制党对记者的影响。

---

[1] История советской политической цензуры. Документы и комметарии. М., РОССПЭН. 1997. С.452–453.

[2] 中央编译局国际共运史研究室编：《“民主集中派”和“工人反对派”文选》，人民出版社 1984 年版，第 174 页。

1923年出版了《出版法》文集，其编者萨哈罗夫指出："由于新经济政策下出版事业和出版物的买卖状况出现变化，给予私人发挥积极性以一定的自由，因此发布了一系列法令和决定，形成限制和监视出版的体系。"包括：

1. 创办期刊和图书出版社的批准程序。

2. 事先书报检查。

3. 对演出的检查。

4. 编制禁止传播的作品清单。

5. 对印刷工业的监督措施。

6. 对出版的某些领域施加的部门监督（司法人民委员部对私人出版的法律书籍、民族人民委员部对少数民族语言的出版物、革命军事委员会对军事书籍出版的监督）。

7. 国家对出版经典作家的作品、教材和出版已故俄罗斯作家档案的垄断权。

8. 对法庭认定的出版罪行的惩罚措施。

9. 所有出版的作品必须登记，以编制图书目录。[1]

这说明新经济政策的实施并没有导致放松对出版事业的控制。

1923年，俄共中央出版部起草了出版条例草案，在总论中写道："根据俄罗斯联邦宪法第14条，为促进工农国家的有效建设，为保证劳动者表达思想的真正自由，苏维埃及其中央和省区机关、共产国际及其支部、俄共、工会国际及国际用世界各国语言出版的劳动者的定期不定期出版物，免除事先的政治书报检查。"[2] 草案在各级机关流传一年之久，得到整体上肯定的评价。然而，图总的列别捷夫，国家出版局的美舍利亚科夫对此坚决反对，他们的主张得到俄共中央的支持，认为最可靠的领导出版事业的办法是通过中央出版局、图总和剧目审查总委员会系统。

于是草案始终是草案，没有成为正式的法律。这样苏联长期存在言行不符的说法：官方一直公开声称不存在书报检查，例如1926年图总的通告中公开声明，"苏联没有书报检查"，因此使用过时的名词"书报检查官"、"书报检

[1] 引自 *Жирков Г.В.* История цензуры в России XIX–XX вв.（www.media.utmn.ru–library）.

[2] 引自 История советской политической цензуры. Документы и комметарии. С.9–10.

查”是不对的，“边疆区图书出版管理局（图管）、县图管、省图管和区图管不是书报检查机关，而是监督机关”。[1] 然而正是这个图总拥有书报检查的无限权力。

图书出版事业总管理局的书报检查

1922 年 6 月 6 日人民委员会发布《关于图书出版事业总管理局条例》，宣布成立图书出版事业总管理局（ГЛАВЛИТ，图总）。“为统一对各种形式印刷品的书报检查，特在教育人民委员部下成立图书出版事业总管理局及其地方机关（属省国民教育局）。”图书出版事业总管理局的任务是：“a. 事先审查所有预定发表或传播的作品，包括手稿、印刷品、定期和不定期出版物、照片、图片、地图，等等；b. 给各单件作品的出版、定期不定期出版机构发放许可证；c. 编制禁止出售和传播的作品清单……”

禁止出版和传播的作品有：“a. 含有反苏维埃政权宣传；b. 泄露共和国军事机密；c. 通过散布虚假信息煽动社会舆论；d. 含有色情性质。共产国际、俄共中央以及所有党的共产主义出版物，国家出版局和政治教育委员会的出版物，全俄中央执行委员会《消息报》和科学院的学术著作免于书报检查。”[2]

图书出版事业总管理局接收了国家出版局的书报检查职能，基本上消除了政出多头的现象，把全国的书报检查工作集中到图书出版事业总管理局手中。

书报检查有两种实施手段：1. 行政措施和司法追究，包括查封报纸和杂志、出版社；减少发行量，罚款和审判。2. 施加意识形态压力，包括同编辑部谈话，给编辑部加进“合适人选”，除去无法接受的人选。

1922 年 12 月 2 日图书出版事业总管理局发布指示《图书出版事业总管理局及其地方机关的权力和职责》，对图总活动的内容作了较为完整的规定。图总拥有广泛的权力：“不准出版不得公布的信息（国家机密）、明显具有敌视共产党和苏维埃政权性质的文章”、“在基本问题上（舆论、宗教、经济、民族问题、艺术领域等等）敌视我们的意识形态”的作品、低俗的报刊、色情作品、

[1] 引自 История советской политической цензуры. Документы и комметарии. С.10.

[2] История советской политической цензуры. С.35－36.

不良广告等等；要删除文章中“败坏苏维埃政权和共产党威望的最尖端的地方（事实、数字、评论）”；“在出现明显的犯罪活动的情况下”，停止一些出版物的出版、削减发行量、查封出版社，“把负责领导人提交法庭或送交地方国家政治保卫局”。

这样就把审查范围扩大到意识形态领域。

图总的领导起初是三人组成的委员会：教育人民委员部出一名代表任主席，革命军事委员会和国家政治保卫总局各出一名代表。1922—1930年的领导人是列别捷夫－波良斯基——文学批评家，曾任无产阶级文化协会主席（1918—1920）。后为波·米·沃林，是当时新闻界的领导人之一，《工人莫斯科报》等报纸的编辑。图总的中央机关1927年有86名工作人员，其中52人为党员，34人为非党员，后者主要从事技术工作。28人受过高等教育，46人为中等教育，12人为初小程度。

图书出版事业总管理局逐步把书报检查工作掌握在自己手里。不过那时国家出版局在某些时候还拥有监督印刷品之权，教育人民委员部的一些机构也拥有这种权力。例如，政治教育总委员会有权建立省出版事务政治委员会，审批报刊的出版，批准出版社成立，监督私人和合作公司的工作，等等。根据政治教育总委员会关于审查民众图书馆的藏书的指示信，从图书馆剔除了“反革命和有害”图书。这种清查在1926年、1930年都进行过。某些机构在不同时期也是书报检查机关，如国家政治保卫局的政治监督处、海关书报检查处、邮政总局。1923年2月9日起剧目审查总委员会（Главрепертком，剧总），1924年6月23日起政治教育总委员会下属艺术委员会（Худсовет，艺委），从1936年起艺术事务总管理局（Главное управление по делам искусств，艺总）等等都负有检查之职。

1923年11月15日，国家政治保卫总局（奥格伯乌）成立，它接管了流放、逮捕、搜查和调查等任务，1923年以后它的任务也包括书报检查、话剧和电影审查，等等。

书报检查机关完成大量的工作。1927年3月22日，图书出版事业总管理局局长列别捷夫－波良斯基给中央组织局的报告提供了如下数字：1925年图书出版事业总管理局和列宁格勒省图书管理局查禁了221本图书出版。1926年对975种作品的内容进行了修改，其中属“政治—意识形态性质”的有448种，依据“军事—经济清单”实施的有 527 种，禁止传播的外国报刊 4 379 期、图书 5 276 本和印刷品邮件 2 674 件。

内务人民委员部是书报检查的重要力量，图书出版事业总管理局同内务人民委员部保持密切联系，内务部的政治机关提供“技术支持”，以监视印刷厂、图书贸易、出版物传播、出版物的进出口，等等。根据 1922 年中央执行委员会和人民委员会“关于所有出版机构实行经济核算”的法令，内务人民委员部成为弥补期刊赤字的补贴金的持有者，这就使内务部可以利用资金对某些编辑部和出版社施加压力。国家政治保卫局机关同图书出版事业总管理局的联合在实践上就可以对所有的印刷品进行事先和事后的检查。1923 年《关于没收和分配没收图书》的指示中说：“没收公开出版的印刷品由国家政治保卫局机关根据书报检查机关的决定实施。”没收可以是部分，也可以是全部。没收的图书存放在全国性的图书馆。国家政治保卫局则处理不适于阅读需销毁的图书，纸浆的收入列入国家政治保卫局的预算。[1] 这也是沙俄的传统做法。

1924 年召开俄共中央宣传鼓动部各部门联席会议，讨论报刊同“反革命著作集团”斗争的问题。有俄共中央、国家出版局、政治教育总委员会出版部、莫斯科合作出版社、无产阶级文化协会、政治教育总委员会会务委员会、部分共产主义出版社、宣传鼓动部下属部门、社会主义科学院等单位的代表参加。会议决定加强对各出版社的物资和经济控制，强调给出版社贷款是“政治事务”，“因此未经国家出版局政治部的批准，不得给出版社任何贷款”。“纸张供应是政治事务，因此国家出版局应当把最好的纸供应给苏维埃和党的出版物”。此前已经出台有关纸张供应的规定——苏联人民委员会关于纸张状况的决定（1923 年 1 月 2 日），认为必须立即从国外进口政治出版物所缺的纸张，所购纸张根据政治教育总委员会的指示在各出版社之间分配。为降低宣传性图书的价格，从国家资金中给予贷款。[2]

为加强书报检查，会议“认为必须为国家出版局政治部的工作制定准确的指令，以制止意识形态的、神秘主义的以及诸如此类有害图书的浊流，它表

[1] 引自 *Жирков Г.В.* История цензуры в России XIX – XX вв.（www.media.utmn.ru – library）.

[2] История советской политической цензуры. Документы и комметарии. 1997. С.38.

现在各种图书部门，不仅在政治领域，而且也在艺术、文化、戏剧等等上”。[1]

1925年的《教育人民委员部条例》扩大了图总作为书报检查机关的权限。图总的任务归结为准许开办出版社、出版机构，出版定期和非定期报刊以及准备公开出版的单个著作；预先审查所有准备公布、传播和公开演出的作品，包括手稿和印刷品，编制禁止出售、传播和公开演出的印刷作品清单，公布各出版机构、出版社、公开演出场所、印刷厂、图书馆、书店所必须遵行的出版事务和剧目的规章指示。

为具体落实书报检查的各项工作，1925年俄共中央作出关于影响图书市场的措施的决定，要求图总在发放出版社和杂志的许可证时不仅以政治考虑为指导，而且也应当考虑经济和教育方面的问题，促使私人出版社符合国家的需要，而不能让出版社仅仅追求利润。决定规定了一系列禁令：

1）在文学艺术领域，在艺术、戏剧和音乐问题上，取缔反对苏联建设的图书和大量低级趣味的图书，同时在一些场合准许那些有利于在广大市民群众中传播苏维埃影响的轻松体裁的出版物。

2）禁止有明显唯心主义倾向并且面向广大读者的哲学、社会学问题的图书，只准许发行少量印数的经典作品和科学性质的作品。

3）禁止明显非唯物主义倾向的自然科学图书，只准许发行少量印数的狭隘科学的和专供有限读者群或者有利于实际工作的图书。

4）禁止反马克思主义内容的经济图书，只准许发行少量印数的非马克思主义倾向的经济图书和具有科学意义或实际意义的此类图书。

5）青少年读物只准许出版有利于共产主义教育的图书。

6）宗教图书中只允许出版祈祷性质的图书。此原则适用于所有教义、宗派和派别。

决定对进口图书及其传播作了规定：禁止进口和传播所有违背书报检查要求的图书；所有通过竞争或者违背出版垄断权的途径，破坏国家出版社和其他苏维埃出版社以及与国家出版社合作的私人出版社的利益的出版物；由得到反苏组织和集团物质支持的出版社所出版的图书。

同时规定某些机关和个人可以获得禁止进口的图书：其中有俄共中央、共

[1] История советской политической цензуры. Документы и комметарии. С.40–43.

产国际、工会国际、全苏中央执行委员会、人民委员会，份数不限。各人民委员部以及与之同级的中央机关、全苏工会中央理事会、中央书库、共产主义教学机构的教授，不超过 3 份。苏维埃的、金融的、经济的和学术的机构，以及负责工作人员和科学研究员以及所有高等院校的教授，按照单位的特别申请并得到图总的批准，按照专业个案处理，可以获得资料、信息和经济统计性质的图书，不超过 1 份。[1]

图书出版事业总管理局对图书和报刊的进出口实施监督。1923 年 7 月 12 日图总向有关单位发出绝密通告，把这方面的活动具体化，禁止进口如下图书：对苏维埃政权和国家有敌意的，同无产阶级的意识形态不合和敌对的，同马克思主义敌对的，唯心主义的图书；宗教团体用俄文出版的书籍，“不管其内容如何”；包含资产阶级道德内容的儿童读物；赞扬旧习俗的作品，还有反革命分子和在反苏维埃政权斗争中死亡的作者的作品。

这就是新经济政策时期书报检查的原则和规定。这时的书报检查已经不仅仅是保守国家机密和军事机密的需要，而是维护意识形态纯洁性的需要，其涉及的范围可以说是无所不包。然而，禁止唯心主义、非唯物主义、反马克思主义以至低级庸俗作品的出版和进口，其标准是很难界定的，苏联以后的实践表明，不少被禁止的图书未必就是“唯心主义”、“非唯物主义”、“反马克思主义”的，就算是唯心主义、非唯物主义、反马克思主义的图书，也未必可以一禁了之。至于宗教图书，乃是人类的重要文化遗产和文化现象。这种用行政命令的办法判断图书的是非，为以后在科学和学术上任意支持一派、压制以至消灭一派提供了依据。

当时判定好坏的标准有的是经不起时间检验的，如 Е.И. 扎米亚京的《我们》（1924 年在国外出版）中的社会反乌托邦思想就被认为是反苏维埃的诽谤，后来此书于 1988 年在苏联公开出版。1923 年从图书馆中清除反苏维埃书籍时，竟将柏拉图、康德、列・托尔斯泰、克鲁泡特金的某些著作也列入禁书清单。克鲁普斯卡娅取消了这个清单，但相当数量的书籍还是被清出图书馆。

图书出版事业总管理局的书报检查越来越细分：报刊、儿童读物、私人和

[1] История советской политической цензуры. Документы и комметарии. С.48－50.

合作出版社的产品、外国著作、广告，等等。供青少年、低文化水平读者阅读的图书要经双重检查。1921 年年底成立国家学术委员会，监督教材的出版及其学术水平，而图总则监视其政治和思想内容。

图总关注私人和合作出版社，担心“意识形态上有害的不良书籍”流入图书市场，采取“逐步取消”私人和合作出版社的方针，办法是限制其印数，取消纸张的计划供应。在这种方针下私人和合作出版社的数量逐年减少：1925 年 1 月莫斯科和列宁格勒共 105 家，1926 年 1 月有 100 家，1927 年有 95 家，1928 年有 76 家，1929 年有 79 家，1930 年只有 52 家了。

不过他们出版的图书量倒是增加了。私人出版社出版了 30% 小说类的图书，在市场上排挤了苏维埃的儿童读物，因为他们的儿童读物比较便宜，装帧较有吸引力。但它们的产品量只及党和苏维埃出版社的 2%，就印张而言为 3%。

还存在一些其他党派的出版社，如“劳动之声”出版社（图总认为是无政府主义的），孟什维克的“书籍”出版社，“麦穗”出版社。

各地执行书报检查的尺度并不统一，有些图书在一地被查禁，而在另一地则允许出版发行。最明显的例子是巴黎出版的爱伦堡的《贪得无厌者》一书被俄联邦图总禁止进口，而在奥德赛却得到乌克兰书报检查机关的批准出版。乌克兰的书报检查机关抵制俄联邦图总关于不得在报刊上报导不良收成前景的消息的通报，直到通过苏联商业人民委员部的干预该指令才得以贯彻。因此 1927 年联共中央出版部不得不建议召开图书出版事业总管理局及其地方机关会议，以统一书报检查工作。

1930 年 9 月 5 日，联共中央政治局讨论了图书出版事业总管理局工作，作出了改组图总的决定：免除了图总的中央机关从政治—意识形态、军事—经济角度事先审查印刷品的工作，而只从事事后的监督；把各种形式的书报检查统一起来；由驻出版社的特派员事先审阅所有印刷材料的全部工作，出版社承担特派员编制的费用，地方报纸可以任命该报主编兼任特派员。图总仍负责批准和查禁出版物和出版社，审议对图总机关和特派员决定的申诉。[1]

[1] История советской политической цензуры. Документы и комметарии. С.54–55.

对文艺部门的书报检查

国家图书出版事业总管理局的书报检查范围不断扩大，除书报之外还对戏剧、音乐、电影、雕塑、无线电广播、广告、宗教等各个领域实施书报检查。

戏　剧

1923 年 2 月 9 日，在图书出版事业总管理局下成立**剧目审查总委员会**（剧总），人民委员会在其成立决定中规定，剧目审查总委员会由 3 名成员组成：主席，由教育人民委员部从图书出版事业总管理局的人员中任命，两名委员，一名由教育人民委员部从政治教育总委员会人员中任命，另一名由内务人民委员部任命。为讨论共同的问题在委员会下设立由以下单位代表组成的委员会：教育人民委员部、国家政治保卫局、革命军事委员会政治部、国营中央摄影电影公司、全苏工会中央理事会的一个机构。剧总的任务是：1. 批准戏剧、音乐、电影作品的演出。2. 定期编制和公布准许和禁止公演的作品清单。未经剧总或相应的地方机关的批准，任何作品都不得上演。对提交审查的作品征收特别款项。1925 年 4 月 21 日中央执行委员会发布关于“古典剧院演员演出的审查”决定，规定古典剧院演员演出的审查由图书出版事业总管理局下属剧总实施，但功勋演员和人民演员的演出免除事先审查。[1]

大剧院上演的剧目中就有 5 个被禁演，其中有《雪姑娘》、《沙皇萨尔坦的故事》，理由是宣传皇权思想。

电　影

1922 年 12 月 19 日，人民委员会颁布法令授权图书出版事业总管理局对影片和电影剧本实施检查。1923 年成立的剧总负责批准戏剧、音乐和电影作品的演出，编制准许和禁止公开演出作品的清单。在 20 年代末 30 年代初有 16% 以上的电影因“思想和政治质量低下”被禁。剧总不仅全面监督剧目，而且还可以因违反其规定而关闭演出企业。

检查电影的机构不断增加。1923 年 9 月 4 日成立人民委员会电影事务委

[1] История советской политической цензуры. Документы и комметарии. С.39–40,48.

员会，1924年6月23日成立俄共中央电影委员会，根据其决定在政治教育总委员会下成立电影事务艺术委员会，实施电影事业的思想领导、审查和批准影片生产计划、剧本等等。到1925年10月1日为止，电影事务艺术委员会审查了307个剧本，准许上演的仅147个，不到一半。

图总对音乐信息的监督拥有垄断权，其工作得到国家政治保卫总局的技术帮助。1924年成立唱片曲目监督委员会。它编制和发布了“应停止销售的唱片清单”。1925年5月25日通告要求严格监督进口唱片。通过国家政治保卫总局政治监督处查禁和没收有君主制、爱国主义、帝国主义内容、色情、侮辱妇女尊严、轻视庄稼汉等等内容的唱片。1924年7月2日监督委员会通告禁止狐步舞，检查官认为，这是模仿性交的沙龙舞蹈。

宗教出版物

布尔什维克是无神论者，认为宗教是毒害人民的鸦片，因此特别关注教会的期刊，通过期刊宣传宗教观点等同于进行敌对意识形态的宣传。革命前的东正教的报刊被摧毁，圣经的发行量不断削减。1928年图书出版事业总管理局制定教会出版活动的专门监督纲领，主要任务是逐步地全面地予以削减。图总还关注宗教日历的出版，禁止出版可以撕页的宗教日历，只允许在莫斯科、哈尔科夫和梯弗里斯出版台历。日历上必须标有革命的节日，不许使用旧历，不准增加印数。这不仅破坏了教会出版事业的物质基础，而且也缩减了其影响广大群众的可能性。禁止出版教会的传单和呼吁书。

无线电广播

20世纪20年代出现了新的大众信息手段——无线电广播。苏维埃政权非常重视无线电广播的作用，不断采取措施促进广播技术的发展。在困难的1922年，列宁建议在预算外从金库中拨款10万金卢布来安排下诺夫哥罗德无线电技术实验室的工作。1922年5月19日他口授给斯大林的信，强调广播对宣传的重要性，特别是对文盲。

主要的广播电台处于苏维埃政权的监督之下。1923年人民委员会发布“关于专用电台”的法令，把电台分类为：工商业的、文化教育的、业余的。1924年人民委员会通过“关于私人电台接收站”的决定，规定其使用的波段由邮电人民委员部实施监督。

1924 年成立名为“无线电广播”的广播股份公司。1924 年 12 月 1 日劳动国防委员会批准其条例。公司的创办者是邮电人民委员部、全俄低压工厂电器技术托拉斯、罗斯塔社。

1924 年 11 月 23 日开始正规的无线电广播。1925 年俄共中央“关于无线电台”的决定责成中央宣传鼓动部领导广播并制定报告、讲座、音乐会的节目，确定必须作报告和讲座的负责同志的名单。给“无线电广播”股份公司发放优惠贷款，提供政府贷款制造收音机。根据中央的决定，1925 年在宣传鼓动部下成立无线电委员会。12 月 3 日无线电委员会通过决议，由图总和国家政治保卫局的政治监督处“立即监督无线电广播”。

1926 年 11 月 30 日教育人民委员部再次强调，由图书出版事业总管理局实施对广播节目的监督。1927 年 1 月 10 日联共中央“关于无线电广播的领导”的决定最终决定了广播的监督问题，其第一条写道：“建议在辖区有无线电广播台的所有党的委员会承担对这些站台的直接领导责任，最大限度地利用其于宣传和教育目的。”建立了党对广播的全面监督：干部、作者的挑选，对广播计划和节目的事先审查。图书出版事业总管理局向无线电广播组织派驻全权代表，实施“对无线电广播的军事政治监督”。1928 年人民委员会决定，无线电广播集中化，交邮电人民委员部管理，“无线电广播”股份公司撤销。1933 年在教育人民委员部下成立全苏无线电化和无线电广播委员会。

党对书报检查及其机关的控制

虽然设立了书报检查机关如国家出版局、图书出版事业总管理局，但实际上书报检查的最高机关是共产党中央，党中央下有宣传鼓动部、出版部负责领导此项工作。党对书报检查的监控不断加强，发展到最后，书报检查工作已经直接由党的机关来实施了。

刚开始的时候，书报检查是由各部门分别实施的，如国内战争时期，军事书报检查机关占主导地位，后来书报检查工作逐渐转到作为国家机关的国家出版局和图书出版事业总管理局。1924 年俄共中央《关于加强党对出版和出版社的领导》的决定，对有大量读者的出版物实施直接监督。在省委、区委下设立出版部，等等。中央出版部在总结报告中承认，如果说1924年出版活动大体上是自发的，那么在年底已经做了不少的工作，根据党的任务和苏维埃制度的要求调节图书出版工作，由中央宣传鼓动部、中央出版部和中央本身监督书报检查机关，审理对书报检查和书报检查机关的投诉。例如，由于对图书出版事业总管理局有意见，1925年政治局成立特别委员会进行调查，结果认定对图总的投诉不能成立。1927年有一批著作家上书控告书报检查机关滥用职权，人民委员会就著作家的状况成立专门委员会进行调查，最后委员会认为“书报检查没有实施特别的压制”。委员会还建议“把图书出版事业总管理局的工作范围扩大到那些迄今为止实行自我书报检查的出版社”。与此同时，党的机关力图亲自掌握书报检查，这表现在对图总的批评上。1926年5月政治局的委员会讨论了图总的工作，在决议中表示对其工作不满意。

1926年联共中央发布“关于主管出版工作的苏维埃机关”的决定，把教育人民委员部的活动限制在“根据苏维埃政权的政策行政调节出版工作，统计出版物，研究和评价政治—教育性质的图书，对教科书和教学资料进行教学法的指导”，出版事务委员会的工作是管经济和生产问题、印刷品的传播问题。中央出版部的工作是意识形态领导，包括书报检查，在其基本任务中有“监视（各种形式的）出版物中正确贯彻党的政策”，“实施监督以保证出版物坚守意识形态和必要的质量”。此外，出版部还要使出版社的活动和出版物的传播保持同党的任务一致：审阅编辑出版计划、处理新出版社和新期刊问题，指导大众读物的出版，包括内容、语言和价格。过去这都由图总处理，而联共中央的这一文件使党的书报检查范围扩大了。

1927年10月3日，中央“关于改善党对出版的领导”的决定继续贯彻这一路线，责成各级出版部“监视各出版社工作坚持意识形态”的情况，“加强出版部对书目和报刊中的书评的领导，使之成为反对异己图书的斗争工具”，等等。

党的机关直接介入了书报检查工作。1927年年初联共中央组织局决定再次听取关于图书出版事业总管理局的工作报告，图总领导人列别捷夫－波良斯基小心翼翼地试图恢复以前党机关同书报检查机关的关系，他在报告中用了一节专门谈这个问题，认为图总的工作一直同党中央保持密切联系，其途径是：1. 互派代表。2. 通过党中央出版部获取指示。3. 定期和不定期报告工作。然而最近中央出版部取消其在图总的代表，自己处理图总的大小问题。列别捷夫认为，这有使中央出版部由领导机关变成处理日常事务的苏维埃机关的危险，而图总的业务会瓦解。这种局面是不正常的，"不符合党的总体路线"。中央组织局决定过3—4个月再讨论图总的工作，同时听取另一方中央出版部的副报告。1928年1月2日组织局召开计划中的会议，认为图总的报告不能令人满意。加强党在书报检查中作用的路线得到继续发展。1929年1月18日中央组织局通过"关于批准新杂志出版的程序"的决定，规定各种主要杂志的出版必须得到中央组织局或者中央书记处的批准，其他杂志的出版由图总批准，但需同中央宣传鼓动部和出版部协调。

1930年9月3日，政治局通过"关于图书出版事业总管理局"的决定，建议教育人民委员部两周内改组图总。10月5日，人民委员会通过相应的决定。图总的书报检查职能被削减。"撤销图书出版事业总管理局中央机关从政治—意识形态和军事—经济角度对印刷品进行事先审阅的工作。"为完成这一任务建立图总和政治编辑部的特派员设置，由之实施对作品和广播的事先监督。所有印刷品的事先审阅都在出版社内进行，责成出版社为特派员的编制提供必要的保障。

随着时间的推移，行政书报检查退居第二位，而党的意识形态机关以及国家安全机关起了决定性作用。除此以外，实施"自我书报检查"（самоцензура），由编辑部自己实施检查。

作为党内斗争工具的书报检查

书报检查首先是针对社会各界的，目的是保持意识形态的纯洁性。但是在20世纪20年代，随着列宁健康状况的恶化，党内权力斗争逐步加剧，于是书报检查逐渐成为党内斗争的一种工具，掌权的一方竭力运用书报检查来压制少数派，不让他们的意见和主张在社会上，甚至在党内传播。

列宁本人是这种书报检查制度的最早受害者，卧病期间他本人的文章就受到政治局的书报检查。他口授了《我们怎样改组工农检查院》一文，要求在《真理报》发表。政治局在讨论时不同意发表。鉴于列宁的强烈要求，时任中央监委主席的古比雪夫竟然建议单印一张刊有列宁此文的《真理报》，以"满足"

列宁的要求。在托洛茨基和加米涅夫的坚持下，政治局最后同意发表，但《真理报》刊载的文本对文中的关键内容作了删节。原文说，中央监察委员会的委员们应当形成一个紧密的集体，“这个集体应该‘不顾情面’，应该注意不让任何人的威信，不管是总书记，还是某个其他中央委员的威信，来妨碍他们提出质询，检查文件……”[1] 由于这里几乎指名道姓地提及总书记斯大林，所以《真理报》发表时有关总书记的内容被删去。[2] 不仅如此，由于文章严厉批评了当时国家机关，点了总书记，特别是谈到工农分裂问题，1923 年 1 月 27 日政治局委员们特意给各级党的组织发送了一封由托洛茨基起草的秘密通告信，否认中央委员会的内部生活中出现了某种“分裂的倾向”。[3]

列宁的《给代表大会的信》明明是写给党的第十二次代表大会的，但没有能够在十二大上宣读，后来斯大林一口咬定，此信是写给党的第十三次代表大会的，所以不存在“隐瞒”列宁遗嘱的问题。[4]

列宁逝世后，斯大林提出“一国社会主义”理论，列宁著作中凡是和他的理论相悖的论断在出版时都作了删改，斯大林时期出版的《列宁全集》俄文第 4 版对文字作了大量的“技术处理”。

在党内斗争的初期，反对派还可以在报刊上发表自己的意见，《真理报》设有《争论专页》，刊载各种不同观点的文章。1923—1924 年托洛茨基写作的《新方针》、《十月的教训》都曾公开发表，托派其他人员的文章以至纲领也能够发表。但是随着时间的推移，这种可能性变得越来越小。1925 年“新反对派”领袖季诺维也夫要发表文章《时代哲学》，斯大林看到此文后认为，“应当把这篇文章彻底修改一下，使它不致带有向第十四次代表大会提出政纲的性质”。最后在《真理报》上发表的这篇文章是“经中央委员会修改和补充”过的。[5] 而这时候季诺维也夫是党中央政治局委员、共产国际执委会主席！

[1] 《列宁全集》，中文第 2 版，第 43 卷，第 377 页。

[2] 被删去的文字直到《列宁全集》俄文第 5 版第 45 卷才得到恢复。

[3] 见本书第三章第 2 节。

[4] 《斯大林全集》，第 10 卷，第 149 页。参见郑异凡：“列宁‘遗嘱’考”，载郑异凡：《不惑集》，辽宁教育出版社 2001 年版。

[5] 《斯大林全集》，第 7 卷，第 313—314 页。

1925年禁止刊印加米涅夫、克鲁普斯卡娅的政论文章。1926—1927年，托洛茨基指出党内压制自由批评，以局势困难、外部危险、战争威胁为由禁止讨论最根本的问题。政治局通过特别决定，禁止公布反对派的文章、文件和声明。

1927年8月，普列奥布拉任斯基在《给党代表大会的信——为什么把我们开除出党?》中写道："如果对我说：'这些要求是合法的。'那我要问，为什么党的刊物除了每隔两年在《争论专页》上刊出很少的篇幅外，过去和现在都不让我们捍卫这些要求？为什么反对派的几十篇文章被扔进了党报的废纸篓？为什么禁止刊登我们的政纲？仅在最近两个月内，就有600多人因印刷和传播我们的政纲，因在政纲上签名被开除出党?"[1]

1927年9月6日，季诺维也夫、彼得松、穆拉洛夫、托洛茨基等4人《致联共（布）中央政治局、中央监委主席团和共产国际执委会》的声明中指出，在列宁时期，所有党员在代表大会召开前都有机会在党的报刊上发表自己的建议、提纲、纲领和小册子，并可在任何党的会议上发表意见。声明指责党内多数的"出版垄断"："出版的大门对反对派分子总是关着的。问题还不仅仅在于有关争论问题的文章，而且即使没有争论的反对派分子的文章也无法在报刊上出现。托洛茨基同志同美国代表团的谈话是全苏工会中央理事会安排的，在《真理报》发表时却加上了诽谤性的粗鲁的按语，使多数派中多少严肃的人都会感到愤慨。这种不成功的'试验'导致季诺维也夫同志同该代表团的谈话根本就不予刊载，这一决定显然导致托姆斯基和加里宁同志的谈话也不予发表……季诺维也夫同志的文章《列宁在1917年7月的日子里》也不予刊载，对此《真理报》编辑部甚至拒绝给予任何答复。"[2]

由于官方报刊禁止刊登反对派的文章和文件，反对派就自己创办地下印刷厂。斯大林当权派则据此指责反对派的反党活动"不仅越出了党章范围，而且越出了苏维埃法律的范围（召开非法会议，成立非法印刷所和非法出版机关，霸占房屋）"。[3] 斯大林指责反对派"建立非法印刷所，跟资产阶级知识分子发生联系，而这些知识分子中的一部分人又跟策划军事阴谋的白卫分子有

[1] Архив Троцкого (1923–1927). Терра.1990. Т.4. С. 84.

[2] Архив Троцкого (1923–1927). Терра.1990. Т.4. С. 105–106.

[3] 《苏联共产党代表大会、代表会议和中央全会决议汇编》，第3分册，第417页。

联系”。[1]

另外一些反对派，特别是民主集中派的文章也都上不了报刊。民主集中派更加严厉地批判了斯大林主义。1927 年 7 月 27 日他们给联共中央写信（史称“15 人政纲”），认为“目前的中央领导已经滑到无产阶级立场的最边缘”。多数派答应反对派在代表大会前夕的争论中发表它们的反提纲。民集派试图利用这个机会，但他们的文件没有能够在报刊上发表。民集派分子 И.К. 达什科夫斯基把争论文章寄给《布尔什维克》杂志，杂志不仅不刊载，反而把文章交给政治局（1927 年 8 月），政治局决定：“鉴于达什科夫斯基文中发挥的思想明显地敌视我党，把关于他的问题提交中央监委。”结果达什科夫斯基作为敌视无产阶级政党的蜕化分子被开除出党。此事在《真理报》和《列宁格勒真理报》发布了公告。多数民集派分子为此向政治局和中央监委主席团提出抗议，把开除看作“党机关在即将召开的代表大会前使党恐怖化的行为”。1927 年 12 月 18 日，联共第十五次代表大会把民集派“作为显然的反革命集团”开除出党。

在 20 年代初中期布哈林是斯大林的支持者，是《真理报》的主编。他在《真理报》秘书乌里扬诺娃等人的支持下，使得反对派无法通过报刊发出呼吁。布哈林帮助斯大林粉碎了所谓托洛茨基主义，把托洛茨基分子排挤出新闻单位，取而代之的是一批青年人：A. 斯列普可夫，A. 艾亨瓦里德，E. 戈尔德贝格，Г. 和 Д. 马列茨基兄弟，A. 扎伊采夫，E. 策特林，A. 斯捷茨基，П. 彼得罗夫斯基等等。他们被叫做“布哈林学派”。斯列普可夫曾任《共青团真理报》主编，后在《真理报》和《布尔什维克》杂志工作，是布哈林的得力助手。扎伊采夫、马列茨基和阿斯特罗夫是《真理报》的编委。报刊实际上掌握在布哈林手中。在反对托洛茨基—季诺维也夫反对派的斗争中，布哈林及其学派发挥了重要的作用。

不过布哈林的某些做法是缺乏远见的。在党的会议和报刊上发表自己的看法是党章规定的党员权利，只有保障党员发表自己见解的自由，党内民主制度才能得到保障。剥夺某些党员的话语权，实际上也就是剥夺自己的话语权。1928 年当布哈林自己成为斯大林的反对派之后，他参与建立的对反对派的书报检查制度就反过来整到他自己的头上来了。

1928 年布哈林同斯大林发生争论，起初他利用自己掌握的新闻工具，在

[1] 《斯大林全集》，第 10 卷，第 160 页。

《真理报》上发表明反托派，实批斯大林的文章《一个经济学家的札记》。这种做法立即引起斯大林的警惕。他采用往《真理报》派“政委”的办法来控制报纸。过不多久，《真理报》编辑部的一名叫 B.C. 波波夫－杜博夫斯基的人给莫洛托夫写信，称 B.H. 阿斯特罗夫、A.H. 斯列普可夫、E.B. 策特林及布哈林的其他拥护者从事反对中央委员会的派别活动。这封告密信成了撤换编委会和编辑部中布哈林拥护者的借口。Г.И. 克鲁敏、M.A. 萨维利也夫和 E. 雅罗斯拉夫斯基被派去“加强”编辑部，使得仍任主编的布哈林不能决定报纸的编辑方针。

中央报刊已经成为斯大林关心之点。1929 年 4 月撤销布哈林的《真理报》主编职务，6 月政治局干脆撤销主编的建制，设立由 Г.И. 克鲁敏，H.H. 波波夫，E. 雅罗斯拉夫斯基组成的编委会常务局。布哈林投票反对，给中央上书说：“实际上这是把乌里扬诺娃排除出工作之外，而她是《真理报》的老工作人员，工农通讯员运动的发起者，并且这样做的时候没有同她谈过话。排除了马列茨基，而进入的是国内战争中还是孟什维克的波波夫。”1929 年 9 月 6 日政治局通过征询作出特别决议“关于《真理报》编辑部”，谴责反对改组中央机关报的意见，认为这是企图掩盖 1928 年夏一批年轻的缺乏党性锻炼又没有威望的同志斯列普可夫、马列茨基和策特林盘踞《真理报》编辑部的事实。决定强调所采取的措施的正确性，因为这“完全保证了《真理报》同联共（布）中央的联系和中央机关报的正确路线。”12 月 25 日斯大林在给莫洛托夫的信中指出：“《真理报》编辑部的情况不好。那里看来是柯瓦列夫加上瑙莫夫（两人都是原托洛茨基分子）以及其他一些工作人员（机关的）在操纵一切。波波夫已经被柯瓦列夫掌握。而克鲁敏继续‘随波逐流’。”斯大林认为该报发表不坚定的文章，并说他和卡冈诺维奇及时发现此事，“及时（在深夜）纠正了皮达可夫文章中某些‘不明确’的地方。”[1] 这表明总书记已是《真理报》的最高书报检查官。

斯大林同时也关注青年报纸。1929 年 6 月 18 日《共青团真理报》发表 Л.A. 沙茨金的文章《打倒党内的庸人作风》，批评无原则性，认为共青团必需更多的独立性，要批判地思考党的路线。7 月 22 日政治局谴责该文，解除沙茨金《真理报》编委的职务。7 月 25 日政治局建议《共青团真理报》刊文说明沙茨金

[1] Письма И.В.Сталина В.М.Молотову.1925－1936. М., Россия молодая. 1995. С.172.

的错误，要共青团中央常务局讨论加强青年报纸的措施。8月17日沙茨金致信联共中央，试图抗议共青团常务局和《真理报》编辑部文章对他的观点所作的不客观的批评。然而8月22日政治局肯定了共青团中央的谴责“沙茨金机会主义观点”的决议。

沙茨金文章发表后几天，《共青团真理报》于7月29日刊载Я.Э.斯滕的文章《高举马克思主义—列宁主义的旗帜》，无视政治局的批评，继续沙茨基开始的谈话。这引发斯大林的愤怒。7月29日他在政治局会议之前写信，反对发表斯滕的文章，认为发表此文“不是《共青团真理报》编辑部愚蠢，就是对党中央的**直接挑战**”。他对斯滕文章的内容提出尖锐的批评：“把共青团员（也意味着，党员）服从党的总路线叫做刻板地例行公事，这就是号召**修改**党的总路线，**动摇**党的铁的纪律，把党**变成争论俱乐部**。”

斯大林在“供中央政治局周一会议”用的札记中指责青年政论家搞宗派主义：“我们这里的所有反对派都是这样开始自己的反党事业的。托洛茨基从这里开始自己的‘工作’。季诺维也夫也是从这里开始跳舞的。布哈林为自己选择了同样的道路。沙茨金—阿维尔巴赫—斯滕集团也走上这条道路，要求（实际上）修改党的总路线的**自由**，削弱党的纪律的**自由**，把党变成争论俱乐部的**自由**。”

斯大林继续其清洗记者队伍中的“机会主义者”的路线。他认为，他所发明的沙茨金一伙的集团力图把《共青团真理报》变成自己的战斗机关报。为此，他们企图把《青年近卫军》变成自己的理论杂志。为此，《共青团真理报》同《真理报》对立，而《青年近卫军》同《布尔什维克》对立。“该停止这种无法无天的事了。该让他们守规矩了。该制止这个集团了。”组织结论是同此信的语气符合的：立即改组《共青团真理报》和《青年近卫军》编辑部，由党性坚强的同志来领导。批判沙茨金—斯滕—阿维尔巴赫—罗明那泽集团的思想动摇，指出斯列普科夫分子和沙茨金分子是两只靴子——一双。[1]

1929年8月8日，政治局批准共青团中央关于《共青团真理报》的决议，建议《真理报》和《布尔什维克》发文分析沙茨金和斯滕的错误。8月15日政治局批准《共青团真理报》的编辑委员会，废除主编及其副手的建制。其职

[1] Письма И.В. Сталина В.М. Молотову.1925–1936. С.136–137.

能由编委会中的三人领导小组担任。[1]

20 世纪 30 年代初，国家书报检查最终变成纯属党的事务，对国家生活中的社会、政治和文化生活的全部过程实施所谓党的领导。在这种条件下需要一个最高书报检查官及其指导者，此人就是总书记斯大林。

到 20 世纪 20 年代末，当斯大林打倒了所有的对手，取得了党内斗争的完全胜利之后，立即在意识形态领域刮起了清洗的旋风。

1929 年 12 月 27 日斯大林在马克思主义者土地问题专家代表会议上发表《论苏联土地政策的几个问题》，把批判的矛头指向像布哈林、恰亚诺夫这样的专家。1930 年 12 月 9 日，斯大林接见红色教授学院党支部委员会并发表讲话，认为在哲学和社会科学等领域“重要的任务是开展全面的批判”，他开出的批判名单中有恩格斯、普列汉诺夫、布哈林、德波林等等。提出要“挖出和摊开哲学和自然科学积攒的粪便”，“不仅可以，而且必须”把理论上的斗争同政治倾向联系起来。“主要的问题就是打击。应当全方位打击，打击没有打击过的地方。黑格尔是德波林分子的圣像。应当揭露普列汉诺夫，他总是傲视列宁。连恩格斯也不全是正确的。他关于爱尔福特纲领的意见中有的地方存在长入社会主义的东西。布哈林曾企图利用这一点。如果在自己著作的什么地方触及恩格斯，那也不是坏事。”[2] 对社会科学各个领域的大批判是全方位的——政治经济学领域批判布哈林、恰亚诺夫、巴扎诺夫、鲁宾、格罗曼、泰奥多罗维奇等等；哲学领域批判德波林、斯滕等人；历史学领域批判波克罗夫斯基、斯卢茨基、斯切克洛夫、卢金等等……甚至自然科学也不能幸免。

恩格斯的著作也成了斯大林书报检查制度的牺牲品，他写的《俄国沙皇政府的对外政策》因为揭露了沙皇政府的侵略扩张政策而被禁止在《布尔什维克》杂志上刊登。

对书报检查制度的抗争

苏维埃政权实施的书报检查制度引起了一些人士的不满，一些领导人也

---

[1] Письма И.В. Сталина В.М. Молотову.1925－1936. С. 137.

[2] 见陆南泉等主编：《苏联兴亡史论》，人民出版社 2002 年版，第 443—445 页。

就此提出异议。他们认为，书报检查制度违背公民言论自由的宪法规定，也违背布尔什维克党的历来主张。

在十月革命后到20世纪20年代，有自己的思想并发表这种思想还不完全意味着被驱逐、逮捕、暗杀或者被迫沉默，“自我书报检查”还没有抹去作家、哲学家、艺术家的良心。甚至“列宁近卫军”的成员也有人敢说出自己对书报检查制度的不同看法。

1918年10月30日，教育人民委员部部务会议听取了瓦·雅·布留索夫的报告，报告提到存在对图书的书报检查，建议向人民委员会提出在苏维埃共和国不宜存在书报检查制度问题。

1918年11月5日，副教育人民委员波克罗夫斯基给人民委员会写信，要求取消书报检查。信中写道：

> 教育人民委员部部务会议在讨论印刷厂向书库部上交所有出版物的样本时，得知还必须向主管书报检查的部门上交样本。部务委员会讨论了这个问题，认为在苏维埃共和国实施对图书的书报检查制度是完全不适当的。有鉴于此，教育人民委员部请求人民委员会在最近的一次会议的议程上列入废除图书的书报检查制度问题。[1]

小人民委员会1918年11月14日通过决定，建议教育人民委员部参加小人民委员会起草关于废除对图书的书报检查制度的法令草案。1918年11月20日教育人民委员部部务会议的会议上责成教育人民委员部的图书局在一周内起草有关法令的草案。但后来就没有下文了，取消书报检查制度的第一个尝试不了了之。

对私人出版社的压制引起所有关心出版事业正常发展的人士的担心。1920年2月24日卢那察尔斯基写信给沃罗夫斯基说，我觉得现在不是关闭最后几家大图书出版社的时机，扼杀私人首创精神无助于解决纸张和印刷危机，私人出版社对国家出版社的工作的帮助胜于危害。

然而，这种压制在实施新经济政策以后仍在继续。1922年5月31日大出版商伊·瑟京就国家出版社没收其出版物给托洛茨基去信申诉。信中写道：

> 十月革命后我继续自己的出版工作，给农业人民委员部和莫斯

[1] История советской политической цензуры. Документы и комметарии. С.249–250.

科国民教育局供应以前的和新出的图书。出版社就这样发展到1920年5月10日，这一天根据国家出版局的电报从我这里无偿取走了15 000普特纸张。虽然这以后我几乎无法工作，我还是决定尝试恢复我过去租赁的造纸工厂。我的计划得到克拉辛同志的赞同，我得以同斯汀尼斯联系。谈判进行得很顺利，我准备开始新的事业。但这时候我再次处于无法工作的境地，因为国家出版局重新解释关于图书库存的法令，决定无偿地拿走所有剩余图书。这种解释违背1917年起苏维埃政权对待私人出版社的全部政策，剥夺了我的事业的最后的物质基础，即所剩无几的图书。

我不反对国有化，根据国有化我被没收了17家书店、5个大书库、莫斯科的2个印刷厂、彼得格勒的1个印刷厂和165 000普特的纸张。

由于国家出版局最新命令的结果，我已经失去作为出版事业工作者的任何意义，因为国外没有人愿意同在1922年财产被重新国有化的人打交道，没收的根据是对旧的已被撤销的法令作出的新的解释（1921年10月15日的法令撤销了所有关于国有化的法令），因为在明年还可能在作新的解释下再次被没收财产——这总是让外国人感到害怕。

不过我还想工作，准备帮助国家出版局，但请求为这项工作创造可以接受的条件，这归根结底会有利于苏维埃政权本身。

鉴于上述一切，我请求接见以说明我的状况，我认为这是使我的工作处于较为正常条件下的唯一机会。[1]

书报检查政策也引起知识分子的抗议，全俄作家协会、彼得格勒图书出版协会、莫斯科合作出版社、克鲁泡特金、高尔基等等都就此提出过抗议。

高尔基当年曾经针对布尔什维克党的政策在《新生活报》上写道：“剥夺出版自由——这就是对身体施加的暴力，而这是与民主派不相称的。”他指出，“委员先生们在消灭言论自由中并不能为自己获得好处，反倒给革命事业带来了巨大的害处。”他预言：“工人阶级将因自己的领袖的错误和罪行付出成千上

[1] История советской политической цензуры. Документы и комметарии. С.428–429.

万条生命和血流成河。”[1]1920年12月22日，高尔基致信苏维埃第八次代表大会，认为国家出版局的工作很糟糕，缺乏计划，出版不应出版的书籍，削减私人企业。高尔基指出，“可以严格监督私人出版社，但目前没有理由消灭它们，相反地，应当广泛利用书籍出版者的全部能量和全部知识。”次日，12月23日，克鲁泡特金发表致该代表大会的公开信，捍卫合作出版社并强调正是在这些出版社里建立了“劳动过程与书籍生产的统一”。[2]

1920年12月9日，召开莫斯科合作出版社第一次代表会议，国家出版局的政策受到尖锐批评，认为这种政策将导致合作出版社的消灭，会议向教育人民委员部发出呼吁：“创作自由及其实现（包括图书）的各种可能性，是发展文化艺术的必要条件。但是，必须在政治、物质和人员的一定的范围内活动的国家机关不能保证这一条件，因为它包揽艺术探寻和实验的所有领域。艺术和科学发展的道路应当由作家本身在自己的独立的联合体中探寻。”会议建议采取特殊的立法来保障合作出版社的存在权，保存它们的职能和技术设备，而国家出版局想把它们收走。

随着书报检查从军事性质的检查转向对所有作品的检查，作家的创作受到越来越多的行政干预。1920年12月17日，全俄作家协会给教育人民委员部送去报告说，“俄罗斯作家就像许多世纪以前，像发明书籍印刷以前那样，手抄自己的作品，拿到莫斯科和彼得格勒作家协会的两三家书亭去出售，因为没有给他们提供另一种同读者交流的办法”，“有1500份手稿在等待出版。合作出版社是一种自助的办法，应当存在下去。”

1921年12月30日，一批作家就国家出版局霸道的书报检查写信给教育人民委员卢那察尔斯基投诉。信中说：一年以前，1920年12月，全俄作家协会曾向教育人民委员声明，指出俄罗斯文学所处的条件在导致其灭绝。这些条件不仅是外部的、印刷上的障碍，最主要的是国家出版局的活动，它横行霸道，能力又极差。即使在革命最危险的时刻，都没有过像现在所恢复的书报检

[1] ［俄］高尔基著：《不合时宜的思想》，江苏人民出版社1998年版，第98、122、99页。

[2] Советская цензура периода диктата Государственного издательства: 1919–1921 гг. 载于 *Жирков Г.В.* История цензуры в России XIX–XX вв. М., 2001. (www.media.utmn.ru–library)

查这样令人苦恼的监视。问题不在于对政治图书的书报检查：既然国内按规定取消了政治言论的自由，这是不可避免的。问题在于对完全处在政治斗争之外的文学创作的书报检查，对俄罗斯艺术和人文图书的书报检查。从上世纪上半叶书报检查压迫最猖獗时起，俄罗斯作家没有遇到像现在建立的这种新的书报检查的做法。

信中援引教育人民委员卢那察尔斯基本人的说法："有这样的人，他会说：'打倒所有这些关于言论自由的偏见，国家对文学的领导符合我们的共产主义制度，书报检查不是过渡期的可怕特点，而是整顿社会化的社会主义生活所必然存在的'，他得出这样的结论，批评本身应当变成某种告密，或者强迫艺术作品戴上原始的革命枷锁，那么这只是表明，只要稍微擦洗一下，就可以看出，实际上在他那里以共产党人的名义坐着的是杰尔席莫尔达，他掌握点权力，只会颐指气使，刚愎自用，揪住不放。这些病症我们当然有，不会没有，——我们是一个太缺乏文明的民族。把强有力的无产阶级政权变成小小的爪牙和偶然的体现者、变成警察制度和阿拉克切耶夫主义的危险是存在的，应当千方百计地设法避免。"（《出版与革命》第 1 期）

作家们写道，让俄罗斯作家感到惊异和悲哀的是，新书报检查的做法完全符合教育人民委员的预言。已经无法指出书报检查的界限。在许可与禁止之间没有任何规章可循。一切都取决于偶然性，甚至书报检查官的口味。因此，例如在彼得堡完全准许出版的，在莫斯科被完全禁止。因此，书报检查官甚至掂量字里行间透露出的情绪这种无法衡量的东西，禁止含有书报检查官所不喜欢的情绪的小说和诗歌。这再现了俄国书报检查史上最糟糕的笑话：在阿拉克切耶夫时代书报检查官把《红色少女》改成《漂亮少女》，而现在，书报检查官列别捷夫－波良斯基读到弗·利金的小说中的句子"在墙根土台上坐着红军战士、指挥员、包着白色头巾的女护士"，决定或者完全删去女护士，或者指明是白卫的女护士。鲍里斯·扎伊采夫的抒情小说《幽居》因情绪不对头、"小说中缺乏行动"而被禁。П. 彼得罗夫斯基抒情诗也被书报检查官删去情绪不合其心意的部分，与此相应，他把艾亨瓦里德所写前言中引用的此诗片断也一并删去。这样，政治书报检查官兼有了文学批评的职能。书报检查官兰德尔禁止刊印 A. 埃弗罗斯文章中指出俄罗斯艺术文化类型的双重性的段落：低级的、粗俗的和高级的、具有世界水平的。这样，政治书报检查官还兼有文化史学家的职能。禁止沙赫马托夫院士论述俄罗斯部落起源的著作、戈蒂埃教授论述混乱时代的著作。这样，政治书报检查官在科学史问题上兼任了最高法官的职能。因作者的宗教观而禁止了别尔嘉也夫的《陀思妥耶夫斯基》和《文艺复兴的终结》。这样，政治书报检查官在宗教信仰问题上又兼任了最高法官的职能。作家们指出，这已经违反了苏维埃宪法，宪法宣布并维护信仰自由，布道自由。

申诉书写道，全俄作家协会自然是从书报检查实践所积累的事实中引用了最典型的例子，但现在需要强调指出，这种做法确实在日益扩大，越来越无节制，这些表现可以成为上述类型的笑话之大全。他们认为，使俄罗斯文学免于书报检查病的唯一手段是确立其对共和国法庭应负的责任，如果在出版物上有反对国家法律规章的罪行的话。虽然这不是一下子能够迅速做到的。不过就是在目前条件下，也还可以做很多事情，减弱书报检查病的发作。为此要使书报检查进入合乎情理的范围之内。政府应当准确地划定其活动的范围及其使用方法，限制其胡作非为。书报检查可以成为文学大门的政治守卫者，但不是其家中的主人。在信上签名的有全俄作家协会理事会理事鲍·扎伊采夫，伊万·诺维科夫，尤艾亨瓦里德，伊·日尔金，阿布拉姆·埃弗罗斯，И. 马图谢维奇，C. 波利亚科夫，B. 李沃夫－罗加切夫斯基，弗·利金，尼·别尔嘉耶夫。[1]

彼得格勒图书出版协会领导人 П. 维佳泽夫曾多次试图在公开的报刊上捍卫私人出版社，但没有得到准许。他的小册子《苏俄的私人出版社》以手稿的形式于 1921 年在彼得格勒流传。小册子同国家出版局的领导人争论，为私人公司的生存而斗争，他列举事实证明，对私人出版者许多罪过的指责，至少是不准确的。统计推翻了私人出版社是搞老古董的说法，实际上彼得格勒私人出版社出版的图书有 1/4 得到再版。莫斯科的状况大体类似。他论证需要各种类型的出版社，才能使文化、图书得到正常的发展。国家出版局对出版的垄断，使 90% 的作家不能靠写作生活。“从社会主义建设的观点看，国家的全部思想，包括科学和艺术思想只有通过唯一的国家机关，即通过国家出版局的狭隘的烘炉才能放行，这是极端有害的。”“把全部科学著作集中到国家出版局手中会扼

[1] История советской политической цензуры. Документы и комметарии. С.425–427.

杀批判性思想。”如果这种做法继续下去，那么“国家调节将蹿入艺术创作领域，对作家的艺术感知发号施令。”历史证明，这意味着文学艺术创作的死亡。不是偶然的，国家出版局被叫做“图书埋葬局”。这就是许多作家愿意同私人出版社打交道的原因。他提出一些实际建议：准确确定出版社的法律地位，消除国家出版局与出版分局之间存在的双头领导，取消对公有和私有出版社的管辖，给它们以自治权，把它们交给教育人民委员部管理，等等。[1] 小册子被送交各领导机关。

争取言论和出版自由的斗争收到一定的成效，1921 年维佳泽夫应官方邀请参加了人民委员会关于私人出版社法令的起草工作。

教育人民委员卢那察尔斯基被看作是文学艺术的保护神，所以作家们遇到问题都向他求救。1924 年 8 月 16 日，作家雷恩达－阿列克谢耶夫就其剧本《铁壁》遇到的书报检查致信卢那察尔斯基。《铁壁》在莫斯科得到批准公演了十多次，还被推荐在五一节演出。但是在第十七次上演之前列宁格勒的某一书报检查官突然索取剧本进行第二次书报检查，退回的时候作了修改，使得一些演员想干脆拒演。雷恩达－阿列克谢耶夫就此写道：

> 难道不能限制一下书报检查“幻想”的边界？如果他们这么想创作，那就让他们自己去写剧本好了——天地广阔而自由。如果他们侵入他人的创作，插入自己的文章去“修改”别人的创作，那么可怜的作者只有一个办法：请求在标题上在作者名字旁边再署上书报检查官——“合作者”的名字。[2]

1922 年，由教育人民委员部调节私人和合作出版社的活动。在这一阶段一系列私人出版公司得以合法存在。

1925 年 9 月 10 日，全俄电影股份公司管委会就禁止电影《零号》致信俄共中央电影委员会。信中说，不久前上演了电影《零号》，上演得到剧目审查总委员会的批准，这是一部无害的特技型的影片，在莫斯科电影院上演了三

[1] Советская цензура периода диктата Государственного издательства: 1919–1921 гг. 载于 *Жирков Г.В.* История цензуры в России XIX–XX вв. М., 2001. (www.media.utmn.ru–library).

[2] История советской политической цензуры. Документы и комметарии. С.439–440.

周，观众中谁也没有发觉其中有什么"反革命的"东西。但影院突然来了一名国家政治保卫局的侦察员，剪去很长的一段影片，使影片变得毫无价值。信中提问："一部影片上演之后书报检查官是否有权再来动这种外科手术？""迄今为止，常常遇到这样的事例，这些事依我们看来完全违背正常的理智，不仅造成巨大的物质损失，而且在外国和我国公众舆论面前完全败坏了苏联书报检查机关的声誉。"[1]

1926年10月，在莫斯科模范艺术剧院连续三周上演了布尔加柯夫的《土尔宾一家的命运》。1926年10月17日，剧目审查总委员会批准上演布尔加柯夫的讽刺剧《卓金的住宅》，提出需作两处修改，月底在瓦赫坦戈夫剧院上演。1928年12月小剧院上演他的《火红的岛屿》。这些剧本的上演受到观众的热烈欢迎。然而批评家们和剧目审查委员会的长官们里托夫斯基、P. 佩尔谢、奥尔林斯基等人却认为，作者歌颂"白卫精神"，仇视新政权。剧目审查总委员会称《火红的岛屿》为"丑百怪"。布尔加柯夫在"致苏联政府"的信中写道："我不说我的剧本多么机智俏皮，但我感到，我的剧本确实笼罩着不祥的阴影，这就是剧目审查总委员会的阴影。是它在培养奴性、吹嘘拍马和阿谀奉承。是它扼杀创作思想。它扼杀苏维埃戏剧，就在它扼杀的时候，德国报刊写道，《火红的岛屿》是第一个号召出版自由的。（《青年近卫军》1929年第1期）——它说得对。我意识到这一点。同书报检查制度作斗争，不管它是什么样的，也不管它是什么政权实施的，这是我作为作家的责任，就像号召出版自由一样。"《火红的岛屿》仅彩排了几场，没能上演。《卓金的住宅》只在莫斯科上演了几场。1926年11月12日，剧目审查总委员会发出电报指示，禁止《卓金的住宅》在莫斯科以外演出。[2]

卢那察尔斯基是教育人民委员，名义上是书报检查的总统领，"电影的意识形态领导"，实际上，上有政治局，旁有国家政治保卫总局，在书报检查工作中他并不能做主，他具有某种自由开明的思想，并不完全认同当时的书报检查政策，而在某种程度上，他本人也难免遇上麻烦。1928年他把自己的电影剧本《彗星》的大纲送交"全俄摄影电影股份公司'苏联电影'"，但该公司提

[1] История советской политической цензуры. Документы и комметарии. С.445.

[2] История советской политической цензуры. Документы и комметарии. С.626.

出一些令人无法接受的“完全荒谬”的意见。卢那察尔斯基就此事给剧目审查总委员会副主席勃利亚欣写了一封私人信，认为“不能在一个剧本里包罗一切。要求所有的剧本都把正面现象放在首位，这是完全愚蠢的”。他写道：“我对‘苏联电影’的回应非常担心，不是从我的剧本的角度，而是从标准的角度，它会加深剧本荒。请想一想，我不是第一个遇到的作者。第一，我是老共产党人，有相当广阔的眼界，就是特拉宁同志（顺便说说，是我的学生）也不会否认。至今为止，党把文化领域的领导工作交给了我。用一句愚蠢的话就把我的大纲敷衍过去，其他的作者们会怎么样呢……”[1]

这封信保存在卢那察尔斯基个人档案库，同大量的其他同类性质的信件放在一起，这些信是写给卢那察尔斯基本人，向他申诉的，几百封信请他帮忙准许出版图书、演出戏剧或者电影。例如，一封署名“农民的、革命的、不卖身的剧作家斯捷潘·卢宁”的信写道：“尊敬的安纳托利·瓦西里耶维奇：请原谅我的打扰。我现在这样躺在病床上，严重的心灵创伤强烈地折磨着我。其中主要的是，剧目审查总委员会不断地打击我。说实话，我不知道在苏联书报检查下这样的受苦者多不多！”卢那察尔斯基总是乐意回应此类请求，关心作者与审查机关之间危机的解决，并且几乎总是站在作者一边。然而，在严厉的书报检查制度下，教育人民委员本人的遭遇尚且如此，其他作者的命运可想而知。

需要指出的是，当时从事书报检查的在高层虽然有一些具有高文化水平的人物，但是大部分书报检查官员文化水平并不高。有一份列宁格勒省图书出版管理局县特派员的资料（1925 年 11 月 6 日）很能说明问题。这份资料总共提供 9 名书报检查特派员的资料，其中中学水平的 5 人，小学水平的 1 人，教师 1 人，2 人情况不明。党龄也不长：1919 年入党的 2 人，1921 年 2 人，1924 年 1 人，1925 年 1 人，1 人只填“党员”，2 人为非党员。[2] 可见这些人的文化水平和政治水平都不高，由这些人去评价图书的好坏，是力所不及的。

“言禁”的文化管理体制严重阻碍了一个国家文化的发展，阻碍了国家的进步。在 20 世纪 20 年代书报检查仅仅是开始，还不是非常严密，因此在这一

[1] История советской политической цензуры. Документы и комметарии. С.455–457.

[2] История советской политической цензуры. Документы и комметарии. С.276.

时期我们还能够读到不少优秀的，堪称经典的著作。进入30年代，这种书报检查变本加厉，在人文科学、社会科学和自然科学中扼杀了大量杰出的著作，扼杀了不少创新的思想。

第五节 对文化界的镇压

苏联是无产阶级专政的国家，意识形态至上的国家，即使相对宽松的20世纪20年代，这方面的控制仍然到处可见，除了书报检查，在文化领域还有直接镇压。

从20年代中期开始，禁止出版A.阿赫玛托娃、O.曼德尔施塔姆以及其他著名诗人、作家的作品，而他们本人则处在格伯乌的监视之中。

1921年格伯乌破获了"彼得格勒战斗组织案"，被枪毙的学者和作家中有尼·塔甘采夫、H.C.古米廖夫。

根据政治局1922年6月8日"关于知识分子中的反苏集团"的决定，格伯乌有权把知识分子的某些集团和领袖驱逐出境和流放边远地区，监视出版机构、高校教授、教员和大学生。获得授权后，格伯乌在知识分子中间开展活跃的工作，1922年把一批著名知识分子驱逐出境(见本书第七章第三节"驱逐知识分子")。1923年年初格伯乌秘密行动处副处长Г.亚戈达满意地指出："最近一年的经验证明，能够有效地同社会人士的自发性作斗争，控制社会运动的速度和性质。"

驱逐一大批知识分子后，格伯乌并没有减弱对其余人士的压制。1924年年底逮捕了著名诗人A.加宁，接着又逮捕了12人，这就是后来的"俄罗斯法西斯骑士团"案。1923年5月，加宁以及其他6人以号召用暴力推翻苏维埃政权罪被枪决。

1928年5—6月联共中央召开宣传鼓动和文化建设会议，会议指出文化革命的开展招致资产阶级文化代表的抗拒，会议决定同艺术中的小资产阶级观点的表现作斗争的方针。

镇压机关着重打击的是社会科学领域。意识形态同苏维埃政权不符的创作团体和组织被关闭，其成员被流放边远地区。1928年关闭了宗教哲学团体"复活"、"绥拉菲姆·萨洛夫斯基兄弟会"和"宇宙科学院"。

作家Б.皮利尼亚克的遭遇很能说明当时严密的书报检查制度。皮利尼亚克是十月革命后颇有影响的作家，他的《荒年》（亦译作《裸年》）于1921年问世，现实主义地描绘了十月革命后的现实生活，成为十月革命后第一部引起轰动的小说，曾得到托洛茨基和斯大林的好评。

1926年，他在《新世界》杂志第5期发表小说《永不暗淡的月亮的故事》。故事情节是：红军集团军司令加夫里洛夫奉命作手术，但加夫利洛夫认为自己的身体很好，用不着做手术，然而“一个腰板挺直的人”非要他做不可，声称“命令已下”，“这是革命的需要”。加夫里洛夫只好服从命令，上麻醉药的时候因心脏麻痹而死在手术台上。

此前，1925年4月伏龙芝接替托洛茨基担任了陆海军人民委员的职务。伏龙芝患胃溃疡，他的医生认为，他的心脏受不了哥罗芬麻醉剂，伏龙芝于是坚决反对动手术。斯大林派了中央委员会的一个医生小组，小组建议动手术，政治局批准了这个决定。伏龙芝不得不上手术台，1925年11月死于手术中的麻醉剂。据托洛茨基说，伏龙芝在保卫红军不受国家政治保卫局的监督问题上，表现出过多的独立性，在季诺维也夫和加米涅夫同斯大林的冲突中反对斯大林。托洛茨基说：“党内流传的谣言说，伏龙芝的死是因为斯大林的需要。”[1]

皮利尼亚克小说发表的时候正是伏龙芝被谋害的传言沸沸扬扬的时候，小说为传言提供了佐证。这引起了当局的不安。1926年5月13日，联共（布）中央政治局通过“关于第5期《新世界》杂志”的决定，认为该刊刊载皮利尼亚克的《永不暗淡的月亮的故事》是“政治上不能允许的”，包含“旨在败坏苏维埃政权声誉的批评”。1927年《新世界》第1期刊载皮利尼亚克的信，反驳对他的批评。刊载此文的杂志印数很大，但没有到读者手中就被没收了。在下一期杂志上，文学评论家沃龙斯基把小说说成是“对我党的恶毒诬蔑”。

实际上皮利尼亚克在其作品中不过是指出那时的人们丧失自己的生命权，“为了党的需要”，“为了党的纪律”而“自愿地”走上断头台的可悲事实。然而，他在《永不暗淡的月亮的故事》中有意无意地揭露了斯大林消灭老布尔什维克的机制，这是当局无论如何都不能容忍的。

1926年10月10日，皮利尼亚克致信人民委员会主席李可夫，11月28

[1] ［俄］托洛茨基著：《斯大林评传》，齐干译，三联书店1963年版，第542页。

日致信《新世界》编辑部，进行解释。后来作家明白谁手握大权，于是给斯大林写信。此举颇有象征意义，后来布尔加柯夫、左琴科都照此行事。

《永不暗淡的月亮的故事》一文使皮利尼亚克遭到沉重的打击。祸不单行，1929年他把小说手稿《红木》送到国外，在柏林出版。图书出版事业总管理局立即对此作出反应。1929年7月9日，图总就柏林出版皮利尼亚克《红木》一书致信列宁格勒图书出版事务总管理局。信中说，图书出版事务总管理局近日收到德国“彼得波利斯”出版社出版的俄文版皮利尼亚克《红木》一书。业已查明，皮利尼亚克是通过拉宾诺维奇公民（作家协会列宁格勒分会的法律顾问）把手稿送往国外的。拉宾诺维奇则是通过全苏对外文化联系协会列宁格勒分会把手稿送交“彼得波利斯”出版社的。图总不知道列宁格勒图书管理局是否审查过手稿，是否发放了许可证。问题是，皮利尼亚克的手稿在这里没有获得出版的许可，因此不应让它送往国外。此外，“彼得波利斯”出版社的出版物是不准进口的，因此也不应当向该出版社出口手稿。图总要求立即查明，是谁允许皮利尼亚克的手稿《红木》送往国外的，此外，列宁格勒图书管理局是否监管送往国外的手稿，包括通过全苏对外联系协会列宁格勒分会送出去的。从这一事实可以看出，当时列宁格勒的书报检查要比首都要温和一些，自由一些。为此事皮利尼亚克又受到新一轮的猛烈批判，从此一蹶不振。斯大林记住这笔账，作家于1938年4月被处决。

20世纪20年代出现的“普拉托东夫案”，是把学术分歧变成阶级斗争的典型案例。科学院院士谢·费·普拉东诺夫早在十月革命前已经是著名的俄国历史学家，20世纪20年代中期在科学院担任许多要职，从1925年起担任“普希金之家”馆长、苏联科学院图书馆馆长，1926年起领导历史—古文献常设委员会。普拉东诺夫著作中的客观历史科学同马克思主义历史学家波克罗夫斯基的阶级模式相对立，普拉东诺夫反对波克罗夫斯基把历史学同庸俗社会学搅在一起，而后者则批评普拉东诺夫搞阶级调和主义。1929年波克罗夫斯基当选科学院院士，得到一批新当选的共产党员院士的支持，这加强了他们在学术机关内的对抗。1929年春，波克罗夫斯基号召同“资产阶级”科学作斗争，宣称“应当在所有科学战线上展开进攻，和平共处的时期已经彻底结束。”1929年11月开始逮捕列宁格勒历史学家。布哈林和梁赞诺夫公开表示不同意波克罗夫斯基的做法，但波克罗夫斯基得到政治局委员斯大林和莫洛托夫的支持。

1929年11月9日，普拉托诺夫被迫辞去科学院的所有行政职务。11月18日，波克罗夫斯基在共产主义科学院历史研究所成立会上攻击古文献研究委员会及其出版物，宣称那里在搞反革命勾当。解除职务后，普拉东诺夫开始为《格拉纳特百科辞典》撰写关于俄国史的条文，此项工作尚未完成，即于1930年1月12日被捕。被捕的还有其他著名学者和普拉东诺夫学派的代表。此后，开始公开"揭露"普拉东诺夫及其学派，普拉东诺夫被描绘成"所有资产阶级历史编纂学流派联盟的首领"。但是普拉东诺夫并没有放弃自己对历史学发展方向的看法。1930年4月20日，普拉东诺夫写道："我在理论上不是'马克思主义者'，分不清'辩证法'和一般'进化'之间的区别，也不相信唯有按照波克罗夫斯基的方法才能研究历史进程。相反地，不仅作为历史学家—研究者，而且作为历史学家—技术人员（古文献和文本的出版者），我过去和现在一直认为波克罗夫斯基及其学派的独创对我们历史科学的发展是有害的，希望对古文献学青年学者的培养能够摆脱这种独创。"[1]

被捕的院士于1931年被驱逐出首都，并被剥夺院士称号。

不过，从1934年起波克罗夫斯基学派本身同样遭到猛烈批判，这是后话。

与此同时，还进行对技术知识分子的审判案。这些案件主要不是出于意识形态，更多的是出于经济原因，因此对他们的处置要严厉得多，例子之一就是1928年的"沙赫特案件"。

[1] Советская историография. Под общ. ред. *Ю.Н.Афанасьева.* М., 1996. С.235.

第十章　新经济政策的终结

第一节　围绕新经济政策的争论和斗争

20世纪20年代是新经济政策的年代，或者用列宁的说法，是“新经济政策的俄国”。在此期间，布尔什维克党的领导层围绕新经济政策展开激烈的争论。

新经济政策的通过比较顺利，没有遇到公开的反对意见。所以列宁一再强调，新经济政策是一致通过的。之所以出现这种“一致”，是因为当时确实出现严重的政治和经济危机，苏维埃政权有覆灭的现实危险。另一重要因素，是列宁在党内的威望。

但是，这并不意味着对新经济政策不存在不同的看法，不同的理解，甚至反对意见。通过几年的军事共产主义的实践，消灭私有制，消灭市场货币关系，建设没有地主资本家，没有人剥削人的社会主义和共产主义制度，已经被看作是短期就能实现的目标，至少已经被广大共产党员所接受。其次，新经济政策本身并不是作为一个完整的政策出台的，而是以实施粮食税为开端逐步充实完善的。实施粮食税引发剩余粮食的交易，从而重新肯定商品货币关系，实行市场机制。这就出现如何对待随之出现的私商（耐普曼），“富农”，贸易自由，私人贸易，如何看待市场关系等等问题。所以新经济政策的出台，尽管当时没有人公开反对，但在实际执行和贯彻中，各种不同的看法不断冒头，明里暗里对新经济政策实行抵制。这种情绪不仅表现在一般党员之中，更重要的是存在于高级领导人之中。

1921年9月由俄共中央书记莫洛托夫签署的通告中写道：“不仅广大劳动阶层，而且还有某些党的工作人员都远未掌握我们新的经济方针。地方上的某些同志没有完全弄清楚新经济政策的根本之所在。”[1]

列宁在俄共十一大上说，在一次共产国际执委会扩大会议上，有人“出于崇高的共产主义感情和共产主义志向”，看到优秀的俄国共产党人竟然退却起来而嚎啕大哭。他们认为新经济政策将导致资本主义在俄国复辟，削弱各国革命运动。在俄国共产党内怀有这种情绪的人就更多了。

---

[1] *Ратьковский И. С., Ходяков М.В.* История совтской России. Санкт-Петербург. 2001. C.112.

原工人反对派认为，新经济政策的缩写“耐普”（НЭП）应是“对无产阶级的新剥削”（Новая Эксплуатация Пролетариата，其缩写与新经济政策的缩写相同）。他们说，耐普使财富在一极积累，而另一极贫困，使工人更加贫困。也许在某个地方工业和商业会得到发展，但工人阶级会落入无底深渊，矛盾将发展，其结果将是内部爆炸。[1]

抛开这种极端的看法不论，在党内大体上存在两派。以季诺维也夫和斯大林等人为代表的一派对新经济政策总体上持否定的态度，把它看成是发展资本主义的政策，念念不忘限制以至取消新经济政策。另一派以布哈林等人为代表，主张利用市场机制来进行社会主义建设。当然还有一些介于这两者之间的，或者说动摇于两者之间的派别。这些派别的政策主张都不是心血来潮的产物，而是各有所本，都能够从列宁不同时期不同地点的言论中找到根据，得到社会上某一阶层的支持。

关于新经济政策，列宁在不同时期有三种不同的说法或者侧重点。

新经济政策早在1918年春已经存在

新经济政策只是对军事共产主义而言是一个新的政策，实际上是回到1918年春天的政策。列宁的举证是，早在1918年春天，他已经指出当时的俄国存在5种经济成分：宗法式的自然经济的农民经济，小商品生产（包括大多数出卖粮食的农民），私人资本主义，国家资本主义和社会主义。在这里，主要的斗争是国家资本主义和社会主义反对小资产阶级和私人资本主义的斗争。在1921年年初实行新经济政策的时候，列宁重申了这一观点，主张社会主义同国家资本主义联手反对其余的经济成分。1921年4月的《论粮食税》表达的就是这种观点。

这一说法被斯大林紧紧抓住。在新经济政策的初期，在半年多的时间里斯大林没有对新经济政策发表任何看法，直到1921年12月18日才发表《前途》一文首次粗粗谈到新经济政策。此后在相当长的时间里，他在谈到新经济

[1] Двенадцатый съезд Российской Коммунистической Партии (большевиков). Бюллетень. Москва-Кремль. 1923. С.18.

政策的时候都在前面加上“所谓”两字——“所谓新经济政策”，强调新经济政策并非新政策，只是1918年春政策的重复和继续。1928年7月5日斯大林在《论共产国际纲领》中说：“如果以为苏联无产阶级专政的经济工作是从军事共产主义开始的，那就不对了……恰恰相反，我国无产阶级专政的建设工作不是从军事共产主义开始的，而是从宣布所谓新经济政策的原则开始的。大家知道1918年年初出版的列宁的《苏维埃政权的当前任务》一书，列宁在这本书中**第一次论证了新经济政策**的原则。”[1]

这种说法否定了新经济政策的创新。虽然列宁在实行粮食税政策的初期曾经表示过类似的看法，但是半年后，在承认了商品买卖之后，曾明确说明1918年春的政策同新经济政策之间存在原则区别，指出“**当时根本没有提出我们的经济同市场、同商业的关系问题**……提出国家资本主义问题时，并没有说我们要退回到国家资本主义上去，而是说我们俄国如果有国家资本主义作为占统治地位的经济制度，那我们的处境就会好一些”。[2] 正是市场机制的提出和运用，使新经济政策在社会主义理论史上具有开创性的意义，使新经济政策成为名副其实的**新的**经济政策。所以布哈林把新经济政策诞生的日期定在实行商品货币和市场机制之时，而不是实施粮食税的时候。

新经济政策是暂时的退却，要及时转入进攻

1921年春迅速用粮食税代替粮食征收制的一个根本原因，是全国农民对军事共产主义，特别是粮食征收制的严重不满，甚至举行暴动，进行武装反抗。喀琅施塔得的暴动是给苏维埃政权的一个最后通牒。关于农民起义的因素，列宁在论述新经济政策的起因时很少谈及，最多只提喀琅施塔得暴动。不过斯大林的著作中却多次提及。

例如，1925年1月26日斯大林在《关于“得莫夫卡事件”》一文中写道：“……或者是农民的不满情绪逐渐积累起来以致发生暴动。请你们注意，在新的条件下，在新经济政策下，新的坦波夫暴动或新的喀琅施塔得叛乱绝不是没

[1] 《斯大林全集》，第11卷，第129页。

[2] 《列宁全集》，中文第2版，第42卷，第221页。

有可能的。南高加索的格鲁吉亚暴动提出了一个严重警告。如果我们不学会割开我们的脓疮并且把它们医好，如果我们还要在表面上装得太平无事，那么这样的暴动将来还是可能发生的。”[1]

当时许多领导人都把实施新经济政策看作是一种暂时退却，对农民的让步，同农民的妥协，以拯救苏维埃政权。这也是实施新经济政策能够为多数人所接受的最有说服力的论据。就整体而言，新经济政策确实是由军事共产主义向后退却，用当时的说法，由直接进攻改为迂回。就同农民的关系而言，也确实是一种让步、妥协，所谓“农民的布列斯特”。有退却，就有进攻。因此，新经济政策实行不久，特别是农民造反的威胁减轻之后，停止退却，发动进攻的呼声就此起彼伏。这股要求转入进攻的压力颇为强大，逼得一年之后列宁不得不在党的十一大上宣布停止退却，举行进攻。就列宁而言，提出“进攻”的任务可能出于两种考虑：1）迫于反对新经济政策的压力，提出进攻的口号以安抚党内的激进派、“左派”。2）当时已经退到国家资本主义、自由贸易，从传统的观念看来，已经退无可退了。不过，这个时候宣布进攻是大可质疑的。因为实行粮食税仅仅一年，而承认市场机制（即真正意义上的新经济政策）才半年，作为完整的一个政策体系许多方面还有待具体化、细化，有待逐步完善。诸如发挥市场作用，调动小生产者的积极性，发挥私人资本的作用，发挥私商的作用等等问题都有待解决，在这个时候转入“进攻”必然摧毁尚在形成中的新经济政策体系，达不到新经济政策所要达到的目的。

早在1922年夏天列宁卧病高尔克的时候，“三驾马车”就发布打击新经济政策的支柱——粮食自由贸易的指令。1922年8月24日的密码电报写道：

> 1. 认为在完成粮食税之前只有在特殊情况下可以采用关于禁止自由买卖粮食的法令，并且严格限定仅适用于那些蓄意拒绝纳税的个别机关。2. 执行降低粮食价格的政策，因为粮食的昂贵价格将减少国家的粮食库存和降低工人阶级的生活水平。
>
> 俄共中央书记　斯大林[2]

---

[1] 《斯大林全集》，第7卷，第23页。

[2] ПАНО, Ф.1,Оп.2,д.266,Л.31. 引自 Советская история. Проблемы и уроки. Новосибирск. 1992. С.102.

这份电报透露，当时存在一个“禁止自由买卖粮食的法令”!

在俄共十二大上代表中央作政治报告的是季诺维也夫。他在报告中接过列宁的“停止退却”的口号，大力往“左”的方面倾斜。他说，列宁在上次代表大会上宣布的停止退却和“不会再有因新经济政策而采取的新的退却”(列宁没有这样说过。——引注)，党和中央执行了。在季诺维也夫看来，退却是全面的，“在国际政策舞台，在国内政策舞台都这样做了。”[1]

斯大林论述列宁主义的著作是不提新经济政策的，他的《论列宁主义基础》和《论列宁主义的几个问题》这两本专著都闭口不谈列宁的社会主义经济建设思想，特别是新经济政策。在斯大林看来，新经济政策只不过是一个像中农问题一样的“具体问题”。1926 年 1 月他在《列宁主义问题》文集初版序言中为自己辩解说：“同样很明显，我们建设中的具体问题（新经济政策、国家资本主义、中农问题等）也不是这本《扼要叙述列宁主义基础》的小册子所能完全阐明的。”[2]

在这一点上，季诺维也夫要胜过斯大林，他在《列宁主义》一书中用了两章的篇幅来谈新经济政策，其标题分别为：第 11 章“列宁主义和新经济政策。新经济政策和国家资本主义”；第 12 章“列宁主义和新经济政策。无产阶级专政下的阶级斗争”。从副标题可以看出季诺维也夫所关注的重点。他的论点始终围绕阶级斗争、退却和进攻、国家资本主义展开。他写道：新经济政策，“这是列宁主义经过最广泛的深思远虑的退却运动。”“这是其历史意义迄今尚非所有人都清楚的退却。”“我们现在应当清楚明确地跟着列宁说，新经济政策是个退却。”[3]退到哪儿去呢？退到国家资本主义，因此新经济政策等于国家资本主义。季诺维也夫写道：我们实行新经济政策，不是简单地消除“军事共产主义的极端性，不，我们做的不是这件事——我们从根本上改变了整个经济政策。我们根本不是从军事共产主义退向社会主义，而是退向无产阶级国家中的特殊的‘国家资本主义’”。“新经济政策，**这是无产阶级国家里的国家资本主义**。”

[1] Двенадцатый съезд Российской Коммунистической Партии (большевиков). Бюллетень. Москва- Кремль. 1923. С.5,7.

[2] 《斯大林全集》，第 8 卷，第 11 页。

[3] ［俄］季诺维也夫：《列宁主义》，第 180、184 页。

他问道："新经济政策的俄国"在哪一点上比"无产阶级国家中的国家资本主义"好听一些呢？[1]

季诺维也夫在十二大的政治报告中说："列宁说得完全对，说新经济政策过去和现在都是国家资本主义制度，实行这种制度首先是为了在无产阶级和农民之间建立真正的结合。我重读了 1921 年出版的列宁的《论粮食税》。他列举了国家资本主义成分：租让制——第一种成分，合作社（把它叫做社会主义是白费劲，实际上在目前情况下它是国家资本主义成分），租赁企业——数量不多。这就是国家资本主义。"他认为，"在这一领域无须寻找更多的新东西，我们应当坚持 1921—1922 年所坚持的东西。"[2]

季诺维也夫在俄共十三大政治报告中说："租让问题是新经济政策的极限问题，允许承租人来我们这里，这就意味着增加新资产阶级的比重，这就是我们对租让问题开宗明义的几句话。""我们还必须回答一个问题：我们发展经济是要有利于资本主义，还是有利于向社会主义过渡的国家资本主义呢？谁战胜谁？这就是弗拉基米尔·伊里奇所提出的问题。我们长入何方？"[3]

季诺维也夫的这种说法，把市场机制的作用完全排除出新经济政策之外了。列宁确实曾寄希望于国家资本主义，但是国家资本主义并没有得到发展，列宁生前已经看到并多次指出过。在季诺维也夫书写《列宁主义》一书的时候（1924 年）这一事实已经非常清楚了。其次，列宁说的退却是退向国家资本主义，退向自由贸易做买卖，是两点，而不是一点。而后者归根结底就是要发挥市场机制的作用。季诺维也夫只讲国家资本主义，这就完全忽略了市场经济这一面，大大缩小了新经济政策的范围，也大大贬低了新经济政策的意义。

既然强调的是退却，而且是在农民造反逼迫下的退却，那么一旦造反的威胁消失，就会要求转入进攻。斯大林在后期论述新经济政策时就不断强调进攻。

1924 年 12 月，在俄共十四大上斯大林首次给新经济政策下了一个他的定

[1] ［俄］季诺维也夫：《列宁主义》，第 183、189、205 页。

[2] Двенадцатый съезд Российской Коммунистической Партии (большевиков). Бюллетень. Москва-Кремль. 1923. С.19.

[3] 《俄共（布）第十三次代表大会（速记记录）》，第 46、81 页。

义：“新经济政策是无产阶级国家所采取的一种特殊政策，它预计到在经济命脉掌握在无产阶级国家手中的条件下容许资本主义存在，预计到资本主义成分同社会主义成分的斗争，预计到社会主义成分的作用日益增长而资本主义成分的作用日益削弱，预计到社会主义成分战胜资本主义成分，预计到消灭阶级和建立社会主义的经济基础。”[1] 这个定义的重点是同资本主义成分作斗争。

1926 年 11—12 月在共产国际执委会第七次全会上，斯大林声称，要“堵死和消灭阶级首先是资本借以产生的一切孔道，最后造成直接消灭阶级的生产条件和分配条件”。[2] 一年后宣布：资本家正被排挤出商品流转的范围，工业正和农民经济直接结合起来，投机的中介人再不能从工业和农业中攫取利润。苏联已经没有交易所、营业所、价格操纵情形等等。在这方面，所有这些资本主义经济的工具在我国都不存在了。[3] 稍后，他在党的十五大报告中宣布，党的任务是“采取消灭国民经济中的资本主义成分的方针”。[4] 要挖掉资本主义的根子，这根子就“藏在商品生产里，藏在城市小生产特别是农村小生产里”。[5] 结论很清楚，要彻底消灭资本主义就必须消灭农民这个小生产者。

季诺维也夫的《列宁主义》在论述新经济政策时用一章的篇幅论述无产阶级专政下的阶级斗争，他强调的是，在新经济政策时期阶级斗争仍在继续。以季诺维也夫为首的“新反对派”的一个重要观点，就是农村存在严重的富农危险，必须把打击的火力对准城乡的资本主义成分。他说，城乡资本主义的经济力量在增长——虽然不是相对的，而仅仅是绝对的增长。“谁要是说我们已经没有资本主义，或者几乎没有资本主义，没有富农，我们的政策对富农和对贫农都同样有利，他就是有意无意地修正列宁主义。”“对我们来说，农村的富农——**真正的**富农——要比城市的耐普曼危险得多，因为我们在农村的阵地是

[1] 《斯大林全集》，第 7 卷，第 302—303 页。

[2] 同上书，第 9 卷，第 22 页。

[3] 同上书，第 10 卷，第 192 页。

[4] 同上书，第 256 页。

[5] 同上书，第 11 卷，第 195—196 页。

薄弱的，而富农成为农村舆论领导者的可能性却要大一些……农村百分之二三的‘富农’，总是巨大的力量。”[1]

过渡时期存在阶级斗争，这是当时的共识，并不奇怪。但是就发展经济和抓阶级斗争这两方面任务相比较而言，对当时的苏联来说，首要的任务应当是全力抓经济，发展生产力，为落后的俄国创造社会主义所必需的物质条件。采取新经济政策的深层次原因，正是俄国落后，不具备立即实行社会主义的物质条件，需要通过市场来改变资源配置的方法，促进生产的发展，为社会主义准备条件。而害怕资本主义，害怕在发展生产力的同时“资本主义”的增长，想借助于阶级斗争的方法，靠专政的力量来消灭资本主义成分，消灭小生产，只会给国民经济带来破坏性的后果。

列宁的新经济政策可以按照两个不同的思路发展。一个是强调阶级斗争，在发展经济过程中，随时准备消灭资本主义。农民刚刚吃饱了饭，就急不可待地要去剥夺“富农”（实际上是善于经营耕作的农民），按照这种做法农村的经济是不可能得到发展的。这样的新经济政策也是不会长久的。

另一个思路是以发展经济为主要目的，利用政权的力量促进经济的发展，为社会主义创造必要的物质前提，把通过市场来合理有效地配置资源看作是新经济政策的主要功能。鼓励发财，鼓励城乡富裕起来，把所有这一切看作社会主义的成就。从这个观点出发，新经济政策就是一个认真的长期的政策。对一个落后的农业国来说，这一点非常重要。按照这条道路走下去，就有可能走向市场经济。

市场机制还是行政命令

在实行新经济政策之初，列宁只想通过实行粮食税对农民作出让步，缓和农民的情绪，以拯救苏维埃政权。如果仅就实施粮食税而言，确实可以认为是对农民的让步、退却。但任何政策都不可能是孤立的，这种退却必然发生连锁反应。实行粮食税，农民手头就会有余粮，纳税后剩下的粮食怎么办？列宁的最初设想是允许农民在地方范围内交换。但是，限制在地方范围的实物交换

[1] ［俄］季诺维也夫：《列宁主义》，第220—221页。

（当时也叫“商品交换”）恰如“蜉蝣”（布哈林语），没有能够维持多久，广大的农民以自己的实践冲破了人为的樊篱，产品交换变成了商品买卖。这就把市场机制引进了苏维埃经济，进入了真正的新经济政策的时期。列宁发现了这一点，把这时候的新经济政策同 1918 年春的政策区别开来，指出区别就在于现时的经济已经建立了同市场、同商业的关系。这是新经济政策中的决定性因素。

正因为如此，布哈林把新经济政策出现的时间向后推迟了半年左右。他写道：“我们起先打开了一半；我们说：实行地方性的商品流转。”但是发展中的经济不可抗拒地要求扩大经济流转的范围，于是我们“再打开一半，打开军事共产主义时期所堵塞的东西。我们这样做了，于是就有了新经济政策”。[1]在布哈林看来，新经济政策不是始自实施粮食税，而是始自承认和运用市场关系。为打通堵塞的渠道，1925 年年初布哈林写文章作报告，呼吁把新经济政策推广到农村去。

正是在运用市场机制这个意义上，列宁在最后时日赋予合作社以巨大的意义。列宁对合作社的看法经历三个阶段。在军事共产主义时期，列宁把合作社看作是社会革命党和孟什维克的温床。在新经济政策初期，把合作社看作国家资本主义，打算以国家资本主义去对付分散的无法控制的小生产。直到在新经济政策中引入市场商品经济成分之后，才彻底改变了对合作社的看法，认为这是可以使农民的私人利益同公共利益结合起来的机构，是可以通过农民对利益的关注而引导农民走上社会主义的机构。列宁强调，正是由于有了新经济政策，才使合作社具有前所未有的重大意义，“在新经济政策中，我们向作为商人的农民作了让步，即向私人买卖的原则作了让步；正是从这一点（这与人们所想象的恰恰相反）产生了合作社的巨大意义”。[2] 在《论合作社》一文中，列宁把合作社直接等同于社会主义，说“文明的合作社工作者的制度就是社会主义的制度”。[3]“在我国条件下合作社往往是同社会主义完全一致的。”[4]

---

[1] 《布哈林文选》，上册，第 356 页。

[2] 《列宁全集》，中文第 2 版，第 43 卷，第 362 页。

[3] 同上书，第 365 页。

[4] 同上书，第 366 页。

列宁的说法没有为当时的多数领导人所理解。托洛茨基看到了市场机制的作用，也同意运用市场机制，但无可奈何地称市场为“魔鬼”。斯大林不承认新经济政策是一项崭新的经济体制，认为这不过是一个“具体政策”。

季诺维也夫不认为列宁的《论合作社》一文对合作社的看法有一个飞跃，认为同1921年关于合作社是国家资本主义的论述是一回事，没有任何发展变化。到1923年年初，合作社仍然是国家资本主义。

粮食税是新经济政策中的一项基本措施，以后的商品市场关系的运用都是由此引发的。在季诺维也夫看来，向粮食税过渡，“这不过是略为减轻农民的负担。真正正常的关系只有当用城市的工业品换取农产品的时候才能建立起来。”这就是说，季诺维也夫仍然停留在城乡产品的直接交换的立场上。他一方面说，税收不要拿得过多，另一方面却宣布1922年不能少收，要收取得更多，粮食的价格要规定得“非常低”。[1]这时候普列奥布拉任斯基还没有完整地提出他的“社会主义原始积累规律”，但这种做法贯彻的就是该规律的精神。加米涅夫在党的十二大上不得不同意伏龙芝的说法，从农民那里征收的粮食数量是他们所无法承受的：“显然，我们越出了政治上所不能允许的经济界限。”他承认向农民增收高额粮食税是不合理的，说：“我们应当修改我们同农民现有的协定，改善这个协定，应当在政治上关心农民。诚然，这就产生一个问题，在何等程度上？我们是否可以大大减轻农民的负担，减少农民为支持整个国家大厦所支付的那一部分？”[2]当时采取了减轻农民负担的措施——实行了统一的农业税，但这一措施并没有改变通过征收直接和间接税的办法剥削农民的相当多的劳动以保证社会主义工业增长的总的战略方针。

布哈林敏锐地看到列宁思想的发展变化，指出在合作社问题上列宁有两个不同的战略计划。在1921年实行新经济政策之初，列宁在《论粮食税》中主张社会主义经济成分加上大资本，组成经济联盟，对付分散的小资产阶级自发势力。在这里，合作社是“国家资本主义的最重要的环节”。而在1923年1月写《论合作社》的时候，列宁的提法变了，合作社已经不再被看作是国家资

[1] 《俄共（布）第十三次代表大会（速记记录）》，第27页。

[2] Двенадцатый съезд Российской Коммунистической Партии (большевиков). Бюллетень. Москва-Кремль. 1923. С.325,399.

本主义，而是直接等同于社会主义了。这里的战略计划是“和组成合作社的农民结成联盟，反对大资本和一般私人资本的残余”。[1]

后来布哈林在阐述新经济政策的意义时强调的正是这一点。他说：“据我看来，新经济政策的决定性因素是存在市场关系——在这种那种程度上。这是最重要的标准，它规定了新经济政策的实质。”[2] 市场关系是一定种类生产即商品生产的另一面，没有商品的商品生产和没有市场的商品生产都是不可想象的。“如果我们搞商品生产，那么完全可以理解，最重要的就是市场关系”。[3]“我们恰恰要通过市场关系走向社会主义”。[4]

斯大林所下的新经济政策的定义中基本上不提市场和商品经济。他在联共十四大上对新经济政策所下的上述定义就是如此。

直到 1928 年七月全会《论共产国际纲领》的报告中，斯大林才承认要利用市场，说“新经济政策是无产阶级专政的政策，其目的在于利用市场，通过市场，而不是以直接的产品交换，不要市场，在市场以外来战胜资本主义成分并建立社会主义经济。”[5] 但是这时候实施非常措施已经半年多，当时正在逐步消灭市场，离废止新经济政策只有一年半的时间了。斯大林发表这一谈话，目的不是真的要利用市场，而是企图规避取消新经济政策的指责。

1925 年年初，斯大林与布哈林有过一次关于经济问题的认真的谈话，斯大林对新经济政策表示怀疑。布哈林在自己的札记中提到这次谈话。斯大林一直在“施加压力”，说长期指靠新经济政策“会扼杀社会主义因素而复活资本主义”。总书记不懂得经济规律发生作用的实质，更多地指望“无产阶级的压力”、“党的指示”、“既定路线”、“对潜在的剥削者的限制”等等。谈话时间很长，布哈林感觉到，斯大林不懂也不相信新经济政策，他像托洛茨基一样，认为新经济政策是对革命成果的威胁。[6]

---

[1] 《布哈林文选》上册，第 361—363 页。

[2] 同上书，下册，第 392 页。

[3] 同上。

[4] 同上书，上册，第 441 页。

[5] 《斯大林全集》，第 11 卷，第 128 页。

[6] [俄] 沃尔科戈诺夫：《胜利与悲剧》，第 1 卷，世界知识出版社 1990 年版，第 327 页。

乌克兰人民委员会主席拉柯夫斯基（中穿军装者）。20世纪20年代

早在党的十二大上，已经有人提出**“战胜新经济政策”**的说法，大会就这个问题展开了议论。

季诺维也夫在政治报告中说：“应当区分名词耐普（НЭП）和新经济政策。说到耐普的时候，向你们描绘的是耐普曼及其不良特点。我们常常说‘战胜耐普’。我不久前读到拉柯夫斯基在乌克兰的讲话，他说：‘我们振兴了制糖工业，这是对耐普的最好胜利！’为什么这是对耐普的胜利？我不是在指责拉柯夫斯基同志，因为我们自己也常常这样说。这是因为我们把耐普同耐普曼混淆了，而事情并不完全是这样，因此我们也许最好是约定用新经济政策取代耐普。”“一批或一小批被派到耐普阵营的经济工作者在那里沾染上了耐普（нэповские）的观点，我们这样说的时候，严肃的经济工作者是不会感到委屈的。”[1]

不少人直接为“战胜新经济政策”的说法辩护。斯米尔加在发言中说：“什

[1] Двенадцатый съезд Российской Коммунистической Партии (большевиков). Бюллетень. Москва-Кремль. 1923. С.24,32.

么是战胜耐普？战胜耐普就是战胜国家资本主义，重新过渡到高级的、分配型的社会形式。这就是战胜新经济政策。[1] 博古斯拉夫斯基说："我们实行新政策是为了在其基础上和在很大程度上用其方法战胜它。怎样战胜？善于利用市场规律的作用，依靠这些规律，在其机制中输入国营生产原则，不断扩大计划原则。最后我们把这种计划原则运用到整个市场，从而吃掉和消灭它。换言之，我们在新经济政策基础上所取得的成就在自动接近其消灭，用最新的经济政策取代之，这最新的政策将是社会主义政策。"[2]

托洛茨基直接为"战胜新经济政策"的说法辩护。他在十二大上关于工业的报告中说：总体上，新经济政策是"工人国家利用资本主义社会的方法、手段和机构来建设社会主义经济或者向建设社会主义经济过渡。"[3] 我们引进了市场及市场竞争，在手中保留了国有化的生产资料、外贸垄断。但是我们说，我们不得不在市场及市场关系的基础上来比试力量。通过什么手段？通过市场关系，但要补充一句，还要加上越来越多的计划干预。用什么来衡量社会主义的成就？用在恢复物质价值的基础上计划领导的增长来衡量我们的工作成就。如果我们的物质机器、我们的物质设备、我们的领导做不到这一点，那么超过一定限度的市场关系的发展，对我们来说将意味着有被市场套牢的危险。所以在这里我觉得季诺维也夫同志的表述不准确，会造成误解。这涉及我们战胜耐普的问题。我认为拉柯夫斯基同志的表述在理论上和实际上都是绝对正确的。拉柯夫斯基同志就季诺维也夫同志的报告说道："但我们在制糖工业中取得成绩，生产得更多更好，这就是对耐普的打击。"季诺维也夫同志说："这不是对耐普的打击。耐普是新经济政策，为什么打击耐普？"不过，同志们，新经济政策是认真的、长期的，但不是永远的。我们实行新经济政策，目的是在其基础上战胜它。如何战胜它？在市场规律的协助下，依靠市场规律，把我们国营

---

[1] Двенадцатый съезд Российской Коммунистической Партии (большевиков). Бюллетень. С.327.

[2] Двенадцатый съезд Российской Коммунистической Партии (большевиков). Бюллетень. С.313.

[3] Двенадцатый съезд Российской Коммунистической Партии (большевиков). Бюллетень. С.282,286.

生产的强大机器引入这个规律，扩大计划原则。依靠我们国家的财富，此计划原则应当扩大到整个市场，吃掉它，消灭它。换言之，我们在新经济政策基础上的成就接近或者应当接近取消它，用最新的经济政策取代它，此政策将是社会主义政策。在这个意义上我们完全有权说，我们经济的发展是我们对新经济政策的一系列胜利，并且是借助于新经济政策自己的方法取得胜利的。[1]

加米涅夫认为，“耐普（是“耐普”，而不是“耐普曼”。——引注）是新经济政策上的泡沫，而新经济政策还不是我们共产主义的全部，不是共产主义的组成部分，而只是工具之一，共产主义的迂回运动之一”。我们永远不会忘记，当我们同小资产阶级的农民的自发势力妥协的时候，小资产阶级是大资产阶级的萌芽。如果我们忘记这一点，我们对政治就一窍不通。[2]

这么多的领袖挺身为“战胜新经济政策”辩护，战胜者，取消也，而这时候实行新经济政策才两年时间，这时候需要的是鼓吹、宣传和推广新经济政策，而不是鼓吹有朝一日取消它。

与“战胜新经济政策”的说法相配合的还有“有条件的新经济政策”的说法。

1924 年 5 月 23—31 日召开俄共第十三次代表大会，季诺维也夫作中央政治总结报告，斯大林作中央组织报告，这是列宁去世后举行的第一次代表大会。

会上出现由拉林提出的新名词“有条件的新经济政策”。拉林在讨论中央的总结报告时，敏感地捕捉到党的领导层对新经济政策的情绪发生变化，他援引季诺维也夫报告中“有条件的贸易政策”、“有条件的新合作化计划”等等，把它上升为“有条件的新经济政策”。这是对私人商业资本施压的开始。

季诺维也夫在总结报告中说：“新的商业政策和新的合作社政策，是当前两项主要课题。”“当然，所谓新政策是有条件的”。[3]“蜕化的问题是存在的，资产阶级不相称的发展的危险是存在的，而且毫无疑问它正在农村兴起。”我们的任务是“为限制他们而斗争。”通过合作社有组织地在国家支持下去排挤它。

---

[1] Двенадцатый съезд Российской Коммунистической Партии (большевиков). Бюллетень. С.249–250.

[2] Двенадцатый съезд Российской Коммунистической Партии (большевиков). Бюллетень. С.117,118.

[3] 参见《俄共（布）第十三次代表大会（速记记录）》，第 89 页。

“在一定限度内为我们所保留的、有调节的、有序的、明文规定并加以监督的贸易自由，是新经济政策的一个基础。”他建议“把私人商业纳入应有的轨道”，改变它对国营和合作社商业的比重（现在是 1∶2），“随同这些措施还要把耐普曼驱逐出莫斯科、国营商业制定严格的规则、制定新的条例让格伯乌便宜行事”。关于富农问题应该注意别在对富农的让步方面搞过头。在农村兴起的有一般的耐普曼——高利贷者、小店主、酿私酒者和批发商人。如果我们能执行正确的商业和合作化政策，那么可以大胆地说，我们将长入社会主义。[1]

拉林由此得出结论，出现了对新经济政策的新的理解，“原则没有变。什么变了呢？那就是我们变富了，我们的国家已经开始摆脱战后即 3 年前的那种贫困，因此我们更加坚决地贯彻我们原则的可能性也就增加了。季诺维也夫同志所说的‘有条件的贸易政策’，‘有条件的新合作化政策’等等的意义也就在于这种可能性的增加，——如果愿意的话，可以把这概括为，我们从旧的、习惯的、允许资产阶级有一定比例的新经济政策过渡到‘有条件的新经济政策’，增加对这种允许的限制。我们这里将要做的一切的含义是，我们并不改变原则，而是随着经济的增长而增加实施我们在经济疲软的情况下所无法实施的那条路线的可能性。”[2]简言之，由于国家变得富一些了，因此有经济实力去加强对私人资本主义成分的限制了。

加米涅夫不同意“有条件的新经济政策”的说法。他认为没有必要谈什么条件，“新经济政策就是我们一种新的经济政策，当然是很有条件的事情。新经济政策的基础就是贸易自由。它的条件性体现在哪里？就体现在这种贸易自由是由无产阶级政权推行的，并且按照列宁的说法，是以我们无产阶级政权当前的建设所需要的程度为限的。这种新经济政策受到我们无产阶级法律的限制，受到我们作为统治阶级的无产阶级新规定的税收的限制，最后，还受到我们的管理机关的限制……我们不需要任何新的‘有条件的’新经济政策。我们根本不打算用拉林的经济政策来取代列宁的经济政策。”[3]其实，加米涅夫说得很清楚，无产阶级政权手中有法律、税收以及各种管理机关，足以限制新经济

[1] 《俄共（布）第十三次代表大会（速记记录）》，第 81—91 页。

[2] 同上书，第 177、198 页。

[3] 同上书，第 243 页。

政策，没有必要另提“有条件的新经济政策”。季诺维也夫和加米涅夫都主张对资本主义成分（从租让企业到私人零售商业）实行不调和的正面进攻。

古比雪夫说：“说的正是社会主义和资本主义这斗争双方的相互关系问题。这种相互关系无论如何必须改变，要使商业流通领域出现有利于国营和合作社资本的影响增长。问题就在这里，问题也只能这样提。”他在另一个地方说，“党在等待更大的成就和更多的胜利”，问题不在于取消新经济政策，不在于对私人资本施加行政压制，不是取缔它，而是在国民经济和合作社的结构中，同私人资本主义成分相比，社会主义企业占有更大的分量。[1]

加里宁在农村工作报告中同样强调农村商品经济在助长私人资本主义的产生。认为“实施新经济政策就意味着一种资本主义关系，意味着私人资本主义的某种程度的发展。”他提出，要使私人资本主义沿着对我们最为有利的轨道并在我们严密的全面监督之下发展。[2]

不过，当时也有另一种较为清醒的声音。5 月 29 日人民委员会主席**李可夫发言**，为私商存在的必要性，特别是其在农村存在的必要性辩护。他说，“农民问题对我党来说有着根本的意义。我们是否向共产主义社会过渡，是否取消新经济政策，是否能够维持苏维埃政权——这在很大程度上取决于农村的状况。”他说，有私商和小铺的农村，要比既没有国营商业也没有合作社商业，刚刚开始准备组织这种商业的地区好得多。“既然那里没有合作社，它建立的速度又很慢，那么无论是对农民，还是对工人，有私商比没有任何商业自然要有利一些。”

“最近一些日子报纸上有许多文章谈论打击私商问题，条件是不压缩商品市场。我认为这还不够。要在扩大商品市场的条件下打击私商，因为不扩大商品生产，农民经济中的整个商品率就无立足之地。如果出现这种情况（不扩大商品市场），那么扩大工业，扩大工人阶级队伍就是不可想象的，但是如果我们用压缩市场作为代价，以国家资本取代私人商业资本，这会是极大的错误，对党极为有害，会推迟向社会主义社会过渡的时间。”“不久前我曾经请求为我收集有关这一问题的报纸。使我非常惊奇的是报纸上刊载了许多‘停止新经济政策’的文章，这是蠢话。”

[1] 参见《俄共（布）第十三次代表大会（速记记录）》，第 348—349 页。

[2] 同上书，第 528 页。

李可夫指出，农村的私商还在供应农村，没有他们教师将会饿死，一半以上的农村还没有小商铺，工人的数量仅达战前的40%，国家有100多万失业者，预算中还有4亿卢布的赤字。“在这种情况下谈论结束新经济政策，这意味着对事情一窍不通。只有当我们经济发展达到高级阶段，才能结束新经济政策。而在我们还没有达到战前水平的时候说结束新经济政策，这是极大的错误。只有当我们在工人的数量上、同农村的商品联系的数量上超过战前的水平时，才能结束新经济政策。”

我们有半数以上的农村是同城市隔绝的，几乎从城市得不到任何商品，因为70%的工厂产品都被我们分配给城市了，只有30%的产品运往农村。这就是说，农村是通过农村的各类手工业和家庭式的生产来满足自己的需求的。这也是生长资产阶级的基础啊！富农阶级不能不成为这种与城市隔绝的农业生产的中心组织。因此，我们要千方百计地把城市商品输入农村，这是同在这种土壤中产生着的农村资产阶级作斗争的一个方面。[1]

“消灭私商!”特维尔，1927年

[1] 《俄共（布）第十三次代表大会（速记记录）》，第569—570页。

他提出一个问题，从商品粮的生产角度看，富农经济无疑生产得更多，从而购买得也更多，在城市里扩大了商品流转。诚然，以富农为代表的新资产阶级阶层在发展，但富农的范畴至今还不明确，经常同中农，有时还同文明的贫农混为一谈。加里宁在报告中也指出富农概念不清的问题，他引用列宁的观点说，“不知道这个农户的经营史就说他是或者不是富农是不行的。”财产还不能说明就是富农，要分析这些财产是怎样积累的？是通过什么途径积累的？财产所有人的心理状态怎样？最后，经济地理上所造成的特点也有着非常重要的关系。例如，西伯利亚的农民在正常的情况下要比莫斯科郊区的农民富得多，然而这绝不意味着他们更接近富农。

当时商业的现实情况是国营商业占 1/3，私人商业占 2/3。这不是主观愿望问题，而是现实力量问题。国营商业只能供应这么多，特别是在农村，主要靠私人商业满足居民的需要，私商在满足居民的需要方面发挥了无可取代的作用。在这种情况下谈论限制甚至消灭私商，纯属空想。

大会决议中一方面说在新经济政策基础上经济的振兴，“党现在没有任何根据来修改新经济政策”，另一方面，认为“当前的任务是不断加强整个国民经济中的社会主义成分”。“党中央委员会清楚地看到在目前新经济政策时期新的资产阶级必然有所发展，并由此采取一切相应的经济措施和政治措施”。[1]

“战胜新经济政策”和“有条件的新经济政策”的提出以及有关辩论表明，新经济政策在苏联长期发展的前景已经不再存在。从 1923 年秋开始，方针是加紧向资本主义成分的进攻，加紧“战胜”新经济政策，从商业中排挤资产阶级，从调节经济转向在各个领域组织经济。尽管在 1925 年布哈林等人曾经大声疾呼把新经济政策推行到农村去，尽管在以后的 3—4 年里新经济政策还被当做健全的正常的政策，但其历史命运已经无法改变。

1929 年年底，斯大林终于抛出了新经济政策的“新提法”。他在《论苏联土地政策的几个问题》中宣布：

“现在，新经济政策问题，阶级问题，建设速度问题，结合问题，党的政策问题，都**应该有新的提法**。”[2] 这新提法是什么呢？斯大林说：“我们所以采

[1] 《苏联共产党代表大会、代表会议和中央全会决议汇编》，第 2 分册，第 411 页。

[2] 《斯大林全集》，第 12 卷，第 127 页。

取新经济政策，就是因为它为社会主义事业服务。当它不再为社会主义事业服务的时候，我们就让它见鬼去。列宁说过，新经济政策的施行是认真而长期的。但他从来没有说过，新经济政策的施行是永久的。”[1]几个月之后，斯大林对“见鬼去吧”作出明确的解说：“当我们已经不需要容许某种程度的私人贸易自由的时候，当这种容许只会产生坏结果的时候，当我们有可能通过自己的商业组织来调整城乡之间的经济联系，而不必依靠私人贸易及其私人流转，不必容许资本主义某种活跃的时候，我们就‘让新经济政策见鬼去’。”[2]

这时候斯大林已经不再需要通过市场调节来建立城乡之间的经济联系了，他认为苏维埃政权可以通过行政命令措施、国家计划来维持这种联系，实际上又回到通过计划调拨进行实物交换的军事共产主义时代。

第二节　新经济政策的终结

1928 年斯大林实施“非常措施”，已经把新经济政策的基本原则抛到一边，回到对农民发号施令，实行强制，以至直接剥夺的军事共产主义模式上去。只是由于党内还有抗拒力量，斯大林还无法为所欲为。1929 年最终击败了布哈林“右倾集团”，年底斯大林直接宣布让新经济政策“见鬼去”，列宁所说的“新经济政策的俄国”宣告结束。

新经济政策的终结并非突发事变，也不是斯大林一人之力，虽然他起了关键作用。这是苏维埃社会政治经济长期积累的矛盾的产物，也是联共党内左倾激进思潮的胜利。新经济政策从实施之初就蕴藏着一系列导致其取消的因素，这些因素没有得到有效的克服，终于导致新经济政策的失败。

被迫实施的政策

新经济政策是在农民暴动，特别是喀琅施塔得水兵暴动的威胁下，苏维

[1] 《斯大林全集》，第 12 卷，第 150—151 页。原文是：Мы её отбросим к чорту.《斯大林全集》中文版译作“我们就把它抛开”，直译应是“我们就让它见鬼去”。

[2] 同上书，第 163 页。

埃政权遇到“最严重的政治经济危机”下被迫实施的。那时候全党面对的是要么改革，要么苏维埃政权灭亡，别无选择。所以列宁多次说过，实行粮食税在党的十大上是一致通过的。1922 年 11 月 20 日列宁在莫斯科苏维埃全会上承认：“至于我们的国内政策，我们在 1921 年春换过一次车。这次换车是我们为压力极大的能说服人的情势所迫使的，因此我们之间对这次换车没有发生任何争执和意见分歧。”[1]

农民由于实施粮食税，可以自由支配剩余的粮食，对布尔什维克党的政策感到满意，因而武装反抗的浪潮消退，国内形势转入稳定。不过一年后威胁消除之后，党的领导核心以至普通党员中有许多人认为退却的目的已经达到，要求转入进攻。在这强烈要求下，连列宁也顶不住，在党的十一大上，即实施新经济政策仅仅一年以后，宣布停止退却，转入进攻。在此后的年代里，这股要求进攻的呼声不但没有消停，反而越来越强烈。并且正是这种“左”的代表人物执掌政权，主导政策，这就决定了新经济政策的最终命运。

布尔什维克党的领导核心多数人对新经济政策心存疑虑，特别是在列宁逝世之后他们利用手中的权力千方百计地用行政手段来限制新经济政策，甚至发布与新经济政策精神相违背的法令指示，缩小新经济政策的作用和范围。以季诺维也夫、斯大林和加米涅夫为代表的党的领导早已试图取消新经济政策，在 1922 年夏发布关于禁止粮食自由买卖的法令。[2]1923 年秋他们正式声明一旦德国革命胜利就可以废除新经济政策。在以后的年代里，实施新经济政策被看作是不可避免的恶，共产党政权依然忠实于敌视资本主义的信念。例如 1926 年 8 月 23 日中央组织局决定禁止共产党员在租让和私人企业担任行政职务，只有得到省委或者区委的特别批准才可以作为例外。[3]

经济核算制度被看作是新经济政策的重要措施之一，但是这项措施并没有能够推广到所有工厂企业。1921 年 8 月 9 日，人民委员会通过关于实施新

[1] 《列宁选集》，中文第 3 版，第 4 卷，第 731 页。

[2] ПАНО, Ф. 1, Оп. 2, Д. 266, Л. 31. 引自 *Павлова И.В.* Сталинизм: становление механизма власти. Новосибирск. 1993. С.208.

[3] ПАНО, Ф.2,Оп.2,Д.116,Л.3. 引自 *Павлова И.В.* Сталинизм. С.208.

经济政策原则的指示，国营企业实行经济核算，它们拥有有限的出售产品的权利。但 1922 年 9 月 22 日，劳动国防委员会通过决定，“建议允许所属企业过渡到经济核算的最高国民经济委员会和粮食人民委员部立即停止这种过渡。向其他人民委员部说明，不赋予它们把所属企业转入经济核算之权。”[1]

1923 年 9 月 21 日通过的俄共中央“关于加强党委对行政经济机关预算调节领域的领导”的通告在这方面又迈出了一步。

经济核算仅到托拉斯一级，没有普及到企业。托拉斯受上级党政机关的指令的钳制。按照 1923 年 4 月 10 日全俄中央执行委员会和人民委员会的“关于按照商业核算原则活动的国营工业企业（托拉斯）”的命令，由最高国民经济委员会实施其计划管理，包括发放拥有建筑物以及其他固定资产的许可证，出让、抵押和出租固定资产，任命和调动托拉斯的理事部和稽核委员会，批准生产计划、工作报告和平衡表，年度利润的分配，批准参加工商联合体，等等。这样，留给托拉斯的自主性就非常有限了。

国家保留对国营的特别是大工业发展的控制而不想松手，因为这是社会主义的主要经济命脉之一，是无产阶级再生产的基地，党的阶级支柱。因此向新经济政策过渡并不意味着在这一领域建立了市场关系的真正空间：国家给托拉斯和某些工厂拨款，给它们集中供应，国家订货和采购，党对它们的态度犹如对待国家的经济政治机构，这从一开始就使在商业原则上、在经济核算、自负盈亏原则上发展工业的可能性化为乌有。与此同时，逐步地并且越来越厉害地从国营企业间的供应、买卖中排挤私人商业中介。

党的领导层和普通党政干部对新经济政策初期采用“国家资本主义”的尝试都有疑虑，对所选择的发展道路的正确性、通过新经济政策振兴经济、恢复重工业和维护社会主义成果的可能性都有怀疑。

这些在俄共十二大的争论和大会通过的《关于工业的决议》中都有反映。这次大会的特点是所谓“经济工作者”（首先是克拉辛）同“党的纯粹著作家、政论家”的尖锐冲突。后者所关心的是社会主义原则的纯洁性，而不是合理组织工业生产。

季诺维也夫在大会的报告中称：“托拉斯无非是具有一定自主权的国家机

---

[1] ПАНО, Ф.1,Оп.1,Д.927,Л.24. 引自 *Павлова И.В.* Сталинизм. С.221.

构，完全处于国家的控制之下；'党专政' 的概念完全可以用于此类经济机关的工作，应当全力加强党在托拉斯选拔和形成党的核心、共产主义核心中的作用。”他提到几十起任命党员从事经济工作。[1]

大会争论以及关于工业的决议说明：1. 党政机关对国营工业工作细节的干预越来越加强，准备扼杀其中出现的任何商业因素的萌芽。2. 在这次大会上第一次出现“无须”新经济政策的思想或精神，认为可以借助于行政方法和计划之类的直接领导体制来取代新经济政策。

1924 年 3 月 7 日，中央执行委员会和人民委员会决定进一步限制实行经济核算的国营机构和企业的自由，规定它们至少把 60% 的后备资金用来购置息票。1927 年 6 月 29 日苏联中央执行委员会和人民委员会发布的新条例规定托拉斯完全服从国家的计划任务，取消了托拉斯提取利润这一条。

允许私商的存在，这是新经济政策的有机组成部分，但他们的处境非常不稳定。当时到苏联考察过的英国经济学家凯恩斯写道：“目前在苏联的制度下没有直接禁止为赢利而进行的买卖。当局的政策不是禁止这些职业，而是使之不稳定，变成可耻的行业。私商成为某种被遗弃的人，没有权利或者得不到保护，有如中世纪的犹太人。私人商业不是正常人自然的或者愉快的行业，而是被某种强有力的本能吸引去的人的选择。”[2]

1923 年 10 月 9 日，苏联人民委员会决定在高收入人群中强制摊派国家 6% 有奖公债。逃避购买等同于逃避税赋。[3] 1924 年年初公开向私人商业发起进攻，格伯乌把耐普曼迁出莫斯科。逮捕和驱逐从 1923 年 12 月底一直进行到 1924 年 1 月。所有被捕者和被指控为“新经济政策的渣滓”者，都流放到索洛夫基和纳雷姆。他们的家庭成员，除公务员外，一律迁出莫斯科，并禁止居留在各共和国首都和人口稠密的工商业中心。住房被查封，与其他屋内财产一起交付莫斯科不动产管理局处理。[4]

---

[1] Двенадцатый съезд Российской Коммунистической Партии (большевиков). Бюллетень. Москва-Кремль. 1923. С.44–45.

[2] ПАНО, Ф.1,Оп.2,Д.50,Л.56. 引自 *Павлова, И.В.* Сталинизм. С.222.

[3] ЦГАОП,Ф.1235,Оп.101,Д.4,Л.93. 引自 *Павлова, И.В.* Сталинизм. С.222.

[4] РЦХИДНИ, Ф.17,Оп.84,Д.485,Л.8. 引自 *Павлова, И.В.* Сталинизм. С.222.

接着又采取措施禁止私人商业。1924年4月24日，《真理报》公布俄共中央关于国内贸易和合作社的决定，其中写道：1. 把私人资本首先是批发资本排挤出商业。2. 着手制定商业条例，制定条例时须有国营商业代表参加并处领导地位。3. 研究最大限度限制私人和私人机构从事信贷工作活动，等等。由于这种政策，例如在西伯利亚私人商业的周转额减少了一半，私人资本在西伯利亚的商品周转中的比重仅占18%。[1]

由于商品荒，1925年11月4日，中央执行委员会通过同投机倒把斗争的专门决定："加强对那些因出售和倒卖日常用品而给国家利益造成损害的国家和合作社工作人员的镇压，迅速审理此类案件，并举行一系列的示范审判……规定国家政治保卫总局的机关最多在两周期间内完成上述案件的初步调查……侦查要在最短期间内完成。"[2]

1930年6月斯大林在党的十六大上给新经济政策下了这样一个定义："新经济政策不只是预计到退却和容许私营商业活跃，即在保证国家起调节作用的条件下容许资本主义活跃（新经济政策的最初阶段）。实际上，新经济政策同时也预计到在一定的发展阶段上社会主义向资本主义分子**进攻**，**缩小**私营商业的活动范围，相对地和绝对地**缩减**资本主义成分，公营部分日益**超过**非公营部分，社会主义战胜资本主义（新经济政策的现今阶段）。"[3]在斯大林看来，新经济政策无非是退却和进攻的问题，是什么时候向资本主义发动进攻并最终消灭之的问题，至于运用市场机制统统不在考虑之中。

党的领导中也有以布哈林为代表的少数人一直在维护和坚持新经济政策的基本原则。1925年布哈林提出把新经济政策推广到农村去，主张各种经济成分互相促进，互相繁荣。他主张把农村作为工业的广阔市场，而不是"殖民地"、剥削对象。布哈林认为，苏联出现的经济危机，不是生产过剩，而是商品短缺造成的。社会主义应当是有机发展的社会，不能搞拔苗助长的"大跃进"，不能人为地加剧阶级斗争，而应当争取缓和阶级斗争，如此等等。但相对来说，他们势单力薄，顶不住反新经济政策派的强大压力。

---

[1] ПАНО, Ф.2,Оп.2,Д.123,Л.143. 引自 *Павлова, И.В.* Сталинизм. С.222.

[2] ПАНО, Ф.20,Оп.2,Д.57,Л.4–6. 引自 *Павлова, И.В.* Сталинизм. С.223.

[3] 《斯大林全集》，第12卷，第268页。

“左”倾激进浪潮的对抗

苏俄的改革突破了传统的社会主义观念，把市场机制引进社会主义建设，这是无先例可循的创举，只能摸索前进。在这一过程中有人从实际出发，不断修正自己的看法，改变自己的观念，创造性地运用和发展马克思主义，有人死守传统观念不放，总想走回头路，回到军事共产主义的道路上去。列宁是前者的代表，经过约半年时间的实践，列宁由否定商业到承认商业，从试图把交换限制在地方范围到允许在全国范围内进行交换，从只允许产品交换到承认商品买卖，最后号召共产党员学会经商做生意。列宁的这个号召实际上意味着要全党学会市场经济，在过渡时期利用商品市场机制来从事社会主义建设。然而列宁过早逝世，他的继任者多数对新经济政策的实质并不理解，把新经济政策看作是暂时的退却，看作是1918年春政策的回归，不承认它同以往的政策有质的差别。政策不稳定，受政治气候、党内斗争的影响甚深。对新经济政策的态度，对耐普曼和富农的政策，经常是党内争论的对象，党内除布哈林等少数人，一个比一个“左”，斯大林反对托洛茨基，但在骨子里他比托洛茨基还要“左”（托洛茨基的经济主张中还有合理的成分，例如主张同世界经济接轨）。斯大林对布哈林的支持，仅仅是为了打倒托洛茨基、季诺维也夫和加米涅夫的需要，一旦目的达到，立即同布哈林分道扬镳。政策的不稳定导致居民心态始终处于惴惴不安的状态，怕富，不敢富，怕露富，没有人愿意把积累用于扩大再生产。斯大林批判“社会主义原始积累规律”，但不久就实际执行这一规律的基本原则，坚持用剥夺农民的办法（“贡款”）取得工业化所需要的资金。

在20年代流行以“激进”为荣，以“左”为荣，唱高调，追求高指标。斯大林批判托洛茨基建议的经济增长速度，给他戴上“超工业化主义”的帽子，但是他后来规定的五年计划数字大大超过托洛茨基的速度。[1] 以“贫穷”为荣，以穷人为依靠对象。挑动农民斗农民，动辄发动穷人斗富人，给予奖励。如举报窝藏粮食者，从所没收粮食中提取一定的百分比给予奖励。

显然，列宁以后的领导没有把新经济政策看作是长期的经济发展战略。党的领导没有一个关于新经济政策的多少严格的概念。1923年10月15日普

[1] 见《斯大林全集》，第12卷，第303—306页。

列奥布拉任斯基在批评政治局的政策时指出："我们没有一个关于新经济政策的原则性决议……""我们苏维埃航船已经有一年半航行在新经济政策的浊浪之上。我们说浊浪……首先是因为在这种浑水中很难看清楚什么东西，以至某些同志无法确定哪里是我们船舷的末端，哪里开始新经济政策的浊水。"[1]

党的领导也不把新经济政策看作是经济发展的策略路线，而只是斯大林派同反对派进行政治斗争中的一张牌，在整个20年代悄悄地破坏和扼杀新经济政策的根基。在摧毁最后一个反对派之后，斯大林领导集团终于通过取消新经济政策的决定。

行政命令措施下的经济改革

启动改革第一推动力是行政命令。一般说来，所有的改革都是从上头的决定、命令开始的，对此无可厚非。但是一项以运用市场机制为核心的经济改革，应当逐步向用经济的方法管理经济过渡，也就是说要学会运用市场机制，学会利用价值规律。但是，当时苏联的绝大多数官员和干部文化水平很低，甚至不知价值规律为何物。经济学家布哈林主张利用价值规律，但也只看到从资本主义过渡到社会主义的过渡时期需要价值规律，而这以后价值规律就不再起作用，而代之以"劳动消耗规律"。他说，利用价值规律是为了消灭价值规律。

20年代的多次危机大多是由行政命令的措施引起的，结果也依靠行政命令的办法解决。而越是这样，党的领导就越是把行政命令看作是解决经济问题的唯一手段。因为运用市场机制来配置资源就要培育市场，需要时日，而行政手段则能够立竿见影。只要有权，就可以发号施令，可以无视经济规律，认为通过政权的力量可以办到一切。1922年12月加米涅夫在全俄苏维埃第十次代表大会上说："新经济政策可以简单地通过你们或者苏维埃政权的任何高级机关的命令予以废止，而不会引发任何政治震动。"[2]1926年上任的商业人民委员米高扬宣称："应当说，农民自发势力、农民谷物市场完全为我们所控

[1] Правда.1923. 3 января.

[2] 引自 *Павлова, И.В.* Сталинизм. С.208.

制，我们随时可以降低或提高粮食价格。”“因为我们掌握了全部发挥作用的杠杆……因为没有人替庄稼汉说活，没有人妨碍我们！”[1]

1922 年 8 月 24 日，由斯大林签署的给省委、区委和民族共和国党中央的密码电报[2]透露当时存在一个禁止自由买卖粮食的法令！

1923 年 7 月 16 日，时任最高国民经济委员会副主席的皮达可夫发布第 394 号命令，要求国营托拉斯和辛迪加获取最大限度的利润。皮达可夫的主张很说明问题。重工业长期处于极其困难的物质状况之下，许多工厂和托拉斯靠挪用流通资本生存。为使工业摆脱这种状况，皮达可夫发布了这条命令，赋予托拉斯和辛迪加以保障最高利润的价格出售商品的全权。“最近时期企业和最高国民经济委员会活动的总的指导原则是作为任务的利润和作为方法的平衡表。”根据这项命令，托拉斯猛烈提高工业品的价格，使农村根本无法承受。国内出现荒谬的现象，市场上出现商品荒，与此同时又出现生产过剩，发生销售危机。这里对抗新经济政策正常发展的是国家利益。这种低粮价和高工业品价格就形成了托洛茨基所说的“剪刀差”。销售危机通过降低工业品的价格，提高农产品的价格的办法得到解决，这个办法虽然较为符合市场的需要，但运用的不是市场机制本身的调节力量，而是行政命令措施。

经历了 1923 年危机之后，党领导实施所谓粮食限价。斯大林亲自签署了发给地方党委的秘密电报，传达了政治局 1924 年 8 月 30 日的决定：“一些地区粮价紧张要求展开争取降低价格的坚决斗争，这是货币改革、市场稳定、工业健康发展和保持实际工资的利益所要求的。粮价上扬会使整个经济瓦解，破坏工资。中央建议：1. 坚定不移地严格地贯彻劳动国防委员会执行委员会下达给国内商业人民委员部的粮食限价，在任何情况下都不得提高限价。2. 严格监督国内商业机关和粮食收购机关执行限价以及国内商业人民委员部关于粮食收购的一切命令（在收到指令的 24 小时内）。3. 不允许规定最低限价。4. 开展解释反对过高价格斗争的运动。本决定由俄共州委、省委、民族共和国中央、俄

[1] 引自［俄］阿夫托尔哈诺夫著：《苏共野史》（原名《党治制的由来》），下册，晨曦等译，湖北人民出版社 1982 年版，第 773 页。

[2] ПАНО, Ф. 1, Оп. 2, Д. 266, Л. 31. 引自 Советская история. Проблемы и уроки. Отв. ред. *В.И.Шишкин*. Новосибирск. 1992. С.102.

共中央局书记个人承担执行的责任。”[1]

1924年10月28日，司法人民委员部发布通告，地方领导人可以根据政治因素或者经济需要加强镇压，以摆脱他们自己制造的经济困难。西伯利亚革命委员会副主席Р.И. 埃赫1925年年初就是这样做的。他指示格伯乌西伯利亚特派员采取措施逮捕最主要的私人粮食采购商和磨坊主。结果逮捕了5名大采购商，理由是他们高于限价收购粮食。在1925年2月3日致李可夫的信中，埃赫称："通过还不是大规模的措施，市场健康了，收购的成绩就是其证据。"埃赫依据的还有全俄中央执行委员会的决定，其中规定在俄联邦的某些区，格伯乌机关有权把从事粮食投机的人关进劳改营。[2]

1925年农村有一个短暂的开放时期。但1925年下半年由于出现新的危机迹象，党的高层的情绪又发生变化，地方上重新开始向私人采购商发起进攻。

交通人民委员部西伯利亚特派员帕弗卢诺夫斯基命令遵照条例行事，据此条例不保存和接受未列入名单的收购商（首先是私商）运往西伯利亚以外的面粉。1925年10月29日西伯利亚革命委员会决定采取措施使市场正常化，限制把车皮拨给私商。这种做法显然是同新经济政策的精神相矛盾的。

1925年访问苏联的英国经济学家凯恩斯，当时就发表文章指出党的领导对待农民政策的基本特点。"官方剥削农民的办法主要不是赋税（虽然农业税是预算的收入项目），而是价格政策。对进出口贸易的垄断和对工业品的有效控制，使得政府有可能把价格维持在农民所无法承受的水平。它按照远远低于世界的价格从农民那里收购小麦，而按照大大高于世界的价格把纺织品以及其他商品卖给农民；靠这种差价形成国库，以资助高成本低生产率的工业生产，弥补分配机关的缺点等等。"[3]

1925年党的政策的意识形态基础是不要在农村点燃阶级斗争，但一年以后采取了相反的方针。1926年6月25日，西伯利亚边疆区委书记瑟尔佐夫在给地方党委的信中说明了其实质。新东西首先在于对征收1926—1927年度的农业税采取阶级观点。主要负担落在殷实农户身上，而实力不强的则减轻。预

[1] ПАНО, Ф.2,Оп.2,Д.21,Л.13. 引自 *Павлова, И.В.* Сталинизм. С. 215–216.

[2] ПАНО, Ф.1,Оп.2,Д.53,Л.13. 引自 *Павлова, И.В.* Сталинизм. С.216.

[3] ПАНО, Ф.1,Оп.2а,Д.50,Л.58. 引自 *Павлова, И.В.* Сталинизм. С.218.

定给予贫农、移民和红军户以优惠和最低税额。还建议“围绕正确开展税收工作加强组织和团结贫农和中农，在富农企图破坏税收措施的情况下给予反击……”[1]

1925—1926 年冬出现过粮食收购“危机”，导致粮食出口计划完不成，并相应地减少进口。为此不得不削减商品的进口，从而影响了工业的发展速度。1926 年的谷物收购困难，摆脱危机的办法是“取消”流通领域的新经济政策。

1928 年再次出现的收购危机并不是农村没有粮食，而是粮价不合理，农民（而不仅仅是“富农”）拒不出售。收购危机本来应当运用市场调节的力量，调整谷物同其他畜牧产品的价格，使种植谷物的农民有利可图，但是斯大林采取的办法是实施非常措施，动用对不上号的刑法条例来对付拒不出售粮食的农民（不仅仅是“富农”），把行政命令措施推向极端。斯大林的“非常措施”虽然简捷有效，在短短时间内征购了大量的粮食，但此法只可用于一时，不能反复长期使用，数月以后斯大林再次实行非常措施就不灵了。

税收政策阻碍了农业经济的发展。在 20 年代不断减免贫农户的农业税，增加富裕农民的税负。1923—1924 年占农户 9.5% 的富裕农民和“富农”缴纳了 29.2% 的税额，以后他们的税负比重继续增加。富裕阶层想通过分散的办法减轻税负，结果 20 年代农户分散化的速度比革命前快一倍，这种现象不利于农村商品经济的发展。

在实施新经济政策过程中当然也有受益者，居民群众利用新经济政策给予的商机和自由，努力改善自己的生活，有的开始发家致富。在城市有耐普曼，他们在零售商业中占据巨大的份额，弥补了尾大不掉的国营商业的不足。耐普曼在活跃城乡流通、城乡交流、满足人民日常生活需要方面起了无可替代的作用。这是一部分善于经营的人士，他们的经营活动远远没有达到形成资产阶级的程度，并且由于大型批发业务都掌握在国营企业手中，耐普曼的活动受到严密的控制和约束，对整个国民经济并不构成威胁。

在农村从新经济政策得到好处的是善于经营的勤劳的农民。沙俄时代的富农经过国内战争贫农委员会的剥夺已经基本消灭，由于土地和生产资料被剥夺，他们已经不再是原来意义上的富农了。在实施新经济政策之后在农村兴起

[1] ПАНО, Ф.2,Оп.2а,Д.118,Л.5. 引自 *Павлова, И.В.* Сталинизм. 1993.С.219.

的是那些善于经营耕作的勤勉的农民，他们利用缴纳粮食税后的剩余来改善和扩大生产，逐渐成为农村的富裕阶层，当时叫做“富裕农民”，以区别于所谓的“富农”。1925 年进一步允许农村雇工和租佃，为他们的发展提供了有利的条件。但是他们的日子总的说来并不好过。按照过去村社的传统农村定期重分土地，这很不利于土地的改良，农民对过去富农的盘剥仍记忆犹新，因此一有风吹草动，在农村就对“富农”实施剥夺，没收他们的土地、住宅和财产。在农民写给报社的信函中有大量的申诉，对此表示不满。

1925 年阿穆尔州的农妇马秀拉给《农民报》写信说：“共产党好像竭力要使所有的农民变穷，只鼓励贫农，不是帮助他，而是鼓励他穷，如果一个农民成功地改善了自己的经营，那他就会从贫农队伍中除名，在他头上贴上富农的标签，把他看作是苏维埃政权的敌人。可是没有一个农民不想改善自己的经营，这就在党的眼中成为富农。换句话说，这就是没有一个农民不想成为苏维埃政权的敌人。”[1]

1928 年 8 月 11 日，乌克兰农民 C.M. 给《农民报》写道，农民中间流行一种做法，就是少播种一些，这样就可以加入 35% 的免税贫农的圈子，不用交税。现在给贫农 3 或 4 俄亩土地，每亩课税 5 卢布。如果给我们哪怕 5 亩、10 亩或者 50 亩土地，我们每亩交 10 卢布的税，那么“我们中农就会充分供给你们粮食，而且不需要别人的劳动，只需要给我们自由和机器……只是请给中农一点优惠，就是当他取得成绩时不要给他们扣上富农的帽子。那时你们的粮食就会多得没处放。”[2]

按照固定价格计划收购的政策不仅遇到 5% 的“富农”的反对，而且也遇到普通农民的反对。没有使用雇佣劳动的农民更是顽强地反抗收购，因为他们出售的粮食要便宜得多。

平等观念与先富起来群体之间的矛盾

革命 10 年之后，平等不仅没有实现，反而加剧，造成工人、贫农的不满，

[1] 《苏联历史档案选编》，第 9 卷，第 532 页。

[2] 同上书，第 551 页。

认为资本主义卷土重来了，因而归罪于苏维埃政权和新经济政策。十月革命之后实行军事共产主义，大家过的是低水平的平均主义生活，在这个时期，无论官员还是老百姓，原先的贵族、资本家、地主、富农还是平民、工人、贫雇农，除了政治待遇不同外，大家的生活是大致一样的。这种"共产主义"的平均主义给工人和贫农留下深刻的印象。然而，实行新经济政策之后，社会出现分化，在城市和农村一方面出现大量失业人群，另一方面出现一个富裕阶层，这个富裕阶层被官方定性为新的资产阶级，采取了限制、压制和不断打击的政策。这个政策得到怀平均主义心态的群众的拥护，他们拥护"劫富济贫"的做法，在农村定期重分土地，剥夺"富农"或者富裕农民的财产。在城市，工人和市民对因新经济政策获利发家的耐普曼也心怀不满，认为这些人是靠剥削发家的。因此早在 1926 年就有人建议取消新经济政策。例如，1926 年 8 月 30 日，一个名叫 A.E. 扎波罗热茨的共青团员给联共中央写信说，"常常不由地出现这样的想法：为什么现在共产党不去注意，准确说，不去中止日益发展的新经济政策。要知道……它已发挥了预定的作用，现在该为它唱丧歌了，因为合作社完全可以替代此新经济政策了。我觉得，这个问题，即取消新经济政策的问题，该是给予最大注意的时候了，因为在苏维埃国家那些不走正道的人是令人厌恶的，而主要的是该停止没有良心的欺诈，制止靠工人和农民的劳动钱财生存……我个人觉得，我们苏维埃国家从这个新经济政策中得不到任何有意义的好处，当然曾经有一段时间它是有益的，但现在它是有害的。"[1]

正因为如此，官方"转入进攻"、"打击富农"的方针能够得到城乡劳动者的拥护和欢迎。然而，这种平均主义的做法并不能促进生产的发展。乌克兰有一个例子，有一个地方 1921 年进行重新分配，按照牲畜和农具把人分成 3 类：富农、中农和贫农，然后进行分配：贫农得三份，中农得一份半，富农只分给半份。大小牲畜、农具和粮食也都这样分配。一年之后，那些分得三份的贫农手头已经所剩无几，只剩下一头牛，虽然他们当时分到近 20 头牛和 20 张犁。而富农 3 年之后又要被瓜分，原来怎么分，现在还怎么分。

---

[1] История России. 1917–1940. Хрестоматия. Под ред. проф. *М.Е.Главацкого*. Екатеринбург.1993. С.156.

写信反映情况的农民说:“我觉得，政权在竭力使所有的人都变成无产者和贫农……” [1]

托洛茨基派、季诺维也夫派、斯大林派都担心农村的分化，都打“反富农”的牌。但是谁是富农，在整个20年代并没有一个明确的定义。

人民委员会主席李可夫曾经批评过乱划富农的现象，说被当做富农特征的有:“生产值钱的农作物，拥有大量的幼林，有新住宅，制作并向本村人出售收音机，拥有良种牲畜，土地经营得法，从前使用过雇工，自己拥有农具，不是今年，也不是去年，而是曾经一度做过生意，等等。”有的地区规定有2—3头奶牛或2头役畜者为富农，甚至连经常或临时出租住房者也算作富农。在许多场合被列入“富农”的是从事集约化生产、采用先进技术、种植高产作物、把农业劳动同辅助性手工业结合起来的农民。[2]

1929年5月，人民委员会曾规定过富农的特征，其中包括拥有磨坊、油坊、碾米厂、梳羊毛机、弹毛机、烘干房或其他有机械动力的企业。等等。[3] 而这些人充其量也不过是小小的乡镇企业主。

剥夺富农前夕，为便于操作，根据斯大林的要求编制了“确定”富农的标准:每人的年收入高于300卢布(但全家至少1500卢布);做买卖;出租农具、机器、房舍;拥有磨坊、油坊，等等。[4] 在这些特征中，只要具备一个，就可以定为富农。但在这些特征中缺乏社会标准，即关于剥削的界定。把这些人当做“富农”打击甚至消灭，谁还会去努力经营，发展农业生产呢?大家只好都去争当既享受优惠而又安全的“贫农”了!

在这种情况下，在相当长的时间里社会形成一种仇富的心理，以穷为荣，布尔什维克党的许多干部把穷人当做唯一的依靠对象，以至于斯大林在党的第十七次代表大会上不得不批评“左派”糊涂虫的观点，说“糊涂虫把穷人理想

---

[1] 《苏联历史档案选编》，第9卷，第550页。

[2] [俄] 李可夫:“1928年中央十一月全会总结”。《李可夫文选》，人民出版社1996年版，第395页。

[3] 见Документы свидетельствуют. Из истории деревни накануне и в ходе коллективизации. Под ред. *В.П.Данилова и Н.А.Ивницкого.* М.,1989. С.221－222.

[4] [俄]沃尔科戈诺夫著:《胜利与悲剧》，第1卷，世界知识出版社1990年版，第309页。

化了，他们以为在任何条件下穷人都是布尔什维主义的永久支柱”。[1] 斯大林说这话的时候已经是公元 1934 年了！可见“把穷人理想化”，“依靠穷人”的观念是多么牢固地扎根在各级干部的脑海之中。然而始作俑者，正是斯大林、季诺维也夫这些领导人自己。

斯大林还有意识地在干部中培植对新经济政策的不满。国家处于市场经济基础之上，而党仍处于军事共产主义制度之下，当时实行“党员最高工资”制度：党机关党员的月最高工资限定为 200 卢布，而从事经济或商务工作的党员的月最高工资为 360 卢布，非党专家则可达 1000 卢布，甚至更多。[2]1924

消灭富农阶级

[1] 《斯大林全集》，第 13 卷，第 318 页。

[2] *Сироткин В.* Уроки НЭП. В кн. Страницы истории. Январь-июнь 1989. Лениздат. 1990. С.67.

年索柯里尼柯夫曾建议取消“党员最高工资”制度，把党的机关干部的工资提高到熟练的专家水平，使党务工作者的收入同全国的整个经济的经济效益挂钩。但斯大林反对这样做，其目的是促使不满的县委、省委干部反对新经济政策，盼望尽快结束新经济政策，开始“第二次革命”，也促使这些人仇视所有那些原本是孟什维克、社会革命党人的“专家”，以及党内的老专家。这样，斯大林就培养了一大批对新经济政策不满的干部，这些人也就是斯大林推行限制以至取消新经济政策的强有力支持者。

新经济政策时期出现大量的失业者，这自然导致怨声载道，对新经济政策的不满。这一点成为取消新经济政策的根据之一。

据劳动人民委员部和全苏工会中央理事会的统计，在全国约有100多万失业者。而取消新经济政策后，1930年6月，斯大林在党的第十六次代表大会上宣布，最近失业人数已经比去年减少了70多万人，即截至1930年4月30日，失业人数已减少42%以上。[1]

早在1924年李可夫在共产国际第五次代表大会上作的《关于苏联的经济形势及俄共（布）内的争论》的报告中就谈到新经济政策下的失业问题，他说，到1924年1月1日国内有100万失业者。他们是在巩固新经济政策过程中从“形形色色的苏维埃的、工业的、商业的、合作社的以及其他各种机构中”辞退的75万“办事员”、“苏维埃小姐”。至于工人，李可夫指出，其余25万人基本上是不久前来自农村的无专门技能的劳动力，他们是被新经济政策推到城市来的。4年后，1928年8月瓦尔加在共产国际第六次代表大会上所作的关于苏联经济形势的报告中同样指出，失业者是被从农村推出来的贫农的子弟（杂工）和“苏维埃小姐”（占失业的苏维埃职员的50%），因此与西方不同，苏联的失业者不是产业工人，在1928年全部谋职人员中只有10%是产业工人。[2]

斯大林1929年取消了新经济政策之后，把那些由于实行经济核算而失业的管理人员和官员，重新安排进许多官僚主义的办事机构中去工作。不言而喻，这些人也就成为斯大林取消新经济政策的坚定支持者！

[1] 《斯大林全集》，第12卷，第257页。

[2] 引自［俄］尤里·阿法纳西耶夫编：《别无选择——社会主义的经验教训和未来》，王复士等译，辽宁大学出版社1989年版，第514页。参见本书第二章第2节。

新经济政策本身的矛盾

新经济政策自身包含许多矛盾，例如近期任务与长期共产主义目标的矛盾。新经济政策的目标是利用市场机制发展生产，为社会主义创造必要的物质条件。但是，当时领导人对其长期存在的必要性缺乏必要的认识，一看见生产有所增长，“资本主义成分”有所增加，就忍不住把这一切同共产主义目标对立起来，要求消灭耐普曼、“富农”等等资本主义成分。“左派”都有恐资病，都希望通过“大跃进”越过资本主义发展阶段，进入社会主义，“建成”社会主义。在初始阶段，通过市场机制发展经济比行政命令要显得慢。用一个命令就可以把“富农”驱逐到边远地区，流放到特别移民区，甚至肉体消灭，通过命令可以批准五年计划，按照规定的速度发展重工业，而通过市场，则费时费力，因为培育市场是需要时间的。为了发展经济允许合法经营者发财致富，列宁说过，发财吧，但是请你们严格遵守苏维埃法律。但是，布尔什维克党宣传的和追求的是共产主义，它实行无产阶级专政，要消灭剥削，消灭剥削阶级以至所有的阶级，取消商品货币等“资产阶级”机制。军事共产主义被否定了，

斯大林五十寿辰。1929 年 12 月

但是共产主义仍然是理想和奋斗的目标，无产阶级专政不但存在，有时还予以强化。允许资产阶级存在甚至发展的新经济政策（哪怕加上一个限制词“在一定条件下”允许），在当时的观念和制度下就不能不同无产阶级专政的任务发生矛盾，而绝大多数领导人都站在无产阶级专政一边，动辄挥舞专政之剑来对付“阶级敌人”。

新经济政策的主要任务是达成经济上的妥协，首先是同数以百万计的农民的妥协，防止农民造反。

从列宁和党内各阶层的情绪看，从一开始就没有想过同农民或者各资产阶级阶层（主要是小资产阶级、城市的耐普曼和商人）作政治妥协。在党的第十一次代表大会上列宁的立场就相当明确：同农民的妥协只限于经济，他们获得自由贸易的权利，但这并不意味着允许买卖社会革命党人的和孟什维克的政治书籍。不允许任何社会革命党人的和孟什维克的宣传，虽然我们允许资本主义，但这是在农民的需要的范围内的。我们的法院应当懂得这一点。在我们结束全俄肃反委员会、建立国家政治法院的时候，我们要在代表大会上指出，我们不承认超阶级的法院。我们的法院应是选举产生的，应是无产阶级的，而法院应该知道，我们容许的是什么。[1] 在中央执行委员会第四次全会上的讲话说：我们一直力求划清界限：“什么是从法律上满足任何公民与目前经济流转有关的要求，什么是滥用新经济政策。这类现象在所有国家都是合法的，而我们却不想让它合法化。”[2] 换言之，所有被无产阶级国家看作滥用的东西，其中包括立足于新经济政策的，我们都不会被束缚手脚，“我们会立即作必要的修正”。问题非常简单，如果从阶级观点看某种商业行为属滥用新经济政策，就可以定性为非法和犯罪。

“凡是公开宣传孟什维主义者，我们革命法庭应一律予以枪决，否则它就不是我们的法庭，而天晓得是什么东西。”[3] 目前的关键“并不在于政治，就是说不在于改变方针”。[4]

---

[1] 《列宁全集》，中文第 2 版，第 43 卷，第 117 页。

[2] 同上书，第 246 页。

[3] 同上书，第 88 页。

[4] 同上书，第 107 页。

如果在目前条件下农民需要一定范围内的自由贸易，那我们应该允许，但这并不等于说我们允许贩卖烧酒，对贩卖烧酒，我们要惩处。这也并不等于说，我们允许贩卖那些全靠世界各国资本家的金钱出版的孟什维克和社会革命党人的政治书刊。[1]

列宁的这些议论表明，布尔什维克党在政治上是不作任何让步的。

还有两点军事共产主义的残余对布尔什维克有影响。

在准备以粮食税取代粮食征收制的报告时，列宁确定了向农民作经济让步和农民问题的总的政治方针问题。关于经济让步方面，报告提纲承认“经济上满足农民”的必要性并确定了一系列措施——流转自由，贸易自由，为此弄到商品，等等，而农民问题的“总的政治意义”在提纲中被看作是“农民的（小资产阶级）反革命性问题”，并且认定，“这样的反革命性已在反对我们”。因此对待农民的政策是“可以把‘绳子’放松一些，不要弄断它，‘松开’一些。”把农民问题看作是“农民的反革命性问题”显然太直露，所以列宁在旁边注上：“在报刊上缓和为‘无产阶级和农民的相互关系’”。[2]

实行新经济政策本来的一个重要目的是要发展农民经济，不仅为城市和工业提供粮食和原料，而且为工业化提供资金，但是党内有不少人对农民经济的发展忧心忡忡。普列奥布拉任斯基的一段话是很有代表性的：

> 农民经济发展得越快，他的产品率提高得越迅速，在这方面的社会主义积累的基础就越深厚。这是问题的一个方面。但是，它发展得越快，商品经济基本规律发展的基础就越广泛，市场自发势力的波动就越深入而广泛，在它的根基上产生资本主义关系以及由此给社会主义制度带来的各种经济和政治后果的基础就越广泛。[3]

这就出现了一个两难问题：不发展农民经济，得不到工业化的资金，而发展农民经济，又会发展“资本主义”关系，危及社会主义。普列奥布拉任斯基

[1] 《列宁全集》，中文第2版，第43卷，第116—117页。

[2] Десятый съезд РКП(б). Стенографический отчет. Москва, 1963. С.625–626. 参见《列宁全集》，第41卷，第365—366页。

[3] ［俄］普列奥布拉任斯基著：《新经济学》，蔡恺民等译，三联书店1984年版，第202—203页。

的解决办法是“剥削”农民，斯大林的解决方法是不仅消灭“富农”，而且通过全盘集体化消灭作为独立经营主体的全体农民！

在对待资产阶级和小资产阶级的政治路线上，俄共十大的一些代表同样持强硬的态度。例如十大代表 K.Г. 扎维亚诺娃说：粮食税是对小资产阶级的让步，是确实必要的让步。但另一种让步，“违背共产党原则的实质的让步。这样的让步是不应当的。共产党在这里应当保持其本色，只有立足于这个基础上，它才会是强有力的”。[1]

这一时期出现了允许公民自由和权利的法律，扩大了选举权（或者用于某些范畴的公民，或者对某些被剥夺选举权者实行自由化），哪怕部分的允许出版自由（私人出版社），出版非党杂志，实行司法改革，设检察官和律师。1924 年宪法赋予最高法院宪法监督权。

但所有这些民主变化和社会政治制度的改善大多是表面的。其中多数表现的还是阶级原则和党性原则，一点也没有改变俄国居民基本阶级和阶层的政治地位。对那些“新经济政策的体现者”、“被剥夺者”，就更不必说了。

经济和政治之间的矛盾

建立在部分承认市场和私有制基础上的经济无法稳定地发展。苏联政治制度的目标是过渡到共产主义——没有私有制的社会。政治和经济之间的对抗加强了。在城市，党主要从生产工人中得到补充，他们对“耐普曼”没有好感。在农村，充实党和苏维埃机关的是“市场的受害者”——破产的农民、贫农。私人经济成分的存在与社会主义目标存在不可调和的矛盾。传统的社会主义观念是没有阶级、没有剥削、没有商品货币和市场的社会。因此，不彻底改变社会主义观念，不改变对市场的看法，这个矛盾就始终存在。列宁在逝世前说过，我们对社会主义的整个看法改变了。但是他没有对这种改变做出明确的解释，像列宁在最后几篇文章中的其他许多重要指示一样，列宁关于对社会主义的看法改变了的重要论点也没有引起当时领导人的重视。一个证明就是《联共（布）党史简明教程》对此只字不提。

---

[1] Десятый съезд РКП(б). Стенографический отчет. Москва, 1963.С.268.

政府职能没有随着改革的深入而转变。所有的经济措施全都是政府行为。新经济政策实施期间始终没有能够实现从行政手段配置资源转到依靠市场配置资源上来。除了领导人观念没有转变之外，给予新经济政策发挥作用的时间也太短。而拒绝市场经济的社会必然成为一个封闭的、缺乏发展动力的、经济停滞的、与世界经济发展逐渐拉大距离的社会。

经济体制的改革缺乏相应的政治体制改革与之配套。市场经济应当是公平民主的自由竞争的经济，这需要有政治体制的保障，要求苏维埃政权在政治上有相应的立法保障。但是，苏联没有因新经济政策而出现政治民主化的进程。相反，布尔什维克党一直在加强对政治和经济的控制。列宁逝世后经过不断的党内斗争，权力向少数人，甚至一个人手中集中，逐步形成高度集权的官僚体制。无产阶级专政变成“党专政”，“党专政”最后变成个人独裁，这样，一个人就可以决定新经济政策的命运。

随着新经济政策下经济的发展，必然提出“政治上的”新经济政策问题，缓和专政的问题。而实际上在政治领域出现的是加紧控制的进程。

一个是禁止其他政党。1922 年举行对右派社会革命党人的审判，接着，开展反社会革命党人的运动，把原社会革命党人清除出机关、企业和社会团体，一部分移交革命法庭，另一部分流放，要在 1922 年年底以前彻底摧毁社会革命党。1923 年 6 月 4 日俄共向党的省委和区委下达由莫洛托夫签署的中央委员会通告“关于同孟什维克斗争的措施”，规定一律解雇在工会、消费合作社、托拉斯、工业企业、保险机构和高等院校，以及交通人民委员部、邮电人民委员部、国内商业人民委员部、劳动人民委员部和外交人民委员部工作的孟什维克。[1]

与此同时，共产党内部取消党内民主，禁止各种派别，禁止不同的声音。与此同时党内少数领导人却悄悄建立非法的“三驾马车”、“七人小组”，夺取并控制党政大权，取消政治、经济领域的民主。对这种不正常状况党的领导中谁也没有出来制止，当 1923 年秋托洛茨基有所动作的时候，三驾马车已经控制大局，难以撼动了。

新经济政策实施之后，经济活动自由没有补充以政治自由。新经济政策

[1]　ПАНО, Ф.1,Оп.2,д.245,Л.192. 引自 *Павлова И.В.* Сталинизм. С.209–210.

原则很少触及生产领域，如果说存在资本主义经济成分的话，主要也只在商业和分配领域。民主化进程既没有能够扩大到经济领域，也没有能够扩大到社会生活。新经济政策没有导致公民社会的产生。

新经济政策应该是一个长期的政策，但是它运行了不到 10 年，就中途夭折了。1929 年 12 月 27 日斯大林在马克思主义者土地问题专家代表会议上宣称："我们所以采取新经济政策，就是因为它为社会主义事业服务。当它不再为社会主义事业服务的时候，我们就让他见鬼去。"[1] 果然，从这时起新经济政策就真的"见鬼去了"。

新经济政策以向农民让步始，以向农民进攻终，历史似乎又回到它的起点，但这一次苏维埃国家已经强大到能够摧毁农民的任何反抗，农民是不得翻身了！

新经济政策是站在市场经济和计划经济十字路口上的政策，新经济政策的夭折，也就意味着通向市场经济的道路的中断，此后苏联经济就最终走上了高度集中的、指令性的、军事动员型的计划经济体制。

2008 年 10 月 19 日定稿于北京蓬莱公寓

---

[1] 见《斯大林全集》，第 12 卷，第 151 页。

附　　录

参 考 书 目

文　　献

Архив Троцкого. Коммунистическая оппозиция в СССР(1923－1927). В 4-х тт. Ред. и сост. *Ю.Фельштинский*. М., Терра，1990.《托洛茨基档案》

Десятый съезд РКП(б). Стенографический отчет. М., 1963.《俄共（布）第十次代表大会（速记记录）》

Двенадцатый съезд Российской Коммунистической Партии (большевиков). Бюллетень. Москва- Кремль，1923.《俄共（布）第十二次代表大会（公报）》

Дискуссия 1925 г.(материалы и документы). Под общей ред. *К. А. Попова.* Пред. *Ем. Ярославского.* Гозиздат. М.-Л.，1929.《1925 年的争论（材料和文件）》

Документы свидетельствуют. Из истории деревни накануне и в ходе коллективизации 1927－1932. Под ред. *В.П. Данилова и Н.А. Ивницкого.* М., Политиздат. 1989.《文件作证：集体化前夕与进行中的农村史》

Индустриализация Советского Союза. Новые документы. Новые факты. Новые подходы. Часть1. М., 1997《苏联的工业化：新文件・新事实・新方法》

История России. 1917－1940. Хрестоматия. Под ред. *М. Е. Главацкого.* Екатеринбург，1993.《俄国史（1917—1940）（资料选）》

История советской политической цензуры. Документы и комметарии. Отв. составитель *Т. М. Горяева.* М., РОССПЭН. 1997.《苏联政治性书报检查史（文件与注解）》

Как ломали НЭП. Стенограммы пленумов ЦК ВКП(б). В 5- ти томов. М., Изд. Материк，2000.《新经济政策是怎样被断送的》

Кронштадт 1921. Документы о событиях в Кронштадте весной 1921 г. М., Изд. Международный фонд “Демократия”．1997.《1921 年喀琅施塔得：关于 1921 年春喀琅施塔得事件的文献》

Ленинградская организация и 14 съезд (Сборник материалов и

документы). Гозиздат. М.-Л., 1926.《列宁格勒组织与第十四次代表大会》

Новая оппозиция. Сборник материалов о дискуссии 1925 г. Л., Прибой, 1926.《新反对派：1925 年争论材料汇编》

Партийная оппозиция и комсомол. (материалы и документы ЦК РЛКСМ). ЦК РЛКСМ. 1926.《党内反对派与共青团》

Партия и новая оппозиция. Материалы к проработке решений 14 създа. Под ред. *В.Асмрова.* Прибой.《党与反对派》

Пятнадцатый съезд ВКП(б). Стеннографичесий отчет. М., 1961.《联共(布)第十五次代表大会（速记记录)》

XV конференция ВКП(б). Стенографичесий отчет. М.-Л., 1927.《联共(布)第十五次代表会议（速记记录)》

Факты и цифры против ликвидаторов и перерожденцев. Сборник АПО С.-З. Бюро ЦК и ЛК ВКП(б). М.-Л., Прибой,《反对取消派与蜕化分子的事实和数字》

Хрестоматия по истории КПСС. Под ред. *В. В. Журавлева и В. И. Зубарева.* М., 1989.《苏共党史资料选》

Хрестоматия по отечественной истории (1914–1945). Под ред. *А. Ф. Киселева, Э. М. Щагина.* М., Гуманитарный издательский центр ВЛАДОС. 1996.《祖国史资料选（1914—1945)》

Четырнадцатая конференция Российской Коммунистической Партии (большевиков). Стенографический отчет. Государственное издательство, М.-Л., 1925.《俄共（布）第十四次代表会议（速记记录)》

Четырнадцатый съезд Российской Коммунистической Партии (большевиков). Бюллетень. Государственное издательство. М.-Л., 1925.《俄共（布）第十四次代表大会（公报)》

XIV съезд Всесоюзной Коммунистической Партии(б.). Стенографический отчет. М., 1926《联共（布）第十四次代表大会（速记记录)》

Ⅵ конгресс Комитерна. Стенографический отчет. М.-Л., 1929.《共产国际第六次代表大会（速记记录)》

The Trotsky papers. T.2. 1920–1922. Mouton, The Harue-Paris, 1971.《托洛茨

基收藏文件集》

《俄共（布）第十三次代表大会（速记记录）》，河北师范大学外语系俄语教研室部分教师译，人民出版社 1987 年版。

《共产国际文件汇编》，第 1—3 册，贝拉・库恩编，中国人民大学编译室译，三联书店 1965 年版。

《苏联共产党代表大会、代表会议和中央全会决议汇编》，第 2 分册，人民出版社 1964 年版，第 3 分册，1956 年版。

《苏联共产党和苏联政府经济问题决议汇编》，第 1 卷，中国人民大学出版社 1984 年版。

著　　作

《列宁全集》，第 1—60 卷，人民出版社中文第 2 版。

《列宁全集补遗》，第 1 卷，人民出版社 2001 年版。

《斯大林全集》，第 4—13 卷，人民出版社 1953—1956 年版。

《斯大林选集》，上、下卷，人民出版社 1979 年版。

《斯大林文选》，上、下卷，人民出版社 1963 年版。

《马克思恩格斯列宁斯大林研究》，中央编译局马列部主办，内部资料。

《“民主集中派”和“工人反对派”文选》，人民出版社 1984 年版。

《布哈林文选》（3 卷本），人民出版社 1981—1983 年版。

《李可夫文选》，人民出版社 1986 年版。

《托洛茨基言论》，三联书店 1979 年版。

《苏联百科辞典》，中国大百科全书出版社 1986 年版。

[波] 伊・多伊彻著：《被解除武装的先知（1921—1929）》，周任辛译，中央编译出版社 1998 年版。

[德] 路特・费舍著：《斯大林和德国共产主义运动》，何式谷译，商务印书馆 1964 年版。

[俄] B.П. 纳乌莫夫、A.A. 科萨科夫斯基编：《1921 年的喀琅施塔得》，任建华等译，人民出版社 2009 年版。

[俄] T.C. 格奥尔吉耶娃著：《俄罗斯文化史——历史与现代》，焦东建、董茉莉译，商务印书馆 2006 年版。

[俄] 阿・阿夫托尔哈诺夫著：《权力学》，张开、达州、陈启民译，新华出版社 1980 年版。

[俄] 阿・阿夫托尔哈诺夫著：《苏共野史》（原名《党治制的由来》），晨曦等译，湖北人民出版社 1982 年版。

[俄] 埃・鲍・根基娜著：《列宁的国务活动（1921—1923）》，梅明等译，中国人民大学出版社 1982 年版。

[俄] 爱・拉津斯基著：《斯大林秘闻》，李惠生等译，新华出版社 1997 年版。

[俄] 鲍・尼・波诺马辽夫主编：《苏联共产党历史》，人民出版社 1960 年版。

[俄] 波利斯・巴让诺夫著：《斯大林秘书回忆录》，洪刚译，知识出版社 1982 年版。

[俄] 达・里・戈林科夫著：《反苏维埃地下组织的覆灭》，上、下册，陈行慧等译，群众出版社 1983 年版。

[俄] 德・安・沃尔科戈诺夫著：《胜利与悲剧——斯大林政治肖像》，第 1—2 卷，岑鼎山等译，世界知识出版社 1990 年版。

[俄] 费・丘耶夫著：《同莫洛托夫的 140 次谈话》，王南枝等译，北京，新华出版社 1992 年版。

[俄] 高尔基著：《不合时宜的思想》，朱希渝译，江苏人民出版社 1998 年版。

[俄] 格・季诺维也夫著：《列宁主义。列宁主义研究导论》，郑异凡、郑桥译，东方出版社 1989 年版。

[俄] 莉・亚・福季耶娃著：《列宁生活片断》，佟木译，湖北人民出版社 1960 年版。

[俄] 罗・亚・梅德维杰夫著：《让历史来审判。斯大林主义的起源及其后果》，赵洵、林英译，人民出版社 1981 年版；何宏江等译，东方出版社 2005 年版。

[俄] 茹拉甫列夫主编：《布哈林——人、政治家、学者》，尤开元等译，

东方出版社 1992 年版。

[俄] 托洛茨基著:《俄国局势真相》，刘珙译，三联书店 1963 年版。

[俄] 托洛茨基著:《斯大林评传》，齐干译，三联书店 1963 年版。

[俄] 托洛茨基著:《文学与革命》，刘文飞等译，外国文学出版社 1992 年版。

[俄] 托洛茨基著:《我的生平》，赵泓、田娟玉译，郑异凡校，上海人民出版社 2007 年版。

[俄] 瓦 · 别列什科夫著:《斯大林私人翻译回忆录》，薛福岐译，海南出版社 2004 年版。

[俄] 亚伯拉罕 · 阿谢尔编:《俄国革命中的孟什维克》，中共中央党校科研办公室 1989 年版。

[俄] 叶 · 阿 · 普列奥布拉任斯基著:《新经济学》，纪涛、蔡恺民译，三联书店 1984 年版。

[俄] 尤里 · 阿法纳西耶夫编:《别无选择——社会主义的经验教训和未来》，王复士等译，辽宁大学出版社 1989 年版。

[法] 莫西 · 莱文著:《列宁的最后斗争》，叶林译，黑龙江人民出版社 1983 年版。

[美] 罗 · 文 · 丹尼尔斯著:《革命的良心——苏联党内的反对派》，高德平译，北京出版社 1985 年版。

[匈] 贝拉 · 库恩编:《共产国际文件汇编》，中国人民大学编译室译，三联书店 1965 年版。

[英] C.L. 莫瓦特编:《新编剑桥世界近代史》，第 12 卷:《世界力量对比的变化（1898—1945)》，中国社会科学出版社 1987 年版。

[英] 伦纳德 · 夏皮罗著:《一个英国学者笔下的苏共党史》，徐葵等译，东方出版社 1991 年版。

《列宁与全俄肃反委员会》，赵仲元、陈行慧等译，群众出版社 1981 年版。

《苏联文学艺术问题》，人民文学出版社 1953 年版。

陈之骅主编:《苏联史纲》，上、下册，人民出版社 1991 年版。

瞿秋白:《赤都心史》，载《瞿秋白文集》，第 1 卷，人民文学出版社 1954 年版。

蓝英年、朱政:《从苏联到俄罗斯》，东方出版社 2007 年版。

蓝英年:《寻墓者说》，汉语大词典出版社 1998 年版。

李显荣:《托洛茨基评传》，中国社会科学出版社 1986 年版。

李永全:《俄国政党史》，中央编译出版社 1999 年版。

李宗禹等:《斯大林模式研究》，中央编译出版社 1999 年版。

李宗禹主编:《国外学者论斯大林模式》，中央编译出版社 1995 年版。

联共（布）特设委员会编:《联共（布）党史简明教程》，中央编译局译，人民出版社 1975 年版。

柳植（杨存堂）:《世纪的实践》，安徽大学出版社 2005 年版。

陆南泉、姜长斌、徐葵、李静杰主编:《苏联兴亡史论》，人民出版社 2004 年修订版。

陆南泉:《苏联经济体制改革史论（从列宁到普京)》，人民出版社 2007 年版。

马龙闪:《苏联剧变的文化透视》，中国社会科学出版社 2005 年版。

马龙闪:《苏联文化体制沿革史》，中国社会科学出版社 1996 年版。

沈志华:《新经济政策与苏联农业社会化道路》，中国社会科学出版社 1994 年版。

沈志华主编:《苏联历史档案选编》，第 1—34 卷，社科文献出版社 2002 年版。

苏联科学院经济研究所编:《苏联社会主义经济史》，三联书店 1980 年版。

唐家璇主编:《中国外交词典》，世界知识出版社 2000 年版。

王丽华主编:《历史性突破——俄罗斯学者论新经济政策》，人民出版社 2005 年版。

徐天新:《平等、强国的理想与苏联的实践》，安徽大学出版社 2005 年版。

杨存训、余大章:《新经济政策理论体系——列宁对社会主义经济的再认识》，河南人民出版社 1985 年版。

叶书宗:《俄国社会主义实践研究》，安徽大学出版社 2005 年版。

张秋华等编选:《“拉普”资料汇编》，中国社会科学出版社 1981 年版。

郑异凡、林基洲编:《托洛茨基反动言论摘录》，(内部资料)。

郑异凡:《不惑集》，辽宁教育出版社 2001 年版。

郑异凡:《布哈林论》，中央编译出版社 2006 年版。

郑异凡:《史海探索》，安徽大学出版社 2005 年版。

郑异凡:《天鹅之歌——关于列宁后期思想的对话》，辽宁教育出版社 1996 年版。

郑异凡编:《托洛茨基读本》，中央编译出版社 2008 年版。

郑异凡编:《托洛茨基文选》，人民出版社 2010 年版。

郑异凡编译:《"一国社会主义"问题论争资料》，东方出版社 1986 年版。

郑异凡编译:《苏联"无产阶级文化派"论争资料》，人民出版社 1980 年版。

中国社科院马列所编:《论布哈林和布哈林思想》，贵州人民出版社 1982 年版。

Белоусов Р. Экономическая история России XX век. Книга Ⅱ. Через революцию к нэпу. М.， ИздАТ， 2000.《20 世纪俄国经济史》

Бердяев Н.А. Смысл истории: Опыт философии человческой судьбы. Берлин, Обелиск.《历史的含义》

Богданов А. О пролетарской курьтуре. Л.-М., 1924.《论无产阶级文化》

Большая советская энцеклапедия. М., 1978. 3-изд.《苏联大百科全书》

Бухарин Н.И. Избранные произведения. М., Политиздат. 1988.《布哈林著作选集》

Бухарин Н.И. Избранные труды. История и организация науки и техники. Ленинград.1988.《布哈林著作选集: 科学技术的历史与组织》

Бухарин Н.И. К новому поколению. Доклады, выступления и статьи, посвященные проблемам молодежи. М., Прогресс. 1990.《致新一代》

Бухарин Н.И. Методология и планирование науки и техники. М., Наука. 1989.《科学技术的方法与规划》

Бухарин Н.И. Проблемы теории и практики социализма. М., 1989.《社会主义的理论和实践问题》

Бухарин Н.И. Путь к социализму. Новосибирск, Наука, 1990.《社会主义之路》

Бухарин Н.И. Революция и культура. М., 1993.《革命和文化》

Бухарин: человек, политик, ученый. Под ред. *В.В. Жулавлева.* М., Политиздат, 1990.《布哈林：人，政治家，学者》

Ваганов Ф.М. Правый уклон в ВКП(б) и его разгром. М., 1970.《联共（布）党内的右倾及其被粉碎》

Вачнадзе М., Гурули В., Бахтадзе М. А. История Грузии (с древнейших времен до наших дней. www.fictibn book.ru《从古至今格鲁吉亚史》

В.И. Ленин. Биографическая хроника. 1870–1924. Под общ. ред. *Г.Н. Голикова* и др. М., 1970–1982. Т.1–12《列宁年谱》

Волентинов(Вольский) Н. Новая экономическая политика и кризис партии после смерти Ленина. Stanford.California.1971.《新经济政策与列宁死后的党内危机》

Волкогонов Д. Ленин. Политический портрет. В 2-х книгах. М., Новости, 1997.《列宁：政治肖像》

Волкогонов Д. Триумф и трагедия. Политический портрет Сталина. В 2-х книгах. М., 1989.《胜利与悲剧：斯大林政治肖像》

Волкогонов Д. Троцкий. Политический портрет. В 2-х книгах. М., Новости. 1997.《托洛茨基：政治肖像》

Восленский М.С. Номенклатура: господствующий класс Советского Союза. М., 1991.《在册权贵：苏联的统治阶级》

Горяева Т.М. Политическая цензура в СССР . 1917–1991 гг., М., РОССПЭН, 2002.《苏联政治性书报检查》

Горбунов В.В. В.И. Ленин и Пролеткульт. М., 1974.《列宁与无产阶级文化协会》

Давыдов А.Ю. Мешочники и диктатура в России. 1917–1921 гг. С.-Петербург, Алетейя, 2007.《俄国背口袋的商贩与专政》

Документы свидетельствуют. Из истории деревни накануне и в ходе коллективизации. Под ред. *В.П. Данилова и Н.А. Ивницкого.* М., 1989.《文件作证：集体化前夕和进行中的农村史》

Драма российской истории : большевики и революция. Под ред. *А.Н.Яковлева.* Новый хронограф. Москва. 2002.《俄国历史的悲剧：布尔什维克

与革命》

Емельянов Ю.В. Заметки о Бухарине. Революция, история, личность. М., Молодая гвардия, 1989.《关于布哈林的札记》

Ибрагимова Д.Х. НЭП и перестройка. Массовое сознание сельского населения в условиах перехода к рынку. М., Памятники истрической мысли.《新经济政策与改革：向市场过渡条件下农村居民的群众意识》

Жирков Г.В. История цензуры в России XIX–XX вв. М., 2001 (http：//www.media.utmn.ru/library)《19—20 世纪俄国书报检查史》

Зиновьев Г. Философия эпохи. Прибой. Л., 1925.《时代哲学》

Иванов В.И. Формирование идейного единства советской литературы. М., 1960.《苏联文学思想统一的形成》

Историки спорят. Тринадцать бесед. Под ред. *В.С. Лельчука.* М., Политиздат, 1988.《史家争论》

История России. ХХ век. Отв. редактор *В.П. Дмитренко.* М.，АСТ. 1996.《20 世纪俄国史》

Капустин М. Конец утопии? Прощдое и будущее социализма. М., Новости. 1990.《乌托邦的终结？社会主义的过去与未来》

Кацва Л.А. История России. Советский период. (1917–1991) . http://som.fio.ru《俄国史：苏联时期（1917－1991)》

Климин И.И. Российское крестьянство в годы новой экономической политики(1921–1927). С.-Петербург, Изд. Политехнического университета, 2007. Часть 1–2.《新经济政策年代的俄国农民（1921–1927)》

Кожинов В. Россия. Век ХХ (1901–1939). М., 2002.《20 世 纪 的 俄 国。1901—1937》

Кун Миклош Бухарин: его друзья и враги. М., Республика. 1992.《布哈林及其敌友》

Ленин о литературе и искусстве. М., 1976.《列宁论文学艺术》

Литературные Монифесты. От символизма к Октябрю.(Сборник материиалов). М., 1929.《文学宣言》

Луначарский. Собрание сочинений. Т. 1-8, М., 1963–1967.《卢那察尔斯基

文集》

Лоскутов В. И. Уроки сталинизма. loskutov. org > Uroki / text.htm《斯大林主义的教训》

Маневич В.Е. Экономические дискуссии 20-х годов. М., Экономика, 1989.《20 年代的经济争论》

Медведев Р.А. К суду истории. New York. 1974.《让历史来审判》

Морозов К.Н. Судебный процесс социалистов-революционеров и тюремное противостояние (1922–1926): этика и тактика противоборства. М., РОССПЭН, 2005.《社会革命党人审判案和狱中对抗》

Мунчаев Ш.М., Устинов В.М. История Советского государства. М., Изд. НОРМА, 2002.《苏维埃国家史》

НЭП：приобретения и потери. М., Наука, 1994.《新经济政策的得与失》

Орлов, И. Б. Новая экономическая политика: история, опыт, проблемы. М., 1999.《新经济政策：历史·经验·问题》

Отечественная история. Учеблик. Под общей редакцей *Р.Г. Пихои.* М., Изд. РАГС. 2005.《祖国史(教科书)》

Открывая новые страницы… Под общ. Ред. *А.А.Искендерова.* М., Политиздат, 1989.《揭开新的篇章……》

Очерк истории русской советской литературе. М.，1954.《苏俄文学简史》

Павлова И.В. Сталинизм: становление механизма власти. . Новосибирск, Сибирский хронограф, 1993.《斯大林主义：权力机制的形成》

Переписка на исторические темы. Диалог ведет читатель. Сост. *В.А.Иванов.* М., Политиздат, 1989.《历史问题的通信》

Писаренко К.Н. Тридцатилетняя война в политбюро(1923–1953). М., Вече. 2006.《政治局的 30 年战争》

Письма И.В. Сталина В.М.Молотову（1925–1936 гг.）. Сборник документов. М., Россия молодая. 1995.《斯大林给莫洛托夫的信》

Пути развития: дискуссия 20-х годов. Е.А.Преображенский. Н.И.Бухарин. Сост. *Э.Б.Корицкий.* Л., Ленииздат, 1990.《发展的道路：20 年代普列奥布拉任斯基与布哈林的争论》

Ратьковский И. С.，*Ходяков М.В.* История совтской России. Санкт-Петербург, Изд. Лань, 2001.《苏俄史》

Роговин В. Была ли альтернатива ？“Троцкизм”：взгляд через годы. М., Терра, 1992.《是否有选择？多年后看“托洛茨基主义”》

Роговин В. Сталинский неонэп. М.,1995.《斯大林的新新经济政策》

Рыков А.И. Избранные произведения. М., Экономик, 1990.《李可夫选集》

Советская историография. Под общ. ред. *Ю.Н.Афанасьева.* М., 1996.《苏联历史编纂学》

Советская история. Проблемы и уроки. Отв. ред. *В.И.Шишкин.* Новосибирск, Наука, 1992.《苏联史：问题和教训》

Соколов А.К. Курс советской истории.1917–1940. М., Высшая школа,1999.《苏联史教程（1917—1940)》

Степун Ф.А. Бывшее и несбывшееся. СПб., 2000.《过去的与没有实现的》

Степун Ф.А. Мысли о России. Очерк II // Соч. М., 2000.《关于俄国的思考》

Страницы истории.1988. Сост. *Е.Б. Никанорова и А.Я. Разумов.* Л., Лениздат. 1989.《历史的篇章：1988 年》

Страницы истории.1989. Сост. *Е.Б.Никанорова и А.Я.Разумов.* Л., Лениздат. 1989《历史的篇章：1989 年》

Страницы истории советского общества. Факты, проблемы, люди. М., Политиздат, 1989.《苏维埃社会史的几个篇章》

Судебный процесс над социалистами-революционерами (июнь-август 1922). Подготовка. Проведение. Итоги. Сборник документов. Сост. *С.А. Красильников., К.Н. Морозов, И.В. Чубыкин.* М., РОССПЭН, 2002.《社会革命党人审判案（1922 年 6—8 月)》

Судьбы российского крестьянства. Под общ. ред. *Ю.Н.Афанасьева.* М., 1996.《俄国农民的命运》

Трапезников С. Ленинизм и аграрно-крестьянский вопрос. М.,1967.《列宁主义和农民土地问题》

Троцкий. Моя жизнь. Берлин, 1930.《我的生平》

Троцкий. Портреты революционеров. http://www.kulichki.com/moshkow/

HISTORY/FELSHTINSKY/portrety.txt《革命家肖像》

Троцкий. К социализму или капитализму? М.-Л., 1926.《走向社会主义还是资本主义?》

Троцкий. Сталинская школа фальсификаций. Берлин，1932.《斯大林伪造学派》

Трудные вопросы истории: Пойски. Размышления. Новый взгляд на события и факты. Под ред. *В.В.Журавлева.* М.，Политиздат. 1991.《历史难题：探寻・思考・对事件和事实的新观点》

Трукан Г.А. Политическая дискуссия 1928–1929 гг. о путях строительства социализма. М., Знание，1990.《1928—1929年关于社会主义建设道路的政治争论》

Трукан Г.А. Путь к тоталитаризму. 1917–1929. М., Наука，1994.《通向极权的道路》

Хармандарян С.В. Ленин и становление Закавказской федерации. Эривань，1969.《列宁与外高加索联邦的形成》

Цакунов С.В. В лабиринте докрины. Из опыта разработки экономического курса страны в 1920-года. М., Россия молодая, 1994.《在学说的迷宫中》

Чистиков А.Н. Партийно-государственная бюрократия северо-запада советской России 1920-х годов. С.-Петербург，2007.《20年代苏俄西北部的党国官僚》

Шелестов Д. Время Алексея Рыкова. М., Прогресс，1990.《李可夫时代》

Шишкин В.А. Власть, политика, экономика. Послереволюционная Россия (1917–1928) С,-Петербург, Изд. Дмитрий Буланин, 1997.《政权・政治・经济：革命后的俄国（1917—1928)》

论　　文

Варламова С.Ф. Из истории борьбы советского государства с голодом в начале 20-х гг. XX столетия. К 75 летию Дома Плеханова. С.-Петербург，2003.

Голанд Ю. Политика и экономика (Очерки общественной борьбы 20-х годов). //“Знамя” , март 1990. SLON-PARTY_RU.

Ковалев Д.В. Политическая дискриминация крестьянства в нэповской России.// Вопросы истории. 2007. № 5.

Коржихина Т.П., Фигатнер Ю.Ю. Советская номенклатура : становление, механизмы действия. // Вопросы истории, 1993. № 7.

Назаров О. Пленум принял предрешенное. //Российские вести. 3.04.2002.

Небогин О.Б., Самородов А.Г. Дискуссии в Московской партийной организации в 1928–1929 гг. (Обзор источников по фондам партийного архива Института истории партии МГК и МК КПСС). //Вопросы истории КПСС. 1990. № 6. С.64–74.

Орлов И. Б. НЭП как новая эксплуатация пролетариата.// Солидарность. № 9. 2002.

Орлов И. Б. Современная отечественная историография НЭПа: достижения, проблематики, перспективы. //Отечественная история. 1999. № 1.

Сироткин В. Уроки НЭП. Мысли вслух перед Пленумом ЦК КПСС. В кн. Страницы истории. Январь-июнь 1989. Лениздат, 1990.

报　　刊

Аргументы и факты

Большевик

Бюллетень оппозиции.

Вопросы истории

Вопросы истории КПСС

Известия

Известия ЦК КПСС

Известия ЦК РКП(б)

Литературная газета

Правда.

Политическое образование

《列宁研究》，中央编译局列宁斯大林著作编译室编译（内部交流资料）
《斯大林研究》，中央编译局列宁斯大林著作编译室编译（内部交流资料）
《马恩列斯研究》，中央编译局马列部主办（内部交流资料）

档案馆和档案

АПРФ(俄罗斯联邦总统档案馆，原苏共中央政治局档案馆)

Архив Троцкого. Коммунистическая оппозиция в СССР. 1923－1927. В 4 тома. Терра. Москва. 1990.（托洛茨基档案。苏联的共产主义反对派。1923—1927）

“Очистим Россию надолго”. К истории высылки интеллигенции в 1922 г. “Отечественные архивы” № 1 (2003 г.)（“我们把俄国永远清洗干净”。1922 年驱逐知识分子史）

ПАНО(Партийный архив Новосиб. Обкома КПСС)（苏共新西伯利亚州委党务档案馆）

РГАСПИ（俄国国家社会政治史档案馆）

РЦХИДНИ(Российский центр хранения и изучения документов новейшей истории),（俄国现代史文献保存和研究中心）

ЦГАОР СССР（苏联中央国家十月革命档案馆）

ЦГАСА（Центральный государственный архив Советской Армии）（中央国家苏军档案馆）

ЦПА ИМЛ（苏共中央马列主义研究院中央党务档案馆）

AFMZV, PZ(Archiv Federalnfho ministerstva zahranicnich veci, Politicke Zpravy(Praha))(捷克外交部档案，布拉格)

The Trotsky papers. 1917－1922. I- II.. Mouton & co. The Hague. 1964. 1971.（托洛茨基收藏文件集。第 1—2 卷）

主 题 索 引

E

F

G

H

J

K

L

M

N

P

Q

R

S

T

W

X

Y

Z

人名索引

C

D

E

F

G

H

J

K

L

M

N

P

Q

R

S

T

W

Z

人物简介

A

阿布里科索夫（Абрикосов А.И. 1875—1955）——苏联病理解剖学家。为列宁遗体防腐。

阿尔斯基（Альский А.С. 1892—1939）——1921—1922 年任副财政人民委员。

阿尔腾耶夫（Артемьев）——1904 年加入社会革命党，在沙皇制度下被流放图鲁汉斯克边疆区 4 年。十月革命后 4 次被捕入狱。

阿尔托波列夫斯基（Артоболевском И.А.）——俄国农业科学院教师。

阿尔希波夫（Архибов）——轮机长。喀琅施塔得临时革命委员会委员。

阿夫杰耶夫（Авдеев И.А.1877—1937?）——1927 年任斯大林格勒省国民经济委员会主席，联共中央候补委员。在党的十五大上被开除出党。遭镇压。

阿夫罗夫（Авров）——时任彼得格勒军区司令。

阿赫玛托娃，安·（Ахматова，А. 1889—1966）——苏联女诗人。

阿加波夫（Агапов）——1909 年参加社会革命党，在沙皇制度下曾被流放。十月革命后三次被捕入狱。

阿加马利－奥格雷（Агамали-оглы 1867—1930）——1922—1929 年任阿塞拜疆中央执行委员会主席，外高加索联邦中央执行委员会主席之一。

阿克雪里罗得，巴·波·（Аксельрод П.Б. 1850—1928）——1883 年参与创建“劳动解放社”。孟什维克领袖之一。十月革命后移居国外。

阿拉克切耶夫，阿·安·（Аракчеев А.А. 1769—1834）——亚历山大一世时期任陆军大臣，以专横残暴著称。“阿拉克切耶夫主义”指军警暴虐制度。

阿斯特罗夫（Астров В.Н. 1898—?）——共产主义科学院历史研究所研究员。《真理报》编委。

阿维尔巴赫（Авербах Л.Л. 1903—1939）——作家。1929 年任《在文学岗位上》和《外国文学通报》杂志编辑。遭镇压。

阿谢耶夫，尼·尼·（Асеев Н.Н.1889—1963）——苏俄诗人。

埃弗罗斯，阿·（Эфрос А. 1888—1954）——苏联艺术理论家，俄国艺术史家。

埃赫，罗·因·（Эйхе，Р.И. 1890—1940）——1925—1929 年任西伯利亚边疆区执行委员会主席，1937 年任农业人民委员，1930 年起为联共（布）中央委员，1935 年起任中央政治局候补委员。遭镇压。

艾亨瓦里德（Айхенвальд А.）——所谓“布哈林学派”成员。

艾亨瓦里德，尤·伊·（Айхенвальд Ю.И. 1872—1928）——文学评论家。1922 年出版文集《男女诗人》，遭《真理报》批判。1922 年被驱逐出俄罗斯联邦。

爱伦堡，伊·格·（Эренбург И.Г. 1891—1967）——苏联作家。

安德列耶夫，安·安·（Андреев А.А. 1895—1971）——1920—1927 年任全俄工会中央理事会书记、铁路工会中央理事会主席。历任中央委员、中央组织局委员、中央政治局委员、中央监察委员会主席、中央书记；农业人民委员、部长会议副主席等职。

安东诺夫，亚·斯·（Антонов А.С. 1888—1922）——社会革命党人，坦波夫省农民暴动首领。

安东诺夫－奥弗申柯，弗·亚·（Антонов-Овсеенко В.А. 1883—1939）——1903 年加入俄国社会民主工党。十月革命期间任彼得格勒军事革命委员会秘书。后任陆海军事务委员会委员、乌克兰陆军人民委员。1922—1924 年任共和国革命军事委员会政治部主任。1934 年起任俄罗斯联邦检察长，1938 年任苏联司法人民委员，旋即被捕，卒于狱中。

安季波夫（Антипов Н.К. 1894—1938）——1924 年起为中央委员。1928 年起任苏联邮电人民委员。遭镇压。

奥博连斯基（Оболенский В.В.）—— 见奥新斯基。

奥尔林斯基（Орлинский）——剧目审查人员。

奥尔忠尼启则，格·康·（Орджоникидзе，Г.К.1886—1937）——国内战争期间先后任第 16 集团军、第 14 集团军和高加索方面军革命军事委员会委员。1920 年起是俄共中央高加索局成员。1921 年起先后任党的中央委员、政治局委员。自杀身亡。

奥加诺夫斯基，尼·彼·（Огановский Н.П.）——农业经济学家，莫斯科商学院教师。

奥库德扎娃（Окуджава М.С.）——格鲁吉亚共产党中央委员、中央书记。

奥里明斯基，米·斯·（Ольминский М.С. 1863—1933）——1883 年起为民意党人，1898 年加入俄国社会民主工党。十月革命后任《真理报》编委、俄共（布）中央党史委员会领导人、老布尔什维克协会主席、《无产阶级革命》杂志创办人和编辑。

奥列莎（Олеша Ю.К.1899—1960）——苏俄作家，作品有《嫉妒》（1927）等。

奥列申（Орешин, И.Е.）——喀琅施塔得第三劳动学校校长。喀琅施塔得事件期间任喀琅施塔得临时革命委员会委员。

奥索尔金，米·安·（Осоргин М.А. 1878—1942）——作家，记者。社会革命党人（1905—1906 年）。参加过莫斯科武装起义（1905）。十月革命后任全俄记者协会主席和作家协会莫斯科分会副主席。赈济饥民委员会积极分子（1921 年）。1922 年被驱逐出俄罗斯联邦。

奥索夫斯基（Оссовский Я.А.）——托洛茨基反对派成员。

奥索索夫（Ососов）——“塞瓦斯托波尔号”战列舰轮机兵，喀琅施塔得临时革命委员会委员。

奥新斯基，恩·（Осинский Н. 1887—1938）——原名瓦·瓦·奥博连斯基。经济学家。1917—1918 年任最高国民经济委员会主席，1921—1923 年任副农业人民委员、最高国民经济委员会副主席。1921 年当选中央候补委员。1938 年死于狱中。

奥泽罗夫，伊·赫·（Озеров И.Х. 1869—1942）——经济学家。先后任莫斯科大学和彼得堡大学教授。

B

巴别尔，伊·（Бабель И. 1894—1941）——苏联作家。作品有《骑兵军》（1926）等。遭镇压。

巴宾娜－涅夫斯卡娅（Б.А.Бабина-Невская）——社会革命党人。

巴甫洛夫（Павлов）——水雷检修所工厂。喀琅施塔得临时革命委员会委员。

巴甫洛夫，伊·彼·（Павлов И.П. 1849—1936）——苏联生理学家。

巴甫洛娃（Павлова А.П.）——作家。

巴赫麦季耶夫（Бахметьев В.М. 1885—1963）——苏俄作家，作品有《马尔登的罪行》（1927）等。

巴卡尔（Баккал И.Ю.1893—?）——左派社会革命党中央委员，全俄中央执行委员会左派社会革命党党团主席（1917 年 10 月—1918 年 7 月）。1920 年起任左派社会革命党（合法）中央局委员。1922 年被驱逐出俄罗斯联邦。

巴卡耶夫（Бакаев И.П. 1897—1936）——1925 年任联共列宁格勒监察委员会主席。

1925—1927 年任联共中央监察委员。十五大上被开除出党。遭镇压。

巴枯宁，米·亚·（Бакунин М.А.1814—1876）——无政府主义创始人之一，俄早期民粹主义思想家。

巴让诺夫，波·波·（Бажанов Б. 1900—1982）——1919 年加入俄共（布）。1923—1927 年任斯大林助理兼组织局秘书。1928 年逃亡国外。

巴扎罗夫，弗·亚·（Базаров В.А. 1874—1939）——哲学家，经济学家。十月革命后是《新生活报》的编辑之一。1921 年起在苏联国家计委工作。

巴扎诺夫（Бажанов Б.）——经济学家。

柏拉图（Платон 约公元前 427—前 347）——古希腊哲学家。

拜科夫（Байков）——喀琅施塔得要塞建设管理局车队队长。喀琅施塔得临时革命委员会委员。起义失败后逃往芬兰。

邦契－布鲁耶维奇，弗·德·（Бонч-Бркевич В.Д. 1873—1955）——1917—1920 年任人民委员会办公厅主任。

鲍曼，卡·雅·（Бауман，К.Я. 1892—1937）——1928—1930 年任联共莫斯科委员会第二、第一书记。1929—1934 年任中央书记。1925 年起任中央委员，1929—1930 年任中央政治局候补委员。

比岑科，阿·阿·（Биценко А.А. 1875—1938）——社会革命党人，十月革命后作为左派社会革命党人在莫斯科苏维埃主席团工作，1918 年 11 月加入俄共。

比利－别洛采尔可夫斯基（Билль-Белоцерковский В.Н. 1884—1970）——苏俄作家，写有剧本《风暴》等。

彼得（Петр）——都主教，大牧首临时代理者，1925 年 12 月被捕，被控从事“反革命活动”，流放西伯利亚，后被枪毙。

彼得大帝（Петр Великий 1672—1725）——俄国沙皇（1682—1725）。

彼得里琴科，斯·马·（Петриченко,С. М. 1892—1947）——“彼得罗巴甫洛夫斯克号”战列舰一等文书。喀琅施塔得临时革命委员会主席。起义失败后随喀琅施塔得守备部队部分人员逃往芬兰。

彼得鲁舍夫（Петрушев Ф.）——“彼得罗巴甫洛夫斯克号”战列舰电工兵长。喀琅施塔得临时革命委员会委员。

彼得罗夫斯基（Петровский П.）——所谓“布哈林学派”的成员。

彼得罗夫斯基，格·伊·（Петровский，Г.И. 1878—1958）——1919—1939 年任

乌克兰中央执行委员会主席、苏联中央执行委员会副主席。1926—1939年为联共中央政治局候补委员。

彼得罗夫－沃德金（Петров-Водкин К.С. 1878—1939）——苏联画家。作品有《1918年的彼得格勒》、《政治委员之死》等。

彼得松，阿·阿·（Петерсон А.А.）——联共中央监察委员，托洛茨基反对派骨干成员，在党的十五大上被开除出党。

彼舍霍诺夫，阿·瓦·（Пешехонов А.В.1867—1933）——俄人民社会党领导人之一，1917年任临时政府粮食部长。

别德内依，杰·（Бедный Д. 1883—1945）——苏联诗人。

别尔嘉耶夫，尼·亚·（Бердяев Н.А.1874—1948）——俄宗教哲学家。自由精神文化学院的组织者和院长（莫斯科，1918—1922年）。1922年被驱逐出俄罗斯联邦。

别列佐夫斯基（Белезовский）——矿山工程师。

波波夫，尼·尼·（Попов Н.Н. 1891—1938）——1922—1932年任《真理报》编委。1933—1937年任乌克兰共产党中央书记。遭镇压。

波波夫－杜博夫斯基（Попов-Дубовский В.С.）——《真理报》编辑部工作人员。

波德沃伊斯基，尼·伊·（Подвойский Н.И. 1880—1948）——十月革命期间任彼得格勒军事革命委员会主席，是攻打冬宫的领导人之一。历任陆军人民委员、全俄红军组建委员会主席、最高军事检察院院长、乌克兰陆海军人民委员等职。

波格丹诺夫，尼·（Богданов Н.С.）——农业计划委员会委员。

波格丹诺夫，彼·阿·（Богданов П.А.1882—1939）——1921—1925年任最高国民经济委员会主席。1926年起任北高加索边疆区执委会主席。遭镇压。

波格丹诺夫，亚·亚·（Богданов А.А.1873—1928）——俄哲学家、经济学家、医生。20世纪初曾是布尔什维克，任中央委员，是“前进”集团的领袖，1909年被开除出布尔什维克派。十月革命后是无产阶级文化的鼓吹者。1926年创办输血研究所，在自身作输血实验中不幸牺牲。

波捷钦，尤·（Потехин Ю. 1888—1927）——《路标转换》文集的作者之一。

波克罗夫斯基，米·尼·（Покровский М.Н. 1868—1932）——苏联历史学家。历任莫斯科苏维埃主席、俄罗斯联邦副教育人民委员、共产主义科学院领导人等职。

波利涅尔，谢·伊·（Польнер С. И.）——数学教师。1922年被驱逐出俄罗斯联邦。

波利亚科夫，索·李·（Поляков С.Л. 1875—1945）——俄作家、新闻工作者。

波斯特尼科夫（Постников С.П.）——社会革命党国外特别代表团成员。

勃利亚欣（Бляхин П.А.）—— 剧目审查总委员会副主席。

博布里谢夫－普希金（ Бобрищев-Пушкин А.）——《路标转换》文集的作者之一。

博尔德金（Бордыгин В.М.）——莫斯科建筑学院教授。

博戈列波夫（Боголепов А.А.）——法学家，彼得堡大学副校长。

博哥列波夫（Боголепов）——法学家，彼得堡大学副校长。

博古斯拉夫斯基，米·索·（Богуславский М.С. 1886—1937）——任乌克兰第一届中央执行委员会委员、印刷工会主席等职。1927 年被开除出党。

博科夫（П.Бойков）——共和国海军司令部作战部委员。

布勃诺夫，安·谢·（Бубнов А.С. 1883—1940）——1924—1929 年任工农红军政治部主任和苏联革命军事委员会委员，1925 年兼任俄共（布）中央书记。1929—1937 年任俄罗斯联邦教育人民委员。1940 年被枪决。

布尔加柯夫，米·阿·（Булгаков М.А. 1891—1940）——苏俄作家。

布尔加柯夫，谢·尼（Булгаков С.Н. 1871—1944）——宗教哲学家，经济学家。先后在基辅（1901—1906）和莫斯科（1906—1918）任政治经济学教授。1923 年起流亡国外。

布哈林，尼·伊·（Бухарин，Н.И. 1888—1938）——十月革命后先后任《真理报》和《消息报》主编，政治局候补委员和政治局委员，共产国际执行委员会委员、主席团委员和政治书记处书记。1938 年被处死。

布拉托夫，A.A.（1877—?）——立宪民主党人，1916 年任诺夫哥罗德信贷基金理事会主席。1917 年任临时政府诺夫哥罗德省政治委员，1919 年任诺夫哥罗德劳动组合联合会主席。1922 年被驱逐出俄罗斯联邦。

布兰德勒，亨·（Брандлер Г. 1881—1967）——1919—1923 年任德共中央委员。1929 年被开除出党。

布朗——美国救济署欧洲分部主任。

布留哈诺夫（Брюханов Н.П. 1878—1942）——1926—1930 年任苏联财政人民委员。遭镇压。

布留索夫，瓦·雅·（Брюсов В.Я. 1873—1924）——苏俄诗人，俄国象征派创始人。十月革命后积极参加文化建设。

布鲁茨库斯，鲍·达·（Бруцкус Б.Д.1874—1938）——经济学家，农学家。1922

年被驱逐出俄罗斯联邦。柏林俄罗斯研究所教授。后为耶路撒冷大学农业经济学教授。

布宁，伊·阿·（Бунин И.А. 1870—1953）——俄作家，1920 年侨居国外，1933 年获诺贝尔奖金。

C

蔡特金，克·（Цеткин К. 1857—1933）——1878 年加入德国社会民主党。1889 年参与第二国际的创建工作。1918 年参加创建德国共产党，1919 年当选中央委员。1921 年出席共产国际三大，当选执委会委员和主席团成员兼妇女书记处书记。

策列铁里，伊·格·（Церетели И.Г. 1881—1959）——孟什维克领袖之一。1917 年任临时政府邮电部长和内务部长。1918 年是格鲁吉亚民主共和国政府首脑之一。1921 年流亡国外。

策特林（Цейтлин Е.В. 1898—?）——1926—1928 年任共产国际执委会主席团委员、《真理报》和《共产国际》杂志编委。遭镇压。

查尔诺卢斯基，弗·伊·（Чарнолуский В.И. 1865—1941）——俄国民教育家，人民社会党人。1917 年任临时政府国民教育国家委员会主席。十月革命后从事科研教育活动。

茨韦塔耶娃，玛·（Цветаева М. И. 1892—1941）——苏联女诗人、作家。

茨韦特科夫（Цветков Н.А.）——莫斯科建筑学院的学者。

D

达舍夫斯基（Дашевский）——社会革命党人。在右派社会革命党人案中受审。

达什科夫斯基（Дашковский И.К.）——民主集中派成员，被开除出联共。

德波林，阿·莫·（ Деборин,А.М. 1881—1963）——苏联哲学家和历史学家。1903 年起是布尔什维克，1907—1917 年为孟什维克。1928 年加入联共。1929 年起为苏联科学院院士。1920 年起在斯维尔德洛夫大学、红色教授学院和马克思恩格斯研究院工作。

德里佐（В.Дридзо）——克鲁普斯卡娅秘书。

邓尼金，安·伊·（Деникин А.И. 1872—1947）——沙俄将军。1918 年起先后任白卫“志愿军”司令和“南俄武装力量”总司令。后流亡国外。

杜博夫斯基（Дубовский）

顿斯科伊（Донской Д.Д.）——1902 年加入社会革命党，在沙皇制度下因参加大学生骚乱被送去参军，3 次被流放西伯利亚。在布尔什维克政权下关了 3 年。

多博罗加耶夫（Доброгаев С.М.）——为列宁治病的医生。

E

恩格斯，弗·（Энгельс Ф. 1820—1895）

F

法捷耶夫，亚·亚·（Фадеев，A.A. 1901—1956）——苏联作家。

法朗士，安·（France A. 1844—1924）——法国作家，诺贝尔奖获得者。

费定，康·亚·（Федин К.А. 1892—1977）——苏俄作家。著有长篇小说《城与年》（1924）、《兄弟们》（1928）等。

费多罗夫－科兹洛夫——社会革命党人。

费多罗维奇，弗·菲·（ Федорович В. Ф.）——1902 年参加社会革命党，在沙皇制度下 5 次被捕，被流放，服苦役 6 年。曾任推翻高尔察科的伊尔库茨克“政治中心”主席。

费尔斯特，奥·（Ферстер О.）——德国神经病理学家，给列宁治病的医生们当顾问。

费舍，路特·（Fischer R. 1895—1961）——德国共产党内极左派领导人之一。1926 年被开除出党。

弗拉基米罗夫，米·康·（Владимиров М.К. 1879—1925）——历任乌克兰粮食人民委员和农业人民委员、苏联副财政人民委员和最高国民经济委员会副主席等职。

弗兰克，谢·路·（ Франк С.Л. 1877—1950）——俄国宗教哲学家，心理学家，经济学家。萨拉托夫大学教授（1917—1921 年），莫斯科大学教授（1921—1922 年）。1922 年被驱逐出俄罗斯联邦。

弗兰克，谢·路·（Франк С.Л. 1877—1950）——宗教哲学家，心理学家，经济学家。萨拉托夫大学教授（1917—1921 年），莫斯科大学教授（1921—1922 年）。1922 年被驱逐出俄联邦。

弗鲁姆金，莫·伊·（Фрумкин，М.И. 1878—1938）——1918 年起历任粮食人民委员部部务委员、粮食人民委员部驻北高加索特派员、副对外贸易人民委员、副财政人民委员。1937 年被捕，卒于狱中。

弗罗梅特（Фромметт Б.Р.）——哲学家和宗教活动家。

弗洛伊德，西·（Freud S. 1856—1939）——奥地利医生和心理学家。精神心理分析学说的创始人。

伏龙芝，米·瓦·（Фрунзе М.В. 1885—1925）——苏联军事家。1924 年起任俄共（布）中央政治局候补委员，1925 年任苏联革命军事委员会主席和陆海军人民委员。动手术中死亡。

伏罗希洛夫，克·叶·（Ворошилов，К.Е. 1881—1969）——1919—1921 年是骑兵第一集团军的组织者之一和革命军事委员会委员。1921—1924 年任俄共（布）中央东南局成员、北高加索军区司令。1921 年起任党的中央委员，1926 年起任中央政治局委员。1925 年起任陆海军人民委员和革命军事委员会委员。此后历任国防人民委员、部长会议副主席、最高苏维埃主席团主席。

福尔施，奥·德·（Форш О.Д. 1873—1961）——苏俄女作家。著有长篇小说《沸腾的车间》（1926）、《硬汉》（1924—1925）等。

福季耶娃，莉·亚·（Фотиева Л.А. 1881—1975）——1918—1930 年任人民委员会和劳动国防委员会秘书。1918—1924 年兼任列宁秘书。1938 年起在中央列宁博物馆工作。

福明（Фомин В.Е.）——莫斯科大学教授。

富尔曼诺夫，德·安·（Фурманов Д.А. 1891—1926）——苏俄作家。著有长篇小说《恰巴耶夫》（1923）、《叛乱》（1925）等。

G

高尔察克，亚·瓦·（Колчак А.В. 1873—1920）——沙皇海军上将。1918—1919 年俄国白卫军主要首领之一，在乌拉尔、西伯利亚和远东建立了军事政权，自封“最高执政”。1920 年被枪决。

高尔基，马·彼·（Горький А.М. 1868—1936）——俄国和苏联作家。

戈尔巴乔夫，米·谢·（Горбачев М.С. 生于 1931 年）——苏共中央总书记，苏联总统。

戈尔茨曼，阿·（ГольцманА.З.1894—1933）——十月革命后在工会和经济部门担任负责工作。曾任全俄工会中央理事会主席团委员。

戈尔德贝格（Гольдберг Е.）——所谓“布哈林学派”成员。

戈尔可夫－多布罗留波夫（Горьков-Добролюбов）——1904 年加入社会革命党，在沙皇制度下 5 次被捕，被关押 5 年，被流放，1920 年 8 月起被布尔什维克关押。

戈尔列茨基（Горлецкий Н.Н.）—— 矿山工程师，在沙赫特案中被枪决。

格尔施坦，列·雅·（Герштейн Л.Я.）——1901 年加入社会革命党，在沙皇制度下被关押 4 年半，两次被流放（2 年和 3 年），1920 年是伊尔库茨克“政治中心”主席，1921 年 4 月起被布尔什维克关押。

格格奇柯利，叶·彼·（Гегечкори Е.П. 1881—1954）——格鲁吉亚孟什维克领袖之一，第三届国家杜马代表，社会民主党杜马党团领袖之一。

格季耶，费·亚·（Гетье Ф.А. 1863—1938）——苏联内科医生。1919 年起是列宁和托洛茨基的医生。

格利亚谢尔，玛·伊·（Гляссер М.И. 1890—1951）——1917 年加入布尔什维克党。1918—1924 年在人民委员会秘书处工作。

格列科夫，米·（Греков М.Б. 1882—1934）——苏联画家。作品有《机枪马车》（1925）等。

格鲁姆－格尔日迈洛，弗·叶·（Грум-Гржимайло В.Е. 1864—1928）——冶金专家、苏联科学院通讯院士。

格罗曼，弗·古·（Громан，В.Г. 1874—1940）——苏联国家计划委员会主席团成员，因“孟什维克中央联盟局”案被判刑，死于流放地。

葛兰西，安·（Gramsci A. 1891—1937）——意大利共产党创建者和领导人。

古比雪夫，瓦·弗·（Куйбышев，В.В. 1888—1935）——1922 年起任中央监察委员会主席、工农检查人民委员、人民委员会和劳动国防委员会副主席、最高国民经济委员会主席。1927 年起为中央政治局委员。

古斯（Гус М.）——苏联信息论专家。

古谢夫，谢·伊·（Гусев С.И. 1874—1933）——1920 年 9—12 月任南方面军革命委员会委员。是红军政治工作领导人之一。后任中央监委书记、中央报刊部部长、共产国际执委会主席团委员。

顾维钧（1888—1985）——民国时期外交官。1922 年后历任北京政府外交总长、财政总长、代理国务总理等职。1924 年 5 月与苏联副外交人民委员加拉罕谈判。

郭茨，阿·拉·（Гоц А.Р. 1882—1940）——俄国社会革命党领袖之一。二月革命后任第一届全俄中央执行委员会主席。1920 年 5 月起被关押，1922 年受审，后从事经济工作。

果戈里，尼·瓦·（Гоголь Н.В. 1809—1852）——俄国作家。

H

哈定，沃·（Harding W. 1865—1923）——美国总统（1921—1923），共和党人。

哈宁（Ханин Г.И.）——俄经济学家。

哈斯克尔，威·赫——美国救济署俄国分部主任。

韩德逊，阿·（Handerson A. 1863—1935）——英国工党领袖之一，1911—1934 年任该党书记。曾任不管、内政、外交大臣。

赫鲁晓夫，尼·谢·（Хрущёв，Н.С. 1894—1971）——1953—1964 年任苏共中央第一书记，1958—1964 年任苏联部长会议主席。

亨德尔曼，米·亚·（Гендельман М.Я.）——1899 年参加革命运动，1902 年加入社会革命党，在沙皇制度下因参加大学生骚乱被送去参军，多次被关押和流放，在布尔什维克政权下从 1921 年 3 月起被关押，1922 年受审。

胡佛，赫·克·（Hoover H.C. 1874—1964）——美国总统（1929—1933），共和党人。1919—1923 年是美国救济署领导人，1921—1928 年任商业部长。

J

基利加斯特（Кильгаст Э.）——远洋领航员。喀琅施塔得临时革命委员会委员。起义失败后逃往芬兰。当过细木工。

基列维茨（Килевиц Ф.）——全苏辛迪加主席。

基洛夫，谢·米·（Киров С.М. 1886—1934）——1921—1925 年任阿塞拜疆共产党（布）中央书记。1921 年起先后任俄共中央候补委员、中央委员、政治局候补委员、政治局委员、中央书记处书记。1926 年起任列宁格勒省委和市委书记。1934 年 12 月遇刺身亡。

基什金，尼·米·（Кишкин Н.М. 1864—1930）——俄立宪民主党领袖之一，医生。1917 年 10 月起任临时政府国家救济部部长。晚年在卫生人民委员部工作。

基谢廖夫，阿·谢·（Киселёв А.С. 1879—1937）——历任中央纺织企业管理局局长、矿工工会主席、小人民委员会主席、全俄中央执行委员会秘书、党中央监察委员会主席团委员等职。

基泽韦捷尔，亚·亚·(Кизеветтер А.А.)(1866—1933)——立宪民主党中央委员（1906 年起），第二届国家杜马成员。历史学家、政治活动家。莫斯科大学教授（1917—1922），布拉格大学教授。1922 年被驱逐出俄罗斯联邦。

吉洪（别拉温），瓦·伊·(Тихон（Белавин）В.И. 1865—1925）——1917 年是东正教莫斯科大主教。1917 年 11 月当选全俄大牧首。1922 年受审，被软禁在顿斯科伊修道院。1924 年 3 月 21 日苏联中央执行委员会决定停止吉洪案件。

吉洪诺夫（Тихонов Н.С.）——苏联作家。

吉季斯，弗·米·(Гиттис В.М.）——红军高加索方面军司令。

季尔萨（Гирса Й.）—— 捷克驻莫斯科的外交人员。

季霍米罗夫，谢·（ Тихомиров С.）——神甫。

季莫费耶夫(Тимофеев Е.М.)——1902 年参加社会革命党,1905 年被判处 5 年苦役，期满前因在狱中领导伊尔库茨克党组织追加 10 年。1920 年 5 月被捕。

季诺维也夫，格·叶·(Зиновьев Г.Е. 1883—1936）——十月革命后历任党的中央委员、政治局委员，彼得格勒苏维埃主席。共产国际执行委员会主席。1925 年是“新反对派”的组织者之一，1926 年是托季联盟的组织者之一。1936 年被处死。

加拉罕，列·米·(Карахан Л.М. 1889—1937）——1918—1920 年任副外交人民委员。驻波兰和中国全权代表。

加里宁，费·伊·(Калинин，Ф.И. 1882—1920）——“无产阶级文学”的理论家和批评家，无产阶级文化的主要活动家。无产阶级文化协会执行局主席。

加里宁，米·伊·(Калинин，М.И. 1875—1846）——1898 年加入俄国社会民主工党。1919 年起任全俄（苏联）中央执行委员会主席，1919 年起任党的中央委员、中央政治局候补委员，1926 年起为政治局委员。

加米涅夫，列·波·(Каменев，Л.Б. 1883—1936）——十月革命后任全俄中央执行委员会主席、莫斯科苏维埃主席，1920—1926 年任中央政治局委员、候补委员等职。1936 年 8 月被判处死刑。

加米涅夫，谢·谢·(Каменев，С.С. 1881—1936）——1919—1924 年任共和国武装力量总司令。1927—1934 年任苏联副陆海军人民委员和革命军事委员会副主席。

加宁（Канин А.）——诗人。

杰尼（Дени В.Н.1893—1946）——原姓杰尼索夫，苏联政治宣传画奠基人之一。作品有《协约国》(1919）等。

杰斯尼茨基－斯特罗耶夫（Десницкий-Строев В.А. 1878—1958）——1903—1909年是布尔什维克。1919年起从事科研和教学工作。

杰伊涅卡（Дейнека А.А. 1899—1969）——苏联画家。作品有《彼得格勒保卫战》（1928）、《母亲》（1932）等。

捷尔任斯基，费·埃·（Дзержинский，Ф.Э. 1877—1926）——1895年加入立陶宛社会民主党。十月革命后任全俄肃反委员会、国家政治保卫总局主席，俄共中央委员、组织局委员和政治局候补委员等职。

捷连斯基，伊·阿·（Зеленский И.А. 1890—1938）——1920—1924年任莫斯科苏维埃副主席和党委书记，后历任党中央中亚局书记、中央消费合作总社主席。

捷列金，马·——俄神甫。

金，维·巴·（Кин В.П. 1903—1937）——苏俄作家，著有长篇小说《在另一方》（1928）。

K

卡尔萨文，列·普·（Карсавин Л.П. 1882—1952）——宗教哲学家，中世纪史学家。1912年起任彼得堡大学教授，1922年被驱逐出俄罗斯联邦。1928年起任考纳斯大学教授、1940—1946年任维尔纽斯大学教授。

卡夫塔拉泽，谢·伊·（Кавтарадзе С.И. 1885—1971）——1922年起历任格鲁吉亚人民委员会主席、苏联最高法院第一副检察长、外交部副部长。

卡甘（Каган А.С.）——《经济学家》杂志编辑。1922年被驱逐出俄联邦。

卡冈诺维奇，拉·莫·（Каганович,Л.М. 1893—1991）——1925—1928年任乌克兰共产党（布）总书记。1930—1935年任莫斯科市委第一书记。1924—1925、1928—1939年为中央书记、政治局委员。

卡麦隆——调查反安东诺夫分子的工作拖延原因委员会领导人。

卡塔尼扬（Катанян Р.П.）——社会革命党人案辩护人。

卡维林（Каверин В.А. 1902—?）——苏俄作家，著有长篇小说《实现宿愿》（1934—1936）等。

凯恩斯，约·梅·（Кейнс Д.М. 1883—1946）——英国经济学家，凯恩斯主义创始人。

康德，伊·（Кант И. 1724—1804）——德国哲学家。

康德拉季耶夫，尼·德·（Кондратьев Н.Д. 1892—1938）——经济学家，“长波”理论创始人。临时政府粮食部副部长（1917 年 10 月）。十月革命后任莫斯科农学院教授、财政人民委员部行情研究所所长（1920—1928）。遭镇压。

柯恩，费·（Кон Ф.Я. 1864—1941）——波兰、俄国和国际革命运动活动家。1906年是波兰社会党左派领导人。1918年起为俄共党员。1922年后在共产国际担任领导职务。

柯伦泰，亚·米·（Коллонтай А.М. 1872—1952）——苏联党政活动家，外交家和政论家。1919 年在俄共中央女工和农妇工作部工作，1919 年秋至 1920 年 12 月领导俄共中央妇女部，1921 年 6 月当选共产国际妇女书记处副书记。“工人反对派”领导人。

柯诺普列娃（Коноплева Л.В.）——社会革命党人，后加入俄共。

柯瓦列夫（Ковалев）——《真理报》党务部主任，1929 年 6 月 10 日起任报纸编委，1929 年 7 月 28 日当选《真理报》党支部书记。

柯秀尔，斯·维·（Косиор, С.В.1889—1939）——1919—1920 年任乌克兰共产党中央书记。1922 年调任中央西伯利亚局书记。1923 年起先后任俄共中央委员、中央组织局委员和中央书记、政治局委员，苏联人民委员会副主席等职。1939 年被处死。

科尔恰什金（Н. Корчашкин ）——哈尔科夫契卡工作人员。

科罗温（К.А.）——莫斯科建筑学院的学者。

科马罗夫，尼·巴·（Комаров Н.П. 1886—1937）——历任彼得格勒肃反委员会主席、党中央西北局书记、列宁格勒市和省执行委员会主席、俄罗斯联邦公用事业人民委员。

科尼奥科夫（Конёнков С.Т. 1874—1971）——苏联雕塑家。

科兹洛夫斯基（Козловский А. 1861—1940）——沙俄少将，1918 年加入红军，1920 年年底任喀琅施塔得要塞炮兵司令。喀琅施塔得兵变后站在起义者一边。起义失败后随部分守备部队逃往芬兰。在那里当过一段时间的教师。

克尔任采夫，普·米·（Керженцев П.М. 1881—1940）——1904 年加入俄国社会民主工党。1918 年起在《消息报》、罗斯塔社工作。1921—1923 年和 1925—1926 年先后任驻瑞典和驻意大利全权代表。

克尔日扎诺夫斯基，格·马·（Кржижановский Г.М. 1872—1959）——1920 年任俄罗斯国家电气化委员会主席，1922 年起任国家计划委员会主席。1929—1939 年任苏联科学院副院长。多次当选党的中央委员。

克拉辛，列·波·（Красин Л.Б. 1870—1926）——历任红军供给非常委员会主席、工商业人民委员、交通人民委员。1920—1924年任对外贸易人民委员，1920—1923年兼任驻英国全权代表和商务代表。此后先后任驻法国和英国全权代表。

克雷连柯，尼·瓦·（Крыленко Н.В. 1885—1938）——十月革命后历任陆海军事务委员会委员、最高总司令、俄罗斯联邦最高法庭庭长、检察长、苏联司法人民委员，党中央监察委员。

克列孟梭，乔·邦·（Клемансо Ж.Б.）——法国总理（1906—1909，1917—1920），多次出任部长。

克列斯廷斯基，尼·尼·（Крестинский, Н.Н.1883—1938）——历任人民银行总委员、财政人民委员、驻德国全权代表、副外交人民委员、副司法人民委员。党的中央委员、中央组织局委员、政治局委员和中央书记。1938年被处死。

克柳奇尼科夫（ Ключников Ю.）——《路标转换》文集作者之一。

克鲁敏，加·伊·（Крумин Г.И. 1894—1943）——经济学家,1919—1929年任《经济生活报》责任编辑。

克鲁泡特金，彼·阿·（Кропоткин П.А. 1842—1921）——俄国无政府主义主要代表，地理学家和地质学家。

克鲁普斯卡娅，娜·康·（Крупская Н.К. 1868—1939）——列宁夫人。十月革命后历任政治教育总委员会主席、副教育人民委员。1924年起任中央监察委员会委员、1927年起任中央委员。

克罗赫马尔，维·尼（Крохмаль В.Н. 1873—1933）——社会民主党人，《火星报》代办员（1901—1902），孟什维克。十月革命后任消费合作社中央联社办事处主任，后被撤职。

克尼波维奇，波·尼·（Книпович Б.Н. 1880—1924）——苏联经济学家和统计学家。在农业人民委员部和国家计划委员会工作。

克维林，埃·约·（Квиринг Э.И. 1888—1937）——历任乌克兰最高国民经济委员会主席，乌克兰共产党中央总书记、苏联最高国民经济委员会和国家计划委员会副主席。

克维尼塔泽，格·（Квинитадзе Г.）——格鲁吉亚民主共和国武装部队总司令。

库巴宁（Кубанин М.）——俄历史学家。

库波洛夫（Куполов）——一级医士，喀琅施塔得临时革命委员会委员。起义失败后逃往芬兰。1922年回国。

库尔斯（Курс А.）——苏联信息论专家。

库尔斯基，德·伊·（Курский Д. И. 1874—1932）——1918—1928 年任司法人民委员、苏联总检察长。1924—1927 年任党中央检查委员会主席，1927—1930 年任中央监察委员会委员。

库科列夫斯基（Куколевский И.И.）——水力发动机和水力装置领域的专家。

库普宁，亚·伊·（Куприн А.И. 1870—1938）——俄作家，著有小说《决斗》(1905)等。1917 年移居国外，1937 年回国。

库斯柯娃，叶·德·（Кускова Е.Д. 1869—1958）——经济主义思想家，《信条》作者。 1922 年因全俄饥荒救济委员会案被捕，与她丈夫谢·尼·普罗科波维奇一起被判枪决，后改为驱逐出俄联邦。

库特列尔，尼·尼·（Кутлер Н.И. 1859—1824）——俄立宪民主党领袖之一。19 世纪 90 年代参加由财政大臣维特实施的货币改革。1905—1906 年任土地和土地建设大臣。从 1919 年起，同苏维埃政权合作，曾任财政人民委员部经济研究所所务会成员，国家银行理事会理事、货币发行部监理。

库兹明，尼·尼·（Кузьмин Н.Н. 1883—1939）——十月革命后在一些部队任革命军事委员会委员和司令。1920 年 12 月—1921 年 5 月任波罗的海舰队政委。因参加镇压喀琅施塔得起义获红星奖章（1922 年）。此后几年任土耳其斯坦方面军革命军事委员会委员，后从事党和外交工作。遭镇压。

L

拉狄克，卡·伯·（Радек К.Б. 1885—1939）——1904 年加入波兰王国和立陶宛社会民主党国外支部，1908 年加入德国社会民主党。参加德国共产党的创建工作。1919—1924 年任俄共（布）中央委员。1919 年起任共产国际执委会委员、书记。1925 年起任中山大学校长。1936 年被捕，死于狱中。

拉夫列尼约夫（Лавренёв Б.А.1891—1959）——苏俄作家，著有《第四十一》(1924)等。

拉柯夫斯基，克·格·（Раковский К.Г. 1873—1941）——19 世纪 90 年代开始参加保加利亚、罗马尼亚、瑞士、法国的社会民主主义运动。1917 年加入俄国社会民主工党(布)。1918—1923 年任乌克兰人民委员会主席，曾任党的中央委员、组织局委员，副外交人民委员。1941 年被处死。

拉科夫，德·菲·（Раков Д.Ф.）——1902 年参加革命运动，1903 年参加社会革命党，在沙皇制度下多次被捕和流放，在高尔察克统治下曾被捕，险遭枪毙。在布尔什维克政权下被捕受审。

拉林，尤·（Ларин Ю. 1882—1932）——孟什维克，取消派领袖之一。1917 年 8 月加入布尔什维克党。十月革命后在最高国民经济委员会和国家计划委员会担任领导职务。

拉米什维里，诺伊·（Рамишвили Н.）——孟什维克。曾任格鲁吉亚民主共和国总理兼内务部长。

拉普申，伊·伊（Лапшин И.И. 1870—1952）——唯心主义哲学家，心理学家。彼得堡大学教授(1906 年起)，俄罗斯法学系教授(布拉格)。1922 年被驱逐出俄罗斯联邦。

拉舍维奇，米·米·（Лашевич М.М. 1884—1928）——十月革命后历任西伯利亚军区司令员、副陆海军人民委员、苏联革命军事委员会副主席等职。1925、1926 年任中央候补委员。在联共第十五次代表大会上被开除出党。1928 年恢复党籍。

拉特涅尔，叶·马·（Ратнер）——女，1903 年参加社会革命党，在沙皇制度下 9 次被捕，关押约 6 年（其中 2 年半关押在要塞）。1919 年 12 月被捕入狱。

兰德尔，卡·（Ландер К.И. 1883—1937）——历任明斯克苏维埃主席，西北地区人民委员会主席，俄联邦国家监察人民委员。

雷恩达－阿列克谢耶夫(Рында-Алексеев Б.К.)——剧作家，作品有剧本《铁壁》等。

雷曼 M. ——德国历史学家。

李别进斯基，尤·尼·（Либединский Ю.Н. 1898—1959）——苏俄作家，著有中篇小说《一周间》（1922）等。

李别洛夫（Либеров）——社会革命党人，1922 年右派社会革命党人案中的被告。

李卜克内西，蒂·（Либкнехт）——德国社会民主党人。

李赫特尔（Рихтер В.И.）——社会革命党中央委员。

李可夫，阿·伊·（Рыков, А.И. 1881—1938）——1898 年加入俄国社会民主工党，十月革命后历任内务人民委员、最高国民经济委员会主席、人民委员会主席、中央政治局委员等职。1938 年被处死。

李维诺夫，马·马·（Литвинов, М.М. 1876—1951）——1898 年加入俄国社会民主工党。十月革命后任苏俄驻英国全权代表。1918 年起先后任外交人民委员部部务委员、副外交人民委员、外交人民委员等职。

李沃夫－罗加切夫斯基，瓦·李·（Львов-Рогачевский В.Л. 1874—1930）——俄文艺学家，社会民主党人，孟什维克。

里德，约翰·（Рид Джон 1887—1921）——美国作家、新闻工作者，美国共产主义工人党创建者之一。1919 年起是共产国际执行委员会委员。

里托夫斯基（Литовский О.）—— 书报检查官。

里亚日斯基（Ряжский Г.Г. 1895—1952）——苏联画家，作品有《女代表》（1927）、《女主席》（1928）。

利哈奇，米·阿·（Лихач）——1903 年参加社会革命党，在沙皇制度下 4 次被捕，监禁 2 年，3 次流放（有两次各为期 3 年）。1921 年 1 月被捕入狱。

利金，弗·（Лидин В.Г. 1894—1975）——苏俄作家，著有抒情短篇小说集《北方》（1925 年）等。

利亚多夫，马·尼·（Лядов М.Н.1872—1947）——1923 年起任斯维尔德洛夫共产主义大学校长。

利亚先科，彼·伊·（Лященко П.И. 1876—1955）——苏联经济学家，著有农业问题和苏联经济史方面的著作。

梁赞诺夫，达·波·（Рязанов Д.Б.1870—1938）——俄国著作家团体“斗争社”的组织者之一。1917 年加入俄国社会民主工党（布）。1921—1931 年任马克思恩格斯研究院院长。1931 年被开除出党。

廖基赫（Легких）——萨马拉粮食工作者。

列昂诺夫（Леонов Л.М. 1899—1994）——苏俄作家，著有《獾》（1924）、《贼》（1927）等。

列别捷夫－波良斯基（Лебедев-Полянский П.И. 1882—1948）——无产阶级文化派的主要理论家，无产阶级文化协会第一任主席。

列列维奇，（Лелевеч Г. 1901—1945）——俄国和苏联批评家、诗人。著有长诗《饥荒》（1921）、诗集《在斯莫尔尼》（1925）等。遭镇压。

列宁，弗·伊·（Ленин В.И. 1870—1924）

列扎瓦，安·马·（Лежава А.М. 1870—1937）——1918—1920 年任中央消费合作总社主席，1920—1925 年任副对外贸易人民委员，1925—1930 年任俄罗斯联邦人民委员会副主席。

柳比莫夫（Любимов Н.И.）——合作社工作者，莫斯科大学教授，在财政人民委员部工作的专家。

卢基扬诺夫（Лукьянов С.）——《路标转换》文集作者之一。

卢金，尼·米·（Лукин Н.М. 1885—1940）——笔名 Н. 安东诺夫，苏联历史学家，主要有法国大革命方面的著作。

卢那察尔斯基，阿·瓦·（Луначарсий А.В. 1875—1933）——苏联教育家、艺术理论家。1917—1929 年任教育人民委员，后任苏联中央执行委员会学术委员会主席。

卢宁，斯·（Лунин С.）——剧作家。

卢奇什金，谢·阿·（Лучишкин С.А. 1902—1989）——苏联画家，架画画家协会成员，作品有《球飞走了》等。

鲁宾，伊·伊·（Рубин, И.И. 1886—1937）——苏联马克思恩格斯研究院政治经济学研究室主任，因“孟什维克中央联盟局”案被处死。

鲁萨诺夫（Русанов Н.С.）——社会革命党国外特别代表团成员。

鲁祖塔克，扬·埃·（Рудзутак, Я.Э.1887—1938）——十月革命后历任全俄工会中央理事会总书记、俄共（布）中央书记、交通人民委员、人民委员会和劳动国防委员会副主席、党中央监察委员会主席、中央政治局委员等职。1938 年被处死。

罗多夫，谢·（Родов С.）——岗位派领导人。

罗戈夫，米·伊·（Рогов М.И. 1880—1942）——1917—1928 年在莫斯科苏维埃工作。1929 年任副财政人民委员，1930—1934 年任俄联邦国家计划委员会主席。

罗金斯基（Рогинский）——沙赫特案国家公诉人。

罗津费尔德，库·（Розенфельд К.）——右派社会革命党人案辩护人。

罗曼年科（Романенко？—1926）——喀琅施塔得港应急船坞主。喀琅施塔得临时革命委员会委员。起义失败后逃往芬兰。

罗莫达诺夫斯基（Ромодановский Н.П.）——合作社工作者。

罗日柯夫，尼·亚·（Рожков Н.А. 1868—1927）——历史学家。1905 年加入俄社会民主工党，在不同年代分别当选为布尔什维克或孟什维克中央委员。临时政府邮电部副部长（1917 年 5—7 月）。20 年代初两度被捕。流放普斯科夫（1922—1924）。1922 年与孟什维克决裂。1924—1927 年在莫斯科和列宁格勒的科研部门和高校工作。

罗扎诺夫（Розанов Н.Н.）——医生。

洛尔德基帕尼泽，格·（Лордкипанидзе Г.）——格鲁吉亚政府同苏俄谈判的代表团团长。

洛明纳泽，维·维·（Ломинадзе, В.В. 1897—1935）——1925—1929 年任共产国际执委会主席团委员，1925—1926 年任青年共产国际执委会书记。1930 年任外高加索边疆区委书记。后自杀。

洛斯基，尼·奥·（Лосский Н.О. 1870—1965）——宗教哲学家。彼得格勒大学教授（1916 年起），俄罗斯神学院教授（纽约，1947—1950）。1922 年被驱逐出俄罗斯联邦。

洛佐夫斯基，索·阿·（Лозовский С.А. 1878—1952）——红色工会国际总书记，苏联副外交人民委员和副外交部长，共产国际执行委员会委员。

M

马尔托夫，尔·（Мартов Л. 1873—1923）——俄国社会民主工党创建者之一，左派孟什维克国际主义者领袖。1917—1918 年主张建立社会主义联合政府。1918—1920 年任莫斯科苏维埃和全俄中央执行委员会代表。1920 年 10 起流亡国外。第二半国际的发起者和领导人之一。

马哈拉泽，菲·耶·（Махарадзе Ф.Ие. 1868—1941）——1921 年 3 月—1922 年 2 月任格鲁吉亚革命委员会主席、农业人民委员。1922 年起任格鲁吉亚中央执行委员会主席。

马赫诺，涅·伊·（Махно Н.И. 1889—1934）——无政府主义者。乌克兰农民运动领导人之一。国内战争期间三次同苏维埃政权签订协议，共同反对白卫军和外国武装干涉者。

马克思，卡尔（Маркс К. 1818—1883）

马雷什金（Малышкин А.Г. 1892—1938）——苏俄作家，著有小说《攻克达伊尔》（1923）等。

马列茨基（Марецкий Г.П.）——所谓“布哈林学派”成员，《真理报》编委。

马列茨基（Марецкий Д.П.1901—1938）1919 年入党。1925 年以前在《真理报》工作。1929—1932 年任苏联科学院计划委员会学术秘书和经济研究室主任。遭镇压。

马柳京（Млютин С.В.1859—1937）——苏联画家，巡回展览派画家，作品有《福尔曼诺夫》（1922）等。

马施罗夫-萨莫贝特尼克（Маширов-Самобытник А.И. 1884—1943）——苏俄诗人。彼得格勒无产阶级文化协会和《未来》杂志的领导人之一。无产阶级文化协会副主席。

马斯洛夫，谢·列·（Маслов С.Л.）——俄国右派社会革命党人。1917 年 9—10

月任临时政府农业部长。十月革命后在经济部门和科研机关工作。

马特维耶夫（Матвеев И.П.）——苏农艺师和合作社工作者。

马图谢维奇（Матусевич И.）——全俄作家协会理事。

马雅可夫斯基，弗・弗・（Маяковский В.В. 1893—1930）—— 苏联诗人。

迈尔斯，雅・（Майрс Я.）——伊希姆县粮食征收工作者。

迈肯齐（Ф.А.Мэкензи）——美国《芝加哥每日新闻》记者。

麦赫利斯，列・扎・（Мехлис Л.З. 1889—1953）——1922—1925 年为中央书记处工作人员。《真理报》主编，1937—1940 年任红军总政治部主任。

麦克唐纳，拉・（Макдональд Р. 1866—1937）——英国工党创始人和领袖之一。1924 年和 1929—1931 年任英国首相。

曼德尔施塔姆（Мандельштам О.1891—1938）——苏俄诗人，阿克梅派的代表。

曼努伊尔斯基，德・扎・（Мануильский Д.З. 1883—1959）——1924—1943 年先后任共产国际执委会主席团委员和书记。1923—1952 年任党中央委员。

梅德韦杰夫，罗・亚・（Меделев Р.А. 生于 1925）——俄国历史学家。

梅耶霍德（Мейерхольд Вс.Э. 1874—1940）——苏联导演。1920—1938 年在莫斯科领导梅耶霍德剧院。

美舍利雅科夫，尼・列・（Мещеряков Н.Л. 1865—1942）——历任《真理报》编委，国家出版局局长，《苏联大百科全书》副主编。

米高扬，阿・伊・（Микоян,А.И. 1895—1978）——1915 年加入俄国社会民主工党。1926 年 8 月起任对外贸易和国内商业人民委员，1930 年起任供给人民委员，1934—1938 年任食品工业人民委员。1926 年起为政治局候补委员，1935 年起任政治局委员。

米哈伊洛夫，瓦・米・（Михайлов В.М. 1894—1937）——1921 年起任俄共中央书记和莫斯科委员会书记、莫斯科省工会理事会主席。

米海伊洛夫，亚・德・（Михайлов А.Д. 1855—1884）——俄国革命民粹主义者，土地和自由社及民意党组织者之一。

米柳亭，弗・巴・（Милютин, В.П. 1884—1937）——1917 年当选布尔什维克党中央委员，1920—1922 年为中央候补委员。十月革命后任农业人民委员。1918—1921 年任最高国民经济委员会副主席。1924 年起历任工农检察人民委员部部务委员、中央统计局局长、国家计划委员会副主席等职。

米雅柯金，韦・亚・（Мякотин В.А. 1867—1937）——人民社会党领导人之一。历史学家，政论家。地下组织“俄罗斯复兴会”创建人（1918—1919）。被判死刑，后改为 5 年监禁（1920 年）。1921 年获特赦。1922 年被驱逐出俄罗斯联邦。

米雅斯尼科夫，格·伊·（Мясников Г.И.1889—1946）1906 年入党，1917 年前在监狱和苦役中待了 7 年，1921 年在彼尔姆和彼得格勒从事党的工作。1922 年被开除出党。

米雅斯尼科夫，亚·费·（Мясников А.Ф. 1886—1925）——十月革命后历任西方面军总司令，白俄罗斯共产党（布）中央常务局主席，白俄罗斯中央执行委员会主席、亚美尼亚人民委员会主席，外高加索边疆区党委第一书记等职。

米兹凯维奇－卡普苏卡斯（Мицкевич-Капсукас В.С. 1880—1935）——立陶宛共产党领导人之一，1918 年底—1919 年初领导第一届立陶宛苏维埃政府。1924 年起任共产国际执委会候补委员、委员。

敏金，亚·叶·（Минкин А.Е. 1887—1955）——历任奔萨等省的省委书记、省执行委员会主席、俄罗斯联邦最高法院副院长等职。

明仁斯基，维·鲁·（Менжинский В.Р. 1874—1934）——历任财政人民委员、全俄肃反委员会主席团委员、苏联国家政治保卫总局局长等职。

摩尔（Мор Д.С.1883—1946）——苏联政治宣传画家、讽刺画家。作品有《你报名参加志愿军了吗?》等。

摩尔根（Morgan T.H.1866—1945）——美国生物家，遗传学创始人之一。

莫罗佐夫，谢·弗·（Морозов）——1905 年参加社会革命党，普列斯尼亚起义参加者，被判处 7 年苦役。1919 年 8 月被捕入狱。

莫洛托夫，维·米·（Молотов В.М. 1890—1986）——十月革命后曾任乌克兰共产党（布）中央书记。1921 年起任中央委员，中央书记和政治局委员，苏联人民委员会主席、外交部长等职。1962 年被开除出党，1984 年恢复，党籍。

姆季瓦尼，波·古·（Мдивани П.Г. 1877—1937）——1920—1921 年任俄共中央高加索局委员，1921 年 6 月任格鲁吉亚革命委员会主席。

穆拉洛夫，尼·伊·（Муралов Н.И.1877—1937）——历任莫斯科军区司令。1920—1921 年任农业人民委员。1921 年起任莫斯科军区司令、北高加索军区司令。1936 年被捕，1937 年被处死。

穆拉维也夫，尼·克·（Мравьев Н.К.）——社会革命党人案辩护律师。

N

纳杰日金，赫·（Надеждин Х.）——神甫。

纳里曼诺夫，纳·克·纳·（Нариманов Н.К.Н. 1870—1925）——1920 年起任阿塞拜疆革命委员会主席、阿塞拜疆人民委员会主席，外高加索联邦联盟院主席。

尼古拉二世（Николай Ⅱ 1868—1918）——俄国末代皇帝（1894—1917）。

尼古拉耶夫（Николаев）——中央委员、反对派成员。

涅夫斯基，弗·伊·（Невский В.И. 1876—1937）——苏联历史学家。历任交通人民委员、全俄中央执行委员会副主席，党中央农村工作部部长、斯维尔德洛夫共产主义大学校长、党史委员会副主任。遭镇压。

诺斯克，古·（Noske G. 1868—1946）——德国社会民主党右翼领袖之一。1919—1920 年任陆军部长。

诺维科夫（Новиков М.М.1876—?）——立宪民主党中央委员（至 1918 年底）。生物学家。1919—1920 年任莫斯科大学校长。1922 年被驱逐出俄罗斯联邦。布拉格卡尔洛夫大学教授。

诺维科夫，伊·（ Новиков И.А.1877—1959）——苏俄作家，著有《普希金在放逐中》。

P

帕尔钦斯基（Пальчинский П.А.）——工程师。

帕尔钦斯基，彼·伊·（Пальчинский П.И. 1875—1929）——俄国矿山工程师，煤炭辛迪加创办人。1917 年任临时政府工商业副部长，11 月 7 日任临时政府所在地冬宫的卫队队长。1918 年 6 月至 1919 年 2 月作为人质被关押。中央专家顾问委员会经济和技术问题局成员。彼得格勒矿山学院教授，最高国民经济委员会科技委员会成员。遭镇压。

帕弗卢诺夫斯基（Павлуновский И.П.）—— 交通人民委员部西伯利亚特派员。

佩尔谢（Пельше Р.А.）——俄国和拉脱维亚革命运动活动家，文学批评家。1924 年起在中央政治教育委员会工作。

佩列皮奥尔金（Перепелкин П.М.1890—1921）——“塞瓦斯托波尔号”战列舰电工兵。喀琅施塔得临时革命委员会委员。被枪决。

佩列文（Пелевин）—— 社会革命党人。

皮达可夫，格·列·（Пятаков,Г.Л. 1890—1937）——十月革命后任乌克兰临时工农政府主席。1920 年起历任国家计划委员会和最高国民经济委员会副主席、驻法国商务代表、苏联国家银行董事长、副重工业人民委员。1937 年被处死。

皮利尼亚克（Пильняк Б.А.1894—1937）——苏俄作家，著有小说《荒年》、《永不暗淡的月亮的故事》等。

皮缅诺夫，尤·伊·（Пименов Ю.И. 1903—1977）——苏联画家。

皮亚特尼茨基，约·阿·（Пятницкий И.А. 1882—1938）——1921 年起任共产国际执委会书记、预算委员会主席、共产国际同国外工程的秘密国际联系部部长，1924—1927 年为联共中央监委委员。

普拉东诺夫，谢·费·（Платонов С.Ф. 1860—1933）——历史学家，苏联科学院院士。1918—1929 年任古文献研究委员会主席。1925 年起任科学院图书馆馆长。1931 年起流放萨马拉。

普朗克，麦·（Планк М.К.Э.Л. 1858—1947）——德国理论物理学家、量子论奠基人。

普里戈任（Пригожин Л. Г.）——库班粮食委员。

普里亚尼什尼科夫，德·尼·（Прянишников Д.Н.）——农业计划委员会委员。

普利什文（Пришвин М. М. 1873—1954）——苏俄作家。作品有日记、随笔、散文诗。

普列奥布拉任斯基，叶·阿·（Преображенский Е.А. 1886—1937）——1920—1921 年任中央委员，1920—1921 年任中央组织局委员和中央书记，1921 年起先后任财政人民委员部部务委员和教育人民委员部职业教育总局局长、《真理报》编辑等职。1937 年被处死。

普列汉诺夫，格·瓦·（Плеханов Г.В. 1856—1918）——俄国和国际社会主义运动活动家、哲学家、马克思主义理论家。

普列特涅夫，瓦·费·（Плетнев В.Ф. 1886—1942）——1921—1932 年任无产阶级文化协会中央委员会主席。

普罗科波维奇，谢·尼·（Прокопович С.Н. 1871—1955）——俄经济学家和政论家，经济派代表人物。1917 年任临时政府工商业部长和粮食部长。1922 年被驱逐出俄联邦。

普罗科菲耶夫，安·(Прокофьев А.)——格伯乌经济管理局局长。

普罗科菲耶夫，尼古拉·(Прокофьев Н.)——列宁格勒五金厂工人。

Q

齐赫泽，尼·谢·(Чхеидзе Н.С. 1864—1926)——孟什维克领袖之一。1917 年任彼得格勒苏维埃主席和第一届中央执行委员会主席，1918 年起是格鲁吉亚民主共和国政府首脑。后流亡国外。

奇列诺夫（Членов С.Б.）——教授，社会革命党人案辩护人。

奇奇卡诺夫（Чичканов М. Д.）——坦波夫省执行委员会主席。

契恒凯里，阿·(Чхенкели А.)——孟什维克，任格鲁吉亚民主共和国政府总理和外交部长。

契切林，格·瓦·(Чичерин Г.В. 1872—1936)——1918—1930 年任外交人民委员。1925 年起任中央委员。1930 年退休。

恰霍金，谢·(Чахотин С.)——《路标转换》文集的作者之一。

恰亚诺夫，亚·瓦·(Чаянов А.В. 1888—1939)——苏联农学家，俄农业经济思想中组织生产学派的主要代表之一。"劳动农民党案"中遭镇压。

切尔诺夫，维·米·(Чернов В.М.1873—1952)——社会革命党领袖和理论家之一。1917 年任临时政府农业部长，1918 年 1 月任立宪会议主席。1920 年流亡国外。

切尔维亚科夫，亚·格·(Червяков А.Г. 1892—1937)——1920 年起任白俄罗斯中央执行委员会和人民委员会主席，1922 年起是苏联中央执行委员会主席之一，白俄罗斯共产党中央委员。

切库诺夫，伊·阿·(Чекунов И.А. ?—1928)——俄弗拉基米尔省农民，曾多次受到列宁接见。1921 年起任农业人民委员部部务委员。

切列姆内赫（Черемных М.М. 1890—1962）——苏联画家。"罗斯塔之窗"、"塔斯社之窗"、《鳄鱼》画刊的创办人之一。

切普佐夫（Чепцов Е.М. 1874—1950）——苏联画家，俄国革命美术家协会会员。作品有《农村支部会议》等。

钦察泽，科·马·(Цинцадзе К.М. 1887—1930)——1921 年任格鲁吉亚肃反委员会主席、格鲁吉亚共产党（布）中央委员、格鲁吉亚中央执行委员会委员。

丘巴尔，弗·雅·(Чубарь В.Я.1891—1939)——1920—1934 年任乌克兰共产党

中央政治局委员，1923 年 7 月—1934 年任乌克兰共和国人民委员会主席。1921 年起先后任俄共中央委员、政治局委员，苏联人民委员会和劳动国防委员会副主席等职。1939 年被处决。

丘茨卡耶夫，谢·叶·（Чуцкаев С.Е. 1876—1944）——历任副财政人民委员、中央监察委员会主席团委员、副工农检查人民委员等职。

丘吉尔，温·（Churchill W. 1874—1965）——英国保守党领袖。1940—1945、1951—1955 年任首相。

瞿鲁巴，亚·德·（Цюрупа А.Д. 1870—1928）——历任粮食人民委员、人民委员会和劳动国防委员会副主席、国家计划委员会主席等职。

瞿秋白（1899—1936）——中国共产党早期领导人。1920 年以《晨报》记者身份访问苏俄。1928 年赴莫斯科参加中共六大和共产国际六大，并任中共驻共产国际代表团团长。1930 年回国。

R

饶尔丹尼亚，诺·尼·（Жордания Н.Н. 1869—1953）——格鲁吉亚“麦撒墨达西社”的领导人之一，1907 年当选俄国社会民主工党中央委员。1917 年是梯弗利斯苏维埃主席，1918—1921 年为格鲁吉亚民主共和国首脑。1921 年流亡法国。

日丹诺夫，安·亚·（Жданов, А.А. 1896—1948）——1925 年起为中央候补委员，1930 年起为中央委员，1934 年起任中央组织局委员和中央书记，12 月兼任列宁格勒州委和市委书记，1935 年起先后任中央政治局候补委员、委员、宣传鼓动部部长等职。

日尔金（Жилкин И. 1874—1958）——俄新闻作者，劳动派领袖之一。

S

萨尔基斯（Саркиз Д.А.）——托洛茨基反对派成员。

萨哈罗夫（Сахаров）——《出版法》文集编者。

萨宁（Шанин М. 1887—1957）——原为崩得分子、孟什维克，1918 年加入俄共。1920—1921 年任政治教育总委员会主席团委员。

萨普龙诺夫，季·弗·（Сапронов Т.В. 1887—1938）——1912 年加入俄国社会民主工党。1921 年 5 月起任最高国民经济委员会副主席、国家建筑工程总委员会主席。1932 年被开除出党。

萨韦利耶夫，马·亚·（Савельев М.А. 1884—1939）——历任最高国民经济委员会委员、联共（布）党史委员会副主任、列宁研究院院长、《真理报》编辑等职。

萨文柯夫，波·维·（Савинков Б.В. 1879—1925）——社会革命党战斗组织领导人之一。1917 年任临时政府陆军部副部长。十月革命后多次策划叛乱。

瑟尔佐夫，谢·伊·（Сырцов, С.И. 1893—1937）——1926 年起任联共（布）西伯利亚边疆区区委书记，1929—1930 年任俄罗斯联邦人民委员会主席，后从事经济工作。1927—1930 年为党的中央委员，1929—1930 年任中央政治局候补委员。遭镇压。

瑟京，伊·（Сытин И.）——俄大出版商。

沙茨金，拉·（Шацкин Л.А. 1902—1937）——1927—1930 年任联共（布）中央监委。遭镇压。

沙杜尔，雅·（Sadoul J. 1881—1956）——法国社会党党员。共产国际代表，社会革命党人案辩护人。

沙赫马托夫（Шахматов А.А. 1864—1920）——俄国语文学家，彼得堡科学院院士。

盛加略夫，安·伊·（Шингарёв А.И.1869—1918）——俄地方自治人士，立宪民主党领袖之一。1917 年任临时政府农业和财政部长。

施基里亚托夫，马·费·（Шкирятов М.Ф. 1883—1954）——1922—1934 年任联共中央监委委员。1927 年起任工农检查院院务委员。

施雷德尔（Шрейдер Гр.И.）——社会革命党国外特别代表团成员。

施略普尼柯夫，亚·加·（Шляпников А.Г. 1885—1937）——历任劳动人民委员，全俄五金工会中央委员会主席，最高国民经济委员会主席团委员，党中央委员。1933 年被开除出党。遭镇压。

施米特，奥·尤·（Шмидт О.Ю. 1891—1956）——北极考察家。十月革命后任粮食、教育、财政等人民委员部部务委员，国家出版局局长。

什克洛夫斯基，格·李·（Шкловскй Г.Л. 1875—1937）——1919—1921 年是农业人民委员部部务委员，曾在莫斯科做党的工作。后在俄罗斯联邦驻德国商务代表处工作。1925 年起任中央监察委员会委员，1927 年被撤销此职务。

什维尔尼克，尼·米·（Шверник, Н.М. 1888—1970）——1924 年起任俄共（布）中央监察委员会主席团委员和工农检查人民委员。1925—1926 年任列宁格勒区委书记和联共（布）西北局书记。1925 年起为中央委员。

斯大林，约·维·（Сталин, И.В. 1879—1953）。

斯捷茨基（Стецкий А.И. 1896—1938）——1915 年入党。1926—1929 年任联共（布）中央西北局委员和列宁格勒省委部长。1930—1938 年任联共中央宣传鼓动部部长，1934 年起兼任《布尔什维克》主编。遭镇压。

斯捷潘·卢·(Степан Л.)——苏联作家。

斯捷蓬，费·奥·(Степун Ф.А. 1884—1965）——宗教哲学家。国家示范剧院艺术指导（莫斯科，1919—1920 年）。1922 年被驱逐出俄罗斯联邦。1926—1937 年任德累斯顿大学社会学教授，后被法西斯分子撤职。

斯克良斯基，埃·马·(Склянский Э.М.1892—1925）——1918—1924 年任副陆军人民委员和共和国革命军事委员会副主席。

斯克沃尔佐夫－斯捷潘诺夫，伊·伊·(Скворцов-Степанов И.И. 1870—1928）——十月革命后任财政人民委员。1919 年起在中央消费合作总社工作。1925 年起任中央委员、《消息报》主编、《真理报》副主编。1926 年起任列宁研究院院长。

斯列普可夫（Слепков А.Н.1899—1937）——《共青团真理报》主编，1924—1928 年在《真理报》和《布尔什维克》杂志工作。1928—1932 年任联共（布）中伏尔加区委常务局委员和宣传鼓动工作部部长。遭镇压。

斯卢茨基（Слуцкий）——历史学家。其文章《布尔什维克论战前危机时期的德国社会民主党》遭到斯大林的批判。

斯洛尼姆（Слоним М.Л.）——社会革命党国外特别代表团成员。

斯洛尼姆斯基（Слонимский М.Л. 1897—1972）——苏联作家。

斯米多维奇，彼·格·(Смидович П.Г. 1874—1935）——历任莫斯科苏维埃主席、全俄和苏联中央执行委员会主席团委员。

斯米尔加，伊·捷·(Смилга, И.Т. 1892—1938）——历任俄联邦人民委员会驻芬兰全权代表、共和国革命军事委员会委员、最高国民经济委员会副主席等职。

斯米尔诺夫，亚·彼·(Смирнов, А.П. 1877—1938）——历任副内务人民委员、副粮食人民委员、农业人民委员，联共（布）中央书记等职。

斯皮里多诺娃，玛·亚·(Спиритонова М.А. 1884—1941）——社会革命党领袖之一，左派社会革命党组织者之一。1918 年谴责布尔什维克的政策。多次被捕，遭镇压。

斯切克洛夫，尤·米·(Стеклов Ю.М. 1873—1941)——1917—1925 年任《消息报》责任编辑，1929 年起任苏联中央执行委员会学术委员会副主席。

斯塔夫斯卡娅（Ставская）——社会革命党人。

斯塔林斯基（Сталинский Е.А.）——社会革命党国外特别代表团成员。

斯塔索娃，叶·德·（Стасова, Е.Д. 1873—1966）——1898 年加入俄国社会民主工党，联共（布）中央监察委员会委员，苏联援助革命战士国际委员会中央主席。

斯坦尼斯拉夫斯基，康·谢·（Станиславский, К.С. 1863—1938）——苏联演员，导演，戏剧理论家。

斯特拉托诺夫（Стратонов В.В.）—— 莫斯科大学数学系主任。被驱逐出俄联邦。

斯特朗（Strong A. L. 1885—1970）——美国女记者、作家。

斯特卢米林，斯·古·（Струмилин С.Г. 1877—1974）——1923 年入党。苏联经济学家和统计学家。1921—1937 年在国家计委工作。

斯滕（Стэн Я.Э.1899—1938）——1914 年入党。1924—1927 年任共产国际执委会宣传鼓动部处长，1927—1928 年任联共中央宣传鼓动部副部长。1928—1930 年任马克思恩格斯研究院副院长。

斯托雷平，彼·阿·（Столыпин П.А. 1862—1911）——1906—1911 年任沙皇俄国内务大臣和大臣会议主席。被社会革命党人刺杀。

斯维尔德洛夫，雅·米·（Свердлов Я.М. 1885—1919）——1917 年 4 月当选布尔什维克党中央书记，1917 年 11 月 21 日当选全俄中央执行委员会主席。

斯维杰尔斯基，阿·伊·（Свидерский А.И. 1878—1933）——粮食人民委员部代表、部务委员，副农业人民委员。

苏汉诺夫，尼·（Суханов Н. 1882—1940）——俄国经济学家、政论家。1903 年起是社会革命党人，1917 年起是孟什维克。二月革命后任彼得格勒苏维埃执行委员会委员，是《新生活报》主编之一。十月革命后在经济机关工作。著有《革命札记》。

苏霍姆林（Сухомлин В.В.）——社会革命党国外特别代表团成员。

苏瓦林，波·（Суварин Б. 1895—？）——法国社会党人，新闻工作者。生于俄国。1921—1924 年是法国共产党员，后为托派领袖之一。

绥拉菲莫维奇，亚·（Серафимович А.С. 1863—1945）——苏俄作家。作品有《铁流》等。

孙文（孙中山，1866—1925）

索尔茨，亚·亚·（Сольц А.А. 1872—1945）——1920 年起任党中央监察委员会委员，1921 年起为中央监委主席团委员。1921 年起为俄罗斯联邦最高法院成员，后为苏联最高法院成员，在苏联检察院担任负责职务。

索柯里尼柯夫，格·雅·（Сокольников Г.Я. 1888—1939）——1920 年 9 月—1921 年 3 月任土耳其斯坦方面军司令、全俄中央执行委员会和俄罗斯联邦人民委员会土耳其斯坦事务委员会主席。1921 年 11 月起任财政人民委员部部务委员。1922—1926 年任财政人民委员。1926 年起任苏联国家计委副主席，1928 年起任石油辛迪加主席。1929—1930 年任苏联驻英国全权代表。1922—1930 年为中央委员。1936 年 6 月被捕。1937 年 1 月被判处 10 年徒刑，被同狱犯打死。

索科洛夫，华·（Соколов）——神甫。

索凌，弗·戈·（Сорин В.Г. 1893—1944）——1920—1925 年任党的莫斯科委员会委员、莫斯科委员会常务局委员。1924 年起在列宁研究院工作。

索罗金，彼·谢·（Сорокин П.С.）——莫斯科省粮食委员。

索罗金，皮·亚（Сорокин П.А.1889—1968）——社会学家。1917 年为右派社会革命党领导人，亚·费·克伦斯基的秘书。1918 年底退出社会革命党。1919—1922 年为彼得格勒大学教授。被驱逐出俄罗斯联邦。

索洛维约夫（Соловьев К.С.）——曾任中央监察委员，在联共十五大上被开除出党。

索斯诺夫斯基，列·谢·（Сосновский Л.С. 1886—1937）——1918—1924 年任《贫苦农民报》主编。1921 年任党中央鼓动宣传部长。1936 年被开除出党。

T

塔格尔（Тагер А.С.）——社会革命党人案辩护律师。

泰奥多罗维奇，伊·阿·（Теодорович И.А. 1875—1937）——历任粮食人民委员，副农业人民委员，国际农业研究所所长。1928—1930 年任农民国际总书记。

泰罗夫（Таиров А.Я. 1885—1950）——苏联导演。1905 年开始舞台生涯，戏剧革新家。

唐恩，费·依（Дан Ф.И. 1871—1947）——孟什维克领袖之一。1917 年是全俄中央执行委员会委员。1922 年被驱逐出俄联邦。

特列尼约夫，康·安·（Тренёв К.А. 1876—1945）——苏俄作家、剧作家。作品有描写国内战争的话剧《柳波芙·雅罗瓦娅》等。

特鲁别茨科伊，谢·叶·（Трубецкой С.Е.）——公爵，军官。同情十月革命党人。地下组织“民族中心”成员（1919 年）。1920 年被判处 10 年监禁，1921 年获特赦，1922 年被驱逐出俄罗斯联邦。

图哈切夫斯基，米·尼·（Тухачевский, М.Н. 1893—1937）——1918年加入俄共（布）。1918年起任一些集团军和方面军的司令，副国防人民委员。1937年被判处死刑。

图金（Тукин）——机电厂工人。喀琅施塔得临时革命委员会委员。起义失败后逃往芬兰。

托尔斯泰，阿·尼·（Толстой, А.Н. 1883—1945）——苏联作家。

托尔斯泰，列·尼·（Толстой Л.Н. 1828—1910）——俄国作家。

托夫斯图哈，（Товстуха И.П.1889—1935）——1921—1924年在俄共中央机关工作，任俄共中央总书记斯大林的助理。1924—1926年任列宁研究所所长助理。

托洛茨基（勃朗施坦），列·达·（Троцкий, Л.Д. 1879—1940）——1895年加入俄国社会民主工党。十月革命后先后任俄共中央委员、政治局委员，外交人民委员、陆海军人民委员和共和国革命军事委员会主席等职。1927年被开除出党。1928年被流放阿拉木图，1929年被驱逐出俄联邦。组建第四国际。遭暗杀身亡。

托马斯，詹·亨·（Томас Дж.Г. 1874—1949）——英国工党领袖之一。1917—1931年任全国铁路员工联合会总书记。1920—1924年任阿姆斯特丹工会国际主席。

托姆斯基，米·巴·（Томский, М.П.1880—1936）——1918年当选全俄工会中央理事会主席。1920年参加创建红色工会国际，任总书记。历任中央委员、中央政治局候补委员、政治局委员等职。1936年自杀。

W

瓦尔丁（Вардин 1890—1943）——曾从事报纸编辑和党的工作。先后参加左派共产主义者集团、新反对派和托季联盟。1935年被判刑。

瓦尔加，叶·萨·（Варга Е.С. 1879—1964）——经济学家，苏联科学院院士。生于布达佩斯，先加入匈牙利社会民主党。1919年先后任匈牙利苏维埃政府财政人民委员和最高国民经济委员会主席。1920年移居莫斯科，出席共产国际第二次代表大会，并成为俄共（布）党员。此后长期在共产国际工作。

瓦尔克（Вальк В.А.1883—1921）——锯木厂工匠。喀琅施塔得临时革命委员会委员。被枪决。

瓦雷基斯，约·米·（Варейкис И.М. 1894—1939）——1918—1937年担任一系列党的州委书记和边疆区委书记。1930年起为党的中央委员。

瓦连廷诺夫（沃尔斯基），尼·（Валентинов Н.（Вольский Н.В.）1879—

1964）——1898 年参加革命运动，孟什维克。十月革命后任《工商报》副总编，后在苏联驻巴黎商务代表处工作。1930 年移居国外。

王德威尔得，埃·（Vandervelde E. 1866—1938）——比利时工人党领导人之一，第二国际社会党国际局主席。1914 年参加资产阶级政府，历任外交、司法、卫生部大臣。

威尔斯，赫·乔·（Уэльс Г.Д. 1866—1946）——英国作家。

韦尔希宁（Вершинин С.С.）——非党人士。"塞瓦斯托波尔号"战列舰水兵电工。喀琅施塔得革命委员会委员，主持宣传鼓动站工作。被枪决。

韦利霍夫，帕·安·（Велихов П.А.）——立宪民主党中央委员（1918—1920）。

维尔柯文（Верковен）——荷兰社会民主党主席。

维佳泽夫（Витязев П.）——彼得格勒图书出版协会领导人。

维坚斯基（Введенский А.）——彼得格勒神甫，建立最高教会管理局，革新教会。

维杰尼亚平，马·阿·（М.А.Веденяпин）——1901 年加入社会革命党，十月革命前曾 2 次被流放，3 次被捕，被关押约 7 年（其中 4 年为苦役），在布尔什维克政权下 2 次被捕关押。

维利卡诺夫（Великанов М.）——指挥红军梯弗利斯方面军集群。

维尼阿明（Вениамин）——彼得格勒都主教，被处决。

维舍斯拉夫采夫（Вышеславцев Б.П.）——社会学家。

维辛斯基，安·亚·（Вышинский, А.Я. 1883—1954）——1903 年参加社会民主运动（孟什维克），1920 年加入俄共。1931 年起任俄联邦检察长、副司法人民委员，1933 年起任苏联副检察长、检察长。

温什利赫特，约·斯·（Уншлихт И.С. 1879—1938）——1921 年起任全俄肃反委员会副主席、苏联革命军事委员会副主席、民航总局局长。

沃尔科维斯基，Н.М.——记者。1922 年被驱逐出俄罗斯联邦。

沃尔斯基，弗·卡·（Вольский В.К. 1877—?）——社会革命党人，立宪会议代表，萨马拉立宪会议委员会的主席。

沃林，波·米·（Волин Б.М. 1886—1957）——1918 年起历任《真理报》编委、图书总管理局局长等职。

沃隆斯基，亚·康·（Воронский А.К. 1884—1943）——苏联文艺评论家、作家。1921—1927 年任《红色处女地》杂志主编。

沃罗比约夫，弗·彼·（Воровьёв В.П. 1876—1937）——苏联解剖学家，乌克兰科学院院士。参加列宁遗体的防腐工作。

沃罗夫斯基，瓦·瓦·（Воровский В.В. 1871—1923）——俄革命活动家、政论家和文艺批评家。历任苏俄驻瑞典、挪威、丹麦、意大利全权代表。

沃洛达尔斯基，弗·（Володарский В. 1891—1918）——十月革命后从事出版和宣传鼓动工作，是全俄中央执行委员会主席团委员。遭暗杀。

沃洛季切娃，玛·阿·（Володичева М.А. 1891—1973）——1918—1924 年是人民委员会打字员、劳动国防委员会和人民委员会助理秘书。

沃洛申（Волощин М.А.1877—1932）——苏俄诗人。

乌格拉诺夫，尼·亚·（Угланов, Н.А.1886—1937）——1920—1921 年先后任俄共彼得格勒省委员会书记 、彼得格勒工会理事会书记，1924—1928 年党的莫斯科委员会和莫斯科市委第一书记。1921 年起任党的中央候补委员，1923—1930 年任中央委员，1926—1929 年任政治局候补委员，1924—1929 年任中央书记。遭镇压。

乌格里莫夫，亚·伊·（Угримов А.И.）——莫斯科农业协会主席，全俄救助饥民委员会积极分子（1921 年）。1922 年被驱逐出俄罗斯联邦。

乌里茨基，莫·索·（Урицкий 1873—1918）——1918 年 3 月起任彼得格勒肃反委员会主席，被社会革命党人刺杀。

乌里扬诺娃，玛·伊·（Ульянова М.И. 1878—1937）——列宁的妹妹。1917—1929 年任《真理报》编委和责任秘书。

乌罗塔泽（Уротадзе Г.）——格鲁吉亚民主共和国驻莫斯科大使。

乌斯特里亚洛夫，尼·瓦·（Устрялов Н.В. 1890—1937）——俄国政治活动家、立宪民主党人，路标转换派思想家之一。曾参加高尔察克白卫政府，高失败后逃往哈尔滨。1921—1922 年于布拉格和巴黎出版《路标转换》文集和杂志。1935 年返回苏联，不久遭镇压。

乌索夫（Усов）——社会革命党人。

X

西基尔斯基（Сигирский А.И.）——合作社运动积极分子，斯莫棱斯克信贷储蓄合作社联社领导人之一。1921 年参加全俄农业合作社代表大会，当选为大会副主席。

夏里亚宾（Шаляпин Ф.И. 1874—1938）——俄歌唱家。

肖伯纳，乔·(Shaw G.B. 1856—1950）——英国剧作家。

肖洛霍夫，米·亚·（Шолохов М.А. 1905—1984）——苏联作家，著有《静静的顿河》、《被开垦的处女地》等。诺贝尔奖金获得者。

谢德曼，菲·(Scheidemann P. 1865—1939）——德国社会民主党右翼领袖之一。1918 年十一月革命期间参加人民代表委员会，1919 年 2—3 月任魏玛共和国联合政府总理。

谢列布里亚科夫，列·彼（Серебряков, Л.П. 1888—1937）——1919—1921 年为俄共（布）中央委员、中央组织局委员和中央书记。1919—1921 年任全俄中央执行委员会秘书。1922 年起任副交通人民委员。1937 年被处死。

谢列达，谢·帕·（Середа С.П. 1871—1933）——历任俄罗斯联邦农业人民委员、最高国民经济委员会和国家计划委员会主席团委员、俄联邦中央统计局局长。

谢马什柯，尼·亚·(Семашко Н.А. 1874—1949）——1918—1930 年任俄联邦卫生人民委员。1930 年起从事教学和科研工作。

谢苗诺夫（Семёнов Г. И.）——社会革命党战斗队队长。

谢苗诺夫(Семёнов С.）——苏联作家。

欣丘克，列·米·(Хинчук Л.М. 1868—1944）——原为孟什维克，1920 年加入俄共。1917—1926 年先后任莫斯科工人合作社理事会理事，中央消费合作总社主席。

Y

雅柯夫列夫，雅·阿·(Яковлев Я.А. 1896—1938）——1922—1923 年任俄共中央鼓动宣传部副部长，后历任副工农检查人民委员、农业人民委员等职。遭镇压。

雅科文科（Яковенко）——喀琅施塔得地区通信部门话务员。喀琅施塔得临时革命委员会委员。

雅罗斯拉夫斯基，叶·米·(Ярославский Ем.М. 1878—1943）——苏联历史学家。1921 年起为党中央委员、中央书记，1923—1934 年为中央监察委员会主席团委员和书记。

叶菲莫夫（Ефимов）——社会革命党人。

叶夫多基莫夫（Евдокимов Е. Г. 1891—1941）——国家政治保卫总局驻北高加索边区特派员。

叶夫多基莫夫(Евдокимов Г.Е. 1884—1936)——1925 年任俄共列宁格勒党委书记。

1926年任联共（布）中央书记。1927—1928年任中央消费合作总社理事，乌里扬诺夫斯克省计委副主席。1929—1934年任萨马拉州农业合作社联社主席。1934年12月被捕，1936年被处死。

叶努基泽，阿·萨·（Енукидзе А.С. 1877—1937）——历任全俄中央执行委员会军事部主任、全俄和苏联中央执行委员会主席团委员和秘书。1934年当选中央委员。1937年被处死。

叶赛宁，谢·亚·（Есенин С.А. 1895—1925）——苏联诗人。

伊格纳切夫（Игнатьев）——社会革命党人。

伊久莫夫（Изюмов А. С.）——卡马河流域的粮食委员。

伊林（ Ильин П.А.）——1922年被驱逐出俄联邦。

伊林，马·（Ильин М. А. 1895—1953）——苏俄作家。

伊林，伊·亚·（Ильин И.А. 1882—1954）——俄国宗教哲学家、新黑格尔主义代表。1922年被驱逐出俄联邦。

伊斯特曼，马·（Истмен М. 1883—？）——美共党员，1923年退出。美国托派分子。

伊万诺夫（Иванов В. В. 1895—1963）——苏俄作家。作品有《游击队员们》（1921）、《铁甲列车14—69》（1922）等。

伊万诺夫，尼·尼·（Иванов Н.Н.）——1906年加入社会革命党，北方飞行战斗队成员，被判15年苦役，后改为10年。十月革命后1921年8月被捕入狱。

伊万诺娃－伊拉诺娃，叶·（Иванова-Иранова Е.）——1901年参加社会革命党，战斗组织成员，被判处绞刑，后改为无期苦役。在布尔什维克政权下3次被捕，1921年12月被捕入狱。

伊兹戈耶夫·亚·所·（Изгоев А.С. 1872—1935）——立宪民主党思想家之一。1922年曾在合法杂志《晨寒》上发表文章。1922年被驱逐出俄罗斯联邦。

尤登尼奇，尼·尼·（Юденич Н.Н. 1862—1933）——原为沙俄将军，1917年任高加索方面军总司令，1919年任白卫西北军总司令。1920年流亡国外。

尤罗夫斯基（Юровский, Л.Н.）——苏联经济学家，因“劳动农民党”案件遭迫害。

尤谢维奇（А.Я.）——矿山工程师，沙赫特案中拒绝认罪。被枪决。

越飞，阿·阿·（Иоффе А.А. 1883—1927）——1918年布列斯特和谈期间曾任苏俄代表团首席代表。后历任驻柏林、中国、奥地利全权代表。自杀身亡。

Z

扎奥泽尔斯基，亚·——神甫。

扎古缅内（С.И.）——西伯利亚农业银行理事会主席。

扎克斯，萨·马·（Закс С.М. 1884—1937）——苏文化工作者，十月革命后从事编辑出版工作，曾任人民委员会的文化特派员。

扎克斯－格拉德涅夫，伊·马·（Закс-Гладнев И.М.）——《列宁格勒真理报》主编。

扎罗夫（Жаров А.А. 1904—？）——苏俄诗人。作品有长诗《手风琴》等。

扎洛莫夫，彼·安·（Заломов П.А. 1877—1955）——1892年参加革命运动，1905年莫斯科12月武装起义参加者，国内战争参加者，后从事经济工作。是高尔基作品《母亲》中主人公帕维尔·弗拉索夫的原型。

扎米亚京（Е.И. Замятин 1884—1937）——俄国作家，1932年移居国外。

扎维亚诺娃（Завьянова К.Г.）——俄共十大代表。

扎伊采夫（Зайцев Б.К. 1881—1972）——俄国作家，作品有《远方》（1913）等。1922年移居国外。

扎伊采夫（Зайцев А.Д. 1899—1937）——1926—1928年任《真理报》编委。1928年起在苏联最高国民经济委员会工作。遭镇压。

扎祖勃林（Зазубрин В.Я.1895—1938）——苏俄作家，作品有小说《两个世界》，描写粉碎高尔察克始末。

兹洛宾（Злобин）——社会革命党人，在右派社会革命党人案中受审判。

兹沃雷金（В.В. Зворыкин）——1922年被驱逐出俄联邦。

祖勃科夫（Зубков）——社会革命党人，在右派社会革命党人案中受审判。

左琴科（Зощенко М.М. 1895—1958）——苏俄作家。

大 事 记

1920 年

5 月 7 日　俄罗斯联邦与格鲁吉亚民主共和国签署了相互承认的条约。

8 月　红军进军华沙。

夏秋　在斯摩棱斯克实行了特殊的小新经济政策。

8 月　坦波夫农民暴动。

12 月　苏维埃第八次代表大会，通过《俄罗斯联邦电气化计划》。

12 月 1 日　《真理报》发表俄共中央《论无产阶级文化协会》的信。

1920 年底至 1921 年初　俄共党内工会问题争论。

1921 年

2 月 8 日　列宁起草“农民问题提纲初稿”，提出以粮食税取代粮食征收制。

2 月　攻占并兼并格鲁吉亚民主共和国。

2 月　成立隶属于劳动国防委员会的国家计划委员会。

3 月　喀琅施塔得暴动。

3 月 8—16 日　俄共第十次代表大会。决定用实物税取代粮食征收制。

3 月 18 日　苏俄和波兰签订里加和约。

3 月 21 日　全俄中央执行委员会通过《关于以实物税代替余粮、原料征收制的决定》。

4 月　瓦尔丁上书俄共中央，建议允许社会主义性质的小资产阶级政党——孟什维克、社会革命党人、无政府主义者，至少其“左翼”集团合法活动。

5 月初　米雅斯尼科夫建议成立农民协会，实施国家民主化，宣布言论和出版自由。

5 月　奥新斯基上书中央，建议成立“农民苏维埃协会”。

5 月 26—28 日　俄共第十次代表会议 。开始使用“新经济政策”的名称。

6 月　高尔基倡议成立赈济饥民委员会。

7月21日　中央执行委员会决定成立赈济饥民委员会。

8月1日　军事书报检查工作移交肃反委员会（契卡）负责。

8月9日　人民委员会发布《关于贯彻新经济政策原则的指令》，承认“商品交换”转为“货币交换”，也就是转为商品买卖。

8月27日　解散赈济饥民委员会。

8月　东正教大牧首吉洪成立全俄教会救济饥民委员会。

10月1日至1923年6月1日　美国救济署在苏俄开展救济饥民活动。

10月29日　列宁承认，“商品交换”即“产品交换”失败了，允许“商品买卖”。

11月3日　决定发行新版货币。

11月　列宁发表《论黄金在目前和在社会主义完全胜利后的作用》一文。

11月16日　俄联邦国家银行成立。

11月22日　政治局通过关于无产阶级文化协会的决定。

1921年下半年　清党。

1921年　布拉格出版《路标转换》文集。

1921—1922年　俄国发生严重饥荒。

1922年

2月6日　全俄中央执行委员会决定撤销肃反委员会（契卡），在内务人民委员部下设立国家政治保卫局（格伯乌）。

2月26日　全俄中央执行委员会决定没收教会珍宝。

3月17日　通过关于1922—1923经济年度实行统一实物税的法令。

3月27日—4月2日　俄共第十一次代表大会。会后中央全会选举斯大林担任总书记。

4月2—5日　三个国际代表会议在柏林召开。

4月10日—5月19日　热那亚会议。

4月16日　苏俄与德国签订拉帕洛条约。

5月22日　“土地劳动使用法”制定。

6月1日　开始实施《俄罗斯联邦刑法典》。

6月6日　国家出版局的书报检查职能移交给新成立的图书出版事业总管

理局（图总）。

6月8日—8月7日　举行右派社会革命党人审判。

6月8日　政治局通过“关于知识分子中的反苏集团”的决定。

6月15日—7月19日　海牙会议。

1922年秋　工业品销售危机。

8月4—7日　俄共第十二次代表会议 。

8—11月　驱逐知识分子（“哲学之船”）。

8月　斯大林起草“自治化”方案——《关于俄罗斯苏维埃联邦社会主义共和国和各独立共和国的相互关系》。

9月26日　列宁写信批评“自治化”方案，建议把“加入”俄罗斯联邦改成同俄罗斯联邦一起正式联合成欧洲和亚洲苏维埃共和国联盟。

10月6日　俄共中央召开全会。列宁给加米涅夫送去一个便条，宣布“同大俄罗斯沙文主义决一死战”。

10月11日　人民委员会决定授权国家银行发行银行券，即切尔文。

10月22日　格鲁吉亚共产党中央全会决定中央委员会提出辞职。

10月31日　全俄中央执行委员会第四次会议批准土地法。

1922年11月—1923年7月　洛桑国际会议。

1922年12月下旬—1923年1月　列宁口授给代表大会的信和最后的文章。

12月30日　全苏联苏维埃第一次代表大会，大会基本通过《苏维埃社会主义共和国联盟成立宣言》和《苏维埃社会主义共和国联盟成立条约》两个文件。

1923年

1月25日　政治局批准调查格鲁吉亚事件的捷尔任斯基委员会的结论。

1月　《孙文与越飞联合宣言》发表。

2月9日　在图书出版事业总管理局下成立剧目审查总委员会（剧总）。

3月初　列宁分别口授给托洛茨基、斯大林和穆季瓦尼等的短信。

4月17日　俄共第十二次代表大会开幕。

5月31日　北京政府与苏联代表签订《中俄（苏）解决悬案大纲协定》。

7—8月　在基斯洛沃茨克休假的政治局委员们拟定了一个方案，拟撤销组织局和改组中央书记处。

9 月　苏联政府发表《第三次对华宣言》。

10 月 18—19 日　列宁最后一次回莫斯科。

10 月 23—25 日　德国汉堡工人举行武装起义。

1923 年秋冬　党内进行“新方针”的争论。

12 月 8 日　政治局会议上季诺维也夫、斯大林等决定成立自己的派别组织。

1923 年　实物税改为统一的货币农业税。

1924 年

1 月 16—18 日　俄共（布）第十三次代表会议 。

1 月 21 日　列宁逝世。

2 月 14 日　中央执行委员会和人民委员会决定，停止苏维埃纸币的发行，从 7 月 1 日起停止使用旧苏维埃纸币。

5 月 9—10 日　俄共中央召开党的文艺政策会议。

5 月 23—31 日　俄共第十三次代表大会。

1924 年 8 月　多数派会议决定设立“七人小组”，由政治局委员（布哈林、季诺维也夫、加米涅夫、李可夫、斯大林、托姆斯基）加中央监察委员会主席古比雪夫组成。

1924 年秋　《托洛茨基文集》第 3 卷《1917 年》出版，托洛茨基写了题为《十月的教训》的前言，引发党内争论。

1925 年

1 月 17—20 日　俄共中央联席全会。决定解除托洛茨基革命军事委员会主席、陆海军人民委员的职务。

2 月　俄共中央召开党的文艺政策会议。

4 月 27—29 日　俄共第十四次代表会议 。

6 月 18 日　俄共中央通过《关于党在文学方面的政策》的决议。

10 月 3—10 日　召开俄共中央全会，反对农民问题上的两种倾向。

12 月 18—31 日　联共（布）第十四次代表大会。决定俄国共产党（布）改名全联盟共产党（布），简称联共（布）。斯大林击败“新反对派”。

1925 年　美国记者马克斯·伊斯特曼在美国出版《列宁死后》一书。

1926 年

7 月 14—23 日　中央联席全会。会议期间最终形成“托洛茨基季诺维也夫联盟”。

10 月 23 日　中央联席全会决定解除托洛茨基政治局委员、加米涅夫政治局候补委员的职务，认为季诺维也夫不能继续在共产国际中工作。

10 月 26 日—11 月 3 日　联共第十五次代表会议 。

11 月 22 日—12 月 16 日　共产国际执委会第七次扩大全会。

1927 年

5 月 25 日　反对派向中央委员会提交《八十三人声明》。

6 月 9 日　托洛茨基和季诺维也夫到雅罗斯拉夫尔车站为斯米尔加送行，被指为非法集会。

9 月 3 日　13 名反对派成员向政治局递交“布尔什维克—列宁主义者（反对派）给联共（布）第十五次代表大会的行动纲领草案。党的危机及其克服的道路”，史称《十三人政纲》。

10 月 21—23 日　中央联席全会。决定把托洛茨基和季诺维也夫开除出中央委员会。

11 月 5 日和 17 日　《真理报》在“争论专页”公布《托洛茨基反对派关于农村工作的反提纲》，提纲的原名是《布尔什维克列宁主义者（反对派）提交联共（布）第十五次代表大会的提纲》。

11 月 14 日　中央联席全会决定把托洛茨基和季诺维也夫开除出党，把加米涅夫、斯米尔加、叶夫多基莫夫、拉柯夫斯基、阿夫杰耶夫开除出中央委员会，把穆拉洛夫、巴卡耶夫、什克洛夫斯基、彼得松、索洛维也夫等开除出中央监察委员会。

12 月 2—19 日　联共（布）第十五次代表大会。

1927 年底—1928 年初　发生粮食收购危机。

1928 年

1 月　托洛茨基被流放阿拉木图。

1月15日　斯大林赴西伯利亚视察，决定实行“非常措施”。

4月6—11日　中央联席全会，讨论粮食收购问题。

5月16日　斯大林在共青团第八次代表大会上批判“自流论”、“碰运气”论等等。

5月18日　最高法院特别法庭开始沙赫特案的公开审判。

7月4—12日　联共中央全会。斯大林提出“贡款”论、“阶级斗争尖锐化”的理论。

7月11日　布哈林访问加米涅夫，两人进行了交谈。

7月17日—9月1日　共产国际第六次代表大会。

9月19日　古比雪夫发表了一个被称作“新的工业化宣言”的讲话。

9月30日　布哈林在《真理报》上发表《一个经济学家的札记》。

11月16—24日　中央全会，讨论1928—1929年度国民经济的控制数字问题等。

1929年

1月　托洛茨基被驱逐出国。

1月30日　中央政治局和中央监委主席团联席会议。

4月16—23日　中央联席全会。布哈林同斯大林展开争论。

4月23—29日　联共（布）第十六次代表会议。

7月　共产国际执行委员会第十次扩大全会。撤销布哈林执委会主席团委员的职务。

11月7日　《真理报》发表斯大林的《大转变的一年》。

11月　中央全会决定撤销布哈林的政治局委员的职务，同时对李可夫、托姆斯基和乌加罗夫提出警告。

12月27日　斯大林发表《论苏联土地政策的几个问题》。

1930年

12月9日　斯大林接见红色教授学院党支部委员会并发表讲话。

СОДЕРЖАНИЕ

责任编辑：张伟珍
封面设计：吴燕妮
封面制作：王春峥

图书在版编目（CIP）数据

新经济政策的俄国 / 郑异凡 著. – 北京：人民出版社，2013.9（2026.2 重印）
（苏联史 / 郑异凡主编；3）
ISBN 978 – 7 – 01 – 009543 – 1

I. ①新… II. ①郑… III. ①经济政策 – 研究 – 俄罗斯 IV. ① F151.20

中国版本图书馆 CIP 数据核字（2010）第 247256 号

新经济政策的俄国

XINJINGJI ZHENGCE DE EGUO

郑异凡 著

人民出版社 出版发行
（100706 北京市东城区隆福寺街 99 号）

北京新华印刷有限公司印刷 新华书店经销

2013 年 9 月第 1 版 2026 年 2 月北京第 2 次印刷
开本：710 毫米 ×1000 毫米 1/16 印张：48.5
字数：762 千字

ISBN 978 – 7 – 01 – 009543 – 1 定价：205.00 元

邮购地址 100706 北京市东城区隆福寺街 99 号
人民东方图书销售中心 电话（010）65250042 65289539